▲개 정 판▼

DETAILS ABOUT THE NATIONS

지구촌 모든 나라 정보

'현대 평론' 집단 엮음

세창출판사

노르웨이
스웨덴
핀란드
덴마크
영국
아일랜드
네덜란드
벨기에
룩셈부르크
독일
폴란드
체코
슬로바키아
스페인
포르투갈
안도라
프랑스
스위스
리히텐슈타인
모나코
이탈리아
바티칸
산마리노
그리스
몰타
오스트리아
헝가리
루마니아
불가리아
알바니아
슬로베니아
크로아티아
유고슬라비아
보스니아-헤르체고비나
마케도니아

감비아
카보베르데
기니비사우
기니
시에라리온
라이베리아
코트디부아르
부르키나파소
가나
토고
베냉
나이지리아
카메룬
중앙 아프리카
상투메 프린시페
적도 기니
가봉
콩고
자이르
앙골라
잠비아
말라위
모잠비크
마다가스카르
세이셸
코모로
모리셔스
나미비아
보츠와나
잠바브웨
스와질란드
레소토
남아프리카
유럽
아이슬란드

사우디아라비아
쿠웨이트
바레인
카타르
아랍 에미리트 연방
오만
예멘
터키
키프로스
레바논
이라크
이스라엘
요르단
시리아
아프리카
이집트
리비아
차드
수단
에티오피아
에리트레아
지부티
소말리아
우간다
케냐
르완다
부룬디
탄자니아
모로코
알제리
튀니지
니제르
말리
모리타니
세네갈

독립 국가 연합
러시아
우크라이나
벨로루시
몰도바
그루지야
아르메니아
아제르바이잔
카자흐스탄
우즈베키스탄
투르크메니스탄
타지크스탄
키르기스탄
에스토니아
라트비아
리투아니아
북아메리카
미국
캐나다
멕시코
과테말라
벨리즈
엘살바도르
온두라스
니카라과
코스타리카
파나마
바하마
쿠바
자메이카
아이티
도미니카 (공화국)
세인트크리스토퍼 네비스
앤티가바부다
도미니카 (연방)

세계의 국기

아시아 / 아프리카 / 유럽 / 독립 국가 연합 / 북아메리카 / 남아메리카 / 오세아니아

세인트루시아

바베이도스

세인트빈센트 그레나딘

그레나다

트리니다드 토바고

푸에르토리코

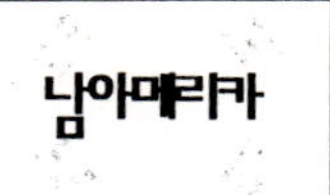

콜롬비아

베네수엘라

에콰도르

페루

가이아나

수리남

브라질

볼리비아

파라과이

칠레

아르헨티나

우루과이

오스트레일리아

뉴질랜드

파푸아뉴기니

솔로몬

바누아투

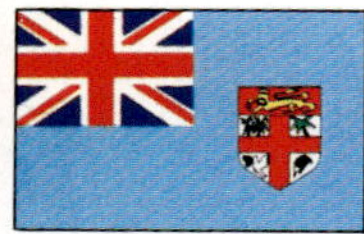

피지

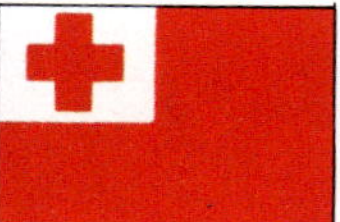

통가

서사모아

쿠크 제도

투발루

나우루

키리바시

마셜 제도

미크로네시아

팔라우

세계화를 반성하며…

- 개정판 서문에 부쳐

그냥 그렇게 한여름을 꼬나 박았다. 천혜의 휴양지는 졸지에 아수라장으로 변했다. 고비를 잘 넘기나 싶더니 우리 나라 여객기가 이역만리 괌의 언덕. 200여 명의 인명이 우리 주변에서 사라졌다. 슬픔과 고통이 파다하다.

인재(人災)니, 천재(天災)니 말이 많다. 푹신한 회전의자에 앉아 에어컨 '강'자로 틀어놓고 똑같은 사람들이 모여 괜히 열을 낸다. 하지만 답은 이미 매겨져 있다. 늘 그렇듯이 인재인 척 과정을 밟다가 결국 천재로 결론을 볼 것이다. 그래야 불만도 원망도 땅에 묻을 수 있으니까.

한쪽엔 눈물의 나날들이 있는가 하면 또 한쪽에서는 해수욕이니 쇼핑을 즐겼다는 신문보도가 있었다. 웃어야 할지, 울어야 할지…….

야구 한 게임을 보기 위해 태평양을 건너간다고 한다. 그 무서운(?) 비행기를 타고. 참으로 간 큰 이들의 지극 정성에 하늘이 감동할 일이다.

북녘 하늘 동포 아이들은 굶어죽어가는데 기름 한 방울 안 나오는 우리네 고속도로엔 자가용이 가득하다. 이것 역시 웃어야 할지, 울어야 할지…….

여기서 감히 '세계화'란 이름을 꺼낸다. 언젠가 나라님의 입을 통해 나온 이래 폭발적인 인기를 누리고 있는 말, '세계화'.

참으로 스케일 크고 뭔지는 모르지만 화려하고 매력이 흘러 넘쳐 오히려 우리로 하여금 당혹스러움을 금치 못하게 만드는 말, '세계화'.

하지만 솔직히 밝히건대 필자는 세계화란 낱말에 대해서 참으로 무지하다. 아니, 무지로 그치는 정도가 아니라 밥 잘 먹고 잘 지내다가도 이 놈의 낱말만 눈앞에 어른거리면 머리가 지끈거리고 사지에 맥이 풀리는 이른바 '세계화 알레르기' 환자이다.

　무릇 하나의 낱말이 개념화된다는 것은 수입된 외래어가 아닌 이상 그 언어 공동체의 필요성과 약속이 전제되어야 하리라. 그런데 이놈은 어느 날 갑자기 혜성처럼 나타났다. 따라서 그 해석도 사람마다 각양각색이고, 그 실천적 모습 또한 가관이다.

　필자 주변에는 스스로 세계화의 기수라 자처하는 친구가 몇 명 있다. 그 중 한 녀석은 이른바 발로 뛰는 타입이다. 본시 역마살이란 선천적 자질을 타고난 관계도 있지만 어쨌든 지구촌에서 이 친구가 가보지 못한 곳이라곤 양극점이나 히말라야 등 목숨을 걸어야 할 몇 몇 곳 정도.

　이 친구 왈, "세계화는 곧 세계로의 진출이야. 따라서 몸소 부딪혀 해결하는 수밖에 없지. 밖에 나가서 느껴 보라구. 자네도 지구인이란 말의 중요성을 실감할 테니까."

　또 한 부류의 녀석은 이른바 컴퓨터 지상주의자다. 노상 인터넷을 헤집으며 매달 100여만 원대의 전화료는 아랑곳하지 않고 세계화를 실천하고 있다. 이 친구 역시 세계화가 뭐냐고 묻는 나의 질문에, "정보의 교류야말로 세계화의 첩경이지. 따라서 세계화는 곧 인터넷이고, 인터넷은 곧 세계화라구."

　말인즉슨 다 맞는 말이다. 개방 시대이자 첨단 시대를 살아가는 우리이기에 더더욱 시야를 넓혀야 하고 그러기 위해서 국경을 넘나들며 함께 느끼고, 더 나아가 인터넷 아니라 인터넷 할아버지를 동원해서라도 알고, 깨우치고 해야 한다.

　허나 불안하다.

　비행기 사고 수습을 위해 떠난 우리 정부 대표단이 코 큰 사람들 뒤꽁무니만 졸졸 쫓아다니는 꼴을 보니 불안하다. 신토불이 농어민들은 죽겠다고 아우성인데 때깔 좋은 수입농산물의 범람이 불안하다. 개인소득 1만 달러 시대는 정말 정말 좋은데 경상수지 적자 1천억 달러는 정말 정말 불안하다.

　주체적 현실을 도외시한 대외 지향적 사고는 필연적으로 맹동을 낳으며, 설사 그 결과가 있다 하더라도 사상누각에 지나지 않는다. 우리는 지금 우리의 역사를, 우리의 현재적 위상을, 얼마나 잘 알고, 잘 정리하고 있는가.

　나부터 반성해 본다. 국적 없는 세계화 놀음은 유희에 불과하다. 따라서 어제까지의 시간이 모여 이룩된 오늘의 우리 현실을 직시할 필요가 있다. 그리고 그 위에 우리의 희망사항을 가꾸어 나가야 하리라.

몹시 덥다.

한여름이니 더운 건 당연하겠지만 붓끝에 맺힌 땀은 결코 유쾌하지 못하다.

이제 지구촌 모든 나라들을 향한 여장(旅裝)을 벗는다. 피곤과 아쉬움이 한꺼번에 엄습한다. 그리고 몸서리치도록 부끄럽다.

나 자신이 자질 없는 일개 탁발승에 불과했다면 '세계화'란 낱말은 실로 엄청난 화두(話頭)였다. 따라서 구도적 자세로 최선을 다했다고는 하지만 곳곳이 허점이요, 처처에 사족이다.

당분간 자성(自省)의 거울 앞에서 스스로를 추슬러야겠다. 그리고 오늘을 거울 삼아 내일의 시행착오를 막아야겠다. 지금도 지구는 돌고 있으니까.

2년 9개월 전에 출간되었던 '지구촌 모든 나라 정보'에 대해 그간 독자분들이 보내주신 격려와 채찍에 실로 감사의 말씀을 올립니다. 더불어 이번 개정판을 준비하고, 출간하는 데 도움을 주신 세창 가족 여러분과 이방원 사장님께 거듭 감사의 말씀을 올리며, 나아가 무한한 발전을 기원합니다.

1997년 8월 29일
국치일 새벽
'현대 평론' 집단 올림

프롤로그

한 시대의 막이 내려지고 있다.

이제 몇 년 후면 '21세기'란 세월의 막이 열릴 것이며 우리는 그 역사적 현장의 주인공으로 서 있으리라. 지금 우리의 가슴을 메우는 것, 그것은 벅찬 희망일 수 있고 미래에 대한 불안일 수 있다. 또 그것은 평화와 행복을 바라는 염원일 수 있고 불확실성에 대한 걱정일 수도 있다. 이렇듯 미래는 항상 이중적이다. 그래서 우리는 혼란스럽다.

뒤돌아보면 20세기는 '격동의 시대'였다. 두 차례의 세계 전쟁과 크고 작은 지역분쟁들, 제국주의와 식민지의 대두 및 자본주의 체제의 변화무쌍한 용트림, 그리고 러시아 혁명에서 비롯된 공산주의의 흥망성쇠. 실로 100년의 세월이 짊어지기엔 너무나 크고 많은 역사의 짐이다.

무릇 미래에 대한 예측은 오늘까지의 삶을 어떻게 규정하는가에 달려 있다. 21세기에 대한 불안의 장벽 역시 우리의 역사를 직시하고 우리의 위상을 제대로 규명했을 때야만이 뛰어넘을 수 있다.

항간에 매스컴을 통해 '글로벌 시대'니 '지구촌'이니 하는 낱말을 자주 접하게 된다. 각색의 인종들이 너나 할 것 없이 텔레비전에 나와 "We are the World"를 목청껏 합창하는 광경도 보게 된다.

이는 무엇을 의미하는가? 바로 우리에게 '한국인'이란 낱말 대신 '지구인'이란 낱말을 먼저 떠올려야만 된다는 세계사적 요구일 것이다.

이 책은 지구인을 준비해 가는 우리 모두가 가장 기본적으로 알아야 할 이웃나라들에 대한 신상명세서이다. 총 196개국(주요 자치국 포함)을 자연환경, 역사, 정치와 경제 및 사회와 문화로 나누어 한눈에 개괄할 수 있도록 서술했다.

　　눈을 크게 뜨고 보다 넓은 세상을 향해 도전하려는 의욕과 용기가 있는 사람이라면 반드시 옆에 끼고 있어야 할 자료라 사료된다.

　　최초의 시도는 항상 힘든 법이다. 그만큼 조심스럽고 경험하지 못한 데 따른 시행착오가 기다리고 있기 때문에. 하지만 필자에겐 독자들에게 있는 사실을 정확하고 이해하기 쉽게 전달할 의무가 있다. 이 책의 내용 속에 의문점이 있다면 그 모두는 필자의 책임이리라. 독자의 거침없는 비판을 바라마지 않는다.

　　끝으로 이 책의 기획에서부터 출간까지 믿음과 사랑으로 세심하게 배려해 주신 세창출판사의 이방원 사장님 이하 편집부 여러분에게 진심으로 감사의 뜻을 바칩니다.

94년 추석 전야
‘현대 평론’ 집단

차 례

유   럽(Europe)

지구촌 모든 나라 정보

아시아(Asia)

북 해
바렌츠 해
벼링 해
벨로루시
우크라이나
몰도바
혹 해
오호츠크 해
러시아 연방
그루지야
터키
키프로스
레바논
아르메니아
카스피해
카자흐스탄
일본
이스라엘
시리아
우즈베키스탄
조선민주주의인민공화국
일본
이라크
아제르바이잔
투르크메니스탄
몽골
요르단
쿠웨이트
이란
키르기스탄
대한민국
사우디아라비아
바레인
아프가니스탄
타지크스탄
중화 인민 공화국
동중국 해
태평양
카타르
아랍 에미리트 연방
파키스탄
네팔
부탄
대만
홍해
오만
마카오
홍콩
예멘
인도
방글라데시
미안마
중국 해
필리핀
라오스
타이
아라비아 해
캄보디아
베트남
브루나이
몰디브
스리랑카
말레이시아
싱가포르
인 도 양
인도네시아

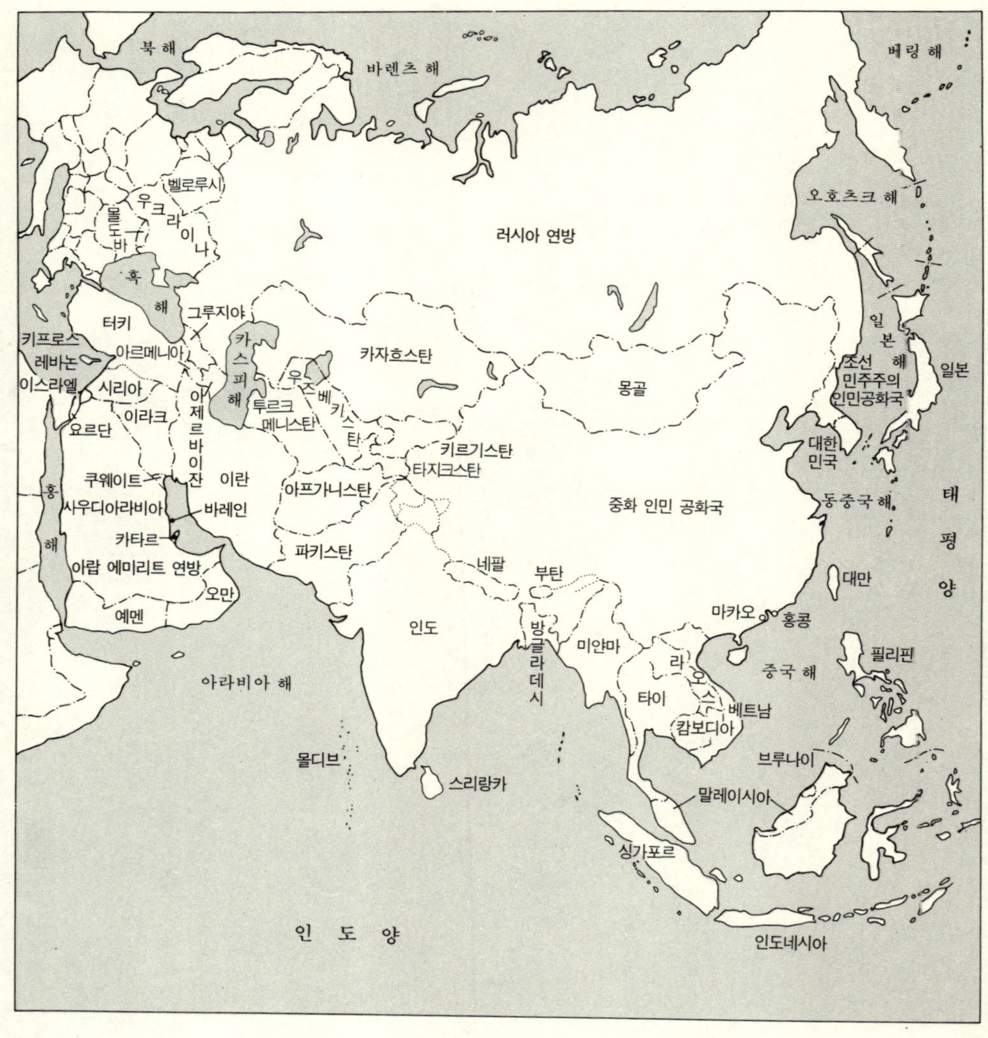

주요 통계 자료

- ▶ 총 면 적 ······ 4448만 5900㎢,848m)
- ▶ 가장 낮은 곳 ······ 사해(이스라엘／해발 −392m)
- ▶ 가장 넓은 나라 ······ 러시아 연방(17,075000㎢／유럽지역 포함)
- ▶ 가장 긴 강 ······ 양쯔 강(중화 인민 공화국／6,380㎞)
- ▶ 가장 큰 호수 ······ 카스피해(유라시아／371000㎢)
- ▶ 가장 넓은 사막 ······ 고비사막(중화 인민 공화국과 몽골 사이／1,294,994㎢)
- ▶ 가장 인구가 많은 나라 ······ 중화 인민 공화국(12억 1121만 명)
- ▶ 가장 인구가 많은 도시 ······ 상하이(중국／1415만 명)

대한 민국
(Republic of Korea)

— 독립일 : 1948년 8월 15일, UN 가맹일 : 1991년 9월 17일 —

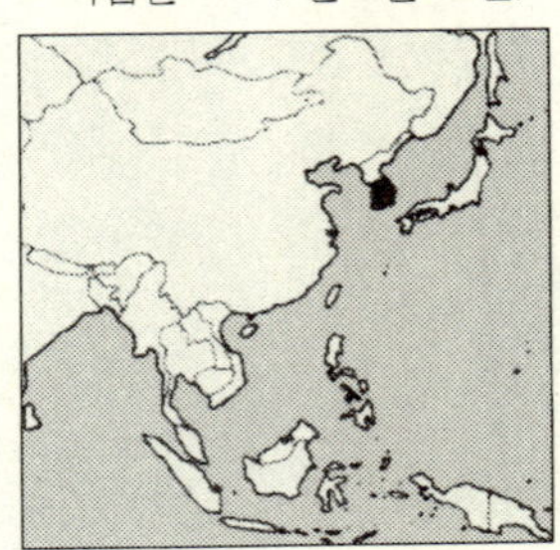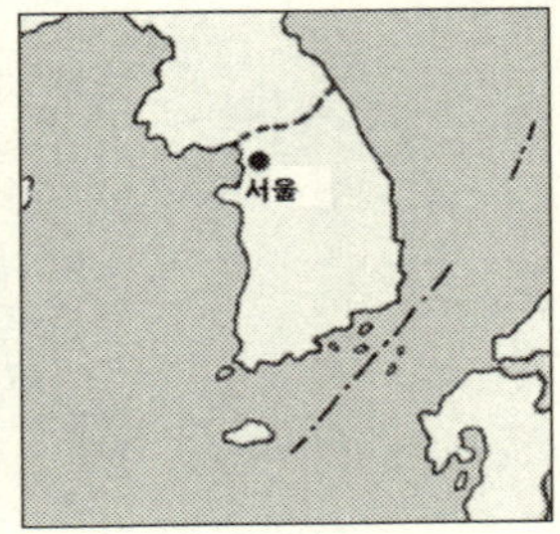

☞ 주요 통계 자료

·면 적	9만 9221㎢(한반도의 약 45%)(96년내무부 발표)
·인 구	4575만 7000명(97년 1월)
·수 도	서울(Seoul), 인구 1059만 5943명(95년 말)
·주요 도시	부산(382만 명), 대구(245만 명), 인천(231만 명), 광주(126만 명), 대전(128만 명) (각 95년 말)
·주요 민족	한민족(단일 민족)
·언 어	한국어
·종 교	불교(1200만 명), 개신교(810만 명), 카톨릭(250만 명)(96년)
·정치 체제	공화제. 대통령 중심제
·헌 법	제 6공화국 헌법(1987년 10월 29일 공포)
·국가 원수	대통령 김영삼(Kim Yong-sam). 직선제. 임기 5년(단임). 93년 2월 25일 취임
·의 회	1원제. 299의석. 직선제. 임기 4년
·주요 정당	신한국당, 신정치 국민회의, 자유민주연합 등
·국민총생산	4517억 달러(95년)
·1인당 GNP	1만 76 달러(95년)
·통화 단위	원(Korea Won, W). 1달러=843.5원(97년 1월)
·주요 자원	석회석, 석탄, 각종 수산물 등
·주요 공산품	섬유, 자동차, 전자제품, 철강, 선박
·주요 농산물	쌀
·무 역	수출 1252억 3300만 달러, 수입 1351억 500만 달러(95년)

(자료원 : 대한 민국 통계청／한국은행／World Yearbook 97)

☞ 자연 환경

대한 민국은 한반도의 남쪽 반을 차지하고 있는 반도국(한반도 전체 면적의 약 45%). 전반적인 지형은 주로 산지로 이루어져 있지만 (전체 면적의 약 70% 차지) 고도는 그리 높은 편이 아니다. 가장 높다는 한라산이 1950m 정도이다. 국토의 3면은 바다로 둘러싸여 있으며, 동쪽 해안선이 비교적 단조로운 반면 서쪽과 남쪽은 섬이 많고 굴곡이 심한 리아스식 해안을 이루고 있다. 기후는 사계절이 뚜렷한 온대에 속한다. 여름과 겨울에 비해 봄, 가을이 짧은 편. 대륙성과 해양성 대류가 번갈아 찾아와 삼한 사온이 뚜렷하기로 유명. 여름엔 특히 장마와 태풍이 찾아들기도 한다.

☞ 정치와 경제

1948년 이승만의 주도하에 남한만의 단독 정부가 수립되었다. 한반도 분단의 출발이었으며 분단의 비극은 6.25(1950~53년)동란으로 이어진다. 해방 후 자본주의 경제체제를 채택한 한국은 5.16 군사 쿠데타로 집권한 박정희 정권에 의해 본격적인 경제 개발에 착수한다. 그러나 군사 정권의 장기집권 음모는 1972년 '유신 체제'로 현실화되고 수많은 반민주적 모습의 노정 끝에 79년 10.26사건(박 대통령 시해 사건)으로 이어진다. 18년 독재의 종말이었다. 80년의 서울은 민주화의 열기로 들끓었다. 하지만 권력의 공백에 따른 혼란은 전두환 군사 정권의 출현을 낳는다. 87년을 전후로 학원 자유화와 헌법개정을 요구하는 학생 시위가 본격화되고 노동계의 대규모 파업이 사회 전반을 준동 시킨다. 이 결과 87년 직선에 의해 노태우 대통령이 등장하였으며, 93년 현재의 김영삼 문민정부의 탄생으로까지 이어진다. 전, 노 두 전직 대통령을 법정에 세우는 등 과거청산과 사회 전반의 개혁에 강력한 의지를 표명했던 김영삼 정부는 97년 봄 '김현철(대통령의 차남) 스캔들'로 정치적 도덕성에 치명상을 입고 현재 전전긍긍 중이다.

한편 세계의 여론은 한국 경제를 '한강의 기적'이라 부른다. 그만큼 지속적인 고도성장을 이루어 낸 것. 이러한 한국 경제도 80년대 들어 악성 인플레이션으로 일시적인 침체기를 맞는다. 하지만 88년 서울 올림픽의 성공적인 개최를 계기로 선진국이 멀지 않은 신흥 공업국의 일원으로 자리잡게 되며, 이후에도 성장을 거듭 96년 10월 11일에는 경제 협력 개발 기구(OECD)의 회원국으로 발돋움한다. 또한 한국은 90년 9월과 92년에 각각 소련(현재의 러시아), 중국과 국교를 수립 45년간에 걸친 냉전 시대에 마침표를 찍는다. 한편 북한과의 남북회담에서도 적극성을 띠며 통일 한국의 앞날을 열기 위해 노력하고 있다.

☞ 사회와 문화

유교적인 전통이 문화와 사회 규범의 저변에 면면히 흐른다. 하지만 90년대 들어 도시를 중심으로 신세대 바람이 몰아쳐 신선하고 파격적인 변화를 일으키고 있다.

조선 민주주의 인민 공화국
(Democratic People's Republic of Korea)

— 독립일 : 1948년 9월 9일(북한 정부수립), UN 가맹일 : 1991년 9월 17일 —

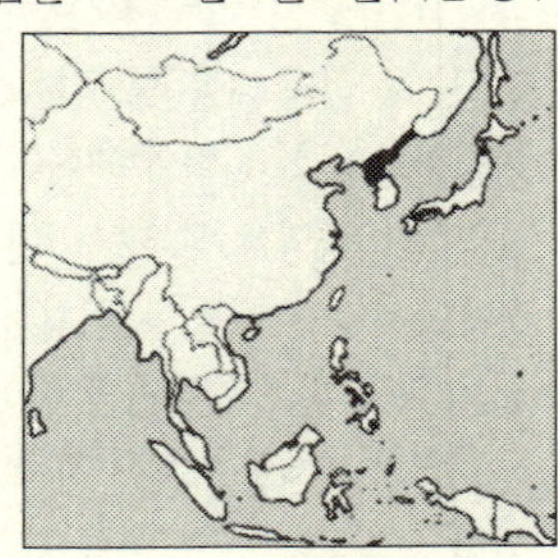 

☞ 주요 통계 자료

·면　　적	12만 2400㎢(한반도의 55%)
·인　　구	2392만 명(95년)
·수　　도	평양(Pyongyang), 인구 약 220만 명(95년)
·주요 도시	개성(30만 명), 청진(30만 명), 남포(20만 명) 등
·주요 민족	한민족(단일 민족)
·언　　어	한국어
·종　　교	불교(약 1만 명), 기독교(약 5000명, 이 중 카톨릭이 3%)
·정치 체제	인민 공화제 사회주의 일당 독재
·헌　　법	1972년 12월에 제정 92년에 일부 개정
·국가 원수	국가 주석 97년 7월 현재 공석 최고인민회의에서 선출
·의　　회	1원제(최고인민회의) 687의석 임기 5년
·내　　각	정무원 총리 강성산(Kang Song-san)
·주요 정당	조선 노동당, 조선 사회 민주당, 천도교 청우회 등
·국민총생산	223억 달러(95년 한국은행 추정)
·1인당 GNP	957달러(95년)
·통화 단위	원. 1달러＝2.15원(97년 1월)
·주요 자원	석탄, 철광석, 동, 아연, 텅스텐, 금
·주요 공산품	화학비료, 비철금속제품, 섬유류
·주요 농산물	쌀, 옥수수
·무　　역	수출 22억 2896만 달러, 수입 12억 5017만 달러(94년 추정)

(자료원 : 국토통일원／한국은행／통계청)

☞ 자연 환경

한반도의 북반부는 최고봉인 백두산 (2,744m)을 필두로 하는 고원지대로 이 백두산을 발원지로 하여 두만 강과 압록 강이 동과 서로 갈라져 흐른다.

기후는 온대기후에 속한다. 그러나 같은 위도의 다른 지역에 비해 비교적 추운 편이며, 기온 차도 심한 편이다.

겨울철에는 리베르만 기단의 영향을 받아 맑고 푸른 하늘이 계속되며, 강수량은 무척 적은 편이다. 이에 반해 여름에는 열대성 저기압의 영향권에 놓여 장마철이 찾아든다.

☞ 정치와 경제

북한은 '주체 사상'에 의해 조선 노동당이 지도하는 사회주의 국가이다.

당 기관이 정책을 입안하면 최고 지도기관인 중앙 인민위원회가 실행에 옮긴다. 중앙 인민위원회는 15명의 노동당 최고 간부들로 구성되어 있으며, 입법기관으로는 최고 인민회의가 있다. 대의원들은 4년에 한 번 직접선거를 통해 선출된다.

지난 94년에는 김일성 주석의 사망으로 인해서 현재 국가 원수의 자리가 공석 중이다. 이에 김일성의 3년상이 끝나는 97년 하반기에 그의 아들 김정일이 당 총서기 및 국가주석 자리에 취임할 것으로 알려져 있다.

북한의 세습 체제에 대한 세계 여론의 비판과 국내 지식계층의 개혁과 개방 요구는 갈수록 증폭되고 있는 실정이다. 이에 따라 향후 김정일 체제의 전도는 예측 불허로 치닫고 있는 실정이다.

그 한 예로 97년 2월 12일에 주체 사상의 최고 권위자로 알려진 황장엽 조선노동당 서기가 일본 방문 도중 돌연 귀국을 거부하고 북경 한국대사관에 망명을 신청하여 한국으로 귀순하는 사건이 발생하였다.

97년 7월, 귀순 기자회견에서 황장엽은 김정일의 전쟁 도발을 강력히 피력하였으며, 이는 남북 관계의 중대한 변수로 자리매김 하게 되었다.

북한의 군사력은 육군이 100백만 명, 해군이 4만 명, 공군이 7만 명, 그리고 해병대와 민병 등을 합쳐 400만 명에 이르고 있다.

게다가 무기는 구소련제 무기들로 무장되어 있는 데다 자체 개발한 노동 1호 등 중거리 미사일과 핵무기까지 보유하고 있는 것으로 알려져 있다.

북한의 주산업은 농업이다. 한국과는 달리 일찌감치 정부 주도의 농지개혁을 단행 집단농장으로 발전할 수 있었다.

주요 농산물로는 쌀과 옥수수를 들 수 있다. 하지만 북한의 농업은 농지가 좁다는 결정적인 한계를 지니고 있다. 따라서 이런 취약점을 해결하기 위해 정부는 공업과 광업에 눈길을 돌리게 된다.

그리하여 구소련과 중국의 원조에 편승하여 매년 이 방면에서 괄목할 만한 성장률을 자랑하였다.

현재 제 4차 7개년 계획(1994~2001) 추진 중이다. 하지만 오늘날 북한 경제는 95년과 96년, 2년 연속으로 발생한 수해로 거의 마비상태에 이르고 있다.

특히 식량난이 아주 심각해 한국으로의 귀순자가 속출하고 있는 실정이다. 이에 최근 들어서는 한국을 중심으로 하여 북한 원조계획이 구체화되고 있다.

하지만 북한 경제의 근본적인 개혁이 없이는 현재의 어려움을 극복하기란 쉽지 않을 것이라는 관측이 지배적이다.

☞ 사회와 문화

북한 당국은 일찍부터 교육을 중시했다. '공산주의적 인간형을 만들자'(헌법에 명시)라는 것이 그들의 대원칙이다.

이런 원칙에 따라 북한은 어릴 때부터 집단 교육과 철저한 사상교육을 행하고 있다.

의무 교육의 연수는 11년 간(유아 1년, 초등 4년, 중등 4년, 고등 2년)이며 모두 무상으로 이루어지고 있다.

일 본
(Japan)

— UN 가맹일 : 1956년 12월 18일 —

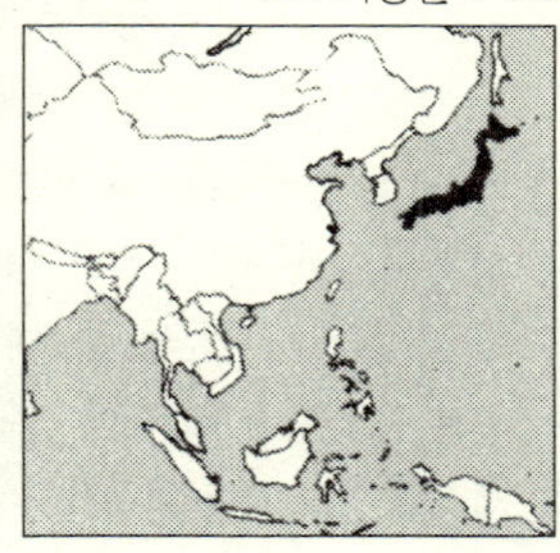 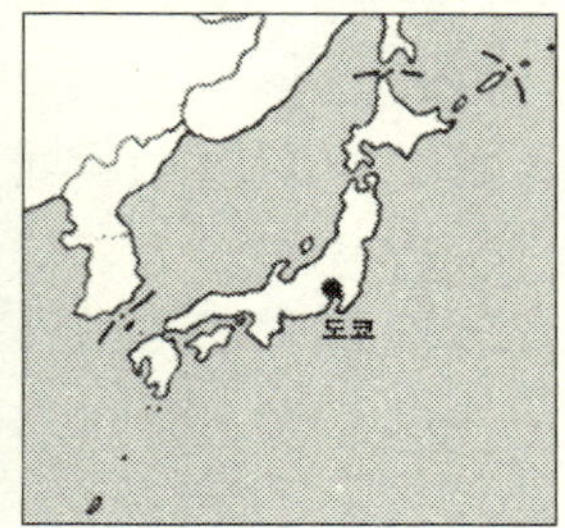

☞ 주요 통계 자료

·면　　　적	37만 7829㎢(95년 10월 1일, 일본 국토지리원 조사)
·인　　　구	1억 2491만 4 373명(96년 주민기본대장 참조)
·수　　　도	도쿄(Tokyo) 인구 796만 7614명(95년)
·주요 도시	요코하마(331만 명), 오사카(260만 명), 나고야(215만 명), 삿포로(176만 명), 교토(146만 명), 고베(142만 명) 등
·주요 민족	일본인, 그 밖에 한국인, 중국인, 아이누족 등
·언　　　어	일본어(공용어)
·종　　　교	신도(神道), 불교, 기독교 등
·정치 체제	입헌 군주제
·헌　　　법	1946년 11월 3일 공포 47년 5월 3일 시행
·국가 원수	국왕 아키히토(明仁) 1989년 1월 즉위
·의　　　회	2원제 중의원 500의석 참의원 252의석
·내　　　각	수상 하시모토 류타로(橋本龍太郎) 96년 11월 7일 발족
·주요 정당	자민당, 신진당, 민주당, 공산당, 사민당, 태양당, 신당 사키가케
·국민총생산	492조 7803억 엔(95년)
·1인당 GNP	393만 엔(95년)
·통화 단위	엔(円). 1달러=116엔 90전(97년 1월)
·주요 자원	목재, 석회석, 아연, 석탄 등
·주요 공산품	자동차, 기계, 전기, 전자제품, 철강, 조선 등
·주요 농산물	쌀, 보리, 야채, 밀감 등
·무　　　역	수출 4429억 3742만 달러, 수입 3360억 9420만 달러(95년)

(자료원 : World Yearbook 97／경제통계월보／KOTIS)

☞ 자연 환경

일본은 아시아 동쪽 해상, 북동에서 남서로 길게 자리잡고 있는 섬나라이다. 홋카이도, 혼슈, 시코쿠, 큐슈 등 4개의 큰 섬과 쓰시마, 오키나와 등 약 7000여 개에 달하는 크고 작은 섬으로 이루어져 있다. 동쪽과 남쪽은 태평양, 서쪽은 한국의 동해, 남서쪽은 동중국해, 그리고 북쪽은 오호츠크해와 접해 있으며 총면적은 한반도 면적의 1.7배 정도에 이른다.

환태평양 조산대의 일부에 속해 있는 일본의 지형은 아직 조산운동이 활발한 유년기 단계에 놓여 있다. 따라서 지진이나 화산 활동이 매우 활발한 편이며, 기후는 우리 나라와 같은 온대 기후권에 속해 있지만, 남북의 길이가 긴 관계로 지역에 따라 기온 차가 심하다.

☞ 간추린 역사

일본 열도에는 구석기시대부터 사람이 살았으며, 이들에 의해 만들어진 최초의 문화가 조문 문화(기원전 4500~200)이다. 이후 한반도로부터 한층 발달한 토기와 금속기, 도작(稻作)법 등이 전해지면서 오늘날 일본 문화의 모태인 야요이 문화가 꽃피게 된다.

4세기 말 백제로부터 한자와 유교가, 그리고 6세기에는 불교가 전래되면서 일본은 차츰 국가다운 면모를 갖추게 되는데 이 때 등장한 체제가 바로 야마토 국가이다. 이 야마토 국가는 7세기에 이르러 불교를 정치이념으로,

또한 당나라에서 따온 율령제도를 지배도구로 삼아 완전한 고대국가 체제를 확립한다. 하지만 8세기 말부터 율령제도의 혼란을 틈타 귀족과 사찰의 세력이 강해지면서 그 휘하의 무사계급이 성장, 무가정치를 낳기에 이른다.

이후 일본의 역사는 12세기 후반에 들어 가마쿠라 바쿠후(鎌倉幕府)를 필두로 중세봉건시대에 접어든다. 그리고 1467년 '다이묘(영주)'라 불리는 새로운 지배계급이 탄생하면서 일본 전국은 전국시대에 돌입하였으며, 근 1세기에 걸쳐 지방 영주간의 치열한 세력다툼이 벌어진다.

1568년 오다 노부나가가 당시의 수도인 교토에 입성하면서 전국시대의 막은 내려지고, 그의 뒤를 이은 토요토미 히데요시가 강력한 무력을 발판으로 명실상부한 통일천하를 이룩한다. 이 토요토미 히데요시는 자신의 힘을 과시하기 위해 2차례에 걸쳐 조선을 침략, 엄청난 살상과 약탈을 자행하지만 결국 전쟁의 실패로 자신의 명줄을 단축시킨다. 이어 1603년 도쿠가와 이에야스가 새로운 바쿠후로 등장, 수도를 에도(지금의 도쿄)로 옮기고 이른바 에도바쿠후시대를 연다.

한편 17세기 후반에 접어들면서 일본의 농촌은 차츰 화폐와 상품이 유통되는 사회로 변모한다. 또한 이와 함께 농민층의 분해가 진행되고 부를 축적한 신흥계급이 대두되기 시작한다. 이들은 영주의 봉건적 지배체제에 강력한 반대세력으로 부상, 바쿠후 타도 운동을 전개한다. 게다가 1856년 미국의 압력에 굴복,

서구 열강에 문호를 개방하게 되자 이를 계기로 전국 각지에서 농민 봉기가 속출, 마침내 1867년 바쿠후 시대는 종말을 고한다.

일본의 근대화는 이른바 1869년에 단행된 '메이지 유신'으로 대변된다. 바쿠후를 몰아내고 왕정복구를 선언한 신흥자본가 계급은 이 때부터 서양의 기술과 제도를 적극적으로 받아들여 본격적인 자본주의적 발전을 도모한다. 일본의 급속한 근대화는 제국주의 정책을 낳게되고, 1910년 대한제국의 식민지 합병을 계기로 일본은 노골적인 대륙침략의 야심을 드러낸다. 이후 군국주의로 무장한 일본은 중일전쟁(1937년)을 필두로 침략전쟁의 수위를 높이더니 마침내 1940년 독일, 이탈리아와 함께 3국동맹을 체결함으로써 2차대전의 주역으로 등장한다. 그러나 일본 군국주의는 연합군의 반격에 봉착, 전선의 답보상태를 거듭하다가 미국의 원폭투하를 계기로 1945년 8월 15일 무조건 항복하고 만다.

1947년 5월, 일본은 항복문 조항에 의거, 과거의 군국주의를 청산하고 비무장, 민주화를 골자로 한 새 헌법을 채택한다. 그리고 1951년 샌프란시스코 강화조약을 통해 연합군으로부터 주권을 회복하고 전후 국가재건을 향한 장도에 오른다.

☞ 정 치

일본의 정치체제는 입헌군주제. 왕은 다만 상징적인 존재일 뿐이며 현실 정치에 있어

서는 국회가 국가 최고기관의 위치를 차지하고 있다. 현재의 왕은 125대인 아키히토(明仁), 연호는 평성(平成)을 쓰고 있다.

일본의 국회는 중의원과 참의원의 양원으로 구성되며, 주로 법률 재정, 예산안 심의, 조약 승인 등 정국운용의 근거가 되는 국가행위를 주관한다. 실제 정국운용의 주체인 내각은 국회의원의 호선에 의해 지명되는 총리 및 총리가 임명하는 국무위원으로 구성되는 합의체이다.

일본의 정가는 1955년 이래 근 35년 이상을 다수당으로 군림해온 자민당에 의해 운용되어 왔다. 하지만 1993년 3월 자민당의 가네마루 전 총재가 탈세혐의로 구속되고 당시 외상이었던 와타나베 씨 마저 신병으로 사퇴하게 되자 자민당은 전후 최고의 정치적 위기에 봉착하게 된다. 게다가 자민당은 당시 내각에 대한 하타파의 내각불신임안이 국회에서 가결되고, 93년 7월 총선거에서도 참패하게 되자 미야자와 총리가 사퇴함으로써 그간의 일당독주체제를 마감한다.

이후 등장한 비민자 연립내각의 성격을 띤 호소카와(당시 일본신당 대표) 내각은 출범 초기부터 거액의 정치자금 스캔들과 APEC 회의 석상에서의 쌀개방 약속 파문 등으로 내부 분열을 야기, 8개월 만에 좌초된다.

후계 인선에 고심하던 연립신당은 급거, 하타 쓰토무(당시 신생당 당수) 씨를 지명, 대임을 맡기지만 당시 하타 내각은 원체 정치적 지지기반이 약한데다 93년 연말에 터진 방위청

장관의 개헌론 파문 등으로 겨우 2개월만에 물러나는 촌극을 빚는다.

94년 6월, 세제 개혁 문제로 사분오열되고 있던 신당연합에 대항, 자민당과 사회당의 연립 논의가 본격화되면서 일본 정국은 새로운 국면을 맞이한다. 이어 6월 29일에 있던 총리지명 선거에서 자민당과 사회당 연립진영은 무라야마 사회당 위원장을 내세워 신당연합을 보기 좋게 누른다.

전후 2번째의 사회당 출신 총리이기도 한 무라야마 씨는 96년 1월에 예산안을 둘러싼 여·야 간의 격한 대립이 예상되는 가운데 돌연 총리직을 사퇴, 하시모토 자민당 총재에게 정권을 잇게 한다(제1차 하시모토 내각).

근 2년반 만에 다시금 정치적 주도권을 회복한 자민당은 96년 9월 중의원 해산이란 강수를 동원, 당해 10월 20일에 실시된 총선거(최초로 소선거구제, 비례대표 병립제 도입)에서 비록 과반수 의석 확보에는 실패했지만 지난 선거에 비해 28의석을 신장, 제2차 하시모토 내각의 권력기반을 더욱 공고히 한다.

총선 후, 기존의 연립여당이었던 신당 사키가케 및 사민당이 당내 사정 등으로 내각 참여를 기피함으로써 현재 일본정국은 자민당 단독내각에 의해 운용되고 있다.

특히 일본의 여론은 이번 하시모토 2차 내각에 대해 행정개혁을 단행하기 위한 실무형 포진이라는 데 많은 관심을 보이고 있다. 그러나 신진당을 비롯한 야당에서는 자민당 중심의 이권정치 부활을 경고하며 정면 대결

도 불사할 것을 선언하고 나서 향후 귀추가 주목되고 있다.

☞ 경 제

제2차 세계대전 전까지는 면과 생사를 중심으로 한 섬유공업이 전체 산업의 1/3 이상을 차지할 정도로 주로 경공업 중심이었으나 '한국전쟁'이란 특수를 통해 중화학공업으로 전환할 수 있었다. 60년대 말에는 서독과 함께 세계 최고의 중화학 공업화를 자랑한다.

이후 70년대 석유파동을 계기로 부가가치가 높은 기계산업(전기, 전자기기, 자동차, 공작기계, 정밀기계 등)에 치중, 세계시장을 석권하기에 이른다. 이것들 중 특히 자동차 산업은 그 성능과 경제성 면에서 미국이나 독일을 압도하며 일본산업의 중심축으로 자리잡고 있다. 또한 최근에는 생명공학과 첨단 신소재개발에 주력하는 한편, 남·북극 및 우주개발 등에도 박차를 가해 21세기 첨단시대를 준비해 나가고 있다.

1980년대까지 급속한 성장을 거듭했던 일본 경제는 90년대 접어들면서 거품 현상에 따른 엔고와 지가, 주가의 폭락세로 경기 후퇴양상을 노정한다.

특히 미국과의 끊임없는 무역마찰은 일본 경제 발전의 최대의 걸림돌. 일본 정부는 95년 가을에 단행한 대형 경제조치로 엔화가 정상을 찾으며 경기회복 국면에 접어들었다고 발표했다. 그러나 엔화 하락으로 기업 수익은

개선되고 있다 하더라도 높은 실업률과 심각한 산업공동화 현상은 여전. 이에 대해 하시모토 내각은 거듭 경제구조 개혁과 재정구조 개선을 통해 극복할 것이라 천명하고 있다.

☎ 사회와 문화

일본 경제의 번영은 전통의 균열을 가져왔다. 그 한 예가 일본 여성들의 '결혼 기피 증후군'. 여성들의 학력과 경제력이 신장되면서 가부장적 가족관계를 기피하는 풍조다.

반면 가장들은 '가정기피 증후군'에 시달린다고 한다. 이는 그만큼 가장의 지위가 형편없이 추락했다는 반증하는 것이다.

96년 1월 현재 신문사 총 111개 사. 최대 발행지는 요미우리신문으로 1009만 부. 또한 방송사(라디오, TV)로는 NHK(일본 국영 방송)를 비롯하여 모두 202개 사가 사업 중이며 통신사로는 공동통신과 시사통신이 대표적.

일본의 대학(전문대 포함)은 모두 1174개 교에 대학생수는 306만 9502명에 이르며, 대학 진학률은 46.2% 정도(96년 5월 일본 문부성 발표)이다.

중화 인민 공화국
(People's Republic of China)

— 독립일 : 1949년 10월 1일(혁명정부 수립), UN가맹일 : 1945년 10월 24일 —

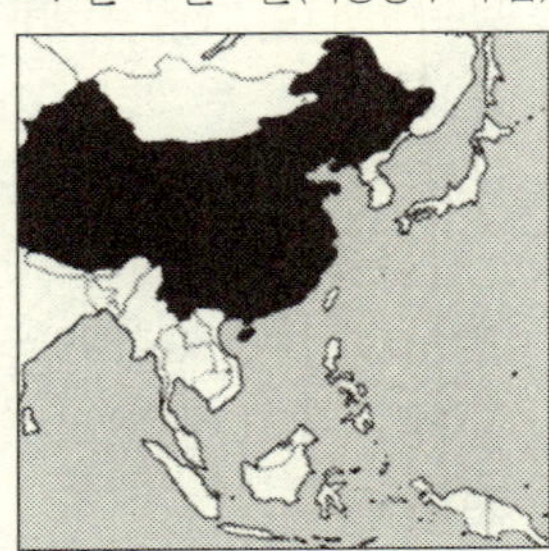 

☞ 주요 통계 자료

·면　　적	960만㎢
·인　　구	12억 1872만 명(96년 초, 대만, 홍콩, 마카오 제외)
·수　　도	베이징(北京, Beijing), 인구 1251만 명(95년)
·주요 도시	상하이(1415만 명), 텐진(942만 명), 청두(972만 명), 광저우(647만 명) 등
·주요 민족	한족(漢族) 등 56개의 민족으로 이루어진 다민족 국가. 한족이 전인구의 92% 차지
·언　　어	중국어(공용어), 그 밖에 각 지방 방언과 소수민족어 사용
·종　　교	헌법에 신앙의 자유 보장. 불교, 기독교, 라마교 등
·정치 체제	헌법상 인민 민주주의 독재에 의한 사회주의 국가
·헌　　법	1982년 12월 4일 공포, 93년 3월 일부 개정
·국가 원수	국가주석 장저민(江澤民) 임기 5년 93년 3월 선출
·의　　회	1원제(전국 인민 대표대회) 제8기 2978명 임기 5년
·내　　각	국무원 총리 리펑(李鵬) 93년 3월 발족
·주요 정당	중국공산당
·국민총생산	5조 7277元(95년)
·1인당 GNP	4754元(95년)
·통화 단위	원(元). 1달러=8.3원(97년 1월)
·주요 자원	석탄, 석유, 철광석 등 지하자원 풍부
·주요 공산품	섬유, 석유화학제품, 기계, 자전거, 비료, 비철금속 등
·주요 농산물	쌀, 밀, 콩, 감자 등
·무　　역	수출 1510억 7000만 달러, 수입 1388억 3000만 달러(96년)

(자료원: World Yearbook 97／KOTIS／중국통계청연감 96)

☞ 자연 환경

지구촌에서 가장 인구가 많기로 유명한 중국은 면적에서도 러시아 연방, 캐나다에 이어 3번째로 넓은 국가.

중국의 지형은 전형적인 서고동저(西高東低)형으로 세계의 지붕이라 불리는 칭짱고원(靑藏高原: 일명 티베트 고원)을 정점으로 히말라야, 쿤룬(崑崙), 톈산(天山), 알타이 산맥 등 4대 산맥이 서부에 포진되어 있고, 반면 전체 인구의 70% 이상이 살고 있는 동부에는 황허(黃河) 강 유역의 허베이(河北) 평원과 양쯔(揚子) 강 유역의 중샤유(中下游)평원 등이 펼쳐져 있다.

기후는 대부분 온대에 속하며 4계절의 구분이 뚜렷하다. 하지만 땅덩어리가 큰 만큼 남북간 또는 동서간의 기후 차이도 심한 편이다.

☞ 간추린 역사

중국의 옛 전설에 따르면 상고시대에 이미 삼황(三皇) 오제(五帝)가 다스렸던 태평성대가 있었다고 전한다. 하지만 이는 다만 전설일 뿐, 역사성을 띠기로는 이후의 삼대(夏,殷,周) 시대부터이다.

기원전 8세기 중엽, '은주 혁명'을 통해 은왕조를 폐하고 들어선 주왕조는 발달한 문화에 비해 왕권이 미약, 지방제후의 할거시대를 낳는다. 이른바 '춘추전국시대'라 불리는 이 혼란기에 중국대륙은 소모전을 반복하면서 도 주변 이민족들과의 교류를 통해 철기문화를 받아들이는 등 문명의 발달을 보게 된다.

전국 칠웅(七雄: 齊,楚,燕,秦,韓,魏,趙) 중 초기에는 가장 후진국이었던 진(秦)나라는 서역의 철기문명과 주변 유목민들의 기마전술을 활용, 기원전 221년에 천하를 평정한다. 이는 중국 역사상 최초의 통일이었으며, 그 주인공인 시황제(始皇帝)는 만리장성을 통해 오늘날 중국 영토의 경계를 확립한다. 그러나 기원전 207년에 시황제가 죽자 진나라의 운명도 급전직하, 지방호족들에 의해 도읍이었던 센양(咸陽)이 함락되면서 몰락한다. 그리고 신진세력을 대표했던 유방(劉邦)은 귀족 출신의 항우(項羽)를 이기고 다시금 천하통일, 기원전 202년에 한(漢)나라를 탄생시킨다. 이 한나라라 하면 당시 페르시아의 아케메네스 왕조 및 유럽의 로마제국과 더불어 대표적인 고대국가로 손꼽힌다.

한나라의 4백여 년간에 걸친 태평성대도 왕조 말기 '황건(黃巾)의 난'을 계기로 난세에 이른다. 우리에겐 '삼국지'로 너무나 잘 알려져 있는 위(魏:曹操), 촉(蜀:劉備), 오(吳:孫權), 3국의 정립기를 지나 진(晉:司馬炎)에 의해 통일되지만 왕족과 관료간의 세력다툼으로 왕권이 확립되지 못한다.

그리고 이 때를 즈음하여 흉노(凶奴)족 등 주변의 이민족들이 발흥, 대륙은 다시 '5호 16국'의 대전란 시대를 맞이한다. 이른바 서양사의 게르만민족 대이동에 비견되는 이 시대는 이후 '남북조 시대'를 거쳐 581년 수(隋)나라로 이어진다.

수나라의 양제(煬帝)는 대운하를 건설하는 등 굵직한 치적을 남겼으나 고구려 정벌에 실패, 결국 멸망의 길을 걷는다. 이어 등장한 당(唐)은 주변의 유목민족들을 평정하고 부국강병책을 구사, 당시 중국의 문화를 서역에까지 전파한다. 하지만 절세미인 양귀비와의 사랑으로 유명한 당 현종(玄宗)의 실정에 안녹산의 난 등이 겹치면서 다시 천하는 난세에 돌입한다.

이후 장장 200여 년에 걸쳐 '5대 10국'이 흥망을 거듭하는 혼란기 끝에 대륙은 979년 송(宋)나라의 시대를 맞이한다. 이 송나라는 장구한 중국의 역사 속에서도 문화의 발달이 단연 돋보였던 시기였다. 풍부한 철생산을 계기로 산업이 융성해지고, 명주와 차, 도자기 등을 매개로 국제무역이 활발해진다. 게다가 과거제도의 정착으로 지식계급이 사회전반을 지도하여 화약, 나침반 등 다양한 발명품들이 탄생했던 시기도 바로 이 때였다.

한편 송의 문화는 인근 유목민족들에게도 상당한 영향을 미친다. 동부의 거란족은 송의 제철법을 이용, 대제국 요(遼)나라를 건설하여 중국 대륙을 넘보기도 하며, 이후 12세기 여진족의 금나라는 송의 수도였던 카이펑(開封)을 함락하기도 한다.

게다가 13세기 후반에는 몽골족의 칭기즈칸이 중국의 철과 몽골의 말을 결합시켜 중국 본토뿐 아니라 서아시아 일대를 평정, 원(元)나라를 건설한다. 하지만 몽골족의 원은 한족

이 절대다수였던 중국대륙을 다스리기엔 역부족. 1368년, 한족 출신의 주원장은 원왕조의 폭압에 반발, 반란에 성공하여 명(明)나라를 건국한다. 명은 왕조의 이익을 위한 극단적인 쇄국정책으로 일관한다. 이에 국내의 불만이 고조되자 만주의 여진족이 청(淸)을 일으켜 자멸한 명나라의 지배자로 등장한다.

청나라 치세의 전반기는 풍부한 경제력을 바탕으로 태평성대를 구가한다. 그러나 후반기에 접어들면서 산업 혁명에 성공한 서구 열강들이 밀려들자 청나라는 종이호랑이로 전락하고 만다. 이에 쑨원(孫文)을 필두로 한 개혁파들의 혁명운동이 불붙기 시작, 마침내 1912년 신해혁명을 통해 청조가 멸망하고 공화제인 중화민국이 탄생한다.

이즈음 중국에서도 공산주의 사상에 대한 관심이 고조되기 시작, 마오쩌둥(毛澤東) 등은 당대의 지식인층을 결집하여 중국공산당을 결성하고 대륙진출을 노리는 일본과 대적하는 한편 장제스(張介石)의 국민당과도 일대 결전을 전개한다. 그리고 이른바 '연안 장정(延安長征)'을 시작한 지 15년 만인 1949년에 중국공산당은 혁명정권을 수립, 오늘날 '중화인민공화국'을 출범시킨다.

☞ 정 치

중국은 헌법상 인민 민주주의 독재를 통한 사회주의 국가건설을 국시로 내세우고 있다. 여기에 정치 지도체제는 크게 '당(黨)'과

'정(政)'으로 나뉘는데, 당은 중국공산당이, 정은 국무원이 담당하고 있다. 사실상 정치권력의 핵심은 중국공산당이며, 최고의결기관인 전국인민대표대회나 최고행정기관인 국무원은 모두 당의 지도와 통제를 받고 있다.

지난 89년 '톈안먼(天安門) 사건'을 계기로 당내 개혁파와 보수파간의 갈등이 첨예하게 맞물렸으나 91년 구소련의 해체와 보수파의 핵심이었던 리시엔리엔(李先念)의 사망 등으로 결국 개혁파가 당내 실권을 장악한다. 이후 92년 봄, 덩샤오핑(鄧少平)은 남순강화(南巡講話)을 통해 '개혁노선은 100년간 불변'을 천명함으로써 중단없는 개혁이 확고한 당의 노선으로 자리매김 된다.

이어 93년 3월의 제8기 전인대는 혁명 3세대격인 쟝저민~리펑 체제가 중국의 확실한 지도체제로 구축되는 자리였다. 여기서 쟝저민 주석의 중국공산당은 개혁노선에 입각, 헌법을 대폭 수정하는 한편, 아시아 주변국들과의 관계 강화 및 대미관계 개선을 천명한다. 더불어 당시 고령이었던 덩샤오핑의 사후에 대한 대비책도 점차 준비해 나간다.

1997년 2월 19일, 중국의 최고실력자 덩샤오핑 사망. 이어 쟝저민 주석은 3월 1일부터 14일까지 개최된 제8기 전인대 5차 회의에서 경제개혁 강화, 군부에 대한 당의 통수권 강화, 부정부패 및 경제범죄 척결 등을 강조하며, 덩샤오핑 없는 새로운 시대의 막을 연다. 특히 이번 전인대는 덩샤오핑 사후 사회 전반에 파급된 사회불안을 제거하는 문제와 7월 1

일로 약속된 홍콩반환문제 및 하반기 개최예정인 15차 전당대회 등이 결부되어 있어 세인의 관심이 집중된 바 있었다.

대회 이후 쟝저민 주석은 한층 강화된 권력기반 위에서 자신의 영도력을 발휘하고 있다. 또한 전반적인 사회 분위기도 동요 없이 흐르고 있다. 그러나 쟝저민 체제는 성장 드라이브 정책에 따른 경제적 부작용(특히 인플레이션 등 경기과열 현상)과 홍콩 반환 이후의 문제, 그리고 타이완(臺灣)과의 관계개선 등, 앞으로 풀어야 할 숙제도 많이 남겨져 있다.

☞ 경 제

사회주의 혁명 후의 중국 경제는 57년까지 비교적 순조로운 발전상을 보이다가 60년대 중반 문화대혁명을 겪으면서 사상투쟁의 뒷전으로 밀려나 침체의 길을 걷기 시작한다. 그러나 76년 마오쩌둥(毛澤東)이 사망하고, 이듬해 덩샤오핑이 복권되면서, 78년 말 공산당 11기 중앙위원회 총회에서 정식으로 '개혁 개방 노선'을 채택하게 된다.

이후 중국경제는 83년부터 87년까지 실질성장률 연평균 11.1%, 국민소득에서는 10.7%의 급속한 성장을 이룩한다. 하지만 지나친 성장 드라이브 정책으로 인해 높은 인플레이션과 빈부격차 등의 부작용이 발생하여 중국 당국은 급거 88년부터 경제조정 작업에 착수한다. 그러나 89년에 발생한 톈안먼 사건으로 국내 경기가 급속도로 얼어붙자 다시금 중국 정부는 금융완화 등을 골자로 한 조정작업과 대담한 개방정책으로 경기활성화를 유도, 92년도엔 실질성장률 12.9%를 달성하여 또다시 과열현상을 빚기도 한다.

한편 중국의 산업구조는 급격한 경제성장에도 불구하고 여전히 1차 산업이 중심을 이루고 있는데 전체 인구의 7% 이상이 농업 인구이다. 특히 최근에는 향진기업(鄕鎭企業)이라는 농업 공동체를 활용, 생산성 향상에 매진하고 있다.

또한 중국은 지대물박(地大物博)이란 말에 걸맞게 광산물과 에너지 자원이 풍부하다. 다만 아직은 이것들을 공업분야와의 연계선상에서 개발할 만한 여건이 되지 못해 생산성과 부가가치가 매우 낮은 실정이다. 현재 중국 산업의 주류를 형성하고 있는 분야는 섬유류나 식품류 및 신발, 완구 등 소비류 제품. 또한 94년부터는 산업별 정책지침의 하나로 '자동차 산업육안'을 마련, 중국 국민들에게 마이카 시대를 선언하기도 하였다.

지난 95년 9월 28일, 중국공산당은 중국 경제의 내일에 대한 몇 가지 대원칙을 채택하게 된다. 그것은 바로 '국민 경제와 사회발전 제9차 5개년 계획(1996~2000년) 및 2010년 장기 목표에 관한 제안'이 바로 그것이다.

이른바 2000년대를 향한 발전의 청사진이라 할 수 있는 이 제안의 내용은, 첫째 2010년에는 GNP를 2000년에 비해 2배 이상 신장, 국민생활을 윤택하게 하고, 둘째 현대 기업제도의 확립, 사회보장 시스템의 정비, 통화공급량의 조절 등 거시적 통제능력을 증강하며, 셋째 외자도입 등으로 지역간 격차를 축소하고, 넷째 국방력의 현대화, 다섯째 경제특구의 정비와 조정, 여섯째 환경오염과 생태계 파괴의 억제 등이다.

☞ 사회와 문화

개방화 열기에 편승 사회의 분위기는 현저히 서구화되어 가는 추세지만 개방화의 후유증으로 실업과 범죄가 엄청난 속도로 증가하여 사회 불안의 커다란 요인으로 작용하고 있다.

한편 97년 7월 홍콩 반환을 계기로 현재 중국에서는 홍콩을 소재로 한 영화와 출판물이 급증하여 붐을 이루고 있다. 영화로는 '부용진(芙蓉鎭)'을 만들었던 사진(謝晋) 감독이 '아편 전쟁'이란 영화를 만들어 반환식이 거행되는 당일 북경과 홍콩에서 동시 개봉하였으며, 출판물로는 '1997년 우리는 홍콩에 간다', '20세기의 홍콩', '1국 양체제와 홍콩의 기본법' 등이 베스트셀러이다.

대　만

(Taiwan, Republic of China)

— UN과의 관계 : 1971년 대표권이 대륙으로 이전. 현재 비가맹국 —

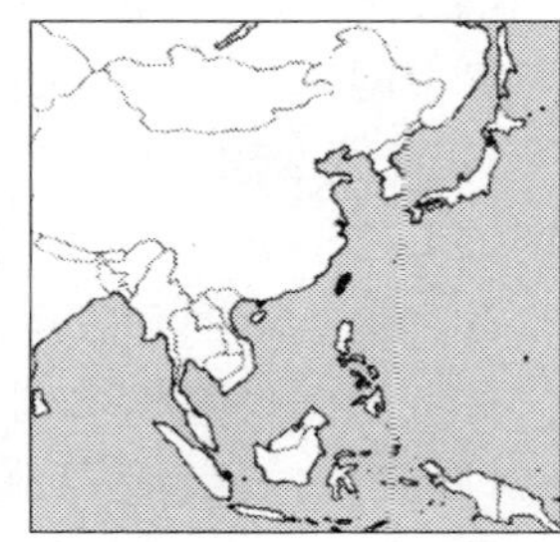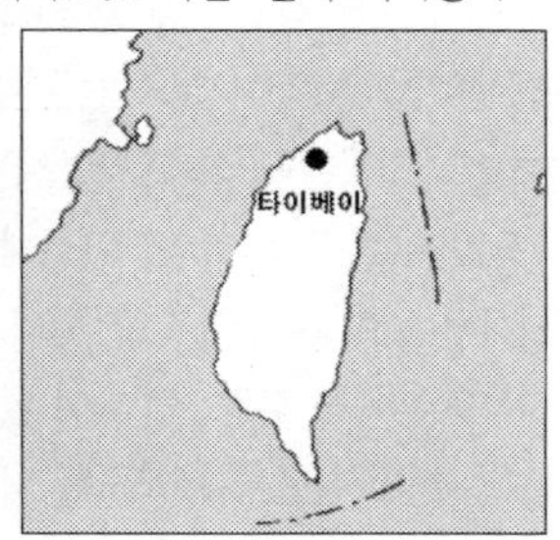

☞ 주요 통계 자료

·면　　적	3만 6190㎢(한국의 약 1/3)
·인　　구	2139만 4000명(95년 말)
·수　　도	타이베이(Taipei) 수도 인구 330만 6000명(96년)
·주요 도시	가오슝(142만 명), 타이중(85만 명), 타이난(71만 명), 지룽(37만 명), 신주(34만 명)
·주요 민족	한족(98%), 고산족(2%)
·언　　어	북경어(공용어) 그 밖에 대만어 등 지방어
·종　　교	도교, 불교, 기독교 등
·정치 제제	공화제
·헌　　법	1946년 12월 제정 94년 7월 29일 일부 개정
·국가원수	총통 리덩후이(李登輝) 임기 4년 96년 5월 20일 최초의 직접선거를 통해 취임
·의　　회	입법원 164의석
·내　　각	행정원 원장(총리)은 총통이 지명
·주요 정당	국민당, 민주진보당, 신당 등
·국민총생산	2442억 달러(94년)
·1인당 GNP	1만 1604달러(94년)
·통화 단위	대만 원(元). 1달러=27.50원(97년 1월)
·주요 자원	석탄, 시멘트
·주요 공산품	전자·전기 제품, 섬유, 철강, 금속제품 등
·주요 농산물	사탕수수, 쌀 등
·무　　역	수출 1160억 달러, 수입 1013억 달러(95년)

(자료원: World Yearbook 97／KOTIS)

☞ 자연 환경

대만(타이완)은 중국 대륙 동남쪽 해안에서 약 160㎞ 떨어진 곳에 위치한 나뭇잎 모양의 섬나라. 주섬인 타이완 섬과 펑후 제도(澎湖 諸島)의 64개 섬 등, 총 80여 개의 섬으로 구성. 공식 명칭은 '중화민국(中華民國)'으로 되어 있으나, 1971년 유엔 탈퇴 이후 국제무대에서 통칭 '타이완(臺灣)'으로 불리고 있다. 중앙 산맥이 주섬의 남북에 걸쳐 가로놓여 있는 가운데 최고봉인 위산(玉山, 3,997m)을 비롯, 산지가 전체의 70%를 차지하는 반면 평야지대는 주로 서부에 편재되어 주요 도시들은 모두 서부해안을 끼고 조성되어 있다.

기후는 대체로 아열대와 열대 해양성 기후를 띠고 있지만 고도차에 따라 매우 다양한 편이다. 특히 평지는 고온다습하고, 연평균 기온이 18℃ 정도를 기록하고 있으며, 겨울이 짧은 대신 여름이 무척 길다.

☞ 간추린 역사

기록에 따르면 고대 중국의 진(秦), 한(漢) 시대에는 이 곳을 '동곤(東鯤)'이라고 불렀으며, 230년경 삼국시대의 오(吳)나라 손권(孫權)은 '이주(夷州)'라 부르며 직접 경영에 나서기까지 하였다고 한다. 수(隋)나라에 이르러 비로소 본토의 속주로 편재되며, 당, 송대에 걸쳐 중국 연해로부터 많은 사람들이 이주해와 정착생활을 꾸리기도 한다.

이후 1622년과 24년에 각각 네덜란드에 의해 펑후 섬과 타이완이 차례로 점령당하는 사건이 발발한 데 이어 1626년에는 스페인 함대가 타이완 북부지역인 지룽(基隆)과 단수이(淡水)를 무력 점거, 중국본토 상륙을 위한 전진기지로 활용하다가 1642년에 자진 철수한다. 이러한 일련의 사태에 자극받은 당시의 명나라 조정은 1661년에 정성공(鄭成功)을 파견, 외부세력을 배격하고 본격적인 타이완 개발을 위한 기틀을 마련한다. 그리고 1683년 청(淸)나라 조정은 타이완을 '푸젠 타이완성(福建臺灣省)'이라 칭하고 1부 3현을 설치하는 한편, 이 일대에 대한 개발을 진전시켜 18세기 중반 이후 이주민이 급증하고 행정구역도 더욱 확대한다. 그러나 1858년, 아편전쟁 후 체결된 톈진조약에 따라 북부의 단수이(淡水)가 전면 개항되면서 타이완은 서구열강의 각축장으로 변한다. 특히 일본은 중국인에 의한 일본인 살해사건을 빌미로 대대적인 군사행동을 감행, 결국 청일전쟁(1894~95)으로 비화되고, 전쟁 결과 청이 패함으로써 타이완은 이후 51년간 일본의 식민지배를 받게 된다.

1945년 8월, 일본의 패전으로 2차대전이 종결되자, 타이완은 다시 중국으로 귀속된다. 그리고 마오쩌둥(毛澤東)이 지휘하는 중국공산당과의 내전에서 패한 장제스(蔣介石) 국민당 정권은 20여만 명에 달하는 본토의 특권층과 함께 1949년 12월 난징(南京)을 탈출, 이 곳 타이완의 타이베이(臺北)에 중화민국 정부를 수립한다. 가까스로 사지(死地)에서의 탈출에 성공한 장제스 국민당 정권은 이후 대륙 수복의 기치 아래 경제발전을 통한 국력신장에 주력한다. 그리고 본토의 공산당 정권과는 '불접촉, 불담판, 불간섭'의 '3불정책'을 표방하며 냉전체제를 고수한다. 그러나 87년을 기점으로 계엄령을 해제하고 사회적 민주화를 추진함과 동시에 '3불정책'을 폐기하고 대륙과의 교류방안을 모색 중이다.

☞ 정 치

대만의 국가기구는 국민대회와 총통, 그리고 행정원, 입법원, 사법원, 고시원, 감찰원 등 5원 및 중앙정부와 지방정부로 구성되어 있다. 국민대회는 헌법상 최고기관으로서 각 지역 및 단체의 대표로 구성되는데, 과거에는 총통의 선출, 헌법개정의 권한 등을 가졌으나 94년의 헌법 개정으로 총통직선제가 도입되면서 지금은 그 기능과 권한이 많이 축소되어 있다. 또한 총통은 명실상부한 대만의 국가 원수로서 개정헌법에 의거, 국민의 직접선거로 선출되며 임기는 6년에서 4년으로 줄었다.

1949년 이래 국민당 정부는 '민족, 민생, 민권'의 '삼민주의'를 기본이념으로 삼고, 반공과 대륙복귀를 국시로 내걸어 중국 본토와 대립해왔다. 그러나 1991년 대만 내 제1야당인 민진당(民進黨)을 중심으로 중화인민공화국을 인정하고, 대만 스스로도 '대만 공화국'으로 정식 독립해야 한다는 내용의 '대만 독립 강령'을 채택한다. 이와 아울러 리덩후이(李登輝) 총통 역시 지난 93년 가진 공식연설에서 "대만은 과거의 미망(迷妄)으로부터 탈피, 현실론에 입각하여 중화인민공화국과 1국 2정부 구성을 제안한다"고 역설한 바 있다.

이에 대해 중국은 반박성명을 통해, 대만이 중국 영토의 일부라는 사실에는 변함이 없으며, 대만 정부가 '분열', '대만 독립', '2개의 중국' 등을 거듭 획책할 경우 모종의 조치를 취할 수밖에 없다고 경고했다. 게다가 95년 6월 리덩후이 총통의 미국 방문(단교 후 최초의 공식방문)을 대만 분리독립을 꾀하는 음모라고 규정하고, 대만 해협에서 미사일 발사훈련 등 대규모 군사훈련의 감행을 천명하였다.

결국 중국의 군사훈련은 국제여론의 염려 속에 96년 3월 3차례에 걸쳐 대규모로 실시된다. 또한 이 때를 즈음하여 대만 내에서는 역사상 최초로 총통 직접 선거가 실시되어, 리덩후이 전 총통이 54%의 득표율을 얻어 제9대 총통으로 취임한다. 특히 작년 선거는 양국의 통일문제 및 대만 국내정치의 새로운 이정표가 된다는 점에서 세계의 이목을 집중시킨 바 있는데, 리 총통이 압도적 표차로 당선됨으로써 지금까지 민주정치의 발전 및 자주외교노선을 더욱 강력히 추진해 오고 있다.

현재 대만 정부가 안고 있는 최대의 고민은 단연 외교문제. 지난 96년 8월에 아프리카의 니제르가 단교를 선언한 이래 올해 들어서는 수교국 중 가장 큰 비중을 차지하고 있던 남아공화국마저 97년 12월 31일부로 단교할 것을 공식 선언했다. 이로써 대만의 수교국은

29개국으로 줄었으며, 남아공에 이어 아프리카 및 중남미 국가들도 속속 대만을 포기하고 중국을 선택할 것으로 내다보여진다. 이에 따라 리덩후이 정부는 파나마, 과테말라 등 중남미 국가들과의 경제외교관계를 더욱 강화시켜 나가는 한편, 문제해결의 열쇠인 중국과의 관계개선에 매진하고 있다.

☞ 경 제

대만은 비록 경지면적은 좁지만 풍부한 강우량과 따뜻한 기후 등 최적의 자연조건을 배경으로 청나라 말기부터 농업발달이 두드러졌던 곳이었으며, 일본 식민통치시대에도 사탕수수와 쌀의 주산지로 유명하였다. 여기에 국민당 정부는 1950년대부터 공업화정책에 매진, 수입대체공업의 발전과정을 거쳐, 60년대 이후 적극적인 외자도입에 의한 수출지향 공업화를 추진한 결과 연평균 8.2%의 초고속 성장을 기록하며 신흥공업국(NICS)의 선두그룹을 형성하기에 이른다.

대만의 주요 산업으로는 70년대만 하더라도 섬유, 식품가공 등 노동집약적 수출가공업이 중심이었지만 70년대 중반 이후부터 정부 주도하에 중화학공업정책으로 방향 전환, 철강, 조선, 석유화학 등이 국가의 기간산업으로 자리매김 되며, 80년대 중반을 넘어서서는 정보산업과 자동차 산업에 매진, 오늘날 선진국형 산업구조를 갖추게 된다.

대만 경제의 최대 특징은 외환보유고가 매우 높다는 것. 94년을 기점으로 총액 900억 달러를 돌파, 세계 2위를 자랑한다. 그리고 이러한 높은 외환보유고를 통해 일찌감치 적극적인 해외투자에 나서 일본 및 서방 7개국에 이어 항상 세계 8, 9위의 해외 투자국으로 자리잡고 있다.

한편 90년대는 80년대 고속성장을 통한 거품경제가 걷히면서 일정기간 침체기를 맞는다. 특히 '대외부문 호황, 국내부문 침체'라는 양극화 현상이 부각, 이는 95년 중반에 발생한 2차례의 대형 금융사고와 중국의 군사훈련으로 빚어진 심리적 요인이 크게 작용했기 때문이다. 이에 대해 당국은 96년 이후 거품의 음영이 걷히면서 회복될 것이라 전망했지만 선진국들의 경기회복 지연과 국외 수요의 감소(특히 홍콩 반환) 등으로 대만의 국내 경기는 현재까지 회복의 기미가 보이질 않고 있다. 따라서 97년에도 경제성장률은 작년과 비슷한 수준인 6%에 머물 것으로 예상된다.

☞ 사회와 문화

대만의 원주민은 말레이계의 고산족. 이 중 일부는 여전히 산중에서 부족을 이루며 살고 있지만 대부분은 대륙에서 온 한민족에 동화되었다. 국민의 85%는 본토에서 온 한민족의 자손이며 풍속과 습관은 중국의 전통적 문화를 따르고 있다. 교육제도는 9년제 의무교육, 특히 실업계 고등학교와 전문대학의 시설 및 실력이 우수한 것으로 정평이 나 있다.

몽 골
(Mongolia)

— 독립일 : 1921년 7월 11일(혁명기념일), UN가입일 : 1961년 10월 27일 —

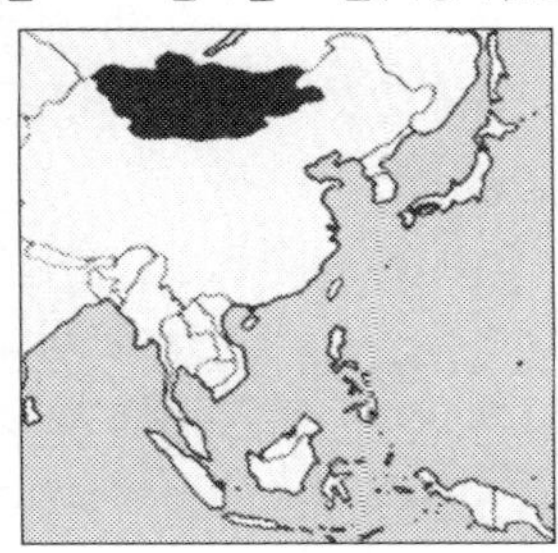

☞ 주요 통계 자료

·면　　　적	156만 6500㎢(한국의 약 16배)
·인　　　구	241만 명(95년)
·수　　　도	울란바토르(Ulan Bator), 수도 인구 60만 9 000명(95년)
·주요 도시	다르한(9만 명), 에르디네트(6만 명)
·주요 민족	몽골인(90%), 카자흐인(4%), 중국인(2%), 러시아인(2%)
·언　　　어	몽골어
·종　　　교	라마교(티벳 불교) 반종교 투쟁으로 쇠퇴했으나 민주화 과정 중 부활
·정치 체제	공화제 대통령 중심제
·헌　　　법	1992년 2월 신헌법 반포
·국가 원수	대통령 푼살마긴 오치르바트(Punsalmaagiyn Ochirbat) 직선제 임기 4년 93년 6월 선출
·의　　　회	1원제 국민대회의 정족수 76의석 직선제 임기 4년
·내　　　각	국회에서 지명하면 대통령이 임명
·주요 정당	몽골민족민주당, 콩골인민혁명당, 사회민주당
·국민총생산	8억 달러(95년)
·1인당 GNP	320달러(95년)
·통화 단위	투그릭(Tugrik) 1달러=466.67투그릭(97년 1월)
·주요 자원	동, 석탄, 몰리브덴
·주요 공산품	식료품, 피혁, 양모
·주요 농산물	양고기 등 육류, 우유, 계란, 버터 등
·무　　　역	수출 5억 1100단 달러, 수입 3억 8800만 달러(95년)

(자료원: GEMICS／World Yearbook 97)

☞ 자연 환경

아시아 대륙의 중앙에 있는 몽골은 북쪽으로는 러시아, 남·동·서쪽으로는 중국과 국경을 맞대고 있는 내륙국이다.

면적으로 따지면 아시아에서 6번째로 큰 나라이지만 인구 241만 명에 불과해 인구밀도가 1㎢ 당 1.5명 정도이다. 정식명칭은 '몽골 공화국(Mongolia Republic)'이다.

국토 전체가 몽골 고원 위에 있기 때문에 평균해발이 1580m에 달하며 최저지점도 해발 552m에 이른다. 하지만 산지의 굴곡이 심하지 않아 전체 면적의 80% 정도가 초원지대를 이루고 있다. 북서부 일대는 호수와 하천을 포함한 전형적인 산지인 반면 나머지 지역은 사막(고비사막)과 초원으로 이루어져 있다.

기후는 주로 대륙성 기후이며, 강수량이 적어 매우 건조하다. 여름에서 가을에 이르는 시기가 가장 살기 좋은 때로, 몽골인들은 이 때를 '루탄 나마르(황금의 가을)'라 부른다.

그러나 겨울은 무척 추운 편이며 봄에는 기압의 변화가 심해 돌풍과 모래폭풍(砂風)이 자주 발생한다.

☞ 간추린 역사

몽골민족은 이미 기원전부터 현재의 지역을 근거지로 소, 말, 양 등을 치며 유목생활을 했다고 한다. 따라서 이들은 일찍부터 가축 다루는 기술이 뛰어나 강력한 기마 전투력을 보유하고 있었으며, 여기에 유목민 특유의 날렵함과 강인함을 바탕으로 곧잘 주변 정복에 나서곤 하였다.

특히 몽골 민족은 13세기에 접어들면서 세계사 속에 하나의 커다란 족적을 남기게 되는데, 그것은 바로 '칭기즈 칸'이라는 걸출한 영웅에 의해 연출된다.

당시 칭기즈 칸은 현재의 몽골 고원을 근거로 군사를 일으켜 아시아와 유럽 일대에 세계 역사상 최대의 대제국을 건설한다. 그리고 스스로는 중화(中華)의 황제로 등극하여 중국의 원(元) 왕조를 열기도 하였다.

1368년 한족(漢族)에 의해 원왕조가 붕괴되자 몽골민족은 다시 몽골고원을 근거지로 유목생활에 들어간다. 이후 중화의 패권이 만주족의 손에 넘어가자 17세기부터는 '외몽골'이라는 이름으로 청왕조의 지배하에 놓이게 된다. 당시 청왕조는 몽골인 귀족을 통한 간접 지배방식을 취했으나, 북방 러시아 세력이 점차 남하하자 19세기 말부터는 조정의 관리를 파견, 직접 통치하기에 이른다.

청왕조의 직접통치에 강한 불만을 갖고 있던 몽골민족은 1911년 중국의 신해혁명을 기회로 라마교의 생불(生佛)을 황제로 옹립하며 자치독립을 선언한다. 하지만 당시 몽골의 독립운동은 도움을 약속했던 제정러시아의 배반으로 실패하고, 이 지역 일대는 다시 중국의 지배권 하에 놓인다.

1917년 러시아 혁명이 발발하자, 소비에트 적군의 공세에 쫓기게 된 러시아 백군은

1921년 2월, 반격의 근거지를 확보하기 위해 몽골의 귀족 및 라마 승려들과 내통하여 고륜(庫倫:지금의 울란바토르)을 무력 점령한다. 그러나 5개월 후, 소비에트 적군의 원조를 받은 몽골의 인민혁명군은 러시아 백군을 격파하고 고륜을 수복함과 동시에 인민정부를 수립하게 된다.

1924년 몽골 인민혁명군을 모태로 한 인민혁명당은 인민공화국을 정식으로 선포하고, 즉시 반봉건투쟁에 들어간다. 즉 구 귀족들과 라마교 재산을 모두 몰수하는 한편, 스탈린주의에 입각 수많은 국내인사들을 부르주아적 민족주의자로 분류하여 숙청한다.

그리고 이 과정에서 권력기반을 확고히 한 초이발산은 1940년에 일명 '초이발산 헌법'을 제정하고, 이를 토대로 본격적인 사회주의 국가건설에 매진한다.

제2차 세계대전 직후인 1952년에 초이발산이 사망하자 그의 뒤를 이어 친소파인 Y. 체덴발이 서기장에 취임한다. 그는 인민혁명당의 1당 권력을 더욱 공고히 하는 한편 84년 바트문흐 서기장에게 정권을 넘겨줄 때까지 3차례에 걸친 헌법개정을 통해 사회주의 국가로의 이행을 순조롭게 달성한다.

그러나 80년대 후반 구소련을 비롯한 동구권에서 민주화 열기가 거세게 일자, 몽골의 정치권에도 역시 개혁바람이 몰아친다.

결국 90년 3월, 몽골의 인민혁명당은 1당 독재를 폐기하고 복수정당을 도입함과 동시에 내외정책에도 일대 쇄신을 기한다. 그리고 1992년 1월에 신헌법을 채택하고 국명을 '몽골 공화국'으로 변경, 현재에 이르고 있다.

☞ 정 치

오늘날 몽골의 정치형태는 인민민주주의를 근간으로 한 대통령 중심제이다. 1992년 신헌법 채택 이래 사유재산과 사적 토지소유를 인정하고 계획경제에서 시장경제로의 이행 등 마르크스주의와의 결별을 분명히 선언한 가운데 민주적 개혁노선을 견지하고 있다.

몽골의 의회는 1원제로 '인민대회의(Great People's Khutal)'라 한다. 인구 2500명당 1명의 비율로 18세 이상의 유권자에 의해 보통선거로 선출되며, 정원 76명에 임기는 5년.

주요 정당으로는 지난 1921년 창당된 이래 지금까지 이 나라 정치권의 핵심적 지도력을 담보하고 있는 인민혁명당을 필두로 92년 이후 형성된 몽골민주연합, 몽골사회민주당 등이 포진하고 있다.

지난 1986년 5월, 몽골 정치권은 이른바 몽골판 페레스트로이카라 할 수 있는 '시네치엘('쇄신'이라는 의미)'을 채택하여 지금까지 지속적인 개혁 작업을 추진해오고 있다.

즉 대내적으로는 정치의 민주화와 시장경제에 입각한 경제발전을 도모하는 한편, 대외적으로는 그 동안의 친소 편향적인 외교노선에서 탈피, 서방 및 주변 아시아권 국가들과의 우호증진을 위해 노력하고 있다.

이에 따라 몽골정부는 94년 인민대회의의

결정에 입각 부총리 L. 에네비시를 위원장으로 한 '정부기관 개편 위원회'를 발족하여 새 질서에 적합한 정부기구의 통폐합을 실시하였으며, 95년 1월에는 당시 총리 P. 자스라이가 직접 나서서 오는 2010년까지의 '국가경제발전 장·단기 목표'를 발표한 바 있다.

또한 오하르바트 대통령은 94년부터 새로운 .외교노선에 입각하여 인도 등 아시아 주변 4개국을 공식 순방하는가 하면 중국과도 '상호우호협력조약'을 체결함으로써 그 동안 국경분쟁으로 인해 불편하기만 했던 양국관계를 화해하기도 하였다.

한편 민주화 후 2번째의 국민대회의 선거가 지난 96년 6월에 실시되었다. 여기서 야당 공조조직인 '민주연합'이 50석을 획득하여 그간 정치권의 주도세력이었던 인민혁명당(획득의석 25석)을 압도적으로 물리치고 다수당이 되었다.

이로써 몽골의 개혁 작업은 더욱 가속화 될 전망이다. 그리고 97년에 있을 대통령 선거에서도 민주연합의 후보가 승리할 것으로 예측되고 있다.

☞ 경 제

몽골은 전통적인 농·목축업 국가이다. 비록 국가수입 측면에서는 변변치 못하나 국민들의 의식주에는 절대적인 위치를 차지하고 있는 실정이다.

특히 목축업은 전체 농업분야 종사자수의 약 85%를, 국가 수출액의 약 70%를 차지하고 있을 정도로 이 나라 국가 경제의 지주산업이라 할 수 있다.

몽골의 목축업을 중심으로 한 농업분야는 93년 한해 혹한과 수해 및 전염병 등 악재가 겹쳐 약 140만두에 달하는 가축이 죽어나가는 고비를 맞기도 하였으나 94년 말 가축사육 총수 2680만 마리를 기록, 지난 50년 이래 최다의 수치를 기록하였다.

이처럼 자연 재해에도 불구하고 좋은 결과를 가져온 배경에는 94년도의 자연조건이 매우 좋았을 뿐 아니라 정부가 목축민들에게 생산자주권 및 판매지배권을 부여하고 나아가 극적인 지원육성책을 실시함으로써 생산성이 많이 향상되었기 때문이다.

반면 몽골의 공업 분야는 1948년부터 85년까지 사회주의정부 주도로 모두 7차례에 걸쳐 경제개발을 추진하였다. 그러나 구소련에 대한 지나친 의존도와 국내 생산기반의 미약으로 현재까지 이렇다 할 실적을 올리지는 못하고 있는 상황이다.

게다가 구소련이 붕괴되자 생산업체에 대한 지원이 중단되고 주요 공산품인 직물, 식품, 피혁 등의 국제 경쟁력마저 바닥으로 떨어지게 되어 94년 상반기 한때 몽골 내 기업들의 약 40% 가량이 조업을 중단하는 사태를 빚기도 했다.

몽골의 공업 중심지라면 울란바토르, 에르드네트 및 바가누우르 등 3곳이다.

풍부한 지하자원을 바탕으로 시멘트, 기

계류, 목재, 금속가공업 등이 단지를 조성하고 있다. 그러나 자금과 시설 및 기술 수준은 매우 낙후되어 있는 실정이다.

☞ 사회와 문화

몽골 문화는 북방 유목 기마 민족의 원래 문화적 전통에 라마교 문화의 색깔이 더해진 것이다.

현재 몽골은 민주화 바람에 편승하여 몽골문자 부활 등 전통 문화의 발굴과 재건에 심혈을 기울이고 있다.

또한 이 곳은 높은 교육 수준을 가장 자랑하는 나라. 사회주의 혁명 이래 꾸준히 10년제 의무교육(6세부터 취학)을 실시 중이며, 문맹률 0%에 만 명 당 대학재학생 수가 90명을 기록할 정도로 상당하다.

1996년 2월에는 몽골 내 초원지대에서 세계를 깜짝 놀라게 할 정도의 대화재가 발생하였다. 이 화재로 적어도 약 8만 8000㎢의 초원과 삼림이 불에 탔으며, 인명 피해도 상당해 사망자 25명에 부상자 60여 명을 낳고 진화되었다.

마 카 오
(澳門, Macao)

— 정치적 위상 : 포르투갈 지배하에 있는 중국 영토 —

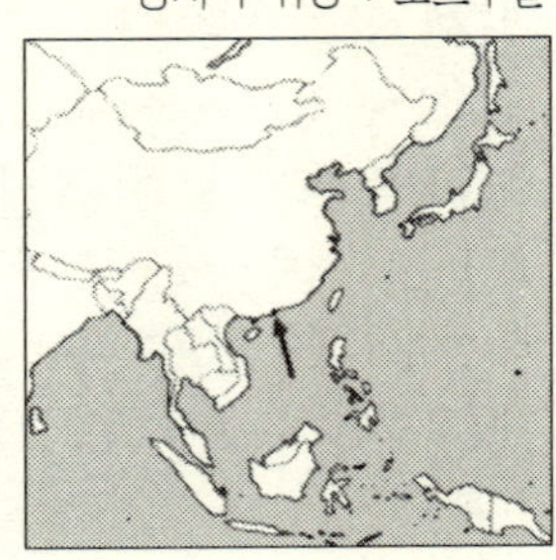 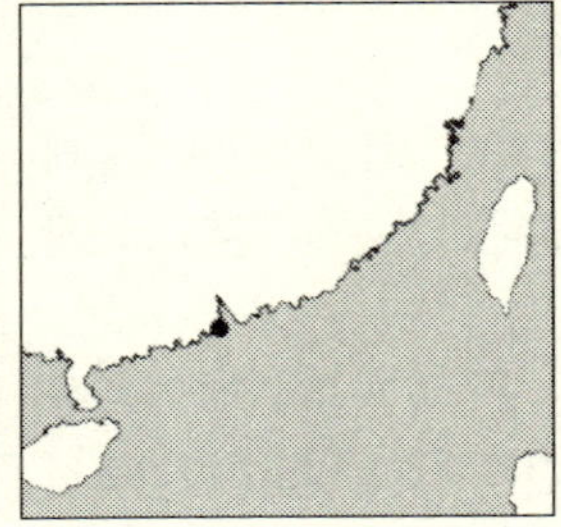

☞ 주요 통계 자료

·면　　적	18.70㎢
·인　　구	42만 4430명(95년 말)
·주요 민족	한족(漢族, 95%) 그 밖에 포르투갈인(3%)
·언　　어	중국어(광동어), 포르투갈어
·종　　교	불교, 기독교, 도교
·정치 체제	포르투갈의 자치구
·국가 원수	포르투갈 정부가 임명한 총독 파스코 페이라(V.R. Vieira) 91년 4월 취임
·의　　회	입법원 23의석
·국내총생산	78억 5500만 달러(95년)
·1인당 GDP	1만 8500달러(95년)
·통화 단위	파타카(Pataka). 1달러＝7968파타카(97년 1월)
·주요 공산품	의류, 완구, 플라스틱, 전자기기
·무　　역	수출 159억 파타카, 수입 162억 파타카(95년)

(자료원 : 세계통계연감 97／World Yearbook 97)

☞ 자연 환경

중국 광동성 남단, 주강 하구의 남서 해안에 위치. 홍콩과는 약 78㎞ 떨어진 거리. 아열대성에 속해 고온다습하며 연평균 기온이 섭씨 20℃를 웃돈다. 몬순 기후의 영향으로 6월~9월은 평균 기온이 약 28℃, 습도는 약 82.5%이며 1월~3월은 평균기온이 약 14.2℃. 연간 강수량은 1000㎜에서 2000㎜ 달한다.

☞ 간추린 역사

마카오는 동남아시아에서 가장 오래된 식민지. 원래 포르투갈 포교활동의 중심지였으나 중국 및 일본과의 교역에 중요한 창구 역할을 하기도. 당초 마카오의 주권은 중국어 있었으나 아편전쟁 등으로 청나라가 쇠퇴해지자 1845년 포르투갈이 독단적으로 마카오를 자유항으로 선언, 1887년 '마카오 할양에 관한 포청조약'에 따라 중국은 포르투갈의 마카오 점령을 공식 인정한다. 1951년 포르투갈의 해외 속령으로 있다가 포르투갈 혁명 후 1976년 '마카오 조직 헌장'이 제정, 자주권이 인정되고 입법회의도 설치할 수 있게 되었다.

1979년 포르투갈과 중국의 국교 정상화로 마카오 문제는 다시 현안 문제로 떠오른다. 그리고 87년 4월 마카오의 중국반환을 글자로 한 공등선언에 양국대표는 조인. 이 선언에 따라 마카오는 99년 12월 20일 중국에 반환되며, 중국은 인수 뒤 50년간은 홍콩과 마찬가지로 1국가 2체제의 특별행정구로 운영할 겨획. 따라서 마카오는 신 국제공항, 항구 건설, 대규모 증권시장 개설 등의 사업을 통해 중국의 새로운 경제관문으로서의 탈바꿈하고 있다.

☞ 정치와 경제

지금의 마카오는 포르투갈 관리하의 자치구. 따라서 포르투갈 대통령이 임명하는 총독이 마카오의 전반적인 책임을 맡고 있다. 현재의 페이라 총독은 96년 3월 재지명, 99년 반환까지 '최후의 총독'으로 일하게 된다.

마카오 경제의 주력산업은 관광산업과 관련된 서비스산업이다. 그러나 인근 홍콩에 비해 노동임금이 낮기 때문에 70년대 후반기부터 화교자본이 대량 유입, 경공업을 중심으로(의류, 섬유, 완구, 전기, 전자산업) 제조업 분야가 활기를 띠고 있다. 95년 12월 마카오 국제공항이 개항되어, 타이베이에서 마카오를 거쳐 베이징으로 통하는 중국~타이완간의 직항로(마카오 항공)가 개설된 셈. 또한 96년 7월에는 미국과, 그리고 8월에는 베트남과 잇따라 상호항공협정을 체결한다.

☞ 사회와 문화

중국 문화가 기조를 이루고 있지만 오랜 식민지 지배로 동서문화가 융합되어 독특한 분위기. 주민의 대부분은 광동인이지만 중국반환을 목전에 둔 요즈음 대륙의 곳곳으로부터 많은 인구가 유입되어 사회문제화 된다.

홍 콩
(香港, Hong Kong)

— 정치적 위상 : 1997년 7월 1일부로 중국의 '홍콩 특별 행정구'로 편입 —

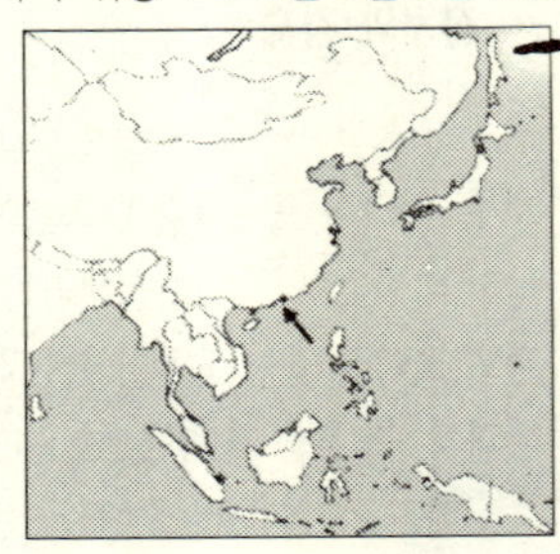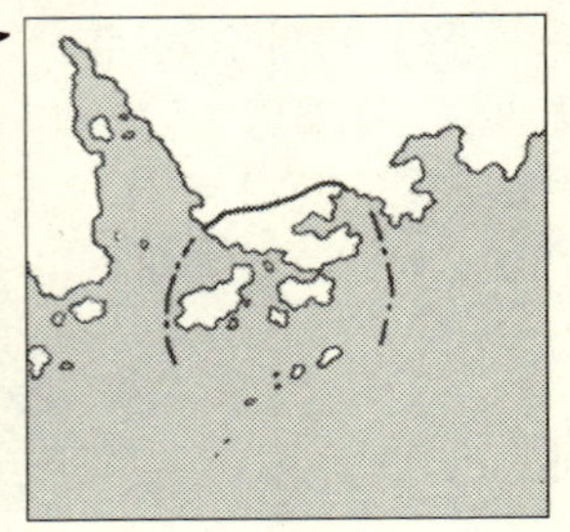

☞ 주요 통계 자료

· 면　　적	1083㎢
· 인　　구	631만 명(96년)
· 주요 도시	도시국가 형태로 특정 수도가 없음
· 주요 민족	중국인(전체 인구의 98%) 국가별 외국인 거주자수는 필리핀인(11만 3800명), 미국인(2만 6700명), 영국인(1만 9800명), 인도인(1만 8800명), 일본인(1만 6700명) 등
· 언　　어	중국어(廣東語)와 영어가 공용어
· 종　　교	불교, 도교, 유교, 기독교
· 정치 체제	중국의 특별 행정구(1997년 7월 1일)
· 국가 원수	국가주석 장저민(江澤民) 임기 5년 93년 3월 선출
· 내　　각	둥지엔후와(董建華) 초대행정장관 내정(96년 12월 11일 선출)
· 주요 정당	자유당, 민주당, 민주건항연맹 등
· 국민총생산	1587억 달러(96년)
· 1인당 GNP	2만 5186달러(96년)
· 통화 단위	홍콩 달러(HK$). 1달러=7.730HK$(97년 1월)
· 주요 자원	지하자원은 거의 없음
· 주요 공산품	섬유, 의류, 전자·전기제품, 플라스틱제품, 완구, 시계
· 주요 농산물	야채, 쌀
· 무　　역	수출 1829억 달러, 수입 2005억 달러(96년)

(자료원 : 홍콩정부 기관지, 홍콩무역발전국)

✎ 자연 환경

중국 남쪽 해안지대에 위치한 홍콩은 주룽 반도(九龍半島)와 홍콩 섬 및 크고 작은 235개의 섬들로 이루어져 있다. 중국명으로는 '샹강(香港)'이라고도 한다.

반도와 다수의 섬들로 이루어 있어 해안선의 굴곡이 심하며, 따라서 천연의 양항(良港)으로의 입지조건을 갖추고있다. 그러나 산세가 해안까지 미치고 있기 때문에 저지(低地)가 적고, 평야지대라고는 신계(新界) 북부지역에 조금 있을 뿐이다.

기후는 북회귀선 바로 남쪽인데다 남중국해에 접해 있기 때문에 아열대 몬순 기후를 띠고 있다. 따라서 분명하지는 않으나 사계절의 변화가 있다. 그리고 여름은 비가 많고 더운 반면 겨울은 평균 기온 16℃ 정도의 쾌청한 날이 이어진다.

연평균 강수량은 2200㎜ 정도이며, 대부분 6월 무렵의 장마철과 8월의 태풍 도래시기에 집중되어 있다.

✎ 간추린 역사

옛날 이 지역은 경작지가 많지 않은 관계로 인적 드문 한적한 어촌에 불과하였다. 그리고 서구열강이 중국대륙에 진출할 무렵에도 주요거점은 광저우(廣州)였으며, 홍콩 섬 주변은 거의 주목을 받지 못했다.

하지만 1842년, 아편전쟁에서 청나라를 제압한 영국은 난징조약(南京條約)을 통해, 중국본토에 붙어있으면서 입지조건이 좋아 장래에 양항으로서의 발전가능성이 풍부한 이 지역 일대를 양도받아 무역거점지로 삼는다. 게다가 영국은 1860년에 애로호 사건을 빌미로 청조와 베이징조약(北京條約)을 체결, 주룽반도와 스톤커터 섬을 획득하였으며, 이어 1898년에는 직할 식민지의 보호를 구실로 신계지역을 조차(租借)함으로써 오늘날 홍콩의 경계가 확정지어진다.

이후 1899년, 중국에서의 주광 철도(주룽~광저우 연결) 건설권과 연안항로 개설권을 동시에 거머쥔 영국은 이 곳 홍콩을 대중국 및 대아시아의 무역, 교통, 금융의 거점으로 집중 육성한다. 그리고 1912년 중화민국 성립을 전후한 혼란기에는 중국 내 매판세력들의 자본 피난처로 이용되기도 하였다.

1919년 5·4운동을 계기로 중국 내 민족주의 운동이 격화되자 이 곳 홍콩 내에서도 반영(反英), 반제(反帝) 기운이 고양된다. 그러나 일본이 둥베이(東北) 지구를 침공하자 중국과 영국의 관계는 순식간에 우호적 관계로 반전되며, 중일전쟁이 본격화되면서부터는 중국인의 홍콩유입이 줄을 잇기도 한다.

1941년 태평양전쟁의 발발과 함께 홍콩은 일본군의 공격을 받아 이후 46년 8월 30일까지 일본의 점령 하에 놓인다. 하지만 전쟁의 종결과 동시에 홍콩의 영유권은 다시 영국으로 귀속되었으며, 48년~50년 사이에 이어지는 중국내전과 공산정권 수립으로 인해 중국으로부터의 유민이 급증, 국경을 폐쇄하는 지경을 연출하기도 하였다.

1960년대, 중국 본토에 '문화대혁명'의 태풍이 몰아치자 중국공산당 정권은 홍콩을 '중국 역사의 굴욕의 한 상징'이라 규정하고, 영국에 대해 홍콩 반환 요구 성명을 발표한다. 그리고 이 때를 즈음하여 홍콩 내에서도 좌파 중국인들을 중심으로 조직적인 반영투쟁이 전개된다.

그러다가 70년대 중반 이후 중국공산당 내 문혁파가 몰락하고 주자파가 득세하면서 중국의 대홍콩 정책도 일대 방향전환을 하게 된다. 즉 기존의 폐쇄 정책에서 탈피, 홍콩이 지닌 경제적 의미 및 정치, 외교상의 중요성을 암묵적으로 인정하고 이를 활용하는 쪽으로 나아간다.

한편 1980년대 접어들어서는 홍콩의 장래에 대한 논의가 정부간의 공식채널을 통해 본격화된다. 중국과 영국 정부는 홍콩 반환문제를 놓고 1982년에 첫 협상을 벌이게 되며, 이후 84년 12월에는 마침내 양국 정부간에 향후 97년 6월말까지 홍콩을 중국에 반환할 것을 명시한 공동 선언문을 발표하기에 이른다.

☞ 정 치

얼마 전만 하더라도 홍콩은 영국의 직할 식민지. 따라서 국가권력의 최고기관인 홍콩 정청(香港政廳)의 수반도 영국정부가 임명, 파견한 영국인 총독이 맡고 있었다. 1989년 톈안먼(天安門) 사건의 발발로 홍콩인들은 97년 반환 이후 자신들의 독립성 보장에 불안감을 나타내기도 한다. 게다가 이어 중국측이 제시한 반환 후 홍콩의 언론법안 및 인권조례안이 기본권 침해의 소지가 있다하여 여론이 들끓은 바 있다.

이에 따라 지난 92년 7월 제28대 총독으로 임명된 크리스토퍼 패턴(Christopher Patten) 총독은 부임하자마자 반환 후 홍콩인의 자치권 보장을 위해선 반환 전에 홍콩인의 참정권을 대폭 확대시켜 놓을 필요가 있다고 판단, 선거법을 비롯한 일련의 민주개혁 프로그램을 진행시킨다.

패턴의 선거법이 94년 6월 홍콩 입법평의회에서 정식으로 통과되자 중국측은 즉시 전인대 상임위원회를 소집, 패턴 총독의 일련의 민주개혁을 일방적 조치로 규정하고, 유감의 뜻을 강력히 피력, 반환 후에는 현행 입법평의회 등 일체의 식민지적 정치제제를 종식시킬 것이라 천명하였다.

이는 당시 반환절차를 협의 중이었던 '중영회담'에 평지풍파를 몰고왔는데, 결국은 중국측이 선거법 등 민주개혁조치와 반환절차협의를 분리시켜 협상해 나갈 뜻을 비침으로써 이후 진정국면을 맞이한다.

한편, 지난 95년 9월 홍콩 입법평의회 의원선거는 패턴 총독의 선거개혁 이후에 치른 최초의 선거이자 주권반환 이전에 치른 최후의 선거란 점에서 항간의 이목을 집중시킨 바 있다. 선거 결과는 친중국계 정당이 대폭 약진할 것이란 예상을 뒤엎고 민주당 등 정치개혁 지지파의 압승으로 끝났다. 이에 따라 중국의 장쩌민 국가주석은 홍콩의 여론을 의식, 주권 이양 후 홍콩인의 자치권 보장을 거듭 약속하는 등 한발 물러선 자세를 보인다.

더불어 협상은 순조롭게 진행되기 시작, 96년 1월에 홍콩반환 주비위원회가 정식 발족하고, 당해 8월에는 인수인계에 따른 전체 일정을 확정짓는다. 이어 96년 12월에는 반환 후 홍콩의 전반적인 행정을 이끌어나갈 홍콩특별행정구 초대 행정장관에 둥지엔후와(董建華)씨를 선출한다.

97년에 접어들면 인수인계에 따른 세부절차는 보다 신속하고 정확하게 진행된다. 97년 6월 27일, 154년 만의 홍콩입법원 해산을 끝으로 식민지적 정치형태는 청산. 그리고 7월 1일, 영국의 찰스 황태자, 장쩌민 중국주석, 패턴 총독 등 내외귀빈 4000여 명이 보는 가운데 홍콩의 주권은 모국 중국의 손으로 넘어간다.

☞ **경 제**

19세기 초 홍콩의 최대 경제적 기반은 단연 자유항의 이점을 살린 중계 무역. 그러나 대전 후 중국의 금수(禁輸) 조치로 급거 가공무역으로 전환, 비로소 공업화의 길을 걷는다. 이후 홍콩은 중국에서 유입된 대량의 노동력과 미국, 일본 등에 거주하는 화교들을 중심으로 자본투자가 활발히 이루어져 아시아 굴지의 가공무역기지로 발돋움한다.

인구의 산업별 분포를 보더라도 공업분야가 전체 인구의 45%를 차지하는 등 단연 압도적이다.

반면 농어업 인구는 고작 1%에 불과하다. 또한 주요 산업으로는 공업용수가 부족한 관계로 중화학공업보다는 손재주 좋은 중국인 노동력의 특징을 십분활용하는 경공업 중심으로 발달했다. 따라서 공업 취업자의 70% 정도가 섬유, 의류, 전기, 전자, 완구, 시계 등 소비재산업에 종사하고 있으며, 전체 수출액의 75% 가량도 이들의 손에 의해 빚어진 상품으로 채워진 상태이다.

홍콩 공업의 특징은 종업원 수 20명 내외의 중소기업이 산업구조의 근간을 차지하고 있다는 점. 이들 기업들은 주로 쿤퉁(觀塘), 첸완(筌灣), 샤틴(沙田) 등지에 대규모 공업단지를 조성하고 있다.

이 밖에 홍콩은 금융업과 해운업에서도 국제무대에서 독보적인 위치를 차지하고 있다. 금융기관의 수는 런던과 뉴욕에 이어 세계 3위를 차지하고 있어 명실상부 동남아시아의 금융센터이기도 하다. 또한 해운업에서도 아시아 최대의 항구인 빅토리아 항과 처리능력에 있어 세계 3위를 자랑하는 컨테이너 기지가 첸완에 자리잡고 있다.

한편 지난 89년 톈안먼 사건의 여파로 중국과 홍콩의 관계가 극도로 악화되면서 대중국 투자가 급속히 감소하고 이민자수가 증가하는 등 경제적 파장이 우려되었으나 홍콩 경제는 계속 고도 성장을 이루어 낸다.

이에 따라 이미 94년도에 '아시아의 4마리 용(한국, 대만, 싱가포르, 홍콩을 지칭하는 말)' 중 제일 먼저 1인당 GNP 2만 달러를 돌파, 선진국의 대열에 들어선다.

하지만 95, 96년 2년 동안 홍콩 경제는 잠시 침체기를 맞이한다. 자본주의의 순환적 요인에다 주권이양에 따른 불안심리가 적용했기 때문이다.

그럼에도 불구하고 홍콩 경제의 앞날은 무척 밝은 편이다. 이는 이미 96년 하반기부터 경기순환이 상승곡선을 그리고 있고 또한 중국이 홍콩의 경제적 의미를 충분히 인식하고 있기 때문이다.

☞ 사회와 문화

홍콩 주민의 98%가 중국계. 오랜 동안 독자적 문화를 형성 '홍콩인'이라는 낱말을 만들어 냈다. 빈부의 격차가 심하나 대부분의 사람들은 낙천적인 성격의 소유자들이다.

하지만 89년 6월 톈안먼 사건과 이어 중국반환 문제가 대두되면서 홍콩을 떠나는 사람이 많아 영국정부가 골치를 앓기도 했다(89년부터 95년까지 60만 명 이상이 해외로 이주). 덧붙여 주택문제와 소음 등도 사회 문제화되어 가는 추세이다.

필리핀 공화국
(Republic of the Philippines)

— 독립일 : 1946년 7월 4일, UN 가맹일 : 1945년 10월 24일(창설가맹국) —

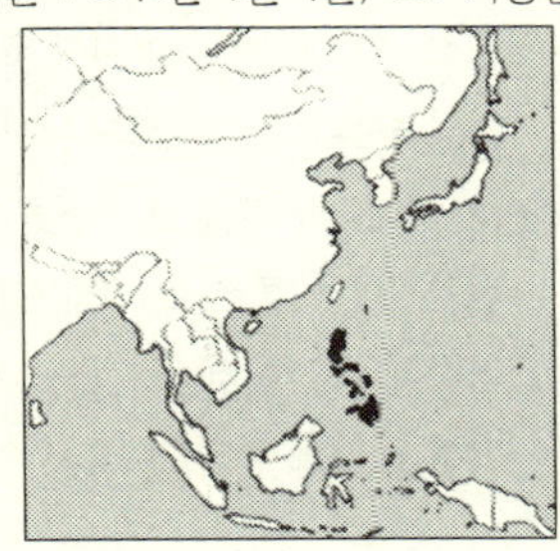
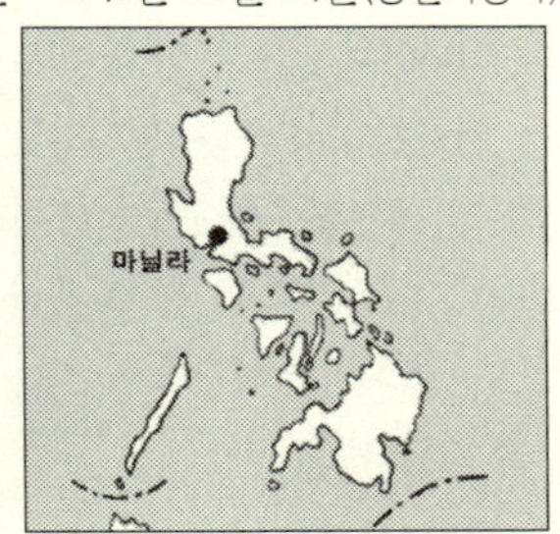

☎ 주요 통계 자료

・면　　적	29만 9404㎢(한국의 약 3배)
・인　　구	6750만 명(95년)
・수　　도	마닐라(Manila) 수도권 인구 약 1000만 명
・주요 도시	다바오(85만 명), 세부(61만 명)
・주요 민족	말레이계가 중심 중국인과 스페인인 사이의 혼혈도 다수 주로 산악지대에 사는 네그리토족, 이프가오족, 민다나오 섬 등 남부지역에 사는 이슬람교도의 모로족 등이 대표적인 소수민족
・언　　어	타칼로그어(공용어), 영어(상용어) 그 밖에 76개의 지방어
・종　　교	카톨릭(85%), 이슬람교(4.3%), 개신교(2.9%)
・정치 체제	공화제 대통령 중심제
・헌　　법	1987년 2월 11일 신헌법 공포
・국가 원수	대통령 피델 라모스(Fidel V. Ramos) 임기 6년 92년 6월 30일 취임 재선 금지
・의　　회	2원제 상원(24의석) 하원(250의석)
・내　　각	의회의 승인을 얻어 대통령이 임명
・주요 정당	라카스 NUCD, 필리핀 민주전선(LDP), 민족주의 국민연합, 자유당, 국민당
・국민총생산	871억 1900만 달러(96년)
・1인당 GNP	1207달러(96년)
・통화 단위	페소(Peso). 1달러=26.29페소(97년 1월)
・주요 자원	목재, 동, 금, 철 등
・주요 공산품	의류, 전자, 전기제품, 가구 등
・주요 농산물	쌀, 땅콩, 사탕수수, 바나나 등
・무　　역	수출 201억 4000만 달러, 수입 314억 2400만 달러(96년)

(자료원: National Statistical Coordination Board)

☞ 자연 환경

필리핀은 아시아 대륙의 동남쪽, 태평양과 남중국 사이에 위치한 도서(島嶼)국가로 총 7109개의 섬으로 이루어져 있는데, 이 중 대부분은 이름 없는 산호초이며, 루손, 민다나오 등 2개의 큰 섬과 비사얀 제도의 7개 섬(사마르, 레이테, 마스바테, 보홀, 세부, 네그로스, 파나이), 그리고 민도로, 팔라완 등 11개의 섬이 전체 면적의 96%를 차지하고 있다.

필리핀 군도는 제3기, 4기 습곡(褶曲)운동과 환산운동으로 형성된 환태평양 화산대에 속하며, 따라서 현재에도 화산활동이 활발하고 지진도 잦은 편이다.

기후는 전형적인 열대몬순 기후를 띠고 있으며, 연간 기온의 변화가 거의 없고, 전반적으로 고온 다습하다. 또한 계절은 건계(乾季)와 우계(雨季)로 나뉘며, 우계에는 강한 스콜성 비가 내린다. 특히 연평균 19회 가량의 태풍이 엄습, 크고 작은 피해를 입히곤 한다.

☞ 간추린 역사

지금까지 발견된 화석에 따르면 필리핀의 역사는 기원전 2만 년대, 즉 호모 사피엔스 시대로까지 거슬러 올라간다. 그러나 문헌에 기초하여 역사가 체계적으로 정리되기 시작한 연대는 16세기 중반 이후, 즉 마젤란이 이 곳에 도착한 후 스페인의 식민지배가 관철되면서부터이다.

1521년 3월, 마젤란이 비사얀 제도에 도착했을 무렵, 아직 통일된 국가 권력이 형성되지 못한 상태에서 '바랑가이(Barangay)'라는 부족단위로 원시공동체 생활을 하고 있었다. 이어 1527년에는 스페인의 빌리로보스가 마젤란에 이어 민다나오에서 레이테까지 탐험했으며, 이 때 이 곳을 당시 스페인 국왕이었던 필립 2세의 이름을 따 '필리피나스(Filipinas)'라 명명했는데, 이것이 오늘날 필리핀이라는 국명이 생기게 된 유래이다.

이후 스페인은 필리핀으로의 진출을 본격화하기 시작, 본국의 군대를 파견하여 루손 섬과 비사얀 일대를 정복한 뒤, 1571년에는 마닐라를 식민지 지배의 수도로 설정하고 행정제도의 개편 및 카톨릭으로의 강제 개종에 박차를 가한다.

스페인의 식민통치는 1898년까지 이어지는데, 이 기간 중 특히 18세기 후반에 이르면 마닐라항을 중심으로 자급자족 경제에서 상품 경제로 전환, 지주와 상인 등 신흥유산계급이 형성되기 시작한다. 그리고 이들의 자식들 가운데는 유럽 유학을 통해 자유사상을 수용함으로써 필리핀의 민족자치와 독립을 주창하는 지식인들이 속속 등장한다.

실상 스페인에 대한 필리핀 민중의 저항은 식민지배 이후 계속 되었으나, 조직력과 정치성이 뒷받침되지 못했다. 그러나 1880년대에 접어들면 '프로파간다(선전운동)'가 전국적으로 일어나 민족의식이 고취되었고, 1896년 8월에는 비밀결사단체인 '카티푸난'의 주도로 혁명적 상황을 야기, 스페인에 대한 강력한 무력투쟁을 전개한다. 결국 1898년, 아퀴날도가 중심이 되어 독립을 선언하고 아시아에선 처음으로 공화국을 선포하기에 이른다. 하지만 그 해 12월, 혁명군의 지원을 빌미로·필리핀 내정에 개입한 미국에 의해 재차 식민지 통치를 경험하게 된다.

이후 필리핀 민중의 강력한 저항에 부딪힌 미국은 1907년 자치권을 부여하며, 디연방의 하나로 묶어두려 한다. 따라서 1935년에 연방헌법이 공포되고 케손 대통령을 수반으로 하는 필리핀 연방정부가 발족한다. 그러나 1941년의 태평양전쟁으로 마닐라를 비롯한 필리핀 전역이 일본군에 의해 점령당한다.

1944년, 연합군의 레이테 상륙으로 마닐라를 탈환하고, 곧 이은 일본군의 항복으로 필리핀에는 다시 미군정이 실시된다. 그리고 군정 1년 만인 1946년 4월 자유총선거에 의해 로하스 대통령을 수반으로 한 초대 정부가 출범하며, 그 해 7월 4일 '필리핀 공화국'으로 정식 독립하게 된다.

☞ 정 치

독립 후, 필리핀의 정치체제는 1935년 헌법에 기초하여 삼권분립과 양당제를 골자로 한 민주공화제를 취한다. 이는 미국의 정치형태를 그대로 따온 것으로 5,60년대여 줄곧 자유당(LP)과 국민당(NP)이 교대로 정권을 담당하였다.

50년대 초까지 필리핀 정국은 경제위기와 게릴라 조직인 후크단의 반란 등으로 매우 혼란스러웠으나, 53년 막사이사이 대통령이 정국을 주도하면서 차츰 안정을 찾아나간다. 또한 1965년에 취임한 마르코스 대통령은 경제개발을 목표로 외자도입, 공업화, 농업개발, 토지개혁 등을 추진, 필리핀대통령으로선 처음으로 재선되기도 한다.

하지만 마르코스는 72년 계엄령 발동으로 장기집권을 획책, 86년 망명할 때까지 근 20여 년간 족벌 독재체제를 유지한다. 1983년 아키노 전 상원의원 피살사건에 군부개입의 의혹이 폭로되자, 이를 계기로 민주화를 요구하는 반정부운동이 증폭된다.

이에 마르코스는 경제불안 및 국내외 여론을 의식, 86년 조기 총선으로 국면을 타개하려 했으나 부정선거를 규탄하는 국민의 저항과 군부의 이반으로 결국 망명길에 접어들어 89년 9월 하와이에서 객사(客死)하고 만다.

마르코스에 이어 신정부를 이끌게 된 아키노 대통령은 87년 2월, 임기 6년에 중임 불가를 원칙으로 한 대통령 중심제의 신헌법을 발효하는 한편, 농지개혁 등 사회 전 분야의 개혁작업에 착수한다.

그러나 국내 공산세력의 준동과 군부 및 정, 재계의 일부 보수회귀파들의 반발로 임기 6년 동안 무려 6차례나 쿠데타 미수사건을 치르는 등 정치기반의 취약성을 드러낸다.

지난 92년 대통령 선거에서는 7명의 유력한 후보가 치열한 선거전을 벌였으나 아키노의 후계지명을 받은 라모스 국방장관이 당선되었다. 라모스 대통령은 취임과 더불어 국민의 화합, 철저한 법치주의에 입각한 행정개혁, 그리고 경제발전 등 3대 과제를 제시하며 필리핀 국민들에게 단결된 국민의 역량으로 민주적 개혁에 동참해 줄 것을 호소한다.

그리고 이의 일환으로 오랜 세월 정치적 안정의 걸림돌이었던 공산반군과 회교분리주의자들 및 우익무장반군들과 평화회담을 개시, 수천명의 반군들을 사회로 복귀시켰으며 (57년부터 공산주의를 비합법으로 규정해왔던 파괴 방지법 폐지), 나아가 부패경찰 및 고위 군부장교들을 숙청하는 한편 마약, 납치, 강간 등 사회범죄를 강력히 규제한다는 차원에서 사형법을 부활시키기도 하였다.

한편 이러한 라모스 대통령의 노력에 편승, 96년 9월에 필리핀 대통령 궁에서 필리핀 정부와 모로민족해방전선(MNLF)이 주도하는 회교반군 간에 24년간의 전쟁상태를 종식하는 역사적인 평화협정에 상호 조인했다. 뿐만 아니라 필리핀 정부는 공산반군(NDF)과도 평화회담을 적극 추진 중에 있다.

☞ 경 제

필리핀은 전체 인구의 절반 가량이 농업에 종사하고 있을 정도로 전통적인 농업국이다. 주로 쌀, 옥수수 등 식량작물 생산에 전체 수확 면적의 65%를 할애하고 있으며, 그 밖에는 땅콩, 바나나, 사탕수수, 마닐라삼, 담배 등 수출작물에 치중하고 있다. 사탕수수를 제외하고는 전체적으로 소농경영이 주를 이루고 있어 생산성은 무척 낮은 편이다.

1960년대 이후 정부 차원에서 과감한 농지개혁과 다수확품종의 도입, 그리고 농촌 신용확충 등의 정책적 배려로 쌀의 자급상태는 어느 정도 해결되었으나, 공업분야의 노동인구 흡수력 미비로 농업 노동층이 갈수록 비대해져 국가경제 발전에 상당한 장애요인으로 작용하고 있다. 마르코스 집권 후 삼엄한 계엄령 하에서 외자, 외국기술 도입 및 시장개방 등을 통해 추진되어 온 필리핀의 공업화는 식품가공, 섬유 등 경공업 분야를 중심으로 성장을 이룬다.

그러나 국내시장이 워낙 협소한데다 지나친 외자도입에 따른 재정압박, 그리고 정치불안의 여파 및 90년대 들어 심각해진 전력난 등으로 인해 ASEAN 내의 다른 국가들에 비해 공업화의 진척 정도가 상대적으로 낮은 상태이다.

특히 필리핀 경제는 90년대 들어 중동사태(걸프전)의 여파로 해외취업자들이 속속 귀국, 외화송금 격감으로 인한 외환위기가 닥친데다 국제 원유가의 급등, 외채부담, 미군사기지 임대차 갱신 실패에 따른 불안감, 여기에 화산폭발과 태풍피해까지 겹쳐 거듭 저조한 경제성장률에 그치고 만다.

이러한 상황 속에 정권을 인수한 라모스 대통령은 급격한 변화보다는 정치적 안정 속에 점진적 발전을 도모, 94년부터 국가경제를 본궤도에 올려놓는다(93년 성장률 2.3%, 94년 성장률 5.1%).

뿐만 아니라 라모스 정부는 서기 2000년 대에 신흥공업으로의 도약을 위해 '필리핀 2000 비전'이란 슬로건을 내걸고 '중장기 경제개발 계획(93~98)'을 추진 중에 있다.

위 프로젝트의 골자는 국민 개개인의 지위향상을 통한 빈곤 퇴치와 사회적 평등 및 지속적인 경제발전을 목표로 연평균 7%대의 성장률을 달성한다는 것이다. 그리고 이를 위해 당장은 사회간접자본의 확충에 국력을 총동원하고 있다.

☞ 사회와 문화

필리핀 사람들은 대부분 친절하며, 사려 깊고 의리를 중요시한다.

필리핀 문화는 그 역사가 말해 주듯 말레이 문화에 스페인과 미국 문화가 혼합된 독특한 것이다. 하지만 최근 들어 민족적 독자성을 찾는 데 관심을 기울이고 있다.

국민의 약 80%가 카톨릭 신자이며 따라서 카톨릭과 관련한 제전행사가 많이 있다.

인도네시아 공화국
(Republic of Indonesia)

— 독립일 : 1945년 8월 17일, UN 가맹일 : 1950년 9월 28일 —

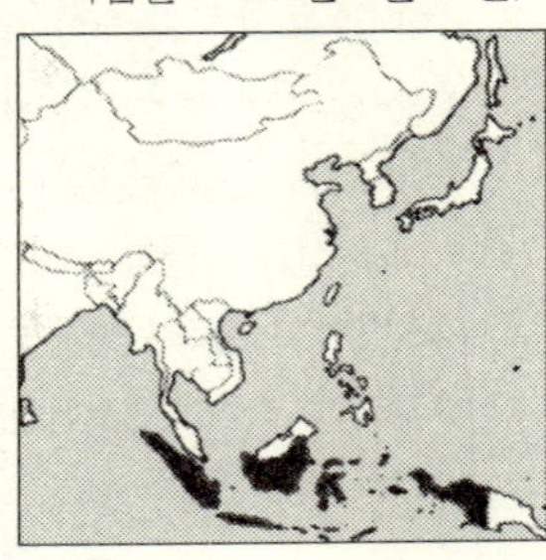 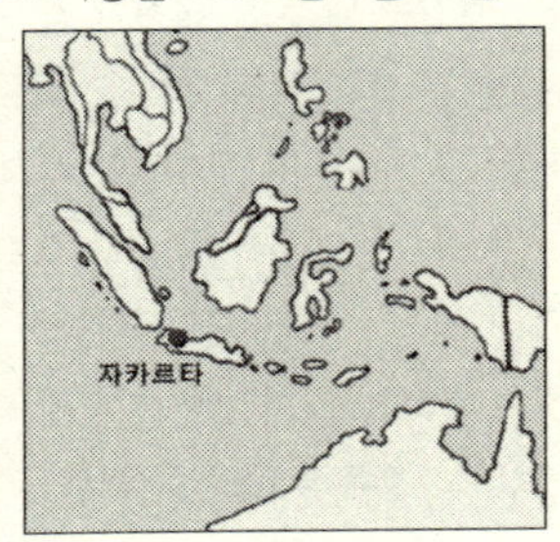

☞ 주요 통계 자료

·면　　　적	190만 4569㎢ (한국의 약 19.6배)
·인　　　구	1억 9375만 명(95년)
·수　　　도	자카르타(Jakarta), 인구 900만 명(95년)
·주요 도시	수라바야(274만 명), 반둥(236만 명), 메단(190만 명), 스마랑(134만 명)
·주요 민족	말레이계가 중심 자바족(33%), 순다족(12%), 마두라족(3.3%), 바딱족(2%) 등 약 300여 종족
·언　　　어	인도네시아어(공통어) 종족 언어는 250여 가지
·종　　　교	이슬람교(85%), 기독교(5%), 카톨릭(5%), 힌두교(3%), 불교(2%)
·정치 체제	공화제 대통령 중심제
·헌　　　법	1945년 8월 18일 시행
·국가 원수	대통령 수하르토(Suharto) 간선제 임기 5년 93년 3월 취임(6선)
·의　　　회	1원제 500의석 임기 5년
·내　　　각	총리는 없으며 의회의 승인을 얻어 대통령이 임명
·주요 정당	골카르(직능그룹), 개발 통일당, 인도네시아 민주당
·국민총생산	1901억 달러(95년)
·1인당 GNP	980달러(95년)
·통화 단위	루피아(Rupiah). 1달러＝2362루피아(97년 1월)
·주요 자원	석유, 천연가스, 석탄, 목재, 천연고무 등
·주요 공산품	섬유류, 제지, 비료, 식품가공품
·주요 농산물	쌀, 커피, 옥수수, 야자유
·무　　　역	수출 469억 400만 달러, 수입 418억 4600만 달러(95년)

(자료원 : Indonesian Commercial N.L./Jakarta Post)

☞ 자연 환경

　　남태평양과 인도양을 동, 서로 끼고 아시아 대륙과 오스트레일리아 대륙의 중간지대에 위치한 세계 최대의 섬나라. 크고 작은 섬들이 도합 1만 3667개, 이 중 자바(Java)와 마두라(Madura), 두 섬에 총 인구의 65%가 집중되어 있는 반면 7700여 개의 무인도가 주변에 산재해 있다. 인도네시아의 섬들은 모두 화산대를 타고 서로 이어져 있기 때문에 분화(噴火)와 지진활동이 매우 활발. 현재 화산수는 모두 130여 개에 이르며, 이 중 78개가 활화산이다. 전지역에 걸쳐 열대우림 기후나 열대계절풍 기후를 띠고 있어 연중 고온다습하며 계절은 우계(雨季)와 건계(乾季)로 나뉜다.

☞ 간추린 역사

　　선사시대 기록이나 문헌 등이 전혀 없는 관계로 정확한 역사는 알 수 없으나 지금까지 발견된 화석 등을 놓고 볼 때 오래 전부터 인류가 살았던 것으로 추정된다. 자바 섬을 중심으로 발견되었던 자바 원인(일명 피테칸트로푸스 에렉투스)을 비롯, 모조케르토인, 솔로인 등의 유해와 유물들이 바로 그 증거이다.

　　주민들 대부분은 인도지나 지역에 근거를 둔 말레이계 민족에 속한다. 이들은 기원 전후 인도상인들의 동쪽 진출을 계기로 당시 발달한 인도문화를 수용, 농경기술을 비롯하여 산스크리트계의 문자와 힌두교, 불교 등을 통해 원시의 탈을 벗는다. 또한 이 때부터 힌두교와 불교를 통치이념으로 한 국가들이 생기기 시작하는데, 5세기에 서부 자비에서 일어난 다르마 왕국을 필두로, 6세기의 칼링가 왕국(중부 자바), 그리고 7세기에는 수마트라 섬의 팔렘방에서 불교를 토대로 스리비자야 왕국이 연이어 발흥한다. 특히 스리비자야 왕국은 8세기 샤일란드라(Syailandra) 왕조시대에 이르러 동서교역의 요충지인 중부 자바를 장악, 이후 10세기까지 번영을 구가하는데, 이 때의 유적으로 보로부두르 사원(세계 최대의 불교 유적지)이 전해지고 있다.

　　11세기에 접어들면서 이 곳의 문화중심지가 중부 자바에서 동부 자바로 옮겨진다. 그리고 그 동안 융성했던 불교왕국 대신 힌두교 왕국들이 속속 등장하기 시작한다. 특히 13세기 말 원나라의 쿠빌라이 군대를 격파한 마자파히트 왕조는 당시 동남아시아 대부분을 지배하며 황금시대를 구가하지만 15세기 이후 서쪽에서 이슬람 세력이 동진하여 이 일대에 터를 잡기 시작한다. 1527년 일세를 풍미했던 마자파히트 왕조는 이슬람 세력의 공격에 멸망하고 자바섬에는 데마크 및 반탐이란 두 이슬람왕국이 건설되지만 이 두 왕국은 번영을 누려보기도 전에 서구의 진출시대를 맞이한다.

　　16세기 말 포르투갈을 비롯, 영국, 네덜란드 등의 잇따른 진출로 이 일대는 향료무역의 독점권과 식민지 획득을 위한 서구의 각축장으로 돌변, 결국 신흥강국 네덜란드의 승리로 귀결. 이후 네덜란드는 서(西)자바의 자카르타에 바타비아 성(城)을 건설, 향료 등 특산품 무역의 독점권을 행사하는 등 3세기 반 동안 식민지 지배체제의 총본산으로 활용한다.

19세기 초, 유럽정세의 변동으로 인도네시아의 식민지 경영권이 영국에게 넘어가기도 했으나 빈회의를 통해 네덜란드는 다시 지배권을 관철시킨다. 게다가 '강제재배법'이란 악법을 동원, 인도네시아인들을 노예 이상으로 취급하기도. 이에 대한 투쟁은 19세기 중반의 자바 전쟁, 그리고 19세기 말의 아치에 전쟁 등으로 폭발하였으나 그 때마다 네덜란드의 무차별적인 무력행사 앞에 진압되었다. 하지만 20세기 접어들면 독립투쟁의 양상이 한층 정치성과 조직화를 띠기 시작. 특히 자바 귀족의 딸인 카르티나는 인도네시아 민족운동의 활성화에 도화선을 제공하기도 한다.

민족운동이 점점 고양되는 가운데 2차대전의 발발로 네덜란드가 붕괴되자, 인도네시아 국민당의 지도자 수카르노는 1945년 8월 일방적으로 독립을 선언하지만 대전 종결 후 식민지 재지배를 획책하는 네덜란드의 무력행사로 군사적 충돌이 불가피, 결국 인도네시아는 4년간의 독립전쟁을 치른 끝에 1949년 주권을 회복, 1950년 8월 명실상부한 독립국 '인도네시아 공화국'을 선포하기에 이른다.

☞ 정 치

인도네시아의 정치체제는 공화제에 대통령 중심제. 국가 원수인 대통령은 국민협의회(MPR)를 통해 간접선거로 선출되며 임기는 5년. 또한 입법기관으로는 국가의 기본정책을 결정하고 대통령을 선출하는 국민협의회와 국민협의회의 하부기관으로 실질적인 의회기능을 담당하는 국회(DPR)가 있다. 독립 이후 인도네시아의 정치는 독립운동의 지도자 수카르노의 '판치 실라(건국 5원칙)'에 입각한 강력한 민족주의를 배경으로 추진되어 왔다. 수카르노의 치세 동안 대외적으로는 비동맹 외교 노선을 앞세워 아시아·아프리카 회의 개최, 말레이시아와의 대결 정책, 이리안바라트 탈환 등 괄목할 만한 성과를 거뒀으나 내부적으로는 경제정책의 실패로 국민의 생활고가 극심한 지경에 놓인다. 결국 수카르노는 1965년 인도네시아 공산당의 쿠데타 기도로 야기된 '9월30일 사건'으로 실각, 그의 민족주의 노선도 막을 내린다. 이어 1966년, 수하르토(현 대통령) 당시 육군사령관은 군부를 동원, 쿠데타를 기도한 공산당 세력을 일소한 뒤 스스로 대통령 자리에 올라 반공·친서방 노선을 근간으로 적극적인 외자도입을 통한 국내경제 안정과 발전을 꾀하기 시작한다. 또한 그는 강력한 군부세력을 기반으로 오늘날까지 근 30여 년간을 1인 독재 강권체제를 유지하고 있다.

지난 1993년 3월의 국민협의회를 통해 무투표로 6선 째 대통령 자리에 오른 수하르토는 국내외 여론을 의식, 정치활동에 대한 규제 완화를 시사하는 한편, 지속적인 경제발전을 거듭 역설. 하지만 민주인사들에 대한 정치적 탄압으로 인권문제가 날로 증폭되고 있고 대통령 일족의 비리, 언론 탄압, 정권 내부의 부정부패가 갈수록 심화되고 있어 인도네시아는 민주 대 민주의 대결구도가 더욱 날카롭게 교차되어 갈 조짐이다.

☞ 경 제

과거 네덜란드 식민지시대의 인도네시아는 특유의 자연조건과 저렴한 노동력을 이용한 플랜테이션(栽植耕)이 각지에서 발달하여, 자바섬의 사탕수수, 차, 커피, 수마트라섬의 고무, 담배, 동부 제도(諸島)의 코코야자 등은 이 나라 경제의 상징. 화산활동에 따른 기름진 토양은 최대의 재산이었으며 풍부한 산림자원과 석유를 비롯한 다양한 지하자원은 쿠의 원천이었다. 따라서 오늘날에도 인도네시아는 전체 노동인구의 60% 가량이 쌀재배 등 농업 분야에 종사하고 있으며, 석유, 액화천연가스(LNG), 목재 등이 전체 수출액에서 큰 몫을 차지하고 있다. 수하르토 정권이 성립된 이후인 1969년부터 이른바 '펠리타 계획(경제개발 5개년 계획)'을 시행, 적극적인 외자도입을 밑천으로 공업생산에 박차를 가한 결과 69년 국내 총생산(GDP) 중 공업생산이 차지하는 비중이 9.2%에 불과했으나 지난 94년에는 23.9%를 기록, 당당히 개발도상국으로서의 입지를 구축. 94년 3월을 기점으로 제5차 펠카 계획이 종료되고 현재는 제6차 계획을 추진 증. 섬유, 목재, 직물, 제지, 비료 산업 이 활발한 성장세를 나타냈고, 석유화학, 신발, 식품가공업 등이 급속도로 발전하고 있다.

인도네시아 경제가 안고 있는 최대의 문제라면 외국자본에 대한 지나친 의존도와 기간산업 및 기술수준의 후진성, 그리고 지역간 불균등 발전으로 인한 경제구조의 이중화 등을 들 수 있다. 이에 따라 인도네시아 정부는 단기적으로는 수입대체산업의 육성과 긴축재정 및 금리 인하조치 등으로 국내의 인플레이션을 억제하고, 장기적으로는 향후 2019년까지 인적 자원 개발 및 사회간접자본의 확충으로 확고한 자립경제 기반을 구축한다는 전략을 짜놓고 있다.

☞ 사회와 문화

인도네시아에는 줄잡아 300여 개의 종족이 산다. 제법 비중 있는 종족만도 약 70여 개. 따라서 언어와 습관이 다른 19가지의 문화권이 존재한다. 수도 자카르타처럼 빌딩과 호텔이 즐비한 곳이 있는가 하면 서(西)이리안(Irian) 등지에는 아직도 원시적인 생활을 하는 부족들도 있다. 실업자 문제가 이 나라에서도 고민거리. 전반적인 사회의 분위기는 이슬람적. 하지만 자바 신비주의를 비롯한 다양한 종교적 색채도 이 나라의 특징. 지난 96년 10월 자바주에서 있었던 이슬람교도들에 의한 기독교교회 습격사건에서 보여지듯이 종교적 충돌도 심심찮게 벌어지고 있다.

말레이시아
(Malaysia)

— 독립일 : 1957년 8월 31일, UN 가맹일 : 1957년 9월 17일 —

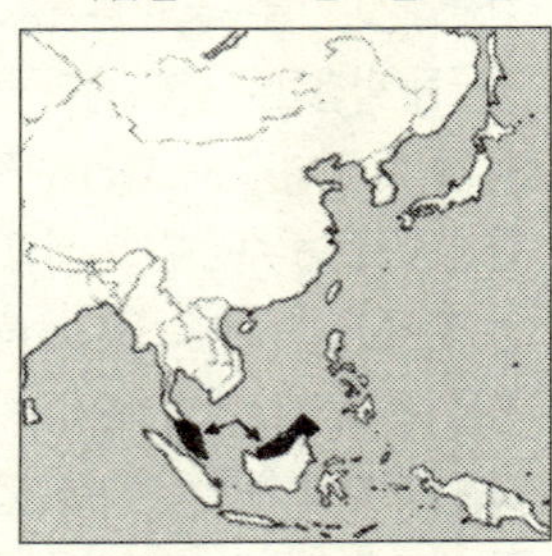
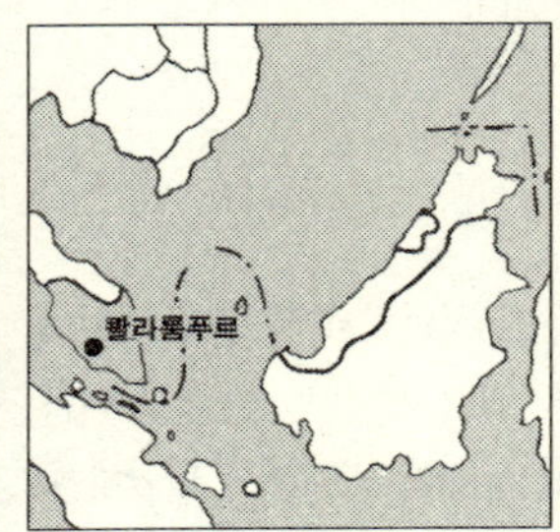

☞ 주요 통계 자료

·면 적	32만 9758㎢(한국의 약 3.3배)
·인 구	1996만 명(95년)
·수 도	콸라룸푸르(Kuala Lumpur) 인구 200만 명
·주요 도시	이포(36만 명), 조지타운(28만 명), 조호바루(27만 명), 콸라트렝가누(20만 명), 코타바루(19만 명)
·주요 민족	말레이계(61%), 중국계(30%), 인도계(8%) 등
·언 어	말레이어(공용어) 그 밖에 중국어, 타미르어 등
·종 교	이슬람교(국교), 불교, 힌두교 등
·정치 체제	입헌 군주제 의원 내각제
·헌 법	말라야 헌법(1963년 9월 발효)과 말레이시아법으로 성립
·국가 원수	국왕 자아파르 압둘 라만(Ja`afar Abdul Rahman) 임기 5년 94년 4월 취임
·의 회	2원제 상원 69의석(임기 3년), 하원 192의석(임기 5년)
·내 각	국왕이 하원 다수당 당수를 지명 총리 마하티르 모하마드(Mahathir Mohamad) 95년 5월 발족
·주요 정당	통일말레이국민조직(UMNO), 민주행동당, 말레이화교협회
·국민총생산	945억 1800만 달러(96년 추정)
·1인당 GNP	4457달러(96년 추정)
·통화 단위	링기트(Ringgit). 1달러=2.52링기트(97년 1월)
·주요 자원	고무, 목재, 팜유, 석유, 천연가스, 주석
·주요 공산품	석유가공품, 전자제품, 섬유, 신발
·주요 농산물	천연고무, 팜유, 목재, 과일, 야채류
·무 역	수출 780억 5200만 달러, 수입 782억 9700만 달러(96년)

(자료원 : 말레이지아 중앙 통계청／Economic Report)

☞ 자연 환경

말레이시아는 동남아시아 적도 바로 북쪽에 위치하고 있으며, 말레이 반도의 남부, 즉 구(舊)말라야 연방의 11주(서말레이지아)와 보르네오섬 북부의 사바, 사라와크 2주로 이루어져 있는 열대의 나라이다.

말레이지아의 지형은 반도 중앙부에 산맥이 가로놓여 있으며, 해안지역을 끼고 평야와 도시가 발달되어 있다. 특히 반도의 서해안과 동해안 북부는 이 나라의 대표적인 곡창지대이며 서해안 중앙부는 세계적인 주석 산지로 유명하다.

반면 보르네오섬의 사바와 사라와크주는 동남아시아 최고봉인 키나발루산(4101m)을 비롯, 대부분 산지로 아루어져 있는 데다 강수량이 풍부해(연간 3900㎜) 짙은 밀림으로 뒤덮여 있다.

기후는 위치가 적도 근방인데다 고온다습한 계절풍의 영향으로 전형적인 열대우림형 기후를 띠고 있다.

☞ 간추린 역사

말레이시아의 역사는 15세기 초 수마트라섬에 있던 한 왕족이 그 곳 사람들을 이끌고 말레이 반도에 상륙, 말라카 왕국을 세우면서 시작된다.

당시 말라카 왕국은 동서무역의 요충이었던 말라카 해협을 수중에 넣고 일대의 상권을 장악함으로써 일약 부국(富國)으로 성장하며, 수도 말라카는 상거래를 위해 모여든 다양한 민족들로 문전성시를 이루어 국제 도시로 번창한다.

하지만 1511년 포르투갈 세력이 이 곳에 진출, 아시아 무역과 기독교 전파의 전초기지를 세움과 동시에 서구열강이 밀려들기 시작하는데 결국 1641년 네덜란드 함대와 부기스(중부 수마트라인)의 침략으로 말라카 왕국은 멸망하고 만다. 이후 왕조의 후예들은 짙은 밀림으로 뒤덮인 반도의 자연 조건을 이용, 각지에서 소왕국을 건설하고 말레이적 전통을 고수한다.

18세기에 접어들자 이번에는 이미 인도를 수중을 넣은 영국이 이 곳까지 세력을 뻗쳐 1786년 말라카 해협 북쪽에 있는 피낭섬을 점령한 데 이어 1795년에는 말라카 해협 전역을, 그리고 1819년에는 싱가포르까지 접수한 다음 피낭, 말라카, 싱가포르 일대를 이른바 '해협 식민지'라 칭하였다.

이후 영국은 이 곳을 거점으로 차츰 반도 내부의 소왕국에까지 손을 뻗쳐 1909년에는 반도 북부에 자리잡고 있던 4왕국을 평정하였다. 이어 보르네오 섬 북단 연안에 있던 사바와 사라와크 역시 비슷한 시기에 보호령으로 삼는다.

그러나 영국은 이 때 당시의 술탄(이슬람교 소왕국의 통치자) 지도체제를 그대로 인정한 가운데 식민통치를 이행한다. 그리고 이 때의 소왕국들은 뒷날 연방 말레이시아의 주(州)단위로 재편된다.

2차대전 중에는 잠시 일본군의 수중에 있었으나 전쟁 후에는 다시 영국의 식민통치로 환원하지만 날이 갈수록 말레이인들의 독립운동이 증폭되자 영국은 1948년 피낭, 말라카 및 반도 9주로 이루어진 말라야 연방의 자치정부 구성을 인정한다.

그리고 1955년 7월에는 자유 총선거를 통해 '말레이시아 독립의 아버지'인 라만 총리가 취임하게 되고, 57년 8월에 이르러서는 영연방 가맹 독립국으로 승격하게 된다.

1960년대 이후 말레이시아는 국내 무장 공산세력의 준동과 민족간(말레이인과 중국인)의 갈등으로 불안한 정국이 이어지게 된다. 그러나 이런 가운데에서도 라만 정부는 1963년 영연방에서 탈퇴, 싱가포르와 사바 및 사라와크 지역을 포함한 명실상부한 '연방국 말레이시아'를 건설한다.

하지만 주민 중 중국계가 거의 대부분을 차지하고 있던 싱가포르가 연방 발족 2년 후인 1965년에 분리를 선언, 독립함으로써 오늘날의 말레이시아 영토가 확정된다.

이후 말레이시아는 통일 말레이 국민조직(UMNO)을 중심으로 한 범여권이 오늘날까지 정국을 주도하고 있는 가운데 국제무대에서 개발도상국으로서의 입지를 굳히고 있다.

☞ 정 치

연방국 말레이시아의 정치체제는 입헌군주제에 의원내각제이다. 국가 원수인 국왕은 피낭, 말라카 및 보르네오 2주(사바, 사라와크)를 제외한 반도 9주(과거 이슬람 소왕국)의 세습 술탄 중에서 호선제로 결정되며, 임기는 5년이고, 현재의 압둘 라만 국왕은 지난 94년 2월에 개최된 말레이 통치자 특별회의에서 제10대 국왕으로 추대되었다.

입헌군주제를 취하고 있는 다른 나라들과 마찬가지로 말레이시아 역시 국왕은 단지 상징적 존재일 뿐이다. 반면 헌법상 정국의 주도권은 의회, 특히 하원에게 주어져 있다. 따라서 행정부의 수반인 총리는 의회에서 다수의 신임을 얻은 의원이 국왕에 의해 임명되며, 각료는 총리의 추천으로 양원 의원 중에서 임명된다.

말레이시아의 정당은 크게 범여권과 범야권으로 대별되는데, '국민전선(NF)'이란 이름으로 12개의 정당이 모여 이루어진 범여권에는 통일말레이 국민조직을 필두로 말레이 화교협회, 말레이시아 인도인 협회 등이 참가하고 있으며 야권에는 민주행동당(DAP)을 중심으로 말레이인당(과거 정신당의 후신) 등이 포진되어 있다.

국민전선은 57년 독립 이후 지금까지 치른 9차례의 총선거에서 모두 압도적으로 승리, 정국을 주도하고 있다. 현재의 마하티르 총리는 지난 1981년 후세인 온 총리의 뒤를 이어 등장. 16년 동안 장기집권체제를 유지하고 있다.

1980년대 초반 취임 당시 마하티르 총리

는 한국과 일본 등 동북 아시아의 발전상에 고무되어 '동방 정책(Look East Policy)'을 표방하여 오랜 집권 기간 동안 꾸준히 경제우선 국가경영에 매진한 결과 지난 93년에는 역사상 최초로 1인당 GNP 3000달러대로 끌어올리는 등 말레이시아를 일약 개발도상국의 대열에 올려 놓았다.

하지만 이러한 괄목할 만한 경제 성장에도 불구하고 마하티르 정권은 건국 이래 계속되고 있는 말레이인과 중국인 사이의 인종분규와 범여권 내부의 정치적 갈등 등의 문제로 골머리를 썩고 있다.

원래 말레이시아는 복합민족 국가로서 민족간, 지역간의 빈부격차가 심한 편이다. 특히 화교는 국가 경제를 좌지우지할 만큼 그 영향력이 막강하다.

따라서 말레이시아 정부는 70년대 후반부터 다수의 이익을 대변한다는 명목 하에 말레이인과 원주민족에 대한 우대정책을 전개해 왔으나 중국계 주민의 강한 반발에 부딪혀 결국 91년에 와서 후퇴하고 만다.

게다가 비대한 범여권 중심의 오랜 장기집권으로 권력누수현상이 끊임없이 연출되고 있고, 마하티르 이후의 후계가 아직 불투명해 향후 말레이시아 정국의 중요한 변수로 자리잡고 있다.

☞ 경 제

2차대전 전부터 말레이시아는 세계적인 주석(세계 1위)과 천연고무(세계 3위)의 산지로 유명하였다. 더군다나 근년에 들어 중요성이 부각되고 있는 팜유(야자유, 세계 1위)와 목재, 석유 등 풍부한 지하자원이 부존되어 있어 국가 경제는 주로 이들 1차산품의 생산과 수출에 의존해 왔다.

따라서 70년대 초반까지만 하더라도 전체 국민의 50% 가량이 빈곤층이었으며, 부의 극심한 편중 현상으로 인종폭동이 끊이질 않았었다. 이에 말레이시아 정부는 1971년부터 장기발전계획 및 신경제정책(NEP)를 추진한다. 그리고 계획이 어느 정도 마무리된 1991년에 와서는 빈곤층이 17%선으로 줄었으며, 공업화에도 일정 정도 성공하여 부의 편중 현상도 많이 시정된 편이다.

말레이시아의 경제구조는 크게 나누어 농·임업과 광업을 중심으로 한 기존의 자원 의존형 산업분야와 전기, 전자 등 수출지향적 공업제조업 분야로 대별된다.

특히 공업분야는 그간의 단순조립 수준에서 점차 부가가치가 높은 중간재 및 신제품 제조 수준으로까지 나아가고 있는 실정이다. 따라서 경기의 동향도 80년대 초반 한때 국제 원자재 가격의 하락으로 잠시 주춤했으나 88년을 기점으로 제자리를 찾기 시작하여, 연평균 8%대의 높은 경제 성장률을 달성한다.

그리고 이런 성장 드라이브는 94과 95년의 2년 동안 최고조에 달해 거의 10%에 가까운 성장률을 기록하면서 경기 과열의 우려를 낳기도 한다.

이처럼 말레이시아 경제의 급속한 성장 배경에는 몇 가지 요인이 자리잡고 있는데 우선 원유, 천연가스, 목재 등 풍부한 부존자원이 산업발전을 뒷받침하고 있는데다 마하티르 정권의 지도력과 일관성 있는 경제정책이 주효했기 때문이다.

현재 마하티르 정부는 91년부터 제2차 장기발전 계획과 국가개발 정책을 추진 중에 있으며, 나아가 '비전 2030'이라는 국가발전 청사진을 제시하면서 향후 30년 내에 말레이시아를 선진국 대열에 올려 놓자는 당찬 포부를 밝힌 바 있다.

☞ 사회와 문화

말레이시아는 다양한 민족이 어우러진 나라인 만큼 문화와 생활양식도 천차만별이다. 크게는 이슬람교 중심의 말레이 문화, 불교 중심의 중국 문화, 그리고 힌두교 중심의 인도 문화로 대별된다. 민족 의상이 화려하고 지역마다 요리와 과일이 풍성하다. 우리 나라와는 축구 경쟁국으로 잘 알려져 있다.

한편 96년 1월과 11월에는 연이어 통신위성 메아셔트 1, 2호를 발사한 바 있다.

싱가포르 공화국
(Republic of Singapore)

— 독립일 : 1965년 8월 9일, UN 가맹일 : 1965년 9월 21일 —

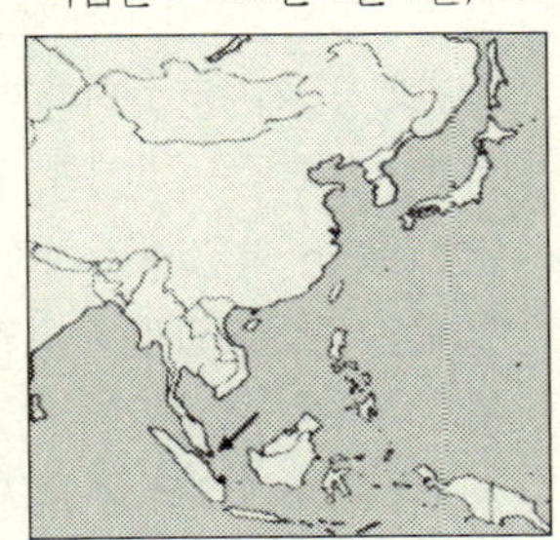
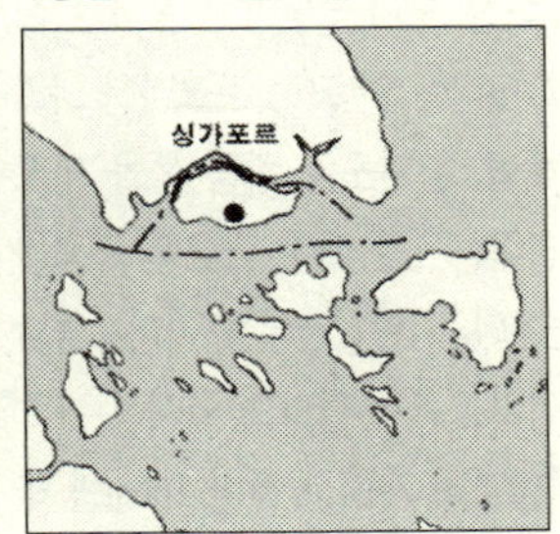

☞ **주요 통계 자료**

· 면 적	647.5km²
· 인 구	298만 6500명 (95년)
· 주요 민족	중국계 (77%), 말레이계 (14%), 인도계 (7%)
· 언 어	영어 (공용어) 그 밖에 중국어 말레이어, 타밀어
· 종 교	불교, 이슬람교, 힌두교, 기독교 등
· 정치 체제	공화제 의원 내각제
· 헌 법	1965년 8월 제정
· 국가 원수	대통령 옹팅청(Ong Teng Cheong, 王鼎昌) 직선제 임기 6년 93년 9월 취임
· 의 회	1원제 83의석 임기 5년
· 내 각	총리 고촉동(Goh Chok Tong, 吳作棟) 97년 1월 발족
· 주요 정당	인민행동당, 싱가포르 민주당, 노동자당, 싱가포르 인민당
· 국민총생산	837억 달러 (95년)
· 1인당 GNP	2만 4311달러 (95년)
· 통화 단위	싱가포르 달러(S$). 1달러=1.4 S$(97년 1월)
· 주요 자원	관광자원
· 주요 공산품	전자 · 전기제품, 일반기계, 석유정제, 조선
· 주요 농산물	열대채소류, 돼지, 닭, 달걀
· 무 역	수출 1181억 8500만 달러, 수입 1243억 9200만 달러(95)

(자료원 : Economic Survey of Singapore 97)

☞ 자연 환경

이 나라는 동남아시아 남부 말레이 반도 남쪽 끝에 위치한 싱가포르 섬과 그 주변의 부속섬들로 이루어진 도시국가이다. 동서로 42㎞, 남북으로 23㎞밖에 안 되는 조그마한 나라지만 말라카 해협, 싱가포르 해협 등을 끼고 있어 교통과 전략상으로 매우 중요한 지점을 차지하고 있는데다, 자연경관이 빼어나 '동남아시아의 별'이라고까지 불리고 있다.

지형은 중앙부에 자리한 해발 166m의 구릉지를 제외하고는 전체적으로 평탄하다. 상가와 주택은 주로 남부에 밀집되어 있으며, 중부 밀림지대는 수원지 보호림으로 지정되어 있다.

또한 기후는 적도 바로 북쪽에 위치한 관계로 열대성 기후에 속하지만, 해풍의 영향으로 사람들이 살기에는 불편함이 없다. 게다가 연중 스콜성 소나기가 자주 내려 청량감을 더해 주기도 한다.

☞ 간추린 역사

싱가포르란 원래 산스크리트어로 'Singa(사자)'와 'Pura(마을)'가 합성된 말. 즉 말레이인들의 전설에 따르면 옛날 인도네시아의 스리비자야성 왕자가 폭풍우를 만나 우연히 이 섬에 표류하게 되었는데, 섬 전체를 뒤덮고 있는 괴상한 동물들을 보고 사자로 오인, '싱가프라'란 이름을 지었다고 한다. 이런 연유로

오늘날 싱가포르를 상징하는 문장에도 바다사자가 그려져 있다.

싱가포르는 12세기 무렵 수마트라 섬 출신의 왕족에 의해 건설되었는데, 그는 이 일대의 해상권을 장악하여 왕래하는 선박들을 제압하여 상업적으로 대단한 번영을 구가한다. 하지만 14세기 말, 마자파히트 왕국과, 이어 조호르수장국의 지배를 차례로 받으면서 이 일대는 사람이 거의 살 수 없을 정도로 황폐화된다.

이후 16세기부터 동남아시아 지역에 대한 유럽열강의 진출이 본격화되면서 당시 동서무역의 중계지로 발달하였던 말라카 왕국 등 말레이 반도와 수마트라, 자바 등 회교왕국들은 차례로 네덜란드의 식민지로 전락한다.

또한 중국과의 무역로 확보 및 열대성 작물 획득의 필요성을 절감한 영국은 당시 말라카와 바타비아(지금의 자카르타)를 장악, 동남아시아 일대를 지배하고 있던 네덜란드 세력을 분쇄하기 위한 거점을 찾고 있던 중 1819년 1월 싱가포르 섬을 발견하고 당시 32살이던 래플스(T. S. Raffles)를 파견, 통치하게 된다.

초대 영국 총독으로 부임하게 된 래플스는 싱가포르가 지닌 지리적 이점을 충분히 활용, 대내적으론 성터 포트캐닝 언덕에 정청을 건설하고 시가지를 조성하는 한편, 내외적으로는 관세, 인종차별, 해적이 없는 남양지역의 무역중심지로 개발한다.

따라서 근대 싱가포르 역사의 출발점을 보통 이 때부터라 상정하는데, 이후 싱가포르

는 1824년에 정식으로 영국령이 되고, 1826년에는 피낭, 말라카와 함께 영국령 인도 소속의 해협 식민지로 확정된다.

원래 자유무역항이었던 싱가포르는 이 때부터 급속히 발전하기 시작. 1822년에 이미 피낭항의 무역량을 앞지른 다음, 1833년에는 중국무역상들의 이주로 인구 2만에 달하는 국제도시로 성장한다.

게다가 영국은 1867년에는 지브롤터로부터 수에즈 운하, 그리고 인도를 거쳐 홍콩, 일본을 잇는 해상 무역로(Great Marine Trunk Route)의 보호를 위한 군사적 거점 및 중계기지로 삼기 위해 싱가포르의 위상을 직할식민지로 격상시킨다.

2차대전 중에는 일본군에 의해 잠시 점령당하기도 했으나 45년 8월 일본의 항복과 함께 재차 영국의 군정통치가 실시된다. 그러나 전후 중국계 상인들의 이민이 크게 늘어남으로써 시민의식이 고양되고, 때마침 동남아시아 전역을 강타한 민족해방의식이 이에 맞물리면서 싱가포르는 영국으로부터 자치권을 획득한다. 그리고 1963년에 가서는 인근 말레이시아와 함께 연방을 형성하여 완전독립에까지 이른다.

독립 후, 중국계 이민자가 주류를 형성했던 싱가포르는 말레이계 사람들의 통치를 원하지 않았으며, 따라서 연방정부와의 알력 및 대립국면이 초래된다.

게다가 당시 인도네시아와의 갈등으로 경제적 손실이 가중되고 있던 말레이시아 연방은 갈수록 싱가포르의 분리, 독립 요구가 증폭되자 정치적 혼란을 고려하여 상호협조관계 유지를 전제로 하여 독립을 승인한다.

이로써 싱가포르는 1965년 8월 9일 정식으로 독자적인 정부를 수립하고, 싱가포르 공화국으로 출범한다.

☞ 정 치

싱가포르의 정치체제는 대통령을 국가원수로 한 공화국이다. 하지만 실질적인 정치권력은 총리를 중심으로 한 내각에 주어져 있으며, 대통령은 다만 의례적 지위에 불과하다. 따라서 대통령은 91년 헌법개정이 있기 전까지 의회에서 간접선거로 선출되었으며, 주민의 주류가 중국계이지만 이 곳이 원래 말레이 땅이었던 점을 고려하여 주로 중국계가 아닌 사람을 뽑았었다.

하지만 91년 헌법개정으로 대통령의 권한을 강화하는 한편, 선출방식도 직접선거제로 전환하였기 때문에 지금은 싱가포르 최초의 민선 대통령으로 옹텅청 전 부총리가 재임하고 있다.

싱가포르의 국회는 1원제로 구성되며, 전체 의석수 83석에 임기는 5년으로 되어 있다. 주요정당으로는 독립 이후 지금까지 계속 집권여당으로 남아 있는 인민행동당을 비롯, 싱가포르 민주당, 노동자당 등이 있다.

독립 후 싱가포르의 정치는 리콴유(李光耀) 전총리를 정점으로 한 인민행동당의 독무대이다. 이 정당의 경우 68년부터 80년까지 12년 동안 의회 내 전의석을 석권하는 진기록을 보유하고 있으며 리콴유 전총리 역시 31년 동안 장기 집권해 세계 최장수 민선총리이라는 기록을 갖고 있다.

지난 1990년 11월, 리콴유 당시 총리는 고촉동(Goh Chok Tong) 현 총리에게 총리직을 물려주고 권좌에서 물러난다. 하지만 그는 퇴임 후에도 총리실 선임장관이라는 공식직함을 갖고 국내외 정치에 일정정도의 영향력을 행사하고 있다.

특히 93년에 실시된 싱가포르 최초의 민선대통령 선거에서 막후 실력을 행사, 인민행동당 의장 출신의 옹텅청 전부총리가 당선되는 데 결정적인 역할을 하기도 하였다. 또한 97년 총선거에서도 인민행동당이 전체 의석 83석 중 81석을 획득하는 압승을 거두는 데 상당한 공헌을 한 것으로 알려져 있다.

한편 최근 고촉동 총리는 지난 세월 동안 인민행동당 1당 독주로 인해 파생되고 있는 정치권력의 관료주의화와 권위주의적 사회통제방식이 일부 국민들에게 강한 반발을 불러 일으키고 있음에 따라 민주적 정치개혁에 착수할 뜻을 시사한 바 있다.

☞ 경 제

싱가포르는 오랫동안 중계무역으로 번영을 누렸으나, 2차대전 후 주변국들의 경제자립화로 중계무역이 여의치 못하게 되자 외국자본을 도입, 중화학공업 중심의 공업화정책을 추진하는 등 산업입국을 지향하는 정책으로 방향전환을 꾀한다. 이에 따라 60년대 후반부터 70년대 줄곧 국내총생산(GDP) 증가율이 연평균 14%를 기록하는 등, 아시아에서는 일본 다음가는 공업국으로 발전한다.

싱가포르의 산업구조는 부존자원이 전무하고 경지면적이 협소한 관계로 1차 산업은 거의 수입에 의존하고 있다. 반면 공업분야는 식품, 의류 등 경공업에서 조선, 전자, 기계, 석유 등 중공업에 이르기까지 매우 다양하며 균형잡힌 발전상을 보여준다.

게다가 인구가 적기 때문에 일찍부터 노동집약적 산업보다는 자본 및 기술 집약적 산업을 집중 육성, 오늘날 신흥공업국의 선두주자로 발돋움한다.

주요 공업분야로는 비록 산유국은 아니지만 석유정제 능력은 일일생산량 100만 배럴을 기록, 로테르담, 휴스턴에 이어 세계 3위를 자랑하고 있다.

이 밖에 전자 · 전기(특히 컴퓨터) 및 일반기계 분야와 조선 분야가 앞서 말한 석유정제 산업과 함께 이 나라 경제의 3대 산업이라 할 수 있다. 또한 관광산업에서도 95년 한해 700만 명의 관광객을 유치, 세계 10위의 관광대국으로 발돋움하고 있다.

한편 95년까지 전세계 하드디스크 시장의 1/3을 차지하고 있는 전자관련 산업의 호황으로 거듭 고성장 추세를 늦추지 않았던 싱가포르 경제는 96년 들어 성장률 7.0%를 기록하여 과거에 비해 상대적으로 저조한 실적을 보인다. 이는 윈도우 95의 열기가 사라진 다음 세계 전자 산업에 밀어닥친 불황의 여파 때문으로 관측된다.

현재 싱가포르 정부가 추진 중에 있는 장기적 경제전략에는 무엇보다 첨단 산업 육성을 통한 고도의 산업구조 조정이 골자를 이루고 있다.

이와 관련 정부 차원에서 그 동안 국가경제발전의 핵심이었던 석유정제 산업의 비중을 차츰 낮추고 반도체를 비롯 고부가가치 산업으로의 방향전환을 서두르고 있다.

☞ 사회와 문화

싱가포르 역시 다민족 국가이다. 따라서 각 민족의 생활풍속이 다종다양하다.

싱가포르는 특히 교육제도와 주택정책에서 탁월한 국가로 알려져 있다. 정부는 저렴한 국영 아파트를 대령 보급 국민의 약 80%가 자기 집을 소유하고 있다.

또한 초등학교 때부터 영어 외에 중국어, 말레이어, 타밀어 중 1개를 선택하여 배우도록 하는 2개국어 교육안을 실시 중이다.

브루나이

(Negara Brunei Darusslam)

— 독립일 : 1984년 1월 1일, UN 가맹일 : 1984년 9월 21일 —

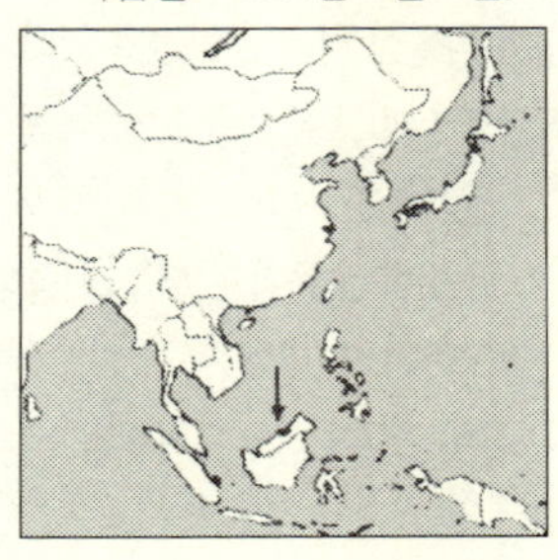
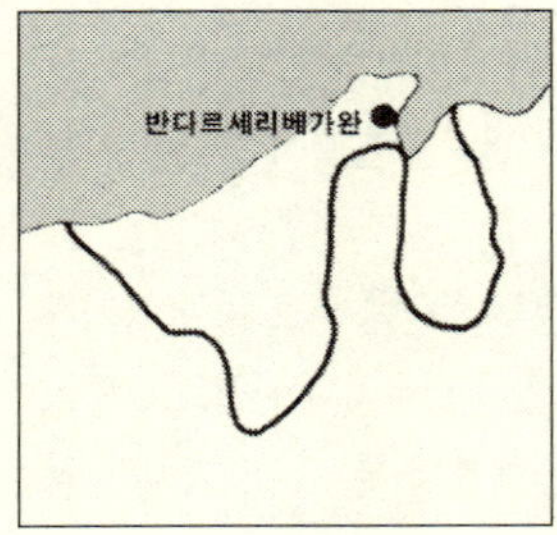

☞ 주요 통계 자료

・면　　　적	5765㎢
・인　　　구	29만 6000명(95년)
・수　　　도	반다르세리베가완(Bandar Seri Begawan)
・주요 도시	세리아, 콸라프라이트, 코타키나발두
・주요 민족	말레이계(67%), 중국계(16%), 이반족 등 원주민(6%)
・언　　　어	말레이어, 중국어, 영어
・종　　　교	이슬람교(국교), 그 밖에 도교, 기독교
・정치 체제	입헌 군주제 국왕에게 모든 권한이 집중
・헌　　　법	1959년 제정(영국 보호령 자치 헌법)
・국가 원수	국왕 하사날 볼키아(Hassanal Bolkiah) 29대 술탄 67년 10월 즉위
・의　　　회	입법의회 21의석 70년 이후 전원 술탄에 의한 임명제 84년부터 해산 중
・내　　　각	헌법상 국왕이 총리를 임명
・주요 정당	보르네이 국민단결당
・국민총생산	50억 달러(95년)
・1인당 GNP	1만 7000달러(95년)
・통화 단위	보르네이 달러(싱가포르 달러와 등가). 1달러=1.4B$(97년 1월)
・주요 자원	석유, 천연가스
・주요 공산품	석유 제품
・무　　　역	수출 27억 달러, 수입 20억 달러(95년)

(자료원 : World Yearbook 97／KOTIS)

☞ 자연 환경

브루나이는 보르네오 섬 서북부어 위치한 석유와 천연가스의 나라이다. 기후는 전형적인 열대우림 기후. 따라서 고온다습하고 연평균 기온이 30℃를 웃돈다. 강수량도 많은 편 (해안지역은 연간 3000㎜, 벽지에는 5000㎜). 이러한 기후 때문에 주민들은 주로 높은 나무가지 위에 집을 짓고 산다. 또한 수도 반다르세리 베가완에서는 반수 이상의 주민들이 총리주택에서 생활하고 있다.

☞ 간추린 역사

무다 하사날 볼키나(Muda Hassanal Bolkiah)가 원수로 있는 입헌 군주국가. 1984년 1월 1일 영국으로 완전 독립을 쟁취한 신생독립국이다. 하지만 역사는 무척 오래된 국가로 이미 6세기경에 쓰여진 중국의 문헌에 브루나이란 나라의 기록을 찾아볼 수 있다.

본격적인 역사는 15세기 초엽부터. 지금 왕실의 선조인 움하마트가 초대 술탄에 즉위하면서 단일 이슬람 왕국을 건설한다. 이 왕국은 5대 술탄까지 이어지면서 보르네오 전 섬과 필리핀 남부의 섬들까지 세력권으로 두는 영화를 누린다. 하지만 16세기어 유럽인들의 왕래가 시작 세계 열강의 각축장이 된다. 그 후 1847년 마침내 영국과 우호 통상 조약을 체결하면서 사실상의 식민지로 전락한다.

2차대전 중 잠시 일본에 점령당했다가 전쟁이 끝나자 다시 영국의 지배하 놓인다. 그후 1959년 영국·브루나이 협정이 체결되어 헌법을 제정하고 자치권을 획득. 이후 1984년에 완전 독립 쟁취하게 된다.

☞ 정치와 경제

하사날 볼키나 국왕은 29대 술탄. 왕위는 세습제이다. 최고 통치권자인 국왕 외에 총리격인 수석대신이 있어 국가 전반의 행정업무를 집행 관리한다. 볼키나 국왕은 세계 제1의 부호로 알려져 있으며 국왕을 정점으로 왕족 지배가 확립된 나라이다. 96년 7월, 지난 62년 내란협의로 구속되었던 전 브루나이 인민당의 모하마드가 석방된다.

주요 산업은 석유와 천연가스 등 에너지 산업. 수출의 99%를 차지한다. 여기서 생긴 수익을 해외투자에 적극 활용 아시아에서 금융대국으로 발돋움하고 있다. 반면 농업과 공업의 발전이 뒤처져 생활용품을 거의 수입에 의존. 1인당 국민소득이 17000달러로 세계에서 손꼽힐 정도이다.

☞ 사회와 문화

브루나이의 아침은 코란을 읽는 이슬람교도들의 기도에서 시작한다. 모든 생활이 이슬람의 계율에 의해 운영. 최근 석유자원의 혜택으로 국민들의 의료비와 교육비가 전면 면제되는 등 윤택한 생활을 구가하고 있다.

미얀마 연방
(The Union of Myanmar)

— 독립일 : 1948년 1월 4일, UN 가맹일 : 1948년 4월 19일 —

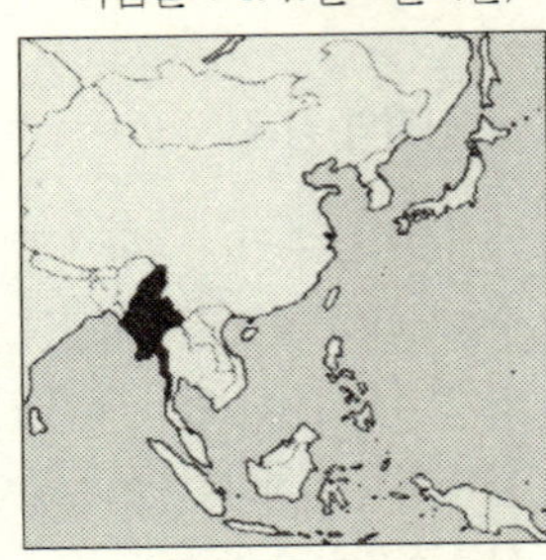 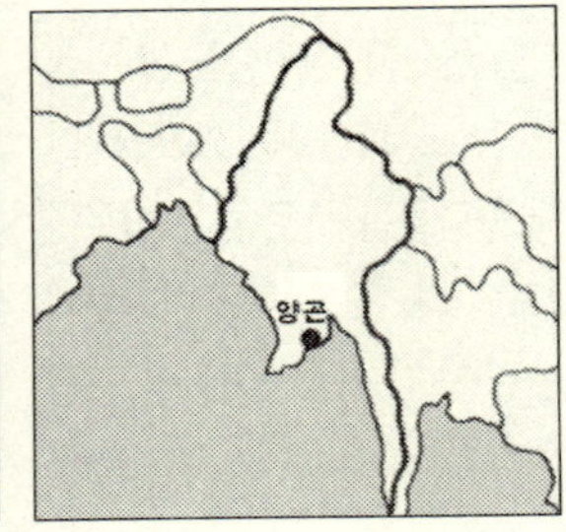

☞ 주요 통계 자료

· 면　　적	67만 8 300㎢
· 인　　구	4510만 명(95년)
· 수　　도	양곤(Yangon) 인구 483만 명(95년)
· 주요 도시	만달레이, 모울메인, 바세인
· 주요 민족	버마족(68.9%), 샨족(8.4%), 카인족(6.2%) 등 약 50여 개의 소수민족
· 언　　어	버마어(공용어) 그 밖에 카인어 등 각 민족어
· 종　　교	불교(89.4%), 기독교(4.9%), 이슬람교(3.8%), 정령숭배(1.3%), 힌두교(0.5%)
· 정치 체제	연방제 군사 독재
· 헌　　법	1974년 제정 헌법을 88년 9월 정지 현재 신헌법 책정 중
· 국가 원수	국가 법질서 회복 평의회(SLORC) 의장 탄 시에(Than Shwe) 92년 4월 30일 취임
· 의　　회	국가 법질서 회복 평의회가 입법권 행사
· 내　　각	탄시에 의장이 겸임 92년 4월 성립 95년 6월 일부 개각
· 주요 정당	국민민주연맹, 국민통일당
· 국민총생산	377억 2600만 달러(92년)
· 1인당 GNP	930달러(94년 추정)
· 통화 단위	키아트(Kyat). 1달러＝5.97키아트(96년 10월)
· 주요 자원	목재, 석유, 천연가스, 보석류
· 주요 공산품	식품가공제품, 가구, 섬유
· 주요 농산물	쌀, 목재
· 무　　역	수출 8억 1000만 달러, 수입 15억 4700만 달러(94년)

(자료원 : KOTIS／World Yearbook 97／유니세프 통계연감 97)

☞ 자연 환경

미얀마(구버마)는 백수십 개의 다른 언어권의 민족이 사는 민족 박람회장 같은 나라. 북으로 인도와 중국, 남으로 안다만 해와 접해 있으며 서쪽으로는 라오스, 타이와 국경을 형성. 국토의 정중앙을 이라와디와 살윈이라는 두 강이 흐르고 있어 강줄기를 따라 곡창지대를 이룬다. 주 농작물은 쌀. 삼림자원과 천연자원 등이 풍부해 자연의 혜택을 많이 받은 나라 중의 하나이다. 기후는 열대 몬순 기후. 국토가 남북으로 길게 뻗은 관계로 지역마다 온도와 강수량의 차이가 각양각색이다.

☞ 간추린 역사

미얀마족은 9,10세기경 티베트 방면에서 이주해 와 이 곳에 정착. 그 후 1044년 파간 왕조가 창건, 최초로 국내 통일과 인근 정벌에 성공하지만 1287년 몽고의 침입으로 다시 사분오열. 이후 3차례에 걸쳐서 통일을 시도하나 실패한다. 1886년, 당시 영국이 통치하의 인도에 완전 편입. 사실상 영국의 식민지가 된다. 2차대전 후인 1948년 영국과의 독립교섭이 타결되어 완전한 독립국으로 탄생한다.

☞ 정치와 경제

미얀마는 독립 후 중립주의와 사회주의 국가건설을 표방하였다. 이후 74년에 신헌법이 채택되고 총선을 통해 '버마 연방 사회주의 공화국'이 수립된다. 그러나 정부의 치안 부재와 민족간의 갈등이 맞물려 정국의 불안은 여전. 더불어 수십년에 걸친 네윈의 강압정치에 국민의 반감이 증폭. 마침내 1987년에서 88년 8월까지 민주화운동이 절정에 달함. 하지만 민주화 열기는 89년에 일어난 친위 쿠데타에 의해 좌절. 군사정부는 89년 3월 사회주의 경제체제를 철회하고 다당제 채택. 또한 공식 국호도 민족간의 갈등을 고려해 '미얀마 연방'으로 변경한다. 그리고 95년 그 동안 구속 및 감금 상태에 있던 정치범(수지 여사 포함)들을 석방 조치. 그러나 96년에 미얀마 정국 다시 경색. 국민민주연맹(NLD)의 요인들에 대한 대량 구속 사태, 아웅산 수지 여사 피습 사건, 대학생들의 가두시위 등 군사독재에 대한 항거의 소리가 높아가고 있다. 미얀마는 전 인구의 80%가 농촌지역에 거주한다(취업인구의 60%가 농업). 따라서 농업 중심의 산업구조. 식품과 섬유공업을 중심으로 약간의 제조업이 있으나 그 힘이 미약하다.

☞ 사회와 문화

예부터 인도 문화권인 미얀마는 생활 속에 불교가 깊게 자리잡고 있다. 곳곳에 사찰과 탑이 즐비하고 남자들은 출가하여 승려가 되는 것을 최고의 미덕으로 여긴다. 전체인구 중 주류를 이루고 있는 버마인은 특히 온순하며 하루에 두끼만 먹는 것이 특징이다.

타이 왕국
(Kingdom of Thailand)

— UN 가맹일 : 1946년 12월 16일 —

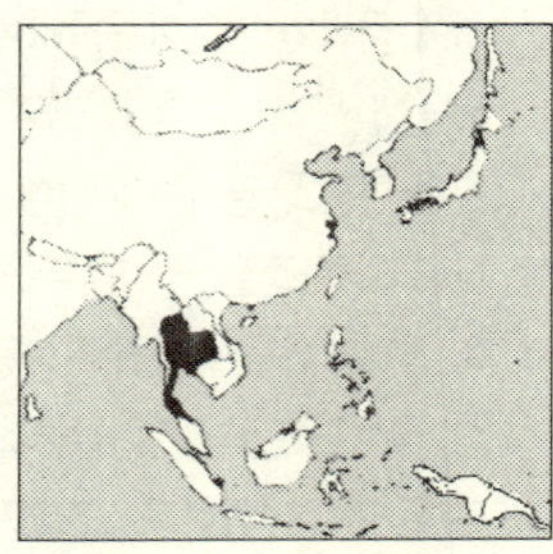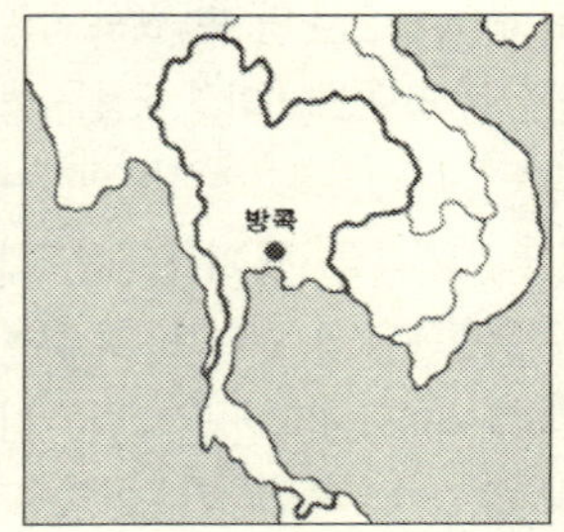

☞ 주요 통계 자료

·면　　적	51만 4000㎢(한국의 약 5.1배)
·인　　구	6000만 명(96년)
·수　　도	방콕(Bangkok) 인구 560만 명(95년)
·주요 도시	콘켄(169만 명), 치앙마이(138만 명), 핫야이(109만 명), 나콘사완(109만 명)
·주요 민족	타이족(81.5%), 중국계(13.1%), 말레이계(2.9%)
·언　　어	타이어(공용어) 그 밖에 라오어, 크메르어, 말레이어, 중국어
·종　　교	불교(95%), 이슬람교(4%)
·정치 체제	입헌 군주제 의원 내각제
·헌　　법	1991년 12월 신헌법 공포, 95년 1월 헌법 개정
·국가 원수	국왕 부미볼 아둘라데(Bhumibol Adulyadej) 46년 6월 즉위
·의　　회	2원제 상원(임명제, 260의석), 하원(민선, 393의석)
·내　　각	총리 차발리트 용차이유드(Chavalit Yongchaiyudh) 96년 12월 1일 발족
·주요 정당	신희망당, 국가개발당, 민주당, 국민당
·국민총생산	1598억 달러(95년)
·1인당 GNP	2720달러(95년)
·통화 단위	바트(Baht). 1달러＝25.63바트(97년 1월)
·주요 자원	은, 석유, 천연가스, 티크 목재
·주요 공산품	섬유, 보석가공품, 식품가공품, 전자·전기제품
·주요 농산물	쌀, 고무, 옥수수, 타피오카, 사탕수수
·무　　역	수출 561억 8000만 달러, 수입 703억 3000만 달러(95년)

(자료원 : NESDB 97／Bank of Thailand／Bangkok Post／The Nation)

☞ 자연 환경

　　인도차이나 반도 중앙에 위치한 타이는 곳곳마다 화려한 사원과 탑들이 즐비한 불교의 나라로 옛날에는 '사이암(Siam)'이라 불리기도 했다.

　　타이의 지형은 크게 북부, 중부, 남부로 나누어 살펴볼 수 있다. 차오프라야 강 상류에 해당되는 북부는 산간 분지 지역으로 집약농업이 발달해 있고, 강 하류쪽인 중부는 대평원으로 곡창지대를 이룬다. 또한 말레이 반도에 속해 있는 남부는 타이만을 끼고 야자나무가 무성한 해변이 병풍처럼 펼쳐져 남국의 절경을 이루고 있다.

　　기후는 열대몬순 기후. 건계(乾季:11월 초순~2월)와 우계(雨季:6월~10월)가 반복되며, 특히 3월 초순부터 5월까지의 3개월간은 40℃에 달하는 무더위가 기승을 부리는 혹서기(酷暑期)로 유명하다.

☞ 간추린 역사

　　타이인의 기원은 확실치는 않으나 기원전 중국 강남땅에 살던 애뢰(哀牢)인들로 여겨지며, 이들은 차오프라야강을 타고 남하, 농경사회를 이루며 정착했다고 한다. 현재 남아 있는 유적이나 자료를 종합해 보면 타이인이 국가를 형성한 시기는 대략 13세기 즈음으로 추정 가능하다.

　　치앙사엔, 치앙마이, 루앙프라앙, 아홈, 수코타이 등이 부족공동체에서 왕국으로 발전한 대표적인 국가들이었는데, 이 중 특히 크메르(현재의 캄보디아)를 정복한 수코타이 왕조는 3대 라마캄엥왕 때 타이문자를 고안해 내는가 하면, 스리랑카로부터 소승불교를 들여오는 등 선진문명을 적극적으로 수용했을 뿐만 아니라 영토확장에도 나서 말레이 반도 일대를 통치하는 위용을 과시한다. 하지만 이 수코타이 왕국은 라마캄엥왕이 죽자 급속히 쇠퇴, 1350년에 타이 중부 아유타야에서 발흥한 아유타야 왕국에 의해 멸망한다.

　　아유타야 왕국은 이른바 타이의 중세시대. 15세기 보롬마라차 2세 통치시에는 동쪽으로는 앙코르를 공격해 크메르제국을 위협하고, 서쪽으로는 버마(현 미얀마)와 대립하는 한편, 남쪽으로는 멀리 말라카까지 세력을 뻗치기도. 그리고 이 때를 기해 크메르로부터 한층 발달한 문명을 받아들여 세련된 궁정의례와 정비된 행정제도를 만들었으며, 왕족, 귀족, 일반서민의 사회적 지위를 '논넓이'로 나타내는 사크티나 제도를 확립한다.

　　그러나 16세기 이후 아유타야 왕국의 세력이 약해지자, 1569년에 버마군의 침공으로 약 15년 동안 점령당하기도 했다. 1584년 타이 중흥의 시조인 나레수엔 대왕의 활약으로 버마군을 격파, 타이는 다시 독립을 되찾지만, 이후 버마와는 끊임없이 전쟁을 치르게 되며, 지금도 양국간의 갈등은 존재하고 있다.

　　18세기의 타이는 활발한 해외교역을 바탕으로 문화적 황금기를 맞이한다. 하지만 1767

년에 강력한 군사력을 앞세운 버마군에 또다시 점령당할 위기에 봉착. 이 때 중국계 장군인 타크신은 즉각 군사를 정비하여 버마군을 무찌르고 타이의 독립을 수호한다. 타크신은 이후 톤부리를 수도로 정하고 스스로 왕위에 올라 톤부리 왕조를 창건한다.

그리고 타크신의 뒤를 이어 왕위에 오른 프라야 차크리(라마 1세)는 수도를 방콕으로 천도. 이것이 현재 타이 왕조의 시작이며 라마 1세는 세력을 확장해 말레이 반도의 켈란탄을 비롯, 버마의 타보이까지 지배하였으며, 왕조체제의 확립을 위해 법전 공포와 불교 재흥에 노력, 국가 근대화의 초석을 마련한다.

19세기에 접어들자 동남아시아 일대는 서구열강의 진출로 식민지가 속출. 이런 와중에서 타이 왕조는 일찌감치 쇄국정책을 마감하고 라마 4세 때 유럽의 학문과 기술을 적극 도입하는가 하면, 라마 5세 때는 영국과 우호조약을 체결하고(1855년), 부역제도 및 노예제 폐지와 사법, 교육제도를 근대화하는 한편, 철도, 통신 사업에 매진하는 등 사회전반에 걸친 개혁을 단행한다.

이에 따라 타이는 동남아에서 유일하게 열강의 식민지배를 극복하게 되며, 이러한 역사는 지금도 타이 국민들의 가슴 속에 커다란 자긍심으로 남아 있다.

1929년에 발발한 세계대공황은 당시 개혁과 근대화에 몰두하던 타이 경제에 심각한 타격을 가한다. 경제불황은 곧바로 정치문제로 폭발. 1932년에 진보적 청년장교들과 문관들이 중심이 된 무혈쿠데타로 절대군주제가 폐지되고, 민주헌법을 기초로 한 입헌군주제가 채택된다. 그리고 이 때부터 군부의 정치참여가 노골화되기 시작, 현재까지 17번의 쿠데타가 발생하는(이 중 10번은 성공) 등 불안한 정국이 이어지고 있다.

☞ 정 치

타이의 정치체제는 입헌군주제로 국왕이 국가 원수. 1932년 입헌혁명으로 전제군주제가 폐지되었으나 현재까지 국왕에 대한 국민들의 신망은 매우 두터우며, 카리스마적 권위를 지니고 있다. 따라서 타이의 국왕은 다른 입헌군주국들과는 달리 국가를 통합하는 상징적인 의미 이외에 현실정치에도 상당한 영향력을 지니고 있다.

타이의 현실 정치는 내각책임제를 취하고 있는 만큼 의회가 정국운영의 축이다. 의회는 국왕이 임명하는 상원과 국민들이 직접선출하는 하원으로 구성되며, 하원의원의 임기는 4년. 또한 행정권의 실질적인 책임자인 총리는 의회의 추천을 통해 국왕이 임명하며, 총리가 조직하는 각료는 하원의원이 아니어도 상관없다.

6,70년대 줄곧 군부독재와 이에 대한 학생들의 반발로 혼란의 극을 달렸던 타이 정국은 1980년 국방장관 출신의 프렘이 총리에 취임, 군의 정치개입을 억제하고 민주화 노선을 추진함으로써 진정국면을 맞이한다. 프렘 총

리는 2차례에 걸친 쿠데타의 위기를 극복하고 대외실리 외교노선를 바탕으로 경제성장을 이룩, 이례적으로 8년 5개월간의 장기집권을 안정적으로 유지할 수 있었다.

그러나 1988년 국민당의 챠티차이 당수가 총리에 취임하자 그 동안 잠잠했던 군부와의 마찰이 노골화되고, 게다가 정권 내부의 오직(汚職 : 직권을 남용하여 부정한 일을 꾀함)사건이 빈발하자 타이 정국은 또다시 혼란의 양상을 띠기 시작한다. 이에 91년 2월 콩솜퐁 군참모총장이 이끄는 군부가 쿠데타를 일으켜 챠티차이 민간정부를 무너뜨리고 국가평화유지위원회를 설치함과 동시에 국가권력을 창악. 이후 92년 3월 군사정권은 형식적인 총선을 거쳐 정통성을 확보하려 했으나 문민정부를 희망하는 참롱 도의당 당수를 비롯, 민주세력과 학생들이 이에 강력히 반발, 급기야 5월 17일 밤 방콕 시내에서 10만여 명의 시위대가 군경과 충돌하여 유혈사태를 빚는 참극을 연출한다.

비상사태에 직면한 타이 정국은 결국 국왕의 중재로 안정을 되찾고 9월 총선을 통해 츄안 민주당 당수를 새 총리로 한 4당 연립내각이 출범한다. 출범 초기 의회민주주의의 확립을 위해 헌법개정 및 군의 재편성을 주장하며 의욕적인 모습을 견지했던 츄안 정권은 지도력 부재와 내부의 금융스캔들 등이 이어지면서 동요하기 시작, 결국 95년 6월 농지개혁 부정사건으로 중도하차하고 만다.

이후 95년 7월 총선거를 거쳐 국민당(당시 야당)의 반하른 당수를 축으로 신내각이 출범하지만 이 역시 96년 11월 총리자격 문제 및 부조리 사건 등으로 오래 가지 못하고 해산한다. 이후 96년 11월 선거에서 신희망당이 다수당이 되면서 당수인 차크리트가 총리로 취임한다. 한편 차크리트 총리는 국가개발당 등 6당의 연립내각을 구성 지금까지 타이 정국을 이끌고 있다.

☞ 경 제

2차대전 전까지만 해도 타이의 산업은 쌀, 주석, 고무, 티크 목재 등 단일작물 생산에 만족하는 정도. 때문에 공산품은 전적으로 수입에 의존했으며 국내 주요 산업이라고는 고작해야 정미업 정도였다.

그러나 1960년대 사리트 정권 아래에서 외자유치를 통한 공업화정책을 추진, 70년대에는 섬유, 자전거, 전자, 전지제품 등에서 비약적인 발전상을 보인다. 이처럼 타이 경제가 급속히 성장할 수 있었던 배경에는 적극적인 외자유치정책과 베트남 전쟁 특수, 그리고 토지개혁과 품종개량을 통한 농업분야의 생산성 향상이 뒷바침되었기 때문이다.

최근 타이의 공업분야는 그 동안 경제성장의 주역이었던 섬유, 주류 및 아연판, 주석판 등이 하향곡선을 그리는 대신 전기, 전자(IC) 및 맥주, 해산물 통조림을 중심으로 한 식품가공업이 호조를 띠고 있다.

또한 농업분야에서는 쌀을 필두로 사탕

수수, 고무, 타피오카 등이 대표적 산물. 특히 이 타이는 세계 최대의 쌀수출국으로 유명하다. 뿐만 아니라 타이 하면 관광대국이라 할 수 있는데, 92년 5월 사태 이후 잠시 위축되었으나 94년 이후 점차 회복, 96년도는 현국왕의 재위 50년주년이 되는 해인 만큼 '타이 재방문의 해'로 정하고 다양한 관광상품과 대대적인 홍보활동 결과 96년 한해 730만 명의 관광객을 유치.

지난 1986년부터 90년까지 연평균 10%대의 경이적인 성장률을 기록했던 타이 경제는 90년대 초반 정치적 격동을 겪으면서도 연평균 8%의 고속 성장 추세를 이어간다.

특히 96년부터 시행되고 있는 제8차 5개년 계획에 따라 산업구조 역시 전기, 전자, 화학, 자동차, 기계 등 고부가가치 기술집약적 부문 중심으로 개선될 전망이어서 향후 2~3년 내에 신흥공업국으로 발돋움할 것으로 관측되고 있다.

☞ 사회와 문화

타이 국민의 95%는 소승불교도이다. 따라서 불교는 사람들의 일상생활에 깊이 침투해 있으며 사회와 문화 전반에 지대한 영향을 미치고 있다. 남자는 일생에 한 번 반드시 불문에 들어가야 하는 등, 불교 사원만 27000여 개. 미얀마, 라오스와 인접한 북부 국경지대는 '황금의 3각지대'라고 불릴 만큼 세계 유수의 양귀비 재배지로 유명하다.

타이인은 마음이 넓고 예절이 바르며 청결함을 좋아한다. 또한 13세기 건국 이래 단 한번도 외세의 침략을 허락하지 않은 자기 나라의 역사에 대한 자긍심이 대단하다. 그러나 최근 에이즈 비상령이 발령. 96년 현재 환자 및 감염자 수는 줄잡아 70~80만에 이르는 것으로 추정되고 있다.

라오스 인민 민주 공화국
(Lao People's Democratic Republic)

— 독립일 : 1975년 12월 2일(사회주의 혁명일), UN 가맹일 : 1955년 12월 14일 —

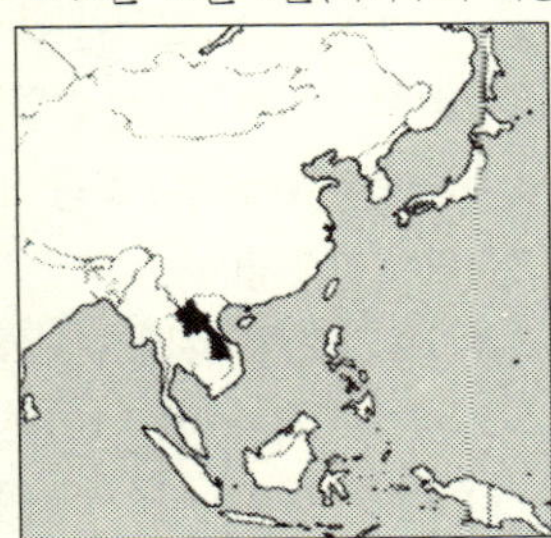
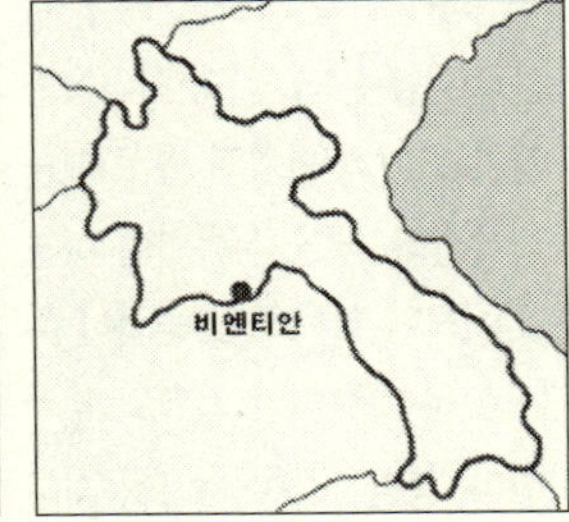

☞ 주요 통계 자료

·면 적	23만 6800km²
·인 구	488만 명(95년)
·수 도	비엔티안(Vientiane) 인구 약57만 7000명
·주요 도시	사반나케트(5만 명), 루앙프라방(4만 4000명)
·주요 민족	라오족(60%), 그 밖에 약 60여 개의 소수민족
·언 어	라오어(공용어)
·종 교	불교(95%)
·정치 체제	공화제 1당 독재
·헌 법	1991년 8월 신헌법 제정
·국가 원수	대통령 누하크 품사반(Nouhak Phoumsavanh) 간선제 임기 5년 92년 11월 25일 취임 93년 2월 22일 재임
·의 회	1원제 85의석 직선제 임기 5년
·내 각	총리 캄타이 시판돈(Khamtay Siphandone) 96년 4월 일부 개조
·주요 정당	라오스 인민혁명당
·국민총생산	17억 달러(95년)
·1인당 GNP	360달러(95년)
·통화 단위	킵(Kip). 1달러=920킵(97년 1월)
·주요 자원	목재, 주석
·주요 공산품	목재가공품, 봉재품
·주요 농산물	쌀, 커피
·무 역	수출 3억 4800만 달러, 수입 5억 8700만 달러(95년)

(자료원 : World Yearbook 97／IMF 보고서)

☞ 자연 환경

라오스는 인도차이나 반도 북부에 위치한 내륙국이다. 주변엔 베트남, 중국, 미얀마, 타이, 캄보디아 등 5개국이 둘러싸고 있다. 국토의 대부분은 산지(안남 산맥). 산맥 사이에는 프라방 고원과 쟈일 평원이 펼쳐져 있고 메콩강의 지류들이 합류한다. 메콩강 유역엔 벼농사가, 산간에는 원시적인 화전(火田)농업이 이루어진다. 기후는 고온 다습하며 건계와 우계의 구분이 뚜렷하다. 통상 12월에서 1월 사이가 가장 살기 좋다.

☞ 간추린 역사

주요 민족인 라오족은 중국 운남성에서 남하하여 1353년에 통일국 랑상 왕국을 수립하지만 이 왕국은 얼마 안 있어 3국으로 분열되어 1870년에는 타이의 속국이 된다. 이후 1889년에는 프랑스의 인도차이나 연합에 편입되어 식민지 통치를 받게 된다. 2차대전 중 전시상황을 틈타 프랑스로부터의 독립을 선언하지만 전후 프랑스의 복귀로 무산. 이후 '자유 라오스 운동' 전개. 결국 1953년 프랑스는 라오스의 독립을 인정. 하지만 라오스 왕국정부와 라오스 애국전선간의 대립이 격화, 내전에 돌입한다. 73년 잠시 평화협정의 체결로 좌우 합작의 연합정부가 들어서지만 75년 미국의 월남전 패망으로 상황은 돌변. 라오스 애국전선이 통치권을 장악하고 인민 민주주의 공화국의 탄생을 맞게 된다.

☞ 정치와 경제

1975년 라오스 인민 혁명당이 정권을 장악한 후 사회주의 건설을 위한 일당 독재체재가 구축된다. 그러나 최근 사회주의권의 와해 분위에 편승 라오스 정부는 개방경제와 정치 쇄신을 강력히 추진할 태세를 갖추고 있다. 도한 외교적 측면에서도 경제적 의존도가 높은 타이와의 우호관계에 각별히 신경쓰는 한편 중국과의 관계 개선도 모색하고 있다. 1996년 3월 18일에서 20까지 계속된 제6회 당대회에서 정치·경제의 개혁노선을 계속 추진할 뜻을 결의. 이에 따라 캄타이 총리를 연임시키고, 일부 각료를 교체하였다.

라오스의 주요 산업은 쌀, 커피, 목재, 주석 등 1차산업이며 특히 커피와 목재는 주요 수출품. 하지만 라오스는 오랜 내전의 후유증과 내륙국이라는 악조건 때문에 경제발전은 상당히 뒤처진 편. 따라서 정부는 외국 원조에 의한 개발정책에 희망을 걸고 있다.

☞ 사회와 문화

라오스는 60여 개의 다양한 민족으로 구성되어 있다. 하지만 대부분 불교 신자. 혁명정부의 사회주의 건설 추진 과정에서도 불교만은 허용했을 정도. 국민성은 대단히 온순하며 겸허한 편이다.

캄보디아
(Cambodia)

— 독립일 : 1953년 11월 9일, UN 가맹일 : 1955년 12월 14일 —

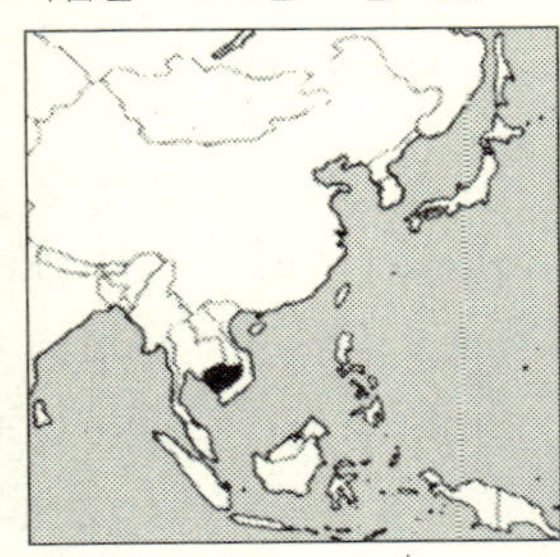

☞ 주요 통계 자료

·면 적	18만 1115㎢
·인 구	1070만 2 000명(96년 3월 추정)
·수 도	프놈펜(Phnom Penh) 인구 92만 명(93년 추정)
·주요 도시	바탐방, 콤퐁솜
·주요 민족	크메르족이 대부분 참족 등 36개의 소수민족, 베트남인, 중국인
·언 어	크메르어
·종 교	불교
·정치 체제	입헌 군주제
·헌 법	1993년 9월 24일 공포
·국가 원수	국왕 노로돔 시아누크(Norodom Sihanouk) 93년 9월 24일 즉위
·의 회	1원제 120의석 직선제 임기 5년
·내 각	국왕이 제1당 지도자에게 조각을 요청 제1총리 노로돔 라나리드(Norodom Ranariddh) 제2총리 훈 센(Hun Ser.) 93년 10월 29일 발족
·주요 정당	민족통일전선, 캄보디아 인민당, 불교자유민주당
·국민총생산	28억 8000만 달러(95년 추정)
·1인당 GNP	280달러(95년 추정)
·통화 단위	리엘(Riel). 1달러＝2300리엘(97년 1월)
·주요 자원	쌀, 고무, 목재
·무 역	95년부터 수출을 재개했으나 실적은 미미

(자료원 : World Yearbook 97／IMF 보고서)

☞ 자연 환경

캄보디아는 주변 산지와 메콩 강 유역의 평야지대로 나뉜다.

기후는 열대몬순형이며 고온 다습하다. 계절은 우계(5월에서 10월 사이)와 건계(11에서 4월 사이)로 구별된다.

☞ 간추린 역사

기원전 1세기부터 6세기까지는 부남 왕국이, 6세기부터 8세기까지는 진랍 왕국이 번성하였다. 하지만 캄보디아 왕국의 융성이 최고에 달했던 시기는 9세기에서 15세기에 이르는 '앙코르 시대'이다.

19세기 말 캄보디아를 지배한 세계 열강 중의 하나인 프랑스는 2차대전 중 잠시 캄보디아에서 후퇴했으나 전쟁이 끝나자 재차 식민통치를 감행한다. 그러나 캄보디아인들의 독립운동이 격화된다.

마침내 캄보디아는 1953년에 프랑스로부터 완전 독립 쟁취. 그 후 인도차이나 전쟁을 통해 1975년 4월17일 프놈펜이 함락되면서 혁명정권이 수립된다.

1976년 국명을 민주 캄보디아로 변경하고, 폴포트 공산당 서기가 총리에 취임한다. 그러던 중 78년 말 베트남이 캄보디아를 침공한다. 친베트남계인 헹 삼린의 주도로 79년 1월 7일 민주 캄보디아 정부를 몰아내고 캄보디아 인민 공화국을 수립한다.

반면 수도 프놈펜에서 쫓겨난 민주 캄보디아 측은 전국 각지에서 게릴라 전쟁을 전개하면서 동시에 베트남의 국경을 넘보고 있다.

☞ 정치와 경제

헹 삼린 정권에 대항하는 반베트남 3파(시아누크공 파, 민주 캄보디아파, 캄보디아 인민민주해방 전선파)는 80년부터 연합정권에 대한 협상을 펼친다. 그리하여 82년 오랜 난항 끝에 시아누크공을 대통령으로 한 '민주 캄보디아 연합정부'가 정식으로 출범되면서 반베트남 투쟁을 개시하였다.

한편 3파 연합정부와 헹 삼린 정권간에 평화회담이 계속되는 가운데 UN은 캄보디아 문제를 국제회의에 회부한다.

따라서 UN의 결의 사항에 따라 89년에는 캄보디아에 주둔하고 있던 베트남군이 완전히 철수하고, 92년 1월에는 UN 잠정통치기구(UNTAC)의 감시하에 4파를 망라해 최고국민 평의회(SNC)를 결성하여 통일을 위한 교두보를 확보하기에 이른다.

93년 5월, 폴포트파가 불참한 가운데 총선거를 실시하였다. 이 결과 시아누크공이 이끄는 민족통일전선이 제1당으로 등장한다.

이후 93년 6월 처음 소집된 제헌의회에서 시아누크를 국가 원수로 선출하고 이어 9월 24일 신헌법을 공포하면서 '캄보디아 왕국'을 선포한다.

96년 말, 탄생 3년을 맞이한 캄보디아 왕

국은 경제 상황이 최악을 달리는 가운데 폴포트파는 급속히 쇠퇴한다.

대신 제1, 제2 총리간의 대립이 표면화되면서 내전상태에 돌입한다. 97년 현재 훈센 제2 총리가 정권을 잡고 휘두르는 가운데 라나리드 제1총리는 망명 중이다.

☞ 사회와 문화

캄보디아의 예술적 전통(크메르 예술)은 깊고도 우수하다. 8세기 이전에는 인도 예술의 영향으로, 그리고 앙코르 시대에는 인도와 그리스의 영향으로 종교, 건축, 장식, 조각에 탁월한 문화재가 많다.

캄보디아 역시 대단한 불교(소승 불교)국이다. 불교는 한때 전후의 사회주의세력에 의해 무시되기도 했지만 93년 신헌법을 통해 국교로 설정한다. 현재는 종교의 자유가 인정되고 있다.

베트남 사회주의 공화국
(Socialist Republic of Viet Nam)

— 독립일 : 1945년 9월 2일, UN 가맹일 : 1977년 9월 22일 —

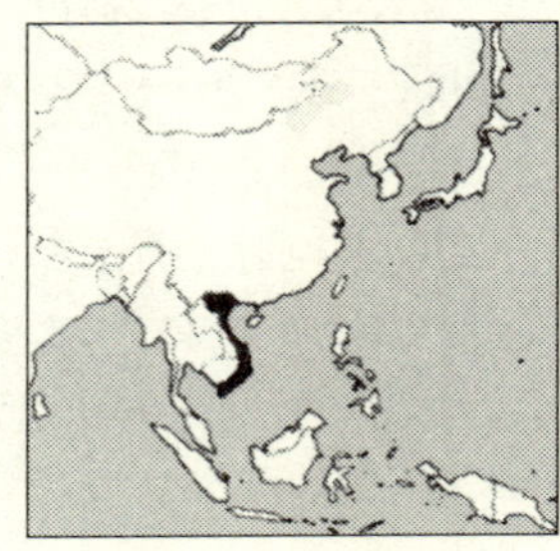 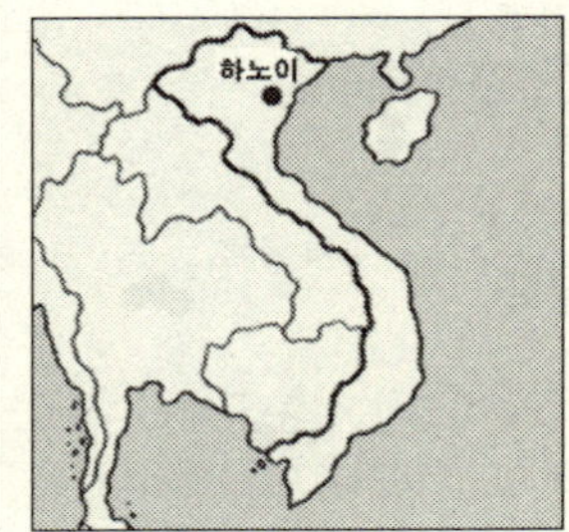

☞ **주요 통계 자료**

·면　　　적	33만 1688㎢(한국의 약 3.3배)
·인　　　구	7500만 명(96년)
·수　　　도	하노이(Hanoi) 인구 250만 명(96년 추정)
·주요 도시	호치민(450만 명), 하이퐁(160만 명), 다낭(49만 명)
·주요 민족	베트남인(90%), 그 밖에 한족, 타이족, 눙족 등 60개의 소수민족, 중국계는 3% 정도
·언　　　어	베트남어
·종　　　교	불교(대승불교), 카톨릭 남부에는 카오다이교, 호아하오교
·정치 체제	사회주의 공화제 공산당 독재
·헌　　　법	1980년 12월 18일 제정 92년 4월 18일 개정
·국가 원수	국가주석 레 둑 안(Le Duc Anh) 간접선거제 임기 5년 92년 9월 23일 취임
·의　　　회	1원제 395의석 직접선거제 임기 5년
·내　　　각	국회에서 총리 선출 총리 보 반 키에트(Vo Van Kiet) 95년 10월 개조
·주요 정당	베트남 공산당
·국민총생산	184억 달러(95년)
·1인당 GNP	250달러(95년)
·통화 단위	동(Dong). 1달러＝1만 1160동(97년 1월)
·주요 자원	석탄, 철, 인광석, 크롬, 석유, 주석
·주요 공산품	실크 의류, 수공예품, 식품가공품
·주요 농산물	쌀, 고구마, 옥수수, 천연고무, 사탕수수, 카사바, 콩류
·무　　　역	수출 71억 달러, 수입 111억 달러(96년)

(자료원 : 베트남 통계청／KOTIS)

☞ 자연 환경

인도차이나 반도 동부에 S자 모양으로 길게 자리잡고 있는 베트남은 우리에게 '월남(越南)'이란 이름으로 친숙하며, 옛날에는 '안남(安南)'이라 불리기도 하였다. 동쪽과 남쪽은 통킹 만과 남중국 해에 면해 있고, 서쪽은 라오스, 캄보디아, 타이, 그리고 북쪽으로는 중국과 국경을 맞대고 있다.

베트남의 지형은 전체 면적의 3/4이 안남 산맥을 중심으로 한 산악지대로 이루어져 있고, 홍하 및 메콩강 하류지역에는 기름진 평야지대가 펼쳐져 있다.

또한 기후는 국토의 길이가 긴 만큼 북부, 중부, 남부가 각각 다르다. 대체로 북부는 아열대성 기후로 4계절이 있지만 고온다습한 여름이 길고 봄, 가을이 무척 짧다. 또한 남부는 완연한 열대몬순 기후로 건계와 우계의 2계절밖에 없으며, 중부지역은 남과 북의 중간 성질을 띠고 있다.

☞ 간추린 역사

베트남의 역사는 기원전 2세기경 통킹 만과 북부 안남 일대에 살고 있던 베트남어 부족들이 중국 진(秦)나라의 멸망을 기화로 '남베트(Nam Viet)', 즉 '남월국(南越國)'을 세우면서 시작된다. 이들은 한때 광동지방의 호족들과 결합, 중국의 남부지역까지 세력을 떨쳤으나 후한(後漢)의 제갈량(諸葛亮)에 의해 정복당

해, 이 때부터 약 1100년간 중국의 지배를 받는다.

이후 939년, 코퀜(吳權)이란 걸출한 인물이 지역주민들을 규합, 중국군을 격파함으로써 통일왕국의 발판을 마련. 이어 968년 딩보링(丁都領)이 북부지역을 평정, '대구월(大瞿越)'이라는 국호로 베트남 초대왕조인 딩왕조를 일으킨다.

딩조에 이어 리(李)왕조, 친(陳)왕조, 레(黎)왕조를 거치면서 밖으로는 중국의 정벌군에 맞서 강력히 저항하는 한편, 안으로는 국가다운 면모를 점차 갖추어 나간다.

특히 중국 명나라의 정벌을 격파한 레왕조 때에는 중국식 관료주의 정부를 수립, 스스로 '대월국'이라 칭하였으며, 15세기에는 세력을 남방으로 뻗쳐 당시 인도네시아계 참족이 세운 참파 왕국을 정복하기도 한다. 하지만 16세기 들어 레왕조가 쇠퇴하자 베트남 왕국은 남북으로 나뉘어 동족간의 항쟁시대로 돌입한다.

대립시대는 18세기 들어 농민들을 중심으로 조직된 타이손당(西山黨)의 반란에 의해 결국 레왕조의 멸망을 초래하게 되는데, 이 때 구엔복안(阮福暎)이라는 자가 등장, 프랑스 세력을 끌어들여 반대파를 일소하고 스스로 구엔왕조를 세운다.

이후 19세기에 접어들어 구엔왕조는 프랑스를 비롯한 외세를 견제하려는 목적으로 철저한 쇄국정책을 전개. 급기야 프랑스 선교사 처형사건이 발발하게 되고, 이에 격분한 프랑

스는 베트남에 대한 무력침공을 감행하여 1884년 텐진 조약을 통해 전베트남을 식민지화한다.

조국이 프랑스의 식민지로 전락하자 베트남 내에서는 속속 항불 독립조직들이 탄생한다. 이들 중 왕조 복귀를 목표로 한 민족주의 진영과 민족해방을 내세운 공산주의 그룹이 가장 큰 세력이었는데, 특히 공산주의 그룹은 1930년에 정식 공산당을 결성하고 호치민(胡志明)을 중심으로 매우 활발한 독립투쟁을 전개해 나간다.

2차대전의 발발과 함께 일본군이 인도지나에 진출하자 호치민은 '베트남 독립동맹(베트민)'을 결성하여 게릴라전으로 맞선다. 그리고 4년간의 격전 끝에 일본군이 퇴각하자 전후의 정치적 공백을 이용, 급진적 민족주의자들과 함께 1945년 9월 2일 하노이를 근거로 '베트남 민주공화국'을 선포한다.

하지만 프랑스는 공화국 성립을 무시한 채 인도지나로의 복귀를 시도, 마침내 베트민과 군사적 충돌을 야기한다. 제1차 인도지나 전쟁으로 불리는 이 전쟁에서 호치민군은 7년간의 게릴라전을 전개한 끝에 54년 프랑스군을 완전 축출하기에 이른다.

그러나 54년 7월에 미국, 소련은 제네바 협정을 통해 일방적으로 베트남을 남북으로 분할해 버린다. 이에 대해 북베트남의 호치민 정부와 남베트남의 민족주의 세력들은 연합전선을 형성하여 연합군측의 분할통치에 강력히 반발하고 나선다.

당시 냉전논리에 의해 공산주의의 확산을 우려한 미국은 1964년 통킹만 기습폭격을 시작으로 베트남 전선에 본격 가담, 이른바 제2차 인도지나 전쟁, 즉 베트남 전쟁을 불러일으키고 만다.

이 베트남 전쟁은 이후 10년 동안의 격전을 치른 끝에 75년 4월 미군의 철수와 남베트남의 무조건 항복으로 종결된다. 이로써 베트남은 76년 4월, 전국에 걸친 총선거를 거쳐 남북이 통일된 베트남 사회주의 공화국을 새롭게 출발한다.

☞ 정 치

현재 베트남의 정치체제는 공산당 1당독재하의 사회주의 공화국이다. 지난 92년 헌법 개정을 통해 과거 80년에 채택했던 구소련식 사회주의 원칙을 대폭 수정, 사적 경영을 처음으로 합법화시키는 한편, 시장경제 체제로의 발전을 공식화한다.

또한 신헌법에 따르면 국가 원수로는 과거 서기장 대신 대통령(국가주석)을 두고 있으며, 선출방식은 5년마다 의회에서 간접선거로 치른다. 그리고 헌법상 국가권력의 최고기관인 의회는 1원제로 꾸려지며, 이 역시 5년마다 국민들이 직접선거에 의해 뽑힌 395명의 선량으로 구성된다. 현재 국회의원 전원은 공산당 당원으로 구성되어 있다.

지난 76년 사회주의 정권 출범 이후 베트남은 줄곧 베일에 가려진 채 독자적인 사회주의 국가건설을 꾀해 왔다. 그러나 86년 7월 쯔 엉찐 전서기장이 고령과 건강상의 이유로 물러나고 구엔반링 체제가 들어서면서 변화의 물결을 타기 시작, 대폭적인 정계의 세대교체와 베트남판 페레스트로이카라 할 수 있는 '도이모이(刷新) 정책'을 당의 공식노선으로 채택. 그리고 91년 8월 내각 개편 때에는 개혁파의 기수인 보 반 키에트를 총리로 선출함과 아울러 개혁과 일색의 내각진용을 갖춘다.

이후 보 반 키에트 총리는 92년 헌법개정을 계기로 개혁과 개방의 파고를 한층 높임과 동시에 활발한 외교활동을 전개, 주변국들과의 불편한 관계를 해소하는 한편 최대 적성국가였던 한국(92년 12월 22일) 및 미국(95년 7월 1일)과도 국교정상화란 결실을 맺는다.

지난 94년 1월에 열린 베트남 공산당 전국대표자대회 석상에서 당지도부는 지난 8년 동안 시행해온 '도이모이 정책'을 '경제적 위기를 극복하게 한 역사적 과업'이라는 한 마디로 자신있게 평가한다.

또한 96년 6월의 공산당 전당대회에서도 '도이모이 정책'을 지속적으로 추진할 것을 재확인 했으며, 나아가 도무오이 당서기장 등 당지도부를 전원 유임시킨 가운데 안정적 기조 속에 개혁과 개방을 더욱 활발히 추진해 나갈 것을 결의한다.

☞ 경 제

1976년 남북통일 후 베트남 공산당은 사회주의 경제건설을 목표로 경제개발5개년 계획을 착수했으나, 결과는 1인당 국민소득 50달러에도 못 미치는 형편없는 수준이었다. 따라서 86년 '도이모이 정책'은 이러한 경제난을 타개하기 위한 필연적 결과라 할 수 있다.

베트남은 인구의 70%가 농업에 종사하고 있는 전통적인 농업국이다. 산업구조 역시 농업과 수산업에 편중되어 있고 공업분야는 매우 열악한 상황이다. 게다가 그나마 있는 공업도 전체의 40%가 수공업에 머물러 있으며, 이 중 섬유산업이 주력을 이루고 있다.

반면 농업은 96년 한해 2850만 톤을 생산, 역사상 최고치를 기록하였으며, 주요 작물로는 쌀, 옥수수, 고구마, 콩류 등이 있고, 상품작물로는 천연고무, 사탕수수, 코코아, 야자 등을 들 수 있다.

이 중 특히 쌀의 수출고는 타이와 미국에 이어 세계 3위이다. 또한 수산업은 넓은 대륙붕 덕분으로 연안어업이 성행하고 있는데, 꼬치고기와 상어 및 새우 등이 많이 잡히며, 가공시설이 없기 때문에 대부분 생선 상태에서 소비되고 있다.

한편 '도이모이 정책' 이후 베트남 경제는 적극적인 외자유치와 사적 경영의 활성화로 89년 이래 연평균 8% 이상의 높은 성장률을 달성하였으며, 95, 96년도에 9% 이상의 고속성장 드라이브가 지속되고 있다.

그러나 이러한 성장 추세에도 불구하고 베트남 경제가 안고 있는 불안 요인은 많은 편으로 시간이 갈수록 도농간, 또는 지역간의 발전 격차가 심화되고 있다.

그리고 개혁 이전에는 걱정할 필요가 없었던 실업률이 해마다 증가일로에 있고, 게다가 사회전반에 퍼져 있는 밀수, 청탁 등의 자본주의적 사회악이 기승을 부리고 있다.

때문에 베트남 공산당 정권은 사회악 일소를 위해 행정개혁과 지도층의 세대교체 등을 시사한 바 있으나 아직은 대대적인 수술 작업이 이루어지지 못하고 있는 실정이다.

☞ **사회와 문화**

베트남은 중국 문화의 영향으로 일찍이 유교와 도교를 받아들였다. 따라서 동남 아시아 국가들 중에는 민도(民度)가 다소 높은 편이다. 우리 나라와는 17년 동안 교류가 끊어졌다가 92년에 다시 대사급 외교관계가 수립되었다.

경제 성장의 여파로 공산당원 및 공무원의 부정 부패가 심각해 사회 문제화되고 있는 실정이다.

베트남 당국에 따르면 지난 3년 동안 오직(汚職) 건수는 무려 5000여건, 청탁과 횡령의 총액도 약 1억 4000만 달러에 이른다.

따라서 베트남 정부는 오직 방지법 및 재산공개 제도 등을 시급히 마련할 예정이라고 한다.

인 도
(India)

— 독립일 : 1947년 8월 15일, UN 가맹일 : 1945년 10월 30일(창설가맹국) —

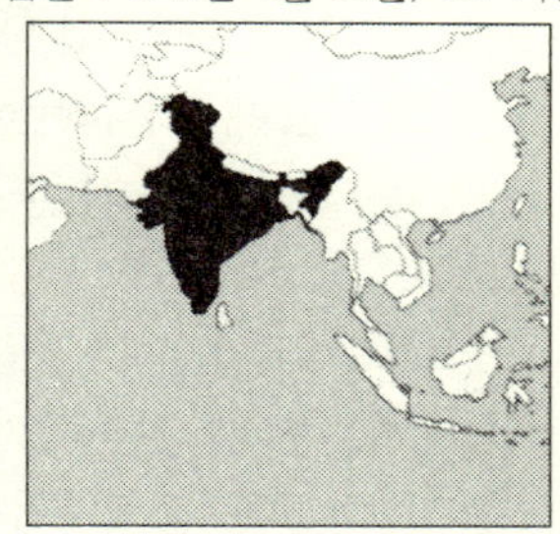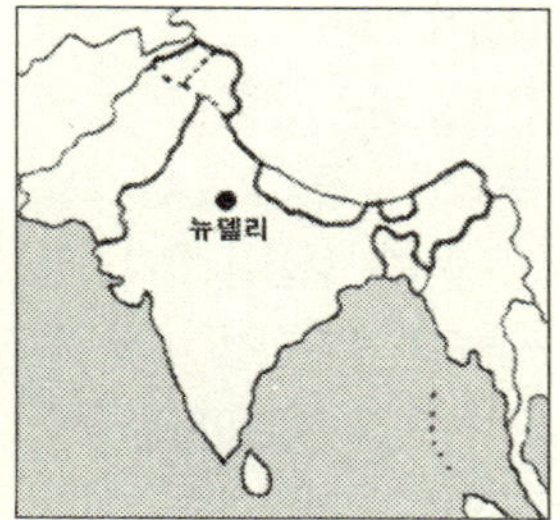

☞ 주요 통계 자료

·면　　　적	328만 7263㎢(한국의 약 33배)
·인　　　구	9억 3574만 명(95년)
·수　　　도	뉴델리(New Delhi) 인구 942만 명(94년)
·주요 도시	봄베이(993만 명), 캘커타(440만 명), 마드라스(384만 명)
·주요 민족	인도·아리아계(72%), 드라비다계(25%)
·언　　　어	힌두어(공용어), 영어(상용어)
·종　　　교	힌두교(82.6%), 이슬람교(11.4%), 기독교(2.4%), 시크교(2%), 불교(0.7%), 자이나교(0.5%)
·정치 체제	연방 공화제
·헌　　　법	1949년 11월 26일 제정 50년 1월 26일 발효
·국가 원수	대통령 코체릴 라만 나라야단(Kocheril Raman Narayadan) 간선제 임기 5년 97년 7월 25일 취임
·의　　　회	2원제 상원(245의석) 하원(545의석)
·내　　　각	대통령이 하원 다수당 대표를 총리로 임명 총리 인데르 쿠마르 구즈랄(Inder Kumar Gujral) 97년 4월 22일 출범
·주요 정당	국민회의파, 인도인민당, 자나타 달, 좌파공산당 등
·국민총생산	3270억 달러(95년)
·1인당 GNP	350달러(95년)
·통화 단위	루피(Rupee). 1달러=35.89루피(97년 1월)
·주요 자원	석탄, 철광석, 석유, 망간, 보크사이트
·주요 공산품	보석가공품, 봉제품, 기계, 피혁, 화학제품, 면제품
·주요 농산물	밀, 쌀, 황마, 유지작물, 사탕수수, 면화, 홍차, 고무
·무　　　역	수출 318억 3000만 달러, 수입 364억 달러(95년)

(자료원 : Central Statistical Organisation／Economic Survey 96)

☞ 자연 환경

히말라야 산맥 이남, 인도 반도의 대부분을 차지하고 있는 인도는 우리에게 '매혹과 신비의 나라'로 알려져 있다.

인도의 지형은 만년설로 뒤덮여 있는 히말라야 산악지대와 데칸을 중심으로 한 고원지대, 그리고 정치·경제의 중심인 갠지스강 유역의 평야지대 등 크게 3부분으로 나눌 수 있다. 특히 히말라야는 원래 '히마(Hima : 눈)'와 '알라야(Alaya : 저택)'의 합성어로 풀이하면 '눈으로 된 저택'이라는 뜻을 가지고 있으며, 세계 최고봉인 에베레스트(8848m)를 비롯, 만년설로 뒤덮인 설원의 면적이 4만㎢로 세계 최대규모를 자랑한다.

인도의 기후는 남북의 길이가 3219㎞에 달하는 만큼 지역에 따라 천차만별이다. 그러나 북의 한랭지역과 남부의 일부 열대지역을 제외하고는 거의 대부분 우림지역(몬순 기후)에 속한다.

☞ 간추린 역사

'인도'란 말은 원래 '힌두'라는 말과 같은 어원을 가진 말로서 알렉산더의 군대가 인더스강 연안에 도달했을 때, 당시 그 곳에 살던 사람들의 토지를 '힌두'라고 부른 데서 비롯되었다. 하지만 당시 인도인들은 자신들의 땅을 '바라트(Bharat)'라 불렀는데, 그 뜻은 북인도, 특히 갠지스 강 중류지역을 가리키는 말

이었다.

인도는 세계 4대 문명의 발생지. 그 연원은 기원전 3000년으로까지 거슬러 올라간다. 모헨조다로와 하라파 등지의 유적들을 통해 나타난 이 인더스 문명은 약 500여 년간 지속되면서 메소포타미아나 수메르에 버금가는 세련된 청동기 문명을 꽃피웠던 것으로 알려져 있다.

그러나 오늘날 인더스 문명은 다만 전설처럼 전해질 뿐이며, 본격적인 인도의 역사시대는 기원전 10세기경 북방 유목인인 아리안들이 갠지스 강 상류에 진출, 정착하면서부터 시작된다.

원래 서양인의 선조격인 게르만, 슬라브인 등과 같은 혈통을 타고난 이 아리안들은 철제무기로 무장, 당시 청동기 단계에 머물러 있던 드라비다인들을 손쉽게 정복했으며, 자신들의 문화적 우월성을 공고히 하기 위하여 '카스트'라는 계급제도를 만들어 내는 한편, 토착민과의 적극적인 혼혈을 통해 오늘날 인도 민족의 주류를 형성하게 되었다.

기원전 7세기경, 인도에서는 아리안들의 활약으로 도시국가들이 발생. 코살라, 마가다, 난다 등으로 대표되는 이 도시국가들은 상호간의 정복전쟁을 펼치며 일세를 풍미한다. 기원전 3세기경, 이들 중 특히 두각을 나타냈던 마가다국의 찬드라 굽타는 마지막까지 버텼던 난다 왕조를 무찌르고 마우리아 왕조를 건립, 인도 역사상 최초의 통일왕국을 건설한다.

하지만 이 마우리아 왕조는 불교 진흥과

세계화에 크게 공헌했던 아소카왕이 죽자, 급속히 쇠퇴하기 시작, 기원전 2세기 무렵 멸망하고 만다. 이후 12세기까지 이 곳에는 강력한 통일국가가 형성되지 못한 채 각 지방을 대표하는 왕조들이 흥망을 되풀이한다.

북서인도를 중심으로 일어난 쿠샨 왕조를 비롯, 힌두 문화를 성립시킴으로써 인도 문화의 황금기를 열었던 굽타 왕조, 그리고 벵골 지방의 벵골 문화를 확립했던 팔라 왕조 등이 이 시기를 거쳐간 대표적 왕조들이다.

한편, 12세기가 지나면서 그 동안 강대해진 이슬람 세력이 인도 대륙을 넘보기 시작, 침략이 본격화되면서 1526년 티무르의 5대손인 바베르에 의해 회교왕국 무굴제국이 건설된다. 이 무굴제국은 이후 150여 년간 전성시대를 구가하며 인도 역사의 중세를 장식하는데, 16세기 초 바바 아낙에 의해 창시된 이슬람과 힌두교의 절충형인 시크교도 바로 이 때의 산물이다.

1707년, 아우랑제브 황제가 죽자 무굴 제국은 급속히 와해의 길을 걷기 시작. 데칸을 중심으로 한 반무굴세력(마라타 세력)의 활동이 활발해진데다 이란 지역의 회교도 침입이 잇따르고, 영국의 식민지 진출이 본격화되면서 인도는 세계 열강의 각축장으로 돌변한다.

이에 1857년 인도 민족은 세포이를 중심으로 반영투쟁을 전개하지만 당시 세계 최강을 자랑하던 영국의 화력을 감당하기에는 역부족이었다. 1858년 무굴제국이 완전 멸망하자 영국은 인도에 대한 식민통치를 감행. 그러나 인도 민중들은 곧 국민회의를 중심으로 반영독립투쟁에 돌입한다. 특히 간디, 네루를 중심으로 한 국민회의 과격파들은 1919년을 기점으로 '비폭력 불복종 운동'을 가열차게 전개, 국내외 대단한 반향을 불러일으킨다.

1945년, 2차대전의 종결과 함께 영국의 애틀리 노동당 정부는 인도의 독립을 공식적으로 약속하지만 임시정부 구성을 둘러싸고 그 동안 독립운동 과정에서부터 분열의 조짐을 보였던 이슬람 연맹과의 갈등이 첨예화되어, 결국 간디의 반대에도 불구하고 네루를 중심을 한 국민회의측은 이슬람연맹과의 분리에 합의하고 만다. 이어 1947년 8월 15일 인도는 200년간의 식민지시대를 청산하고 파키스탄과 함께 정식독립국으로 탄생한다.

☞ 정 치

인도의 정치체제는 대통령 중심제에 내각책임제를 가미한 이원집정제 형태를 취하고 있다. 따라서 국가 원수는 대통령이나 국정의 실질적인 권한은 총리를 중심으로 한 내각에게 주어져 있다.

대통령은 상, 하 양원 및 주의회 의원들로 구성된 선거인단에 의해 간접선거로 치르며, 임기는 5년에 연임이 가능하다. 반면 총리는 하원의 다수당 당수를 대통령이 임명함으로써 선임된다. 국회는 정족수 245석의 상원(Rajya Sabha)과 545석의 하원(Lok Sabha)으로 구성되며, 임기는 상원이 6년인 데 반해 하원은 5년으로 되어 있다.

지난 91년 6월 총선을 통해 소수당 정부로 출범한 라오 정부는 93년 야당의원들의 합류와 94년 보궐선거의 승리를 통해 안정의석을 확보, 96년 임기 만료때까지 비교적 안정된 정국을 운영하였다.

이후 96년 4월 27일부터 5월 7일까지 무려 10일 동안 치른 총선거에서는 집권여당인 국민회의파가 과반수 획득에 실패(과반수에 82석이 부족), 지역정당 및 군소 정당들에게 연정 구성을 위한 지지를 호소했으나 대부분의 정당들이 힌두 원리주의자인 국민회의파를 거부. 결국 국민회의파를 중심으로 한 과도내각은 출범 한 달도 안 된 5월 28일 총사퇴하고 만다.

이 때 당시 샤르마 인도 대통령은 제1야당인 인도인민당이 중심이 된 연합전선(총 14개의 정당, 180명의 의원 참여)의 고우다 당수에게 조각을 권고, 결국 6월 1일 고우다를 총리로 한 신내각이 출범한다.

하지만 97년에 접어들면서 인도 인민당의 고우다 총리의 국정운영에 대한 불만이 노골화되면서 인도 정국은 다시 혼미의 양상을 띠기 시작한다. 그래서 총선을 다시 치러야 할 극한 상황에까지 갈 뻔했으나, 인도 인민당에서 고우다 총리의 사임을 전제로 현 정부에 대한 지지를 계속할 뜻을 비침으로써 돌파구를 찾는다. 그리고 97년 4월 22일 인도 하원의 신임을 얻어 현재의 구즈랄 총리가 취임하기에 이른다.

☞ 경 제

1947년 독립 이후, 인도는 지속적인 경제개발에 착수하여 현재까지 8차 5개년계획을 마친 상태이다. 이 결과로 인공위성, 핵무기 등 최첨단 기술제품에서부터 일반 생활 필수품에 이르기까지 인도에서 생산되지 못하는 물건은 없다 할 정도로 나름대로 단단한 산업 기반을 자랑한다.

그럼에도 불구하고 인도의 산업은 그 간의 지나친 정부 통제로 인해 국제 경쟁력이 매우 낮으며, 산업 구조는 여전히 농업과 광업 등 1차산업 분야가 근간을 이루고 있는 실정이다.

인도는 전체 인구의 약 80%가 아직 농촌지역에 거주하고 있으며, 국내 총생산(GDP) 중 30%를 농업 생산이 차지할 정도로 전형적인 농업국이다.

주요 작물로는 쌀, 밀, 사탕수수, 면화, 홍차, 황마 등을 들 수 있으며, 이 중 특히 홍차, 사탕수수, 바나나 등은 생산규모가 세계 1위를 자랑한다. 강우량이 연중 편중되어 있는 몬순 기후에도 불구하고 이처럼 인도의 농업생산이 세계 유수를 자랑하는 배경에는 60년대 취해진 소위 '녹색혁명'과 이에 따른 고수확 품종의 개발 및 농업의 현대화에 기인하고 있다.

또한 인도의 광업은 국내 총생산 면에서 차지하는 비중은 4% 내외에 불과하지만 철광석, 망간, 운모, 보크사이트 등 부존 자원의 종류와 매장량이 매우 풍부한 편이며, 특히 철광석은 채광 가능 매장량이 119억 톤으로 세계 최대 규모이다.

90년대 이후 인도의 경제는 그 동안 정부 통제 중심의 관리형 경제에서 탈피, 많은 변화상을 보여준다. 라오 정부는 출범과 동시에 누적되는 외채와 외환위기 극복을 위해 루피화의 대폭적인 평가절하를 단행하는 한편, 외국 자본 및 외국기술의 적극적인 도입을 골자로 한 '신경제정책'을 단행한다.

그 결과로 인도의 산업생산은 투자수요의 상승에 힘입어 매년 5% 이상의 증가추세를 보이고 있으며, 특히 94년도에는 8.7%라는 경이로운 성장률을 나타낸다.

게다가 95년 이후에도 발전 및 에너지 산업을 중심으로 외국인 투자가 현저히 증가추세에 있고 안정된 인플레이션율과 인구 증가율 감소 등의 요인이 겹치면서 꾸준히 상승곡선을 타고 있다.

☞ 사회와 문화

인도 사회는 한 마디로 복잡다난하다. 각 민족마다 언어와 종교가 다르고 또한 생활 수준도 현격한 차이가 있기 때문이다.

하지만 인도 문화는 아시아 각 지역에 엄청난 영향을 미쳤다. 특히 인도인은 예부터 형이상학(철학, 수학 등)에 탁월했다. 영(零)이 발견되고 체스를 발명한 나라도 바로 이 곳이다. 또한 3명의 노벨상 수상자를 배출할 만큼 문화적 수준이 높다.

네팔 왕국
(Kingdom of Nepal)

— UN 가맹일 : 1955년 12월 14일 —

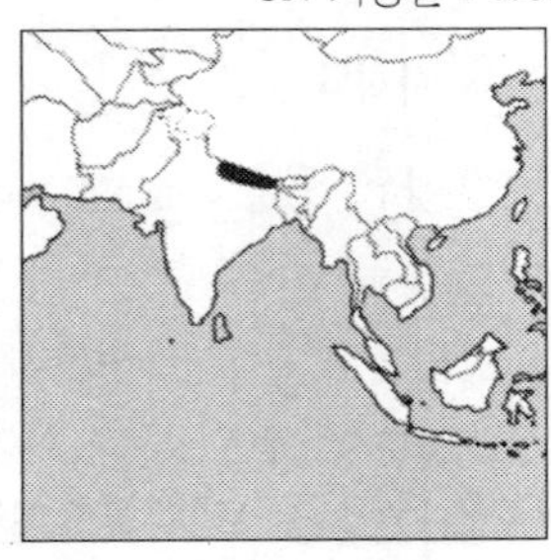 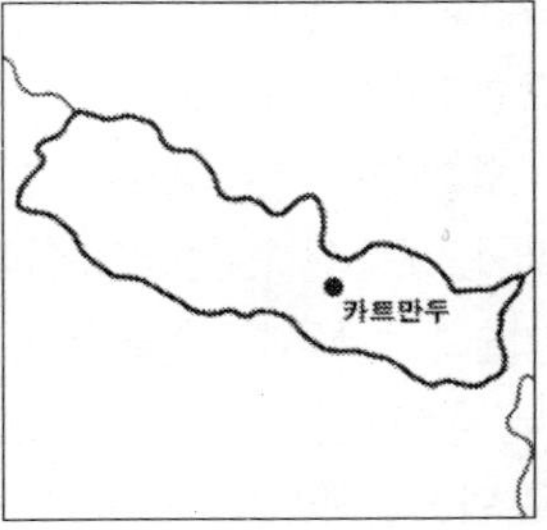

☞ 주요 통계 자료

· 면　　　적	14만 7181㎢
· 인　　　구	2192만 명(95년)
· 수　　　도	카트만두(Kathmandu) 인구 42만 명(95년)
· 주요 도시	비라트나갈, 파탄
· 주요 민족	중국계, 티베트계, 몽골계 등
· 언　　　어	네팔어(공용어)
· 종　　　교	힌두교(86%), 불교(9%), 이슬람교(4%)
· 정치 체제	입헌 군주제 내각 책임제
· 헌　　　법	1990년 11월 9일 공포
· 국가 원수	국왕 비렌드라 비르 빅람 샤 데브(Birendra Bir Bikram Shah Dev) 72년 1월 31일 즉위
· 의　　　회	2원제 상원(60의석, 임기 6년), 하원(205의석, 임기 5년)
· 내　　　각	국왕이 하원의 다수당 당수를 총리로 임명 총리 세르 바하두르 데우바(Sher Bahadur Deuba) 96년 6월 일부 개각
· 주요 정당	네팔회의파, 통일공산당
· 국민총생산	46억 달러(95년)
· 1인당 GNP	210달러(95년)
· 통화 단위	네팔 루피(Rupee). 1달러＝56.77루피(97년 1월)
· 주요 자원	산림 수자원
· 주요 공산품	카페트, 기성복
· 주요 농산물	쌀, 보리, 콩류
· 무　　　역	수출 4억 1670만 달러, 수입 10억 8870만 달러(94년)

(자료원 : World Yearbook 97／세계 각국 요람)

☞ 자연 환경

　　북으로 히말라야의 험준한 산세를 끼고 동서남 삼면이 인도와 접해 나라. 국토의 약 83%가 산악지대. 북부에는 6000m 이상의 산들이 240여 개나 있으며 중부에는 도시와 촌락들이 형성되어 있다. 남부는 네팔의 곡창지대. 기후는 지리적으로는 아열대에 속하지만 지형의 굴곡이 심해서 지역에 따라 다양하다. 대체로 대륙성 기후를 띤 지역이 많으며 6월에서 9월 사이는 몬순의 영향으로 비가 많고 11월에서 2월 사이는 기온이 낮고 건조하다.

☞ 간추린 역사

　　힌두교 신화에 따르면 네팔은 동서 아시아 지역 중 가장 오랜 역사를 지닌 국가 중의 하나. 하지만 통일은 18세기 중엽에 와서 이룬다. 이후 200여 년간 군웅할거의 시대가 연출되다가 1951년 인도의 중재로 왕정복고가 실현된다. 1959년 최초의 총선거가 실시되어 네팔 회의파의 B. P. 코이라라가 총리로 취임한다. 그러나 다음해 마헨트라 국왕은 내각을 해산하고 판차드 제도(국가평의회)를 기반으로 몸소 나라를 다스리기 시작했다.

☞ 정치와 경제

　　1960년부터 시작된 국왕 친정체제는 30년 지속되지만 이후 학생운동을 중심으로 민주화의 요구가 격렬, 마침내 90년대에 민중봉기로 발전. 90년 11월 9일 비렌드라 국왕은 국민들의 민주화 요구에 굴복, 입헌군주제를 골자로 한 신헌법을 공포하고 이듬해 총선을 실시한다. 선거 결과 네팔 의회당이 과반수 의석을 확보 의회당 서기장인 기리자 프라사드 코 이달라가 총리에 취임한다. 94년 11월, 총선을 통해 통일 공산당의 아디카리 의장이 총리로 취임, 최초의 공산당 정권이 탄생하기도. 이후 95년 9월, 하원에서 아디카리 내각에 대한 불신임안이 가결. 따라서 네팔 국왕은 네팔 회의파의 데우바 하원 의장을 새 총리로 임명한다. 데우바 총리는 네팔 회의파를 중심으로 국민민주당, 네팔 우애당 등 3당 연립내각을 발족한다. 외교는 중국과 인도의 영향으로 비동맹 중립주의. 이는 1975년에 발표한 '네팔 평화지대 구상'에 잘 나타난다. 네팔은 개발도상국들 중 가장 가난한 나라 중 하나(국가예산의 반을 외국원조에 의존할 정도)로 경제의 중심은 농업. 히말라야의 관광사업도 한몫.

☞ 사회와 문화

　　네팔은 민족적으로 인도계와 티베트계, 그리고 몽골계가 만났던 곳이라 문화적으로나 종교적으로 매우 복잡한 양상을 띤다. 힌두교가 국교이긴 하지만 석가가 탄생한 곳도 이 곳이라 불교세력도 대단하다. 네팔을 일컬어 '가옥수 보다 사원의 수가 많고 사람들의 수보다 신의 수가 많다'라고까지 한다. 문맹률이 60.7%. 인도와 마찬가지로 카스트제도가 아직 남아 있다.

부탄 왕국
(Kingdom of Bhutan)

— UN 가맹일 : 1971년 9월 21일 —

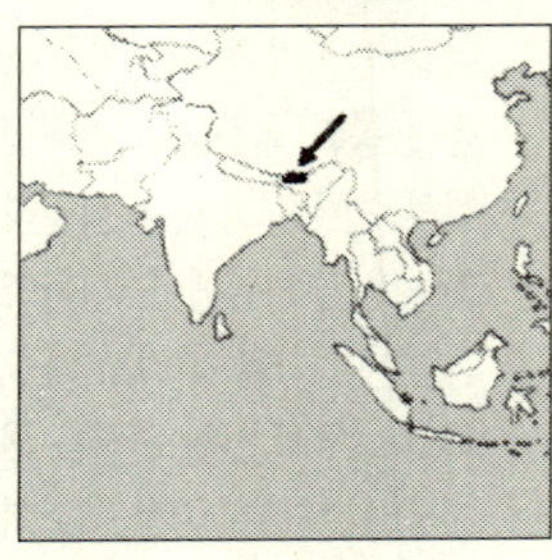
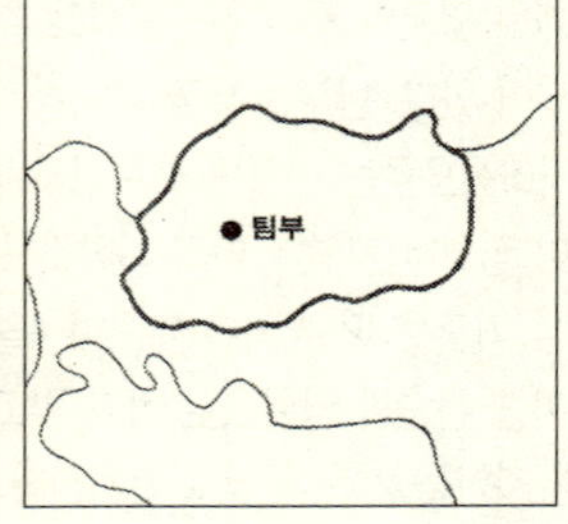

☞ **주요 통계 자료**

·면 적	4만 6500㎢
·인 구	167만 명(94년)
·수 도	팀푸(Thimphu) 인구 27만 명(94년)
·주요 도시	파로, 타시간
·주요 민족	부탄인(티베트계, 60%), 네팔인(25%)
·언 어	티베트계의 종가어(공용어), 네팔어, 영어 등
·종 교	불교(라마교, 국교), 힌두교
·정치 체제	군주제 국왕이 절대적 권한을 행사
·헌 법	성문 헌법 없음
·국가 원수	국왕 지그메 싱게 왕추크(Jigme Singye Wangchuck) 제4대 72년 7월 24일 즉위
·의 회	1원제 150의석 임기 3년
·내 각	국왕이 임명 총리는 없음
·주요 정당	정당활동 금지 비합법정당으로 부탄 인민당 등
·국민총생산	2억 7200만 달러(94년)
·1인당 GNP	400달러(94년)
·통화 단위	나트람(Ngultrum) 인도 루피화와 동가. 1달러=35.89나트람(97년 1월)
·주요 자원	산림, 수자원, 석회암
·주요 공산품	수력발전, 시멘트
·주요 농산물	쌀, 밀, 가축
·무 역	수출 6000만 달러, 수입 1억 2500만 달러(92/93)

(자료원 : World Yearbook 97/세계 각국 요람)

☞ 자연 환경

세계의 지붕인 히말라야 산맥은 카슈미르에서 버마 고원에 이르는 2500㎞에 달하는 거대한 산맥. 부탄 왕국은 이 히말라야 산맥의 동쪽 끝에 비스듬히 붙어 있다. 북쪽은 7000m에 달하는 고봉들이 즐비하며 남쪽으로 올수록 지대가 낮다. 국민의 대부분은 브라마푸트라 강의 지류에 편승, 농사를 짓는다. 수도 팀부가 위치한 곳도 바로 이 곳(해발 1000m~3000m)의 고지대. 남부는 가장 저지대(해발 300m정도)로 아열대성 밀림이 300㎞에 달한다. 이 지역은 홍차의 산지로 유명한데 코끼리, 호랑이 등 맹수들의 서식처이기도. 기후는 북부가 산악성, 중부는 대륙성, 남부는 아열대성. 몬순의 영향으로 강수량이 많다.

☞ 간추린 역사

국가 형태를 갖춘 것은 금세기 들어서서의 일인데, 1907년에 현 왕국의 초대 국왕이 즉위했기 때문이다. 이전에는 종교의 교주가 실권을 쥐고 이 지역을 통치했다고 한다. 왕국이 수립된 지 3년 후인 1910년 부탄은 인도를 지배하고 있던 영국의 식민지로 전락하지만 국제사회에서는 잘 알려지지 않았던 존재. 1947년 인도가 영국으로부터 독립할 때 함께 독립. 64년 지그메 도르지 총리가 암살되고 11월 궁정쿠데타에 의해 왕추크 국왕이 실권을 장악. 72년 왕추크가 죽은 후 4대 국왕으로 지그메 싱게 왕추크 황태자가 즉위한다.

☞ 정치와 경제

군주제인 부탄은 현재 젊은 국왕의 영도하에 민주개혁이 활기차게 진행되고 있다. 국회는 일원제이며 100명의 민간대표와 40명의 정부대표, 그리고 10명의 승려대표로 구성. 1989년부터 부탄 민족의상 착용, 종가어 보급 등 전통문화 부흥정책을 추진. 그러나 이에 대해 남부를 중심으로 네팔계 주민이 강력히 반발, 90년 후반부터 집단행동 및 테러 사태가 자주 발생하고 있다. 게다가 군주제에 항거, 부탄 지식인들을 중심으로 복수정당제 도입 등 민주화를 요구하는 부탄인민당이 결성되어 비합적으로 활동하고 있다.

주산업은 농업이며 쌀과 밀이 많이 나고, 목축도 성업 중. 임산과 광물자원도 풍부. 총인구의 90% 이상이 농림업에 종사. 반면 광공업분야는 수력발전, 시멘트 등을 중심으로 국내총생산(GDP) 대비 약 3할 정도를 차지하고 있으며 현재 제7차 5개년 계획(92~97)의 막바지 작업에 열심이다.

☞ 사회와 문화

국민의 태반은 티베트계이며 네팔계도 상당수. 부탄은 예부터 불교(라마교의 뒤르크파)의 나라이다. 따라서 국명도 '뒤르크국(용의 나라)'이라 하기도 한다. 60년대부터 개발계획을 통해 근대화의 길로 들어선다. 국민성은 정직 근면하며, 생활수준도 히말라야 주변 국들에 비해 비교적 높은 편. 문맹률은 95%.

방글라데시 인민 공화국
(People's Republic of Bangladesh)

— 독립일 : 1971년 12월 16일, UN 가맹일 : 1974년 9월 17일 —

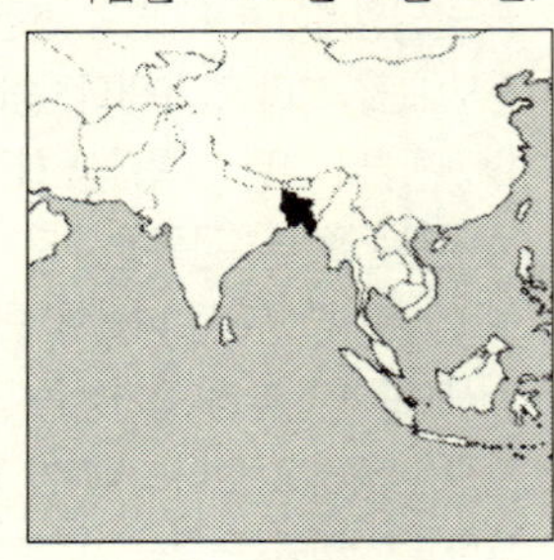
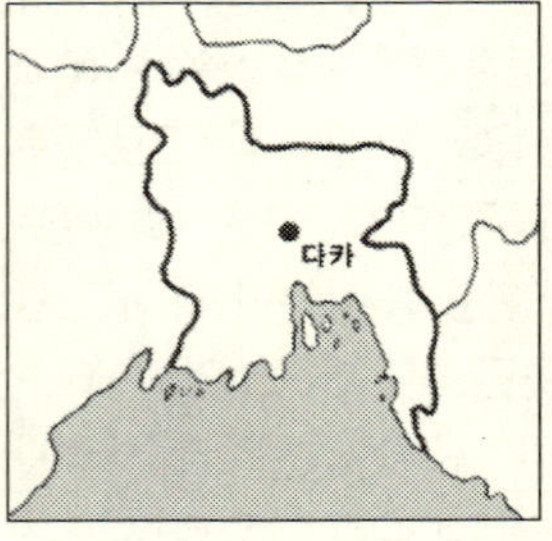

☞ 주요 통계 자료

·면　　적	14만 3998㎢
·인　　구	1억 2043만 명(95년)
·수　　도	다카(Dhaka) 인구 364만 명(91년)
·주요 도시	치타공, 쿨나, 람푸르
·주요 민족	벵골인(98%)
·언　　어	벵골어(공용어, 인도·아라비아어계)
·종　　교	이슬람교(국교, 88.1%), 힌두교(10.5%), 불교(0.6%)
·정치 체제	공화제 의원 내각제
·헌　　법	1972년 12월 16일 공포 91년 9월 개정
·국가 원수	대통령 샤하부딘 아메드(Shahabuddin Ahmed) 간선제 임기 5년 96년 10월 8일 취임
·의　　회	1원제 330의석(이 중 30석은 여성특별의석) 임기 5년
·내　　각	대통령이 다수당 당수를 총리로 지명 총리 셰이크 하시나(Sheikh Hasina) 96년 6월 23일 발족
·주요 정당	아와미 연맹, 방글라데시 민족주의당, 국민당
·국민총생산	286억 달러(95년)
·1인당 GNP	240달러(95년)
·통화 단위	타카(Taka). 1달러＝42.45타카(97년 1월)
·주요 자원	천연가스, 석탄
·주요 공산품	봉제, 피혁제품
·주요 농산물	쌀, 차
·무　　역	수출 41억 3000만 달러, 수입 65억 4500만 달러(95년)

(자료원 : World Yearbook 97／방글라데시 통계청)

☞ 자연 환경

방글라데시는 히말라야와 티베트 그원이 수원지인 갠지스 강과 브라마푸트라 강의 하류가 합류하는 세계 최대의 델타지대. 국토는 갠지스강과 브라마푸트라 강을 중심으로 동서남북 4곳으로 나뉜다. 특히 동서부 인도와 접경지대인 슨타르반 밀림은 벵골 호랑이와 사슴의 서식처로 유명하다.

남동부 일부를 제외하고는 국토 전체가 평지이며 몬순 계절이 되면 국토의 반 이상이 물속에 잠긴다.

기후는 전형적인 아열대 몬순형으로 세계에서 비가 가장 많다. 연간 강수량의 3/4은 6월에서 10월 사이에 집중적으로 내린다.

☞ 간추린 역사

갠지스강이 흐르는 이 나라는 일찍부터 문명이 발생했다. 하지만 역사적 사료로는 알렉산더 대왕의 원정에 관한 기록이 최초이다. 방글라데시의 왕조는 종교를 기반으로 흥망성쇄를 거듭한다. 특히 아프칸계의 아쿠바르국왕은 본격적으로 이슬람교를 받아들여 오늘날의 종교적 기반을 만든다.

이후 방글라데시는 200여 년간에 걸친 영국의 식민지시대로 접어든다. 2차대전 후 이슬람교도가 많은 동벵골은 힌두교도 중심의 서벵골과 분리, 47년 독립을 쟁취한 파키스탄(동파키스탄)의 일부로 들어간다.

하지만 비록 서파키스탄과 종교적 이념은 같았지만 정치 경제적 불평등은 심화된다. 동벵골은 즉시 독립투쟁 개시. 이에 인도군이 개입하여 제3차 인파전쟁으로 비화되고 만다. 전쟁의 결과는 파키스탄의 전면적 항복이었으며 이 때를 틈타 방글라데시는 명실상부한 독립을 달성한다.

☞ 정치와 경제

방글라데시의 정세는 거듭되는 쿠데타로 얼룩진다. 91년 6월에 집권한 방글라데시 민족주의당의 지아 총리는 권력집중의 우려가 있는 대통령제를 의원내각제로 바꾸기로 결정. 여야 합의로 91년 9월 헌법을 개정한다.

이후 94년 1월, 처음으로 직접선거에 의한 시장선거에서 당시 야당이었던 아와미 연맹 후보가 승리. 기세가 오른 야당측은 즉각 지아 총리의 퇴진을 요구하며 의회등원 거부 투쟁에 들어간다.

결국 사태는 95년 12월 의회 해산으로 이어지고, 지아 총리는 야당의 불참과 계엄령하에 실시된 96년 2월 총선거에서 압승하여 2차 내각을 발족한다. 하지만 선거결과에 불복한 야당은 무기한 정권 퇴진 투쟁 전개. 결국 지아 총리는 96년 3월 굴욕적인 사임발표와 함께 퇴진한다.

96년 6월 실시된 총선에서 아와미연맹이 146의석, 방글라데시 민족주의당 116의석, 국민당이 32의석을 각각 획득, 아와미 연맹이 제

1당으로 부상하며, 하시나 당수가 총리에 취임하면서 방글라데시 정국은 진정국면을 맞이한다.

방글라데시의 경제적 기반 역시 농업. 식량 자급체제가 갖춰지지 않아 국민생활은 궁핍하다.

현재 식량증산, 인플레이션 억제, 농촌개발 등을 목표로 3차 5개년 계획 중이다. 식량 자급을 목표로 경제개혁에 매달려 있지만 매년 홍수와 사이클론 등의 자연 재해가 발생, 아직도 외국의 원조에 의지하고 있다.

☞ 사회와 문화

방글라데시는 빈부의 격차가 심하며 극소수의 자본가를 제외하고는 전반적으로 궁핍한 생활을 하고 있다.

실업률이 높으며 문맹률은 76%. 여전히 대가족 제도를 고수하고 있다. 국교는 이슬람교. 따라서 신도들은 왼손을 닦지 않으며 돼지고기와 술을 금하고 있다.

몰디브 공화국
(*Republic of Maldives*)

— 독립일 : 1965년 7월 26일, UN 가맹일 : 1965년 9월 21일 —

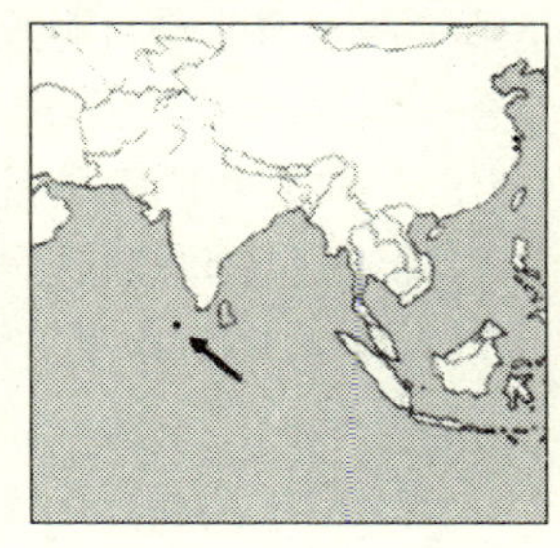
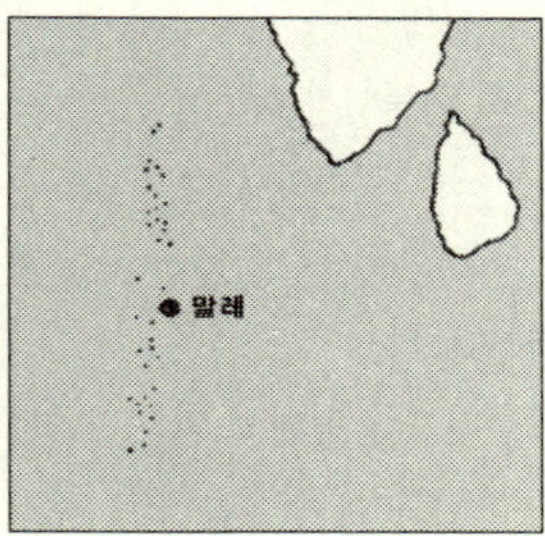

☞ 주요 통계 자료

· 면　　적	302㎢
· 인　　구	25만 명(95년)
· 수　　도	말레(Male) 인구 약 6만 2000명(93년)
· 주요 민족	몰디브인(싱할리인, 드라비다인, 아랍인의 혼혈)이 100%
· 언　　어	티베히어(싱할리어계)
· 종　　교	이슬람교(국교, 수니파)
· 정치 체제	공화제 대통령 중심제
· 헌　　법	1968년 11월 제정
· 국가 원수	대통령 마우문 압둘 가윰(Maumoon Abdul Gayoom) 임기 5년 78년 11월 11일 취임 93년 10월 1일 4선
· 의　　회	1원제 48의석(이 중 40석은 직선제를 통해, 8석은 대통령이 지명) 임기 5년
· 내　　각	대통령이 임명 총리 없음
· 주요 정당	정당 없음
· 국민총생산	2억 2100만 달러(94년)
· 1인당 GNP	900달러(94년)
· 통화 단위	루피아(Rufiyaa). 1달러=11.77루피아(97년 1월)
· 주요 자원	수산자원, 관광자원
· 주요 공산품	섬유, 식품가공제품
· 주요 농산물	수입에 의존
· 무　　역	수출 4590만 달러, 수입 1억 9510만 달러(94년)

(자료원 : World Yearbook 97/세계 각국 요람)

☞ 자연 환경

몰디브 공화국은 스리랑카에서 남서방향으로 600㎞ 거리의 인도양 위에 떠 있는 조그마한 섬나라이다. 섬의 수는 모두 1000여 개. 산호초로 만들어진 섬들이기 때문에 산호충의 번식상태에 따라 섬의 모양이나 수가 달라진다. 따라서 몰디브 정부에서도 정확한 수를 모르고 있는 실정이다.

기후는 고온 다습한 열대성 기후. 1년을 남서 몬순계(5~10월)와 북동 몬순계(11~4월)로 나누며, 남서 문순계는 바람이 많고 강우량이 많은 반면 북동 몬순계는 공기가 건조하고 바람이 잔잔해 사람이 살기에 좋다.

☞ 간추린 역사

몰디브 제도에 사람이 찾아든 시기는 1세기경이다. 정착한 주민들은 스리랑카와 인도 출신들. 처음 그들의 종교는 불교였지만 12세기경 아라비아인들과의 교역이 활발해지면서 이슬람교가 도입되어 지금은 전 주민이 이슬람교도이다. 1887년 12월 이후 영국의 보호령이었다가 1965년 6월 완전 독립을 달성한다. 현재 영연방에는 참가하지 않는다.

☞ 정치와 경제

과거 이 나라는 이슬람교의 족장이 다스렸지만 68년 11월 신헌법을 발표, 몰디브 공화국이 출범한다. 이 나라의 행정은 19개의 환초(環礁,아도르)로 나뉘어 운영된다.

각 환초에는 정부가 임명한 환초장이 있다. 특히 이 나라의 특징은 모든 것이 섬 단위로 이루어져 있다. 즉 비행장의 섬, 병원의 섬, 형무소의 섬, 농장의 섬 등등. 수도는 말레란 섬으로 몰디브에서 유일한 도시의 섬이다.

외교노선은 비동맹중립을 표방하며 모두 101개국과 외교관계를 맺고 있다. 남북 동시 수교국.

주 산업은 가다랭이를 중심으로 한 어업, 그리고 땅콩 농업이 있다. 또한 국토 전체가 산호초이기 때문에 진주가 많이 채집된다. 관광사업도 주 수입원이다.

☞ 사회와 문화

몰디브는 이슬람 문화권에 속하며 현정부도 이슬람 문화의 육성을 목적으로 문화정책을 추진. 섬 전체가 산호초로 구성되어 있어 거리와 가옥들이 모두 흰색의 진주빛을 띠고 있다. 게다가 적도의 강렬한 일광이 섬을 감쌀 때면 마치 평화의 낙원을 연상시킨다.

하지만 과거 영국 통치하에서는 말라리아의 만연으로 인구의 반이 죽어나갔던 아픈 역사도 지니고 있다. 독립 후 UN의 원조로 전염병은 사라졌지만 의료시설은 여전히 태부족. 또한 교육, 통신, 운송 등의 시설이 아직 많이 부족한 편이다.

스리랑카 민주 사회주의 공화국
(Democratic Socialist Republic of Sri Lanka)

— 독립일 : 1948년 2월 4일, UN 가맹일 : 1955년 12월 14일 —

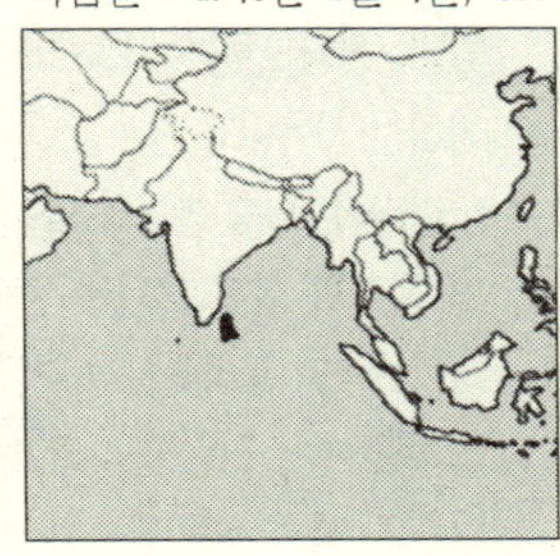
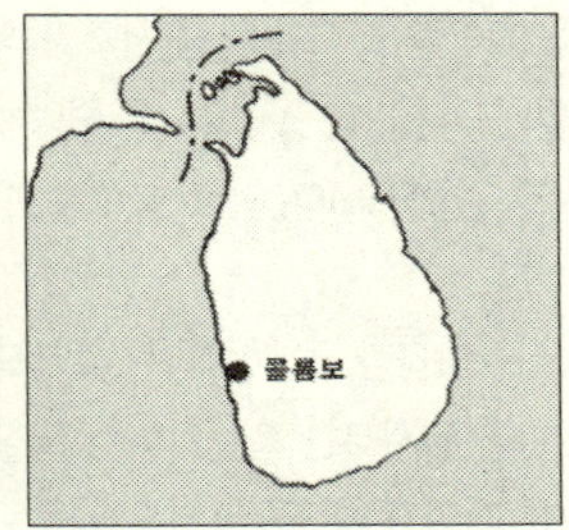

☞ 주요 통계 자료

·면　　적	6만 4454㎢
·인　　구	1835만 명(95년)
·수　　도	스리자야와르데네프라 코테(Sri Jayawardenepura Kotte) 인구 11만 명(95년)
·주요 도시	콜롬보, 자프나, 캔디
·주요 민족	싱할리인(74%), 타밀인(18%), 무어인(7%)
·언　　어	싱할리어, 타밀어(둘 다 공용어)
·종　　교	불교(70%), 힌두교(15%), 기독교(7.6%), 이슬람교(7.4%)
·정치 체제	공화제 대통령 중심제
·헌　　법	1978년 9월 7일 공포
·국가 원수	대통령 찬드리카 반다라나이케 쿠마라퉁가(Chandrika Bandaranaike Kumaratunga) 직선제 임기 6년 94년 11월 12일 취임
·의　　회	1원제 225의석 직선제 임기 6년
·내　　각	대통령이 임명 총리 시리마보 반다라나이케(Sirimavo Bandaranaike) 94년 11월14일 발족
·주요 정당	스리랑카 자유당, 통일국민당
·국민총생산	126억 달러(95년)
·1인당 GNP	690달러(95년)
·통화 단위	스리랑카 루피(Rupee). 1달러=56.86루피(97년 1월)
·주요 자원	흑연, 운모, 보석원석
·주요 공산품	봉제품
·주요 농산물	홍차(생산량 세계 2위), 땅콩, 고무
·무　　역	수출 1951억 1600만 루피, 수입 2663억 1900만 루피(95년)

(자료원 : KOTIS／스리랑카 통계청)

☞ 자연 환경

스리랑카는 인도대륙 남단 약 30㎞ 떨어진 지점에 있는 인도양 상의 섬나라이다. 스리랑카(아름다운 섬)이란 말 그대로 섬 전체가 청록색으로 뒤덮인 아름다운 곳이다. 섬 중앙에 피두루탈라갈라 산(2538m)이 있고 북쪽은 주로 평야지대이다.

기후는 고온 다습한 열대성이며 섬의 북부는 건조한 반면 남서부는 습윤지대로 울창한 밀림을 이루고 있다. 이 곳은 기후와 풍토에 따라 남부 산악지대에는 양질의 홍차가 그리고 해안지역에는 땅콩이 생산된다.

☞ 간추린 역사

스리랑카의 원주민은 원래 베타족. 그러나 기원전 6세기경 인도 북부에서 싱할리족이 침입해 스리랑카를 건국했다고 한다. 심할라 왕조는 불교 문화를 꽃피우며 번영을 구가했다. 하지만 16세기 초 포르투갈이 침입해 서해안 일대를 점령한다.

이후 포르투갈에 이어 네덜란드의 식민지가 되었다가 1796년에는 영국의 직할 식민지로 편입된다. 그리고 2차대전이 끝난 후 48년 2월에 스리랑카도 영연방의 자치령으로 독립한다.

국명이 '실론'에서 '스리랑카'로 바뀐 것은 75년의 일. 그러다가 다시 79년 9월 '스리랑카 민주사회주의 공화국'으로 개칭한다.

☞ 정치와 경제

스리랑카는 77년 헌법개정을 통해 대통령제와 내각제를 혼합한 정치제도를 채택하고 있다. 정당으로는 사회주의적 중립주의를 표방하는 자유당과 친서방 온건보수주의의 통일국민당이 있다. 현재의 여당은 통일국민당. 현재 정부의 최대 고민은 민족 분규. 소수민족 타미르족이 분리독립을 주장하며 정부에 반기를 들었다. 스리랑카의 외교는 역시 비동맹 중립주의. 특히 비동맹권 내에서는 중심적 위치를 차지. 남북 동시 수교국.

산업은 주로 농업을 중심으로 한 일차산업이 주체이다. 수출품의 거의 70%를 점한다. 따라서 정부는 공업화정책에 각별한 관심과 노력을 경주하고 있다.

☞ 사회와 문화

스리랑카는 세계적인 불교국이다. 따라서 불교와 관계된 유적과 사원이 많으며 사람들의 일상생활도 지극히 불교적이다.

특히 불치사의 베라베라제는 세계적으로 유명한 불교 행사. 100여 마리의 코끼리가 중심가를 행진하는 장엄한 모습을 보기 위해 관광객들이 많이 모인다.

스리랑카가 자랑하는 또하나의 명물은 카레라이스. 문맹률은 10% 내외이며 유치원에서 대학까지 전부 무상이다.

파키스탄 이슬람 공화국
(Islamic Republic of Pakistan)

— 독립일 : 1947년 8월 14일, UN 가맹일 : 1947년 9월 30일 —

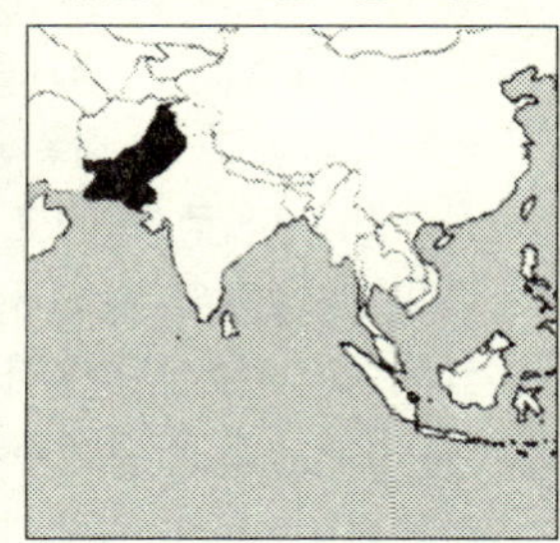 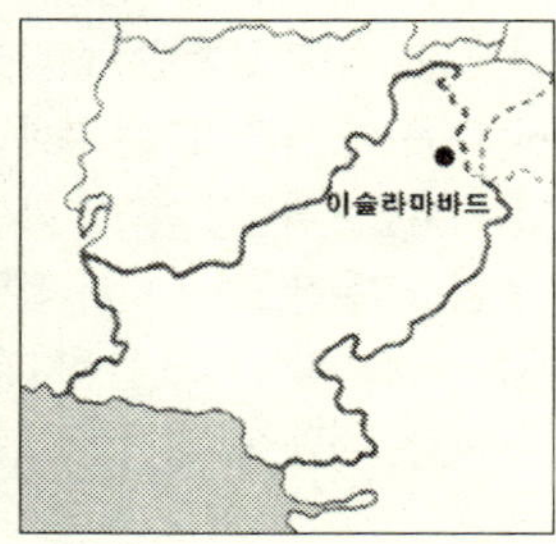

☞ 주요 통계 자료

·면　　　적	79만 6095㎢(카슈미르 지방 등은 제외)
·인　　.구	1억 2981만 명(95년)
·수　　　도	이슬라마바드(Islamabad) 인구 41만 명(95년)
·주요 도시	카라치, 라호르, 파이살라바드
·주요 민족	펀자브인(53%), 퍼슈턴인(16%), 신드인(13%), 펄치인(4%)
·언　　　어	우르드어(공용어) 그 밖에 펀자브어, 신드어 등
·종　　　교	이슬람교(국교, 97%, 대부분 수니파), 힌두교(1.5%)
·정치 체제	공화제 의원 내각제
·헌　　　법	1973년 4월 10일 공포 이후 12차례에 걸쳐 개정
·국가 원수	대통령 사르다르 파루크 레가리(Sardar Farooq Leghari) 간선제 임기 5년 93년 11월 14일 취임
·의　　　회	2원제 상원(87의석) 하원(217의석)
·내　　　각	총리는 하원에서 선출 총리 나와즈 샤리프(Nawaz Sharif) 97년 2월 발족
·주요 정당	파키스탄 회교도연맹, 파키스탄 인민당, 모하질민족운동
·국민총생산	595억 달러(95년)
·1인당 GNP	460달러(95년)
·통화 단위	파키스탄 루피(Rupee). 1달러=40.08루피(97년 1월)
·주요 자원	석탄, 석유, 천연가스, 석회석, 크롬광
·주요 공산품	섬유류, 피혁제품
·주요 농산물	쌀, 면화, 보리
·무　　　역	수출 78억 8300만 달러, 수입 110억 5000만 달러(95년)

(자료원 : World Yearbook 97/KOTIS)

☞ 자연 환경

지리적으로 중근동 지역과 남아시아 지역을 연결하는 요충지. 국토의 한가운데를 고대 문명의 발생지이자 여러 민족의 흥망성쇠를 경험한 인더스 강이 있고 북쪽에는 히말라야 줄기가 둘러쳐 있으며, 남단 지역은 북회귀선상에 놓여 있다. 수도는 위도상 아열대 기후에 속하지만 풍토는 고온건조하고 비가 적은 편. 특히 6, 7월은 모래 바람이 세게 몰아치며, 가장 살기 좋은 계절은 9월~11월.

☞ 간추린 역사

모헨조다로와 하라파 등의 고대 도시문명(인더스문명)이 발생한 지역으로 대승불교의 원조인 간다라 불교문화가 꽃피었던 곳. 8세기무렵 아랍인들이 전파한 이슬람교는 16세기 이후 200년간에 걸쳐 무굴 제국하에 뿌리내린다. 무굴 제국의 패망 뒤에는 영국이 이 땅을 통치. 따라서 독립투쟁의 과정에서 힌두교도들과 이슬람교도들간의 대립이 심화되어 전(全)인도 이슬람교도연맹은 이슬람 국가 건설을 결의, 47년 독립국을 수립한다.

☞ 정치와 경제

이슬람의 성전 코란의 가르침은 국가 경영의 첫번째 원칙. 의회민주주의를 기초로 한 연방국가로 의원내각제를 취하고 있어서 대통령은 주로 국가를 대표하고, 외교적 업무에는 충실한 반면 국내 정치운영의 실권은 총리에게 있다. 주요 정당으로는 현 샤리프 총리가 이끄는 파키스탄 회교도연맹과 부토 전총리의 파키스탄 인민당 등이 있다. 지난 96년 11월, 경제정책의 실패 및 친지들의 비리 등의 이유로 부토 당시 총리는 임기 2년을 남겨두고 해임된다. 이후 레가리 대통령은 카리트 국회의장을 잠정 총리로 지명하고, 총선 실시를 발표한다. 97년 2월 3, 총선에서 샬리프 당수가 이끄는 파키스탄회교도연맹이 집권 여당인 인민당을 이기고 정국운영의 주체로 등장. 이후 샤리프 내각은 파키스탄의 최대 고민인 이슬람교 시아파와의 종교 대립 및 경제회복을 위해 노력 중이다. 외교는 이슬람제국과의 유대강화를 중심으로 비동맹제국간의 협력을 우선시한다. 인접한 인도와는 카슈미르를 두고 여전히 분쟁 중. 남북 동시 수교국.

경제는 농업과 이와 관련된 산업이 주를 이룬다. 특히 면화 생산은 세계적. 그리고 94년을 기해 제8차 5개년 계획을 추진 중이다.

☞ 사회와 문화

이슬람교의 원리에 의해 탄생한 국가인 만큼 국민생활 전반이 이슬람교의 전통과 영향력 아래 꾸려지고 있다. 정부 역시 이슬람교의 전통과 습관을 제도화하기 위해 노력할 만큼 종교적 색채가 짙다. 하지만 시아파와의 갈등 등 종교적·민족적 마찰이 심해 항상적인 사회문제를 안고 있다. 파키스탄의 문맹률은 63.2%(95년)에 달한다.

아프가니스탄 공화국
(Republic of Afghanistan)

― 독립일 : 1919년 5월 27일, UN 가맹일 : 1946년 11월 19일 ―

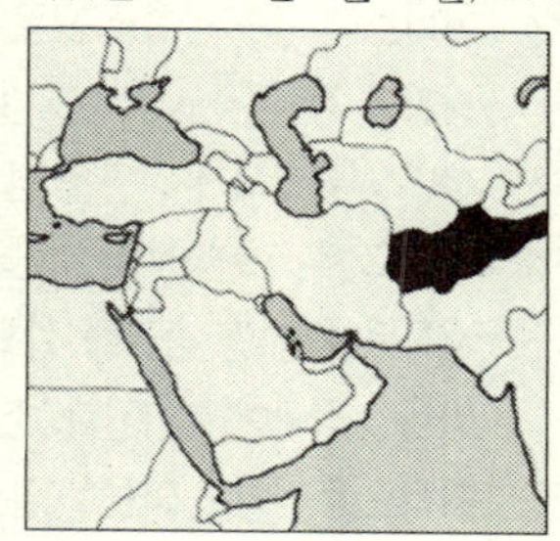

☞ 주요 통계 자료

・면　　　적	65만 2225㎢
・인　　　구	2014만 명(95년)
・수　　　도	카불(Kabul) 인구 176만 명(94년)
・주요 도시	칸다하르, 헤라트
・주요 민족	퍼슈턴, 타지크, 하자라, 우즈벡, 투르크멘인 등
・언　　　어	퍼슈투어, 다리어 등
・종　　　교	이슬람교(99%, 이 중 수니파가 80%)
・정치 체제	이슬람국
・헌　　　법	미제정
・국가 원수	대통령 부르하누딘 라바니(Burhanuddin Rabbani) 93년 1월 2일 취임.96년 9월 현재 피난 중
・의　　　회	국민대회의 평의회
・내　　　각	잠정 통치평의회 의장 모하메드 라바니(Mohammed Rabbani) 96년 9월 27일 발족
・주요 정당	이슬람협회, 이슬람당 등
・국민총생산	내전으로 불명
・1인당 GNP	내전으로 불명
・통화 단위	아프가니(Afghani). 1달러=4750아프가니(97년 1월)
・주요 자원	천연가스, 석탄, 철광석
・주요 공산품	카펫트, 피혁제품
・주요 농산물	과일류, 면화, 양모
・무　　　역	수출 2억 4300만 달러, 수입 7억 3700만 달러(91년)

(자료원 : World Yearbook 97)

☞ 자연 환경

아프가니스탄은 6개국에 둘러싸여 있는 내륙국이다. 남부 지역은 사막이며, 그 외는 주로 산악지대로 이루어져 있다. 여름(6월과 10월 사이)이면 기온이 40℃까지 올라가는 데 비해 비가 거의 없어 무척 건조한 편이다. 반면 겨울(11월과 3월사이)이면 기온이 영하 15~20℃까지 내려간다.

☞ 간추린 역사

이 지역은 원래 고대 페르시아 왕조의 일부였다. 이후 수많은 민족의 침략과 여러 왕조의 흥망성쇠를 거듭하며 19세기 초엽에 와서야 독립된 왕조의 기초가 다져진다.

19세기에 접어들어서는 영국과 러시아가 아프가니스탄을 놓고 정면 충돌을 일으킨다. 제1차(1838~42년), 제2차(1878~80년) 아프칸 전쟁을 거치면서 결국 주도권을 잡은 측은 영국으로, 이후 아프가니스탄은 영국의 보호국이 된다.

영국의 보호국이 된 이후 국내에서는 반영 독립투쟁 세력이 활발히 활동을 전개하게 된다. 그리하여, 1차대전 후인 1919년 3차 아프칸 전쟁이 끝난 다음 영국은 왕국의 독립을 승인할 수밖에 없었다.

하지만 독립 후에도 왕의 망명과 암살이 거듭되던 중 73년 7월 다우드 총리가 무혈 쿠데타로 집권함으로써 왕정을 폐지하고 공화제로 이행한다.

그러나 다우드 정권 역시 78년 군부 다라키에 의해 전복되고 다라키 자신은 혁명평의회 의장으로 선출된다. 그리고 국명을 '아프가니스탄 민주 공화국'으로 개칭한다. 하지만 다라키 정권도 오래 가지 못하고 1년반 만에 아민 부총리에게 정권을 넘기고 만다.

그 후 79년 12월 소련의 아프간 침공이 시작된다. 아민 총리가 살해되고 친소련계의 카르말 정권이 성립된다. 소련군의 침공은 국제적으로 엄청난 파문을 일으켰으며, 결국 89년 2월 소련군은 조건 없이 철수했지만 아프간 신정부 구성 문제를 놓고 나지불라 정부군과 반군 간의 의견 대립이 심해 내전 상태로 돌입하고 만다.

☞ 정치와 경제

92년 4월 나지불라 대통령이 축출되면서 내전종식을 위한 다방면의 노력이 진행 중이다. 강온 세력간에 이슬라마바드 평화 회담을 통해 선거문제 등을 합의한다. 하지만 94년 벽두에 다시 반군의 대공세가 펼쳐졌다.

96년 초 현재 아프가니스탄 내전의 세력 분포를 보면 북부 우즈벡인이 중심이 된 토스담 장군파, 수도와 동북부의 타지크인 중심의 라바니 대통령파, 그리고 남부, 서부를 달리편파가 지배하고 있는 실정이다.

반군의 주역인 이슬람 원리주의 세력인 달리편은 96년 9월 수도 카불을 맹공, 함락하였으며, 라바니를 의장으로 한 잠정통치 평의회 설립을 선언함으로써 사실상 신정부가 발족된 셈이 된다.

이어 달리편 측은 유엔기관에 보호되어 있던 나지불라 전대통령을 처형하여 국제사회의 비난을 받기도 한다.

한편 96년 10월 토스담 장군파는 달리편파에게 정전 협정을 제의했으나 수도의 비무장화를 놓고 대립, 결국 결렬되고 만다.

아프간은 국민의 85% 이상이 농업과 목축업에 종사하며 농산물, 피혁 등이 이 곳의 주요 산물이다.

☞ **사회와 문화**

아프가니스탄은 전체 국민의 반수 이상을 푸슈턴 족이 차지하고 있다.

이 종족의 특징은 용맹무쌍한 무인의 기질을 지녔지만 타민족을 경시하고 자기 민족 본위의 정책만을 고집하기로 악명이 높다.

이들의 생활은 주로 대가족주의로 꾸려지고 있으며, 대부분 폐쇄적인 편이다. 또한 문맹률 71%에 달한다.

이란 이슬람 공화국
(Islamic Republic of Iran)

— 독립일 : BC 708년 건국(메디아 제국), UN 가맹일 : 1945년 10월 24일 —

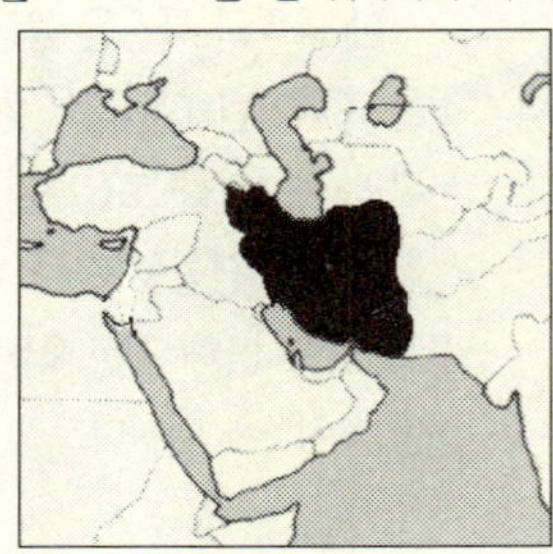 

☞ 주요 통계 자료

· 면　　　적	164만 8000㎢(한국의 약 17배)
· 인　　　구	6728만 명(95년)
· 수　　　도	테헤란(Tehran) 인구 647만 명(91년)
· 주요 도시	마슈하드(175만 명), 이스파한(112만 명), 시라즈(96만 명)
· 주요 민족	페르시아인(51%), 터키계 이란인(25%), 쿠르드인(9%)
· 언　　　어	페르시아어(공용어), 터키어, 쿠르드어
· 종　　　교	이슬람교(국교, 시아파가 95%)
· 정치 체제	이슬람 공화제 89년 헌법개정으로 대통령의 권한 강화
· 헌　　　법	1979년 12월 발효 89년 7월 개정
· 국가 원수	최고지도자 알리 호세인 하메네이(Ali Hossein Khamenei) 89년 6월 취임
· 의　　　회	1원제(이슬람 자문회의) 270의석 직선제 임기 4년
· 내　　　각	대통령이 지명, 국회에서 승인 총리 없음
· 주요 정당	구여당인 이슬람공화당은 89년 해산 반체제파로는 이란자유운동 등
· 국민총생산	1023억 3000만 달러(95/96)
· 1인당 GNP	1406달러(95/96)
· 통화 단위	이란 리알(Rial). 1달러＝3000리알(95년 5월부터 고정화)
· 주요 자원	석유, 천연가스, 석탄, 동
· 주요 공산품	석유화학제품, 철강, 기계, 타이어
· 주요 농산물	면화
· 무　　　역	수출 196억 달러, 수입 135억 달러(95/96)

(자료원 : KOTIS/이란 중앙은행/World Yearbook 97)

☞ 자연 환경

국토의 태반을 이란 고원이 차지하고 있다. 그리고 이 고원은 2개의 거대한 산맥에 둘러싸여 있다. 카스피 해가 바라보이는 북부의 엘부르즈 산맥과 이라크 국경에서 페르시아 만까지 이어지는 자그로스 산맥이 바로 그것이다. 국토의 55%가 해발 300~1500m 사이를 기록하는 고원 국가이며, 수도 테헤란은 평균 표고 1322m에 달하는 고원도시이다. 기후는 고원지대 특유의 대륙성 기후로 지역에 따라 기온차가 심하며 건조하다. 또한 아침 저녁으로의 온도 차도 매우 심한 편. 중앙에서 동부에 이르는 사막지대는 여름 기온이 60℃ 전후에 달한다. 페르시아만 해안지방은 고온다습.

☞ 간추린 역사

이란 국민의 조상은 남러시아에서 남하한 아리아족(메디아인,페르시아인). 이란 최초의 국가는 기원전 540년에 메디아인들에 의해 세워진 아케메네즈 왕국. 그리고 이 메디아 제국은 뒤에 이어질 페르시아 제국의 기초를 다진 국가였다. 하지만 이 땅은 페르시아가 멸망한 후 오랫동안 주변 제민족의 침략을 받아 여러 차례 주인이 갈린다. 7세기 무렵 아랍 민족의 정복으로 처음 이슬람교가 전파되며, 이후 15세기에 처음으로 이슬람 통일 왕조가 성립된다. 이후 티무르, 사파비, 카자르 왕조로 이어지며 통일 왕국을 이어오다가 20세기에 접

어들면서 서구열강의 영향권에 놓인다. 1918년에 페르시아 조약에 의해 영국의 보호하에 귀속. 이후 21년에 군인출신의 레자 칸이 쿠데타에 성공, 26년에 카자르 왕조를 멸하고 팔레비 왕조를 창설. 41년에 마호메트 팔레비 황태자가 2대국왕으로 즉위한다. 51년에는 국민전선의 모샤데크가 총리로 취임하면서 석유산업 국유화법을 시도하지만 53년 친미군부의 쿠데타로 모샤데크 정권 붕괴. 이후 1963년 팔레비 왕은 미국을 등에 업고 근대화, 탈이슬람화를 골자로 한 백색혁명에 돌입. 이후 16년 동안 자신의 정적들을 무차별 탄압하기에 이른다.

1978년 1월, 이슬람교 시아파의 성도인 쾸(Qom)에서 대규모 반정부 폭동이 발발, 사태는 삽시간에 전국토로 번져 같은해 12월에는 전국에서 2000만 명이 시위대를 이룬다. 이에 팔레비 왕은 79년 1월 16일 해외로 망명함으로써 이란의 왕정은 마침내 붕괴되고 만다. 이어 파리에 망명해 있던 시아파의 지도자 호메이니가 79년 2월 1일 귀국하여 사태수습에 나서 3월의 국민투표를 거쳐 4월 1일 이란 공화국을 선포함으로써 오늘날 이란의 면모가 자리매김 된다.

☞ 정 치

이란공화국의 출범은 그다지 순조롭지 못했다. 정치권과 종교계의 대립은 여전했고 80년에 발발한 이라크와의 8년 전쟁으로 엄청난 국력의 소모를 겪었다. 그러나 89년 이슬람

혁명의 지도자 호메이니가 죽자 온건파 라프산자니 대통령이 취임, 실용주의 노선을 천명. 헌법 개정을 통해 정치개혁과 서방과의 접촉을 적극 추진. 90년 걸프전을 계기로 그 동안의 외교적 고립에서 탈피, 영국, 사우디아라비아 등과 차례로 국교 정상화를 단행한다. 현재 라프산자니 대통령은 지난 93년 6월 대선에서 득표율 63.5%를 획득, 재임 중이다.

1996년 봄의 이란 총선거는 국내 강경파와 온건·실용파간의 대결이란 점에서 관심 집중. 결과는 270의석 중 강경보수파 정치조직인 '전투적 성직자협회'가 100의석을 획득, 기대를 모았던 온건파의 '건설의 봉사자'는 90의석을 확보하는 데 머문다. 선거후 '전투적 성직자협회'는 무소속인사들을 대거 영입, 이란 내 다수파를 형성. 한편 97년 대통령 선거를 놓고 두 그룹은 또다시 격돌. 선거 전 온건파들은 라프산자니 대통령을 연임시키기 위해 헌법 3선금지조항 개헌의지 천명. 이에 대해 이란 의회의 다수파를 이루고 있는 강경파는 개헌 불가를 선언하며 강력히 반발하고 나선다. 결국 라프산자니 대통령은 현행 헌법에 따라 임기 완료 후 퇴임하고 97년 5월 23일 선거에서 하타미(Khatami)가 차기대통령으로 당선, 이후 이란 정국을 운영하게 되었다.

☞ 경 제

1979년 혁명 이후 이란의 호메이니 정권은 주요 기간산업 및 무역, 금융업 등을 국유화, 경제 이슬람화를 표방한다. 그러나 외교적 고립과 폐쇄적 경제구조, 게다가 미국의 경제봉쇄에다 80년대 후반 구소련권의 몰락 등으로 인해 이란의 경제 상황은 최악이 된다. 89년 등장한 라프산자니 대통령은 이러한 이란 경제의 어려움을 타파하기 위해 실용주의 노선을 강력히 표방. 그러나 원유에 대한 지나친 의존도를 지니고 있는 이란의 산업구조는 90년대 이후 원유가격이 계속 하향곡선을 그리자, 외화부족, 원자재 수입감소, 생산활동의 감소, 공공요금의 인상, 인플레이션으로 이어지는 일련의 구조적 악순환을 겪게 된다. 이에 라프산자니 대통령은 1, 2차 경제개발계획을 수립, 수입 대체산업의 육성과 비원유제품의 수출확대 등을 국시로 삼아 경제회생의 돌파구를 마련하기 위해 동분서주하였다.

☞ 사회와 문화

제정시대 잠시 근대화의 바람이 일었다가 혁명 후 다시 이슬람법에 의한 구사회로의 회기가 강제되었다. 남녀공학제의 폐지와 여성의 복장에 대한 규제 등이 단적인 예이다. 하지만 92년 총선 이후 여권 신장에 대한 사회적 관심이 고조, 많은 변화를 낳고 있다.

이슬람계율에 따라 여성들은 스카프와 챠토르로 머리카락과 몸을 완전히 감싸도록 의무화하고 있으며, 술과 돼지고기도 엄벌의 대상이다.

사우디아라비아 왕국
(Kingdom of Saudi Arabia)

― 독립일 : 1927년 5월 20일, UN 가맹일 : 1945년 10월 24일(창설가맹국) ―

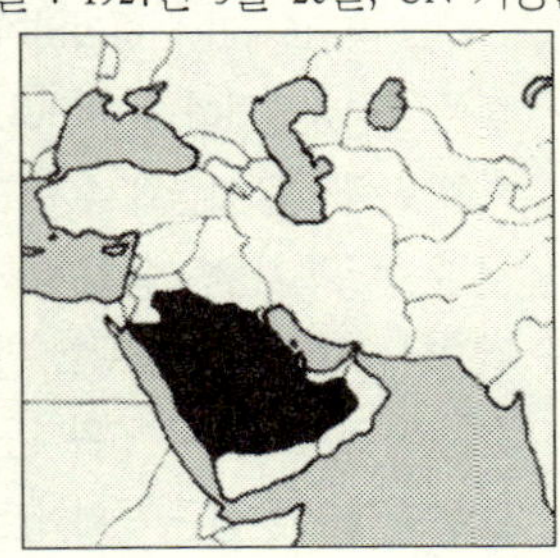 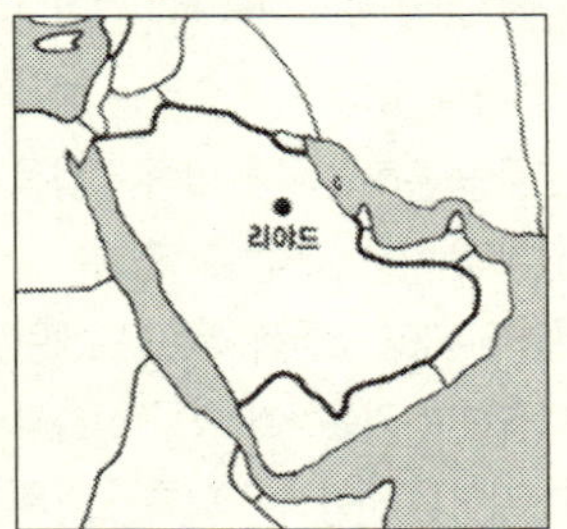

☞ **주요 통계 자료**

·면　　적	214만 9690㎢
·인　　구	1788만 명(95년, 이 중 27%는 외국인)
·수　　도	리야드(Riyadh) 인구 240만 명(92년)
·주요 도시	지다(140만 명), 메카(62만 명) 타이프(여름의 수도, 20만 명)
·주요 민족	아랍인
·언　　어	아라비아어(공용어)
·종　　교	이슬람교의 발상지(다수파인 수니파 중에서도 계율이 엄한 와하브파가 대부분) 메카, 메디나 등은 이슬람교의 성지
·정치 체제	절대 군주제(정교일치)
·헌　　법	성문법 없음
·국가 원수	국왕 파드 이븐 압둘 아지즈(Fahd Ibn Abdul Aziz) 82년 6월 즉위
·의　　회	의회는 없으며 93년 8월 자문평의회 발족
·내　　각	국왕이 임명 국왕이 총리직 겸임
·주요 정당	정치활동을 목적으로 하는 정치조직 결성 금지
·국민총생산	1224억 8000만 달러(95년)
·1인당 GNP	7240달러(95년)
·통화 단위	사우디 리알(Riyal). 1달러＝3.745리알(97년 1월)
·주요 자원	석유, 천연가스
·주요 공산품	석유관련제품
·주요 농산물	보리, 양계, 야채
·무　　역	수출 457억 달러, 수입 280억 달러(95년)

(자료원 : KOTRA 국가정보／사우디 중앙은행)

☞ 자연 환경

아라비아 반도의 4/5를 차지하고 있는 큰 나라. 국토의 대부분은 사막과 토막(土漠, 암반층 위에 모래가 얇게 깔려 있는 땅), 그리고 민둥산으로 이루어져 있다. 동쪽으로는 페르시아 만, 서쪽으로는 홍해와 연해 있어 전략적으로 매우 중요한 위치를 차지하고 있다.

기후는 지역에 따라 조금씩 다르다. 해안 지역은 고온 다습하며 기온차가 별로 심하지 않은 반면 내륙 지역은 전형적인 대륙성 기후이다. 따라서 여름과 겨울의 기온 차가 크다. 여름철 기온은 해안 지역이 40~50℃, 내륙 지방은 50℃를 웃돈다. 반면 겨울은 비교적 온난한 편이다.

☞ 간추린 역사

사우디아라비아는 이슬람교 발생지로 유명하다. 기원전 1200년경부터 동남부 지역(오늘날 예멘지방)이 무역의 중계지로 발달하면서 국가의 기틀을 다진다.

그러나 거의 6세기경까지 유목 생활이 지배적이었다. 622년, 이슬람교의 시조인 마호메트가 메카에서 메디나로 이주하는데 이를 이슬람교에서는 '환도(還都, 히쥬라)'라고 한다. 그리고 이 때를 기원으로 이슬람 달력이 성립되기도 했다.

마호메트는 630년, 출생지인 메카를 정복, 이슬람의 성지로 삼는다. 그리고 661년 왕국

우마이야 왕조를 건설한다. 하지만 이후 이 곳엔 이렇다할 국가가 성립하지 못하고 16세기 오스만 튀르크의 지배 하에 놓일 때까지 군웅할거시대를 연출한다.

그 후 16세기에 아라비아 반도는 오스만 튀르크의 지배하에 들어간다. 하지만 튀르크 치하 속에서도 지금의 수도 리야드를 근거지로 오늘날의 사우드 왕가가 서서히 세력을 키워간다. 18세기까지 괄목할 만한 세력으로 발전한다. 그러나 사우드 왕가도 19세기에 이집트의 침입으로 인근 쿠웨이트로 도망가는 곤경에 처하기도 했다.

1902년 그 유명한 '사막의 라이온'의 주인공인 사우디아라비아 초대 국왕 이븐 사우드가 극적인 리야드 탈환에 성공한다. 그리고 1927년 5월 사우드 왕은 영국과의 조약을 통해 명실상부 왕으로 인정받게 된다. 그 후 그는 1932년에 '사우디아라비아 왕국'을 건설, 스스로 국왕에 오른다.

38년에 유전 발견. 그리고 64년 3월, 3대째 파이잘 국왕이 즉위하면서 각료 회의를 창설하고 국가 기본법을 제정함으로써 근대 국가의 면모를 갖춘다. 또한 제4차 중동전쟁 때 석유파동을 주도, 자신의 영향력을 전세계에 과시하기도 한다. 하지만 파리잘 국왕은 뜻밖에도 자신의 친조카에게 총격을 받아 사망, 기세등등했던 치세를 마감한다.

이 후 사우디 왕국은 할리드 국왕을 거치면서 경제적 내실을 기하는 한편 현재의 파드 국왕에 이르러서는 지구촌 최대의 화약고인

중동지역의 평화를 위해 주도적 역할을 해나가고 있다.

☞ 정 치

국왕이 모든 행정과 입법권 및 군 통수권도 가지고 있다. 이른바 지구촌에 몇 안 되는 전형적인 군주제 국가이다.

지난 92년 3월, 파드 국왕은 정치 개혁안을 발표한다. 이 개혁안을 기초로 왕실자문기관(의회의 성격을 지님) 61명을 새롭게 임명하고, 지방 행정조직을 개편하는 등 실질적인 정치 개혁에 착수한다.

하지만 정부 요직의 면면들을 보면, 파드 국왕 자신을 필두로 아들 압둘라 황태자는 국정의 전반적인 운영권을 관장하고 있으며, 국방, 내부, 외부, 리야드 시장 등 요직에 모두 국왕의 친족들로 채워져 있다.

96년에 접어들면서 파드 국왕의 건강이 악화되어, 국가의 전반적인 정무를 모두 압둘라 왕태자가 관장하고 있는 실정이다. 따라서 사우디아라비아의 후계체제는 사실상 확정된 셈이다.

압둘라 황태자의 성향은 친미 개방적 성향이라기 보다는 이슬람의 전통적 가치를 추구하는 스타일이다. 때문에 일각에서는 향후 사우디아라비아가 폐쇄적 사회로 흐를 여지를 염려하고 있으나, 이미 기존에 구축된 서방과의 친밀도 등을 고려할 때 그럴 가능성을 희박할 것으로 전망된다.

한편 최근 사우디 정국의 최대 고민은 갈수록 왕성해지는 반정부 세력의 활동이다. 95년 11월의 리야드 폭탄 테러 사건과 이어 96년 6월에 일어난 담맘 미군기지 아파트 폭파테러 등 사건이 연쇄적으로 발발하여 사우디 정부를 긴장시키고 있다.

사건의 주인공은 사우디 내 소수종파인 동부지역의 시아파. 게다가 이들의 반왕정, 반미 활동은 점차 조직적이고 외부 세력과의 연계 가능성까지 농후해 항간에 심각한 우려를 낳고 있다.

☞ 경 제

사우디아라비아는 광활한 국토의 대부분이 불모의 사막이지만 지하에 묻혀 있는 풍부한 석유자원 덕분에 아랍 국가들 중 가장 부유한 나라이다.

93년 말 현재 매장량 2600억 배럴로 세계 총 매장량의 25%를 점유하고 있을 정도이다. 물론 생산량도 세계 최대를 자랑한다. 하지만 지나친 석유 의존도는 이 나라 경제의 최대 문제로 대두하고 있다.

따라서 사우디 정부는 90년부터 제5차 5개년 계획을 추진하면서 경제 구조의 다변화 정책을 적극적으로 추진한다.

그 결과로 95년 이후 제조업을 중심으로 한 민간기업의 국내 총생산 비율이 80년의 35% 수준에서 48% 수준으로 증가하는 등 정책의 효과가 나타나고 있다.

한편 걸프전 이후 약 500억 달러에 달하는 전비 지출와 낮은 석유가격 등의 요인으로 정부재정이 고갈되기도 했다.

한때 사우디 경제의 위기설이 대두되었으나, 92년 이후 석유가가 다시 오르면서 점차 정상을 되찾아 나가고 있다.

그러나 막대한 전비부담으로 인한 사우디 정부의 재정적자는 여전하다. 따라서 국내 석유가격, 전화요금, 수도료 등 공공요금이 모두 상승해 국제사회에서 고도의 복지국가를 자랑해온 사우디아라비아 정부의 체면이 말이 아닌 실정이다.

☞ 사회와 문화

국민의 압도적 다수가 이슬람교도들 중에서 계율이 엄격하기로 유명한 와하브파. 이 나라 사회의 특색은 사회구조가 가족 단위의 혈연적 연대를 기초로 부족단위로 편성되어 있다는 점이다. 고등교육까지 모두 국가부담이라 국민들은 뜻만 있으면 대학교육뿐만 아니라 해외유학까지 무료로 할 수 있다. 대학은 현재 리야드대, 석유광업대 등 5개 학교. 성인 문맹률은 62년에 자그마치 97.5%에 달했으나 90년대 들어 47.6%로 개선되었다.

쿠웨이트
(State of Kuwait)

— 독립일 : 1961년 6월 19일, UN 가맹일 : 1963년 5월 14일 —

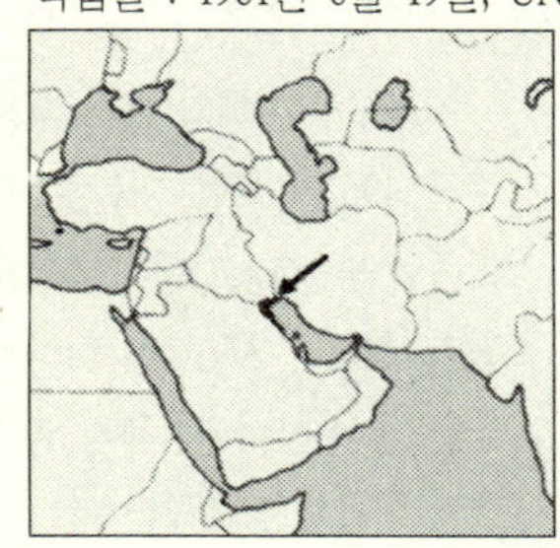
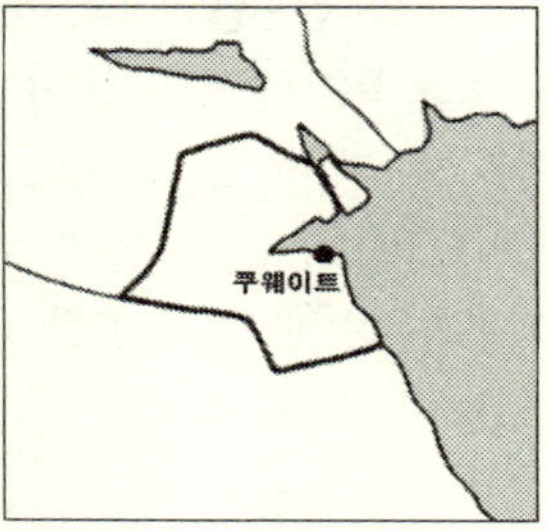

☞ 주요 통계 자료

·면　　적	1만 7818㎢(이라크와 국경선 변경 전)
·인　　구	195만 명(95년)
·수　　도	쿠웨이트시(Kuwait City) 인구 2만 9000명(95년)
·주요 도시	사르미야, 하와리
·주요 민족	쿠웨이트인(36%) 나머지는 다른 지역에서 온 아랍인 등
·언　　어	아라비아어(공용어) 영어
·종　　교	이슬람교(85%, 이 중 수니파 45%, 시아파 30%)
·정치 체제	입헌 군주제 국왕에 실질적 권한이 집중되어 있음
·헌　　법	1962년 11월 제정
·국가 원수	수장 자비르 알 하마드 알 사바하(Jabir al-Ahmad al-Sabah) 세습제 77년 12월 31일 즉위
·의　　회	1원제 50의석 직선제 임기 4년
·내　　각	수장이 총리 임명 총리 사드 알 압둘라 알 살렘 알 사바하(Saad al-Abdullah al-Salem al-Sabah) 96년 10월 16일 발족
·주요 정당	공식적인 정당은 인정하지 않음
·국민총생산	314억 3300만 달러(94년)
·1인당 GNP	1만 9040달러(94년)
·통화 단위	쿠웨이트 디나르(Dinar). 1달러＝0.2999디나르(97년 1월)
·주요 자원	석유, 천연가스
·주요 공산품	석유 화학제품
·주요 농산물	거의 없음
·무　　역	수출 129억 7700만 달러, 수입 77억 8400만 달러(95년)

(자료원 : World Yearbook 97／세계은행 통계자료)

☞ 자연 환경

쿠웨이트는 페르시아만의 서쪽에 위치한 조그마한 나라이다. 국토의 대부분은 사막. 기후는 덥고 건조한 여름이 긴 반면 비교적 시원한 겨울은 무척 짧다. 특히 6월에서 9월 사이는 50℃까지 올라가는 기온에 열풍이 몰아쳐 살인적인 더위가 이어진다. 가장 시원하다는 1월과 2월 사이의 기온이 20℃ 정도. 또한 비구경을 할 수 있는 시기도 이 때이다.

☞ 간추린 역사

이 지역에 사람의 살기 시작한 때는 기원전 3500년부터. 당시 페르시아 만의 상업활동의 요충지로 유명했던 곳이다. 16세기 들어 서구열강의 진출이 시작되면서 가장 먼저 포르투갈인들이 이 곳을 페르시아만 일대의 진출을 위한 교두보로 삼았다. 이 때부터 쿠웨이트란 이름이 유래한다. 쿠웨이트란 원래 아랍어로 '작은 요새'란 뜻이다.

쿠웨이트는 18세기 초 아라비아 반도에서 이주한 사바하 가의 수장 사바하에 의해 국가의 기틀을 다진다. 이 때부터 이 곳은 역대 사바하 가의 수장에 의해 영도된다. 하지만 페르시아 만의 요충지인만큼 세계열강의 침략은 계속된다. 특히 1899년에 영국의 보호령이 되어 1차, 2차 세계대전의 전란에도 평화를 유지할 수 있었다. 1950년대 들어 쿠웨이트는 풍부한 석유자원을 바탕으로 국가 개발에 착수 근

대적 복지국가를 만드는 데 성공한다. 1961년 6월 영국으로부터 완전히 독립한다.

☞ 정치와 경제

사바하 가에서 뽑힌 수장이 영도하는 군주국. 1962년 독립. 이듬해 새헌법 제정. 석유파동의 붐을 타고 한때 엄청난 부를 누리기도 했다. 하지만 90년 8월 이라크의 침공으로 그동안 쌓아온 국가경제가 송두리째 파괴된다. 현재 석유생산 체제는 어느 정도 복구되었지만 국민들간에 수장 세습제에 대한 민주화 요구가 들끓고 있다. 그러나 96년 10월 총선에서는 개혁파가 후퇴한 반면, 친정부파가 득세. 자비르 수장은 사드 왕태자를 총리로 재임명하고 친정체제를 다시금 확고히 구축한다.

이 나라 경제는 전형적인 석유의존 경제. 91년 걸프전으로 국내 732개소의 정유소가 파괴되었으나 94년에 이르러 예전의 상태로 복구. 생산량도 연간 약 200만 배럴을 기록.

☞ 사회와 문화

전체 국민 중 순수 쿠웨이트 인은 약 30% 정도 차지. 나머지 70%를 팔레스타인 등 외지에서 온 사람들이 차지하고 있다.

사회의 분위기는 중동 국가들 중 가장 서구 지향적이다. 특히 갑작스런 산업화의 여파로 대기오염 등 환경문제가 심각하다.

바 레 인
(State of Bahrain)

— 독립일 : 1971년 8월 14일, UN 가맹일 : 1971년 9월 21일 —

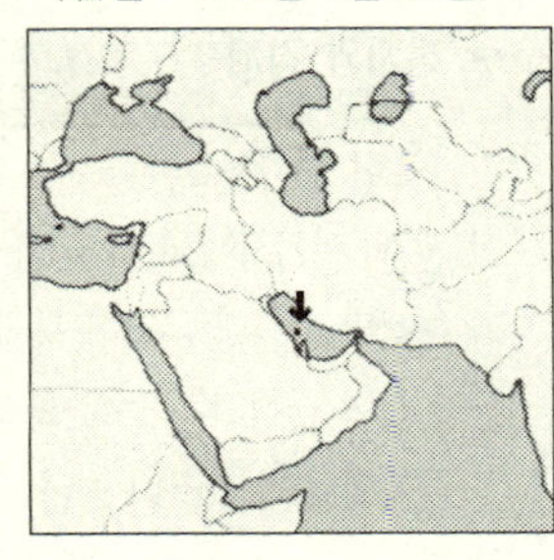
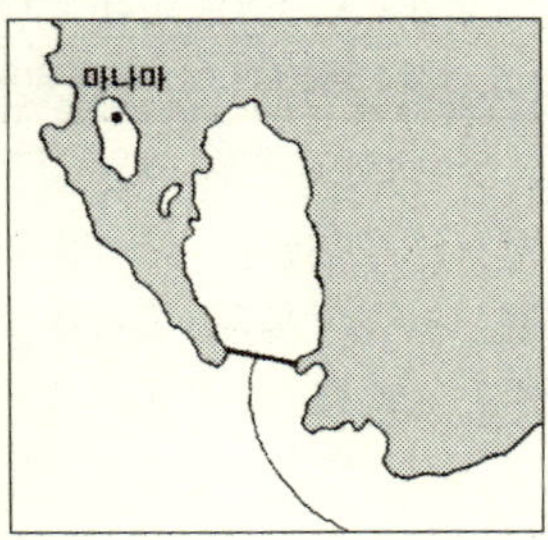

☞ 주요 통계 자료

·면　　　적	693.15㎢
·인　　　구	59만 명(95년)
·수　　　도	마나마(Manama) 인구 13만 9000명(93년)
·주요 도시	무하라크
·주요 민족	바레인인(64%, 아랍계) 그 밖에 인도, 파키스탄, 이란인 등
·언　　　어	아라비아어(공용어)
·종　　　교	이슬람교도가 85%(이 중 시아파 60%, 수니파 40%)
·정치 체제	입헌 군주제 수장이 전권장악
·헌　　　법	1973년 12월 6일 시행
·국가 원수	수장 이사 빈 술만 알 할리파(Isa bin Sulman al-Khalifa) 71년 8월 16일 즉위
·의　　　회	국회 75년 8월 26일 이후 정지 대신 입법권 없는 자문 평의회(40명)를 92년 12월에 설치
·내　　　각	수장이 임명 총리 하리파 빈 술만 알 할리파(Khalifa bin Sulman al-Khalifa) 95년 6월 발족
·주요 정당	정당은 인정하지 않음
·국민총생산	41억 1400만 달러(94년)
·1인당 GNP	7500달러(94년)
·통화 단위	바레인 디나르(Dinar) 1달러=0.377디나르(97년 1월)
·주요 자원	석유, 천연가스
·주요 공산품	석유 화학제품
·주요 농산물	야채
·무　　　역	수출 34억 6900만 달러, 수입 40억 7300만 달러(91년)

(자료원 : World Yearbook 97 / 세계 각국 요람)

☞ 자연 환경

페르시아만에 떠 있는 35개의 섬으로 이루어진 나라. 수도 마나마가 있는 바레인 섬을 중심으로 주위의 섬들이 인공교로 연결. 바레인 섬은 석회암과 모래로 이뤄져 있고 섬 중앙엔 150m 높이의 구릉지대가 있다. 제일 살기 좋은 계절은 12월~3월의 겨울철. 반면 6월~9월의 여름은 건조 사막지대 특유의 혹서가 맹위를 떨친다. 평균 기온이 40℃ 이상.

☞ 간추린 역사

예부터 물이 맑고 진주의 산지로 유명하며, 지리적으로 페르시아만의 요충지이기 때문에 파란만장한 역사를 지니고 있다. 이 곳은 바빌로니아, 아시리아 시대서부터 무역의 중심지였다. 따라서 3세기부터 15세기까지 아랍인들의 권력투쟁 무대였다. 16세기 포르투갈인들이 서구열강으로서 처음으로 이 곳에 진출 근 80년간을 지배한다. 하지만 진주채취권을 놓고 이란과 벌인 한판 승부에서 패퇴. 이후 이 곳은 이란인의 지배하에 놓인다.

18세기 후반 영국세력이 페르시아만에 진출하면서 이 곳 역시 영국의 보호령이 된다. 때는 1880년. 이후 1932년에 석유생산을 개시하여 그 수입으로 근대화 사업을 전개. 한편 1968년 영국이 페르시아 만에서의 철군을 발표함으로써 페르시아만 수장국들 내부에서는 연방결성의 움직임이 고조. 하지만 바레인은 당초의 참가의사를 철회하면서 독자적인 독립의 길을 모색. 1971년 8월 독립선언과 함께 완전한 주권국가로 태어난다.

☞ 정치와 경제

독립 후 72년 총선에서 약간의 급진의원이 진출, 정치적 혼란을 야기. 결국 75년 국회가 해산되고 강경 우파가 득세. 노동조합의 활동이 전면 금지되는 등 좌파의 정치활동이 전면 금지되었다. 그러나 94년 이후 시아파의 젊은 청년들을 중심으로 반정부 투쟁이 고양. 96년 초에는 폭탄테러와 방화 등 폭동의 형태로 발전한다. 이에 바레인 정부는 정부 활동에 대한 특별법정을 설치하였으며, 이사 수장은 정치개혁의 일환으로 자문평의회를 확대(종래 구성원 10명에서 40명으로) 운영 중이다.

바레인의 경제는 석유에 대한 의존도가 지나치게 높다. 최근 석유생산량의 감소추세로 산업구조 조정이 시급. 하지만 일찍이 닦아 놓은 산업기반을 바탕으로 중동에서 가장 안정적이고 최고의 경제수준을 자랑한다. 향후 페르시아만 지역의 금융, 정보 센터를 지향하고 있다. 한국 단독 수교국.

☞ 사회와 문화

주민은 주로 바레인인(전주민의 70% 차지). 페르시아만 국가들 중 가장 높은 교육수준을 자랑한다.

카 타 르
(State of Qatar)

— 독립일 : 1971년 9월 3일, UN 가맹일 : 1971년 9월 21일 —

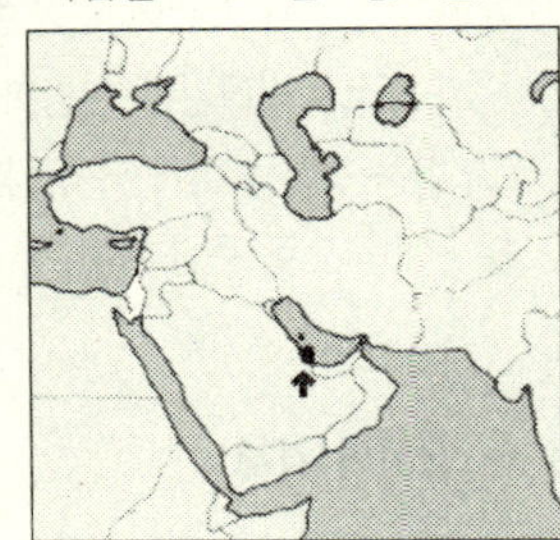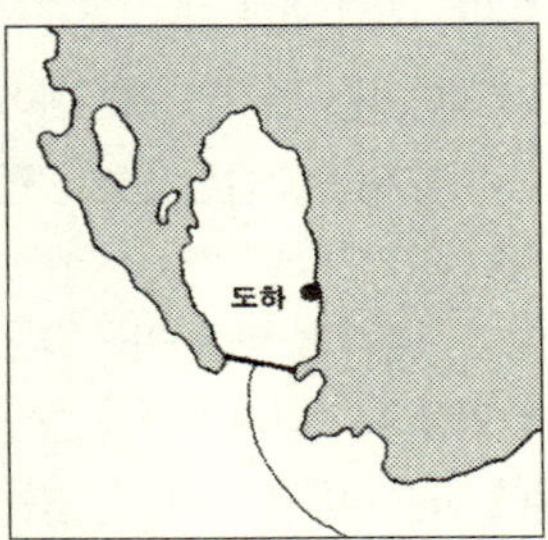

☞ **주요 통계 자료**

·면　　　적	1만 1437㎢
·인　　　구	55만 명(95년)
·수　　　도	도하(Doha) 인구 24만 1000명(94년)
·주요 도시	두크한
·주요 민족	카타르인(25%, 아랍계) 그 밖에 팔레스타인인, 이란인, 파키스탄인 등
·언　　　어	아라비아어(공용어)
·종　　　교	이슬람교(수니파 와하브 신도가 대부분, 시아파 10%)
·정치 체제	군주제 수장이 전권장악
·헌　　　법	1970년 4월 2일 잠정헌법 제정
·국가 원수	수장 하마드 빈 할리파 알 사니(Hamad bin Khalifa al-Thani) 95년 6월 27일 즉위
·의　　　회	자문위원회 수장 지명으로 35명으로 구성
·내　　　각	수장이 임명 총리 압둘라 빈 할리파 알 사니(Abudullah bin Khalifa al-Thani) 96년 10월 29일 취임
·주요 정당	정당은 인정하지 않음
·국민총생산	78억 1000만 달러(94년)
·1인당 GNP	1만 4540달러(94년)
·통화 단위	카타르 리알(Riyal). 1달러=3.6405리알(97년 1월)
·주요 자원	석유, 천연가스
·주요 공산품	석유화학, 제철, 비료
·주요 농산물	야채, 목축
·무　　　역	수출 34억 달러, 수입 18억 달러(93년)

(자료원 : World Yearbook 97／OPEC 보고서)

☞ 자연 환경

카타르는 페르시아 만에 손바닥 모양으로 뾰족 튀어 나와 있는 나라로 국토의 대부분은 사막이며, 산지는 거의 없다.

카타르는 사막이기는 하지만 페르시아 만에서 불어오는 미풍 덕분에 습도가 높은 편이다.

특히 겨울철인 11월에서 3월 사이는 습도가 거의 100%에 가깝다. 게다가 번개를 동반한 소나기가 많다. 반면 여름철은 50℃를 넘는 찌는 듯한 더위에 사막기후 특유의 건조한 바람이 분다.

☞ 간추린 역사

16세기 포르투갈의 침략으로 원래 원주민들은 모두 피난하지만 18세기 영국의 페르시아 만 경영이 시작되면서 아라비아 반도 내륙에 있던 한 부족(우트바족)이 이 곳으로 이주하여 터를 잡는다. 이들이 현재 카타르 주민들이다.

19세기에 접어들자 카타르 동부에 있던 우트바족의 사이니 가가 세력을 확대, 수장 알 사이니가 이 지역의 정치권을 장악한다.

알 사이니 수장은 영국과 협정을 체결하여 해상의 평화와 인접 수장국들과의 협조체계를 약속한다.

이후 1차대전 중에도 카타르는 영국의 지배 하에 있었기 때문에 전란을 피한다.

1930년대 들어 카타르는 석유가 발견되면서 일약 근대 국가로 발돋움하게 된다. 또한 1968년 영국이 수에즈 운하에서의 후퇴를 결정했을 때 이 나라는 페만 9개 수장국들과 연계하여 연방화 계획에 압장선다.

그러나 바레인이 연방화 작업에 불참하고, 단독 독립을 하게 되자 카타르도 1971년 9월 군주국으로 독립한다.

☞ 정치와 경제

수장이 입법, 행정, 사법권을 총괄 지휘하는 전제 군주국이다. 지난 95년 6월, 당시 국방장관이었던 하마드 황태자가 할리파 수장이 외유 중 무혈 궁중 쿠데타에 성공, 스스로 수장 자리에 오른다.

한편 같은 해 12월 프랑스로 망명했던 할리파 전수장은 페르시아 만 제국들을 순회하며 복권을 호소한다. 그러나 카타르 정부는 96년 2월 정부 전복에 가담했다는 혐의를 잡고 할리파 전수장의 측근 100명을 체포하여 구금하게 된다.

이후 두 사람의 대립은 갈수록 첨예화되다가 96년 12월 하마드 수장이 로마에 있는 할리파 전수장의 집을 방문, 회담에 성공함으로써 극적인 화해의 길을 모색하게 된다.

대외적으로는 91년 인근 바레인과 수역 영유권을 놓고 충돌, 현재까지 국제사법 재판소에 사건이 계류 중에 있다.

한편 92년에는 호프스 국경 주둔지에 사

우디아라비아군이 공격을 감행함으로써 국경 분쟁이 발발하였다. 그러나 이미 65년에 양국 간에 체결했던 국경 협정에 기초하여 지난 96년 하반기, 상호협정 문서에 조인함으로써 이 문제는 해결되었다.

카타르의 주 산업은 원래 목축, 어업, 진주 채취 등이었지만 석유개발 이후 국가 수입의 90%가 석유에 의존하고 있다.

이 나라에는 특히 세계 최대 규모의 해저 가스 유전이 있어 액화가스 생산량이 괄목할 만하다.

☞ 사회와 문화

카타르인의 대부분은 이슬람교도들(주로 수니파)이다. 인구는 45만 명밖에 안 되지만 그 중 3／4가 외지에서 온 사람들(이란인, 팔레스타인인 등)이다.

그리고 이 외국인들은 국가의 각 분야에 진출하여 산업의 실질적인 책임자로 일하고 있다.

아랍 에미리트 연방
(United Arab Emirates)

— 독립일 : 1971년 12월 2일(연방 결성일), UN 가맹일 : 1971년 12월 9일 —

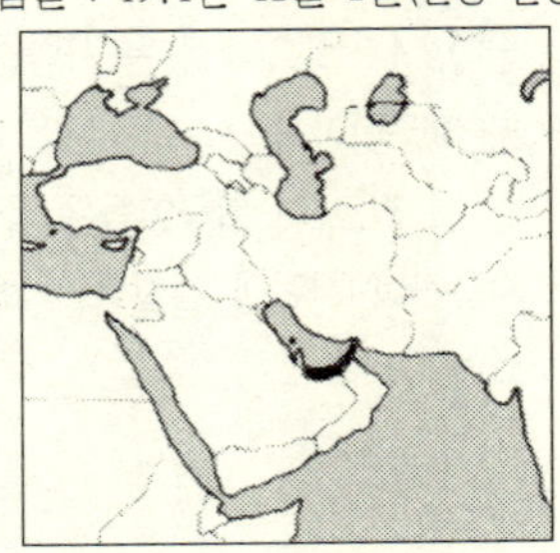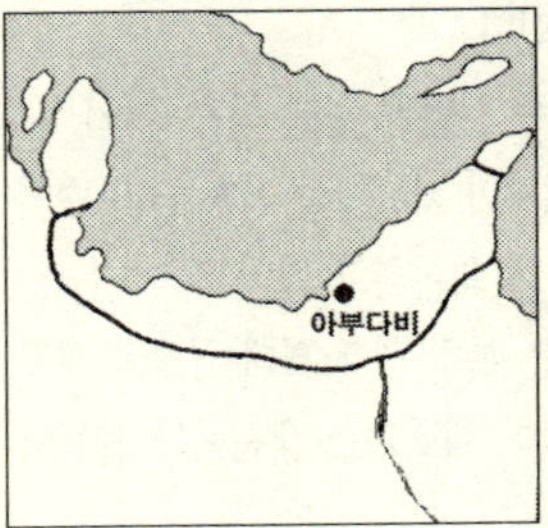

☞ 주요 통계 자료

·면　　적	7만 7700k㎡
·인　　구	231만 명(95년)
·수　　도	아부다비(Abu Dhabi) 인구 24만 3000명
·주요 도시	두바이
·주요 민족	아랍인 인구의 75%는 다른 아랍국가들에서 이주해온 외국인
·언　　어	아라비아어(공용어)
·종　　교	이슬람교(수니파 84%, 시아파 16%)
·정치 체제	7개 수장국에 의한 연방제 각 수장국은 절대 군주제
·헌　　법	1971년 12월 잠정헌법 제정 96년 5월 잠정헌법 개정
·국가 원수	대통령 자이드 빈 술탄 알 나하얀(Zayed bin Sultan al-Nahayan)=아부다비 수장 최고평의회 구성원끼리 상호 호선 임기 5년 96년 10월 6선
·의　　회	1원제(연방평의회) 각 수장이 지명한 의원 40명으로 구성 임기 2년
·내　　각	대통령이 임명 총리 마크톰 빈 라시드 알 마크톰(Maktoum bin Rashid al-Maktoum) 부통령 겸임
·주요 정당	정당은 인정하지 않음
·국민총생산	390억 달러(95년)
·1인당 GNP	2만 1000달러(95년)
·통화 단위	디르함(Dirham). 1달러=3.6720디르함(97년 1월)
·주요 자원	석유, 천연가스
·주요 공산품	석유화학제품, 금속가공품
·주요 농산물	야채, 과일
·무　　역	수출 288억 달러, 수입 249억 달러(95년)

(자료원 : World Yearbook 97／OPEC 보고서)

☞ 자연 환경

국토의 대분분은 사막이지만 동부의 푸자이라 근방엔 표고 2100~2400m 정도의 산악지대. 페르시아 만 연안지역은 소금덩어리가 섞인 토양으로 이루어져 있으며 주변 바다엔 200여 개의 산호초가 떠 있다. 아랍 에미리트의 사막에는 풍부한 지하수의 혜택으로 여기저기 오아시스가 산재해 있다. 따라서 이 곳은 사막여행을 즐기는 아랍인들에게 아름다운 휴식처로 유명하다. 기후는 전반적으로 다열대성건조 기후. 그러나 해안지역만은 습기가 많은 편. 일년은 최고 기온 47℃에 습도가 80% 이상인 여름철(4월~11월)과 20~30℃ 정도의 온난한 기온에 밤이면 10℃ 이하로 떨어지는 겨울(11월~3월)로 나뉘어진다.

☞ 간추린 역사

이 곳은 최근의 조사에 따르면 수도 아부다비를 중심으로 4000년 전에 고대문명이 꽃피었다고 한다. 16세기 페르시아 만은 서구열강과 인도 및 아시아 제국들 간의 해상교통의 거점이었다. 18세기 서구열강의 세력싸움이 본격화되면서 해군력이 월등한 영국이 이 지역의 지배권을 장악한다. 하지만 토착 원주민들의 저항도 만만치 않았다. 특히 이들은 19세기에 이르러 대형함선에 2만 병력을 갖추고 서구열강의 상선들을 습격하기도 했다. 따라서 이지역을 '해적 해안'이라고 한다. 해적에 대해 고민에 싸여 있던 영국은 1820년 해군력을 총동원해 해적 소탕작전에 임한다.

그 결과 해적들과 영국간에는 '휴전 조약'이 채결된다. 아랍 에미리트 연방이 출범하기까지 이 지역을 '휴전 해안'이라 불렀던 이유가 여기에 있다. 2차대전 후 인도가 독립하고 영국이 식민지에서 손을 떼기 시작하면서 이 지역은 격동의 세월을 맞이한다. 특히 영국의 수에즈 운하에 대한 권리를 포기한다는 발표가 있고 나서 이 지역의 7개 수장국들 간에 연방화 작업이 추진되어 1971년 12월 '아랍에미리트 연방'이 출범한다.

☞ 정치와 경제

7개의 수장들 중 대표 주자는 아부다비 수장국. 현재의 대통령도 이 곳 출신. 연방의 최고의사 결정기관은 7개 수장국의 수장으로 구성된 연방최고평의회. 특히 아부다비와 두바이의 수장은 거부권이 있다. 96년 5월, 최고평의회는 지금까지의 잠정헌법을 일부 개정. 잠정헌법을 성문헌법화하고, 임시 수도 아부다비를 정식 수도로 승격했다. 연방의 경제는 석유수출에 전적으로 의존. 최근 석유 고갈에 대비한 산업부흥계획을 추진 중이지만 인구의 약 80%가 외국인이라 많은 부분에서 서로의 이해가 엇갈리고 있다. 남한 단독 수교국.

☞ 사회와 문화

의무교육은 6세에서 12세까지. 국영 수장국 통신 'WAM'이 있다.

오만 왕국
(Sultanate of Oman)

― UN 가맹일 : 1971년 10월 7일 ―

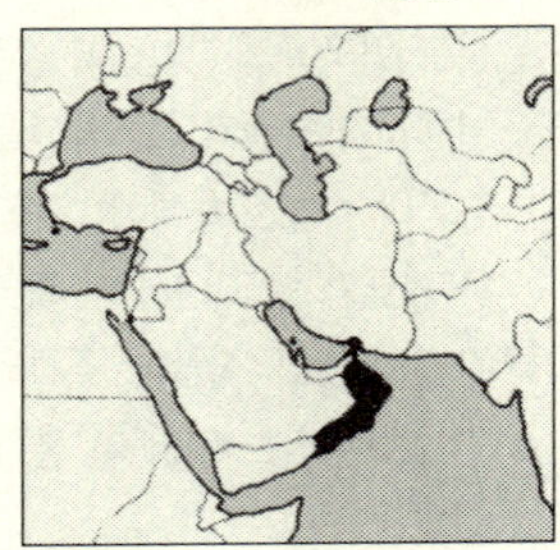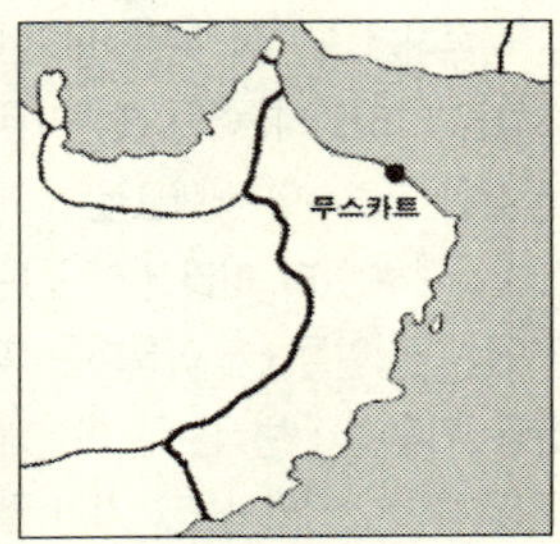

☞ 주요 통계 자료

·면　　적	30만㎢
·인　　구	216만 명(95년)
·수　　도	무스카트(Muscat) 인구 62만 명(95년)
·주요 도시	살랄라, 니즈와, 움트라
·주요 민족	대부분이 아랍계 그 밖에 동아프리카계, 인도계, 이란계
·언　　어	아라비아어(공용어)
·종　　교	이슬람교(다수파는 이파디파, 수니파는 25%)
·정치 체제	군주제. 국왕이 전권장악
·헌　　법	1996년 11월 6일 발포
·국가 원수	국왕(술) 카부스 빈 사이드(Qaboos bin Said). 70년 7월 즉위
·의　　회	자문회의 의원 80명. 임기 3년
·내　　각	국왕이 임명. 카부스 국왕이 겸임
·주요 정당	정당은 인정하지 않음
·국민총생산	107억 7900만 달러(94년)
·1인당 GNP	5200달러(94년)
·통화 단위	오만 리알(Rial). 1달러=0.3850리알(97년 1월)
·주요 자원	석유, 천연가스
·주요 공산품	석유화학제품, 동 가공품, 비료
·주요 농산물	야채, 과일

(자료원 : World Yearbook 97／세계 각국 요람)

☞ 자연 환경

오만 왕국은 아라비아 반도의 동남쪽 끝에 위치해 있다. 지형은 산악지대와 건조한 초지, 그리고 해안 평야로 이루어져져 있다. 기후는 더운 편. 연평균 기온이 29℃ 정도. 일반적으로 비가 적은 편이지만 남부 주파르 지방만은 몬순의 영향으로 6월에서 10월에 걸쳐 650㎜정도의 비가 내린다.

☞ 간추린 역사

페르시아 만, 호르무즈 해협, 그리고 으만만으로 연결되는 해로는 예부터 동서 무역의 중요한 통로 역할을 감당해왔다. 이 지역이 역사상 주목을 받기 시작한 때는 16세기에 접어들어서부터이다. 인근 인도와 무역이 활발해지면서 서구 열강들은 이 해상로를 확보하기 위해 이 곳에 앞다투어 진출한 것이다. 무스카트를 기지로 제일 먼저 주도권을 확보한 나라는 포르투갈. 하지만 17세기 중반경 토착 가랍 민족들에 의해 포르투갈 세력은 곧 패퇴한다. 이후 현 왕조인 사이드 가가 이 지역의 지배권을 확보하고 영국과 협정을 체결 영국의 보호 아래 국내의 안정을 도모한다. 따라서 오만은 국제법상 다른 나라의 식민지 경험이 없는 몇 안 되는 나라 중의 하나이다.

☞ 정치와 경제

오만은 2차대전 후에도 한동안 중세시대의 쇄국정치를 단행한다. 그러던 중 사이드 가의 14대 왕인 카부스 빈 사이드가 궁중혁명을 통해 정권을 장악한 후 일대 변화를 가져온다. 영국의 육군사관학교 출신인 새 국왕이 정치·경제적 개혁을 단행한 것. 특히 67년부터 시작된 석유생산은 신 국왕의 의욕적인 사업을 뒷받침하기에 충분하였다. 카부스 국왕은 현재까지 미혼. 때문에 96년 6월, 후계자를 정할 절차 등을 명시한 최초의 헌법을 공포한다. 또한 정부와 국민간의 대화 채널을 마련하기 위해 국가평의회를 설치 운영 중이다.

대외적으로는 전통적으로 친영노선. 특히 최근 들어 미국과 경제적, 군사적 이해를 넓히는 데 노력하고 있다. 친서방 정책이 외교노선의 기조. OPEC에는 참가하고 있지 않다. 지난 76년부터 모두 4차례에 걸친 5개년 경제개발 계획을 통해, 경제 다각화와 노동력의 자국민화를 추진한 결과, 다른 중동국들에 비해 석유 의존도가 낮은 편. 남북 동시 수교국.

☞ 사회와 문화

오랜 동안의 쇄국정치로 국내의 문맹률이 상당히 높은 편(남자 53%, 여자 88%). 따라서 카부스 국왕의 문화정책은 교육방면에 주안점을 두고 있다. 직업 훈련, 성인 교육, 교직원 양성교육 등이 정부 관리하에 실시되고 있다. 또한 그 동안 전무하다시피 했던 의료기관이나 매스컴에 대한 시설도 확충하는 등, 오만은 지금 중세의 암흑세계에서 근대화의 물결을 급격하게 받아들이고 있는 중이다.

예멘 공화국
(Republic of Yemen)

— 독립일 : 1962년 9월 26일, UN 가맹일 : 1947년 9월 30일 —

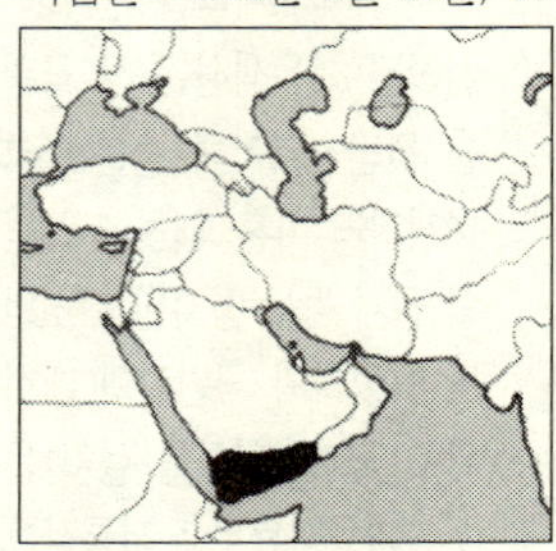
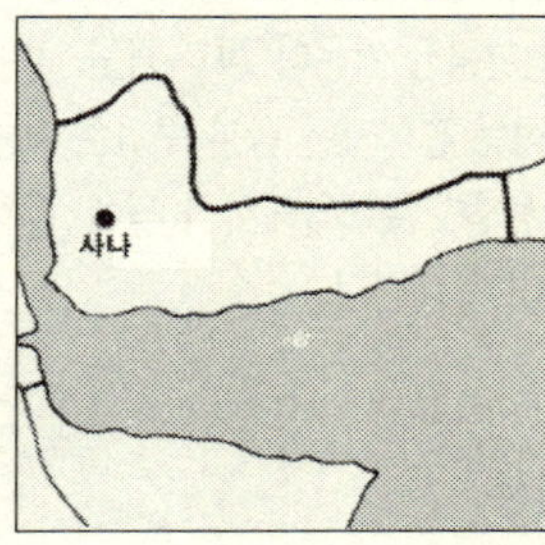

☞ **주요 통계 자료**

·면　　적	52만 6900㎢
·인　　구	1450만 명(95년)
·수　　도	사나(San'a) 인구 50만 명(90년)
·주요 도시	아덴, 다이즈, 호데이다, 무칼라
·주요 민족	아랍인
·언　　어	아라비아어
·종　　교	이슬람교(북부에는 수니파, 남부에는 시아파)
·정치 체제	공화제 대통령 중심제
·헌　　법	1991년 5월 제정 94년 개정
·국가 원수	대통령 알리 압둘라 살레하(Ali Abdullah Saleh) 90년 5월 24일 취임 94년 내전 후 10월 1일 의회에서 간선으로 선출 이후에는 직선제 임기 5년
·의　　회	1원제 301의석 직선제 임기 4년
·내　　각	대통령이 임명. 총리 압둘아지즈 압둘가니(Abdul-Aziz Abdul-Ghani). 95년 6월 13일 성립
·주요 정당	국민전체회의, 예멘 개혁연합, 예멘 사회당
·국민총생산	40억 달러(95년)
·1인당 GNP	260달러(95년)
·통화 단위	리알(Rial). 1달러＝130리알(97년 1월)
·주요 자원	석유, 암염
·주요 공산품	내전으로 산업 황폐화
·주요 농산물	수수, 커피, 보리

(자료원 : World Yearbook 97／IMF 보고서)

☞ 자연 환경

예멘은 홍해의 입구를 끼고 돌며 아라비아 반도의 남서쪽에 자리잡은 나라이다.

카마란 섬과 소코트라 섬을 포함, 예부터 동서를 연결하는 해상교통의 요충지. 북부와 중앙부는 산악지대이며 홍해연안을 끼고 평야지대가 펼쳐져 있다.

기후는 지역에 따라 조금씩의 차이는 있지만 비가 비교적 많고 고원지대는 온대 기후에 속한다. 아라비아 반도에서는 가장 살기 좋은 기후를 자랑한다.

☞ 간추린 역사

고대의 예멘은 '축복받은 땅'으로 불리며 동서교역의 요충지로서 아라비아 반도의 문화와 산업의 중심지였다.

기원전 13세기 마인 왕조 이래 수백년에 걸쳐 시바, 움히야르 등 각 왕조가 번성했지만 6세기경 에티오피아의 침략을 받아 이슬람 세력에 의해 정복된다. 또한 16세기에서 19세기에 걸쳐서는 오스만 튀르크와 이집트의 지배를 받는 등 지리적 조건을 말미암아 수많은 외세의 침략에 시달린다.

1893년 동서무역의 중계항이었던 아덴이 영국의 수중에 들어가면서 오스만 튀르크가 지배하고 있던 북예멘과 영국 지배하의 남예멘이 분단된다.

이후 1차대전의 결과 튀르크가 멸강하자 이 틈을 타 북예멘 왕국이 성립된다.

한편 남부는 각지에서 할거하던 수장들이 영국과 보호조약을 체결 '남예멘 수장국 연방'을 결성한다. 이후 북부의 '북예멘 왕국'은 1962년 쿠데타에 의해 공화국으로 이행 '예멘 아랍 공화국'을 수립하고, 남부는 민족해방전선이 창궐 1967년 마르크스 레닌주의에 입각한 '남예멘 인민공화국'을 수립 영국으로부터 완전 독립을 쟁취한다.

78년 가즈미 북예멘 대통령이 남예멘 특사와 회담 중 암살되자 남북 관계는 악화, 79년 2월 국경 분쟁으로까지 발전한다. 그리고 이는 이른바 미국과 소련의 대리전쟁의 성격을 노정시킨다.

반면 남북예멘은 88년경부터 통일을 위한 노력을 경주한 끝에 90년 5월 북예멘 대통령이 아덴을 방문 새헌법에 조인함으로써 대망의 통일을 달성한다.

☞ 정치와 경제

통일을 위한 형식상의 문제에는 합의했지만 경제와 사회개혁의 노선을 둘러싸고 다시 반목. 94년 5월에 다시 본격적인 내전에 돌입한다.

전세가 북군에게 기울자 남예멘측은 일방적으로 독립을 선언하고 나선다. 이에 유엔, 아랍연맹, 러시아 등이 정전협상을 중재하려 했으나 모두 실패. 결국 94년 7월 북예멘측이 남군의 수도 아덴을 함락하자 비드 전부통령은 해외로 도피. 마침내 내전이 종결된다.

내전 종결 후인 94년 9월, 의회는 헌법 개정을 승인하고, 복수정당제하에서 시장 경제를 추진할 것을 확인하고 살레하 대통령을 선출하게 된다.

예멘은 세계에서 가장 가난한 나라 중의 하나이다. 오랜 분쟁으로 국가 재정이 고갈된 상태라 국민들은 외국 원조에 의지하고 있다.

내전 피해액은 줄잡아 100억 달러에 달하는 것으로 보이며, 따라서 신정부의 최대현안은 황폐화된 경제의 복구에 있다 하겠다.

☞ 사회와 문화

예멘인들의 자긍심은 대단한데 이는 자신들이 아랍의 선조이자 주인이라는 의식을 가지고 있기 때문이다.

하지만 현대에 와서는 극심한 경제난으로 말미암아 교육 수준이나 생활 수준은 거의 밑바닥의 상태이다. 또한 문맹률은 61%에 달한다.

터키 공화국
(Republic of Turkey)

— 독립일 : 1923년 10월 29일, UN 가맹일 : 1945년 10월 24일(창설가맹국) —

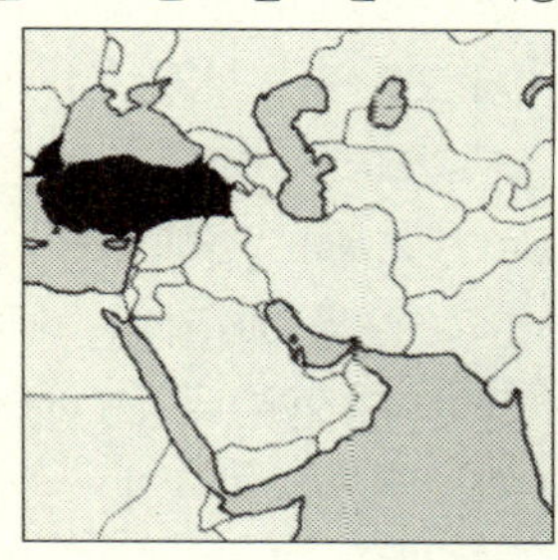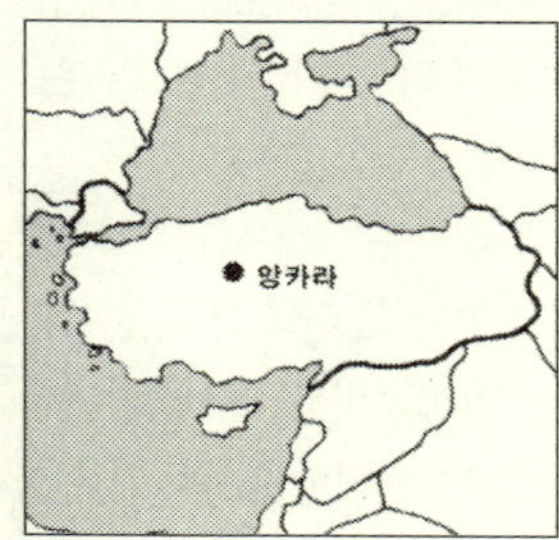

☞ 주요 통계 자료

·면　　　적	78만 580㎢(한국의 약 7.7배)
·인　　　구	6225만 3200명(95년)
·수　　　도	앙카라(Ankara) 인구 388만 명(94년)
·주요 도시	이스탄불(662만 명), 이즈미르(175만 명), 아다나(92만 명)
·주요 민족	터키인(80%), 쿠르드족(17%) 그 밖에 아랍인, 아르메니아인, 그리스인 등
·언　　　어	터키어(공용어), 쿠르드어(남동부 지방)
·종　　　교	이슬람교(99%, 수니파가 대부분) 그 밖에 유태교, 기독교
·정치 체제	공화제 대통령 중심제(내각제 책임제 가미)
·헌　　　법	1982년 11월 7일 제정
·국가 원수	대통령 술레이만 데미렐(Suleyman Demirel) 간선제 임기 7년 93년 5월 취임
·의　　　회	1원제 550의석 직선제 임기 5년
·내　　　각	대통령이 국회 제1강의 당수를 임명 총리 니메틴 에르바칸(Neemettin Erbakan) 96년 7월 발족
·주요 정당	이슬람복지당, 정도당, 조국당, 민주좌파당, 공화인민당
·국민총생산	1645억 달러(95년)
·1인당 GNP	5693달러(95년)
·통화 단위	터키 리라(Lira). 1달러=11만 5955리라(97년 1월)
·주요 자원	석탄, 철, 석유, 크롬
·주요 공산품	의류, 섬유류
·주요 농산물	보리, 감귤, 면용, 담배
·무　　　역	수출 216억 3600만 달러, 수입 357억 900만 달러(95년)

(자료원 : World Yearbook 97/OECD 보고서)

☞ 자연 환경

이 나라는 '트라키아'라고 불리는 발칸 반도 동남쪽 끝 일부분의 유럽 터키와 전 영토의 97%를 차지하고 있는 '아나토리아 반도(일명 소아시아 반도)'의 아시아 터키 등 2부분으로 이루어져 있다.

유럽 터키의 대부분은 비옥한 평야지대지만 아시아 터키 쪽은 '노아의 방주'로 유명한 아라라트산(5165m)을 비롯, 고산준령(高山峻嶺)이 즐비한 토로스 산맥이 동서로 가로 놓여 있다.

터키의 기후대는 크게 서부와 동부로 나누어진다. 에게해와 지중해의 영향을 아래 있는 서부지방은 덥고 건조한 여름과 온화하고 비가 많은 겨울이 반복되는 반면, 흑해 연안의 동부지방은 연중 기온차가 심하지 않고 비가 많은 편이다.

☞ 간추린 역사

터키는 지리적으로 아시아와 유럽을 잇는 지점에 위치한 관계로 일찍부터 여러 민족들의 교류가 잦았으며, 더불어 많은 왕국들의 흥망성쇠가 거듭되었던 곳이다. 현재 전해진 바로는 기원전 6000년대의 것으로 추정되는 아나토리아 원주민 농경 취락 유적이 남아 있으며, 기원전 3000년 전후로는 청동기 문화가, 그리고 기원전 1650년에는 인도유럽어족인 히타이트 왕국이 이 곳에서 세계 최초로 철기문

명을 꽃피우기도 하였다.

기원전 1200년경 트로이 전쟁을 통해 트로이가 그리스에 멸망할 무렵, 이 곳 히타이트 왕국도 프라키아에서 들어온 트리기아인에게 멸망한다. 그리고 이 때부터 기원전 8세기까지 그리스의 식민통치가 이어지면서 이 곳엔 밀레투스, 크니도스, 시노프 등과 같은 고대 도시들이 발달한다.

기원전 730년경에는 내륙부에 리디아 왕국이 자리잡았으나 크게 번성하지는 못하였으며, 기원전 5세기 중엽 페르시아 세력이 강대해지면서 그리스의 식민도시들을 비롯한 소아시아 전지역을 평정한다.

그리고 200여 년에 가까운 페르시아의 통치 시대가 끝난 뒤에는 한동안 폰토스 왕국 등 몇몇 소왕국들에 의한 이전투구가 거듭되다가 로마 제국의 등장과 함께 모두 자취를 감추고 만다. 로마의 식민 통치는 300여 년 동안이나 이어졌다. 그리고 396년 로마제국이 분열할 때 이 곳 소아시아 반도는 비잔틴 제국에 소속되어 지금의 이스탄불(당시는 콘스탄티노플)이 제국의 수도가 되기도 한다.

이 비잔틴 제국은 6세기 유스티니아누스 황제 때 전성기를 구가하는데 근방의 이슬람(사라센) 제국의 위협에도 불구하고 11세기까지 명맥을 유지한다.

11세기 중앙아시아에서 발흥한 셀주크 튀르크족은 점차 세력을 확장하여 비잔틴 제국을 제압하고 아나토리아 반도 대부분을 수중에 넣는다. 하지만 이들은 14세기 초 몽골의

침입으로 멸망하고, 이어 등장한 오스만 튀르크족에 이르러 본격적인 영토확장에 나선다.

1453년 콘스탄티노플을 함락하여 비잔틴 제국의 마지막 명줄을 끊은 오스만 제국은 수도를 이스탄불로 개칭하고 서아시아와 북아프리카 및 동유럽에 걸친 대제국으로 발전한다. 하지만 16세기 술레이만대제 시대를 정점으로 차츰 쇠퇴의 길을 걷기 시작, 19세기에는 그리스와 이집트의 독립을 허용할 만큼 종이호랑이로 전락하고 만다.

게다가 독일 및 오스트리아와 함께 일으킨 제1차 세계대전의 패배로 모든 해외 영토를 잃음과 동시에 연합군측의 터키 분할톤, 그리스의 아나토리아 침공 등 일련의 전쟁 후유증으로 한때 최악의 상황을 맞이한다.

이럴즈음 당시 청년 튀르크당의 케말 파샤 장군이 이끄는 군부와 지식인들이 봉기에 성공, 술탄 국왕을 해외로 추방함으로써 제정정치를 마감하고, 이듬해인 1923년에 앙카라를 수도로 '터키 공화국'을 선포한다.

케말 파샤 장군은 초대 대통령으로 취임하여 국내적으로 여러 방면에 걸친 근대화 정책을 추진하는 한편, 대외적으로는 탁월한 외교수완을 발휘하여, 근대 터키의 초석을 다짐으로써 오늘날까지 '터키의 국부'로 추앙받고 있다.

이후 터키공화국은 1960년 군부쿠데타를 계기로 다시 불안한 정국이 이어지다가 1980년에 역시 쿠데타로 집권한 에브렌 대통령에 와서야 점차 안정을 찾게 된다.

☎ 정 치

터키의 정치체제는 대통령 중심제의 입헌민주공화국이다. 국가 원수인 대통령은 국회에서 간선으로 선출하며, 임기는 7년에 연임할 수 없다. 국회는 과거 상·하 양원체제였으나 지금은 1원제로 바뀌었으며, 정족수 450명에 5년마다 국민들의 직접선거로 선출된다.

지난 89년 10월, 30년간의 군부정권을 종식시키고 문민정권을 출범시켰던 오자르 대통령이 93년에 심부전증으로 갑자기 사망함에 따라 터키 국회는 데미렐 후보를 터키의 새 대통령으로 선출한다.

이에 따라 데미렐 정권은 한 달 후 당시 정도당 당수였던 칠레르 총리(터키 최초의 여성 총리)를 중심으로 새 내각을 출범시킨다. 그러나 집권여당인 정도당은 여소야대의 정국을 돌파하는 데 실패, 결국 공화인민당과 제휴하여 연립정부를 출범시킨다.

95년 9월, 국영기업 노동자의 임금 인상안과 테러방지법 개정을 둘러싸고 정도당과 공화당은 서로 반목, 연정이 무너지면서 터키 국회는 칠레르 내각을 불신임하여 사태는 조기 총선으로까지 이어진다.

이후 95년 12월 총선거 결과 이슬람 복지당이 제1당의 위치에 올랐으나 과반수 확보에 실패한다. 게다가 칠레르 전총리의 부정축재 의혹이 표면화되고, 이에 따라 정도당과 조국당 간의 반복이 첨예화되면서 터키 정국은 혼미를 거듭하여 한동안 정치적 공백상태가 이어진다.

결국 96년 6월 데미렐 대통령은 이슬람 복지당의 에르바칸 당수에게 조각을 요청하기에 이른다.

에르바칸은 칠레르 정도당 당수와 연립에 합의하고, 총리 임기를 처음 2년 동안은 에르바칸이 그 다음 2년은 칠레르 당수가 맡는 조건으로 연립 내각을 출범시킨다. 이로써 터키는 근대 터키 역사상 처음으로 종교 정당 주도의 정권을 탄생시키기에 이른다.

☞ 경 제

공화국 출범 이후 케말 파샤 대통령의 영도 아래 국가 자본주의적 형태로 경제 발전을 꾀했으나, 2차대전 후 민간 기업들이 속속 출현하면서 혼합 경제체제를 유지한다.

터키 경제의 공업화는 1963년 경제개발 5개년 계획을 통해 본격화된다. 하지만 경제개발의 결과가 미미했기 때문에 70년대 말까지도 1차산업에 대한 의존도가 매우 높았다.

이에 터키 정부는 80년대 들어서면서 대폭적인 시장개방화와 제조업 활성화를 통한 수출진흥에 총력을 기울여 오늘날에는 국민총생산 중 제조업 분야가 차지하는 비중이 매우 높은 편이다.

터키의 주요 산업으로는 이미 60년대부터 국가 경제의 중추 역할을 해온 철강, 시멘트, 화학 산업 등이 공기업의 형태로 자리잡고 있으며, 그 밖에 민간이 경영하는 식음료 산업,

섬유 산업 및 피혁 산업 등과 고대 유적지를 활용한 관광산업 등을 들 수 있다.

또한 최근에는 비록 조립 단계의 수준이긴 하지만 자동차 산업과 가전산업에 대한 관심이 비등해져 미국의 포드 등 세계적인 회사들과 합작투자가 활발히 진행 중이다.

그리고 이러한 터키의 산업구조 속에서 활약하고 있는 기업으로는 터키 최대 재벌인 'KOC 그룹'과 '사반치(SAVANCI) 그룹' 등을 들 수 있는데, 이들 재벌 그룹은 그 동안 터키 정부의 경제 정책이 재벌 중심으로 흘러온 데 편승, 자동차, 가전, 섬유뿐만 아니라 금융 부문도 상당수 장악하고 있는 실정이다.

한편 지난 93년 터키 경제는 실질 성장률 면에서 당초 정부 목표치를 웃도는 7.6%를 기록한다. 그러나 94년 초 리라화의 폭락사태가 발생, 대외 무역이 둔화되면서 조업단축과 일손을 놓는 제조업이 속출하여 성장률이 급전직하 마이너스 성장에 머문다.

이에 따라 터키정부는 대외개방의 확대, 공기업의 민영화, 적극적인 외자 도입 등을 골자로 한 긴급 경제조치를 발동, 경제회생을 위해 동분서주한다.

그 결과로 내수가 호조를 띠고 해외투자와 조업률이 다시 회생하면서 95년도 터키 경제는 GDP성장 7.3%를 기록하는 등 회생의 길로 접어든다.

특히 터키 경제는 96년 유럽연합(EU) 관세 동맹에 가맹될 예정이어서 경제의 활성화는 더욱 촉진될 것으로 전망된다.

☞ 사회와 문화

국민의 98%가 이슬람교도지만 교육의 보급과 정교분리 정책으로 다른 아랍국에 비해 종교의 힘이 미미한 편이다.

이 나라 최대의 사회문제는 소수민족들의 과격한 움직임으로, 이란, 이라크, 시리아 국경지대에 거점을 두고 끊임없이 분리 독립을 시도하고 있는 쿠르드족의 쿠르드 노동자당(PKK)은 이미 사회문제를 넘어 정치현안이 되고 있는 실정이다.

지난 96년 5월 터키 정규군은 PKK 소탕을 위해 이라크 월경작전을 시도하기도 하였다. 또한 이슬람 원리주의자를 자처하는 과격파들은 96년 5월 데미렐 대통령을 암살하려고 시도하였다. 비록 대통령은 무사했지만 경호원 2명이 총격으로 중상을 당하였다.

뿐만 아니라 소수민족 아르메니아인들은 과거 오스만 제국 당시 터키인이 150만 명의 아르메니아인들을 학살했던 역사적 사실을 배경으로 반터키 운동을 전개하고 있다.

특히 이들의 테러조직인 '아르메니아 해방군', '아르메니아 혁명군' 등은 유럽에 거점을 확보하고 요인 암살 등 테러 활동을 계속하고 있다.

키프로스 공화국
(Republic of Cyprus)

— 독립일 : 1960년 8월 16일, UN 가맹일 : 1960년 9월 20일 —

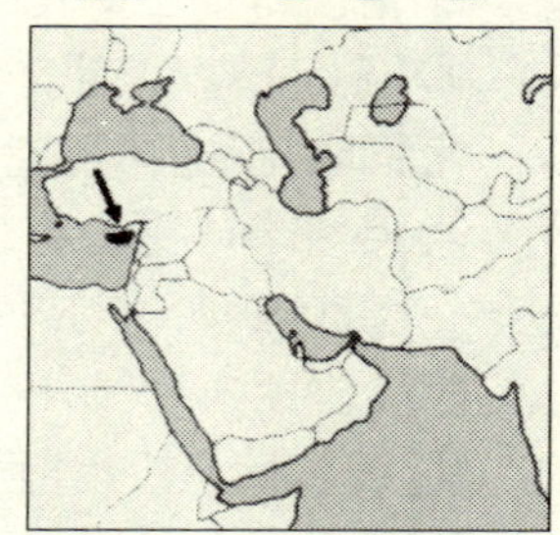

☞ 주요 통계 자료

·면 적	9251㎢
·인 구	74만 명(95년) 북키프로스는 약 17만 7000명(91년)
·수 도	니코시아(Nicosia) 인구 18만 8500명(95년)
·주요 도시	리마솔, 라루나카, 파마거스타
·주요 민족	그리스계(77%), 터키계(18%)
·언 어	그리스어, 터키어(둘 다 공용어)
·종 교	그리스계는 그리스정교, 터키계는 이슬람교(수니파)
·정치 체제	공화제 대통령 중심제
·헌 법	1960년 공포 터키계 주민도 독자의 헌법을 가지고 있음
·국가 원수	대통령 글라브코스 클레리데스(Glavkos Klerides) 직선제 임기 5년 93년 2월 28일 취임
·의 회	1원제 80의석 임기 5년
·내 각	대통령이 임명 총리 없음 93년 3월 1일 발족
·주요 정당	민주운동당, 민주당, 노동인민진보당, 사회당
·국민총생산	75억 3900만 달러(93년)
·1인당 GNP	1만 380달러(93년)
·통화 단위	키프로스 파운드(Pound). 1달러=0.5파운드(97년 1월)
·주요 자원	철광석, 석면, 동
·주요 공산품	시멘트, 주(酒)류, 의류
·주요 농산물	과일
·무 역	수출 8억 8000만 달러, 수입 25억 4000만 달러(94년)

(자료원 : World Yearbook 97／EU 통계청)

☞ 자연 환경

우리 나라 제주도의 약 5배 크기의 섬나라. 지중해 연안의 섬들 중 시칠리아, 사르데냐 다음으로 세 번째 큰 섬이다. 기후는 전형적인 지중해양성. 온화한 반면 강수량은 얼마 안되며 연중 건조하다.

☞ 간추린 역사

키프로스는 한마디로 이민족 지배의 역사다. 기원전 2000년경 이집트의 지배로부터 시작, 미케네 인, 아시리아 인 그리고 페르시아를 거쳐 다시 이집트령, 로마, 십자군의 점령, 도시국가 베네치아의 속령 등을 거쳐 16세기에 오스만 튀르크령이 된다. 러시아와 튀르크의 전쟁 후 1878년 영국의 식민지로 전락 2차대전이 끝날 때까지 이어진다. 키프로스 주민의 80%는 그리스계. 나머지 19%는 터키계. 그런데 이 다수파 그리스계와 소수파 터키계 간의 민족 분쟁이 이 나라의 독립과 독립 후의 운명을 좌우하는 열쇠를 쥐게 된다.

제2차대전 후 키프로스 국내에선 독립을 향한 민족운동이 고양. 결국 1950대년에 격렬한 반영운동으로 영국, 그리스계, 터키계의 3자회의가 열려 60년 마카리오스 대주교를 대통령으로 한 정부가 출범하면서 독립 달성. 그러나 마카리오스 대통령이 소수민족 터키계의 권리를 대폭 제한하는 수정 헌법을 통과시키자 터키계 주민이 이에 반발 민족간의 대립이 격화된다. 이 문제를 놓고 인근 터키가 자민족 보호를 이유로 키프로스 북부를 강제 점령, 북키프로스(전국토의 37%)는 분리독립을 선언한다. 이후 UN의 중재로 전투는 일단 중지되었지만 문제 해결의 열쇠인 터키군은 철군을 거부. 따라서 남키프로스는 자체적으로 클레리데스 대통령을 중심으로 정부를 수립. 현재 1국가 2정부 체제로 운영되고 있다.

☞ 정치와 경제

1977년 마카리오스 대통령이 서거한 후 현재 북키프로스에선 라우프 덴크라시가 대통령으로 당선되었으나 UN의 승인을 못 받음. 93년 5월 남, 북측 대통령이 뉴욕에서 만나 칼리 유엔사무총장이 제시한 연방국가안을 놓고 협상, 94년 10월까지 모두 5차례의 협상을 벌였으나 결국 결렬. 96년 4월 유엔은 키프로스 분쟁담당 사무총장으로 우리 나라의 한승주 전외무장관을 임명. 유엔 및 서방국들의 평화 중재 노력에도 불구하고 96년 이후 쌍방간 무력충돌이 끊이질 않아 긴장상태는 여전하다. 주요 산업은 농업이며 주요 수출품도 농산물과 동, 석면 등 철광물이 주종이다.

☞ 사회와 문화

터키군의 침공으로 난민문제(그리스계 약 20만)가 심각하다. 종교는 그리스 정교(그리스계)와 이슬람교(터키계).

레바논 공화국
(Repubic of Lebanon)

— 독립일 : 1943년 11월 22일, UN 가맹일 : 1945년 10월 24일(창설가맹국) —

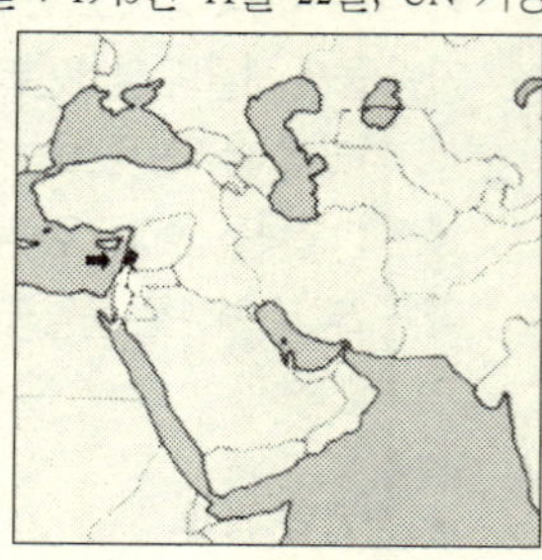
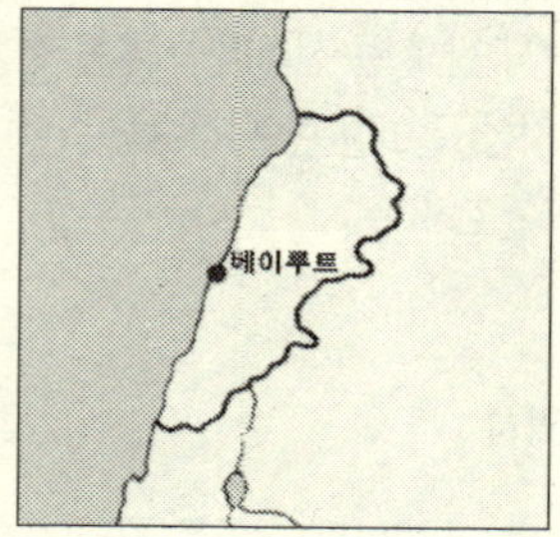

☞ 주요 통계 자료

·면　　적	1만 400㎢
·인　　구	369만 5000명(95년)
·수　　도	베이루트(Beirut) 인구 150만 명(90년 추정치)
·주요 도시	트리폴리, 시돈
·주요 민족	대부분이 아랍인
·언　　어	아라비아어(공용어), 영어, 프랑스어
·종　　교	이슬람교, 기독교 등 모두 17개의 종파가 있음
·정치 체제	공화제 대통령 중심제
·헌　　법	1926년 5월 공포 27, 29, 43, 47년에 걸쳐 모두 4회 개정
·국가 원수	대통령 엘리아스 하라위(Elias Harawi) 의회가 로만파 기독교도 의원 중에서 선출 임기 6년 89년 11월 24일 취임(임기 3년 연장)
·의　　회	1원제 128의석 임기 4년
·내　　각	대통령이 이슬람교도 중에서 임명 총리 라피그 하리리(Rafig Hariri) 96년 11월 11일 제3차 정권 발족
·주요 정당	카다에프, 진보사회당, 희망당, 신(神)의당
·국민총생산	107억 달러(95년)
·1인당 GNP	2670달러(95년)
·통화 단위	레바논 파운드(Pound). 1달러＝1.552파운드(97년 1월)
·주요 자원	관광자원
·주요 공산품	섬유류, 식품가공제품, 피혁
·주요 농산물	감귤, 감자, 포도
·무　　역	수출 8억 2400만 달러, 수입 73억 300만 달러(95년)

(자료원 : World Yearbook 97／레바논 중앙은행)

☞ 자연 환경

레바논은 지중해 연안에 위치한 조그만 나라로, 국토의 대부분을 레바논 산맥과 베카 고원이 차지하고 있다.

베카 고원은 대륙성 기후로 건조하고 기온차가 심하다. 특히 이 곳의 산악지대는 여름철에도 시원하기 때문에 세계적인 피서지로 알려져 있다.

따라서 레바논은 '중동의 스위스'라고 할 만큼 중동에서 독보적인 관광국으로 자리잡고 있다.

☞ 간추린 역사

이 곳은 기원전 4000년경 페니키아인들의 근거지였다가 알렉산더 대왕이 점령한 후 여러 민족의 침입을 받아 파란만장한 변천사를 지니고 있다.

16세기 이후 400년간 오스만 제국의 지배를 받은 다음 1920년 이웃 시리아와 함께 프랑스의 위임 통치령이 된다. 하지만 1943년 말 프랑스와 협정을 체결함으로써 정식으로 독립을 하게 된다.

대부분의 주민들이 아랍인들인 데 비해 종교적으로 기독교도들이 많은 것이 이 나라의 특징이다.

따라서 독립 당시 기독교도와 이슬람교도간의 권력배분을 6 : 4로 결정하여 대통령과 군사령관은 기독교도가, 그리고 총리와 국회의장은 이슬람교도에서 맡기로 한다.

그러나 독립 후 많은 이슬람교도들이 레바논으로 유입됨으로 말미암아 인구비율이 역전되자 이슬람교도들의 정치적 불만이 폭발, 결국 내전으로 비화한다.

특히 1970년 후세인 요르단 국왕이 팔레스타인 난민들을 탄압하자 난민들은 레바논 남부로 이주하여 난민촌을 설치한다.

이후 팔레스타인 해방기구가 결성되어 이 곳을 교두보로 이스라엘 공격의 포문을 열자 이스라엘은 레바논 영내에 즉각적인 보복 공격 감행한다. 특히 이스라엘은 82년 6월에서 9월에 걸쳐 베이루트 작전을 전개, 세계를 떠들썩하게 하기도 했다.

☞ 정치와 경제

중동지역에서 가장 평화롭고, 아름다우며, 경제와 금융의 중심지로 번영을 구가하던 레바논이 지금은 가장 불안하고 혼란스런 나라로 전락하고 말았다.

특히 이스라엘은 92년 2월 또다시 레바논의 헤즈볼라 거점을 폭격 헤즈볼라 지도자 무사위가 폭사하기도 했다.

한편 89년 11월 24일 암살당한 무하마드 전대통령의 후계자로 선출된 하라위 대통령은 88년부터 군인내각을 이끌었던 로만파의 아윈 장군을 해임한다.

이에 격분한 아윈 장군은 정부에 저항했으나 90년 10월 항복 성명을 발표. 하라위 대통령은 전군에게 베이루트 철수를 명하고, 이로써 레바논 내전은 종결된다.

내전 종결 후 2번째 치른 지난 96년 총선에서 하리리파가 전국에 걸쳐 선전, 95년 5월에 2차 하리리 내각을 발족하기에 이른다.

레바논은 지하자원이 거의 없는 나라이며 산물이라고는 오렌지를 비롯한 과일과 야채뿐이다. 하지만 이것도 오랜 전쟁으로 말미암아 생산이 전무한 상태이다.

따라서 하리리 정권은 현재 '긴급 복구 계획'을 마련하여 향후 10년간에 걸친 본격적인 경제 부흥과 재정 재건에 박차를 가하고 있다.

☞ **사회와 문화**

레바논은 일찍부터 서구 선진국들과의 교류를 통해 높은 수준의 문화를 자랑하였다. 특히 우리에게는 세계적 철학자 칼릴 지브란의 모국으로 유명하다.

이라크 공화국
(Republic of Iraq)

— 독립일 : 1932년 10월 3일, UN 가맹일 : 1945년 12월 24일(창설가맹국) —

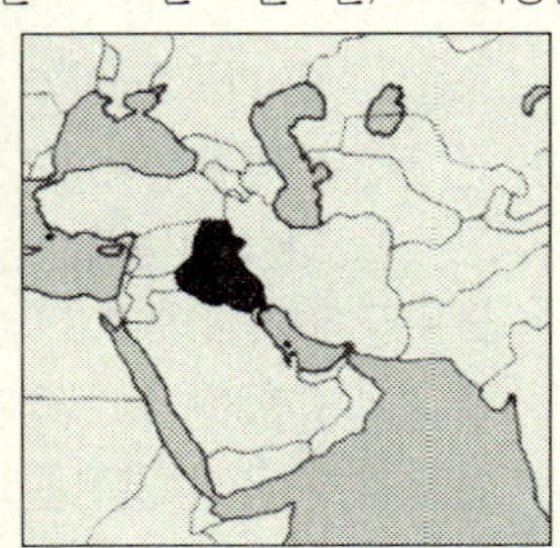
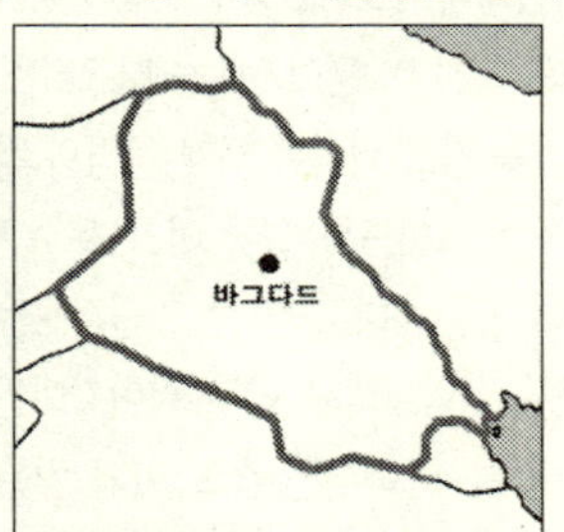

☞ 주요 통계 자료

·면　　적	43만 8317㎢
·인　　구	2103만 명(95년)
·수　　도	바그다드(Baghdad) 인구 384만 명(88년)
·주요 도시	바스라, 모술, 키르쿠크
·주요 민족	아랍인(80%), 쿠르드인(16%)
·언　　어	아라비아어(공용어) 쿠르드어
·종　　교	이슬람교(95%, 이 중 수니파 35%, 시아파 65%)
·정치 체제	공화제 사실상 독재체제
·헌　　법	1968년 9월 잠정헌법
·국가 원수	대통령 사담 후세인(Saddam Hussein) 79년 7월 19일 취임 95년 10월 국민투표로 재신임 임기 7년
·의　　회	1원제 250의석 임기 4년
·내　　각	대통령이 임명 후세인 대통령이 총리직 겸임
·주요 정당	바스당, 쿠르드 민주당
·국민총생산	150억 달러(94년 추정치)
·1인당 GNP	882달러(94년 추정치)
·통화 단위	이라크 디나르(Dinar). 1달러＝1,800디나르(97년 1월)
·주요 자원	석유, 천연가스, 유황
·주요 공산품	석유 화학제품, 시멘트
·주요 농산물	대추야자
·무　　역	걸프전 이후 발표된 수치가 없음

(자료원 : World Yearbook 97／MEED 보고서)

☞ 자연 환경

국토는 대략 3지역으로 대별된다. 북부의 쿠르디스탄 산악지대, 남부와 서부에 넓게 펼쳐져 있는 사막지대, 그리고 남부의 메소포타미아 평야지대. 특히 이 평야지대는 티그리스, 유프라테스 강을 끼고 형성된 세계 문명의 발생지이자 수도 바그다드를 비롯 이라크 주요 도시의 젖줄이기도 하다. 기후는 일반적으로 아열대성. 북부 산악지대와 남부 평야지대간의 기후차가 심하다. 북부는 춥고 비가 많은 반면 남부는 건조하고 여름이 유난히 길다.

☞ 간추린 역사

이집트와 함께 가장 오랜 문명인 메소포타미아 문명이 개화한 곳. 또한 바빌론 왕조와 아시리아 제국이 거쳐갔으며 알렉산더 대왕의 정복과 사라센 제국의 지배에 이어 1939년 이후에는 오스만튀르크의 치하에 놓인다. 1차대전 후 영국의 통치를 받기도 했던 이라크는 1932년에 이르러 이라크 왕국으로 독립한다. 이후 국내적으로 왕정 보수세력과 혁신 민주세력간의 분쟁이 끊이지 않다가 58년 7월 혁신파 청년장교들이 쿠데타를 성공시켜 왕정을 폐지하고 공화제로 이행하였다.

☞ 정치와 경제

이라크는 제3차 중동전쟁(1967년) 이후 친소정책을 추진, 78년 군부내 공산당 음모사건을 계기로 서방과의 관계개선을 도모한다. 그러나 대이란 전쟁으로 국가의 위신이 실추하자 후세인 대통령은 90년 8월 돌연 쿠웨이트를 침공 양국 합병을 선언한다. 이에 미국을 중심으로 한 다국적군이 페르시아 만으로 진군, 전쟁은 7개월 만에 이라크의 무조건 항복으로 끝난다. 이에 후세인 정권은 국제적으로 더욱 궁지에 몰리게 되고, 현재 이라크는 UN의 경제 제재하에 있다. 한편 지난 96년 1월 24일, 후세인은 의회총선을 3월 24일 실시한다고 발표. 이라크에서 선거를 치르기는 걸프전 이후 처음. 집권 여당인 바스당은 160명 전원이 당선. 4월 8일 개최된 첫 회의에서 하마디 전총리를 국회의장으로 선출한다.

전인구의 반수 이상이 농업과 목축에 종사하고 있지만 이라크 경제의 기반은 석유 산업이다. 하지만 거듭된 전쟁으로 생산과 수출에 커다란 타격을 입었다. 96년 12월, 이라크에 가해진 석유금수 조치가 부분적으로 해제됨에 따라 요르단, 터키 등을 통해 수출 재개. 이라크 유전의 확인 매장량은 줄잡아 1000억 배럴 상당하다.

☞ 사회와 문화

대부분은 아랍민족으로, 코란의 가르침을 철칙으로 여기는 이슬람 교도들이다. 반면 아랍족과 대항하고 있는 쿠르드인은 산지민족으로 독자적인 부족사회를 형성하고 있다.

이스라엘
(State of Israel)

— 독립일 : 1948년 5월 14일, UN 가맹일 : 1949년 5월 11일 —

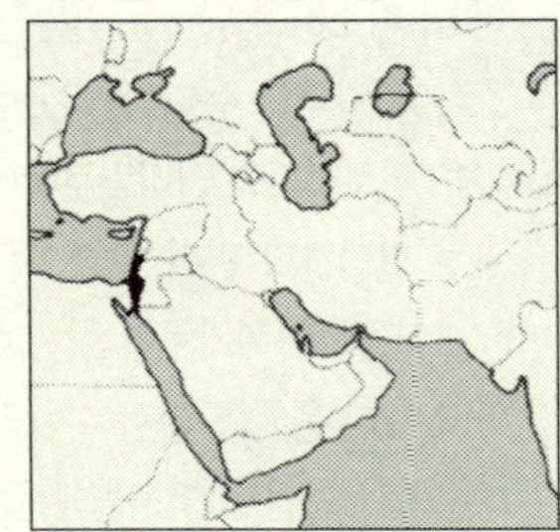 

☞ 주요 통계 자료

·면　　　적	2만 1946㎢(이스라엘이 합병을 선언했던 동예루살렘 70㎢, 골란고원 1150㎢를 합친 수치) 그 밖에 요르단강 서안지구 5879㎢, 가자지구 363㎢
·인　　　구	576만 명(96년 12월)
·수　　　도	예루살렘(Jerusalem) 인구 55만 명(동예루살렘 포함)
·주요 도시	텔아비브(36만 명), 하이파(25만 명)
·주요 민족	유대인(81%), 팔레스타인 등 아랍계(18%)
·언　　　어	히브리어와 아라비아어가 공히 공용어
·종　　　교	유대교(81%), 이슬람교(14.5%), 기독교(3%)
·정치 체제	공화제
·헌　　　법	성문 헌법은 없으며 대통령, 의회, 정부, 군의 권한 등을 정한 별도의 '기본법'이 헌법 기능을 대신
·국가 원수	대통령 에제르 와이즈만(Ezer Weizman) 간선제 임기 5년 93년 5월 취임
·의　　　회	1원제 120의석 임기 4년
·내　　　각	총리· 빈야민 네탄야후(Binyamin Netanyahu) 직선제 96년 6월 18일 발족
·주요 정당	노동당, 리쿠드당
·국민총생산	866억 달러(95년)
·1인당 GNP	1만 5500달러(95년)
·통화 단위	세켈(Shekel). 1달러＝3.25세켈(97년 1월)
·주요 자원	동, 인광석
·주요 공산품	가공 다이아몬드, 의약품, 전자기기
·주요 농산물	감귤, 밀, 야채, 낙농
·무　　　역	수출 179억 7420만 달러, 수입 281억 1230만 달러(95년)

(자료원 : 이스라엘 통계청／Central Bureau of Statistics)

☞ 자연 환경

지중해 동쪽 연안, 서남아시아의 팔레스타인 지역에 자리잡고 있는 이스라엘은 북쪽으로는 레바논, 동쪽으로는 시리아와 요르단, 그리고 남서쪽으로는 이집트와 국경을 맞대고 있는 나라이다.

이스라엘은 비록 전체 면적은 좁으나 지형이 다양하기로 유명하다. 서부 지중해 연안은 기름진 평야가 길쭉하게 자리잡고 있고, 북부와 중앙 일대는 구릉지 및 산악지대, 그리고 남부의 네게브 사막과 동부 국경지대의 갈릴리호(해발 −220m)와 사해(해발 −392m, 지구상에서 가장 낮은 곳에 위치한 호수)가 있는 요르단 대협곡지대 등 천차만별의 지형변화를 보이고 있다.

기후는 지중해의 영향으로 대체로 온화한 편. 계절은 주로 우계(雨季, 11~4월)와 건계(乾季, 5~10월)로 나뉘며, 특히 사해 연안과 남부의 네게브 사막지대는 여름철 최고 기온이 50℃ 이상 치솟기도 한다.

☞ 간추린 역사

이스라엘의 고대 역사는 성경의 구약(舊約)이 잘 말해주고 있다. 즉 유대인의 시조인 아브라함이 가나안(이스라엘) 땅에 정착한 시기가 기원전 1800년경의 일이며, 이후 200여 년 후 모세의 등장으로 출애굽의 대역사(이집트에서 노예생활을 하던 히브리인들을 구출한 사

건)가 이루어진다. 이를 계기로 이스라엘의 민족개념과 유일신 사상이 자리잡게 되며, 이를 토대로 기원전 11세기에 다윗왕은 예루살렘을 도읍으로 한 이스라엘 왕국을 건설한다. 하지만 이 이스라엘 왕국은 기원전 10세기 전반 이스라엘 왕국과 유다 왕국으로 분열되었다가, 이후 아시리아와 신바빌로니아의 침략을 받아 모두 멸망하고 만다.

기원전 1세기무렵에는 로마제국의 보호 아래 유다 왕국이 다시 수립되기도 하지만 유대민족의 독립 저항운동에 로마가 강력히 대처. 70년 이른바 '다이애스퍼러(Diaspora)'라고 하는 유대인의 세계 유랑이 시작된다. 세계 각처로 흩어진 유대민족은 이후 이민족들의 수많은 핍박과 박해에도 불구하고 자신들의 '선민의식(選民意識)'과 유일신 사상을 바탕으로 민족적 자긍심을 키워나간다.

19세기, 유럽 전역에 걸쳐 민족주의가 대두되고 이와 함께 반유대주의가 확산되자 그동안 유럽의 기독교 사회에 동화되길 거부했던 유대인들 사이에서는 나라를 건설하려는 움직임이 일기 시작한다. 유대인들이 건국을 희망한 땅은 당시 오스만 제국의 영토였던 팔레스타인. 즉 팔레스타인의 시온산이야말로 유대민족의 정기가 서려 있는 곳이었으며, 이곳으로 가자는 운동이 바로 '시오니즘'이고 그 추진자들을 '시오니스트'라고 한다.

1차 세계대전이 발발하자, 영국은 당시 각국에 흩어져 있던 시오니스트들에게 전쟁에 협력할 것을 요구하는 한편, 그 대가로 1917년

에 '벨푸어 선언'을 발표, 팔레스타인에서의 유대인 국가건설을 지지하고 나선다. 게다가 1930년대 이후 독일, 이탈리아 등지를 중심으로 불기 시작한 국수주의의 여파로 자본과 기술을 지닌 유대인들은 차츰 생활터전을 떠나 삼삼오오 팔레스타인으로 삶의 터전을 옮긴다. 그러나 팔레스타인에서의 유대인 사회가 성장할수록 아랍계 팔레스타인들의 반발, 쌍방의 갈등은 무력충돌로까지 발전한다.

2차대전 후, 나치의 유대인 대학살로 세계여론이 유대인들에 대한 동정론 쪽으로 기울자, 시오니스트들의 국가건설사업은 더욱 활기를 띤다. 하지만 그럴수록 유대인들과 팔레스타인인들간의 무력충돌은 격화일로. 영국은 급기야 팔레스타인 문제를 국제연합에 상정한다. 이에 유엔총회는 팔레스타인 지역을 아랍지구와 유대지구로 분할하는 결의안을 채택하게 되고, 시오니스트들은 이를 전격 수용, 1948년 5월 14일, 유대인들은 역사상 2번째의 '엑서더스(Exodus)'를 성공시키며 유대국이 이스라엘의 성립을 공식 선언한다.

반면 유엔의 분할안을 거부했던 아랍계 주변국가들은 즉각 연합군을 편성, 팔레스타인으로 진격한다. 이로써 제1차 중동전쟁(1948~49년)이 발발하게 되는데, 여기서 이스라엘은 예상 밖의 대승을 거두고 아랍계 팔레스타인들을 대거 축출, 영토를 더욱 넓힌다. 또한 이후에도 아랍권 국가들은 팔레스타인인들의 권리회복을 요구하며 56년, 67년, 73년 등 모두 3차례에 걸쳐 중동전쟁을 일으키지만 그때마다 이스라엘의 강력한 반격에 부딪혀 패퇴하고 만다.

이후 '지구촌 최대의 화약고'였던 중동문제는 1979년에 체결된 '캠프데이비드 협정(이스라엘과 이집트 간의 평화 협정)'을 기점으로 차츰 진정국면을 맞게 되며 93년에는 이스라엘의 라빈 총리와 팔레스타인 해방기구(PLO)의 아라파트 의장 간에 1단계 평화협정(3단계 협정 중)이 조인됨으로써 일단은 서로 간의 직접적인 군사행동이란 뇌관을 제거하는 데에 성공하였다.

☞ 정 치

이스라엘 국정의 최고 통치기관은 '크네세트(Knesset)'라고 하는 의회로 정족수는 총 120명이며, 국민들이 개인이 아닌 정당에 대해 투표하고 득표율에 비례하여 의석을 배분하는 완전 비례 대표제를 취하고 있다. 따라서 이 선거 제도 하에서는 사표(死表)가 거의 없기 때문에 정당 난립현상이 매번 반복되는 것이 특징이다.

지난 92년 실시된 총선에서 노동당을 중심으로 한 좌파연합이 총 120석 중 61석을 획득함으로써 지난 15년 동안 정국을 운영했던 리쿠드당을 누르고 정치권 전면에 부상한다.

당시 총리직에 오른 라빈은 주변 아랍국가들과의 적극적인 협상을 통해 평화정착과 지역공동 경제개발노선을 내세우며, 그 첫 단계로 PLO의 아라파트 의장과 평화협정에 서

명, 중동 평화의 일대 전기를 마련한다. 하지만 양측대표의 평화공존 노력에도 불구하고 하마스(팔레스타인)와 리쿠드당(이스라엘)으로 대표되는 극우 세력의 정치적 테러가 난무하고, 급기야는 95년 11월 라빈 총리가 국내 극우파에 의해 암살당하는 충격적인 사건이 발생한다.

라빈 총리를 이어 등장한 페레스 정부는 중단없는 평화 노선을 천명하며, 시리아와 대화 창구를 마련하는 등 의욕적인 움직임을 보였으나 96년 2월에 발생한 하마스 폭탄테러로 국내 여론이 들끓자 팔레스타인인들에 대한 국경봉쇄 조치를 단행하기 이른다.

한편 96년 5월 29일에 실시된 이스라엘 총선(이스라엘 최초의 총리를 뽑는 직접선거)에서 노동당의 페레스 과도내각 수반과 네탄야후 리쿠드당 당수가 맞붙은 결과, 네탄야후 후보가 총 투표수의 50.4%를 획득, 이 나라 최초의 직선제를 통해 총리에 올랐다. 극우 강경파로 알려진 네탄야후 총리의 등장으로 한때 중동평화협상은 위기에 봉착될지도 모른다는 우려의 소리가 높았으나, 네탄야후 총리는 96년 6월 성명을 통해 평화협상의 무조건적인 재개를 선언하고 나선다.

그리고 같은 맥락에서 97년 1월, 그 동안 이스라엘과 팔레스타인 자치정부간의 평화협상을 교착상태에 빠뜨렸던 쟁점, 즉 헤브론에 주둔해 있는 이스라엘군의 철수 문제가 순조롭게 이행됨으로써 지금은 중동 평화에 새로운 분위기가 조성되고 있다.

☞ 경 제

건국 초기 시오니스트들은 고도의 기술을 이용하여 팔레스타인 지역의 농업을 발전시켰다. 이른바 정부 지원 하에 설립된 농업공동체, 즉 키부츠, 모사브 등이 오늘날 이 나라 국가 경제의 모태라 할 수 있는데, 특히 감귤류의 수출액은 연간 3억 달러 이상을 기록하고 있다.

하지만 이스라엘의 농업은 경지면적이 절대적으로 좁은데다 연간 강수량의 절대 부족으로 최근 들어서는 국내 총생산(GDP) 7%에 불과할 만큼 그 중요성이 떨어지고 있다.

반면 1985년부터 시작된 경제 개혁으로 산업구조 조정작업을 펼친 결과, 오늘날 이스라엘 산업의 중심은 컴퓨터, 통신 등 첨단기술 제품들을 생산하는 제조업이 단단한 기반을 자랑하고 있다.

92년 이후 눈부신 신장세를 나타내고 있는 컴퓨터 관련 산업(특히 소프트웨어, 로봇 분야) 외에 이스라엘의 다이아몬드 연마 산업 규모는 이 방면의 전통적 강국인 네덜란드, 벨기에를 능가할 정도이며, 일찌감치 국산화에 성공한 전차, 미사일, 전투기 등 이스라엘산 무기들과 의료기기 등도 세계적인 명성을 얻고 있다.

게다가 이스라엘의 외화수입원으로 빼놓을 수 없는 분야가 바로 관광업. 매년 100만명 이상의 기독교인들이 예루살렘, 베들레헴 등 성지를 순례하기 위해 찾아들고 있으며, 사해지역과 지중해 해변의 복합 관광센터는 세계적 휴양지로 이미 정평이 나 있다.

90년대 접어들어 이스라엘의 경제는 매년 6~7%의 고도 성장을 이어가고 있다. 이는 중동평화협상의 성공적인 진척으로 주변 아랍권 국가들과의 교역이 활기를 띠고 있고, 전쟁 위험 감소에 따른 해외 투자가 증대하였으며, 나아가 그 동안 정부 예산 중 가장 큰 부담이었던 국방비 지출이 현저히 줄어든 데 기인한다.

한편 현 네탄야후 정부는 경제 운영상 사회주의 색채가 농후했던 전 페레스 노동당 정부의 정책을 극복하고 보다 시장원리에 충실한 자유주의 경제정책을 추진 중에 있다.

따라서 96년 이후 조세 완화와 국영 기업의 민영화 등 대폭적이고 신속한 경제 자유화 조치를 본격 진행함에 따라 자본 이득세를 철폐하고 97년 1월에는 공기업의 매각 일정과 대상을 발표함으로써 본격적인 민영화 작업도 착수하였다.

☞ 사회와 문화

유대인 중 81.6%는 폴란드, 러시아계 유대인(아슈케나짐)과 중동·북아프리카 유대인(세파라짐)이 차지한다. 이스라엘 건국 초기에는 전자가 사회의 주류를 형성했지만 77년 베긴 정권 이후 후자의 입지가 한층 강화되어 정치적 우세를 보이고 있다. 세계의 유대인 인구는 줄잡아 약 1300만 명. 국가 자체가 늘 비상사태하에 놓여 있기 때문에 사회분위기는 항상 긴장감이 고조되어 있다.

이스라엘 국민들은 대부분 최근 중동 평화 회담 진전에 관한 정보를 얻기 위해 매일 라디오 및 TV 방송을 시청하고 있으며 1~2개 이상의 일간 신문을 구독하고 있다. 현재 17개의 히브리어 신문과 아랍어, 영어, 러시아어 등으로 발간되는 7개의 신문이 있으며, 기타 1000여 종의 정기 및 비정기 간행물이 있는데 대부분 발행부수가 수천 부 수준이다.

요르단 하심 왕국
(*Hashemite Kingdom of Jordan*)

— 독립일 : 1946년 5월 25일, UN 가맹일 : 1946년 12월 14일 —

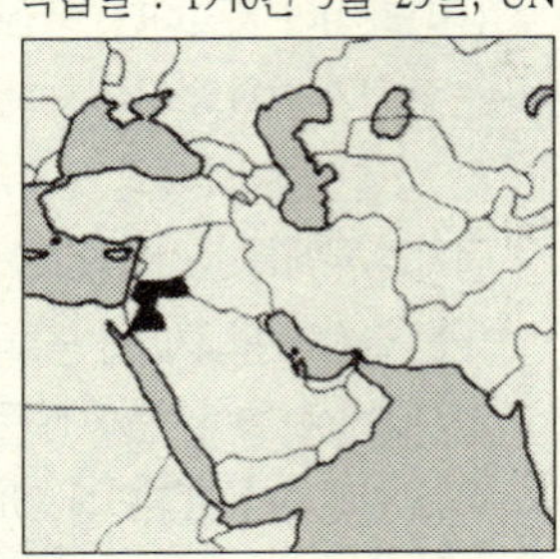
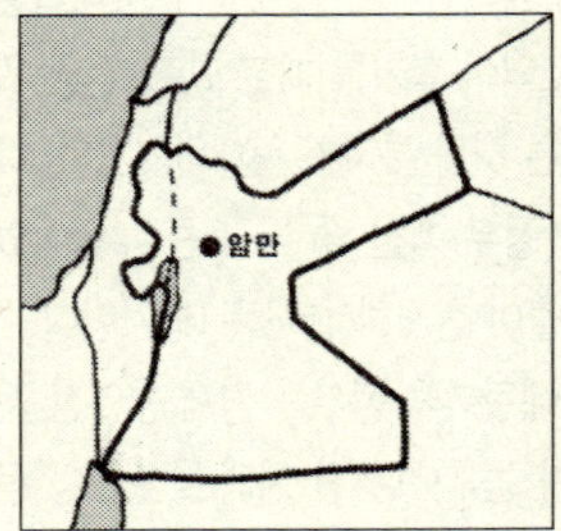

☞ 주요 통계 자료

·면　　　적	8만 9000㎢
·인　　　구	544만 명(95년)
·수　　　도	암만(Amman) 인구 97만 명(91년)
·주요 도시	자르카, 이르비트, 아카바
·주요 민족	아랍인(팔레스타인인이 총인구 중 60% 가량 차지)
·언　　　어	아라비아어(공용어)
·종　　　교	이슬람교(국교, 수니파가 90%이상)
·정치 체제	입헌 군주제 국왕이 최고권력자
·헌　　　법	1952년 1월 발효 74년, 76년, 84년에 각각 일부 개정
·국가 원수	국왕 후세인 이븐 탈랄(Hussein Ibn Talal) 53년 5월 2일 즉위
·의　　　회	2원제 상원(40의석, 국왕이 지명) 하원(80의석, 직선제) 임기는 모두 4년
·내　　　각	국왕이 임명(하원 승인 필요) 총리 압둘 카림 알 카바리티(Abdul Karim al-Kabariti) 96년 2월 4일 발족
·주요 정당	이슬람 행동전선, 요르단 아랍 민주당
·국민총생산	64억 달러(95년)
·1인당 GNP	1500달러(95년)
·통화 단위	요르단 디나르(Dinar). 1달러=0.7098디나르(97년 1월)
·주요 자원	인광석
·주요 공산품	화학비료
·주요 농산물	토마토, 키위, 감귤, 올리브
·무　　　역	수출 142억 달러, 수입 338억 달러(94년)

(자료원 : World Yearbook 97/IMF 보고서)

☞ 자연 환경

이스라엘, 시리아, 이라크, 사우디아라비아 등 4개국에 둘러싸여 있으며, 아카바 간에 연해 있는 15㎞가 유일한 해안선. 지형은 서부의 산악지대와 동부의 사막지역으로 나뉜다. 국토의 80%가 사막인 셈. 수도 암만 부근은 사람이 활동하기에 아주 적합한 기후. 5월에서 10월 사이의 여름철은 25℃ 전후의 기온에 시원하고 건조한 바람이 불어 전혀 더위를 느낄 수 없다. 12월에서 2월에 걸친 겨울철의 기온은 우리 나라 부산보다 조금더 추운 정도. 비가 내릴 때가 많고 가끔 눈발도 눈에 띈다.

☞ 간추린 역사

이 곳은 선지자 모세에 의해 잘 알려진 곳. 예부터 이라크와 인도를 연결하는 교통의 요지로 금세기 들어 오스만 튀르크의 지배하에 있다가 1차대전이 끝나면서 1923년 영국 보호하에 요르단 왕국(동 요르단)을 세운가. 이후 45년에 아랍연맹에 가입, 46년 3월 '런던협정'에 의해 영국의 위임통치에서 완전 독립한다. 이어 49년 6월 국명을 현재의 '요르단 하심 왕국'으로 개칭. 입헌군주국을 표방, 현재의 국왕인 후세인이 즉위한다.

☞ 정치와 경제

후세인 국왕은 53년 5월 약관 16세의 나이에 즉위. 그는 3차 중동전쟁으로 요르단 강 서안을 이스라엘에 빼앗긴다. 또한 국내의 팔레스타인 난민들이 반란을 일으키기도 했으며, 암살당할 위기까지 감내해야 했다. 이처럼 여러 차례 정치적 곤경을 겪었지만 후세인 국왕은 요르단을 이끌어 현재는 중동지역에서 독자적인 지위를 확보하고 있다. 하지만 최근 걸프전 때 이라크를 지지, 과거 좋았던 서방측과 관계가 소원해져 국제적 고립과 경제적 손실을 입기도. 이에 따라 후세인은 96년 8월부터 인근 사우디아라비아, 바레인, 카타르, UAE 등을 차례로 방문 그 동안 소원했던 관계를 청산하고 관계개선을 도모한다.

요르단의 주산업은 농업이지만 경지 면적은 전 국토의 8%에 불과하다. 게다가 걸프전을 계기로 요르단의 유일한 항구인 아카바항이 봉쇄됨으로써 한층 곤경에 빠지기도. 요르단의 산업구조는 1, 2차 산업의 비율이 낮고 서비스업의 비율이 높은 편. 때문에 매년 구조적 수입초과에 고민하고 있다. 그나마 무역수지 적자폭을 해외 팔레스타인인들의 송금과 인접국의 재정원조로 충당해왔으나, 걸프전으로 쿠웨이트 시장 등을 상실하여 30만에 달하는 귀국자가 발생, 송금액이 급감. 요르단 경제는 엄청난 타격을 입고 만다.

☞ 사회와 문화

팔레스타인 난민들이 대거 유입됨으로써 국민의 대다수를 차지 사회불안의 불씨를 안고 있다. 종교는 수니파 이슬람교도가 대부분을 차지한다.

시리아 아랍 공화국
(Syrian Arab Republic)

— 독립일 : 1946년 4월 17일, UN 가맹일 : 1945년 10월 24일(창설가맹국) —

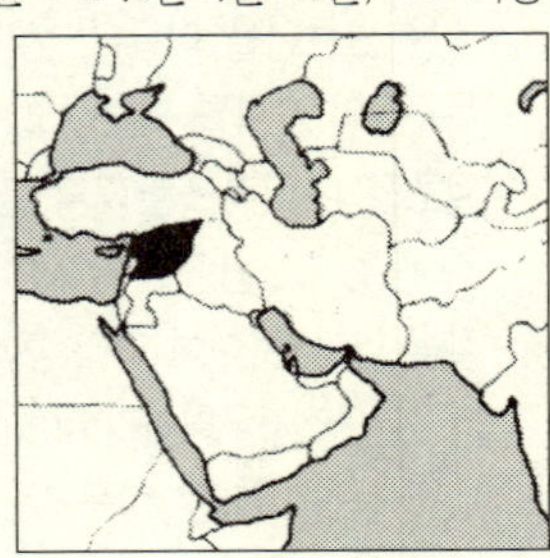 

☞ 주요 통계 자료

·면　　적	18만 5180㎢
·인　　구	1419만 명(95년)
·수　　도	다마스커스(Damascus) 인구 137만 명(90년)
·주요 도시	알레포, 홈스, 라타키아
·주요 민족	아랍인(85%), 아르메니아인(5%), 쿠르드인(3%), 팔레스타인인(2%)
·언　　어	아라비아어(공용어)
·종　　교	이슬람교(85%, 이 중 수니파 70%), 기독교(13%), 유대교
·정치 체제	공화제 대통령 중심제 사실상의 독재
·헌　　법	1973년 국민투표로 승인
·국가 원수	대통령 하페스 알 아사드(Hafez al-Assad) 임기 7년 91년 12월 4선 92년 3월 재임
·의　　회	1원제 250의석 직선제 임기 4년
·내　　각	대통령이 임명 총리 마하무드 알 조비(Mahmoud al-Zoubi) 87년 11월 1일 성립 92년 6월 29일 개조
·주요 정당	바스 아랍사회당, 시리아 공산당
·국민총생산	150억 달러(93년)
·1인당 GNP	1170달러(93년)
·통화 단위	시리아 파운드(Pound). 1달러=42.41파운드(97년 1월)
·주요 자원	석유, 천연가스, 인광석
·주요 공산품	철강, 석유화학제품, 섬유류
·주요 농산물	면화, 밀, 담배
·무　　역	수출 31억 5000만 달러, 수입 41억 5000만 달러(93년)

(자료원 : World Yearbook 97／시리아 통계청)

☞ 자연 환경

서부의 지중해 연안과 남부의 오론테스 강 유역이 비옥한 평야지대인 반면 중앙과 동부는 전부 시리아 사막으로 뒤덮여 있다. 아랍제국의 숙적인 이스라엘과의 국경 지역에는 중동전쟁의 격렬한 전장인 골란 고원이 자리잡고 있다. 현재 이스라엘이 점령하고 있다.

기후는 비교적 온화한 편. 연중 기온차도 그리 심하지 않다. 지형에 따라 약간씩의 차이는 있지만 수도 다마스커스 근방은 7~8월이면 30℃를 상회하는 날씨가 이어지며 1~2월이면 10℃ 이하로 떨어져 간혹 눈구경도 할 수 있을 정도이다.

☞ 간추린 역사

시리아는 인류학과 고고학의 데카라 할 정도로 유적이 많은 곳. 또한 다마스커스는 구약성서에도 등장하는 유서깊은 도시이다. 기원전 12세기경 셈족이 왕국을 건설하지만 곧 알렉산더 대왕에게 정복당한다. 이후 로마 제국의 치하에 있다가 이슬람교의 출현과 함께 아랍세계에 흡수된다.

10세기경에는 오스만 튀르크가 진출 1차대전 때까지 튀르크 치하에서 지낸다. 1920년 잠시 영국의 지원으로 독립을 맞는 듯했으나 프랑스 군이 진주하여 프랑스의 위임통치하에 들어간다. 하지만 2차대전이 끝난 46년 4월 시리아는 마침내 완전 독립을 달성한다.

한편 시리아는 48년부터 73년까지 이스라엘과 4차례에 걸친 전쟁을 치르는 동안 국내의 보수와 혁신간의 대립이 첨예화되어 쿠데타로 얼룩진 정치상황을 연출하고 만다.

현재의 아사드 대통령은 온건파의 지도자. 70년 바스당의 과격파를 꺾고 집권한 후 지금까지 이어오고 있다.

☞ 정치와 경제

이 나라의 정치는 대통령 중심제이다. 임기는 7년. 현재의 아사드 대통령은 4선째이다. 당초 그는 비동맹 온건파 노선을 견지했으나 이스라엘과의 전쟁을 통해 대이스라엘 강경파의 중심적 존재가 된다.

80년대의 친소 노선에서 탈피 최근 동구권의 변화에 자극받아 친미노선으로 급선회. 하지만 그 동안 형제국으로 지내온 이라크와의 관계가 걸프전을 계기로 악화되었다.

경제는 농산물을 중심으로 인광석과 원유를 생산. 일찍이 사회주의 계획경제를 도입. 국가 주요 산업을 모두 국가가 관리해 왔다. 하지만 최근 생산성 저하의 경향이 두드러져 경제분야의 개혁이 시급. 북한 단독 수교국.

☞ 사회와 문화

시리아인은 셈족과의 혼혈 혈통이 많아 다른 아랍인들보다 얼굴색이 희고 유럽인들과 비슷한 용모를 띠고 있다.

아프리카(Africa)

모로코
튀니지
지중해
사하라
알제리
리비아
이집트
카보베르데
모리타니
말리
니제르
차드
수단
홍해
에리트레아
지부티
세네갈
부르키나파소
감비아
기니
베냉
나이지리아
중앙 아프리카
에티오피아
소말리아
기니비사우
가나
시에라리온
라이베리아
코트디부아르
토고
카메룬
상투메
프린시페
적도기니
가봉
콩고
우간다
케냐
르완다
부룬디
자이르
탄자니아
말라위
세이셸
코모로
대
앙골라
잠비아
모잠비크
서
짐바브웨
나미비아
보츠와나
마다가스카르
인
도
양
모리셔스
양
스와질란드
남아프리카
레소토

⊞ 주요 통계 자료

▶ 총 면 적 ∗∗∗∗∗∗ 30,269,680㎢

▶ 전 체 인 구 ∗∗∗∗∗∗ 7억 4600만 명(95년 유엔 추정)

▶ 가장 높은 곳 ∗∗∗∗∗∗ 킬리만자로 산(탄자니아／해발 5895m)

▶ 가장 낮은 곳 ∗∗∗∗∗∗ 아살 호수(지부티／해발 −156m)

▶ 가장 긴 강 ∗∗∗∗∗∗ 나링 강(6,671㎞)

▶ 가장 큰 호수 ∗∗∗∗∗∗ 빅토리아 호(69500㎢)

▶ 가장 넓은 사막 ∗∗∗∗∗∗ 사하라 사막(9,064,958㎢)

▶ 가장 넓은 나라 ∗∗∗∗∗∗ 수단(2,505,813㎢)

▶ 가장 인구가 많은 나라 ∗∗∗∗∗∗ 나이지리아(1억 1172만 명, 95년)

▶ 가장 인구가 많은 도시 ∗∗∗∗∗∗ 카이로(이집트／972만 명, 95년)

이집트 아랍 공화국
(Arab Republic of Egypt)

— 독립일 : 1922년 2월 28일, UN 가맹일 : 1945년 10월 24일(창설가맹국) —

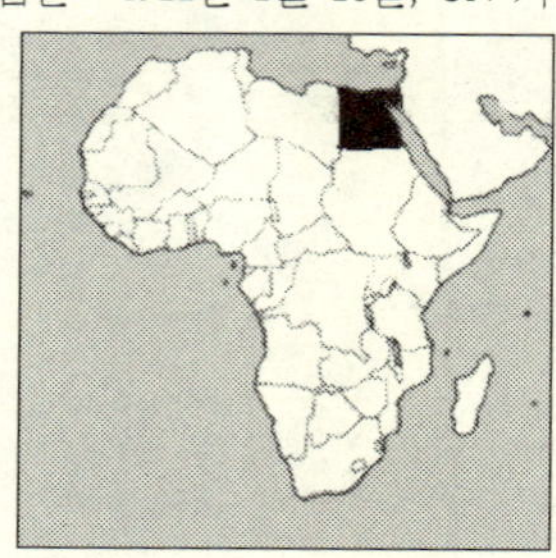 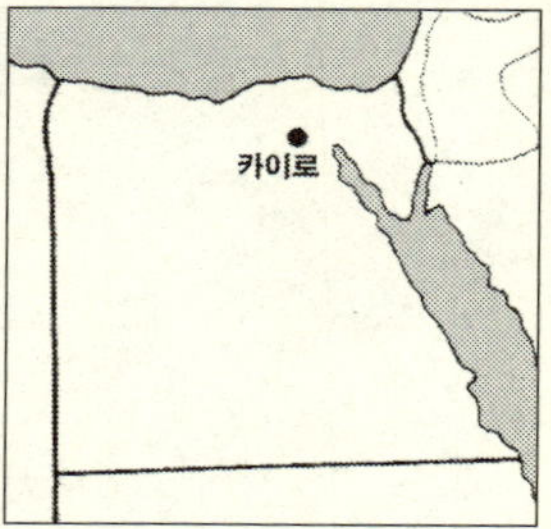

☞ 주요 통계 자료

·면　　　적	99만 7738.5㎢
·인　　　구	5923만 명(95년)
·수　　　도	카이로(Cairo) 수도권 인구 약 1600만 명(95년)
·주요 도시	알렉산드리아(289만 명), 포트사이드(38만 명), 탄타(37만 명), 아시우트(29만 명), 수에즈(27만 명)
·주요 민족	아랍계(92%), 아시아, 아프리카, 유럽계의 혼혈
·언　　　어	아라비아어(공용어)
·종　　　교	이슬람교(수니파 90%), 기독교(7%)
·정치 체제	공화제 대통령 중심제
·헌　　　법	1971년 9월 11일 승인 80년 4월 30일 일부 개정
·국가 원수	대통령 무하메드 호스니 무바라크(Muhammad Hosni Mubarak) 임기 6년 93년 10월 5일 3선
·의　　　회	1원제 454석 임기 5년
·내　　　각	대통령이 임명 수상 카말 아메드 간주리(Kamal Ahmed Ganzouri) 96년 1월 4일 발족
·주요 정당	국민민주당, 와프트당, 노동당, 민족통일진보당
·국민총생산	533억 달러(95년)
·1인당 GNP	911달러(95년)
·통화 단위	이집트 파운드(Pound). 1달러＝＝3.399파운드(97년 1월)
·주요 자원	석유, 천연가스, 철광석, 인광석
·주요 공산품	식품, 섬유, 제철, 알루미늄, 자동차, 석유정제
·주요 농산물	면화, 옥수수, 사탕수수, 깨, 쌀, 밀, 토마토
·무　　　역	수출 44억 4700만 달러, 수입 112억 8000만 달러(94/95년)

(자료원 : 이집트 통계국／이집트 중앙은행)

☞ 자연 환경

　남북으로 1020㎞, 동서로 1240㎞에 달하는 정사각형의 나라. 서쪽은 리비아, 남쪽은 수단, 동쪽은 시나이 반도에서 이스라엘과 국경을 맞대고 있다. 아시아, 아프리카, 홍해와 지중해를 연결하는 중요한 지리적 위치에 있기 때문에 예로부터 여러 민족들이 이 곳을 통과하였고 이민족의 지배도 많았다. 수도 카이로 이북의 지중해 연안과 이 나라의 젖줄이라 할 수 있는 나일 강 유역을 제외하고는 전 국토가 모두 사막이다. 따라서 주민의 99%가 나일 강 골짜기와 삼각주에 거주하고 있다.

　사막이 차지하는 비율은 전 국토의 96% 이상. 때문에 기후 역시 북부의 지중해 연안을 제외하고는 모두 사막성 기후. 비가 거의 없고 무척 건조하다. 겨울철 기온도 우리 나라 늦가을 정도. 또한 매년 4월이면 사막 전체에 모래를 동반한 열풍이 휘몰아친다.

☞ 간추린 역사

　고대 문명의 발생지이며 5000여 년의 역사를 자랑한다. 기원전 3000년부터 기원전 332년 알렉산더 대왕 정복 시까지 약 30개의 고대 왕국이 흥망성쇠를 거듭한다. 한때는 고왕국, 중왕국, 신왕국을 거치며 대단한 번영을 누리기도. 아랍인들이 이 땅을 지배하기 시작한 건 640년경. 이후 오스만 튀르크의 지배시대까지 합쳐 모두 13세기 동안 이슬람국 이집트의 번

영기가 이어진다. 1798년 나폴레옹의 침공으로 3년 동안 프랑스가 통치. 1805년 오스만 튀르크 파견군이었던 무하마드 알리 장군이 왕국을 수립, 이 때부터 이집트의 근대화가 이루어진다. 안으로는 부국강병과 식산흥업정책을 추진, 국가경제의 기틀을 마련했으며, 밖으로는 와하브파를 소탕하기 위해 아라비아 반도에 출병, 두 차례에 걸친 시리아 전쟁으로 영토 확장을 꾀한다. 그러나 곧 유럽열강과 충돌, 1840년 런던 4개국 조약을 통해 수산을 제외한 모든 정복지를 포기하고 국내시장을 개방하기에 이른다. 알리가 죽자 그의 뒤를 이은 사이드와 이스마일은 자유주의적 경제체제를 원칙으로 수에즈운하 개설 등 근대화 정책을 실시한다.

　그러나 1869년 운하개통에 따른 재정결핍과 영국과의 불평등조약 등의 원인으로 이집트 경제는 유럽에 종속된다. 이후 1876년 이집트 재정은 더욱 파탄에 이르러 국제관리 하에 놓이게 되며, 이 때 발발한 아라비의 반란을 무력으로 진압한 영국이 마침내 이집트의 새 주인으로 등장한다.

　1차대전 뒤인 1919년 자글룰을 지도자로 하는 반영민족독립운동이 일어나자 영국은 1922년에 명목상 이집트의 독립을 인정한다. 이로써 1923년 왕국으로 독립. 51년에는 영·이집트 동맹조약폐기가 선언되었다. 1952년 7월 23일, G. A. 나세르의 자유장교단이 혁명을 일으켜 왕정을 타도하고 이집트 공화국을 수립한다. 나세르 정권은 농지개혁과 공업화정

책 등을 통해 국민통합과 자립경제 확립을 위해 매진. 이어 56년 7월 수에즈 운하 국유화를 선언하자 영·프랑스 양국 군대와 이스라엘군 등이 군사개입, 이른바 2차 중동전쟁이 발발한다.

전쟁 후 사회주의노선을 표방, 대기업의 국유화, 사회복지제도 확충 및 소련의 원조로 아스완 댐 건설 등 사회주의 정책을 추진하면서 외부적으로는 비동맹중립주의를 천명한다. 그러나 67년 6월 3차 중동전쟁으로 이스라엘에 시나이 반도를 빼앗기고, 70년 요르단 내전으로 아랍권의 분열이 가속화되자 이를 중재하기 위해 동분서주하다가 나세르는 사망하고 만다.

나세르의 뒤를 이은 M. A. 사다트는 73년 4차 중동전쟁을 계기로 경제통제를 완화, 외자를 도입할 목적으로 개방정책을 추진한다. 이에 따라 경기는 활기를 띠고 물자가 풍부해진 반면, 국제수지가 악화되고 물가가 폭등, 77년 1월 생필품의 가격인상을 계기로 폭동이 발생하기도 하였다.

또한 사다트는 친소노선에서 벗어나 친미노선으로 방향을 전환, 76년 소련과의 우호조약을 파기하고 77년 11월 이스라엘을 공식 방문, 그리고 79년 3월 캠프데이비드 협정(78년 9월)에 따라 평화조약을 체결한다. 그러나 이러한 사다트의 외교정책은 아랍권의 분열과 이집트의 고립을 초래, 81년 10월 6일 제4차 중동전쟁 기념 퍼레이드 도중 국내 이슬람과격파 조직에 의해 암살당한다.

☏ 정 치

이집트는 의회제 입헌공화국. 1971년 승인된 새 헌법에는 국가의 성격을 노동자동맹을 기초로 한 민주주의·사회주의 아랍공화국이라 정의되어 있다. 국가원수는 대통령이며, 국민의회가 추천한 후보를 놓고 국민투표를 통해 결정한다. 대통령의 임기는 6년이며 3선까지만 허용된다. 또한 의회는 인민의회로 구성된 1원제이며, 의원은 대통령이 지명하는 기독교계 콥트교도의원 10명을 제외하고는 전원 국민들의 직접선거로 선출된다. 정당은 나세르 정권시대에는 1당체제였으나 사다트 정권 이후 76년부터 복수정당제를 도입, 집권여당인 국민민주당 외에 노동당, 와프드당, 민족통일진보당 등이 있다.

사다트 사망 후 부통령에서 승격한 무바라크 대통령은 이전 사다트 노선을 계승, 82년 4월 이스라엘로부터 시나이 반도를 되돌려받는 등 외교적 수완을 발휘한다. 게다가 걸프전 당시에도 다국적군에 가담, 미국 주도의 중동평화교섭과정에서 양자간의 조정자 역할을 훌륭히 해낸다. 따라서 이집트 의회는 93년 7월 무바라크 대통령을 차기 대통령으로 지명, 국민투표를 실시한 결과 96%의 높은 지지율로 3선 대통령에 취임한다. 그러나 국내외 반대파들의 움직임도 만만치 않은 실정. 95년 1월 국내 온건파 이슬람원리주의 조직인 '이슬람동포단'이 과격파인 '이슬람단'을 지원하여 정권전복을 기도했던 사건(이 사건으로 의원 30명

체포)을 필두로 6월 26일에는 아프리카 통일기구(OAU) 제31회 수뇌회의에 참석하기 위해 에티오피아의 아디스아바바를 방문한 무라바크 대통령을 암살하려다 미수에 그친 사건이 발생하였다. 한편 95년 11월 29일, 총선거에서 '이슬람 동포단'의 약진이 예상되었으나 선거 직전 이집트 정부가 이 단체의 구성원 약 600명을 체포하여 한 명도 당선되지 못했다.

☞ 경 제

이집트 경제는 예로부터 나일 강 유역의 농업과 사막 오아시스의 혜택 외에 지중해 연안과 아시아·아프리카를 잇는 교역으로 국민경제가 영위되어 왔다. 1922년 독립과 더불어 민족자본이 싹트기 시작하였으나 본격적인 국가경제의 터잡기는 52년 이집트 혁명 이후에 이루어졌다. 혁명 후 나세르는 반봉건·민족주의 견지에서 농지개혁, 수에즈운하 국유화, 외국계 금융기관의 국유화 등 일련의 조치를 단행한다. 그리고 57년 이후에는 사회주의 경제정책으로 전환, 중공업, 금융, 무역, 기간시설 일체를 국유화하며 공공부문을 강화하였다. 그러나 3차 중동전쟁을 계기로 외화수입의 감소와 거액의 군사비 지출로 국가재정이 파탄에 빠지자 사다트 정권은 경제자유화 정책으로 방향 전환, 새로운 길을 모색한다. 이스라엘과의 평화교섭 이후 외자 도입과 민간부문 활성화로 공업화를 추진했으나 격심한 빈부격차와 심각한 인플레이션을 파생시킨다.

현재 이집트 경제의 기둥이라면 수에즈 운하 통행료 수입, 해외노동자들의 송금, 관광수입, 석유수출 등 4개부문을 들 수 있다.

최근 무바라크 정권은 시장경제 이행 등 제반 경제개혁의 추진을 위해 관세율 10% 인하, 은행법 개정 등을 착수하나 국영기업의 민영화는 오랜 관료제의 악습 등이 남아 있어 제대로 진척되지 못하고 있다. 매각 예정이던 314개사 중 95년 말 현재 저 주식이 매각된 경우는 고작 4개사에 불과하다. 게다가 빈부의 격차가 극심해지고, 민영화 바람에 따른 실업률이 심각한 사회문제로 대두되고 있다. 96년 현재 정부 발표 실업률이 10.2%라고 하나 실제로는 20%를 웃돌 것으로 알려져 있다.

☞ 사회와 문화

오랜 역사성을 지닌 이집트인은 여러 민족의 혼혈이 주류. 국민의 91%가 이슬람 문화권에 있다. 특히 이집트는 아프리카에서 가장 문화수준이 높으며 취학률과 대학의 수, 그리고 지식 수준은 세계적이다. 한편 이집트 고고(考古)청은 96년 6월 카이로 외곽 다흐슈르에서 기원전 1500년경 제4왕조때 건축된 것으로 보이는 '구부러진 피라미드'를 공개. 또한 프랑스 해양고고학자인 프랑크 곤디오는 96년 11월 3일, 알렉산더리아만의 지중해 해역에서 고대 이집트 클레오파트라의 궁전(약 2000년 전)유적을 발견했다고 공식 발표했다.

사회주의 인민 리비아 아랍국
(Socialist People's Libyan Arab Jamahiriya)

― 독립일 : 1951년 12월 24일, UN 가맹일 : 1955년 12월 14일 ―

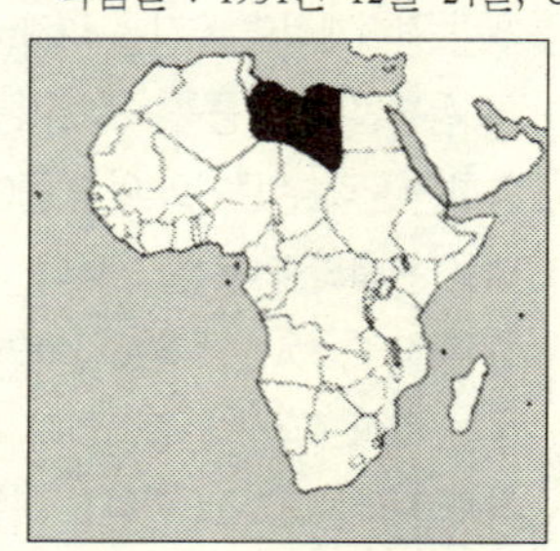
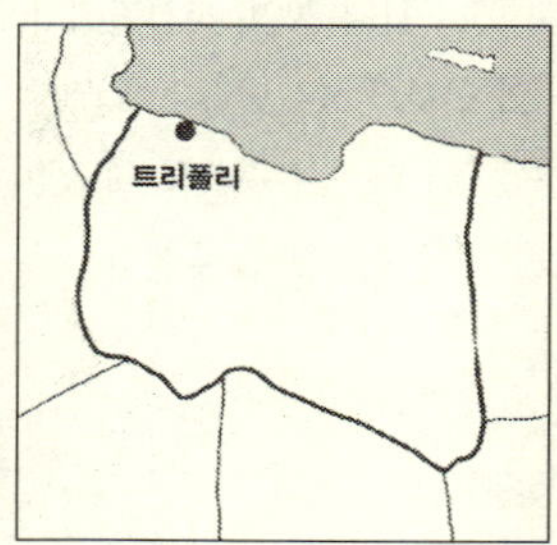

☞ 주요 통계 자료

·면　　적	177만 5500㎢
·인　　구	541만 명(95년)
·수　　도	트리폴리(Tripoli) 인구 112만 명(94년)
·주요 도시	벵가지, 미스라타, 세바
·주요 민족	아랍인이 대부분 그 밖에 베르베르인
·언　　어	아라비아어(공용어)
·종　　교	이슬람교(국교 수니파가 98%)
·정치 체제	직접민주제를 표방하고 있으나 일당독재
·헌　　법	1977년 3월의 인민주권확립선언이 헌법에 해당 또한 코란이 사회규범
·국가 원수	최고지도자 무아마르 알 카다피(Muammar al - Qaddafi) 69년 취임
·의　　회	전인민회의 1112석
·내　　각	전인민위원회 전인민회의가 서기장(총리) 서기(각료)를 임명 서기장 압델마지드 알구드 (Abdelmajid Al Guud)
·주요 정당	아랍 사회주의연합(유일한 합법정당)
·국내총생산	320억 달러(95년)
·1인당 GDP	6600달러(95년)
·통화 단위	리비아 디나르(Dinar). 1달러＝0.3555디나르(97년 1월)
·주요 자원	석유, 천연가스
·주요 공산품	석유정제, 석유화학, 건축자재
·주요 농산물	야채, 올리브
·무　　역	수출 72억 달러, 수입 69억 달러(94년 추정치)

(자료원 : 리비아 정부 발표자료 / World Yearbook 97)

☞ 자연 환경

국토의 90%가 사막지대이다. 크게는 서부의 트리폴리타니아 대지, 동부의 카레니이카 평원, 그리고 남부의 페잔 사막지역으로 나뉜다.

기후는 수도 트리폴리의 경우 여름철인 6월에서 10월 사이 40℃까지 치솟지만 지중해의 시원한 바람 덕분에 견디기 힘들 정도는 아니다. 또한 봄, 가을로는 때때로 모래 바람이 심하게 불며 기온의 편차가 심하다.

☞ 간추린 역사

1912년 이후 이탈리아의 식민지였으며 2차대전 중에는 저 유명한 '사막의 여우' 로멜 장군의 작전기지가 있던 곳. 전쟁이 끝난 후 잠시 영국과 프랑스가 분할 통치. 1951년 유엔의 결의에 따라 입헌군주국으로 독립한다. 그러나 1969년 9월, 27세의 카다피가 이끄는 자유장교단의 무혈혁명이 일어나 군주제가 폐지되고 공화국이 수립된다.

이 때부터 카다피의 강력한 지도력에 편승, 75년 우라늄 매장지인 차드 북부 사하라를 합병하고 국명도 '사회주의 인민 리비아 공화국(SPLAJ)'으로 개칭하였다.

☞ 정치와 경제

1977년 3월 통치기구를 전면 개편, 실권기관으로 전인민회의국(5명으로 구성)을 설립한다. 카다피가 서기장으로 취임하며, 또한 같은 해 '인민주권 확립선언(신헌법)'을 채택하여 리비아는 인민이 직접 지배하는 직접민주주의임을 천명했다. 그러나 실상은 1당독재체제라 할 수 있다.

카다피의 대외정책은 아랍민족주의, 반제국주의, 반시오니즘을 기조로 하고 있다. 특히 중동 분쟁과 최근 걸프전에서의 리비아가 취한 입장은 이러한 기조를 상징적으로 보여준다. 또한 미국에 대한 거침없는 도전, 유럽 각지로의 테러 수출, 그리고 이웃국 차드에서의 군사개입 등으로 세계여론의 주목을 끌기도 했으나 서방의 경제제재 조치 등 고립의 길을 자초하기도 하였다.

따라서 최근 리비아 정세는 대단히 불안한 지경이다. 유엔 경제제재 조치 후인 92년 6월, 리비아 혁명위원회가 발행하는 기관지에 카다피를 비판하는 기사가 제게되기도 하였다. 또한 전인민회의에서도 대서방 관계 개선을 건의하는 목소리가 높았다고 한다. 뿐만 아니라 96년 6월 30일에는 제2의 도시인 벵가지에서 카다피 정권의 전복을 노리는 비밀결사 조직과 경찰부대 간에 총격전이 벌어져 12명이 사망하는 사건이 발생했으며, 수도 트리폴리에서도 96년 7월 9일 축구 시합 중 관중들이 소동을 벌이자 경찰이 발포. 이에 분노한 군중들이 카다피를 비난하는 구호와 함께 거리로 뛰쳐나와 한때 트리폴리시가 폭동상태에 이르렀다가 다음 날 가까스로 진압되는 사건이 발생하기도 하였다.

리비아의 경제는 1960년대 초반부터 생산하기 시작한 석유산업이 주축이다. 현재 리비아는 세계에서 손꼽히는 산유국들 중의 하나이다. 한때 리비아 정부는 석유산업으로 거두어들인 수입으로 대규모 개발계획에 착수하여 상당한 성과를 올리기도 하였으나 90년대 들어 석유가격이 하락하자 경제상황이 무척 악화되었다.

정부는 석유 이외의 산업육성과 민영화 정책 등을 통해 경제발전을 꾀하려 하고 있으나 현재는 정세불안이 이어져 외국투자를 기대할 수 없는 실정에 놓여 있다. 남북 동시 수교국이다.

☞ 사회와 문화

카다피 정권의 철저한 정치교육과 이슬람 계율의 영향으로 일반 국민들의 생활은 무척 도덕적이고 보수적이다.

특히 사람들의 복장이 결코 화려하지 않으며 깨끗하게 정리된 거리엔 아프리카답지 않게 거지가 없다.

차드 공화국
(Republic of Chad)

— 독립일 : 1960년 8월 11일, UN 가맹일 : 1960년 9월 20일 —

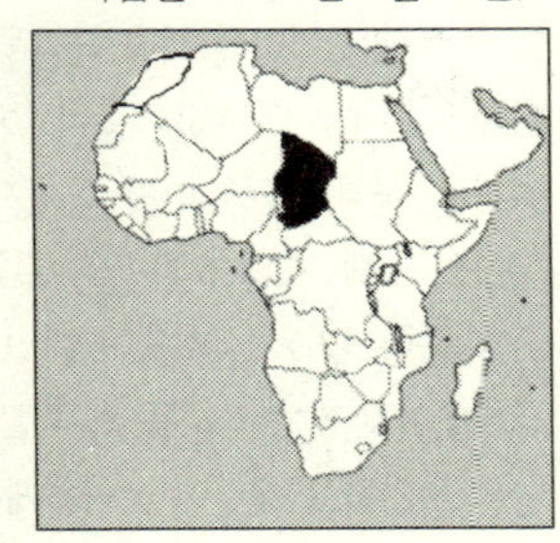

☞ 주요 통계 자료

·면　　적	128만 4000㎢
·인　　구	636만 명(95년)
·수　　도	은자메나(N'Djamena) 인구 59만 4000명(91년)
·주요 도시	사르, 문두
·주요 민족	북부에 아랍계의 카네프족, 트프족 등 남부에는 수단계의 사라족
·언　　어	프랑스어, 아라비아어(둘 다 공용어)
·종　　교	이슬람교(북부 중심 45%), 기독교(30%)
·정치 체제	공화제 대통령 중심제
·헌　　법	1989년 12월 헌법제정 90년 12월 정지 93년 1월 국민헌장 제정(임시헌법) 96년 3월 신헌법 제정
·국가 원수	대통령 이드리스 데비(Idriss Deby) 90년 12월 4일 취임 96년 7월 재선
·의　　회	임시의회(고등임시평의회) 56인으로 구성
·내　　각	고등임시평의회가 선출 총리 지마스타 코이블라 (Djimasta Koibla) 96년 4월 22일 2차내각 발족
·주요 정당	애국경제운동, 민주공화국동맹
·국민총생산	15억 달러(95년)
·1인당 GNP	237달러(95년)
·통화 단위	CFA 프랑(Franc). 1달러＝526.15프랑(97년 1월)
·주요 자원	면화, 천연탄산소다
·주요 공산품	식료품, 섬유류
·주요 농산물	면화, 땅콩, 쌀, 조, 담배
·무　　역	수출 1억 5800만 달러, 수입 1억 8500만 달러(94년)

(자료원 : 차드 정부 발표／World Yearbook 97)

☞ 자연 환경

리비아, 수단 등 인근 6개국과 국경을 맞대고 있는 내륙국. 북부는 티베스티 고원을 중심으로 주위가 사막지대이며 남부는 산림 사바나 지대로 차드 호를 비롯 호수가 많은 저지대이다. 기후는 중부가 47℃를 넘나드는 열대성인 데 반해 남부는 습도가 많은 편. 연간 강우량이 900㎜에서 1300㎜ 정도다.

☞ 간추린 역사

19세기 말부터 영국과 독일의 탐험이 시작되어 1894년 영불협정에 의해 차드 국경이 설정된다. 이후 1945년 프랑스령 아프리카에 편입되었다가 1960년 차드 공화국으로 정식 독립한다.

하지만 독립 후 북부 이슬람교도와 남부 기독교도 간의 대립이 격화되어 초대 대통령이 살해되고 프랑스가 다시 개입하는 등 우여곡절을 겪은 끝에 1979년 연립내각 수립. 하지만 정권 내의 불협화음으로 다시 내전 돌입. 결국 1980년 리비아의 군사 개입으로 반란군이 퇴각함에 따라 진정 국면. 리비아의 카다피 정부는 같은 해 1월 리비아와 차드 간의 ‘국가 통합’에 관한 합의서 발표. 하지만 세계 여론은 리비아의 군사개입을 극구 비난. 결국 1981년 리비아의 철군과 함께 양국 통합의 청사진도 수포로 돌아간다. 현재 내전은 종식됐지만 차드의 앞날은 북아프리카의 태풍의 눈으로 자리잡고 있다.

☞ 정치와 경제

현재 국회는 75년 쿠데타 이후 해산된 상태이며 대신 ‘고등임시평의회(CST)’라는 임시의회가 운영되고 있다. 96년 3월 31일, CST가 마련한 신헌법에 대한 국민투표 결과 찬성 61.46%, 반대 38.54%로 승인. 이후 코이블라 총리는 국민투표에 따라 임시정권의 임무를 다하고 사퇴. 96년 6월 2일, 복수정당제 하에서 대통령선거가 실시되어 데비 대통령이 결선투표까지 가는 격전을 치른 끝에 카무그 장군을 물리치고 재선에 성공하게 된다.

차드의 주 산업은 면화(총 수출 품목의 80%) 중심의 농업. 우라늄, 금, 석유, 철, 등 지하자원이 많아 엄청난 잠재력이 있지만 7, 80년대 내전으로 전체 산업시설이 황폐화. 90년대 들어 재건에 힘써 나라 경제도 차츰 활기를 띠기 시작한다. 남북한 동시 수교국.

☞ 사회와 문화

사하라 사막과 북부 아프리카 사이에 있기 때문에 아프리카 중 가장 다민족 국가. 특히 남북간의 부족, 산업, 종교적 차이가 심해 통일의 장애가 되고 있다. 북부는 아랍권의 영향으로 이슬람교도가 많은 반면 남부는 전통종교와 프랑스의 영향으로 기독교도가 많다. 또한 북부는 유목민이 중심인 데 비해 남부는 이 나라 경제의 중심인 면화의 생산지이다. 따라서 자연히 인구수나, 문화면에서 남부가 중심을 이룬다.

수단 공화국
(Republic of Sudan)

— 독립일 : 1956년 1월 1일, UN 가맹일 : 1956년 11월 12일 —

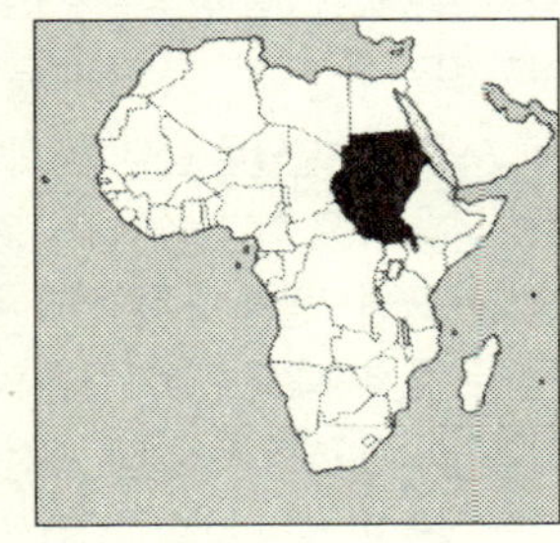

☞ 주요 통계 자료

·면　　적	250만 5813㎢
·인　　구	2810만 명(95년)
·수　　도	하르툼(Khartoum) 인구 약 300만 명(90년)
·주요 도시	옴드르만, 포트수단, 카살라
·주요 민족	북부를 중심으로 아랍인이 총인구의 75%를 차지 남부는 흑인
·언　　어	아라비아어(공용어)
·종　　교	이슬람교(75%), 남부 흑인을 중심으로 기독교(10%), 전통적 애니미즘(15%)
·정치 체제	공화제 군사독재정권
·헌　　법	1985년 10월 10일 임시헌법제정 89년 6월 30일 정지
·국가 원수	대통령 오마르 하산 아메드 알 바시르(Omar Hassan Almed al-Bashir) 93년 10월 16일 취임
·의　　회	임시국민의회 300석
·내　　각	대통령이 총리직 겸임
·주요 정당	민족이슬람전선, 웅마당, 민족통일당
·국민총생산	91억 달러(95년)
·1인당 GNP	1200달러(95년)
·통화 단위	디나르(Dinar)와 수단 파운드(Pound)를 병용. 1달러＝146.5디나르(97년 1월)
·주요 자원	암염, 크롬, 망간, 석유
·주요 공산품	섬유류, 피혁
·주요 농산물	면화, 고무, 땅콩, 사탕수수
·무　　역	수출 5억 280만 달러, 수입 12억 2600만 달러(94년)

(자료원 : World Yearbook 97 / 세계 각국 요람 / 언론보도자료)

☞ 자연 환경

아프리카에서 영토가 가장 넓은 나라. 지형은 서부 마라 산 주변 이외에는 전반적으로 평지. 빅토리아 호를 발원지로 한 백나일 강과 에티오피아에서 나오는 청나일 강이 수도 하르툼 부근에서 합류 국토의 중앙을 관통한다. 따라서 나일 강을 중심으로 산업과 문화가 발달해 왔다. 기후는 11월~3월은 시원한 편이며 비가 전혀 내리지 않는 반면 4월~6월은 기온이 갑작기 상승하여 매우 덥다. 7월~8월은 우계로 스콜성 소나기가 내리는가 하면 홍수가 나기도 한다.

☞ 간추린 역사

기원전부터 근세까지 자체 왕국이 이어진다. 하지만 19세기 말 영국과 이집트가 격돌. 1899년 협정에 따라 양국 공동 지배 하에 놓인다. 이후 이집트의 재정 파탄으로 영국이 단독으로 식민지 경영. 2차대전 후인 1953년 '수단의 자치 및 민족자결에 관한 협정'의 체결로 독립되면서 1956년 공화국을 수립한다. 그러나 국내 비이슬람교도의 분리 선언으로 혼란, 무력에 의한 정권교체가 계속된다.

☞ 정치와 경제

89년 6월 알 바시르 준장이 이끄는 군부가 쿠데타로 집권. 최고기관이었던 혁명위는 93년 10월 민정이양을 위해 해산, 바시르 위원장이 대통령에 취임하지만 90년 들어 반정부 조직인 수단인민해방군(SPLA)의 게릴라 활동으로 내전 상태에 돌입. 정부는 7년 동안의 내전종식을 위해 연방제 이행과 양심수 석방을 약속했다. 92년 6월 정부측과 SPLA측 간에 내전종결을 위한 첫 공동성명을 발표하지만 SPLA의 내부 분열로 남부에서의 전투는 더욱 확대된다. 주요 야당들이 대거 불참한 가운데 실시된 96년 3월의 대통령선거에서 민주화를 공약으로 서방측과 관계개선을 약속한 바시르 대통령이 75.7%의 득표율로 재선, 의회선거에서도 집권여당인 민족이슬람전선(NIF)관련 후보들이 의석을 독점하였다. 한편 수단 내전 종식을 위해 95년 3월과 7월 2차례에 걸쳐 카터 전미국 대통령이 수단을 방문. 수단 정부는 96년 4월 11일 SPLA 분파인 남부수단독립군(DDIA)과 향후 남부지역의 통치형태를 묻는 주민투표 실시 등을 약속하며, 잠정적 평화협정에 상호 조인.

수단은 국토의 대부분이 사막이며 풍부한 지하자원에 비해 가난한 나라이다. 인구의 약 75%가 농업에 종사하지만 생산성은 현저히 낮고 연 30% 이상의 인플레이션과 50만 명 이상의 난민 유입 등이 경제사정을 더욱 악화시키고 있다. 남북 동시 수교국.

☞ 사회와 문화

이슬람교를 믿는 북부 아랍계 민족(75%)과 토착 원시종교를 신봉하는 남부 흑인계 민족(25%)으로 나뉘며 민족 갈등이 최대 고민.

에티오피아 연방 민주 공화국
(Federal Democratic Republic of Ethiopia)

— 독립일 : B.C.1000 년경, UN 가맹일 : 1945년 11월 13일(창설가맹국) —

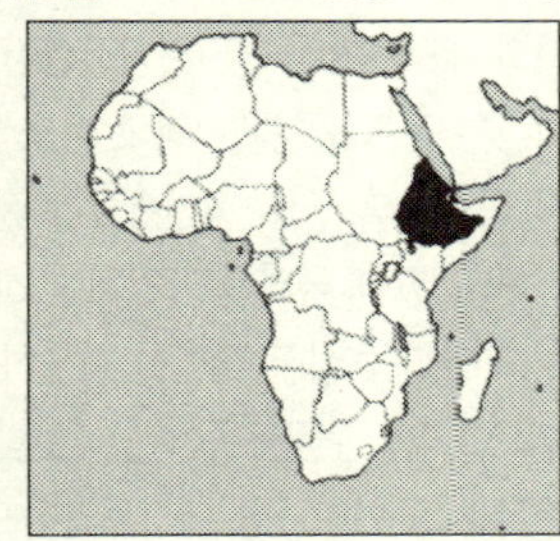

☞ 주요 통계 자료

·면　　　적	122만 3600km²
·인　　　구	5668만 명(95년)
·수　　　도	아디스아바바(Addis Ababa) 인구 220만 명(95년)
·주요 도시	곤다르, 데세, 하레르
·주요 민족	햄·셈계의 혼혈 중심 암하라족(34%), 오로모족(남서부 40%), 그 밖에 티글레족, 소말리족 등
·언　　　어	암하라어(공용어)
·종　　　교	에티오피아 정교(기독교 국교), 기독교도(55%), 이슬람교도(45%)
·정치 체제	연방 공화제
·헌　　　법	1995년 8월 22일 발효
·국가 원수	대통령 네가소 기다다(Negaso Gidada) 95년 8월 22일 취임
·의　　　회	2원제 인민대표회의(하원 548석) 연방의회(상원 100석) 상원은 민족대표로 구성 하원에서 총리 선출
·내　　　각	총리 멜레스 제나위(Meles Zenawi) 95년 8월 23일 취임
·주요 정당	에티오피아 인민혁명민주전선, 오모로 해방전선
·국민총생산	57억 달러(95년)
·1인당 GNP	100달러(95년)
·통화 단위	비르(Birr). 1달러＝6.225비르(97년 1월)
·주요 자원	금, 동, 망간
·주요 농산물	커피, 면화, 차, 밀, 키웡, 콩
·무　　　역	수출 3억 7200만 달러, 수입 10억 3300만 달러(94년)

(자료원 : World Yearbook 97 / 세계 각국 요람)

☞ 자연 환경

모잠비크에서 요르단에 이르는 아프리카 동부 지구대(협곡지대)의 정중앙에 자리잡고 있다. 지구대의 남부는 아름다운 호수가 있는 평지이며 북동부는 사막지역, 그리고 중앙에는 아비시니아 고원이 있다. 주민의 대부분은 더위를 피해 서늘한 고원지대에서 살고 있으며, 수도 아디스아바바는 특히 고지대라 관광객들이 고산병에 걸리는 경우가 많다.

☞ 간추린 역사

아프리카에서 가장 오랜 역사를 자랑한다. 기원전 이미 왕국이 있었고 4세기에는 기독교를 받아들여 국교로 삼았다는 기록이 있다. 근대 에티오피아의 시작은 1855년. 당시 홍해일대를 지배하던 이슬람 세력을 누르고 카샤(데오트로 2세)라는 영웅이 아프리카 북부를 지배하였다. 1930년 셀라시에 1세가 등극하나 이탈리아의 침공으로 영국에 망명. 41년 영국의 도움으로 이탈리아를 축출하고 아디스아바바에 귀환, 아프리카 통일기구(OAU)를 설립하는 등 국제적 명망을 얻지만 국내의 봉건잔재 청산에 실패. 급진파의 혁명으로 왕위에서 쫓겨나 75년 9월 죽음을 맞는다.

☞ 정치와 경제

74년 혁명에 성공한 멩기스투 소령을 중심으로 한 군부는 임시군사 정부를 수립한다.

그리고 사회주의 노선에 따라 모든 사유재산을 국유화하고 정부 주도의 농지개혁 단행. 대외적으로는 1978년 소련과 우호협력조약을 체결, 막대한 군사 경제적 원조를 받는다.

하지만 91년 5월 에티오피아 인민혁명전선과 에리트리아 인민해방전선이 연합하여 멩기스투 정권을 붕괴시키고 미국 중재 하에 연립 임시정부 구성. 멩기스투는 짐바브웨로 망명한다. 92년 국제선거 감시단 하에 총선거를 실시 공식적 정부 출범을 시도하지만. 정부의 부정선거에 오로모족이 보이콧하여 내전으로 발전한다. 93년 5월 에리트리아 독립. 94년 6월, 복수정당제 하에서 실시된 최초의 제헌의회선거와 95년 초대 하원선거에서 티글레족 중심의 인민혁명민주전선이 압승하여 의회는 95년 8월 네가소 전 정보장관을 대통령에, 멜레스 전 대통령을 총리로 선출한다.

산업은 농업 중심이지만 실제 경작지는 전 국토의 16%에 불과하며, 축산도 주요 산업 중의 하나이다. 오랜 가뭄으로 100만 명이 아사 상태. 게다가 내전으로 모든 산업시설이 괴멸. 세계 최빈국 중의 하나로 해외원조에 의존하고 있다. 최근 들어 국영기업의 민영화 등 대폭적인 경제자유화정책을 추진 중이다.

☞ 사회와 문화

종족 구성이 복잡하다. 주로 사회지배층을 이루고 있는 북부의 암하라족은 함족과 셈족의 혼혈. 그 외 남서부에는 오로모족이 주류. 문맹률 80%. 마라톤 강국으로 유명하다.

에리트레아

(Eritrea)

― 독립일 : 1993년 5월, UN 가맹일 : 1993년 5월 ―

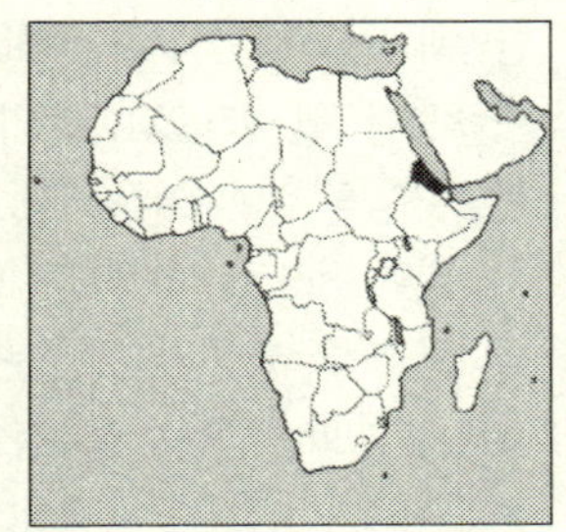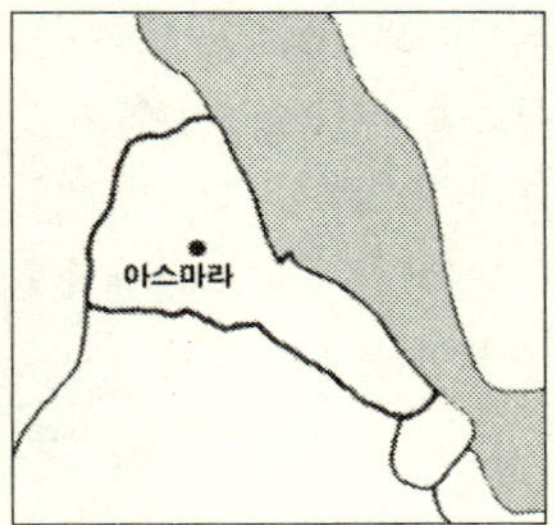

☞ 주요 통계 자료

·면　　적	12만 5000㎢
·인　　구	350만 명(94년)
·수　　도	아스마라(Asmara) 인구 40만 명(94년)
·주요 도시	마사와
·주요 민족	티글레족, 압할족 등 9부족
·언　　어	아리비아어, 티글리냐어(둘 다 공용어)
·종　　교	이슬람교(50%), 기독교(50%)
·정치 체제	공화제(임시정권) 대통령 중심제
·헌　　법	미제정
·국가 원수	대통령 이사이아스 아페웨르키(Issaias Afewerki) 임기 4년 93년 5월 24일 취임 4년간 임시 대통령 의회에서 선출
·의　　회	1원제 민주정의인민전선 중앙위원회 구성원 75인과 지방 의회의원 등 60명으로 구성
·내　　각	국가평의회 대통령이 임명 총리 없음
·주요 정당	민주정의 인민전선
·국내총생산	5억 7850만 달러 (95년)
·1인당 GNP	107달러 (95년)
·통화 단위	비르(Birr). 1달러＝6.35비르(96년 3월)
·주요 자원	금, 동, 칼륨, 철광석, 어패류
·주요 농산물	면화, 참깨, 콩, 양가죽

(자료원 : World Yearbook 97 / 세계 각국 요람)

☞ 자연 환경

에티오피아 북동부 홍해 연안에 자리잡은 나라. 부채꼴의 다나킬 구릉지가 홍해를 향해 치닫고 있다.

소말리아 국경지대와 다나킬 구릉지대는 건조 혹서지대. 특히 홍해 연안의 마사와 지구는 세계에서 가장 더운 지역이다. 따라서 주민의 대부분은 고원지대에 거주한다. 6월에서 9월 사이에는 비가 많이 온다.

☞ 간추린 역사

에리트리아는 1962년 에티오피아의 셀라시에 황제 때 에티오피아의 12번째 주로 편입된다. 이후 지속적인 독립운동을 전개하며 이 운동의 조직 구심체는 에리트리아 인민해방전선(EPLF)이다.

1991년 에리트리아 인민해방전선은 에티오피아 인민혁명 민주전선(EPRDF)과 연대하여 멩기스투 정권을 붕괴시키고 독자 정부 수립을 일방적으로 발표하는데 에티오피아 과도정부와의 협정을 체결하여 마침내 93년 총선거를 통해 독립을 보장받는다.

한편 아프리카에서 하나의 주가 독립하기로는 에리트리아가 최초이다. 하지만 약 30년 간에 걸친 독립전쟁으로 16만여 명의 병사와 4만여 명의 시민이 목숨을 잃었으며, 약 75만 명의 난민(이 중 50만 명은 수단으로 피난 하였다)이 발생하였다.

☞ 정치와 경제

93년 5월 임시정부를 구성하고 독립운동의 지도자 이사이아스 아페웨르키를 대통령으로 선출. 75명의 에리토리아 인민해방전선의 중앙위원들과 60명의 지방대표로 의회 구성. 또한 93년 7월 에티오피아와 기본조약을 체결하고 긴밀한 협력관계를 다짐.

한편 에리트리아 의회는 95년 5월 20일 국내의 6개의 행정단위로 구분하는 결의안을 채택. 또한 97년 중에는 복수정당제 하에서 최초의 총선거가 실시될 예정이다.

96년 4월 3일 수단 인민해방군(SPLA)의 지도자인 존 가란 대령이 이 곳을 방문하여 수단 내 이슬람원리주의 정당인 민족이슬람전선에 대한 지속적 투쟁을 호소하기도 하였다. 이에 앞서 이사이아스 대통령은 94년 12월에 수단이 에리트리아 국내의 이슬람 원리주의 과격파를 지원하고 있다는 이유로 단교성명을 발표한다.

에리트리아의 경제는 오랜 독립운동으로 재정이 고갈 상태. 농업 종사자가 전체 인구의 80%이며, 이 중 35~40%가 유목민. 세계 최빈국 중 하나.

☞ 한국과의 관계

남북 동시 수교국. 93년 에리트리아 주민투표 지원 및 난민 송환과 재건 사업에 총 10만 달러를 지원하였다.

지부티 공화국
(Republic of Djibouti)

― 독립일 : 1977년 6월 27일, UN 가맹일 : 1977년 9월 20일 ―

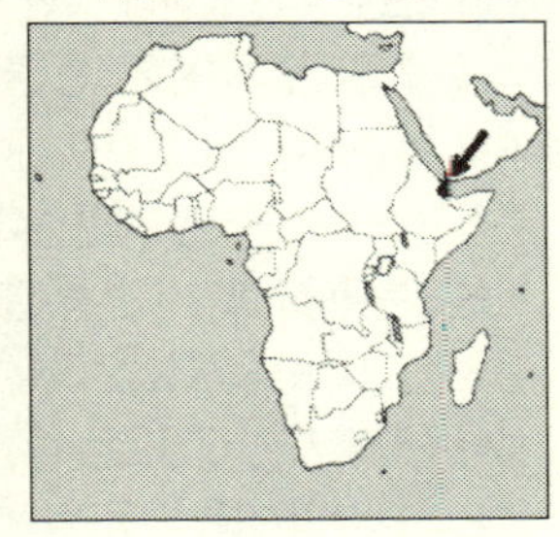
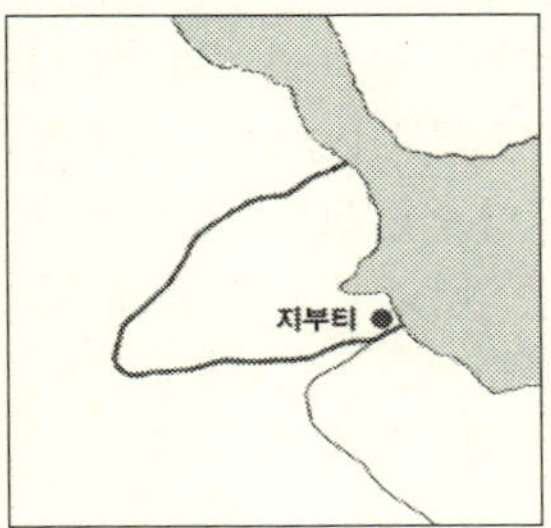

☞ 주요 통계 자료

·면　　　적	2만 3200㎢
·인　　　구	58만 명(95년)
·수　　　도	지부티(Djibouti) 인구 20만 명(92년)
·주요 도시	디킬, 오보크
·주요 민족	이사족(소말리아계 50%), 아파르족(에티오피아계 40%)
·언　　　어	아라비아어, 프랑스어(둘 다 공용어)
·종　　　교	이슬람교(92%)
·정치 체제	공화제 대통령 중심제
·헌　　　법	1992년 9월 15일 신헌법 발효
·국가 원수	대통령 하산 굴레드 압티동(Hassan Gouled Aptidon) 직선제 임기 6년 93년 5월 4선 취임
·의　　　회	1원제 65석 직선제 임기 5년
·내　　　각	대통령이 임명 총리 바르카트 구라드 하마두(Barkat Gourad Hamadou) 96년 3월 27일 개조
·주요 정당	진보인민연합, 민주부흥당, 국민민주당
·국내총생산	5억 달러 (95년)
·1인당 GNP	961달러 (95년)
·통화 단위	지부티 프랑(Franc). 1달러＝160프랑(97년 1월)
·주요 자원	＊＊ 거의 없음
·주요 공산품	★ 국토의 대부분이 불모지 따라서 전산업분야가 발달하지 못함
·주요 농산물	
·무　　　역	수출 1억 8000만 달러, 수입 3억 9800만 달러(93년)

(자료원 : World Yearbook 97 / 세계 각국 요람)

☞ 자연 환경

에티오피아와 소말리아 사이에서 바브엘 만데브(아라비아어로 '눈물의 문') 해협을 끼고 홍해 연안에 자리잡은 조그마한 나라. 국토의 대부분은 아카시아가 무성한 반 사막지대. 따라서 주민들은 주로 유목민들이 많다. 이 곳은 지구상에서 가장 더운 곳 중의 하나. 여름인 6월~9월 사이에는 기온이 보통 40℃를 넘나든다. 아주 더울 때는 수은주가 무려 50℃까지 치솟기도. 연중 최저 기온이 25℃ 정도.

☞ 간추린 역사

19세기 서구열강의 식민지 쟁탈의 표적이 되었던 곳. 1896년 프랑스가 영국과 이탈리아를 제치고 불령 소말리 랜드로 선포, 총독을 파견하여 식민지통치를 감행한다. 2차대전 후 2차례에 걸친 국민투표(58년과 67년)에서 지부티 국민들은 불령 자치구로 남기를 희망. 그러나 70년에 접어들어 아프리카 각지에서 독립의 열기가 거세지자 지부티 자치정부는 재차 프랑스와 독립에 대한 협상을 재개하고 이에 프랑스는 1975년 12월 지부티의 독립을 인정한다는 성명을 발표. 77년 5월 세번째 국민투표에서 국민 절대다수가 독립을 환영. 아프리카에서 50번째의 독립국으로 출범.

☞ 정치와 경제

독립 후 아사족과 아파르족 간의 정치권력 다툼이 있었지만 다른 아프리카의 나라들에 비해 심하지 않은 편. 초대 대통령인 아사족 출신의 압티동을 중심으로 국가건설에 착수. 프랑스의 막대한 지원에 따라 각종 정책을 효과적으로 추진 중이다. 92년 복수정당제 도입 등을 골자로 한 신헌법을 국민투표를 거쳐 채택. 이후 93년 5월, 신헌법 하에서 실시된 대통령선거에서 압티동 대통령이 4선에 당선. 반면 '통일민주회복전선'을 결성, 정부에 대항했던 아파르족 중심의 저항세력이 선거를 보이콧하여 자칫 내전으로 발전할 소지가 보였으나 정부의 강력한 공권력 앞에 원천봉쇄 당하고 만다. 이에 따라 정부는 '통일민주회복전선'을 합법화, 제도권 내로 흡수한다.

국토의 대부분이 사막지대이며 지하자원도 없어 생계는 거의 유목에 의존. 주 수입원도 철도통과료(지부티 철도)나 항만사용료(지부티 항), 프랑스군 주둔비 등에 의존하는 등, 교통·운송 서비스 중심의 특이한 경제구조를 지니고 있다. 그러나 91년부터 소말리아 등 주변국에서 난민이 대거 유입되고, 94년부터는 프랑스의 직접원조가 종료된 상태라 경제적 어려움이 심하다. 남북 동시 수교국.

☞ 사회와 문화

주민은 크게 나누어 북부에 사는 아파르족과 남부의 이사족이 있다. 양 부족은 모두 함족의 후예들. 따라서 생긴 것도 비슷하다. 이 양 부족은 옛부터 용기와 지혜가 뛰어나기로 유명하며 아직도 계급제도가 남아 있다.

소말리아 민주 공화국
(Somalia Democratic Republic)

— 독립일 : 1960년 7월 1일, UN 가맹일 : 1960년 9월 20일 —

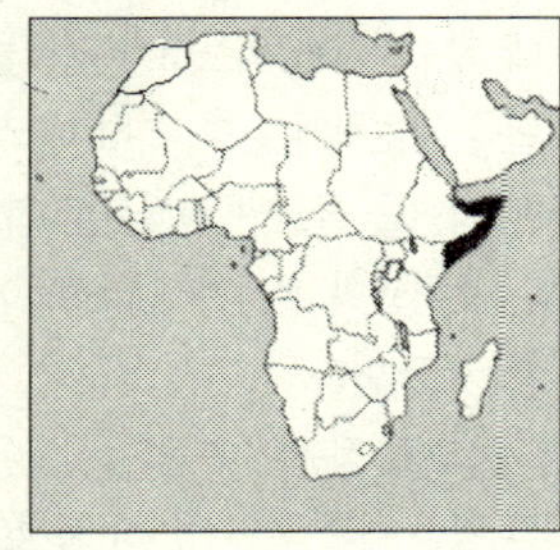
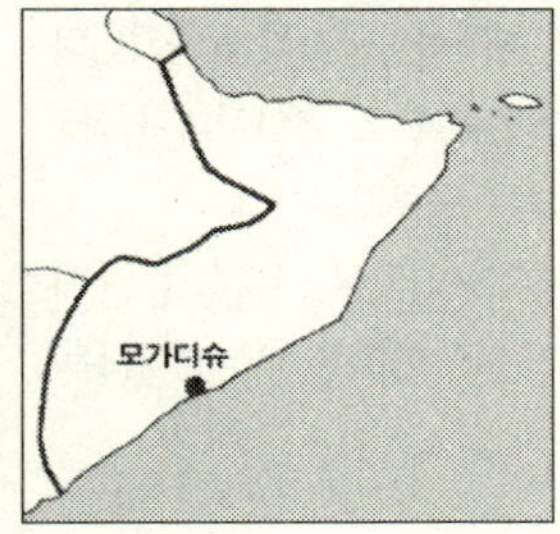

☞ **주요 통계 자료**

·면　　　적	63만 657㎢
·인　　　구	925만 명(95년)
·수　　　도	모가디슈(Mogadiscio) 인구 약 50만 명(94년)
·주요 도시	하르게이사, 키스마우
·주요 민족	소말리족(함계, 대부분) 그 밖에 다나킬족
·언　　　어	소말리어(공용어) 아라비아어, 영어, 이탈리아어도 통용
·종　　　교	이슬람교(국교 98%가 수니파)
·정치 체제	공화제
·헌　　　법	1990년 10월 신헌법 제정
·국가 원수	임시 대통령 알리 마하디 모하메드(Ali Mahdi Mohamed) 91년 1월 29일 취임
·의　　　회	1원제 177석 임기 5년 의희기능 중지 중
·내　　　각	★ 씨족을 중심으로 한 무장세력 할거 사실상 무정부상태
·국내총생산	4억 달러(95년)
·1인당 GNP	42달러(95년)
·통화 단위	소말리아 실링(Shilling), 1달러=2620실링(96년 1월)
·주요 자원	암염, 주석, 아연, 동, 망간, 철광석, 해포석(海泡石)
	★ 오랜 내전으로 경제 파멸

(자료원 : UNOSOM 보고서 / World Yearbook 97)

☞ 자연 환경

아프리카 대륙에서 동쪽으로 뿔처럼 툭 튀어나와 있는 곳에 위치하고 있다. 그래서 '아프리카의 뿔'이라고 부르기도. 소말리아는 홍해와 인도양의 경제적·군사적 요충지이다. 지형은 주로 해안선를 타고 평야지대가 형성되어 있으며 북부는 구릉지대이다.

기후는 해안지역이 고온 다습한 반면 내륙지역은 고온 건조한 기후를 보이고 있어서 가뭄이 많은 편이다.

☞ 간추린 역사

옛부터 아랍인들의 왕래가 있었던 곳으로 15, 16세기에는 현재의 수도 모가디슈 부근에 이슬람 토후국이 건설되기도 했다. 1887년 영국이 소말리아 북부를 보호령(영령 소말리랜드)으로 지정하며 1889년에는 남부가 이탈리아의 지배 하에 놓인다. 그러나 2차대전 후 이탈리아의 패배로 영국이 소말리아의 전 영토를 통치하게 된다.

이후 UN 결의에 따라 10여 년의 신탁통치를 거쳐 1960년 소말리아 공화국으로 독립한다. 1969년 10월 바레 소장이 이끄는 군정세력이 쿠데타를 일으켜 성공함으로써 최고혁명평의회를 통해 권력을 장악하게 된다. 바레 소장은 곧 대통령으로 취임하여 사회주의 노선을 표방하고 '소말리아 민주 공화국'으로 개칭한다.

☞ 정치와 경제

바레 대통령은 76년 사회주의 혁명당을 건설, 일당 독재를 전개한다. 또한 대외적으로 주변 영토를 통합 '대소말리아 구상'의 실현에 착수하지만 아프리카 제국들의 반발로 고립을 자초하게 된다. 특히 에티오피아와 오가덴 지역을 둘러싼 전쟁으로 과거의 우방이었던 소련과의 관계까지 악화되어 결국 전쟁에서 지고 만다.

바레 정권의 거듭된 실정은 국내의 수많은 불만 세력을 양산하여 국내의 반정부 게릴라 세력이 대두, 정권을 위협함에 따라 내전상태에 돌입하게 된다. 또한 91년 1월, 바레 대통령이 추방당한 이후 마호메트 임시정부가 들어섰으나 이에 반발한 무장 게릴라 4파는 소말리아 국민동맹을 결성하고 무력투쟁에 돌입한다.

근 2년에 걸친 내전에 금세기 최대의 가뭄까지 겹쳐 30만 명 이상이 굶어 죽었고, 600만 명 이상의 난민이 발생하였다. 1992년 말에 이르러 미군을 중심으로 한 UN군이 소말리아에 출동, 정부군과 무장 게릴라 간에 휴전 협상을 주선하게 되며, 또한 세계 각국은 소말리아 난민들을 돕기 위한 대대적인 원조 활동에 나선다.

세계 역사상 무정부 상태에 빠진 한 국가의 안정을 위해 UN의 다국적군이 개입하기는 이 나라가 최초. 그러나 94년 1월 갈리 유엔사무총장은 소말리아에서의 평화중재노력을 단념하겠다고 공식 발표한다. 유엔 사상 평화집행임무를 스스로 포기하기는 이번 일이 처음.

이후 95년에 접어들어서도 내전은 더욱 치열하게 전개된다. 게다가 국민동맹 내부에서도 분열이 초래되어 내전 당사자는 3파로 확대된다. 모이 케냐 대통령의 중재로 평화협상이 어느 정도 이루어지는 듯했으나 96년 10월 수도 모가디슈에서 아이디드파와 아드 의장파(둘 다 국민동맹 분열의 주체) 간에 전투가 발생하여 수십 명이 사망한다. 오랜 내전으로 소말리아의 경제상황은 거의 파멸에 이른 상태이다.

☞ 사회와 문화

소말리아는 아프리카에선 보기 힘든 단일 부족에 의한 단일 국가이다. 따라서 문화권도 하나이며 언어도 소말리어 하나로 통일되어 있다. 교육기관은 91년 이후 모두 폐쇄 또는 파괴되었다.

우간다 공화국
(Republic of Uganda)

— 독립일 : 1962년 10월 9일, UN 가맹일 : 1962년 10월 25일 —

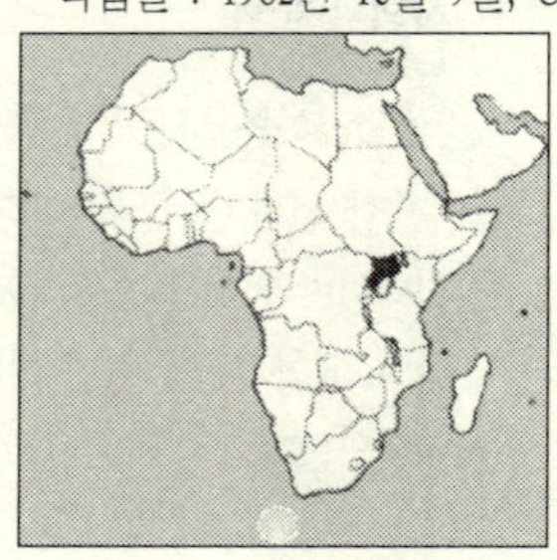 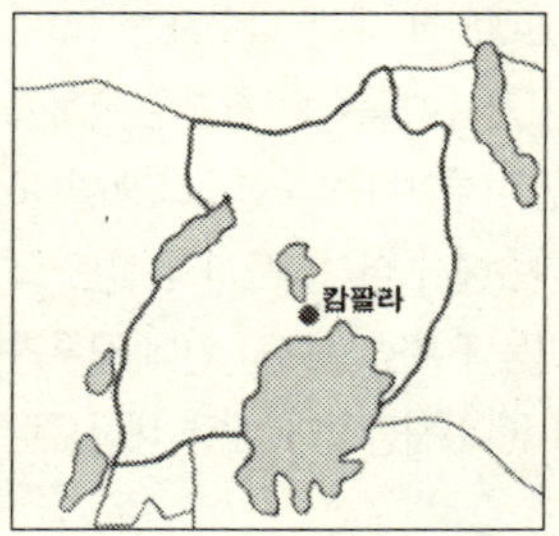

☞ 주요 통계 자료

·면　　적	24만 1139㎢
·인　　구	2130만 명(95년)
·수　　도	캄팔라(Kampala) 인구 77만 명(95년)
·주요 도시	잔자, 마사카, 움바레, 엔테베
·주요 민족	바간다족(반투계 16%), 안콜레족(8%), 텐족(동나일계 8%) 등
·언　　어	영어(공용어) 그 밖에 바간다어 등 다수의 부족어
·종　　교	기독교(60% 이상), 이슬람교(약 5%), 그 밖에 전통종교
·정치 체제	공화제
·헌　　법	1995년 10월 8일 신헌법 공포
·국가 원수	대통령 요웨리 카구타 무세베니(Yoweri Kaguta Museveni) 86년 1월 29일 취임 96년 5월 9일 최초의 직선제에 의해 당선
·의　　회	1원제(국민의회) 276석 직선제 96년 6월 27일 선출
·내　　각	대통령이 임명 총리 킨투 무소케(Kintu Musoke) 96년 7월 6일 발족
·주요 정당	국민저항운동, 우간다인민회의, 민주당, 보수당
·국민총생산	45억 달러(95년)
·1인당 GNP	240달러(95년)
·통화 단위	우간다 실링(Shilling). 1달러＝1017실링(97년 1월)
·주요 자원	동, 텅스텐
·주요 공산품	섬유류
·주요 농산물	커피, 면화, 홍차, 채종유(식물의 씨에서 짜낸 기름)
·무　　역	수출 11억 4200만 달러, 수입 16억 4400만 달러(95년)

(자료원 : 우간다 정부 발표／World Yearbook 97)

☞ 자연 환경

영국의 처칠 총리는 우간다를 일컬어 '아프리카의 진주'라고 했다. 세계에서 두 번째로 큰 빅토리아 호수를 비롯 호수가 많고 백나일 강의 발원지가 있는 곳. 국토의 대부분은 평탄한 고원지대로 평균 해발은 1200m정도. 서부 국경지역은 세계 최대의 동아프리카 지구대가 있어 변화무쌍한 지세를 이룬다.

적도지대이긴 하나 고원지대이기 때문에 기후는 전반적으로 온난. 특히 빅토리아 호수의 영향으로 연중 기온차가 크지 않는 22℃ 내외의 쾌적한 날씨를 유지한다. 강우량은 동아프리카에서 가장 많은 편. 연평균 1000㎜ 내외. 따라서 우간다는 세계에서 가장 살기 좋은 기후를 가진 나라 중의 하나이다.

☞ 간추린 역사

풍부한 자연의 혜택으로 일찍부터 사람들이 살기 시작했다. 특히 17, 8세기의 반투족의 반요로 왕국과 19세기의 바간다 왕국은 상당한 위력을 떨치기도.

우간다란 존재가 서구에 알려진 것은 1862년. 당시 나일 강의 발원지를 탐험했던 사람들에 의해서이다. 이후 영국과 독일이 이 지역의 지배권을 놓고 격돌한 결과 1889년 영국의 보호국이 되면서 현재의 영토가 설정된다. 우간다는 2차대전 후 영연방 자치국으로 있으면서 치열한 독립항쟁을 전개. 마침내 1962년 영국으로부터 완전 독립을 달성한다.

☞ 정치와 경제

독립 후 우간다는 수많은 우여곡절을 겪은 나라. 특히 71년 군사 쿠데타로 집권한 아민 대통령은 학살로 얼룩진 독재정치로 악명 높았다. 하지만 79년 4월 탄자니아의 지원을 받은 반아민파의 쿠데타로 국외로 추방된다. 이후 80년 총선거를 통해 오보테 대통령이 집권. 정부군과 국민저항운동(NRM)간의 대립이 내전으로 발전한다. 결국 86년 1월 NRM의 의장 무세베니가 정권을 장악 현재까지 이른다. 96년 5월 9일, 독립 이후 최초의 직접선거에서 무세베니는 74.2%의 득표율을 기록, 야당의 민주당 당수인 세모게레레 전 부총리를 누른다. 취임후 무세베니 대통령은 경제자유화 노선을 강력히 천명. 한편 이번 선거에 대해 야당은 정부의 부정을 주장, 대통령 선거 직후의 국민의회 선거를 전면 보이콧하였다.

경제의 중심은 농업 분야로 수출의 거의 90%를 차지하며 커피, 면화, 차, 담배 등이 주요 생산품이다. 아민 시절 폭정과 내란으로 생산성이 떨어졌지만 최근 회복되고 있는 추세. 특히 무세베니 정권 하의 8년 동안 연평균 6.5%의 경제성장률을 기록. 남북 동시 수교국.

☞ 사회와 문화

우간다는 31개에 달하는 부족으로 이뤄져 문화도 천차만별. 종교는 1870년 이후 급속히 전파된 기독교가 세력의 반을 형성하고 나머지는 전통 종교.

케냐 공화국
(Republic of Kenya)

— 독립일 : 1963년 12월 12일, UN 가맹일 : 1963년 12월 16일 —

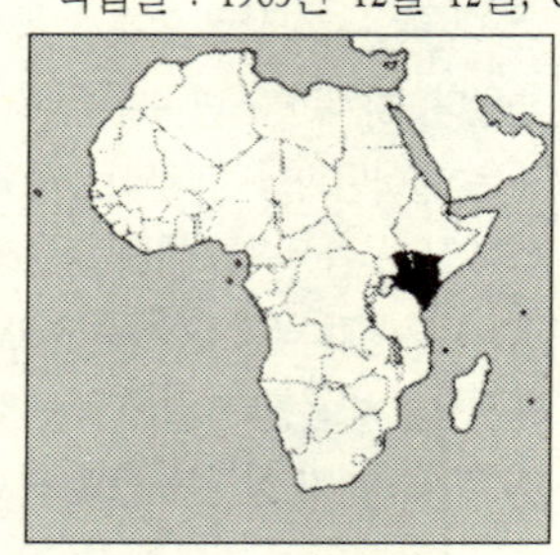
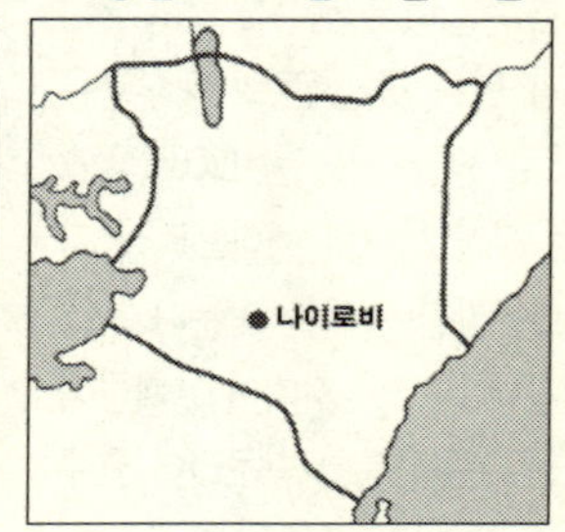

☞ 주요 통계 자료

·면 적	58만 367㎢
·인 구	3052만 명(95년)
·수 도	나이로비(Nairobi) 인구 135만 명(94년)
·주요 도시	몸바사, 키수무, 나쿠루
·주요 민족	주요 부족으로는 키쿠유족(21%), 루히야족(14%), 루오족(13%) 그 밖에 아시아계(9만 명), 아랍계(4만 명), 유럽계(3만 명)
·언 어	스와히리어, 영어(둘 다 공용어)
·종 교	다양한 전통종교(50% 이상) 기독교(25%), 이슬람교(6%)
·정치 체제	공화제 대통령 중심제
·헌 법	1963년 6월 시행 69, 82, 86, 91, 92년에 각각 개정
·국가 원수	대통령 다니엘 T. 아랍 모이(Daniel T. Arap Moi) 직선제 임기 5년 78년 10월 취임 92년 12월 4선
·의 회	1원제 202석(이 중 직선으로 188석 선출) 임기 5년
·내 각	대통령이 임명 총리 없음
·주요 정당	케냐·아프리카 민족동맹, 민주회복포럼, 민주당
·국민총생산	70억 달러(95년)
·1인당 GNP	260달러(95년)
·통화 단위	케냐 실링(Shilling). 1달러＝54.72실링(97년 1월)
·주요 자원	관광자원
·주요 공산품	식품가공제품
·주요 농산물	면화, 커피, 홍차, 사이잘삼, 담배
·무 역	수출 17억 6100만 달러, 수입 17억 6800만 달러(95년)

(자료원 : 케냐 통계국 / 케냐 중앙은행)

☞ 자연 환경

푸른 초원의 사바나 지대가 광활하게 펼쳐진 동물의 낙원으로 국토의 정중앙을 적도가 가로지르고 있다. 동부 변경지역이 비가 적은 사막지역인 반면 남부 고원지대는 경작을 할 수 있는 농지로 구성되어 있으며, 고원의 평균 해발은 1000m에서 2000m 정도이다.

기후는 해안지대와 고원지대가 각각 다르다, 전자는 열대성 기후로 7월~8월 사이의 건계를 제외하고는 고온 다습한데 후자는 시원하고 쾌적한 공기가 연중 계속 이어진다.

☞ 간추린 역사

케냐의 해안지역은 기원전부터 아랍인과 인도인이 왕래했다고 한다. 내륙지역은 19세기에 이르기까지 문명의 손길이 닿지 않다가 19세기 후반 영국의 탐험가들에 의해 처음 알려지게 되어 고원지대 개발에 착수, 인도인 3만 5000여 명을 이주시켜 철도와 도시를 건설한다. 현재 케냐에 인도인이 많은 이유도 여기에 있다. 2차대전 후 아프리카 전역의 독립운동 바람에 편승, 케냐도 키쿠유족을 중심으로 민족운동을 전개. 1963년 12월 독립한다.

☞ 정치와 경제

1964년 7월 공화제를 채택하고 '케냐 건국의 아버지'인 케냐타 대통령을 중심으로 부족 간의 화합과 국가건설에 매진, 상당한 성과를 올린다. 하지만 78년 8월 케냐타 대통령이 죽고 부통령이었던 모이 대통령이 취임하자 비판세력들이 정치적 개혁을 요구하는 지식인들을 중심으로 반모이 운동을 전개한다.

91년 반정부세력 6개파가 민주회복 포럼을 결성, 민주화의 목소리를 높이지만 92년 총선에서 집권당의 모이가 대통령에 재선. 건재함을 과시했다. 한편 96년 9월 6일, 모이 대통령을 암살하려던 지하조직원 2명이 자수. 이에 대해 모이 대통령이 사면령을 내리자 케냐 야당들은 일제히 정부의 여론 무마용 정치극이라 비난하였다. 모이 대통령은 90년 9월 우리 나라를 찾기도 했다. 남북 동시 수교국.

케냐 역시 노동인구의 79%를 농민이 차지하는 농업국. 아프리카에서 비교적 안정된 경제력을 자랑하고 있다. 94년 이후 경제성장률이 매년 5%대를 기록하고 있으며, 특히 95년에는 유사 이래의 풍작으로 소비자물가 상승률도 1.6%에 머물러, 94년도의 29%에 비해 크게 개선되었다. 관광사업도 케냐의 주산업. 쾌적한 날씨와 동물의 왕국이란 천혜의 조건을 십분 살려 상당한 외화수입을 올리고 있다.

☞ 사회와 문화

케냐는 과거 민족 이동의 중심지였다. 따라서 현재 나라를 구성하고 있는 민족도 다양하며 부족 간의 마찰이 사회문제화되는 경우가 허다하다. 종교는 전통종교와 이슬람교가 주류를 이루며, 그 밖에 17세기부터 전해진 기독교도 상당한 세력을 갖고 있다.

르완다 공화국
(Republic of Rwanda)

— 독립일 : 1962년 7월 1일, UN 가맹일 : 1962년 9월 18일 —

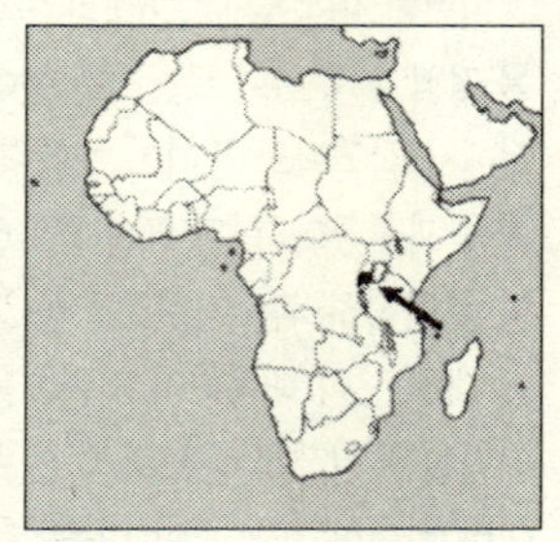
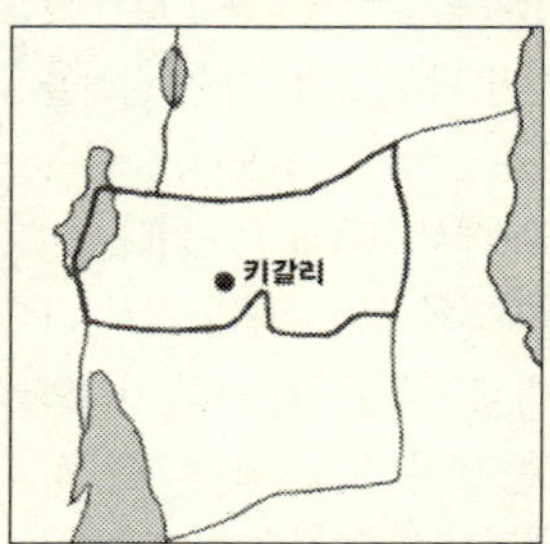

☞ 주요 통계 자료

·면 적	2만 6338㎢
·인 구	830만 명(95년)
·수 도	키갈리(Kigali). 인구 23만 4500명(93년)
·주요 도시	부타레
·주요 민족	후투족(90%), 투치족(9%), 토와족(1%)
·언 어	프랑스어, 킨야르완다어, 영어(모두 공용어)
·종 교	카톨릭(48%), 이슬람교(1%), 전통 종교(약 50%)
·정치 체제	공화제
·헌 법	1978년 12월 17일 제정 95년 5월 5일 개정
·국가 원수	임시대통령 파스테르 비지뭉구(Pasteur Bizimungu) 임기 5년 94년 7월 19일 재선
·의 회	임시의회 70석 임기 5년
·내 각	수상 피에르 셀레스틴 르위게마(Pierre Celestin Rwigema) 95년 8월 31일 일부 개각
·주요 정당	르완다 애국전선, 민주공화운동
·국민총생산	9억 달러(95년)
·1인당 GNP	110달러(95년)
·통화 단위	르완다 프랑(Franc). 1달러＝337프랑(97년 1월)
·주요 자원	주석, 텅스텐, 천연가스
·주요 공산품	식료품(커피, 홍차 가공)
·주요 농산물	커피, 홍차, 면화
·무 역	수출 7300만 달러, 수입 2억 6970만 달러(94년)

(자료원 : World Yearbook 97 / 세계 각국 요람)

☞ 자연 환경

적도 바로 이남 아프리카 대륙의 한가운데 위치한 조그마한 내륙국이다. 전 국토가 평균 해발 2500m의 고원지대에 자리잡고 있으며, 아프리카의 나라들 중 가장 인구밀도가 높은 나라이다.

고원지대인 까닭에 연평균 기온이 25℃ 안팎으로 사람 살기엔 안성맞춤이다. 천혜의 자연조건 덕분에 사자와 코끼리 등 각종 다양한 동물들의 서식처로도 유명하다. 또한 르완다는 아프리카에서 제일 먼저 국립공원을 조성한 나라이다(1934년).

☞ 간추린 역사

19세기 후반 남부의 부룬디와 함께 독일의 식민지였다가 1차대전 후 벨기에령으로 편입되었다. 1957년 이래 지배 민족이었던 투치족과 다수 민족인 후투족간의 항쟁이 격화되는 가운데 59년 후투족의 혁명으로 투치족 출신의 국왕이 망명하게 된다.

이후 61년 9월 국민투표를 실시하여 왕정을 폐지하고 카이반다 대통령을 중심으로 하여 르완다 정부가 출범됨과 동시에 독립국가를 이룩하게 된다

☞ 정치와 경제

독립 후에도 투치족의 반정부 활동으로 정국은 불안이 연속된다. 73년 7월 후투족 출신의 하발리마나 당시 국방장관의 무혈 쿠데타 성공하면서 '발전을 위한 국민혁명운동'이라는 정당을 건설하게 된다,

이후 그는 나라 안팎으로 개혁정치를 단행하는데 특히 대외적으로 중립주의를 천명하며 벨기에, 독일, 프랑스 등과 외교협정을 체결한다. 하지만 국내의 고질병인 민족간의 갈등은 해결하지 못해 90년 들어 격렬한 내전으로 발전하게 된다.

90년 10월, 그 동안 우간다에 도피해 있던 투치족 난민이 주체인 반정부 게릴라 조직 '르완다 애국전선(RPF)'이 국경을 넘어 반격, 북부지역을 제압한다.

이후 93년 하반기부터 유엔 르완다 지원단이 출동하고 주변국들의 중재로 정부측과 RPF 간에 평화협상이 순조롭게 진행될 무렵, 94년 4월 6일, 하발리마 대통령과 부룬디의 누탈랴미라 대통령이 탑승한 비행기가 추락하여 사망하게 되자 이를 계기로 정부군이 투치족에 대한 대량학살을 자행, 100만여 명의 목숨을 앗아간다.

그러자 RPF가 자국민 보호를 명목으로 대공격을 개시, 마침내 94년 7월 18일 전 국토를 장악한다. 94년 12월 12일, RPF를 중심으로 5정당의 70인으로 구성된 임시의회가 발족하여 99년 6월에 대통령선거와 의회선거를 실시하기로 결정하였다.

한편 96년 8월 23일, 르완다와 자이르 정부는 키갈리에서 자이르 동부에 있는 약 100

만여 명의 르완다 난민을 전원 귀환조치시키기로 합의한다. 또한 9월 21일에 발생한 투치계 바냐렝그족의 게릴라 조직과 자이르 정부군과의 교전으로 발생한 자이르 동부의 약 50만 명 이상의 난민도 르완다에 귀환 조치한다. 이어 8월에는 이웃 나라 부룬디의 쿠데타로 4만여 명, 그리고 탄자니아로부터 약 50여만 명의 난민이 속속 귀환하고 있다.

르완다의 경제는 농업이 중심이며(국민의 90%가 농민), 커피와 차 등이 주요 생산품이다. 특히 커피의 수출은 세계적으로 유명하다. 또한 최근 들어서는 세계 최대라는 키브호 해저의 천연가스를 채굴하기 시작했다.

☞ 사회와 문화

인구구성은 후투족, 투치족, 그리고 토와족의 세 민족으로 구성되어 있다. 전 인구의 90%를 차지하고 있는 반투계의 후투족은 주로 커피 재배 등 농업에 종사하며, 보통 체격에 온순한 민족성을 지니고 있다. 그리고 후투족과 대립하고 있는 투치족은 유목 민족으로 2m가 넘는 거인이 즐비한 세계 최고의 거인족인 반면 피그미계의 토와족은 평균신장 130cm 정도의 소인족. 특히 피그미계의 토와족은 이 지역의 원주민으로 아직까지 수렵과 채취의 원시생활을 하고 있다.

부룬디 공화국
(Republic of Burundi)

― 독립일 : 1962년 7월 1일, UN 가맹일 : 1962년 9월 18일 ―

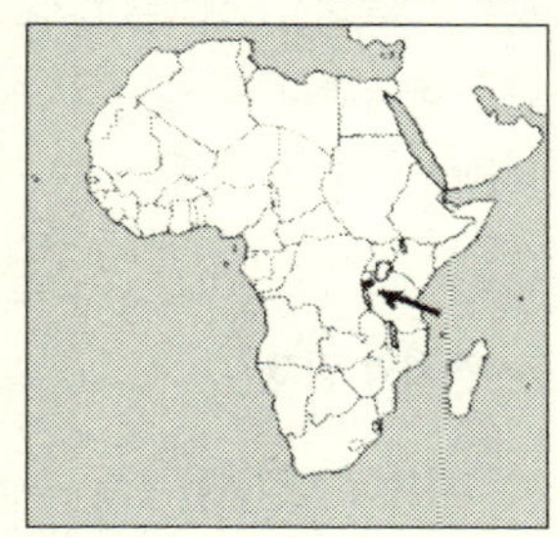
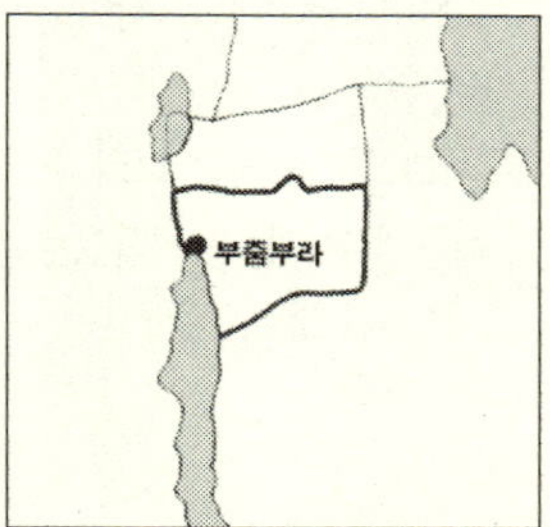

☞ 주요 통계 자료

·면　　적	2만 7834㎢
·인　　구	598만 명(95년)
·수　　도	부줌부라(Bujumbura) 인구 21만 5000명(87년)
·주요 도시	기테가
·주요 민족	후투족(84%), 투치족(15%), 토와족
·언　　어	프랑스어, 룬디어(둘 다 공용어) 스와힐리어도 통용
·종　　교	카톨릭(65%)
·정치 체제	공화제 대통령 중심제
·헌　　법	1992년 3월 12일 신헌법 공포
·국가 원수	대통령 피에르 부요야(Pierre Buyoya) 96년 7월 25일 쿠데타로 정권수립
·의　　회	1원제 81석 직선제 임기 5년
·내　　각	대통령이 임명 총리 파스칼 누디미라(Pascal Ndimira) 96년 8월 2일 발족
·주요 정당	부룬디 민주전선, 민족진보연합
·국민총생산	10억 달러(95년)
·1인당 GNP	150달러(95년)
·통화 단위	부룬디 프랑(Franc). 1달러＝226.74프랑(97년 1월)
·주요 자원	니켈
·주요 공산품	식료품, 직물류
·주요 농산물	커피, 면화, 홍차
·무　　역	수출 1억 1600만 달러, 수입 2억 4600만 달러(95년)

(자료원 : 부룬디 정부 발표자료 / World Yearbook 97)

☞ 자연 환경

부룬디 공화국은 적도와 직각을 이루며 남으로 길게 뻗은 탕가니카 호수의 북쪽 끝에 자리잡고 있으며, 르완다, 탄자니아, 자이르 등 3국으로 둘러 싸여 있다.

적도 근방에 위치하고는 있지만 나라 전체가 고원지대이기 때문에 기후는 상대적으로 온난한 편이다.

☞ 간추린 역사

북부 르완다와 마찬가지로 19세기 말에 독일의 식민지가 된다. 이후 부룬디와 르완다는 같은 정치적 행로를 걸으며 62년 7월 독립한다(르완다 편 참조). 이 곳 역시 르완다와 마찬가지로 투치족과 후투족 간의 싸움이 격렬한 곳이다.

1966년 당시 총리였던 미콤베로가 투치족의 왕을 몰아내고 공화제를 선포하고는 스스로 대통령에 취임한다. 이후 미콤베로가 망명길에서 귀환하던 전 국왕 엔타레를 처형하자 부족 간의 갈등이 더욱 격화되어, 10만 명 이상의 살상자를 발생시킨다. 그리고 76년 미콤베르 자신도 바가자 중령이 이끄는 군부에 의해 축출되고 만다.

바가자는 곧 국회를 해산함과 동시에 내각의 총리 자리를 폐지한다. 또한 국내의 커다란 과제인 부족 간의 갈등을 해소시키기 위해 정권 차원에서 많은 노력을 기울였지만 87년

그 역시 뷔요야 소령의 쿠데타에 의해 실각되었다.

이어 출범한 뷔요야 정권은 민주화 추진을 위해 복수 정당제를 이행한다. 그리고 93년 6월의 대통령선거에서는 다수파 후투족을 주체로 한 부룬디 민주전선의 누다다이에가 새 대통령에 취임하게 된다.

☞ 정치와 경제

뷔요야는 정권을 잡은 후 81년에 마련된 헌법의 효력을 정지시키고 나라 안팎을 정비하는 데 힘을 쏟는다.

먼저 대외적으로는 비동맹 중립을 표방하며 인근 나라들과의 유대강화를 도모한다. 그러나 국내의 민족문제 해소는 실패하였다.

게다가 88년에는 투치족의 병사가 후투족의 양민을 대량 학살하는 사건이 발생하기도 한다. 이에 대해 후투족도 투치족을 습격하여 양 부족에 엄청난 인명 피해를 발생시키게 된다.

이후 93년 10월, 투치족 장병들이 쿠데타를 일으켜 누다다이에 대통령은 살해당한다. 하지만 투치족의 반란은 실패하고 상황은 내전으로 발전하고 만다.

한편 94년 4월 선거에서 누탈랴미라(후투족)가 대통령에 당선되었으나, 비행기 사고로 급사하고 후임 대통령에 누디반툰가냐 전 외무장관이 취임하게 된다.

또한 96년 7월 24일, 독립 후 5번째의 군

부 쿠데타로 뷔요야 전 대통령이 다시 대통령 취임을 선언하게 된다.

후투족 강경파로 알려진 뷔요야 대통령은 국제 사회의 비난 속에서도 취임 직후 탄자니아를 방문하여 주변국 수뇌회담 개최를 요구하는 등 사태 해결을 위한 실마리 찾기에 동분서주하고 있다.

부룬디의 산업은 농업과 축산업이 주류를 이룬다. 특히 커피, 면화, 홍차는 주요 수출품이다. 이 밖에 탕가니카 호수에서 거두어 들이는 수산물도 국민 경제에 큰 비중을 차지하고 있다.

☞ 사회와 문화

부룬디는 아프리카 최빈국 중의 하나로 주민들은 주로 북부와 중앙에 밀집되어 살고 있다. 다수족인 후투족과 미그피계의 토와족은 사이가 좋은 편이며, 서로의 특산물을 물물교환하며 지내기도 한다. 부룬디에는 특히 교통시설이 엉망인데 철도가 없고 도로 포장률도 무척 낮은 편이다. 따라서 장마철이 되면 거의 통행이 불가능할 정도. 그래서 지금도 부룬디의 교통은 산업발달에 치명적인 저해요인으로 작용하고 있다.

탄자니아 연합 공화국
(United Republic of Tanzania)

― 독립일 : 1961년 12월 9일, UN 가맹일 : 1961년 12월 14일 ―

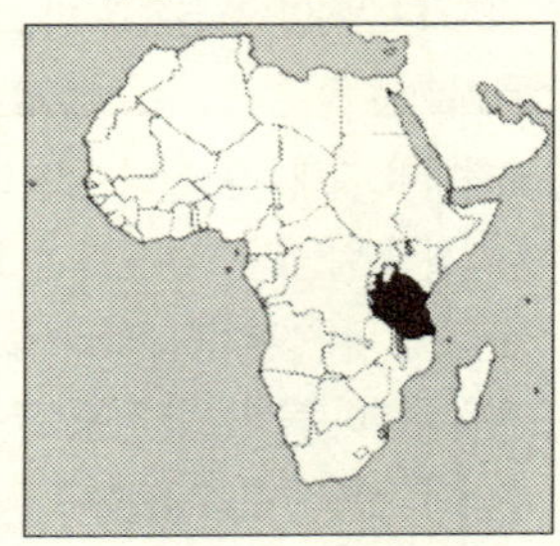 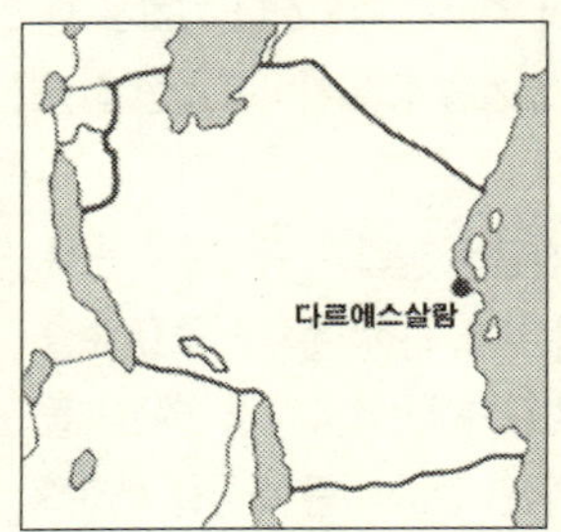

☞ 주요 통계 자료

•면　　　적	94만 5087㎢
•인　　　구	2960만 명(95년)
•수　　　도	다르 에스 살람(Dar es Salaam) 인구 136만 명(92년)
•주요 도시	므완자, 탕가, 잔지바르
•주요 민족	반투계의 흑인(97.6%), 아시아계(0.6%), 아랍계(0.3%). 스쿠마, 마콘데, 차가 등 약 130여 개의 부족
•언　　　어	스와히리어, 영어(둘 다 공용어)
•종　　　교	기독교(50%), 이슬람교(33%), 그 밖에 전통종교 ★ 잔지바르 지방엔 이슬람교가 98%
•정치 체제	공화제 대통령 중심제
•헌　　　법	1977년 4월 시행 92년 5월 개정
•국가 원수	대통령 벤자민 윌리엄 무카파(Benjamin William Mkapa) 직선제 임기 5년 95년 11월 23일 취임
•의　　　회	1원제(국민의회) 275석(이 중 232석은 직선에 의해 나머지는 임명제)
•내　　　각	대통령이 지명 총리 프레드릭 틀루웨이 수웨이(Frederick Tluway Suway) 95년 11월 29일 발족
•주요 정당	탄자니아 혁명당, 시민통일전선, 건설개혁 국민회의
•국민총생산	38억 달러(95년)
•1인당 GNP	130달러(95년)
•통화 단위	탄자니아 실링(Shilling). 1달러＝593실링(97년 1월)
•주요 자원	다이아몬드, 관광자원
•주요 공산품	식료품
•주요 농산물	커피, 면화, 담배, 홍차, 사이잘삼, 캐슈너트
•무　　　역	수출 6억 8292만 달러, 수입 15억 4801만 달러(95년)

(자료원 : 탄자니아 정부 발표／World Yearbook 97)

☞ 자연 환경

탄자니아는 북부의 빅토리아 호, 서부의 탕가니카 호, 남부의 말라위 호 등 3개의 큰 호수가 국경을 이루고 있는 대륙의 본토(과거엔 '탕가니카'라 불렀다)와 잔지바르, 펨바, 마휘아 등 3개의 큰 섬으로 이루어진 나라이다.

동부 아프리카 지구대가 영토의 허리를 이루고 있는데 그 중 아프리카의 최고봉인 킬리만자로 산(5895m)이 우뚝 솟아 있는 것이 매우 인상적이다.

탄자니아의 기후는 해안지대는 고온 다습한 해양성 기후이며 중앙의 고원지대는 대륙성에 가깝다. 또한 호수 주변지대는 고원지대임에도 불구하고 습도가 높은 호수성 기후는 나타내는 것이 특징이다.

☞ 간추린 역사

일찍이 해안지대를 중심으로 교역이 활발했던 곳이다. 특히 17세기에는 노예 무역의 중심지로 이후 독일과 영국(1차대전 후)의 위임통치를 받는다.

당시의 국명은 '탕가니카'이다. 2차대전 후 민족주의 세력들이 탕가니카 아프리카 인민족 동맹(TANU)을 결성하여 지속적인 독립투쟁을 전개한 끝에 61년 12월 영국 세력을 몰아내고 독립을 달성한다.

이와는 별도로 옛부터 향료무역의 중심지였던 잔지바르 섬은 토착 추장이 다스렸던 곳이다. 1890년 이래 영국의 보호령으로 있다가 1963년 본토 탕가니카와 별도로 군주국으로 독립하였다.

하지만 독립 후 바로 쿠데타가 발생하여 인민 공화국이 수립된다. 이어 64년 4월에는 탕가니카와 잔지바르가 양국 통합에 합의한다. 그리하여 그 해 10월에 두 곳의 지명에 '아자니아 문명'을 합쳐 탄자니아로 국명을 개칭하게 된다.

☞ 정치와 경제

탄자니아의 초대 대통령은 독립운동의 지도자였던 니에레레 대통령이다. 85년 8월 은퇴하기까지 25년간 조국 탄자니아에 수많은 업적을 남긴 아프리카를 대표하는 정치가 중 하나이다.

니에레레 대통령이 이끈 탄자니아 사회주의의 특색은 주로 국민의 대부분을 차지하는 농민정책에서 찾아진다.

즉 정부 주도의 농지개혁은 물론 '우자마'란 협동조합 성격의 촌락을 만들어 농업생산성과 농민생활 수준 향상을 꾀했다.

85년 8월 니에레레 대통령이 은퇴를 표명하고 후임에 당시 부통령 겸 잔지바르 자치정부 대통령이었던 무웨이니씨가 2대 대통령으로 취임하게 된다.

이후 92년 5월 헌법개정을 통해 복수정당제를 합법화한다. 그리고 95년 10월 29일, 복수정당제 하에서 실시된 최초의 대통령 및 의회선거에서 무카파 전외상과 탄자니아 혁명당이 각각 대통령과 제 1 당으로 등장한다. 이로써 탄자니아혁명당은 77년 사회주의 독재 이후 계속해서 집권여당으로 활약할 수 있게 되었다. 한편 탄자니아 정부는 92년 이후 경제자유화 정책을 추진하여, 95년에서 96년까지(95년 7월에서 96년 6월까지)도 경제성장률 3.5%를 달성한 것으로 나타났다.

탄자니아의 산업구조는 주로 농업에 편중되어 있으며, 주요 산물로는 면화, 커피, 홍차 등을 들 수 있다.

☞ 사회와 문화

탄자니아는 특별히 큰 세력을 지닌 부족 없이 15개의 군소 부족이 국가를 구성하고 있다. 따라서 다른 아프리카의 나라들 같은 민족적 대립은 거의 없다.

반면 종교적으로는 잔지바르 지역이 이슬람교 일색인 데 비해 본토는 토착신앙과 기독교, 그리스도 정교 등이 혼재되어 있는 차이를 보이고 있다.

모로코 왕국
(Kingdom of Morocco)

— 독립일 : 1956년 3월 2일, UN 가맹일 : 1956년 11월 12일 —

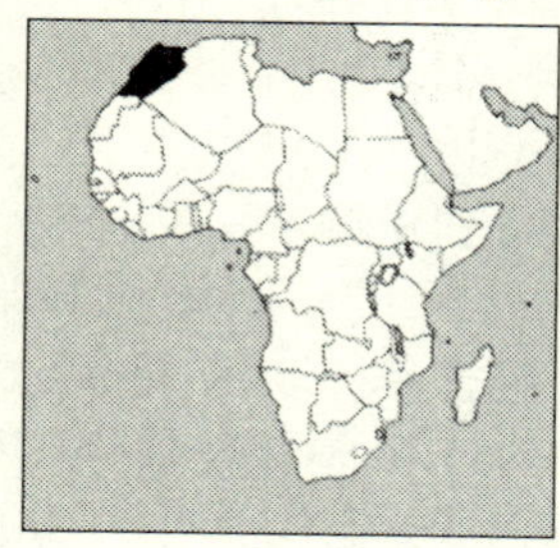 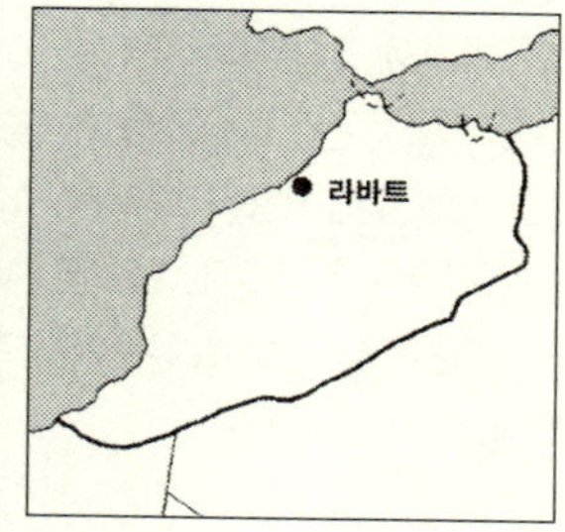

☞ 주요 통계 자료

·면　　　적	45만 8 730㎢
·인　　　구	2690만 명(95년)
·수　　　도	라바트(Rabat) 인구 157만 명(93년)
·주요 도시	카사블랑카, 마라케시, 페스
·주요 민족	베르베르인(64%), 아랍인(30%)
·언　　　어	아라비아어(공용어) 베르베르어, 프랑스어, 스페인어
·종　　　교	이슬람교(국교 99%) 그 밖에 기독교, 유태교도 존재
·정치 체제	입헌 군주제 국왕 친정 체제
·헌　　　법	1972년 3월 10일 공포 96년 9월 개정
·국가 원수	국왕 물레 하산 2세(Moulay Hassan Ⅱ) 61년 즉위
·의　　　회	1원제 333석 임기 6년 ★ 96년 헌법개정에 따라 97년부터 2원제로 바뀔 예정
·내　　　각	국왕이 임명 총리 압델라티프 필랄리(Abdellatif Filali) 95년 2월 28일 일부 개각
·주요 정당	입헌동맹, 인민세력 사회주의동맹, 인민운동, 이스티크랄
·국민총생산	304억 달러(95년)
·1인당 GNP	1130달러(95년)
·통화 단위	디르함(Dirham). 1달러＝8.8196디르함(97년 1월)
·주요 자원	인광석, 철광석, 망간, 수산자원
·주요 공산품	시멘트, 섬유류, 식품, 석유정제
·주요 농산물	밀, 보리, 감자, 토마토, 올리브, 오렌지
·무　　　역	수출 47억 달러, 수입 85억 달러(95년)

(자료원 : 모로코 통계청 / World Yearbook 97)

☞ 자연환경

대서양을 바라보고 아틀라스 산맥이 병풍처럼 쳐져 있는 곳에 위치한 나라. 대서양과 북부 지중해 연안은 대평원지대로 모로코의 주요 농산물이 모두 여기서 생산된다. 남부의 사막지대를 제외하고 전반적으로 지중해성 기후로 여름은 덥지만 건조하고 겨울은 따뜻하며 비가 많다. 그러나 내륙으로 갈수록 대륙성 기후를 띠며 특히 아틀라스의 산악지대는 겨울에 영하 이하로 내려가기도 한다.

☞ 간추린 역사

원주민은 베르베르인. 지중해 연안에 위치해 외부 침입을 많이 받아왔다. 8세기경 이슬람교의 창시자 마호메트의 자손이 진출하여 왕조를 건설한 이후 18세기까지 술탄 중심의 왕조체제가 이어진다. 하지만 19세기, 서구열강의 진출이 본격화되면서 모로코도 열강의 각축장으로 변모한다. 그리고 결국 1912년에 프랑스의 보호령이 된다. 2차대전 후 국내 민족주의 세력을 중심으로 한 독립운동이 확산되어 1956년 3월 독립함과 동시에 마호메트 5세를 국왕으로 한 입헌군주국을 수립한다.

☞ 정치와 경제

1961년 마호메트 5세가 죽자 황태자였던 하산 2세가 즉위, 지금에 이르고 있다. 하지만 7,80년대를 통해 모로코는 풍전등화의 지경.

특히 폴리사리오가 이끄는 모로코해방전선의 저항은 모로코의 골칫거리. 게다가 사하라 회복을 위해 시작한 전쟁에서 수세에 몰리자 국내의 비판세력이 득세, 국왕의 자리를 위협하였다. 93년 6월과 9월에 나누어 치러진 9년만의 의회선거에서 야당연합인 '민주블럭'이 120석을 차지한 데 반해 여당연합인 '국민협동'은 154석을 획득, 왕당파의 우위를 지켰다.

최근 하산 국왕은 민주화노선을 기조로 개혁을 추진. 의회를 2원제로 하는 헌법개정안을 제안. 96년 9월 13일 국민투표에서 99%의 지지를 얻었다. 따라서 의회는 전원 직선제를 통한 임기 5년의 하원으로, 상원은 임기 9년에 간선제로 할 예정. 96년 개정 헌법에 따른 선거는 97년 하반기 중 치러질 예정이다.

이 나라의 주산업은 농림수산업이지만 실제 GNP 중 차지하는 비중은 30% 안팎. 따라서 국가재정은 대부분 풍부한 지하자원에서 얻고 있다. 특히 인광석 매장량은 세계 1위(630억t)이며, 석유 수입도 국가 재정의 1/4을 감당하고 있다. 최근 정부는 국영기업의 민영화와 자유무역시장의 실현 및 외국자본 도입 등을 통해 경제 활성화를 꾀하고 있다.

☞ 사회와 문화

원주민인 베르베르인이 64%, 아랍인이 30%를 차지하고 있다. 문화의 전반적인 분위기는 지극히 아랍적이다. 일찍이 서구의 영향으로 서구풍의 도시가 많다. 특히 우리에게 영화를 통해 유명한 카사블랑카도 자랑거리.

알제리 민주 인민 공화국

(Democratic and People's Republic of Algeria)

— 독립일 : 1962년 7월 3일, UN 가맹일 : 1962년 10월 8일 —

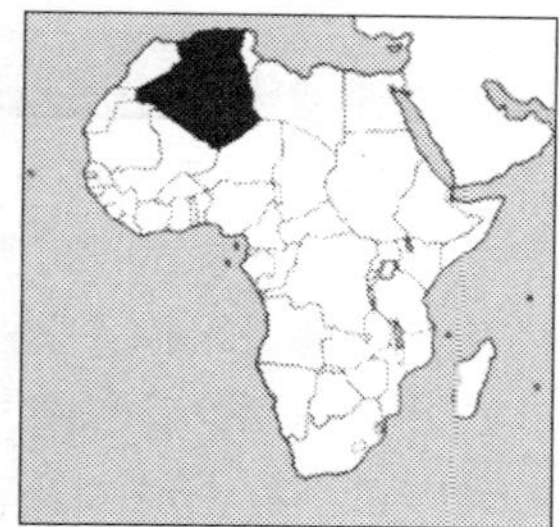 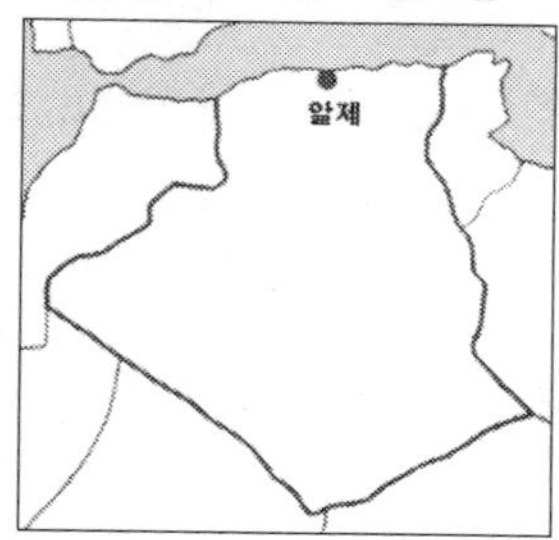

☞ 주요 통계 자료

·면　　　적	238만 1741㎢
·인　　　구	2855만 명(95년)
·수　　　도	알제(Alger) 인구 288만 명(94년)
·주요 도시	오랑, 콘스탄틴, 안나바
·주요 민족	아랍인(80%), 베르베르인(19%)
·언　　　어	아라비아어(공용어) 프랑스어도 널리 통용
·종　　　교	이슬람교(국교 99%) 대부분 수니파
·정치 체제	공화제
·헌　　　법	1976년 11월 공포 79, 83, 89, 96년에 각각 개정
·국가 원수	대통령 라민 제루알(Lamine Zeroual) 임기 5년 94년 1월 31일 취임
·의　　　회	1원제 430석 임기 5년
	★ 96년 헌법개정에 따라 97년 이후 2원제로 바뀔 예정 현재 의회기능 중지 중
·내　　　각	대통령이 임명 수상 아메드 우야히야(Ahmed Ouyahiya) 96년 9월 26일 일부 개각
·주요 정당	알제리 민족해방전선, 가슬람구국전선, 민주문화연합, 사회주의 세력전선
·국민총생산	442억 달러(95년)
·1인당 GNP	1580달러(95년)
·통화 단위	알제리 디나르(Dinar). 1달러＝56.77디나르(97년 1월)
·주요 자원	천연가스, 석유, 철광석, 아연
·주요 공산품	석유정제
·주요 농산물	밀, 보리, 오렌지, 토마토
·무　　　역	수출 89억 7800만 달러, 수입 102억 5000만 달러(95년)

(자료원 : 알제리 정부통계 자료／World Yearbook 97)

☞ 자연 환경

알제리는 아프리카 대륙에서 두 번째로 영토가 넓은 나라이며(수단이 첫번째), 사하라 사막이 전 국토의 90%를 차지하고 있다. 아틀라스 산맥의 위쪽인 북알제리 지역은 지중해성 기후로 온난한 날씨에 비옥한 토질을 띠고 있다. 반면 남알제리 지역은 거의가 사막으로 이루어져 있다.

☞ 간추린 역사

알제리의 원주민은 모로코와 마찬가지로 베르베르인이다. 하지만 7세기부터 아랍인이 이 곳에 많이 진출하여 지금은 거의 아라비아 문화권을 형성하고 있다.

또한 알제리는 옛부터 지중해 연안을 주름잡았던 해적들의 근거지였던 곳이다. 그리고 1830년에는 프랑스군이 해적 소탕을 빌미로 이 곳을 점령하게 된다. 그리고 그 때부터 알제리는 132년 동안 프랑스의 식민지 하에서 지내게 된다.

이후 1954년 11월, 독립운동 세력 중 급진파들이 이집트의 카이로에 모여 알제리 민족해방전선(FLN)을 결성한다. 그리고 곧바로 프랑스에 대한 무장투쟁에 돌입하여 전쟁은 프랑스군 80만 명과 알제리군 100만 명의 사상자를 내며 7년 동안 이어진다.

전쟁의 결과는 프랑스의 판정패. 이에 프랑스의 드골 대통령은 종전 선언을 하게 되며,

이로써 알제리는 1962년 7월, 프랑스로부터 독립하게 된다.

☞ 정치와 경제

독립 후 알제리는 한동안 FLN 내부의 권력투쟁으로 혼란을 거듭하다가 이후 65년 무혈 쿠데타로 집권한 프이메티엔 대통령에 의해 정국 안정과 사회개혁을 도모하게 된다. 그리고 그는 13년 동안 알제리를 다스리면서 현실적인 사회주의 노선에 따라 안으로는 풍부한 자원을 활용하여 농업과 공업을 육성하고, 밖으로는 제 3세계 비동맹 외교의 선두주자로 활약하였다.

프이메티엔의 뒤를 이어 79년 2월에는 벤제디드 대통령이 취임하게 된다. 그는 83년 알제리 최초의 총선을 통해 장기집권의 틀을 다지지만 80년대 말 사회주의권의 퇴조와 알제리 국내의 이슬람교 세력의 득세로 파업과 폭동이 연이어 발생하여 결국 91년 총선거에서 야당인 이슬람 구국전선이 압승함에 따라 벤제디드 대통령도 사임한다.

그리고 92년 2월에는 알제리 전역에서 유혈사태가 발생하여 2월 9일 비상사태를 선포하기에 이른다. 이후 94년 1월 알제리 정국의 실권을 쥐고 있던 국가평의회가 라민 제루알을 대통령에 지명한다. 95년 11월 16일 복수정당제 하에서 최초로 실시된 대통령선거에서 현직의 제루알 대통령이 득표율 61.3%로 당선되었다.

96년 5월 5일, 제루알 대통령은 21세기를 준비하는 의미에서 새로운 헌법개정안을 채책하고, 이 개정헌법에 근거하여 97년 상반기 중 의회총선을 실시하겠다고 발표하였다. 헌법개정안의 주요골자는 종교 정당의 정치활동 배제를 비롯, 2원제의 도입, 그리고 대통령 임기를 2기 10년에 한정하는 것 등으로 이루어져 있다.

한편 정부의 헌법개정 작업에 반발하여 96년 이후 알제리 전역에서 이슬람 행동주의자들의 소행으로 보이는 테러가 여러 차례 발생, 많은 사람들의 생명을 앗아가고 있다.

또한 알제리의 경제는 독립 이후 채택했던 사회주의 경제의 실패로 엄청난 실업률과 거액의 외채로 곤경에 빠져 있었다. 그러나 최근 세계은행 등 국제금융의 지원으로 최악의 상태는 모면한 실정이다. 또한 알제리 정부는 95년 8월에 경제재건을 위해 방편으로 국영기업 1260개사에 대한 민영화 계획을 발표한 바 있다.

☞ **사회와 문화**

알제리는 인구 분포상 아랍인이 80% 이상을 점유하고 있다. 따라서 문화도 자연히 이슬람교 문화권이 지배적이다.

튀니지 공화국
(Republic of Tunisia)

— 독립일 : 1956년 3월 20일, UN 가맹일 : 1956년 11월 12일 —

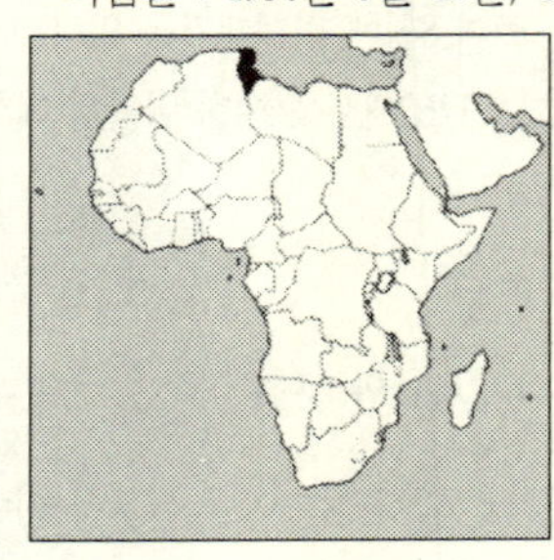
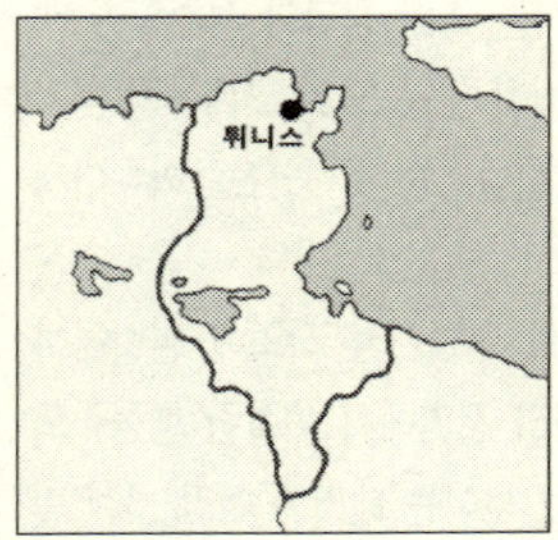

☞ 주요 통계 자료

·면　　　적	16만 3610㎢
·인　　　구	890만 명(95년)
·수　　　도	튀니스(Tunis) 인구 102만 명
·주요 도시	스팍스, 아리아나, 가베스
·주요 민족	아랍인(98%), 베르베르인(1%)
·언　　　어	아라비아어(공용어) 프랑스어도 통용
·종　　　교	이슬람교(국교)
·정치 체제	공화제 대통령 중심제
·헌　　　법	1959년 6월 1일 공포 88년 7월 개정
·국가 원수	대통령 제인 엘아비딘 벤 알리(Zeine el - Abidine Ben Ali) 직선제 임기 5년 94년 3월 재선
·의　　　회	1원제 163석 직선제 임기 5년
·내　　　각	대통령이 임명 총리 하메드 카루이(Hamed Karoui) 96년 6월 일부 개각
·주요 정당	입헌민주연합, 민주사회운동, 사회당, 진보사회연합
·국민총생산	160억 1000만 달러(95년)
·1인당 GNP	1860달러(95년)
·통화 단위	튀니지 디나르(Dinar). 1달러＝0.99디나르(97년 1월)
·주요 자원	인광석, 철광석, 석유
·주요 공산품	식품가공제품, 섬유류, 석유정제
·주요 농산물	올리브, 토마토, 오렌지
·무　　　역	수출 46억 달러, 수입 62억 달러(94년)

(자료원 : 튀니지 정부발표 자료 / World Yearbook 97)

☞ 자연 환경

아프리카 대륙 북쪽 정중앙, 지중해 연안에서 남쪽으로 위치한 나라. 지중해 연안의 북부는 '로마의 곡창'이라 불릴 만큼 비옥한 평야지대이며 중부는 산악과 고원지대, 그리고 남부는 동그랑테르그 사막지대의 초입에 해당한다. 따라서 기후도 지역에 따라 다르다. 북부는 전형적인 지중해성으로 일년 내내 온난하고 강수량은 적은 편이며 중부의 고원지대는 반건조 기후로 비가 거의 없다.

☞ 간추린 역사

원주민은 코카서스계의 베르베르인. 기원전 12세기경 페니키아인이 침입해 카르타고제국을 세우면서 튀니지의 역사는 시작된다. 카르타고 제국은 로마 제국과 포에니 전쟁을 치른 후 멸망. 이후 9세기경부터 사라센의 진출로 아랍의 지배하에 놓인다. 19세기 중반 이후 튀니지는 스페인, 오스만 튀르크 등의 지배를 받은 후 1881년 프랑스의 보호령이 된다. 2차대전 후 국내의 독립운동이 고양. 프랑스는 1956년 튀니지의 독립을 인정한다.

☞ 정치와 경제

독립 당시 튀니지는 군주제로 출발했지만 57년 제헌의회가 소집되고 공화제를 선포. 초대 대통령에 취임된 하비브 부르기바는 75년 헌법 개정을 통해 종신 대통령제를 선언, 87년 11월까지 30년 동안 장기집권을 한다. 1인 독재정권이라는 비판 속에서도 부르기바의 공로는 대단하다. 온건 사회주의 노선을 표방 균형잡힌 외교정책으로 중동분쟁과 팔레스타인 문제에 합리적으로 대처, 아랍제국과 서방측 모두에게 좋은 인상을 심어주기도.

87년 11월 당시 벤알리 총리는 고령의 부르기바 대통령을 '직무수행불능'이란 이유로 해임, 스스로 대통령 자리에 오른다(사실상의 쿠데타). 이후 의회는 88년 7월 종신 대통령제를 폐지하고 민주개혁에 착수. 대통령 직선제 및 3선 금지조항 등이 첨부된 헌법개정안을 채택한다. 이후 94년 3월, 대통령과·의회선거에서 벤알리 대통령은 99.9%의 지지로 재선. 여당인 입헌민주연합(RCD)도 전체 163석 중 144석을 차지, 단단한 정치기반을 자랑한다.

경제적으로는 70년 중반 고도성장을 주도하여 농업국에서 일약 중진국 대열에 들어선다. 관광자원 개발도 이 때 추진된 것. 지난 92년~96년 시장경제체제 확립을 목표로 제 8 차 경제사회개발계획을 추진, 연평균 6%의 경제성장률을 기록하였다. 남북 동시 수교국.

☞ 사회와 문화

튀니지는 북부 아프리카에서 가장 국제화된 나라로 국민성은 온유하고 친절한 편. 이는 오랜 정치적 안정과 관광사업에 대한 현실주의가 사회 저변에 깔려있기 때문. 최근 석유시장의 불황과 관광수입 감소로 실업자가 사회문제화되어 가는 추세이다.

니께르 공화국
(Republic of Niger)

— 독립일 : 1960년 8월 3일, UN 가맹일 : 1960년 9월 20일 —

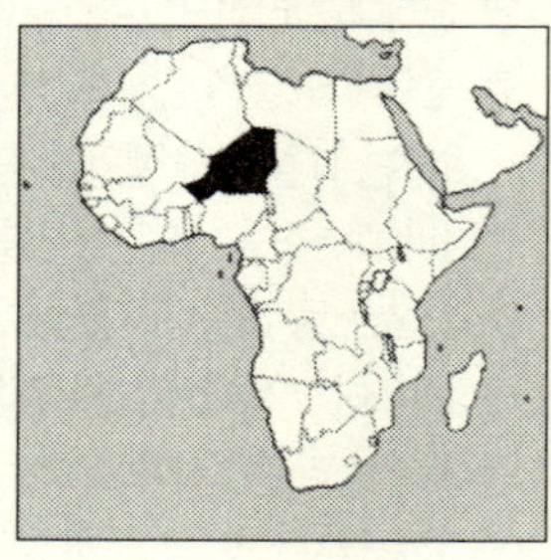

☞ 주요 통계 자료

·면　　적	126만 7000㎢
·인　　구	915만 명(95년)
·수　　도	니아메이(Niamey) 인구 62만 명(94년)
·주요 도시	진데르, 마라디
·주요 민족	하우사족(56%), 제르마족(22%) 그 밖에 투아레그족(약 80만 명)
·언　　어	프랑스어(공용어) 하우사어, 투아레그어 등
·종　　교	이슬람교(90%), 전통종교
·정치 체제	공화제
·헌　　법	1992년 12월 26일 신헌법 제정
·국가 원수	대통령 이브라힘 바레 메인아사라(Ibrahim Bare Mainassara) 96년 7월 7일 당선
·의　　회	1원제 83석 직선제 임기 5년
·내　　각	96년 1월 쿠데타로 임시 내각 총리 부카리 아지(Boukary Adji) 96년 2월 1일 발족
·주요 정당	사회발전 국민운동, 민주사회주의당, 아프리카 민주당, 진보세력 민주동맹, 변혁세력동맹, 민주사회회의
·국민총생산	20억 달러(95년)
·1인당 GNP	220달러(95년)
·통화 단위	CFA 프랑(Franc). 1달러＝526.15프랑(97년 1월)
·주요 자원	우라늄, 주석
·주요 공산품	식료품, 피혁
·주요 농산물	땅콩, 면화, 콩, 쇠고기
·무　　역	수출 2300만 달러, 수입 2억 5700만 달러(95년)

(자료원 : World Yearbook 97 / 세계 각국 요람)

☞ 자연 환경

니제르는 주변 7개국에 둘러싸인 내륙국이다. 중앙에는 아이르 고원이 자리잡고 있으며, 사하라 사막이 국토의 2 / 3를 차지하고 있기 때문에 사람이 살 수 있는 지역은 동부와 남부 일대뿐이다. 동부는 초원지대로 유목민들이 사는 반면 남부는 사바나 지대를 이루어 니제르 강 유역을 중심으로 하여 곡창지대를 이루고 있다.

기후는 지역에 따라 크게 2가지로 나뉜다. 남부는 비가 많고 습도가 높으며, 반면 북부는 비가 거의 없어 건조하고 연간 기온도 무척 높은 편이다(30℃ 내외).

☞ 간추린 역사

7세기경 인접국인 말리의 가오 부근에 세워졌던 송가이 왕국의 세력이 차츰 남하하여 현재의 니제르 강 하류에 정착(12세기)함으로써 이 지역 최초의 주인이 된다.

이후 여러 왕국이 흥망을 거듭하다가 17세기에서 19세기에 걸쳐 투아레그족이 한동안 세력을 떨치기도 한다. 유럽의 탐험대가 이 곳을 처음 찾은 시기는 19세기로 프랑스의 탐험가 크랑베르에 의해서였다. 따라서 이후 1922년 프랑스의 식민지가 된다. 니제르는 2차대전 후에는 프랑스 해외 보호령으로 계속 있다가 1960년에 프랑스로부터 정식 독립을 달성하게 된다.

☞ 정치와 경제

독립 후 니제르는 초대 대통령으로 하마니가 선출되어 74년까지 장기집권하다가 군부의 쿠데타로 실각되고, 이후 15년 동안 군정이 실시된다. 그리고 여러 차례의 쿠데타 미수 사건으로 불안한 정국이 계속 이어진다. 90년 민주화 요구가 증폭되자 당시 대통령이었던 사이브는 92년 12월 복수정당제 도입을 골자로 한 신헌법을 제정하기에 이른다.

그리고 이듬해 신헌법 아래에서 실시된 의회선거에서 민주사회주의당 등 6개당 연합체인 변혁세력동맹이 50석을 획득하여, 군정시대의 여당이었던 사회발전국민운동을 크게 이기고 집권에 성공하게 된다.

집권에 성공한 민주사회주의당은 이어 대통령선거에서도 당수 우스마누가 대통령에 취임하는 쾌거를 이룩한다. 그러나 니제르 정국은 노동자와 학생들의 소요가 끊이질 않고, 자치를 요구하는 투아레그족의 무장투쟁이 격화일로에 있다.

이런 와중에 치루어진 95년 1월의 총선거에서 이번엔 사회발전국민운동 등 야당연합이 다수의석을 확보함으로써 총리를 비롯, 내각 전원이 교체된다. 따라서 이후 대통령과 새 총리 간의 대립이 심화되어 정국은 풍전등화의 상황으로 치닫게 된다.

이 때를 틈타 96년 1월 27일 군부의 쿠데타가 발생하게 되고, 대통령, 총리 등이 체포되며, 메인아사라 대령을 의장으로 한 구국위원회가 정권을 탈취한다. 이후 구국위는 7월 7일 형식적인 투표 절차를 거쳐 메인아사라 의장을 대통령으로 선출하고, 임시내각을 통해서 국내의 질서를 잡아나간다.

니제르는 세계에서 가장 가난한 나라 중 하나로 산업은 농업과 목축업이 주류를 이루고 있다. 하지만 69년 이후의 거듭된 가뭄으로 엄청난 피해가 발생한다. 또한 우라늄 매장량이 세계 5위로 니제르 수출품의 80%를 차지하고 있다.

하지만 최근 우라늄 가격의 하락으로 또다시 경제에 심각한 타격을 입고 있다. 게다가 최근 발발한 군부 쿠데타를 비난하며 미국, 프랑스 등 서방측이 경제원조를 중지하고 게다가 유럽연합도 반년 간 경제원조를 중지하겠다고 결정함에 따라 경제난은 더욱 심각해지고 있다.

☞ **사회와 문화**

니제르의 국민은 6개 부족으로 구성되어 있으며 대개 목축 중심의 민족과 농경 중심의 민족으로 나뉜다.

아프리카 여러 나라들과 마찬가지로 이 나라 역시 민족 간의 분쟁이 최대의 국가적 문제이다. 게다가 갈수록 사하라 사막이 조금씩 농경지를 침식하는 사태가 발생하여 국민의 생활터전을 위협하고 있다. 이에 니제르는 정부 차원에서 녹화사업을 추진하고는 있지만 아직은 미흡한 상태이다.

말리 공화국
(Republic of Mali)

— 독립일 : 1960년 9월 22일, UN 가맹일 : 1960년 9월 28일 —

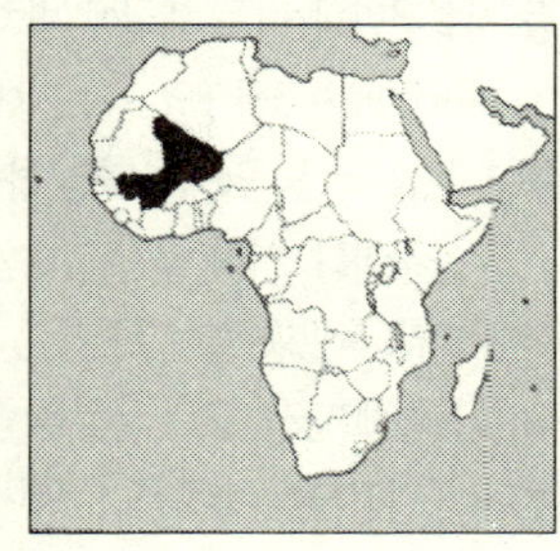 

☞ 주요 통계 자료

・면　　적	124만 2000㎢
・인　　구	983만 3000명(95년)
・수　　도	바마코(Bamako) 인구 75만 명(94년)
・주요 도시	세구, 몹티
・주요 민족	반바라족(최대 종족), 그 밖에 프라니족, 세누포족, 투아레크족 등
・언　　어	프랑스어(공용어) 아라비아어, 베르베르어도 일부 통용
・종　　교	이슬람교(65%), 전통종교(30%), 기독교(5%)
・정치 체제	공화제
・헌　　법	1992년 2월 시행
・국가 원수	대통령 알파 우마르 코나러(Alpha Oumar Konare) 직선제 임기 5년 92년 6월 8일 취임
・의　　회	1원제 116석 직선제 임기 3년
・내　　각	대통령이 임명 총리 부바카르 케이타(Boubacar Keita) 94년 10월 25일 개조
・주요 정당	말리민주동맹, 민주화주도 전국회의, 민주진보연합, 민주진보당, 아자와드 통일전선운동
・국민총생산	24억 달러(95년)
・1인당 GNP	250달러(95년)
・통화 단위	CFA 프랑(Franc). 1달러＝526.15프랑(97년 1월)
・주요 자원	인광석, 우라늄, 금
・주요 공산품	금세공품
・주요 농산물	면화, 사탕수수, 땅콩, 쌀. 조
・무　　역	수출 3억 9700만 달러, 수입 6억 8100만 달러(95년)

(자료원 : 말리 정부 발표 / World Yearbook 97)

☞ 자연 환경

알제리, 모리타니 등 7개국과 인접한 내륙국으로 북부와 중부는 사하라 사막의 일부로 유목민의 생활 터전이다. 반면 니제르 강 유역의 남부는 농경지대. 기후는 전반적으로 고온 건조한 편이며, 연평균 기온은 약 25℃에서 32℃ 정도이다.

☞ 간추린 역사

11세기까지 가나제국이 이 지역을 지배. 하지만 13세기부터 흑인 부족 만딩크족이 말리제국을 수립, 영역을 확대한다. 이슬람 문화가 침투한 시기도 바로 이 때. 이후 모로코의 지배를 거쳐 프랑스의 식민지로 편입.

1958년 11월 프랑스 식민지에서 공동체 내 공화국으로 독립하여 60년 6월 세네갈과 연방을 결성함으로써 완전 독립한다. 하지만 세네갈의 분리 독립으로 60년 9월 단일 공화국이 된다. 초대 대통령으로 독립유공자 게이타가 취임하지만 68년 트라오레 중위가 이끄는 군부에 의해 실각하고 만다. 이후 트라오레의 군정이 10여 년 동안 이어진다.

☞ 정치와 경제

트라오레가 이끈 10여 년의 세월은 독재정치로 악명높다. 따라서 79년 말부터 학생을 중심으로 한 반정부 활동이 전개되면서 민주화를 요구하는 시위와 폭동이 전국을 휩쓴다. 91년 3월 아마두 투레가 이끄는 군부가 트라오레 정권을 타도하고 '국민화해 평의회' 설치. 이후 투레 정권은 복수정당제를 도입하는 등 사회전반의 민주 개혁에 박차를 가한다.

한편 92년 3월 8일 총선거에서 말리민주동맹이 129석 중 76석을 확보하여 집권 여당으로 등장한다. 이어 실시된 대선에서도 동당의 코나레 후보가 결선투표까지 가는 격전 끝에 대통령에 당선, 오랜 군정을 종식시키고 최초의 문민정부를 발족한다. 95년 5월 코나레 대통령은 그 동안 분리독립을 요구하며 끊임없이 반정부무력투쟁을 벌여온 투아레그족의 아사와드 이슬람전선과 비밀리에 접촉하기 시작, 근 1년여간의 끈질긴 협상 끝에 96년 6월 마침내 화해 의식을 거행한다. 다음 총선은 97년 8월로 예정되어 있다.

말리는 1인당 GNP가 200달러 정도의 가난한 나라. 주산업은 농업과 목축이다. 지하자원이 비교적 풍부한 편이지만 개발의 능력이 없어 묻혀져 있는 상태. 최근 서방측의 원조를 통해 자원개발 등, 경제부흥을 꾀하고 있다. 남북 동시 수교국.

☞ 사회와 문화

사하라 사막의 확장과 10여 년에 걸친 가뭄으로 식수조차 없을 만큼 심각한 기근 상태. 수많은 난민들을 살리기 위해 유네스코 등에서 지원하지만 처참한 상황은 여전하다.

모리타니 이슬람교 공화국
(Islamic Republic of Mauritania)

— 독립일 : 1960년 11월 28일, UN 가맹일 : 1961년 10월 27일 —

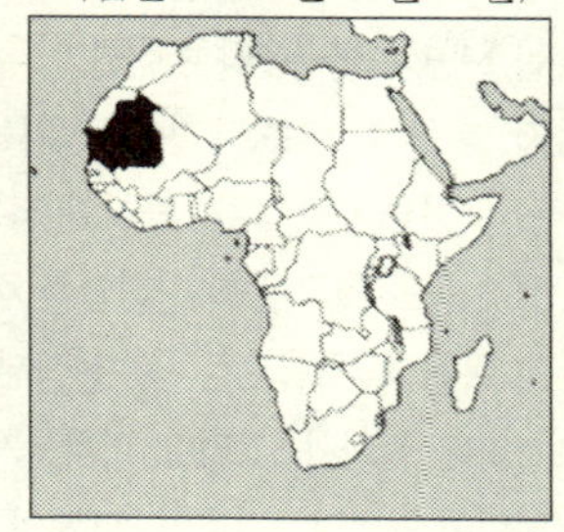 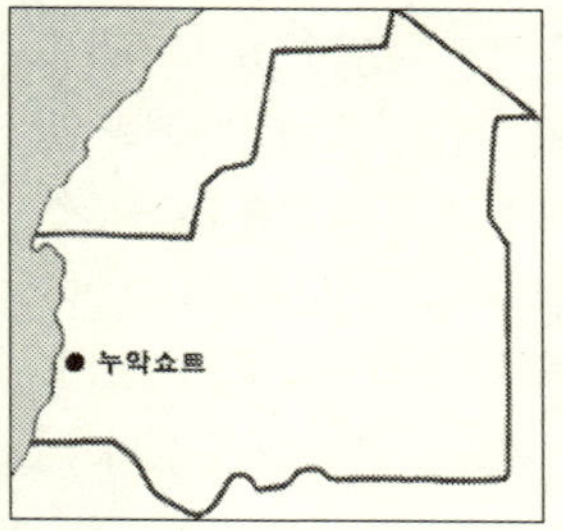

☞ 주요 통계 자료

·면　　　적	103만 700㎢
·인　　　구	226만 명(95년)
·수　　　도	누악쇼트(Nouakchott) 인구 80만 명(93년)
·주요 도시	누아디브, 카에디, 키파, 프레리크
·주요 민족	베르베르계의 몰인(70%), 그 밖에 투쿠루루족, 와로프족 등 흑인, 백인계 유목인 푸루족
·언　　　어	아라비아어, 프랑스어(둘 다 공용어)
·종　　　교	이슬람교(국교 약 100%)
·정치 체제	공화제
·헌　　　법	1991년 7월 신헌법 제정
·국가 원수	대통령 마우이야 울드 시디 아메드 타야(Maouiya Ould Sidi Ahmed Taya) 직선제 임기 5년 84년 12월 취임
·의　　　회	2원제 하원(79석 임기 5년 직선제) 상원(56석 임기 6년 간선제) ★ 상원의석 중 3석은 국외 모리타니인
·내　　　각	대통령이 임명 총리 체크엘 아피아 울드 모하메드 쿠나(Cheikh El Afia Ould Mohamed Khouna) 96년 10월 24일 성립
·주요 정당	공화민주사회당, 민주세력연합, 개혁당, 민주주의국민통일운동
·국민총생산	10억 달러(95년)
·1인당 GNP	470달러(95년)
·통화 단위	우귀야(Ouguiya). 1달러＝138.29우귀야(96년 10월)
·주요 자원	철, 동
·주요 공산품	식품가공제품, 직물
·주요 농산물	조, 쌀, 밀, 쇠고기
·무　　　역	수출 3억 5600만 달러, 수입 7억 4000만 달러(94년)

(자료원 : World Yearbook 97 / 세계 각국 요람)

☞ 자연 환경

모리타니는 국토의 2/3를 차지하는 사하라 사막지대와 수도 누악쇼트 부근 대서양 연안의 평야지대로 크게 나눌 수 있다. 따라서 기후도 사막지대는 건조하고 습도가 거의 없는 반면 해안지대는 카나리아 해류에 편승, 습하고 무더운 바람이 분다. 해안지대의 강수량도 연간 100㎜ 내외. 사막지대는 오아시스 주변을 제외하고는 사람이 거의 살 수 없다.

☞ 간추린 역사

원래 이 지역엔 북아프리카의 베르베르인들이 흩어져 살았던 곳. 하지만 13세기 말리 흑인 제국에게 멸망되고 다시 16세기 무렵 아랍계 민족이 대거 유입되면서 지금의 민족 분포를 갖추게 된다. 서구인의 방문은 14세기 포르투갈인을 시작으로 스페인, 네덜란드, 영국, 프랑스인들이 진출하여 노예와 고무를 약탈해 가곤했다. 이후 1903년 프랑스의 보호령이 되고 20년에는 프랑스령 서아프리카에 편입되었다가 60년 국민투표를 거쳐 정식 독립한다.

☞ 정치와 경제

독립과 동시에 공화국 헌법을 제정하고 대통령제를 채택, 초대 대통령으로 인민당 당수 목타르 다다가 취임하여 이후 4선까지 역임하다가 서사하라 문제(원래 스페인령이었던 서사하라를 인근 모로코와 분할 통치하려 했다가 토착 게릴라의 반발로 79년 결국 영유권을 포기하게 되는 사건) 등 안팎의 난제에 직면 78년 군부 쿠데타에 의해 실각한다. 현 타야 대통령은 84년 무혈쿠데타로 집권 이후 지금까지 유지. 취임 후 민주 개혁에 박차를 가해 91년 7월 국민투표로 결사·표현의 자유, 대통령 직선제 등을 골자로 한 신헌법을 채택한다. 그리고 독립 후 처음으로 복수정당제 하의 대통령 선거에서 당선, 그리고 의회선거에서도 집권여당인 공화민주사회당(PRDS)이 전체 79석 중 67석을 차지하여 절대다수를 이룬다.

노동인구의 약 80%가 농민. 하지만 경지면적은 전 국토의 1% 정도 밖에 안 되어 먹고 살기가 힘든 나라이다. 게다가 서사하라 문제로 타격을 받아 한때는 몰락지경이었지만 최근 들어 서서히 회복되어가는 추세. 특히 모리타니 정부는 풍부한 지하자원(철광석, 동 등)의 개발에 역점을 두고 있다. 남북 동시 수교국. 한국과는 어업관계가 밀접하다.

☞ 사회와 문화

주민은 북아프리카로부터 이동해온 베르베르인과 아랍인의 혼혈인 몰인이 약 70%, 수단계 흑인 약 30%를 차지하고 있는데, 해마다 흑인계의 인구 비중이 늘고 있다. 의무 교육제는 없으며, 취학률은 초등학교의 경우 65% 내외, 중등학교는 15% 내외를 기록하고 있다.

세네갈 공화국
(Republic of Senegal)

— 독립일 : 1960년 8월 20일, UN 가맹일 : 1960년 9월 28일 —

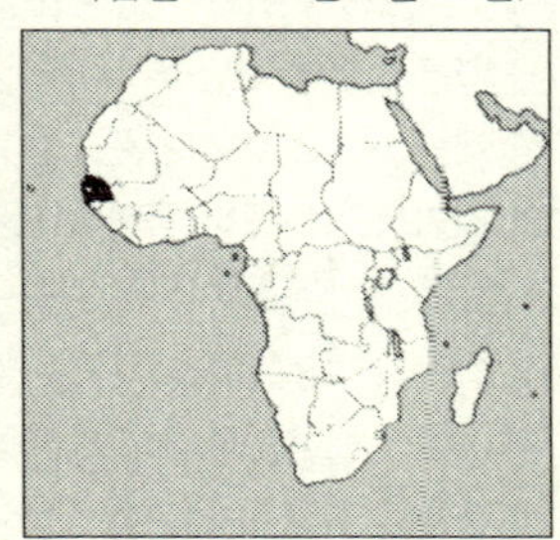 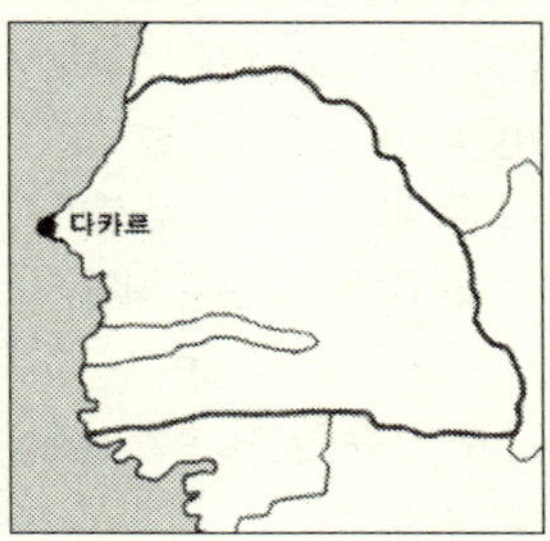

☎ 주요 통계 자료

·면 적	19만 6192㎢
·인 구	835만 명(95년)
·수 도	다카르(Dakar) 인구 153만 명(94년)
·주요 도시	티에즈, 카올라크
·주요 민족	올로프족(36%), 플라니족(17%), 세레르족(16%)
·언 어	프랑스어(공용어) 올로프어, 세레르어 등
·종 교	이슬람교(92%), 기독교(2%), 전통종교(6%)
·정치 체제	공화제 대통령 중심제
·헌 법	1963년 공포 81, 83, 91, 92년에 각각 개정
·국가 원수	대통령 압두 디우프(Abdou Diouf) 직선제 임기 7년 93년 2월 3선
·의 회	1원제 120석 직선제 임기 5년
·내 각	대통령이 임명 총리 하비브 티암(Habib Thiam)
·주요 정당	세네갈 사회당, 세네갈 민주당, 아프리카 민주사회주의당, 사회주의 통일운동, 국민발전 행동당
·국민총생산	48억 달러(95년)
·1인당 GNP	570달러(95년)
·통화 단위	CFA 프랑(Franc). 1달러=526.15프랑(97년 1월)
·주요 자원	인광석, 철광석, 수산자원
·주요 공산품	식료품, 섬유류
·주요 농산물	면화, 땅콩, 쌀, 조, 목축
·무 역	수출 8억 3600만 달러, 수입 10억 8300만 달러(94년)

(자료원 : 세네갈 통계청 / World Yearbook 97)

☞ 자연 환경

세네갈의 국토는 전체적으로 평평한 편. 북동부에서 중부에 걸쳐 반사막지대가 펼쳐져 있고 남부 지역은 완전한 열대지대. 간혹 사바나 지대도 눈에 띈다. 기후는 우계(7월~10월)와 건계(11월~6월)로 나뉜다. 우계 때는 습기 많은 남동 계절풍이 사하라 사막 쪽으로 불며, 건계 때는 카나리아 해류의 영향으로 시원한 무역풍이 분다. 해안지역은 비교적 온난한 기온에 습도가 많은 반면 내륙으로 갈수록 건조한 사하라의 열풍이 휘감는다.

☞ 간추린 역사

14~16세기에 토착 부족이 건립한 3개의 왕국이 있었지만 16세기에 접어들면서 서구 열강의 진출로 몰락. 이후 프랑스가 1815년 빈 조약을 통해 지배권을 획득한다. 원래 지리적으로 아프리카 진출의 교도보와도 같은 곳으로 프랑스는 철도 건설과 다카르 항 건설 등을 통해 아프리카의 전진 기지로 삼는다. 2차대전 후 아프리카 전역에 민족의식이 고양됨에 따라 각 나라마다 독립운동이 고조되어 58년 자치권을 인정받고 2년 후인 60년에 프랑스 연방으로부터 탈퇴, 완전 독립한다.

☞ 정치와 경제

독립 전 프랑스 국회의원이자 아프리카 흑인정신의 기수인 레오폴드 셍고르가 초대 대통령으로 취임. 비동맹 중립주의를 표방하면서 친서방 정책을 추진하여 세네갈의 근대화에 크게 기여한다. 셍고르는 80년 12월, 고령을 이유로 정계 은퇴. 디우프 총리가 그를 이어 대통령에 취임한다. 이후 디우프는 88년과 93년 선거에서 연속 승리를 거두며, 현재 3선 재임 중. 그러나 디우프 및 세네갈 사회당의 장기집권에 대한 불만이 고조되고 경제난과 실업 증대 등을 이유로 민중의 폭동이 끊이질 않는다. 이에 따라 정부는 세네갈 민주당 등 야당연합블록인 '세네갈 변혁동맹'과 정치적 협상을 전개, 95년 3월 여, 야를 막론한 연립내각을 발족하기도. 한편 세네갈 사회당은 96년 3월 당대회를 통해 디우프 대통령을 차기 2000년의 대통령 후보로 추대하고, 신당인 '국민발전행동당'을 결성한다.

농업인구가 75%를 차지하는 농업국. 땅콩이 주산물로 수출의 25%를 차지. 또한 대서양의 어장을 활용, 수산업으로도 한몫을 보고 있다. 정부는 인접한 모리타니, 말리와 함께 세네갈 강 유역 개발사업을 추진 중이며, 다카르 자유무역지대 설립 등 대형 프로젝트 실현에 박차를 가하고 있다. 남북 동시 수교국.

☞ 사회와 문화

전체 인구 중 36%를 울로프족이 차지. 종교는 이슬람교도가 85%를 그 밖에 전통종교와 기독교 등이 있다. 세네갈인은 혈연과 친구를 각별히 여기는 대가족주의지만 생면부지의 손님들에게도 무척 친절한 편이다.

감비아 공화국
(Republic of The Gambia)

— 독립일 : 1965년 2월 18일, UN 가맹일 : 1965년 9월 21일 —

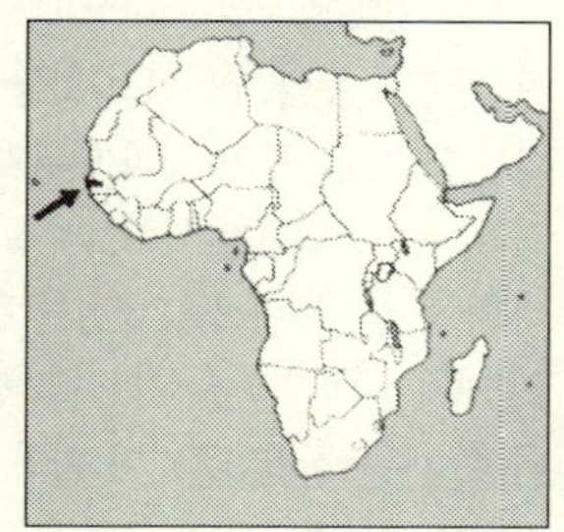
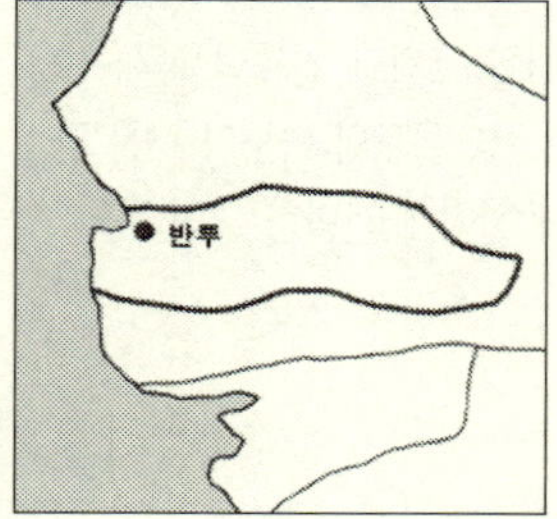

☞ 주요 통계 자료

·면　　　적	1만 1295㎢
·인　　　구	100만 명(95년)
·수　　　도	반줄(Banjul) 인구 4만 4200명(94년)
·주요 도시	셀레쿤다, 바가우, 조지타운
·주요 민족	만딩카족(42%), 훌라족(18%), 올로프족(16%), 졸라족(10%), 세라프리족(9%) 등
·언　　　어	영어(공용어) 그 밖에 만딩카어, 올로프어 등
·종　　　교	이슬람교(85%), 기독교(10%), 전통종교
·정치 체제	공화제
·헌　　　법	1996년 8월 8일 성립
·국가 원수	대통령 야히야 잠메(Yahya Jammeh) 96년 10월 18일 취임
·의　　　회	1원제 49석
·내　　　각	대통령이 임명 총리 없음
·주요 정당	애국재건동맹, 통일민주당, 국민화해당
·국내총생산	3억 6410달러(95년)
·1인당 GDP	350달러(95년)
·통화 단위	달라시(Dalasi). 1달러＝9.88달라시(97년 1월)
·주요 자원	수산자원, 관광자원
·주요 공산품	식료품
·주요 농산물	땅콩, 야자기름
·무　　　역	수출 1억 2700만 달러, 수입 2억 100만 달러(95년)

(자료원 : World Yearbook 97 / 세계 각국 요람)

☞ 자연 환경

아프리카 대륙의 서쪽 끝, 세네갈 공화국에 포위되어 있는 나라. 특이한 점은 수도 반줄이 대서양에 떠 있는 센트마리 섬에 있다는 것이다. 기후는 11월~5월의 건계와 6월~10월의 우계로 나뉘는데 온도와 습도가 낮은 건계가 비교적 사람 살기에 적당한 편이다.

☞ 간추린 역사

5세기~8세기까지 가나 제국의 일부로 있다가 13세기에 말리제국의 지배 하에 놓인다. 15세기 중반 포르투갈 선적이 처음으로 이 곳을 찾기 시작하면서 서구열강의 각축장으로 돌변. 18세기 말경부터 영국이 지배. 이후 영국은 150여 년간 통치한다. 1963년 10월 총선거로 자치권 인정을 결정, 65년 2월 자치 정부를 출범시키면서 독립한다. 70년 공화국 감비아로 거듭 태어나면서 초대 대통령으로 자와라가 취임. 92년 4월 선거에서 국민의 압도적 지지로 6선 대통령이 된다.

☞ 정치와 경제

감비아 정치사의 최대 문제는 이웃 세네갈과의 합방 문제. 양국은 67년 4월 '합방에 관한 협정'을 체결, 정부 차원에서 합치기로 결정했지만 인구·경제력 등의 차이로 결별. 이후 81년 7월 자와라 대통령이 런던을 방문하던 중 자국 내에 쿠데타 발생. 이에 대해 세

네갈 정부가 즉각 군사를 동원 반란군을 진압. 이 사건을 계기로 양국은 다시 '세네 감비아 연방 결성 협정'을 체결하여 연합국가로 나아가려 했으나 89년 8월 경제력에 앞선 감비아 국민의 반대에 부딪혀 다시 해체된다. 94년 7월, 군부의 무혈 쿠데타가 발생, 자와라 대통령은 세네갈로 도피. 자머 대위가 모든 실권을 장악, 통치평의회를 설치하며 의장에 오른다. 이후 자머는 95년 2월, 군정을 단축하고 96년 7월까지 민정이양을 하겠다고 발표. 또한 95년 4월에는 헌법위원회가 발족, 신헌법 제정 작업에 들어간다. 96년 8월 8일, 마침내 복수 정당제 등을 내용으로 한 신헌법이 국민투표를 거쳐 성립되고, 이어 9월 26일에는 대통령 선거에서 자머는 56%의 득표율을 획득, 새 대통령으로 취임한다. 또한 의회선거는 예정보다 한 달 늦은 97년 1월 27일에 치러져 대통령이 소속된 애국재건동맹이 전체 49석 중 33석을 획득, 집권여당의 자리를 굳힌다.

농산물이 풍부한 나라로 땅콩은 수출품의 93%를 차지할 정도로 나라 경제의 주축이다. 우리 나라와는 어업협정을 체결 쌍방 간에 경제적 이해를 돕고 있다. 남북 동시 수교국.

☞ 사회와 문화

사회 전반에 이슬람교의 색채가 짙게 배어 있다. 주민의 80%가 이슬람교도. 감비아는 특히 알렉스 헤일리가 집필한 '뿌리'의 배경이 되는 나라. 따라서 최근 이 나라에 대한 미국 흑인들의 관심이 높다. 문맹률 80%.

카보베르데 공화국
(Republic of Cape Verde)

— 독립일 : 1974년 7월 5일, UN 가맹일 : 1975년 9월 16일 —

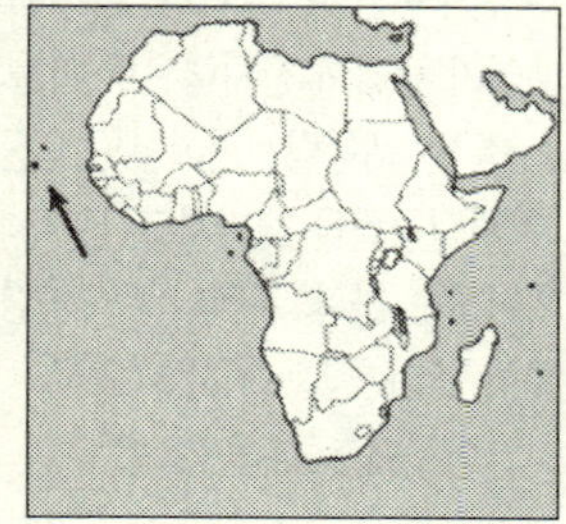

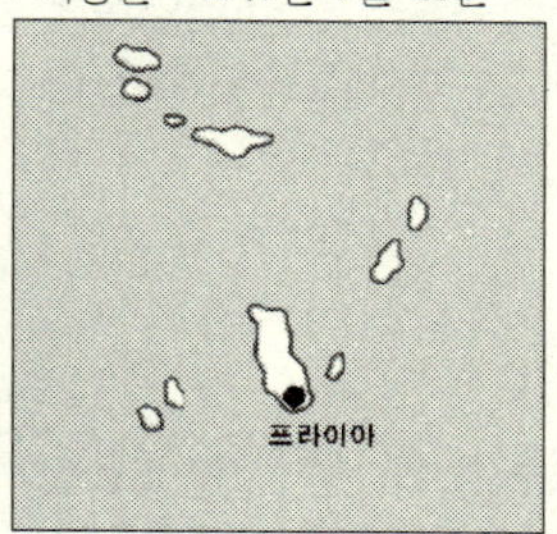

☞ 주요 통계 자료

·면　　　적	4033㎢
·인　　　구	39만 명(95년)
·수　　　도	프라이아(Praia 산디아고섬에 위치) 인구 12만 명(95년)
·주요 도시	민델로, 페드라루메, 타라팔
·주요 민족	흑인과 포르투갈인의 혼혈(약 70%) 그 밖에 기니계
·언　　　어	포르투갈어(공용어)
·종　　　교	카톨릭(98%)
·정치 체제	공화제
·헌　　　법	1980년 9월 개정
·국가 원수	대통령 안토니오 마스카레냐스 몬테이로(Antonio Mascarenhas Monteiro) 직선제 임기 5년 91년 3월 취임 96년 2월 18일 재선
·의　　　회	1원제 72석 직선제 임기 5년
·내　　　각	총리는 대통령이 지명한 인물에 대해 의회에서 선출 총리 카를로스 알베르토 와논 데 카르발호 베이가(Carlos Alberto Wahnon De Carvalho Veiga) 96년 3월 1일 개각
·주요 정당	민주운동, 카보베르데 독립아프리카당, 사회민주당
·국민총생산	3억 7000만 달러(95년)
·1인당 GNP	970달러(95년)
·통화 단위	에스쿠도(Escudo). 1달러＝82.97에스쿠도(97년 1월)
·주요 자원	수산자원
·주요 공산품	식료품
·주요 농산물	커피, 바나나, 옥수수, 콩류

(자료원 : World Yearbook 97 / 세계 각국 요람)

☞ 자연 환경

대서양 위에 떠 있는 섬나라로 세네갈에서 약 500㎞ 떨어져 있다. 화산 열도에 속하며, 15개의 섬으로 구성. 기후는 5월~10월의 우계를 제외하고는 건조한 편. 대륙의 모래바람으로 기온도 무척 높은 편이다.

☞ 간추린 역사

1446년 포르투갈인에 의해 처음 발견된 이후 2차대전 후까지 포르투갈의 식민지로 존재. 1956년 기니비사우와 기니비사우 카보베르데 독립 아프리카당(PAIGC)를 결성, 61년부터 무장 게릴라전을 전개. 1974년 포르투갈 정국의 혼란을 틈타 독립을 쟁취한다. 독립 후 카보베르데의 최대 쟁점은 PAIGC를 함께 이끌며 독립투쟁을 펼쳤던 기니비사우와의 통합 문제로 경제와 치안 등 사회전반에 걸쳐 밀접한 공조체제를 구축하고 양국 합동의 국가평의회를 설치, 통합 준비에 박차를 가한다. 하지만 통합문제는 인종 및 종교의 차이로 말미암아 실패로 돌아감. 이후 1980년 국가평의회의 주도로 재차 통합을 시도하지만 통합 반대파 페레이라의 쿠데타로 좌절된다.

☞ 정치와 경제

3선을 역임한 페레이라 대통령은 국내외 민주화 열기에 굴복, 결국 90년 9월 헌법개정을 통해 1당독제를 마감하고, 시장경제 지향을 천명. 91년 1월과 2월에 각각 치러진 총선거 및 대통령 선거에서 당시 야당이었던 민주운동(MPD)의 베이가 총리와 안토니오 몬테이로 콤비가 압승을 거두며 정권을 장악한다. 이후 민주운동 내 불협화음이 계속 이어졌으나 베이가 총리의 정치력으로 이를 극복, 96년도 총선 및 대통령선거에서도 압도적인 차이로 다른 정당들을 물리치고 집권 여당의 위치를 확인하는 한편, 몬테이로 대통령의 재선을 이룩해 낸다. 남북 동시 수교국.

인구의 3/4이 농업에 종사하지만 식량의 90%를 수입에 의존하고 있다. 또한 카보베르데는 옛부터 아프리카로 통하는 항만과 통신의 중계기지였기 때문에 유동 인구가 많고 해외 이민도 많은 편. 따라서 주요 외화 수입원으로는 외국 거주자에 의한 송금이 상당수(전체의 40%)를 차지하고 있다. 최근 정부는 식량자급과 경공업 및 수산업 개발에 박차를 가하고 있다. 95년 4월 포고섬의 화산이 폭발, 인근 2000여 명의 주민이 피난하였으며, 7월에는 콜레라가 창궐, 약 4000여 명의 환자를 발생시킴으로써 관광수입도 격감하였다.

☞ 사회와 문화

포르투갈인과의 혼혈이 전체 국민의 70%를 차지한다. 교육 수준은 높은 편이고 종교는 카톨릭을 국교로 삼고 있다. 한편 기니비사우는 문맹률이 높고 이슬람교와 토착종교가 주류를 이루고 있기 때문에 두 나라의 통합을 어렵게 하는 가장 큰 이유이다.

기니비사우 공화국
(Republic of Guinea-Bissau)

— 독립일 : 1973년 9월 27일, UN 가맹일 : 1974년 9월 17일 —

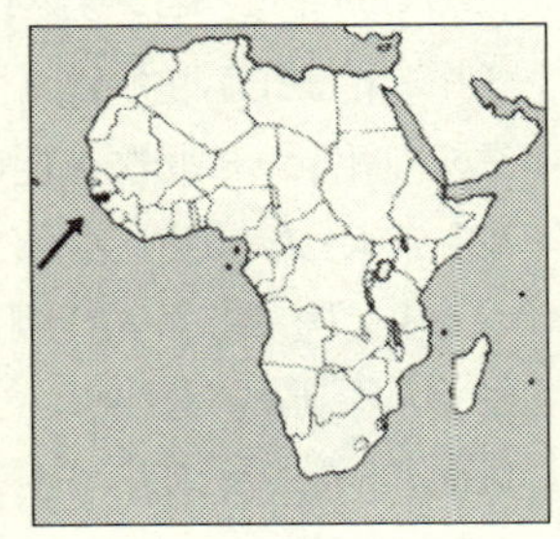
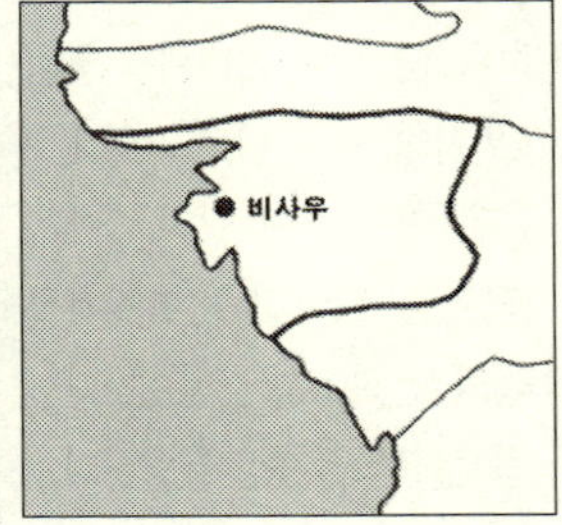

☞ 주요 통계 자료

·면　　　적	3만 6125㎢
·인　　　구	107만 명(95년)
·수　　　도	비사우(Bissau) 인구 19만 3000명(95년)
·주요 도시	오이오, 카체우, 바파타
·주요 민족	바란테스족(30%), 플라니족(20%), 말링케족(14%), 만딩카족(13%) 등
·언　　　어	포르투갈어(공용어)
·종　　　교	전통종교(60%), 이슬람교(35%), 카톨릭(5%)
·정치 체제	공화제
·헌　　　법	1984년 5월 신헌법 제정 91년 5월 개정
·국가 원수	대통령 조앙 베르나르도 비에이라(Joao Bernardo Vieira) 직선제 임기 5년 94년 8월 7일 취임
·의　　　회	1원제 100석 직선제 임기 5년
·내　　　각	대통령이 임명 총리 마누엘 사투르니오 다코스타(Manuel Saturnino Da-Costa) 96년 1월 19일 일부 개각
·주요 정당	기니·카보베르데 독립아프리카당, 기니비사우 저항운동, 사회개혁당
·국민총생산	2억 700만 달러(95년)
·1인당 GNP	270달러(95년)
·통화 단위	기니 페소(Peso). 1달러＝2만 3418페소(97년 1월)
·주요 자원	보크사이트, 인광석, 수산자원
·주요 공산품	식료품
·주요 농산물	쌀, 땅콩, 코코아

(자료원 : World Yearbook 97 / 세계 각국 요람)

☞ 자연 환경

세네갈, 기니와 인접한 대륙의 본토와 비사우섬, 비사고스 제도의 여러 섬으로 구성되어 있다. 해안지방은 밀물 때 육지의 1 / 10이 잠길 정도로 저지대이다. 반면 기니와의 국경지대는 완만한 고원지대. 또한 남부는 열대수림이 우거진 밀림지대를 이루고 있다.

기후는 전반적으로 고온 다습하다. 계절은 우계(6월~11월)와 건계(12월~5월)로 나뉘며 말라리아 등 풍토병이 많기로 유명하다.

☞ 간추린 역사

12세기에서 14세기까지는 말리 제국이 통치하던 곳. 이후 17세기경 포르투갈인들이 들어와 노예무역의 기지로 삼는다. 따라서 해안지역에 위치한 비사우, 카티오 등지는 노예시장을 중심으로 상당한 상업적 번영을 누리기도 했다.

2차대전 후인 1956년, 백인과 기니인의 혼혈인 카프랄 서기장을 중심으로 PAIGC(기니비사우·카보베르데 독립 아프리카당)가 결성되면서 본격적인 독립운동을 전개한다. 포르투갈군과 10여 년간에 걸친 무장투쟁 끝에 73년 독립을 쟁취한다.

☞ 정치와 경제

73년 9월 전국 인민대표자 회의를 소집하고 독립을 선포. 초대 국가위원회 의장으로 루이스 카프랄이 취임한다. 하지만 80년 비에이라가 이끄는 군부의 쿠데타에 의해 실각하고 만다. 비에이라는 스스로 국가원수에 취임하고 서구 제국 및 인접국들과의 관계 긴밀화를 표명한다. 그리고 91년 5월에는 의회에서 민주화 개혁안을 결의하였다.(인접국 카보베르데와의 관계는 카보베르데 편에서 참조.)

94년 7월 3일, 복수정당제 하에서 처음으로 실시된 대통령 선거에서 현직의 비에이라 대통령이 결선투표까지 가는 혈전 끝에 사회개혁당의 당수 야라 씨를 누르고 당선. 한편 대통령 선거 직후 치러진 의회선거에서는 현 대통령의 소속정당인 기니·카보베르데 독립 아프리카당이 62석을 얻어 과반수 확보에 성공, 집권당의 위치를 더욱 공고히 했다.

기니비사우 역시 농업인구가 전체 인구의 80%를 점하는 농업국으로 땅콩과 쌀, 코코아 등이 생산된다. 최근 대량의 보크사이드가 발견되었지만 아직 개발 단계에 들어서지는 못하고 있다.

☞ 사회와 문화

도시와 농촌 간의 격차가 심해 여러 가지 사회문제를 일으키고 있다. 정부는 농촌 개화를 위해 교육을 중심으로 여러 가지 정책을 시행하고 있지만 문맹률은 여전히 높은 편이다(거의 70%).

기니 공화국
(Republic of Guinea)

— 독립일 : 1958년 10월 2일, UN 가맹일 : 1958년 12월 12일 —

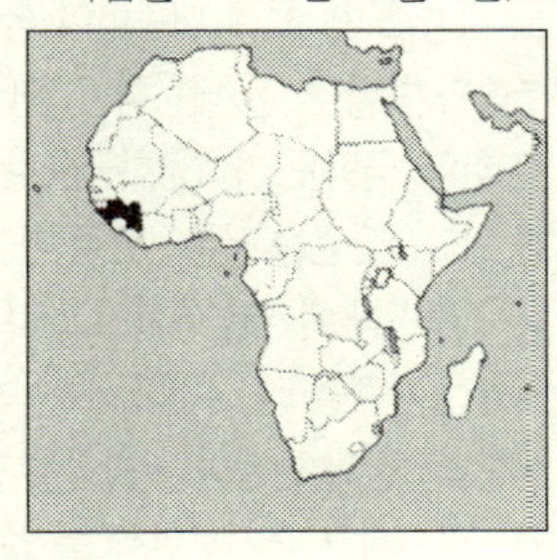
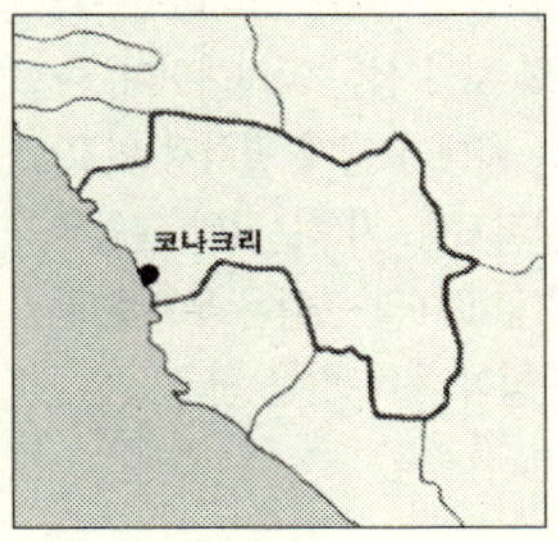

☞ 주요 통계 자료

·면　　　적	24만 5857㎢
·인　　　구	670만 명(95년)
·수　　　도	코나크리(Conakry) 인구 52만 6000명(95년)
·주요 도시	칸칸, 킨디아
·주요 민족	말링케족(30%), 페우루족(30%), 스스족(15%), 브제론족(15%)
·언　　　어	프랑스어(공용어) 그 밖에 말른케어, 스스어
·종　　　교	이슬람교(95%), 기독교(1.5%), 그 밖에 전통종교
·정치 체제	공화제
·헌　　　법	1991년 12월 23일 신헌법 제정
·국가 원수	대통령 란사나 콘테(Lansana Conte) 직선제 84년 4월 취임 민정이양 후 93년 12월 당선
·의　　　회	1원제 114석 임기 5년
·내　　　각	대통령이 임명 총리 시디야 토우레(Sidya Toure) 96년 7월 9일 개조
·주요 정당	통일전진당, 기니인민집결당, 신공화국연합, 재생전진당, 기니번영연합, 민주세력동맹
·국민총생산	36억 달러(95년)
·1인당 GNP	540달러(95년)
·통화 단위	기니 프랑(Franc). 1달러＝100C프랑(97년 1월)
·주요 자원	보크사이트, 다이아몬드, 철, 금
·주요 공산품	보석세공품, 직물류
·주요 농산물	쌀, 땅콩, 망고
·무　　　역	수출 7억 2500만 달러, 수입 6억 9000만 달러(95년)

(자료원 : World Yearbook 97 / 세계 각국 요람)

☞ 자연 환경

　　기니는 아프리카의 젖줄이라 할 만큼 3개의 큰 강(니제르 강, 세네갈 강, 감비아 강)의 원류를 이루고 있다. 해안지역은 기니비사우와 마찬가지로 간만의 차가 심한 저지대이며, 동에서 서로 사바나 지대가 넓게 펼쳐져 있고, 남부는 울창한 산림지대. 기후는 1월~4월은 건계로 비가 거의 없고, 6월~9월은 우계로 평균 3700㎜로 강수량이 무척 많은 편.

☞ 간추린 역사

　　원주민은 단신의 피그미족과 장신의 바가족이 합쳐진 혼혈족. 16세기 들어 북아프리카로부터 이슬람교가 들어와 많은 영향을 미쳤다고 한다. 1450년대 포르투갈 세력이 처음 들어왔기 때문에 포르투갈어로 된 강 이름이나 지명이 많다. 19세기 서구세력 중 본격적인 진출의 선두주자인 프랑스는 기니를 내륙 침략의 전진기지로 삼기 위해 9년 동안 토착 세력을 꺾고 식민지화한다. 1891년 프랑스 보호령. 1904년 프랑스령 서아프리카연방에 편입. 2차대전 후 1947년 기니 민주당 결성. 1958년 국민투표로 프랑스공동체로부터의 이탈을 결정, 같은 해 10월에 정식 독립한다.

☞ 정치와 경제

　　초대 대통령인 토레는 84년에 급사하기까지 23년 동안 기니 정국을 통치. 아프리카에서 가장 장기간 국가원수를 역임. 따라서 기니 민주당도 1당독재의 대명사로 유명. 독재체재를 무너뜨리기 위해 수 차례 쿠데타 음모가 있었지만 인근 세네갈과 코트디부아르의 도움으로 위기 모면. 토레 대통령이 죽은 직후 군사 쿠데타가 발생, 현 대통령인 콘테가 대통령으로 취임. 국명도 기니공화국으로 개칭한다. 또한 외교적으로는 전통적으로 가까운 프랑스와 더욱 긴밀한 관계를 유지하고 사회주의권과도 각별한 관계를 터 나간다. 89년 콘테 대통령은 신헌법제정과 민정이양 방침을 발표. 이어 91년 '국가재건 군사위원회'를 해산하고, 임시 입법기관인 '국가재건 임시위원회'를 발족. 91년 12월 23일 대통령 직선제, 복수정당제 등을 골자로 한 헌법개정안이 국민투표에서 98.7%의 찬성을 얻어 공포한다.

　　한편 93년 12월 19일, 국가재정을 이유로 연기되었던 대통령선거에서 통일진전당의 콘테 대통령이 51.7%의 득표율로 당선. 95년 6월 11일 복수정당제 하에서 처음으로 실시된 의회선거에서도 통일전진당이 114석 중 71석을 얻어 제1여당으로 집권한다. 반면 민주세력동맹 등 5개 야당들은 부정선거를 주장하며 '민주야당조정회의'를 결성, 투쟁에 나섰다.

　　전통적인 농업국(전체 인구의 80%가 농민)으로 옛부터 서아프리카의 곡창으로 유명하다. 하지만 최근 극심한 가뭄 등의 이유로 농업이 쇠퇴. 대신 풍부한 광물이 수출품의 97%를 차지하고 있다. 특히 이 나라의 보크사이트는 매장량 120억 톤으로 전세계 매장량의 약 30%를 차지하며 산출량도 세계 2위이다.

시에라리온 공화국
(Republic of Sierra Leone)

— 독립일 : 1961년 4월 27일, UN 가맹일 : 1961년 9월 27일 —

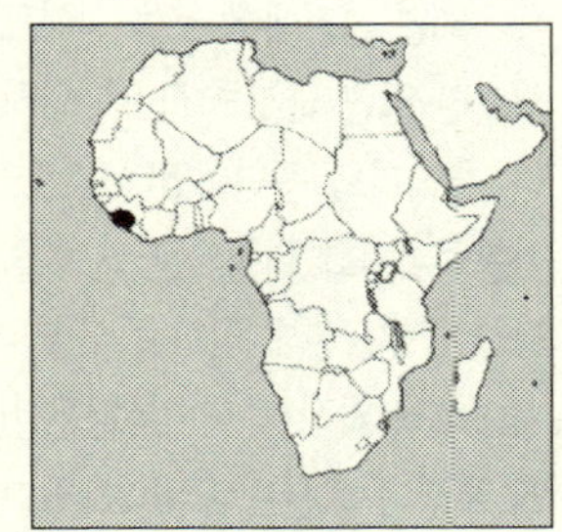
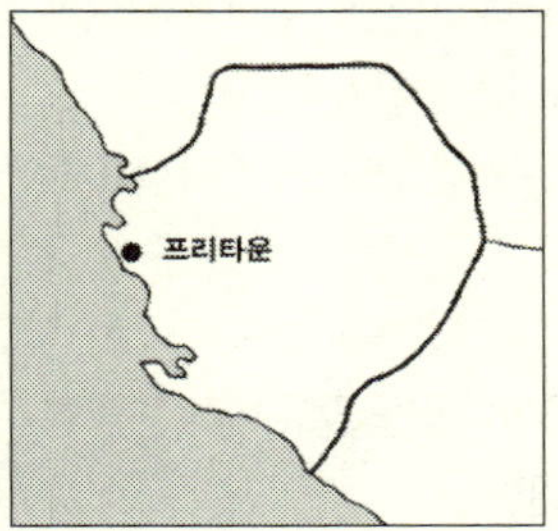

☞ 주요 통계 자료

·면　　　적	7만 1740㎢
·인　　　구	475만 명(95년)
·수　　　도	프리타운(Freetown) 인구 53만 명(95년)
·주요 도시	코이두, 보
·주요 민족	멘데, 데무네, 링바 각 쿠족과 크레올(백인과 흑인의 혼혈)
·언　　　어	영어(공용어) 그 밖에 덴데어, 데무네어, 링바어
·종　　　교	전통종교(45%), 이슬람고(30%), 기독교(25%)
·정치 체제	공화제
·헌　　　법	1978년 6월 제정 85, 89, 90, 91년에 각각 개정
·국가 원수	대통령 아흐마드 테잔 카바(Ahmad Tejan Kabbah) 96년 3월 29일 취임
·의　　　회	1원제 80석(이 중 12석은 각 지역 추장 나머지는 직선)
·내　　　각	대통령이 임명 총리 없음
·주요 정당	시에라리온 인민당, 통일전국인민당, 인민민주당
·국민총생산	8억 달러(95년)
·1인당 GNP	170달러(95년)
·통화 단위	리온(Leone). 1달러＝750리온(97년 1월)
·주요 자원	다이아몬드, 금, 철광석, 보크사이트
·주요 공산품	식료품, 보석세공품
·주요 농산물	쌀, 팜유, 코코아, 커피
·무　　　역	수출 4200만 달러, 수입 1억 3700만 달러(95년)

(자료원 : World Yearbook 97 / 세계 각국 요람)

☞ 자연 환경

시에라리온은 아프리카 대륙의 서쪽 끝, 기니와 라이베리아 사이에 위치해 있다. 해안지역은 습지대와 망고림으로 둘러쳐져 있고 고원지대인 내륙에는 급류가 많다.

시에라리온은 서아프리카에서 가장 기후가 나쁘기로 소문난 곳으로 서구인들은 이 곳을 '백인의 무덤'이라고까지 부른다. 국토 전체가 열대성 기후이며 비도 많이 내려 연간 강수량이 5000㎜ 내외이다.

☞ 간추린 역사

이 곳을 최초로 발견한 사람은 포르투갈인이지만 직접적인 통치는 영국의 손에 의해 이루어진다. 영국은 1787년에 본국에서 해방된 400명의 노예를 이 곳에 데리고 와 개발에 착수하여 현재의 수도인 프리타운을 건설한다. 19세기 초 영국의 노예제도가 폐지됨에 따라 서인도 등지로 팔려갔던 흑인 노예들이 대거 귀국 또는 이민해 왔다.

1808년 영국의 보호령. 이후 시에라리온은 1958년에 흑인 의회를 발족하면서 영연방의 일원으로 독립을 달성한다. 그러나 여러 차례의 쿠데타로 정치 불안을 초래하게 된다. 그리고 71년 공화제로 이행하면서 선거를 통해 스티브스가 대통령으로 취임한다. 이후 74년 대통령 암살사건을 계기로 스티브스의 폭정이 시작되고 이에 대해 국민들은 민주화 투쟁으로 맞선다. 한편 스티브스 정권은 '78년 헌법'을 발의하여 국민들의 반대에도 불구하고 여당인 전인민대회당의 1당체제를 강고히 구축한다.

86년 선거에서 조셉 사이드 모모가 당선되지만 92년 군부쿠데타에 의해 실각되고 만다. 쿠데타의 주역이었던 스트라세는 임시국가통치위원회 의장으로 전권을 장악한다. 그러나 군부정권에 맞서 동부 라이베리아 국경지대에서 시작된 혁명통일전선(RUF)의 게릴라 투쟁이 내전으로 비약되었다.

RUF는 95년 1월, 외국기관원들과 수녀들을 인질로 삼으며 보크사이트 광산을 폐쇄하는가 하면 세력을 확장해 수도근교까지 진격하기도 한다. 그러나 정부군은 남아프리카 용병들을 대거 투입, 반격에 나서 전황은 일진일퇴를 거듭하고 있다.

☞ 정치와 경제

RUF의 투쟁에 대해 스트라세 의장은 95년 6월 21일, 정당활동 금지령을 해제하는 등 유화책으로 방향전환해 보지만 결국 96년 1월 16일 무혈쿠데타로 스트라세 의장은 경질되고 2인자였던 비오 부의장이 의장으로 취임한다. 비오 의장은 빠른 시일내 민정이양 및 RUF와의 평화협상 등을 약속하고 있다.

따라서 대통령선거와 의회선거가 96년 2월 26, 27일 양일에 걸쳐 실시되었으며 선거결과는 카바 당수가 이끄는 시에라리온 인민당 등 여당연합이 전체 80석 중 51석을 확보하며 집권에 성공하게 된다. 또한 대통령 선거에서도 카바 당수가 통일전국인민당의 후보를 누르고 새 대통령으로 취임한다.

취임 후 카바 대통령은 평화 실현에 대한 강력한 의지를 천명하였다. 따라서 96년 11월 30일 카바 대통령과 상고 RUF의장 간에 평화 협정이 조인되고 지난 6년 동안 끌어온 치열한 내전에 종지부를 찍게 된다.

시에라리온은 다이아몬드, 철강, 보크사이트 등 천연자원이 풍부한 나라이다. 그 중 특히 다이아몬드는 수출 품목의 60%를 차지하고 있을 정도이다. 반면 식량은 주로 수입에 의존하는 지경. 또한 시에라리온은 최근 국가 재정의 주 수입원인 다이아몬드의 생산이 감소하는 추세이기 때문에 심각한 경제난에 봉착하고 있는 실정이다.

☞ 사회와 문화

이 나라의 수도 프리타운은 문화의 중심지이자 서구풍의 대도시를 형성하고 있다. 주민은 주로 흑인과 백인의 혼혈족인 크레올로 구성되어 있다. 그러나 최근 들어 원주민이었던 흑인들이 대거 유입되면서 이들 크레올들과 많은 마찰을 빚고 있다. 그리고 다수 민족으로는 멘데족과 템네족이 있으나 두 부족 간의 사이가 지극히 나쁘다.

라이베리아 공화국
(Republic of Liberia)

— 독립일 : 1847년 7월 26일, UN 가맹일 : 1945년 11월 2일(창설가맹국) —

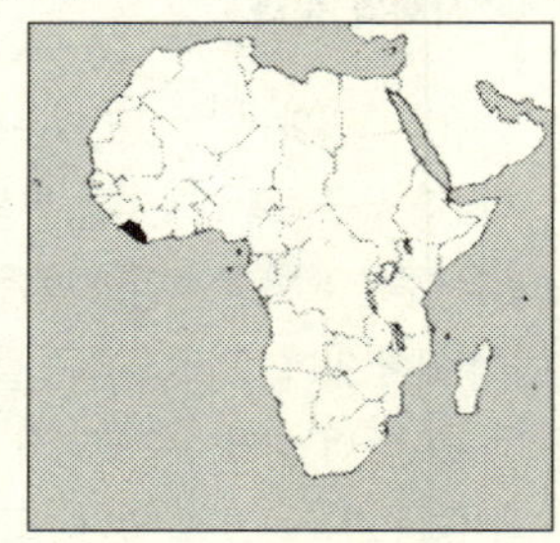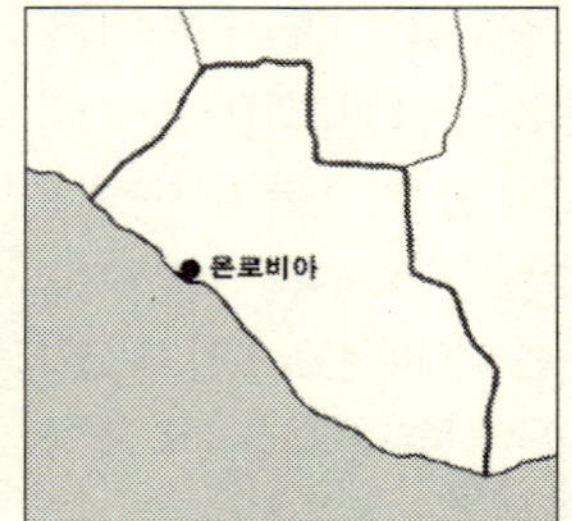

☞ 주요 통계 자료

·면　　적	11만 1370㎢
·인　　구	300만 명(95년)
·수　　도	몬로비아(Monrovia) 인구 47만 2000명(95년)
·주요 도시	로버트스포트, 부카난
·주요 민족	고라, 크펠라, 쿠루, 바사 등 16부족 아메리코·라이베리안이라 불리는 미국에서의 이민흑인 자손(5%)
·언　　어	영어(공용어) 그 밖에 각 부족어
·종　　교	기독교, 전통종교, 이슬람교
·정치 체제	공화제
·헌　　법	1984년 7월 헌법 제정 86년 1월 시행
·국가 원수	대통령 찰스 테일러(Charles Teyler) 97년 7월 23일 당선
·주요 정당	라이베리아 국민애국전선, 라이베리아 민주통일해방전선
·국민총생산	12억 달러(95년)
·1인당 GNP	390달러(95년)
·통화 단위	라이베리아 달러(Dollar). 미국 달러와 등가
·주요 자원	철광석, 천연가스, 다이아몬드, 목재
·주요 공산품	석유정제, 보석세공품
·주요 농산물	천연고무, 코코아, 커피

(자료원 : World Yearbook 97 / 라이베리아 관련 언론 보도자료)

☞ 자연 환경

라이베리아는 아프리카 대륙의 서해안, 적도 바로 북쪽에 위치한 열대의 나라로 해안선 길이가 560㎞이지만 파도가 높고 암초와 모래 구릉지가 많아 좋은 항구가 없다. 또한 내륙부는 얕은 구릉지대로 열대우림이 우거져 있다.

이 나라의 기후는 일년 내내 고온 다습하며, 기온차도 거의 없고, 2월에서 4월 사이가 가장 더운 시기이다.

☞ 간추린 역사

라이베리아는 아프리카 대륙에서 독립국으로서는 비교적 오랜 역사를 지닌 흑인 공화국으로 1847년에 독립했다. 이 곳은 19세기 초, 미국의 박애주의자들이 해방된 노예들의 안식처로 건설한 나라.

처음에는 해방 노예들이 원래 이 곳 출신들이라 원주민들과의 융합에 별 문제가 없었다. 그러나 이주자의 수가 늘어나면서 원주민들과 이주자들 사이에 분쟁이 발생하기 시작하였다. 게다가 이 나라 역시 19세기의 서구열강의 본격적인 진출 분위기 속에서 영국과 프랑스 등의 간섭이 없었던 것은 아니다. 그러나 미국을 배경하고 있었기 때문에 이들의 접근을 막아 1847년에 순조롭게 독립을 달성할 수 있었다. 또한 라이베리아는 아프리카 최초의 공화국이다.

☞ 정치와 경제

라이베리아의 정치체제는 미국의 영향을 많이 받아 거의 미국을 그대로 옮겨다 놓은 듯한 것들이다. 3권분립의 원칙 하에 임기 8년의 대통령 중심제로 입법부는 상, 하 양원제로 굴러간다. 한편 1980년 사무엘 도 상사를 중심으로 한 하사관들이 쿠데타를 일으켜 정권을 장악하였다. 그러나 90년 9월 테일러 반군에 의해 도 대통령이 피살됨으로 말미암아 본격적인 내전에 돌입하게 된다. 이에 93년 7월 제네바에서 교전 세력 간에 평화 협정을 체결하고 과도 의회를 구성한다.

95년 9월 평화협정에 따라 임시국가평의회를 발족한다. 이 의회는 국민애국전선의 테일러 의장 외에 라이베리아 민주통일전선의 크로마 의장 등 6명으로 구성되었다. 또한 9월 5일에는 임시국민정부의 주요 장관들을 임명하게 되는데 장관 20명 모두가 무장세력 출신으로 특히 외무, 내무, 법무 등 주요 자리는 모두 테일러 의장의 국민애국전선이 독점하였다.

한편 96년 4월 6일에는 평화협정에 참여하지 않았던 루스벨트 존슨파가 테일러파와 충돌하여 수도 전체를 불바다로 만들기도 한다. 이에 미국은 자국민을 보호하기 위해 함대를 파견하여 약 2000여 명의 외국인을 구출해 내기도 하였다.

96년 8월 17일, 나이지리아의 아부자에서 무장 6개파 대표가 모여 역사적인 정전에 합의함으로써 96년 1월까지 모든 무장해제를 완료하고, 이후 총선거를 치를 때까지 국정을 운영할 임시국가평의회 의장에 루스 페리 전상원의원(여성)을 지명한다.

그리고 97년 7월 22일 대통령 선거를 실시하는데 여기서 애국전선의 찰스 테일러 의장이 압도적인 득표율로 1위, 새 대통령에 취임한다.

라이베리아의 주요 산업은 원래 천연고무 생산이었지만 50년대부터 철광석 생산에 매진, 최대의 산업으로 부상하였다. 그리고 최근에는 목재 개발로도 한몫을 보고 있다. 하지만 개발 자본이나 금융권은 거의 미국 자본에 의해 굴러간다.

☞ 사회와 문화

라이베리아의 주민은 크게 미국에서 이주해 온 해방노예의 자손들인 아메리코·라이베리안(전체 인구 약 5%)과 원주민(약 16개 부족)으로 나뉜다. 전자는 주로 도시에서 사회의 지배층을 이루며 살고 있고, 후자는 지방에서 농업에 종사하는 경우가 태반이다. 따라서 라이베리아는 다른 아프리카의 나라들에 비해 정치적으로나 경제적으로는 안정되어 있으면서도 이들 부족 간의 갈등으로 심각한 위기 국면을 맞이하고 있는 실정이다. 지난 7년 동안의 내전으로 모두 15만 명 이상의 사망자와 260만 명 이상의 난민이 발생하였다.

코트디부아르 공화국
(Republic of Cote d'Ivoire)

— 독립일 : 1960년 8월 7일, UN 가맹일 : 1960년 9월 20일—

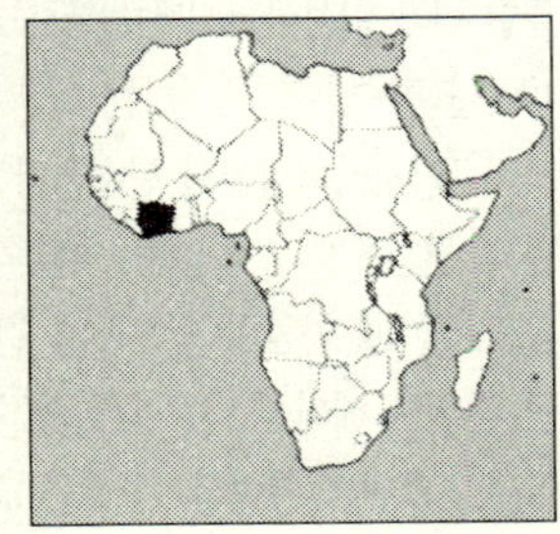
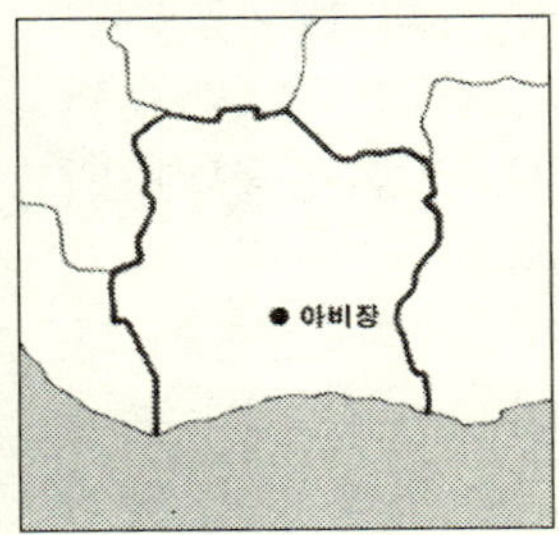

☞ 주요 통계 자료

·면　　　적	32만 2463㎢
·인　　　구	1430만 명(95년)
·수　　　도	아비장. 인구 10만 7000명(95년)
·주요 도시	부아케, 다로아
·주요 민족	세누포족(북부), 바울레족(중부), 등 약 60여 종족
·언　　　어	프랑스어(공용어) 그 밖에 줄라어, 바데어 등
·종　　　교	이슬람교(북부중심 30%), 기독교(남부중심 10%)
·정치 체제	공화제 대통령 중심제
·헌　　　법	1960년 10월 공포 90년 11월, 94년 12월 일부 개정
·국가 원수	대통령 헨리 코난 베디에(Henri Konan Bedie) 직선제 임기 5년 93년 12월 7일 취임
·의　　　회	1원제 175석 직선제 임기 5년
·내　　　각	대통령이 임명 총리 다니엘 카블란 던칸(Daniel Kablan Duncan) 96년 8월 10일 일부 개각
·주요 정당	코트디부아르 민주당, 민주공화동맹, 이보와르 인민당
·국민총생산	87억 달러(95년)
·1인당 GNP	610달러(95년)
·통화 단위	CFA 프랑(Franc). 1달러＝526.15프랑(97년 1월)
·주요 자원	석유, 목재, 수산자원
·주요 공산품	식료품(주로 차 종류), 목공예품
·주요 농산물	커피, 코코아, 면화
·무　　　역	수출 37억 6700만 달러, 수입 33억 2400만 달러(95년)

(자료원 : 공화국 정부발표 자료 / World Yearbook 97)

☞ 자연 환경

기니 만을 끼고 약 550㎞의 해안을 가진 적도 바로 북쪽의 나라. 남부 해안지대(전체 국토의 1/3)는 광활한 개펄이 펼쳐져 있고 북으로 갈수록 표고 500m 정도의 구릉지대가 이어진다. 또한 기니와의 국경 부근은 울창한 산악지대를 이루고 있다.

열대우림지대인 해안지역은 연중 고온다습하고 특히 비가 많기로 유명하다(연간 강수량 3000㎜ 내외). 반면 중부와 북부는 사바나 기후의 영향으로 남부에 비해 무척 건조한 기후를 나타낸다.

☞ 간추린 역사

코트디부아르란 국명(영어로 '아이보리코스트')은 원래 '상아 해안'이란 뜻. 14세기 프랑스인들이 이 곳을 통하여 코끼리의 상아를 대거 포획해 간 데서 붙여진 이름이다.

1842년에 프랑스의 보호령이 되고 2차대전 후인 1946년에 프랑스 해외 영토로 승격된다. 이어 1958년 프랑스 공동체 내의 자치공화국이 되며, 코트디부아르 헌법을 제정하고 총선거를 실시하여 1960년 8월 마침내 프랑스로부터 완전 독립을 달성한다. 이처럼 이 나라의 역사는 프랑스로 인해 시작되어 지금까지도 이어오고 있다고 볼 수 있다. 코트디부아르는 지금도 프랑스와의 관계는 매우 긴밀한 편이다.

☞ 정치와 경제

독립 후 코트디부아르는 초대 대통령 펠릭스 부아니를 중심으로 '상아의 기적'이라 불릴 만큼 안정적인 발전을 도모해 오고 있다. 1990년 민주화를 요구하는 학생 시위가 고조되자 1당지배체제에서 복수정당제를 도입. 첫 번째 경선에서 부아니는 야당후보를 누르고 당선, 7선을 연임하다가 93년 갑작스럽게 사망. 후임에 베디에 당시 국회의장이 취임한다. 그리고 95년 대통령선거에서도 베디에 대통령은 압승을 거두고 당선, 11월의 총선거에서는 집권여당인 코트디부아르 민주당이 절대다수 의석을 확보하였다.

정치적 안정 하에서 경제 역시 순조롭게 발전해 온 편. 세계는 코트디부아르를 일컬어 '서아프리카의 우등생'라 부른다. 전체 인구의 약 75%가 농업에 종사하는 농업국으로 커피와 코코아의 생산은 세계 1위다. 또한 축산업과 수산업도 발전하는 추세이고 최근 들어 석유개발에도 의욕을 보이고 있으며 아프리카에서는 드물게 보는 항상적인 흑자국이다.

☞ 사회와 문화

아그니족, 바울레족, 세누포족 등 60여 개의 부족으로 구성. 이들 중 바울레족과 세누폰족은 조각과 공예에 탁월한 재주가 있어 세계 여러 나라를 돌며 전통 미술전을 개최한 바도 있다.

부르키나파소
(Burkina Faso)

— 독립일 : 1960년 8월 5일, UN 가맹일 : 1960년 9월 20일 —

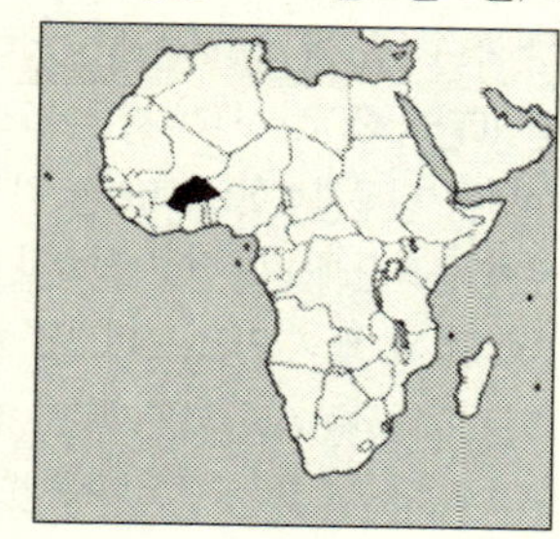

☞ 주요 통계 자료

·면　　　적	27만 4200㎢
·인　　　구	1042만 명(95년)
·수　　　도	와가두구(Ouagadougou) 인구 63만 4000명(95년)
·주요 도시	보보디울라소, 쿠두그
·주요 민족	모시족(50%), 그룬시족, 보보족, 로비족
·언　　　어	프랑스어(공용어) 모시어, 후루베어 등
·종　　　교	원시종교(60%), 이슬람교(30%), 기독교(5%)
·정치 체제	공화제 대통령 중심제
·헌　　　법	1991년 6월 2일 신헌법 제정
·국가 원수	대통령 블라이세 콤파오레(Blaise Compaore) 직선제 임기 7년 91년 12월 1일 선출
·의　　　회	1원제 107석 직선제 임기 4년
·내　　　각	대통령이 임명 카드레 데시레 웨드라오고(Kadre Desire Ouedraogo) 96년 2월 9일 발족
·주요 정당	민주진보회의(여당인 인민민주주의와 노동운동 및 진보세력회의 등 야당 10당의 연합체)
·국민총생산	24억 달러(95년)
·1인당 GNP	230달러(95년)
·통화 단위	CFA 프랑(Franc). 1달러＝526.15프랑(97년 1월)
·주요 자원	망간, 금
·주요 공산품	섬유, 피혁
·주요 농산물	면화, 땅콩, 목축

(자료원 : World Yearbook 97 / 세계 각국 요람)

☞ 자연 조건

말리, 니제르 등 6개국과 국경을 맞대고 있는 내륙국으로 중앙에 있는 모시 고원이 국토의 반을 차지하고 있다. 또한 홍(紅)볼타, 백(白)볼타, 흑(黑)볼타라고 불리는 3개의 강이 이 곳에서 출발하여 가나에 본류를 두고 있는 볼타 강에서 합류한다. 기후는 모시 고원을 분기점으로 북쪽은 사바나성 기후로 건조한 편인 반면 남쪽은 비가 많은 열대성 기후.

☞ 간추린 역사

11세기에 모시족 등이 3개의 왕국을 건설, 19세기 초엽까지 탄탄한 세력을 유지했지만 서구열강의 진출로 기반이 서서히 와해. 결국 1896년에 프랑스에 의해 점령되고 1904년에 불령 아프리카 연방에 편입된다. 이후 2차 대전 후인 1959년 공화국 성립을 선언하고 프랑스공동체로 있다가 이듬해인 1960년에 완전 독립을 위해 공동체로부터 이탈한다.

☞ 정치와 경제

공화국 출발 당시의 국명은 '어퍼 볼타(Upper Volta : 볼타 강 상류라는 뜻)'. 독립 후 혼란과 동요가 연속되고 독재와 쿠데타가 반복된다. 82년 독립 후 5번째 쿠데타를 성공시킨 상카라 대통령에 의해 지금의 국명인 '부르키나파소'로 개칭되지만 그도 87년 콤파오레 인민의장의 쿠데타로 실각한다. 콤파오레는 91년 신헌법을 발표, 사회주의를 포기하고 복수정당제와 선거를 통한 민정이양, 그리고 시장경제 도입을 약속한다. 92년 5월의 총선에서 대통령 소속의 인민민주주의 · 노동운동(ODP · MT)이 107석 중 78석을 획득한다. 그러나 96년 2월 총선에서는 진보세력회의 등 야당 10당이 ODP · MT에 합류, 87석을 독식. 신여당인 민주진보회의(CDP)를 탄생시킨다. 이로써 콤파오레 대통령의 정치적 기반은 더욱 공고히 된 셈. 그리고 96년 2월 새 내각의 총리는 경제전문가인 웨드라오고가 된다.

과거의 경제는 정치만큼이나 절박한 지경. 세계 최빈국 중의 하나였다. 특히 지난 80년대를 휩쓴 가뭄으로 굶어죽는 사람들이 속출하기도. 그러나 90년대 접어들어 정치가 안정되면서 경제분야도 제자리를 찾아 나간다. 주요 산업은 농업과 목축업으로 전체 취업인구의 90% 이상을 차지. 망간, 금, 다이아몬드, 석유 등 지하자원이 많이 매장되어 있으나 현재는 정부 재정 빈곤으로 본격적인 개발을 못하고 있는 실정이다. 농업은 주로 면화와 땅콩을 많이 생산한다. 남북 동시 수교국.

☞ 사회와 문화

생활고에 시달리면서도 이 나라 국민들의 국민성은 밝고 온순하기로 소문났다. 유럽인들조차 근면함과 정직함을 높이 평가할 정도. 매년 수만 명씩 인근 나라로 출가하는데 이들이 국내 가족에게 송금한 돈이 이 나라 외화수입의 커다란 몫을 차지하고 있다.

가나 공화국
(Republic of Ghana)

— 독립일 : 1957년 3월 6일, UN 가맹일 : 1957년 3월 8일 —

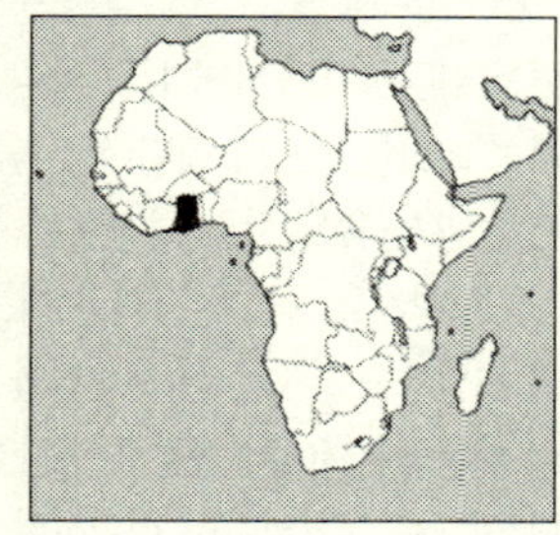
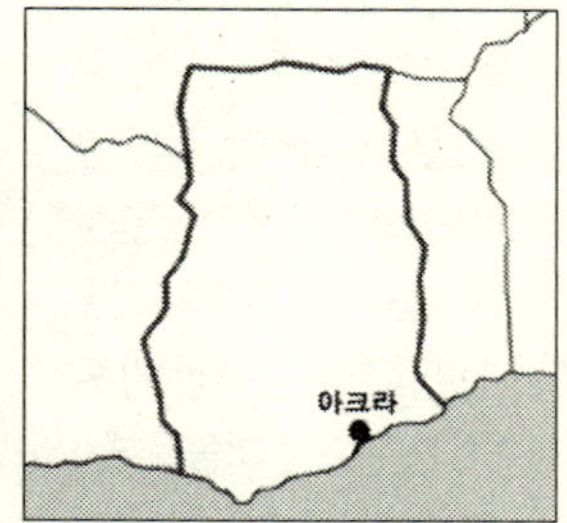

☞ 주요 통계 자료

·면　　　적	23만 8540km²
·인　　　구	1745만 명(95년)
·수　　　도	아크라(Accra) 인구 132만 명(94년)
·주요 도시	쿠마시, 타말레, 테마, 세콘디
·주요 민족	아칸족(44%), 모시·다구바니족(16%), 에웨족(13%) 등
·언　　　어	영어(공용어) 아샨티어, 판티어 등 8개의 대부족어
·종　　　교	기독교(42.8%), 전통종교(38%), 이슬람교(12%)
·정치 체제	공화제
·헌　　　법	1992년 4월 28일 제정
·국가 원수	대통령 제리 롤링스(Jerry Rawlings) 직선제 임기 4년 93년 1월 7일 취임
·의　　　회	1원제 200석 직선제 임기 4년
·내　　　각	대통령이 지명 총리 없음
·주요 정당	국민민주회의, 국민회의당
·국민총생산	67억 달러(95년)
·1인당 GNP	390달러(95년)
·통화 단위	세디(Cedi). 1달러＝1730세디(97년 1월)
·주요 자원	목재, 금
·주요 공산품	식품가공제품, 금세공품
·주요 농산물	카카오, 담배, 쌀
·무　　　역	수출 14억 3100만 달러, 수입 18억 4200만 달러(95년)

(자료원 : 가나 통계청 / World Yearbook 97)

☞ 자연 환경

대서양 연안 기니만을 끼고 있는 나라. 해안지역은 평원, 서부 국경부근과 남부 일대는 광활한 산림지대, 북부 및 동부는 건조지대, 그리고 나머지는 모두 사막지대로 이뤄져 산맥이 없으므로 전반적으로 평탄한 편. 볼타 강은 이 나라의 젖줄. 1965년에 완공된 아코솜보 댐에 의해 8400㎢에 달하는 세계 최대의 인공 호수가 있다. 기후는 전반적으로 열대성 기후. 사하라 사막에서 불어오는 건조한 북동무역풍과 대서양에서 부는 습한 남서무역풍이 우계와 건계로 나뉘어 번갈아 분다.

☞ 간추린 역사

4세기부터 10세기까지 번성했던 가나 제국의 후예들이 오늘날 가나 주민들의 선조. 15세기 중엽 포르투갈인들이 처음 이 곳을 찾은 이후 금, 상아, 노예 등을 포획해 가는 중심지로 부상. 특히 가나는 기독교 포교의 근거지였기에 각국의 이해가 첨예하게 교차되었던 곳. 결국 1873년 영국이 이 곳의 지배권을 장악, 2차대전이 끝날 때까지 '황금 해안'이라 부르며 식민 통치한다. 2차대전 후인 1957년 3월 영국 연방의 일원으로 독립 달성.

☞ 정치와 경제

1960년 7월 가나는 공화국으로 새롭게 출범한다. 초대 대통령에 온크루마 취임. 그는 친소·반서방의 대명사로 군림하다가 1966년 쿠데타에 의해 실각된다. 이후 가나 정국은 거듭된 쿠데타의 소용돌이 속에 휩쓸린다. 79년 제리 롤링스 공군 대위가 쿠데타로 집권한다. 그리고 그 해 9월 민정이양을 통해 리만 대통령이 취임하지만 81년 12월 롤링스 대위는 다시 쿠데타를 일으켜 리만 정부를 타도하고 스스로 임시국방평의회 의장으로 취임한다.

92년 4월, 복수정당제와 대통령 및 의회의 직선제를 골자로 한 신헌법을 제정. 11월 3일 대통령선거에서 롤링스 의장이 당선. 그러나 야당은 부정선거라 비난하며 이후 실시된 의회선거에 전면 보이콧. 따라서 12월 29일에 치러진 의회선거에서 롤링스 의장이 이끄는 국민민주회의가 압승을 거둔다. 롤링스 의장은 93년 1월 7일 정식 대통령에 취임한다.

가나 경제는 농업이 중심이며 특히 카카오는 중요한 농산물로 수출액의 70%를 차지하고 있다. 목재, 광공업, 서비스업 등이 비교적 발달된 편. 하지만 최근 만성적인 국제수지 적자로 고민에 빠져 있다. 서아프리카제국 경제공동체(ECOWAS) 의장국이기도 하다.

☞ 사회와 문화

가나에 사는 부족들은 아프리카에서 가장 우수한 부족으로 정평이 나 있다. 서구문명과 접촉한 시간이 그만큼 길기 때문이다. 아프리카에서 최초로 의무교육제를 시행한 나라답게 지적 수준이 상당하며 이 나라 부족들의 특징은 여성의 지위가 높다는 점.

토고 공화국
(Republic of Togo)

— 독립일 : 1960년 4월 27일, UN 가맹일 : 1960년 9월 20일 —

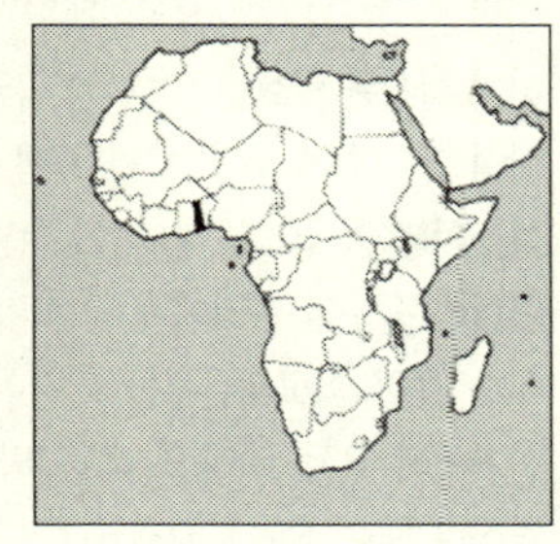 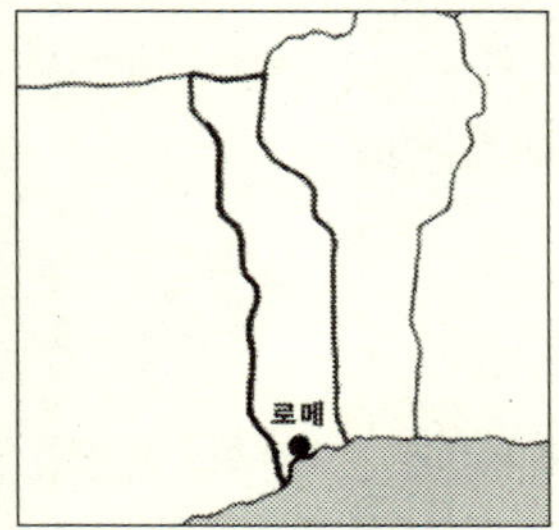

☞ 주요 통계 자료

·면　　　적	5만 6785㎢
·인　　　구	410만 명(95년)
·수　　　도	로메(Rome) 인구 60만 명(95년)
·주요 도시	소코데, 파리메
·주요 민족	남부에 에웨족(최대부족), 카비에족, 북부에 코트콜리족, 바사리족 등
·언　　　어	프랑스어(공용어) 그 밖에 에웨어, 카비에어
·종　　　교	전통종교(50%), 기독교(25%), 이슬람교(10%)
·정치 체제	공화제 대통령 중심저
·헌　　　법	1992년 9월 신헌법 제정
·국가 원수	대통령 나싱베 에야데마(Gnassingbe Eyadema) 직선제 임기 5년 67년 4월 취임 93년 8월 3선
·의　　　회	1원제 81석 직선제 임기 5년
·내　　　각	대통령이 임명 총리 크와시 클루세(Kwassi Klutse) 96년 8월 28일 발족
·주요 정당	토고 인민연합, 혁신행동위원회, 토고 민주연합
·국민총생산	13억 달러(95년)
·1인당 GNP	310달러(95년)
·통화 단위	CFA 프랑(Franc). 1달러=526.15프랑(97년 1월)
·주요 자원	인광석
·주요 공산품	농산물 가공, 음료
·주요 농산물	코코아, 커피, 면화, 팜유, 땅콩
·무　　　역	수출 4억 7600만 달러, 수입 7억 5000만 달러(95년)

(자료원 : 토고 통계청 / World Yearbook 97)

☞ 자연 환경

남쪽에 기니만을 끼고, 가나와 베냉 사이에 길쭉하게 자리잡은 나라. 전 국토가 사바나 지대지만 적도 근방의 나라라 기온은 무척 높은 편. 강수량도 적지 않다. 북부는 연평균 1300㎜ 내외, 남부 해안지대는 700㎜ 내외.

☞ 간추린 역사

이 곳은 16세기 이래 소수민족의 피난처로 애용. 18세기에 덴마크를 필두로 영국, 독일, 프랑스 등이 진출하여 각축을 벌이다가 19세기 말 독일의 통치 하에 놓인다. 1차대전 후 독일이 패하자 영국과 프랑스가 분할 통치. 이후 영국령은 가나에 합병. 1957년에 독립하고 프랑스령은 신탁통치를 받는다.

58년 유엔 감시 하의 총선에서 완전 통일을 요구한 토고통일위원회가 압승, 1960년 독립한다. 1963년 초대 대통령인 올림피아의 급진개혁정책에 반발한 군부가 쿠데타를 일으켜 대통령을 암살하고 망명 중이던 그루니츠키 전 총리가 대통령직을 승계하지만 4년 후인 67년에 그루니츠키 정권의 부패상에 경제불안까지 겹쳐 현 대통령인 에야데마 육군대장이 무혈쿠데타로 집권, 지금까지 이어 왔다.

☞ 정치와 경제

에야데마 대통령은 12년 동안 군정을 지속한 후, 79년에 신헌법을 국민투표에 부쳐 압도적 지지를 획득한다. 신헌법의 골자는 대통령 권한 확대와 1당제에 대한 규정. 이에 사회 민주화 요구가 비등, 결국 91년 복수정당제 도입 등을 약속한다. 93년 8월 초에 복수정당제 하의 대통령선거에서 에야데마가 3선에 당선. 이어 실시된 의회총선에서는 집권 토고인민연합이 과반수에 못 미치는 37석 확보. 이로써 여소야대 정국이 초래. 이에 야당인 토고민주연합의 당수를 총리에 임명한다. 그러나 선거 직후 토고 최고재판부는 야당이 승리한 3개 선거구에 부정선거혐의 적용. 당선 무효를 판결한다. 96년 8월 보궐선거에서는 3개 선거구 모두 여당의원으로 교체되고 무소속 3석을 합쳐 여당이 다수의석을 확보하였다.

토고의 주요 산물은 코코아, 커피, 면화, 인광석 등. 특히 인광석 수출량은 세계 4위. 독립 이래 70년대까지 7%대의 높은 경제 성장률을 달성. 그러나 90년대 들어 카카오, 인광석 등 주요 수출품의 가격하락으로 침체국면. 현재 토고 정부는 석유와 우라늄 개발에 총력을 기울이고 있다. 남북 동시 수교국.

☞ 사회와 문화

30여 개의 부족이 모여 사는 다부족 국가. 토고는 특히 인구 증가율이 한때 세계 1위를 기록하기도. 부족들은 각자의 원시종교를 가지고 있어 부락공동체에 주술과 점이 미치는 영향이 막대하다. 부족민은 혈연적 결속이 강하며 가부장적인 위계질서가 확고. 배우자조차 자유롭게 선택하지 못할 정도다.

베냉 공화국
(Republic of Benin)

— 독립일 : 1960년 8월 1일, UN 가맹일 : 1960년 9월 20일 —

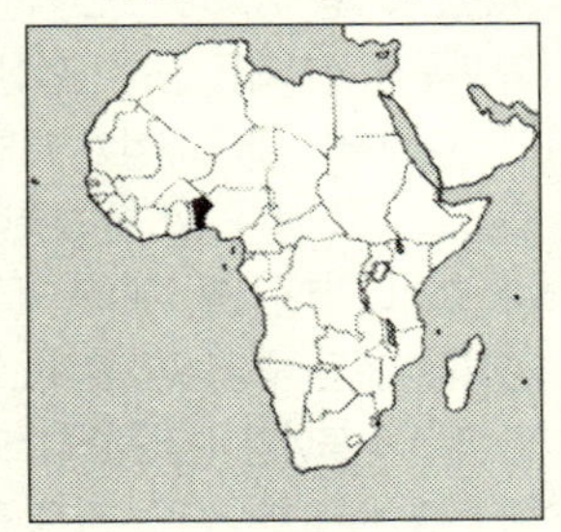
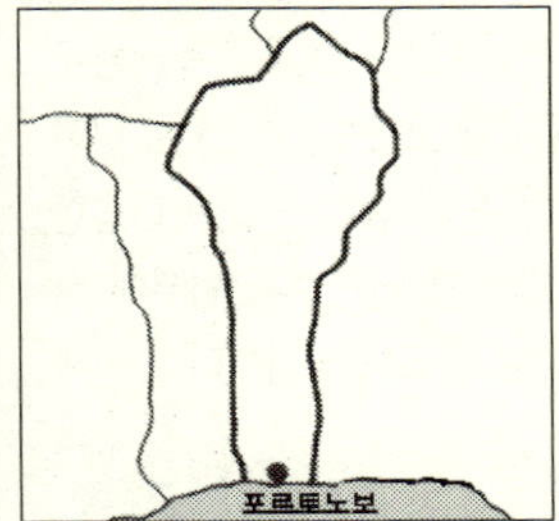

☞ 주요 통계 자료

·면　　　적	11만 2622㎢
·인　　　구	556만 명(95년)
·수　　　도	포르토노보(Porto Novo) 인구 14만 명(95년)
·주요 도시	코토누
·주요 민족	폰족, 아자족, 바리바족, 플라니족, 요루바족 등
·언　　　어	프랑스어(공용어) 그 밖에 각 부족어
·종　　　교	전통종교(68%), 기독교(17%), 이슬람교(15%)
·정치 체제	공화제 대통령 중심제
·헌　　　법	1990년 12월 신헌법 제정
·국가 원수	대통령 마튜 케레쿠(Mathieu Kerekou) 직선제 임기 5년 96년 4월 4일 취임
·의　　　회	1원제 83석 직선제 임기 4년
·내　　　각	대통령이 임명 총리 아드리엔 홍베지(Adrien Houngbedji) 96년 4월 8일 발족
·주요 정당	베냉 재생당, 민주혁신당, 사회민주당
·국민총생산	20억 달러(95년)
·1인당 GNP	370달러(95년)
·통화 단위	CFA 프랑(Franc). 1달러＝526.15프랑(97년 1월)
·주요 자원	석유
·주요 공산품	식품가공제품
·주요 농산물	카카오, 면화, 야자유, 팜유, 땅콩
·무　　　역	수출 4억 8600만 달러, 수입 8억 1400만 달러(95년)

(자료원 : World Yearbook 97 / 세계 각국 요람)

☞ 자연 환경

남쪽은 기니만, 동쪽은 나이지리아, 북쪽은 니제르와 부르키나파소, 그리고 서쪽은 토고와 국경을 이룬다. 북부에서 출발하는 오크파라 천이 국토를 남북으로 가로지른다. 남부 해안의 최대의 도시인 코토누는 니제르, 나이지리아로 통하는 수출항. 남부는 고온 다습한 적도성 기후, 북부는 열대성 기후. 남부에 비해 북부가 건조하며 일교차가 심하다.

☞ 간추린 역사

아포메 왕국 등 많은 왕국들이 존재했던 곳. 하지만 15세기부터 포르투갈, 영국, 프랑스 3국이 들어와 노예무역의 기지를 건설한다. 1892년 프랑스 식민지로 편입, 1904년 프랑스령 서아프리카에 소속되며, 1960년 독립한다. 아프리카에서 드물게 문화와 교육수준이 높은 곳으로 많은 인재를 배출, 프랑스령 서아프리카에 소속된 다른 나라들의 발전을 돕는다. 독립 후 외국에 체류했던 사람들이 귀국, 고용불안 등으로 정치불안을 파생, 5차례의 쿠데타가 발생하기도 한다. 1972년 무혈쿠데타로 집권한 케레쿠 대통령은 사회주의 노선을 표방, 베냉 인민혁명당(PRPB)을 결성하고 국명을 '베냉 인민 공화국'으로 변경한다.

☞ 정치와 경제

수단과 함께 아프리카에서 가장 불안한 나라 중의 하나. 베냉 인민공화국은 PRPB를 중심으로 사회개혁에 착수, 일정 정도의 성과를 거둔다. 80년대 말 사회주의권의 붕괴로 게레쿠 대통령은 89년 12월 사회주의 포기 선언. 국명도 '베냉 공화국'으로 개칭. 복수정당제와 민주적 선거제도 등을 도입한다. 이어 91년의 선거에서 소글리 후보가 케레쿠 후보를 따돌리고 승리, 동년 4월 새 대통령으로 취임한다. 그러나 95년 3월 28일의 의회선거에서 집권여당이었던 재생당이 참패, 소글리 대통령의 재선에 불안감이 감돌더니, 96년 3월 선거에서 결선투표까지 가는 격전 끝에 케레쿠가 당선된다. 케레쿠는 취임과 함께 베냉의 경제회복을 최우선 과제로 제시한 바 있다.

베냉 역시 농업국. 게레쿠 정권은 75년 이래 전산업을 국유화, 특히 운송과 공업분야의 성장을 꾀하기도. 주요 농산물은 야자유, 면화, 팜유, 땅콩, 커피 등이 있다. 최근 베냉 정부는 74년 이후 누적되어온 적자 해소를 위해 생산력의 강화를 위한 농촌진흥책을 추진 중. 한국과는 61년 수교 후 75년 유신을 계기로 일방적인 단교선언. 90년에 다시 수교된다.

☞ 사회와 문화

여러 부족이 함께 살며, 과거 다호메 왕국을 건설했던 폰족과 폰족계열이 가장 많다. 모노 강 연안의 아자족, 아타코라지 산지의 솜바족, 북동부의 바리바족, 남동부의 요루바족, 북부의 이슬람화한 퓔족 등이 베냉 내의 주요 부족이다.

나이지리아 연방 공화국
(Federal Republic of Nigeria)

— 독립일 : 1960년 10월 1일, UN 가맹일 : 1960년 10월 7일 —

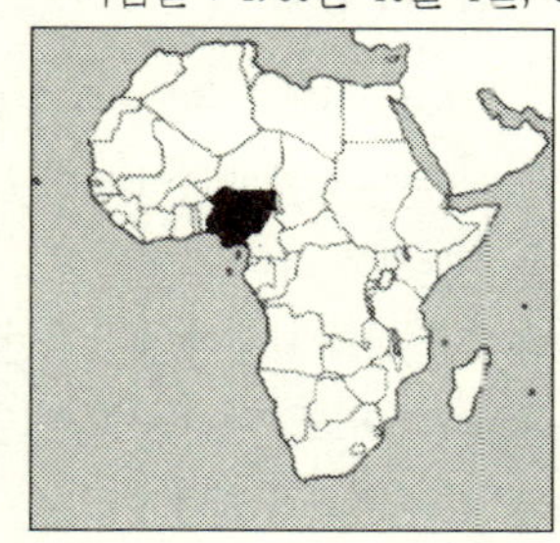
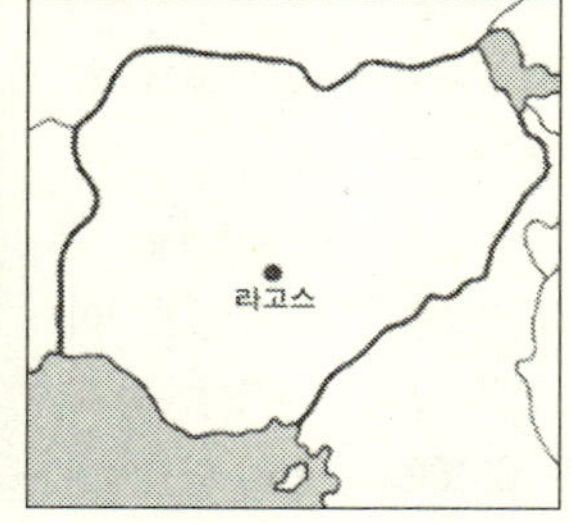

☞ 주요 통계 자료

·면 적	92만 3770㎢
·인 구	1억 1172만 명(95년)
·수 도	아부자(Abuja) 인구 28만 명(95년)
·주요 도시	라고스, 이바단, 이요, 오그보모쇼, 카노
·주요 민족	북부의 하우사, 플라니족(25%), 남동부의 이보족(17%), 남서부의 요르바족(16%) 등 모두 250개 이상의 부족
·언 어	영어(공용어) 그 밖에 각 부족어
·종 교	이슬람교(48% 북부), 기독교(34%, 남부)
·정치 체제	군사 독재
·헌 법	1989년 5월 3일 신헌법 공포
·국가 원수	임시통치평의회 의장 사니 아바차(Sani Abacha) 93년 11월 27일 취임
·의 회	군정에 따라 93년 11월 18일 해산
·내 각	연방집행평의회 수상 없음
·주요 정당	사회민주당, 전국공화회의 등 2개 정당은 93년 11월 군정에 의해 비합법화
·국민총생산	284억 달러(95년)
·1인당 GNP	260달러(95년)
·통화 단위	나이라(Naira). 1달러=22나이라(97년 1월)
·주요 자원	석유, 천연가스, 석탄, 주석, 코발트
·주요 공산품	석유정제
·주요 농산물	코코아, 팜유, 면화
·무 역	수출 94억 2500만 달러, 수입 65억 4400만 달러(94년)

(자료원 : 나이지리아 군정 발표자료 / World Yearbook 97)

☞ 자연 환경

나이지리아는 약 800㎞에 달하는 해안선 일대가 개펄로 이루어진 델타지대이다. 니제르 강의 지류인 베누에 강이 동서남북 사방으로 흐르고 카메룬과의 국경지역을 제외하고는 거의가 평지로 이루어진 나라이다.

남부지방 일대는 고온 다습하고 특히 우계가 길다. 따라서 황열병 등 열대 풍토병이 기승을 부리기고 있다. 반면 북부지방은 건조하고 맑은 공기를 자랑한다. 그러나 일교차가 매우 커 심할 경우에는 17℃ 이상의 차이를 보일 때도 있다.

☞ 간추린 역사

기원전 5세기에서 3세기의 유물들이 발굴된 것으로 보아 일찍부터 문명이 발달되었으리라 짐작되지만 아직 확실히 밝혀진 바는 없다. 기록에 따르면 남부는 12세기에서 15세기에 왕국이 번영했으며, 북부는 7세기 이후 이슬람교의 영향으로 문화의 꽃을 피웠다고 전해지고 있다.

서구열강의 진출은 15세기 후반부터이다. 이후 17세기 노예무역의 융성기 때 연간 10만여 명의 노예를 매매하기도 했다. 그리고 1861년에 영국이 이 지역 일대를 식민통치하게 된다. 이후 2차대전이 끝난 1951년에 자치정부를 구성하고 1960년 10월에 영국의 손아귀에서 벗어나 완전 독립을 달성한다. 그리고 1963년

나이지리아는 공화국으로 다시 태어나게 된다.

☞ 정치와 경제

66년 2차례의 쿠데타를 경험한 데 이어 67년에는 오주크 대령이 비아프라 주의 독립을 선언하여 이른바 '비아프라 전쟁'이라는 나이지리아의 내전이 3년 동안 전개되었다. 그러나 비아프라 내전은 70년 1월에 정부군의 승리로 종결되고 만다.

하지만 이후에도 이 곳의 정치적 불안은 여전하다. 특히 민족 간의 분쟁은 이러한 정치적 불안을 더욱 부채질하고 있는 실정이며, 현재에도 이 곳은 군사정권이 통치하고 있는 중이다.

93년 6월의 대통령선거에서 아비오라 사회민주당 당수가 당선되었으나, 당시 다당기다 대통령은 선거부정을 이유로 선거 무효를 발표한다.

이후에도 정치투쟁이 과열되어 거의 무정부 상태에 봉착하는데, 이 때 국방장관이었던 아바차가 무혈쿠데타를 일으켜 정권 장악, 임시통치 평의회(PRC)를 발족한다. 아바차 정권은 의회와 정당을 모두 해산, 강권정책으로 일관하고 있다. 특히 96년 6월 4일 아비오라의 석방을 요구하던 나이지리아 민주화운동의 상징적 존재이었던 쿠디라트(아비오라의 부인)가 괴한의 총격을 받고 사망하는 사건이 발생.

이에 따라 전국의 여론이 들끓어오르자

아바차 정권은 아비오라의 측근이었던 에노를 석방하게 된다.

한편 아바차 정권은 민정이양 등 향후 정치 일정을 발표했으나 아직 본격적인 집행은 미루고 있는 실정이다. 아바차 정권이 내세운 계획에 따르면 98년 10월까지 민정이양을 위한 총선거를 실시하기로 되어 있다.

나이지리아는 노동인구의 60%가 1차 산업 종사자인 농림 축산국이다. 이 나라는 또한 세계 제 6 위의 산유국이기도 하다. 따라서 국가 재정은 주로 석유수입에 의존하고 있으며, 이를 바탕으로 하여 70년대 이래 급속한 공업화를 꾀하고 있다.

☎ 사회와 문화

나이지리아는 아프리카에서 가장 인구가 많은 나라이며 줄잡아 248개의 부족이 모여 산다. 주요 민족으로는 비아프라 내전의 주역인 남동부의 이보족, 남서부의 요르바족, 북부의 하우사족 등이 있다.

뿐만 아니라 이들 부족들은 과거 왕국을 건설했던 주역들이라서 그런지 민족에 대한 자부심이 대단하다. 하지만 이 점이 바로 나이지리아의 국론 통일을 더욱 어렵게 하는 커다란 요인으로 작용한다.

카메룬 공화국
(Republic of Cameroon)

— 독립일 : 1960년 1월 1일, UN 가맹일 : 1960년 9월 20일 —

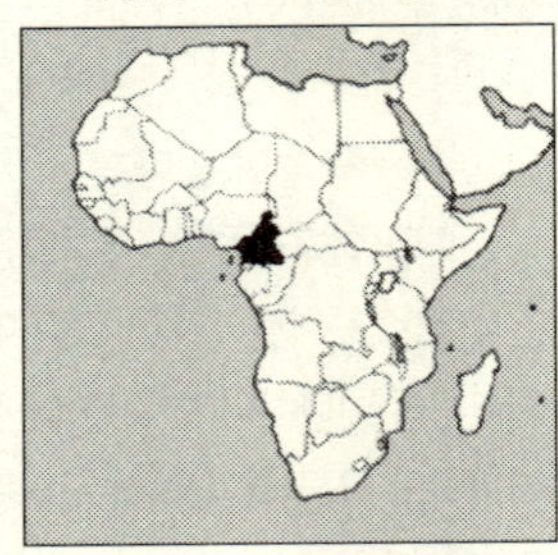

☞ 주요 통계 자료

• 면 적	47만 5442㎢
• 인 구	1328만 명(95년)
• 수 도	야운데(Yaounde) 인구 80만 명(95년)
• 주요 도시	두알라, 가루아, 마루아
• 주요 민족	남부와 서부엔 반투계, 중북부엔 함족과 셈족의 혼혈
• 언 어	프랑스어, 영어(공용어) 그 밖에 각 부족어
• 종 교	전통종교(50%), 기독교(30%) 이슬람교(15%)
• 정치 체제	공화제 대통령 중심제
• 헌 법	1972년 6월 2일 공포 83년 12월 일부 개정
• 국가 원수	대통령 폴 비야(Paul Biya) 직선제 임기 7년 82년 11월 취임 92년 10월 4선
• 의 회	1원제 180석 직선제 임기 5년
• 내 각	대통령이 임명 총리 페터 마파니 무손게(Peter Mafany Musonge) 96년 9월 19일 일부 개각
• 주요 정당	카메룬 인민민주연합, 사회민주전선, 민주진보 국민연합
• 국민총생산	84억 달러(95년)
• 1인당 GNP	630달러(95년)
• 통화 단위	CFA 프랑(Franc). 1달러=526.15프랑(97년 1월)
• 주요 자원	목재, 석유
• 주요 공산품	식품가공제품, 목재, 직물류
• 주요 농산물	커피, 코코아, 면화, 바나나, 쌀, 조
• 무 역	수출 37억 1200만 달러, 수입 32억 8900만 달러(95년)

(자료원 : 카메룬 통계국 / World Yearbook 97)

☞ 자연 환경

카메룬은 남부는 열대림, 중부는 사바나, 북부는 대초원지대로 이루어져 있다. 대서양과 연해 있는 해안선 길이는 250km이고 국토 중앙에는 동서로 산맥이 가로 놓여 있으며 이를 경계로 남북의 풍토가 전혀 다르다.

해안 지역과 남부 일대는 고온 다습한 열대지대인 반면 산맥 북쪽 지역은 고온 건조지대이다. 강수량도 남부가 연간 4000mm가 넘는 반면 북부는 차드 호수 부근의 600mm정도가 전부이다.

☞ 간추린 역사

옛날 이 땅의 주인공은 피그미족이었다고 한다. 고대부터 이집트인 등 외래 민족의 왕래가 잦았던 곳이기도 하다. 카메룬의 땅에도 한때는 샤오 왕국이 번성했지만 수단인 등의 침입으로 몰락하였다.

서구세력 중 처음 이 땅을 찾은 사람은 포르투갈인이다. 15세기 포르투갈인이 이 땅을 찾은 이후로 네덜란드, 독일, 영국, 프랑스 등이 진출이 진출하여 항구도시인 두알라를 중심으로 활발한 교역을 전개한다. 그리고 1884년부터 독일의 식민지로 있다가 1차대전 후 동, 서부가 갈라져 각각 영국과 프랑스의 식민지로 편입된다.

2차대전 후 이 지역은 또다시 유엔의 신탁통치령에 속하게 된다. 이후 1960년에는 서부에서 먼저 자치정부를 구성하고 동부 일부를 편입하여 카메룬 연방을 결성하였으며, 1972년 국민투표를 거쳐 '카메룬 연합 공화국'이란 단일 국가로 새롭게 출발한다.

그러나 연방제 폐지 이후 전체 인구의 20%를 차지하는 영어계 주민들 간에서 정치적·경제적 권력을 독점하고 있는 프랑스계 주민들에 대한 불만이 표출되고 있다.

☞ 정치와 경제

카메룬 연합 공화국의 초대 대통령에 아하마드 아히조가 취임하여 연속 5선을 한다. 또한 카메룬은 중부 아프리카 일대에서는 가장 정치적 안정을 이룬 나라이다. 82년에는 평화적 정권 교체로 파울 비야 총리가 대통령직을 인수하여 83년 헌법을 개정하고 국명도 '카메룬 공화국'으로 개칭하였다.

95년 7월 영어계 주민 지역인 서북부의 중심도시 바벤다에서 자치를 요구하는 대규모 시위대와 정부의 공권력 간에 충돌이 발생하기도 하였다.

정부의 탄압 정책에 대해 독립운동을 지휘하고 있는 남카메룬 국민회의(SCNC)는 96년 10월 1일 영어계 지역 2개 주의 독립을 일방적으로 선언하였다.

한편 복수정당제 하에서 처음으로 실시된 96년 1월의 총선거에서 집권여당인 카메룬 민주연합이 과반수 의석을 확보하여 집권 행진을 계속하고 있다.

이 나라의 경제는 전 노동인구의 80%가 농업에 종사하는 농업국으로 생산은 정치적 안정에 편승하여 순조롭게 발전해온 편이다. 주요 생산물로는 코코아, 커피, 면화, 바나나, 담배 등이 있으며, 특히 코코아 생산은 세계 제5위를 기록하고 있다.

그 밖에 카메룬은 목재와 보크사이트 등 지하자원의 개발도 활발하다. 78년 나이지리아와의 국경 부근에서 유전을 발견하여 한때는 나이지리아와 이 유전의 영유권을 놓고 분쟁을 치르기도 했었지만 개발과 생산은 순조로운 편이다.

☎ 사회와 문화

이 나라에는 남부 삼림지대의 피그미족, 삼림과 사바나 지대의 반투계 흑인, 서부고지의 세미반투계 흑인, 북부 사바나지대의 수단계 흑인 그리고 함, 셈계 등 무려 200여 개 부족이 모여 산다. 전체 인구의 70% 이상이 농촌에 살고 있지만 최근에는 수도 야운데와 경제 중심지인 두알라 등지에 인구가 대거 유입. 따라서 이 곳에도 주택, 교육시설 부족 및 실업 문제 등의 도시문제가 발생하고 있다.

중앙 아프리카 공화국

(Central African Republic)

— 독립일 : 1960년 8월 13일, UN 가맹일 : 1960년 9월 20일 —

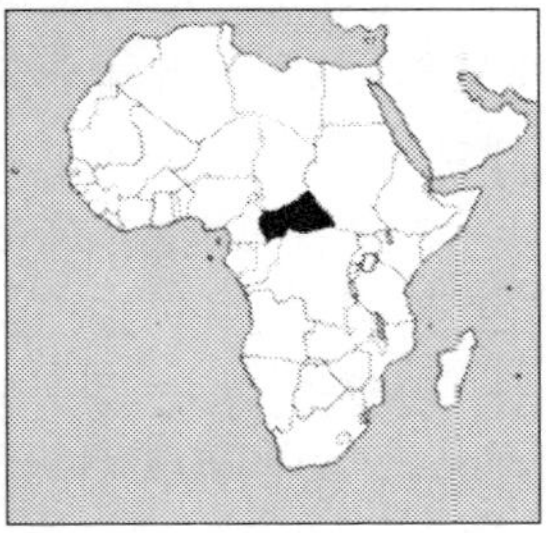

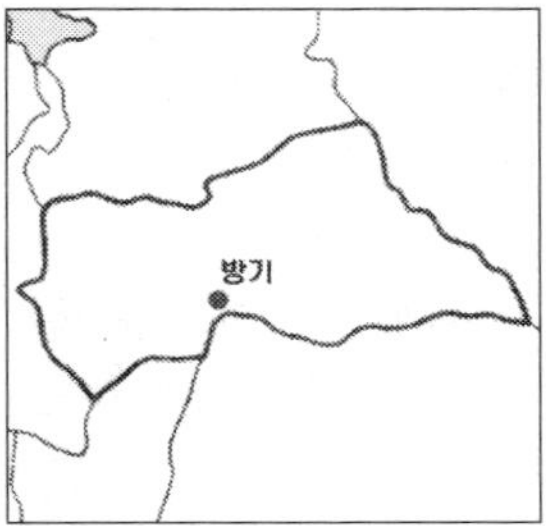

☞ **주요 통계 자료**

·면　　적	62만 2980㎢
·인　　구	340만 명(95년)
·수　　도	방기(Bangui) 인구 62만 1000명(95년)
·주요 도시	방바리, 방가수, 프아루
·주요 민족	바이아족(34%), 방다족(27%), 만쟈족(21%), 우방기족, 사라족, 상고족, 피그미족 등
·언　　어	프랑스어(공용어) 상고어(국어)
·종　　교	기독교(50%), 전통종교(24%), 이슬람교(15%)
·정치 체제	공화제 대통령 중심제
·헌　　법	1986년 11월 공포 92년 8월 개정 95년 1월 신헌법 채택
·국가 원수	대통령 앙게 펠릭스 파타세(Ange Felix Patasse) 직선제 임기 6년 93년 10월 취임
·의　　회	1원제 85석 직선제 임기 5년
·내　　각	대통령이 임명 총리 미셸 그베제라 브리아(Michel Gbezera Bria) 97년 1월 30일 성립
·주요 정당	중앙아프리카 인민해방운동, 중앙아프리카 민주회의
·국민총생산	11억 달러(95년)
·1인당 GNP	330달러(95년)
·통화 단위	CFA 프랑(Franc). 1달러＝526.15프랑(97년 1월)
·주요 자원	다이아몬드, 목재, 우라늄, 금, 석유
·주요 공산품	식품가공, 목재가공제품
·주요 농산물	면화, 커피, 담배, 땅콩, 쇠고기
·무　　역	수출 1억 4590만 달러, 수입 1억 3060만 달러(94년)

(자료원 : 중앙아프리카 통계국 / World Yearbook 97)

☞ 자연 환경

중앙 아프리카는 아프리카 대륙의 심장부에 위치한 나라로 국토 전체가 고도가 높은 편이다. 산악과 하천이 많아서 주민들은 하천을 주요 교통수단으로 이용하고 있다. 또한 강폭 3㎞, 총 길이 1200㎞에 달하는 우방가 강이 자이레와의 국경지대를 타고 흐른다.

기후는 북부, 중부, 남부로 나뉘어 살펴볼 수 있다. 남부의 우방가 강 유역은 습도가 높은 열대 우림형이고, 중부 역시 비가 많은 편이다. 그리고 북부는 건조한 기후를 나타내고 있다.

☞ 간추린 역사

이 땅에 사람들이 정착하기 시작한 시기는 19세기에 들어와서부터이다. 왜냐하면 이 곳은 척박한 땅과 혹독한 기후 때문에 사람 살기가 힘든 곳이었기 때문이다. 한편 서구 열강 중 이 곳을 제일 먼저 찾은 사람들은 프랑스인이다.

이후 1890년 프랑스 식민지 하에 들어가게 되고 30년 간 부족민의 반란과 혹독한 진압이 반복되는 가운데 1910년에 가봉 및 중부 콩코와 함께 프랑스령 적도 아프리카에 편입된다. 그리고 2차대전 후인 1946년 자치정부를 수립하고, 프랑스 드골 대통령의 식민지 해방의 취지에 따라 1960년 '중앙 아프리카 공화국'으로 완전 독립하게 되었다.

☞ 정치와 경제

건국의 아버지인 보간다 총리가 독립 직전 비행기 사고로 사망하고, 다코 내무장관이 초대 대통령으로 취임하지만, 65년 무혈 쿠데타로 실각하고 쿠데타의 주역인 바델 보사카가 대통령으로 취임한다.

보사카는 12년 동안 이 곳을 통치하면서 스스로 '황제 보사카 Ⅰ세'라 칭하면서 성대한 제관식을 거행하는 등 독재정치의 전횡을 일삼는다. 특히 1979년에는 황제 자신의 손으로 수십명의 소년, 소녀들을 살해해 세간을 놀라게 하기도 했다.

1979년에 보사카 황제가 리비아를 방문 중에 쿠데타가 발생하여 다코 전 대통령이 재집권하게 된다. 하지만 81년 9월 군부의 콜링바가 쿠데타를 일으켜 4년 간의 군정 통치 후 86년 스스로 대통령에 취임한다. 콜링바 대통령은 국민의 민주화요구를 수용, 92년에 복수정당제를 골자로 한 헌법개정에 착수한다.

이어 93년 10월 개정 헌법 하에서 실시된 대통령선거에서 중앙 아프리카 인민해방운동(MLPC)의 파세데 후보가 당선됨으로써 평화적 정권교체를 이룩한다. 그리고 이후 파세데 대통령은 95년 1월 7일 대통령의 권한을 강화한 신헌법을 제정하기도 했다.

한편 96년 4월 18일에는 수도 방기 수비군 일부가 체불된 급여지불 등을 요구하며, 반란을 일으키기 시작하여 아직도 문제해결이 완전히 되지 않은 상태로 있다.

특히 이 사태에는 주재 프랑스군과 미해병대까지 개입하였으나 반란군의 숫자가 늘어나고 시위대까지 가세하여 한때 방기 시는 무정부 상태를 연출하기도 하였다.

그러나 96년 6월 파타세 대통령과 반탄부대측은 국민통일정부 구성에 합의하는 등 사태가 진정되는 듯 했으나, 연말에 이르러 또다시 반란군측과 대통령 부대가 총격전을 전개하는 사건이 발생하였다.

중앙아프리카 공화국에는 양질의 목재가 대량 생산되지만 수송의 어려움으로 무역에 차질을 많이 빚고 있다. 주요 수출품으로는 커피, 면화, 다이아몬드 등이 있다. 한국과는 63년에 수교하였다.

☞ 사회와 문화

중앙 아프리카 역시 32개의 부족으로 구성된 다민족국가이다. 크게 나누어 우방기 강 유역의 반투계와 동부의 나일계, 그리고 북부의 수단계로 나뉜다.

이 나라 인구 구성의 가장 큰 특징은 전체 인구의 40%가 15세 미만이며 도시 인구가 적다는 것이다.

상투메 프린시페 민주 공화국
(Democratic Republic of Sao Tome and Principe)

— 독립일 : 1975년 7월 12일, UN 가맹일 : 1975년 9월 16일 —

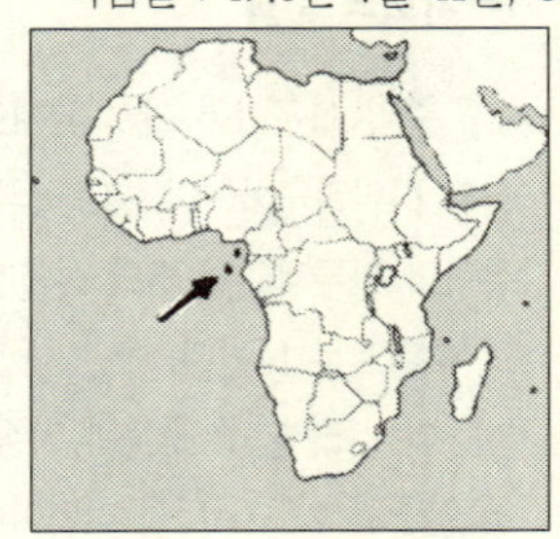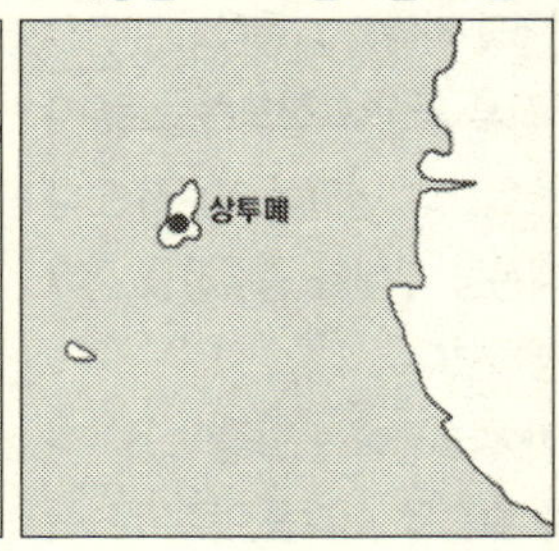

☞ 주요 통계 자료

·면　　　적	964㎢
·인　　　구	13만 명(95년)
·수　　　도	상투메(Sao Tome) 인구 3만 5600명(94년)
·주요 도시	프린시페
·주요 민족	대다수는 식민지시대 아프리카 서해안에서 강제이주해온 농업노동자의 자손
·언　　　어	포르투갈어(공용어)
·종　　　교	카톨릭(대부분)
·정치 체제	공화제
·헌　　　법	1975년 12월 제정 82년 12월, 15일 87년 10월 18일, 90년 8월 각각 개정
·국가 원수	대통령 미구엘 트로보아다(Miguel Trovoada) 직선제 임기 5년 91년 3월 31일 취임 96년 7월 21일 재선
·의　　　회	1원제 55석 직선제 임기 4년
·내　　　각	대통령이 임명 의회에서 동의 총리 라울 와냐르 콘세이상 플라간샤 네토(Raul Wagner Conceicao Braganca Neto) 96년 11월 29일 발족
·주요 정당	상투메프린시페 해방운동 · 사회민주당, 독립민주행동, 민주반대연합, 민주통합당
·국민총생산	4000만 달러(95년)
·1인당 GNP	340달러(95년)
·통화 단위	도브라(Dobra). 1달러＝2385.13도브라(97년 1월)
·주요 자원	수산자원, 목재
·주요 공산품	식품가공제품, 가구
·주요 농산물	코코아, 커피, 바나나, 야채

(자료원 : World Yearbook 97 / 세계 각국 요람)

☞ 자연 환경

기니만에 떠 있는 상투메섬과 적도기니 앞바다에 떠 있는 프린시페섬 및 주변의 군소 섬들이 모여 이루어진 나라로 섬들은 모두 화산섬이다. 따라서 비옥한 화산성 토양 때문에 식물들이 잘 자란다.

기후는 적도 해양성 기후에 속하며 대우계(1월에서 6월까지)와, 건계(7월에서 9월까지), 그리고 소우계(9월에서 12월까지) 등 3계절로 나뉜다. 대체적으로 온난 다습하며 연 평균 기온은 25℃ 정도를 유지한다.

☞ 간추린 역사

1711년 포르투갈인에 의해 처음 발견된 이후 미국시장을 겨냥한 노예무역의 중심지 역할을 해왔다. 2차대전 후 아프리카 대륙의 민족해방 열기에 편승 1960년에 상투메프린시페 해방위원회(CLSTP)가 결성, 독립운동이 본격화된다.

포르투갈 정부는 63년에 이 곳을 포르투갈령 해외주로 편입한다. 이에 1974년 포르투갈 정부는 이 곳의 반정부 운동을 진압하기 위해 군대를 파견한다. 하지만 흑인 병사들의 반란으로 독립운동은 더욱 고조되고 74년 12월 임시정부 수립을 거쳐 75년 7월 공식 독립한다, '상투메 프린시페 민주공화국'을 수립하고 초대 대통령에 해방운동의 기수 다코스타 서기장이 취임.

☞ 정치와 경제

독립 후 CLSPT 1당제를 채택. 당내의 온건파와 강경파 간에 대립이 첨예화. 1979년 강경파의 쿠데타 미수사건을 계기로 온건파가 득세, 전권을 장악한다. 1990년 헌법개정을 통해 복수정당제 채택. 이듬해 선거에서 야당인 민주집중당이 다수당으로 집권. 또한 3월의 대통령선거에서도 트로보아다 전총리가 당선, 1당독재체제에 종지부를 찍는다.

96년 1월 5일 트로보아다 대통령은 야당 출신의 총리를 임명, 이로써 여야연립내각이 탄생한다. 이후 1996년 6월 30일에 실시된 대통령선거에서 트로보아다 대통령을 비롯, 5명의 후보가 맞붙은 결과 현직대통령이 득표율 52.2%를 획득하면서, 재선에 성공한다.

주요 수출품은 코코아. 그 밖에 커피, 바나나, 땅콩 등이 많이 난다. 정부는 75년부터 코코아 농장을 국유화하여 증산에 노력하였으나 최근 들어서는 토지를 개인에게 양도, 생산성 향상에 주력하고 있다.

☞ 사회와 문화

주민의 대부분은 대륙에서 건너온 반투계 흑인. 주로 플렌테이션 농장에서 일하고 있다. 반면 포르투갈인과의 혼혈들은 주로 도시에 살며 무역 등에 종사한다. 수도 상투메는 거리 곳곳에 과거의 노예무역시절의 잔해가 그대로 남아 있다.

적도 기니 공화국
(Republic of Equatorial Guinea)

— 독립일 : 1968년 10월 12일, UN 가맹일 : 1968년 11월 12일 —

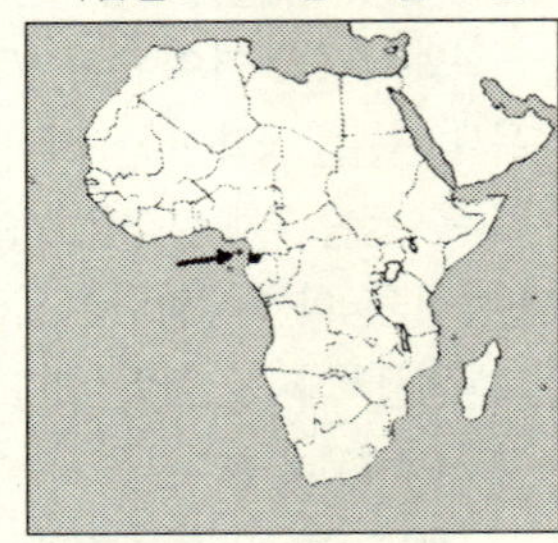
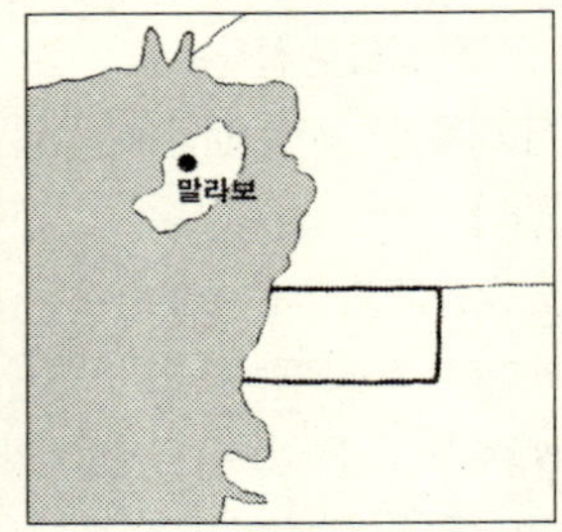

☞ 주요 통계 자료

·면 적	2만 8091㎢
·인 구	40만 명(95년)
·수 도	말라보(Malabo) 인구 3만 4000명(94년)
·주요 도시	바타
·주요 민족	판족, 콘베족, 방가족, 브헤바족, 부비족, 이포족 등 그 밖에 다수의 나이지리아 이민족
·언 어	스페인어(공용어) 그 밖에 판어, 부비어, 이포어 등
·종 교	카톨릭(80%) 그 밖에 개신교, 전통종교
·정치 체제	공화제
·헌 법	1991년 제정
·국가 원수	대통령 테오도로 오비앙 누게마 무바소고(Teodoro Obiang Nguema Mbasogo) 직선제 임기 7년 96년 2월 4선
·의 회	1원제 80석 직선제 임기 5년
·내 각	최고군사평의회 대통령이 임명 총리 엔겔 세라핀 세리체 두간(Angel Serafin Seriche Dugan) 96년 4월 9일 발족
·주요 정당	적도기니 민주당, 진보당, 인민동맹
·국민총생산	1억 5000만 달러(95년)
·1인당 GNP	380달러(95년)
·통화 단위	CFA 프랑(Franc). 1달러=526.15(97년 1월)
·주요 자원	목재, 수산자원
·주요 공산품	식품가공제품, 건축용 목재
·주요 농산물	카카오, 커피
·무 역	수출 8900만 달러, 수입 4900만 달러(95년)

(자료원 : World Yearbook 97 / 세계 각국 요람)

☞ 자연 환경

카메룬과 가봉 사이에 끼어 있는 대륙부와 기니만에 있는 페르난드 포오, 안노본 등의 섬들로 구성. 대륙부가 전체 국토의 92.8%를 차지하며 기후는 열대성 기후. 3월~10월에는 2000~3000㎜의 비가 집중적으로 내린다. 기온은 25℃ 내외이며 습도는 높은 편. 해안의 섬들도 고온다습한 열대성 기후를 띤다.

☞ 간추린 역사

15세기 포르투갈에 점령된 후 1778년 스페인에 양도되어 노예무역의 중계지로 발전한다. 스페인은 1920년에 대륙의 오지에까지 지배권을 관철. 그러나 1960년대 민족해방 열기에 편승, 민족운동이 고조되어 63년 자치권 획득. 1968년 적도기니 공화국으로 정식 독립하고 마시어스 옹궤마가 초대 대통령으로 취임한다. 마시어스 대통령은 세계 역사상 유래를 찾아볼 수 없는 공포정치 전개. 쿠데타로 실각될 때까지 10년 동안 현재의 인구수와 비슷한 40여만 명이 그의 탄압을 피해 외국으로 도주하거나 폭정 아래 목숨을 잃었다.

국제 엠네스티 발표에 따르면 1978년 한 해 동안 투옥된 정치범의 수 1000여 명에 처형된 사람의 수가 600명을 헤아린다고 한다. 1979년 8월 무바소고 중령이 쿠데타를 일으켜 마시어스를 체포, 처형하고 최고군사평의회를 통해 잠정적인 군정 실시. 81년 민정이양을 통해 대통령이 되고 이듬해 신헌법 발표.

☞ 정치와 경제

83년 총선을 통해 의회가 부활된다. 그러나 대통령이 국외의 반체제 인사들과 대화를 거부, 민주화는 좌절되고 1인 독재가 이어진다. 90년대에 스페인, 프랑스, 미국 등이 현정권에 대해 민주화를 요구함에 따라 무바소고 대통령은 국제여론을 의식, 복수정당제 도입을 골자로 한 신헌법을 채택한다. 그러나 95년 9월 17일, 신헌법 하의 지방자치단체장 선거에서 집권여당인 적도기니 민주당이 27개 선거구 중 2/3인 18개 지역을 석권한다.

반면 야당연합은 수도 마라보 등 도시를 중심으로 선전. 이에 야당연합은 개표 과정에서의 부정을 주장. 자치장 취임을 전면 거부한다. 게다가 96년 2월 25일 대통령 선거에서도 자유로운 선거운동이 보장되지 않는다며 투표 전에 보이콧. 결국 무바소고 대통령이 단독출마하여 99%의 득표율로 4선이 된다.

주산물은 카사바, 당근, 바나나, 코코아, 커피 등의 농산물. 폭정으로 인한 노동인구의 감소로 한때 위기를 맞기도 했으나 최근 외국 망명객들이 귀환함에 따라 활기를 찾고 있다.

☞ 사회와 문화

대륙부는 대부분 판족이지만 페르난드 보 섬은 인구구성이 복잡하며 원주민은 반투계의 부비족. 나이지리아의 이보족과 스페인과 포르투갈의 혼혈도 많다. 이 나라 역시 종족 간의 대립이 심한 편이다.

가봉 공화국
(Gabonese Republic)

— 독립일 : 1960년 8월 17일, UN 가맹일 : 1960년 9월 20일 —

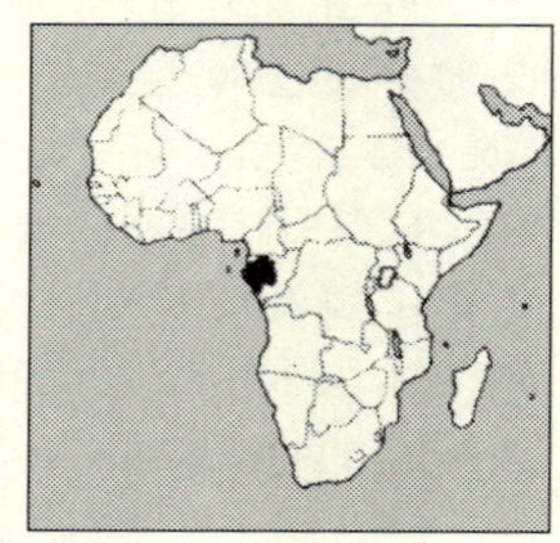 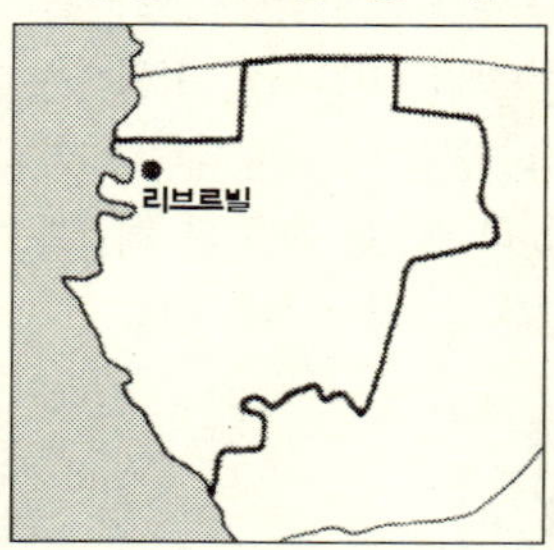

☞ 주요 통계 자료

·면　　　적	26만 7667㎢
·인　　　구	120만 명(95년)
·수　　　도	리브르빌(Libreville) 인구 41만 명(94년)
·주요 도시	포르장티, 프랑스빌, 랍바레네
·주요 민족	에시라족, 아드마족 등 반투계가 약 65% 이상 그 밖에 판족(30%), 피그미족
·언　　　어	프랑스어(공용어) 북부는 판어, 남부는 반투어
·종　　　교	카톨릭(60%), 전통종교(30%)
·정치 체제	공화제 대통령 중심제
·헌　　　법	1961년 2월 제정 67, 75, 81, 86, 90년에 각각 개정
·국가 원수	대통령 오마르 봉고(Omar Bongo) 93년 12월 5선
·의　　　회	1원제 120석 직선제 임기 5년
·내　　　각	대통령이 임명 총리 폴린 오바멩궤마(Paulin Obamenguema) 94년 10월 발족
·주요 정당	가봉민주당, 가봉진보당, 뷰슈론당
·국민총생산	42억 달러(95년)
·1인당 GNP	3800달러(95년)
·통화 단위	CFA 프랑(Franc). 1달러＝526.15(97년 1월)
·주요 자원	석유, 목재, 망간, 우라늄
·주요 공산품	석유화학제품, 가구류
·주요 농산물	코코아
·무　　　역	수출 23억 4940만 달러, 수입 7억 5650만 달러(94년)

(자료원 : 가봉 정부발표 자료 / World Yearbook 97)

☞ 자연 환경

적도 바로 아래 위치한 나라. 음악가이자 철학자인 고 슈바이처 박사가 개설한 람바레네 병원이 이 곳에 있다. 오구에 강이 국토 전체의 동맥을 형성. 전체 면적의 85%가 적도우림지대로 울창한 밀림을 이루고 있으며, 나머지 15%는 사바나 지대. 9월~5월은 우계. 습도가 높고 무더위가 기승을 부린다. 반면 6월~8월은 건계. 비가 전혀 내리지 않으며 기온도 상대적으로 낮다. 하지만 이 건계가 병균의 번식기로 돌림병이 많은 계절이기도 하다.

☞ 간추린 역사

15세기까지 전혀 세상에 알려지지 않은 미지의 땅. 1470년 포르투갈인에 의해 처음 발견된 이후 17세기엔 노예무역의 중심지로 부상한다. 1830년대 말 프랑스 해군이 이 곳을 방문 토착 원주민 추장과 협상, 보호권을 획득하고 1888년 프랑스의 식민지가 된다. 이후 프랑스는 이 곳을 전진기지로 삼아 식민지 확대를 꾀한다. 2차대전 후인 1956년에 자치정부를 수립. 60년 8월에 정식으로 독립한다.

☞ 정치와 경제

독립 후인 1961년 2월 레옹 옴바가 초대 대통령으로 취임. 67년 11월 옴바 대통령이 죽자 당시 부통령이었던 현 봉고 대통령이 뒤를 잇는다. 봉고 대통령은 75년 부통령제를 폐지 1인 장기집권 체제를 구축. 90년 5월 야당지도자 조셉 레드잠비의 암살사건으로 수천명 군중의 반정부폭동 발생. 정권 유지에 위기감을 느낀 봉고 대통령은 90년 3월 국민의 저항에 굴복, 23년 간의 1당독재를 포기하고 야당인 사회민주당의 창당을 허용한다.

이후 93년 12월 5일, 22년 만에 부활된 복수정당제 하에서 대통령선거가 실시되어 봉고 대통령은 51%의 득표율을 얻어 정권 유지에 성공한다. 그러나 선거 결과에 대해 야당연합이 반발, 심각한 대립국면을 초래했으나 아프리카통일기구(OAU) 등의 중재로 1년 이내에 의회선거 실시 등을 조건부로 합의에 이른다. 96년 2월 야당연합은 의회선거 등 합의사항 준수를 주장하며, 현정권을 강력히 비판. 이에 대해 대통령은 경제개혁 완수 등을 이유로 정확한 선거일정을 발표하지 않고 있다.

경제적으로는 전체 면적의 85%가 산림으로 뒤덮여 있으며 경지면적이라곤 고작 0.5%에 불과하다. 따라서 전통적으로 목재사업이 발달했으며 최근 들어 광업분야에도 개발의욕을 보이고 있다. 아프리카 4위의 산유국.

☞ 사회와 문화

40여 개의 부족이 각자의 언어와 문화권을 형성하고 있다. 가장 오래된 원주민은 피미그미족. 하지만 최근 들어 종족수가 감소추세에 놓여 있다. 종교는 국민의 60%가 카톨릭이며 약 30%가 원시종교, 그리고 나머지가 이슬람교를 믿고 있다. 한국과는 62년도에 수교.

콩고 공화국
(Republic of Congo)

— 독립일 : 1960년 8월 15일, UN 가맹일 : 1960년 9월 20일 —

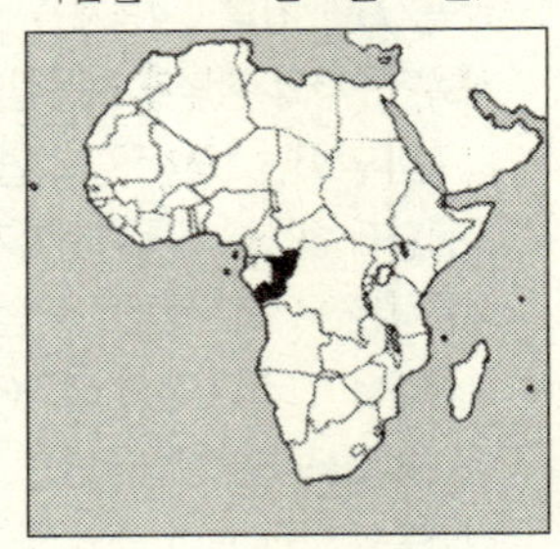 

☞ 주요 통계 자료

·면 적	34만 2000㎢
·인 구	259만 명(95년)
·수 도	브라자빌(Brazzaville) 인구 61만 명(94년)
·주요 도시	푸앵트누아르, 누케이, 루포모
·주요 민족	콩고족(45%), 바테케족(20%), 방기족(16%), 가봉족(15%)
·언 어	프랑스어(공용어) 그 밖에 링가라어, 콩고어
·종 교	전통종교(50%), 카톨릭(40%)
·정치 체제	공화제
·헌 법	1979년 7월 제정 84, 90, 92년에 각각 개정
·국가 원수	대통령 파스칼 리수바(Pascal Lissouba) 직선제 임기 5년 92년 8월 선출
·의 회	2원제 상원(60석 임기6년) 하원(125석 임기5년) 직선제
·내 각	대통령이 임명 총리 데이비드 찰스 가나오(David Charles Ganao) 96년 9월 2일 발족
·주요 정당	사회발전 팬아프리칸연합, 콩고 민주통합 발전운동, 콩고노동당, 통일민주세력
·국민총생산	17억 달러(95년)
·1인당 GNP	650달러(95년)
·통화 단위	CFA 프랑(Franc). 1달러=526.15(97년 1월)
·주요 자원	석유, 목재, 다이아몬드
·주요 공산품	식품가공제품, 섬유류, 시멘트
·주요 농산물	커피, 바나나, 야채류
·무 역	수출 12억 5000만 달러, 수입 7억 1600만 달러(94년)

(자료원 : 콩고 통계청 / World Yearbook 97)

☞ 자연 환경

아프리카 대륙의 정중앙, 대서양 연안에 위치한 나라. 국토 중앙부는 산악지대이며 해안으로 갈수록 평원이 펼쳐져 있다. 전체 면적의 50%가 밀림지대이며, 25%는 연못과 늪. 기후는 고온 다습한 열대성. 남부지방은 특히 6월~9월을 제외하고는 모두 우계. 한창 더울 때는 기온이 35℃까지 치솟는다.

☞ 간추린 역사

8세기경 룬다 루바 왕국과 콩고 왕국이 있었다고 전한다. 1414년 포르투갈인이 처음 방문 이후 17세기부터 서구열강의 진출이 본격화된다. 특히 프랑스는 카톨릭 교구를 개설하고 콩고 원주민들과의 협상에 성공 1885년에 이 곳을 식민지로 만드는 데 성공한다.

2차대전인 1958년 콩고는 자치정부를 수립하고, 프랑스 공동체 내의 공화국으로 있다가 1960년 8월 정식으로 독립한다.

☞ 정치와 경제

독립 후 콩고 정국은 근 20년 동안 쿠데타가 쿠데타를 낳는 정치적 악순환을 반복한다. 1979년 3월 무혈쿠데타로 집권한 엔게소에 의해 혼란 국면은 진정할 기미를 보이기 시작. 엔게소 정권은 과학적 사회주의 노선을 표방, 콩고노동당을 중심으로 사회개혁에 착수. 하

지만 80년대 말 사회주의권의 붕괴로 말미암아 사회주의 노선 포기. 91년에는 국명과 국기도 바꾸고 사회주의적 1당독재에서 탈피, 다당제를 수용한다. 따라서 92년에 실시한 선거에서 사회발전 팬아프리카연합의 당수인 파스칼 리수바가 당선, 대통령에 취임한다. 그러나 노동당 및 야당연합은 선거에 부정이 개입되었다고 반발, 이후 사태는 무력충돌로까지 발전한다.

그 동안 대통령파와 야당파간의 분쟁으로 2000여 명의 사망자를 낸 콩고내전은 95년 12월 여야간에 극적인 평화협정에 합의. 그러나 96년 2월 정규군으로 편입된 민병 100여 명이 처우개선을 요구하며 반란을 기도, 또한 동년 7월에는 엔게소 전 대통령의 사병 일부가 평화협정에 불만을 표시하며 북부 일대 지역을 점령하는 사건이 발생하기도.

경제면에서는 유전개발에 따른 석유수입 (전체 수출액의 90%)은 늘어나는 추세지만 기간사업인 농업과 임업은 여전히 낙후한 상태. 하지만 여기서 생산되는 커피만은 세계적으로 유명하다. 남북 동시 수교국.

☞ 사회와 문화

주민은 32개의 부족들로 구성되어 있다. 따라서 콩고 정부는 종족 간의 대립을 무마하기 위해 노심초사. 콩고는 특히 아프리카에서 전통적으로 교육을 중시해 온 나라. 취학률이 80%로 꽤 높은 편이다.

자이르 공화국
(Republic of Zaire)

— 독립일 : 1960년 6월 30일, UN 가맹일 : 1960년 9월 20일 —

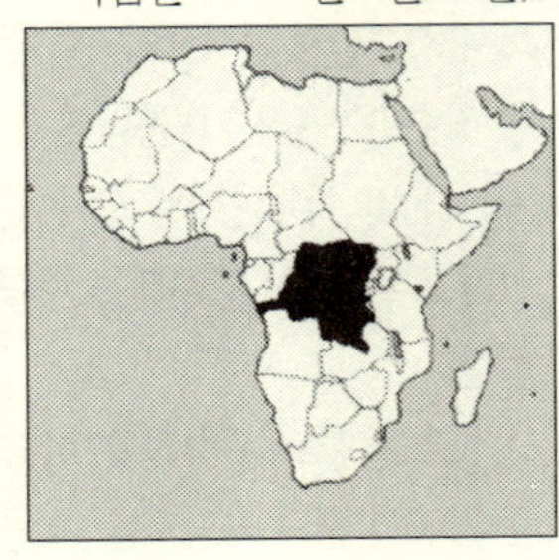
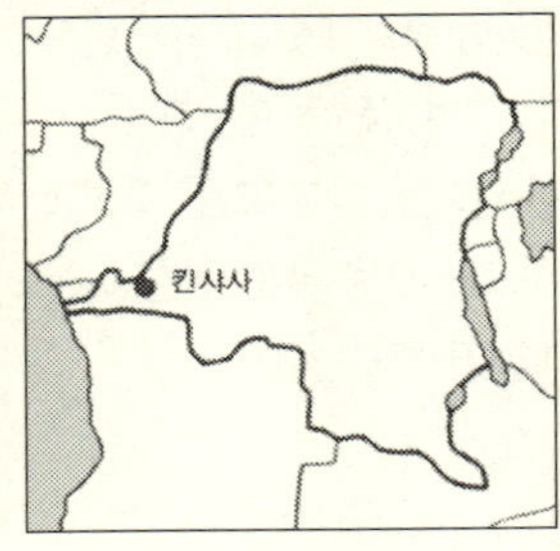

☞ 주요 통계 자료

·면　　　적	234만 4885㎢
·인　　　구	4380만 명(95년)
·수　　　도	킨샤사(Kinshasa) 인구 427만 명(95년)
·주요 도시	루판파지, 음부지마이, 카낭가, 키산가니
·주요 민족	반투계, 수단계, 나일계, 피그미계, 함계 등
·언　　　어	프랑스어(공용어) 그 밖에 스와히리어, 콩고어, 링가라어
·종　　　교	카톨릭(48%), 개신교(13%), 이슬람교(소수)
·정치 체제	공화제
·헌　　　법	1994년 4월 8일 신헌법 제정
·국가 원수	대통령 모부투 세세 세코(Mobutu Sese Seko) 임기 7년 84년 12월 3선(91년으로 임기가 끝났으나 재임)
·의　　　회	공화국 최고평의회 · 임시의회 738명
·내　　　각	대통령이 임명 총리 켄고 와 돈도(Kengo wa Dondo) 94년 7월 6일 발족 96년 12월 24일 일부 개각
·주요 정당	혁명인민운동, 민주사회 진보동맹, 기독교 사회민주당
·국민총생산	53억 달러(95년)
·1인당 GNP	120달러(95년)
·통화 단위	자이르(Zaire). 1달러＝11만 4125자이르(97년 1월)
·주요 자원	동, 코발트, 다이아몬드, 아연, 석유
·주요 공산품	시멘트, 알루미늄
·주요 농산물	면화, 커피, 팜유
·무　　　역	수출 14억 5200만 달러, 수입 8억 7000만 달러(95년)

(자료원 : 자이르 통계국 / World Yearbook 97)

☞ 자연 환경

자이르는 아프리카에서 3번째로 면적이 넓은 나라이다. 자이르 강(전장 4650km)이 전 국토를 종횡으로 흐르고 있으며 동부의 산악 지대를 제외하고는 전반적으로 얕은 고원과 평원이 지형의 주류를 이루고 있다.

전 국토의 1/3 가량이 적도 열대 우림 기후를 띠고 있으며 연간 기온은 20도를 넘고 연간 강수량도 1300mm 이상을 기록한다.

☞ 간추린 역사

이 곳은 15세기 말까지 콩고 왕국이 건재했던 곳으로 19세기에 접어들어 저 유명한 리빙스턴과 스탠리가 자이르 내륙을 탐험하기도 한 곳이다. 이후 벨기에가 콩고 강 유역의 개발 사업에 지대한 관심을 표명하기 시작하여 1908년 자이르는 벨기에의 직할 식민지로 전락한다.

2차대전 후인 1952년 아프리카 전역에서 일어났던 반식민지 운동이 이 곳에서도 일어나 자이르는 옛 이름인 콩고 공화국으로 독립을 달성한다. 그러나 독립 후 이 곳 역시 엄청난 혼란의 소용돌이 속에 휩싸이게 되는데 정당 간의 대립은 물론이고, 카탕가 주의 분리선언과 이후의 유혈 참사, 그리고 거듭되는 쿠데타 등이 그것이다.

65년 11월 모부투 육군 사령관이 쿠데타로 정권을 장악하여 70년에는 스스로 대통령에 올라 지금까지 이어오고 있다.

그 동안 자바주를 중심으로 두 차례의 반란이 일어났지만 정부군의 무력진압으로 무마되고 71년 10월 '자이르 공화국'으로 개칭하게 된다.

☞ 정치와 경제

90년 4월 자이르의 모부투 대통령은 복수정당제로의 이행 등을 표방하며 나름대로 민주개혁을 추진할 뜻을 비추지만 극심한 생활고에 국민의 불만이 폭발, 수도 킨샤사에서 폭동이 발생한다.

게다가 94년 여름에는 르완다에서 140여만 명의 난민이 들어오고 10월에는 부룬디에서 3만여 명의 난민이 유입되어 국가 경제는 파탄지경에 이르게 된다. 따라서 95년 8월 19일 자이르 정부는 정규군을 동원, 난민에 대해 강제 송환 조치를 취하려 했으나, 유엔의 요청으로 5일만에 철수하고 만다.

95년으로 예정되었던 복수정당제 하의 대통령 및 의회선거가 또다시 2년간 연기된다. 한편 자이르 의회는 96년 4월, 선거인 명부 작성과 관련, 동부의 우비라 지역에 거주하고 있는 투치족계의 바냐렝크족에 대해 국적을 빼앗고 국외 추방을 명령하게 된다.

그러자 바냐렝크족은 투치족이 대부분인 르완다군의 지원을 업고 자이르군과 구(舊)르완다 정부군(후투계)에 본격적으로 대항하여 96년 9월에는 국경지대에서 격렬한 포격전을 전개하기도 한다.

　전투는 고마지역으로 확대되고 96년 11월에는 난민 캠프에까지 전화가 확산되어 4일 동안 50여만 명이 이동하는 참극을 빚기도 한다. 게다가 유엔 다국적군도 자이르에서의 구호 활동을 중지하고 철수를 결정하였다. 한편 1996년 12월 2일 바냐렝크족은 동부 우간다 국경 지역까지 완전 제압했다고 선언하였다.

　그러자 수술을 받기 위해 프랑스에 요양하고 있던 모부투 대통령이 17일 일시 귀국하여 내각을 일신하고 정부군의 본격적인 반격을 명령하게 된다. 이로써 자이르의 정국은 완연한 내전의 양상을 띠며 오늘에까지 이르고 있다.

　자이르는 지하자원의 보고라 할 만큼 동, 코발트, 공업용 다이아몬드, 주석, 금 등의 지하자원이 매장량이나 생산량에서 있어서 세계적인 수준이다.

　이 밖에 농산물로는 팜유, 커피, 고무, 면화 등이 생산된다. 한국과는 63년에 수교.

☞ 사회와 문화

　전체 인구의 약 반수는 반투계, 그 밖에 북부는 수단계, 북동부는 나일계, 깊은 밀림 속에는 피그미족 등이 살고 있다.

　종교는 전통적인 원시종교가 약 50%를 차지. 한때 기독교 세력이 왕성했지만(전체 인구의 70%), 모부투 정부의 기독교에 대한 탄압으로 신도수가 많이 줄어든 상태이다.

앙골라 공화국
(Republic of Angola)

— 독립일 : 1975년 11월 11일, UN 가맹일 : 1976년 12월 1일 —

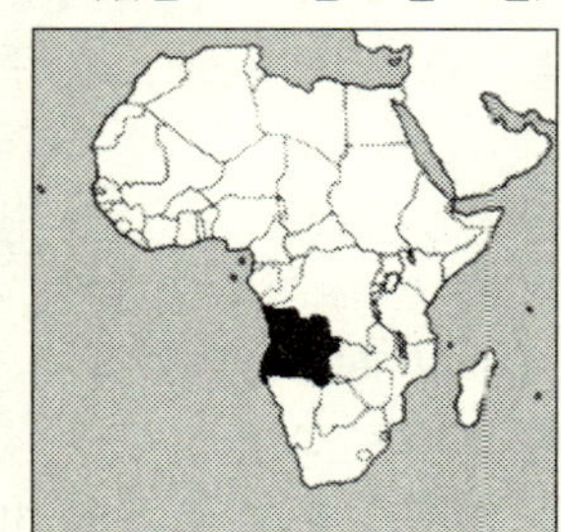
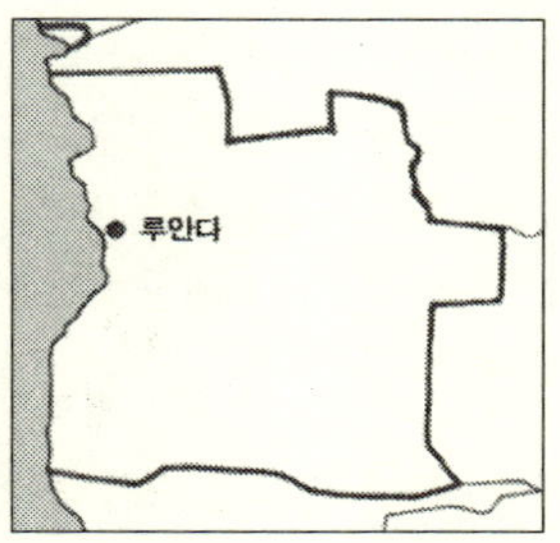

☞ 주요 통계 자료

·면　　적	124만 6700㎢
·인　　구	1107만 명(95년)
·수　　도	루안다(Luanda) 인구 166만 명(95년)
·주요 도시	우앙보, 벤게라, 루방고, 로비토, 마란제
·주요 민족	오빈분두족(38%), 킹분두족(23%), 바콩고족(13%), 초크에족(8%)
·언　　어	포르투갈어(공용어) 그 밖에 각 부족어
·종　　교	대부분이 전통종교, 그 밖에 카톨릭 등
·정치 체제	공화제
·헌　　법	1975년 11월 제정 76년 10월 91년 5월 개정
·국가 원수	대통령 호세 에두아르도 도스산토스(Jose Eduardo Dossantos) 직선제 79년 9월 21일 취임 92년 유임
·의　　회	1원제 223석 임기 4년
·내　　각	대통령이 임명 총리 페르난도 반두넴(Fernando Van-Dunem) 96년 6월 발족
·주요 정당	앙골라 해방인민운동, 앙글라 전면독립민족동맹
·국민총생산	44억 달러(95년)
·1인당 GNP	410달러(95년)
·통화 단위	콴자(Kwanza). 1달러＝20단 9925콴자(97년 1월)
·주요 자원	석유, 다이아몬드, 철광석, 금, 동, 우라늄, 아연
·주요 공산품	＊＊ 생산시설 미비
·주요 농산물	커피, 사탕수수, 사이잘삼

(자료원 : World Yearbook 97 / 세계 각국 요람)

☞ 자연 환경

아프리카 대륙 남서부, 서쪽으로 대서양 연안을 끼고 자이르, 잠비아, 나미비아와 국경을 접하고 있는 나라. 해안지역은 사막지대이며 내륙으로 갈수록 고원지대. 쿠방고 강 등 많은 강이 나라의 젖줄을 이루고 있다. 기후는 지역에 따라 열대성, 사막성, 온난성 등으로 나뉜다. 일반적으로 5월~10월은 시원한 건계이며 11월~4월은 폭서의 우계이다.

☞ 간추린 역사

옛날 콩고 왕국의 지배 하에 있었던 곳. 16세기 초 포르투갈인들이 들어와 노예무역을 전개하기도. 이후 1901년 국토 횡단 철도가 건설되면서 서구의 이주자가 급증한다. 포르투갈은 1963년 이 지역을 해외주로 지정. 앙골라의 독립운동은 1950년부터 활발해진다. 1956년 앙골라 인민해방운동(MPLA), 1960년대 앙골라 인민해방전선(PNLA)과 앙골라 전면독립민족동맹(UNITA)이 차례로 결성된다. 이 3개파는 지역과 민족적 기반이 각각 다른 관계로 운동의 주도권을 놓고 결렬하게 대립하기도 한다. 3개파 연합은 75년에 포르투갈과 교섭을 전개, 같은 해 11월 완전 독립에 합의한다. 하지만 독립함과 동시에 3개파는 분열을 일으켜 앙골라는 내전 상태에 봉착. 구소련과 쿠바의 지원을 받은 MPLA가 남아공과 미국의 지원을 받은 나머지 그룹을 진압, 통일 앙골라의 주역으로 부상한다.

☞ 정치와 경제

초대 대통령 네토는 79년 모스크바 방문 중 병사. 그의 뒤를 이어 산토스가 2대 대통령으로 취임한다. 산토스 대통령은 80년 신헌법을 개정하고 마르크스 레닌주의에 입각한 MPLA노동당을 결성. 또한 외교적으로는 한동안 친소 친사회주의권 노선을 견지. 90년 7월, 민주화 열기에 편승, 사회주의 노선을 폐기하고, 91년 5월 복수정당제를 인정하는 신헌법을 제정 공포한다.

앙골라 정부는 91년 5월 31일 UNITA와 평화협상을 전개, 포르투갈의 중재로 리스본에서 평화협정을 체결한다. 그러나 92년 9월의 대통령선거와 의회선거과정에서 다시 충돌, 재차 내전에 돌입한다. 이후 94년 11월 20일 유엔이 중재에 나서 UNITA를 합법화하는 조건으로 평화협정에 정식 조인함으로써 기나긴 내전상황에 종지부를 찍는다.

앙골라의 경제는 오랜 내전으로 피폐화. 게다가 독립 후 약 90%의 포르투갈인이 출국함으로써 생산시설 관리능력이 저하되어 산업시설들은 거의 놀고 있는 실정. 정부는 농업진흥과 기간산업 육성에 진력하지만 재건의 길은 여전히 요원. 주요 생산물로는 커피, 면화, 설탕, 목재, 석유 등. 남북 동시 수교국.

☞ 사회와 문화

남부가 반군의 주 활동무대이다. 따라서 치안상태는 무척 불안한 편이며 문맹률 58%.

잠비아 공화국
(Republic of Zambia)

— 독립일 : 1964년 10월 24일, UN 가맹일 : 1964년 12월 1일 —

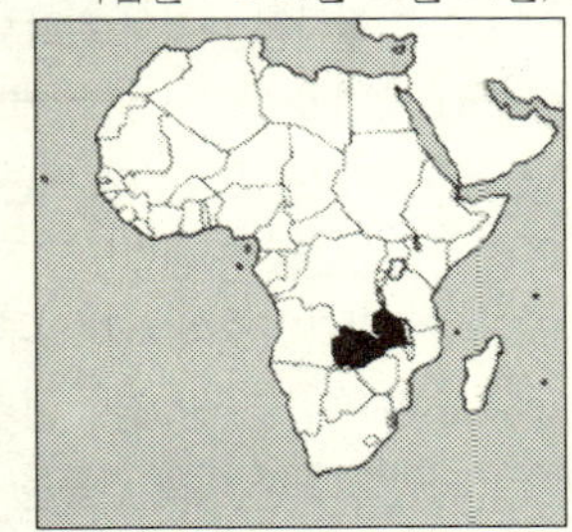
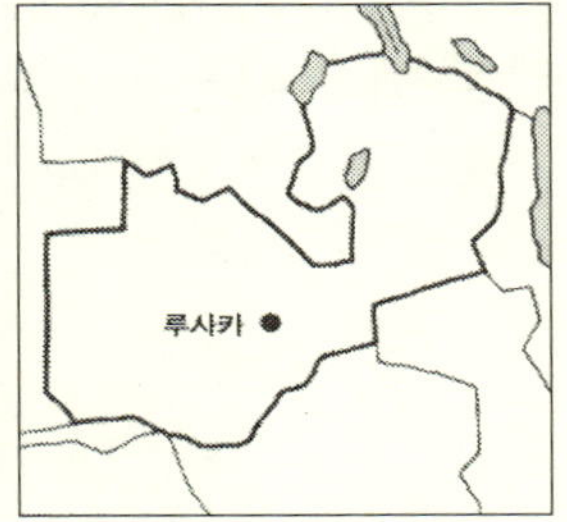

☞ **주요 통계 자료**

·면　　적	75만 2614㎢
·인　　구	937만 명(95년)
·수　　도	루사카(Lusaka) 인구 98만 8000명(94년)
·주요 도시	키트웨, 카브웨, 온돌라
·주요 민족	북부의 벰바계, 남부의 통가계, 로지계 등 모두 73 부족
·언　　어	영어(공용어)
·종　　교	기독교(20%), 전통종교(70%) 그 밖에 이슬람교, 힌두교
·정치 체제	공화제 대통령 중심제
·헌　　법	1991년 8월 신헌법 제정 96년 5월 개정
·국가 원수	대통령 프레드릭 칠루바(Frederick Chiluba) 직선제 임기 5년 91년 11월 2일 취임 96년 11월 재선
·의　　회	1원제 150석 직선제 임기 5년
·내　　각	대통령이 임명 총리 없음
·주요 정당	복수정당제 민주주의운동, 통일민족독립당
·국민총생산	35억 달러(95년)
·1인당 GNP	370달러(95년)
·통화 단위	콰차(Kwacha), 1달러＝1287 콰차(97년 1월)
·주요 자원	동, 석탄, 아연, 코발트
·주요 공산품	식품가공제품, 섬유, 건설자재, 비료
·주요 농산물	옥수수, 담배, 땅콩, 면화
·무　　역	수출 10억 6600만 달러, 수입 10억 300만 달러(94년)

(자료원 : 잠비아 통계국 / World Yearbook 97)

☞ 자연 환경

8개의 나라에 싸인 아프리카 중남부의 내륙국. 보츠와나와의 국경에는 세계적으로 유명한 빅토리아 폭포가 있다. 국토의 대부분은 해발 1200m 내외의 고원지대. 기후는 비교적 쾌적한 편. 우계 때에도 비온 뒤에 맑은 하늘이 있어 별로 더위를 느낄 수가 없다.

☞ 간추린 역사

1851년 탐험가인 리빙스턴이 족적을 남긴 것을 제외하고는 이렇다 할 만한 역사가 전해지고 있지 않다. 최초의 진출 세력은 영국으로 1924년 영국의 보호령이 된다. 1925년 대규모 동광맥이 발견된 이후 이민이 급증, 흑인과 백인 간에 토지를 둘러싼 분쟁이 초래된다. 2차 대전 후인 1962년 12월 신헌법 하의 총선으로 63년 영연방으로부터 분리하고 64년 10월 '잠비아 공화국'이라는 국명으로 정식 독립한다. 이 명칭은 잠베지 강에서 유래.

☞ 정치와 경제

독립 후 독립투쟁의 구심체였던 통일민족독립당(UNIP)이 집권. 초대 대통령에 카운타가 취임한다. 그는 인도주의를 정치에 도입, 사회주의적 인도주의 국가 건설을 목표로 정치적 안정을 도모한다. 1991년의 총선에서 야당 복수정당제민주주의운동(MMD)의 지도자 프리드릭 칠루바가 압승, 카운타 정권은 27년간의 집권을 마감하지만 아프리카 역사상 최초의 평화적 정권교체라는 의미가 주어진다. 칠루바 정권은 취임 후 친서방 외교정책과 시장경제체제를 도입, 자본주의 길을 천명한다. 92년 이후 권력층 내부의 비리사건이 계속되고 이에 불만을 품은 15명의 MMD의원이 탈당, 국민당(NP)을 결성한다. 96년 들어 선거개혁을 주내용으로 한 헌법개정 작업에서 카운타 전 대통령의 재출마 저지 여부가 문제의 초점이 되어 여야가 공방. 결국 정부안이 통과되어 야당연합과 한 차례 진통을 치른다. 96년 11월 18일의 대선에서 칠루바 대통령이 90%의 득표율로 재선. 이에 야당연합은 선거 보이콧. 서방 여러 나라들은 부정선거로 규정 잠비아 경제제재를 검토하기도 하였다.

잠비아의 동 생산은 세계 제5위. 하지만 70년대 중반 이후 세계 경제의 불황과 주변 나라들의 국내 사정 악화로 수송사정이 악화되어 수출 감소. 그러나 칠루바 정권 이후 행정개혁과 민영화정책, 그리고 긴축재정 등으로 경제살리기에 일정 정도 성과를 올린다.

☞ 사회와 문화

73개의 부족으로 구성. 하지만 반투계가 대다수를 차지한다. 이 곳도 지역감정과 민족 간의 대립은 존재. 특히 북부의 벤바족, 룬다족과 남부의 통가족은 전통적인 앙숙지간. 주민 중에는 백인도 5만 명이나 거주. 동부 아프리카에선 비교적 문맹률이 낮으며(27%), 생활수준도 높은 편이다.

말라위 공화국
(Republic of Malawi)

— 독립일 : 1964년 7월 6일, UN 가맹일 : 1964년 12월 1일 —

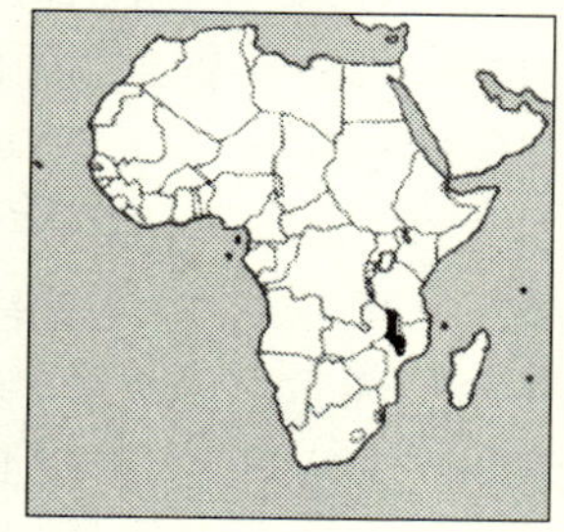
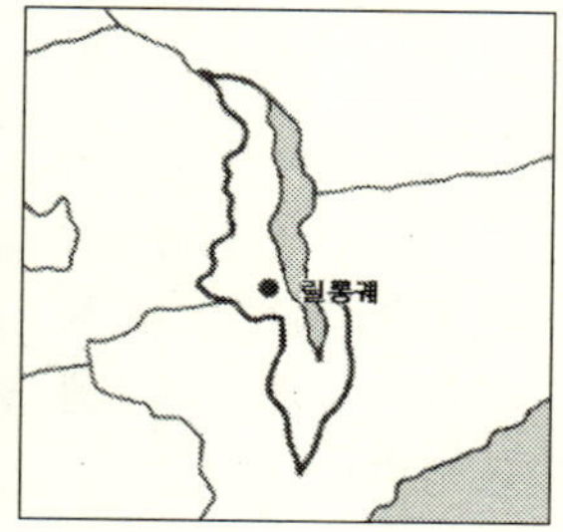

☞ 주요 통계 자료

·면 적	11만 8484㎢
·인 구	979만 명(95년)
·수 도	릴롱궤(Lilongwe) 인구 35만 3000명(95년)
·주요 도시	블랑타이야, 무즈즈, 좀바
·주요 민족	반투계(99.7%) 중남부에 체와족, 론웨족, 중북부에 누그미족, 북부에 툼부카족, 누콘데족
·언 어	영어, 체와어(둘 다 공용어)
·종 교	전통종교, 기독교
·정치 체제	공화제 대통령 중심제
·헌 법	1995년 5월 18일 신헌법 공포
·국가 원수	대통령 바킬리 물루지(Bakili Muluzi) 직선제 임기 5년 94년 5월 21일 취임
·의 회	1원제 177석 임기 5년
·내 각	대통령이 임명 총리 없음
·주요 정당	통일민주전선, 말라위 회의당, 민주동맹, 복수정당 민주통일전선
·국민총생산	16억 달러(95년)
·1인당 GNP	160달러(95년)
·통화 단위	콰차(Kwacha). 1달러=15.33콰차(97년 1월)
·주요 자원	석탄암, 보크사이트, 석탄
·주요 공산품	섬유류, 제화, 제당, 시멘트
·주요 농산물	담배, 면화, 홍차, 땅콩, 커피, 사탕수수
·무 역	수출 6억 5600만 달러, 수입 9억 7100만 달러(95년)

(자료원 : 말라위 정부발표 자료 / World Yearbook 97)

☞ 자연 환경

아프리카 대륙의 동남부, 말라위 호수를 오른쪽에 끼고 잠비아와 모잠비크 사이에 낀 갸름하게 생긴 나라(남북 800㎞, 동서 145㎞). 말라위 호수는 아프리카에서 3번째로 큰 호수. 지형은 전반적으로 고지대의 평원으로 이뤄졌다. 기후는 열대 사바나성이며 기온과 강수량은 지역의 표고에 따라 조금씩 다르다. 계절은 우계와 건계로 나뉘며 4, 5월과 10, 11월이 비교적 살기 좋은 시기이다.

☞ 간추린 역사

말라위는 옛날 영화를 누렸던 말라비 제국에서 유래된 말로 말라비란 체와어로 '불꽃'이란 뜻. 즉 말라위 호수에 비친 햇빛의 영롱함을 보고 지은 이름이다.

말라비 제국은 19세기까지 잠비아와 모잠비크를 포함한 광대한 지역을 지배하지만 다른 부족의 침략과 서구의 진출로 세력이 쇠퇴하여 아랍 노예상과 포르투갈인들의 참혹한 노예 사냥터로 전락한다. 영국은 영유권을 놓고 포르투갈과 대결. 1891년 자국의 보호령으로 만든다. 53년 로디지아 및 중앙아프리카와 연방을 결성했으나 63년 12월 연방을 해체하고 반다가 중심이 되어 '아프리카 국민회의(말라위 회의당의 전신)'를 발족. 이어 1964년 7월 말라위는 영연방의 일원으로 독립, 66년 공화제로 이행한다.

☞ 정치와 경제

초대 대통령에 독립운동의 기수였던 해스팅스 반다 박사가 취임. 71년 종신 대통령으로 추대. 말라위 의회당(MCP)에 의한 단일정당제에서 말라위 자유운동(MAFREMO) 등 반정부조직을 차례로 추방. 독재체제를 확립한다. 그러나 국내외 여론의 민주화 요구에 굴복, 93년 6월, 복수정당제 도입 등을 묻는 국민투표를 실시하여, 신헌법을 채택하고 종신대통령제도 폐지. 이어 94년 5월 17일 복수정당제 하에서 최초로 대통령 선거 및 의회선거를 실시, 통일민주전선(UDF)의 물루지 당수가 반다 대통령을 누르고 새 대통령에 취임한다. 또한 의회선거에서도 비록 과반수 의석 확보에는 실패했으나 UDF가 84석을 획득, 제1당의 자격으로 복수정당 민주통일전선(UFMD) 등과 결합, 연립 내각을 발족시킨다.

말라위는 국민의 80%가 농업에 종사하는 농업국. 정부의 농업진흥책과 서구의 경제원조가 어우러져 식량 자급도는 상당히 높은 편. 최근 수력발전으로도 한몫을 보고 있다.

☞ 사회와 문화

여러 부족이 모여 살지만 반다 대통령의 강력한 지도력으로 인해 부족 간의 대립이나 마찰은 거의 없다. 반투계 부족이 주류. 사회 분위기는 무척 도덕적이며 치안제도도 잘 갖추어져 범죄도 별로 없다.

모잠비크 공화국
(Republic of Mozambique)

— 독립일 : 1975년 6월 25일, UN 가맹일 : 1975년 9월 16일 —

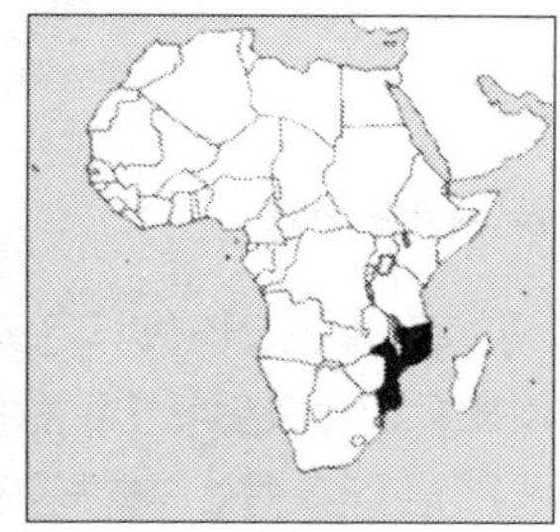
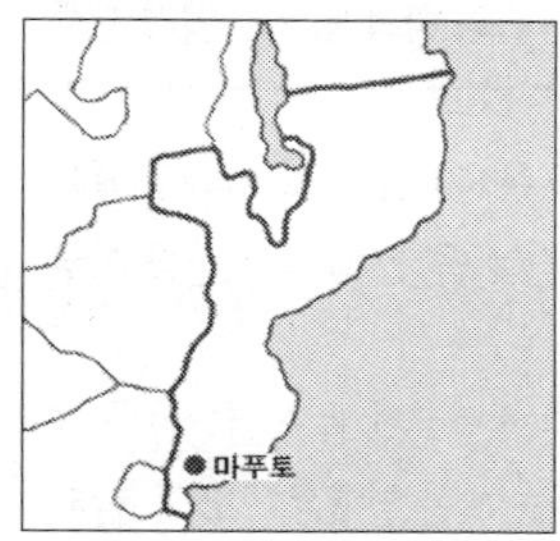

☞ 주요 통계 자료

·면 적	80만 1590㎢
·인 구	1790만 명(95년)
·수 도	마푸토(Maputo) 인구 96만 명(95년)
·주요 도시	베이라, 케리마네, 모잠비크
·주요 민족	마콰롬웨족(40%), 송가족(25%), 통가족, 쇼나족, 마콘데족 등 43부족, 포르투갈 백인 등
·언 어	포르투갈어(공용어) 그 밖에 각 부족어
·종 교	전통종교(60%), 카톨릭(30%), 이슬람교(10%)
·정치 체제	공화제
·헌 법	1990년 11월 30일 신헌법 발효
·국가 원수	대통령 조아킴 알베르토 시사노(Joaquim Alberto Chissano) 직선제 임기 5년 94년 11월 재선
·의 회	1원제 250석 직선제 임기 5년
·내 각	대통령이 임명 총리 파스코알 마누엘 모쿰비(Pascoal Manuel Mocumbi) 94년 12월 23일 일부 개각
·주요 정당	모잠비크 해방전선, 모잠비크 민족저항운동, 민주연합
·국민총생산	14억 달러(95년)
·1인당 GNP	80달러(95년)
·통화 단위	메티칼(Metical). 1달러＝1만 1126메티칼(97년 1월)
·주요 자원	석탄, 니켈, 보크사이트, 천연가스, 수산자원
·주요 공산품	직물류
·주요 농산물	캐슈너트, 옥수수, 면화, 사탕수수, 홍차, 커피
·무 역	수출 1억 3189만 달러, 수입 9억 5500만 달러(95년)

(자료원 : 모잠비크 정부 발표자료 / World Yearbook 97)

☞ 자연 환경

모잠비크 해협을 사이에 두고 마다가스카르 섬과 마주보고 있는 인도양 연안의 나라로 해안 지역에는 만과 강의 입구가 많아 천혜의 항구가 많이 있다.

전체 면적의 44%가 평야지대이며 잠베지강 등 5개의 큰 강이 곡창지대의 젖줄을 이루고 있다.

이 곳의 기후는 북부가 몬순 열대성을 띠는 데 반해, 중부는 해안 열대성, 그리고 남부는 아열대성 기후를 보이고 있다.

☞ 간추린 역사

15세기 포르투갈인들이 들어오기 전까지 이 곳을 지배한 사람들은 아랍인이다. 이에 포르투갈인들은 아랍세력을 축출하고 1975년 모잠비크가 독립할 때까지 근 500년 가깝게 이곳을 지배한다.

1960년대에 접어들자 이 곳에서도 다른 아프리카 여러 나라들처럼 민족해방의 열기가 고조. 64년 모잠비크 해방전선(FRELIMO)이 결성된다. 그리고 FRELIMO은 독립을 위해서 본격적인 게릴라전을 전개한다.

이후 포르투갈의 탄압과 함께 모잠비크의 장렬한 게릴라전은 근 10년 가까이 이어진다. 한편 1974년 4월 포르투갈 내에 쿠데타가 발생하여 포르투갈 신정부는 식민지 정책에 일대 전기를 마련하게 된다. 그 일환으로 포르투갈은 모잠비크 해방전선과의 대화를 시도하게 된다.

포르투갈과 모잠비크 해방전선과의 협상 결과 모잠비크는 1975년 6월 정식으로 독립을 달성하게 된다.

☞ 정치와 경제

독립 후 모잠비크 정국은 FRELIMO 독재체제를 고수하였으며, 또한 초대 대통령인 마셀은 일관되게 친소 사회주의 노선을 견지한다. 특히 남아공의 백인 정부에 맞서는 흑인 게릴라군의 출격기지를 자청, 양국간에 군사적 마찰을 빚기도 하였다.

이후 두 나라는 84년 상호 불가침 협정을 체결하였다.

한편 마셀 대통령은 86년 비행기 사고로 사망하고 뒤를 이은 시사노 대통령은 80년 말 사회주의권의 붕괴에 따라 현실 노선으로 이행하면서 국내의 반군세력들과도 대화를 시도하였다.

따라서 92년 10월 4일 시사노 대통령과 모잠비크 저항운동(RENAMO)의 드라카마 의장 간에 평화협정이 조인된다.

이로써 장기간의 내전으로 약 150여 만 명의 난민이 인근 짐바브웨, 말라위, 탄자니아 등지로 유출되었다가 대부분 송환된다.

한편 평화협정에 근거하여 94년 12월에 대통령선거를 실시하였으며, 여기서 시사노 대통령이 재선에 성공한다. 이어 치른 의회선거에서도 집권 FRELIMO는 총 250석 중 129석을 획득하여 가까스로 과반수의석 확보에 성공한다.

반면 처음 선거에 참여한 RENAMO는 112석을 얻으면서 선전, 제1야당으로서의 자리를 구축하게 된다.

모잠비크의 주산업은 농업이다. 하지만 70년대에 밀어닥친 대가뭄으로 농작물에 타격을 받아 엄청난 경제적 곤란에 봉착하기도 하였다.

하지만 이후 안정을 찾아가는 정치권에 편승하여 92년부터 95년까지 국내 총생산 신장률이 평균 6.7%를 기록하여 아프리카에서 제1위를 달리고 있다.

☞ 사회와 문화

독립 이후 모잠비크는 천혜의.토지를 가졌으면서도 오랜 전시상황과 혁명적 정책으로 반쇄국 상태가 이어지기도. 남녀 개병제이며 또한 대기근으로 하루 연명할 식료품조차 부족한 형편. 따라서 모잠비크 정부는 저개발 극복을 위한 10개년 계획을 추진 중이다.

한편 96년 9월, 고(故)마셀 대통령의 미망인인 그라카 마셀 부인이 남아공의 만델라 대통령의 '연인'으로 밝혀져 화제가 되고 있다. 이들은 보름에 한 번씩 국경을 넘나들며 사랑을 나누고 있다고 한다.

마다가스카르 민주공화국
(Democratic Republic of Madagas car)

— 독립일 : 1960년 6월 26일, UN 가맹일 : 1960년 9월 20일 —

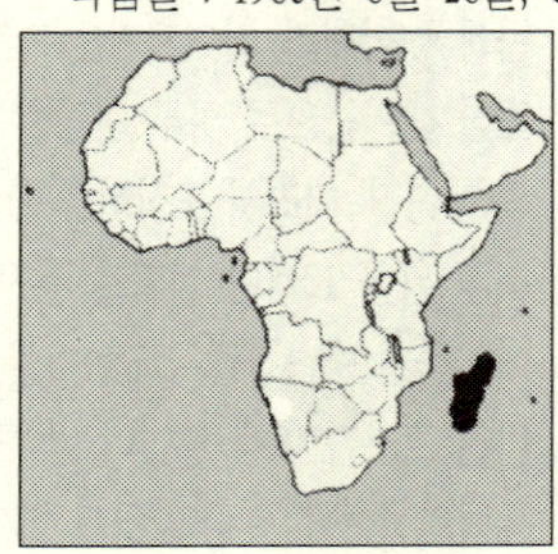 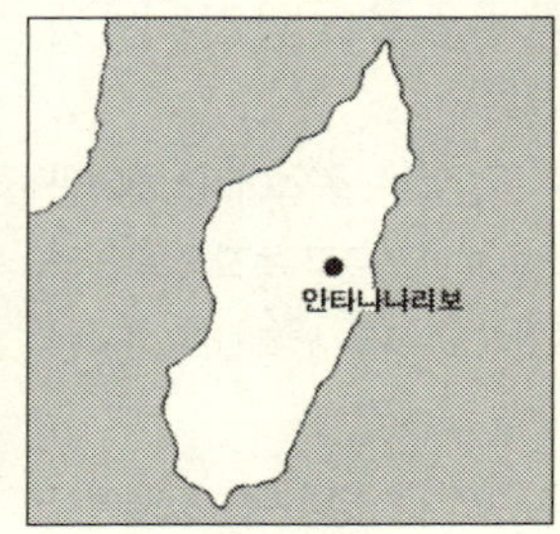

☞ 주요 통계 자료

· 면　　적	58만 7041㎢
· 인　　구	1476만 명(95년)
· 수　　도	안타나나리보(Antananarivo) 인구 104만 명(95년)
· 주요 도시	마중가, 피아나란초아
· 주요 민족	말레이계의 메리나족(중앙고원 26%), 베치미사라카족(동부해안 15%), 베치례오족(남부고원 12%), 그 밖에 17부족
· 언　　어	마다가스카르어(공용어) 프랑스어(준공용어)
· 종　　교	전통종교(58%), 기독교(37%), 이슬람교(5%)
· 정치 체제	공화제 대통령 중심제
· 헌　　법	1992년 8월 신헌법 제정 95년 10월 일부 개정
· 국가 원수	대통령 디디에르 라치라카(Didier Ratsiraka) 직선제 임기 5년 97년 1월 당선
· 의　　회	2원제 상원(선출예정), 하원(138석) 임기 4년
· 내　　각	대통령이 지명 총리 노르베르 라치라호나나(Norber Ratsira-Honana)
· 주요 정당	행동하는 사회세력당, 파미아당, 노동자권력운동
· 국민총생산	32억 달러(95년)
· 1인당 GNP	240달러(95년)
· 통화 단위	마다가스카르 프랑(Franc). 1달러＝4000프랑(97년 1월)
· 주요 자원	크롬, 흑연, 운모, 수산자원
· 주요 공산품	식품가공제품, 의류, 섬유류
· 주요 농산물	쌀, 옥수수, 커피, 바닐라
· 무　　역	수출 5억 100만 달러, 수입 7억 5500만 달러(95년)

(자료원 : 마다가스카르 정부통계 / World Yearbook 97)

☞ 자연 환경

아프리카 대륙 동해안 400㎞ 해상, 인도양 위에 떠 있는 세계에서 4번째로 큰 섬으로 생물학과 지질학상 진귀한 요소가 많아 세계적인 학술조사단의 연구대상이기도 하다. 섬 중앙은 해발 800~1000m의 고원지대. 기후는 건계(4월~10월)와 우계(11월~3월)로 나뉜다. 건계는 인도양에서 불어오는 남동무역풍의 영향으로 대체로 시원하며 우계는 북동계절풍의 영향으로 무척 무덥다.

☞ 간추린 역사

이 곳의 원주민은 마다가스카르인. 7세기 경부터 들어온 말레이, 아랍, 아프리카인의 혼혈로 이 곳에만 존재하는 독특한 종족이다. 서구가 진출한 것은 18, 9세기 무렵. 특히 19세기 말 프랑스와 마다가스카르의 원주민 간에 두 차례에 걸친 전쟁으로 1896년 프랑스의 식민지가 된다. 1960년 6월 마다가스카르는 프랑스 공동체 내의 공화국으로 독립한다.

☞ 정치와 경제

초대 치라나나 대통령이 통치한 12년 동안은 비교적 평온한 정국을 유지. 하지만 72년부터 정부에 대한 국민들의 불만이 폭발, 1975년 쿠데타에 의해 치라나나 대통령이 실각하고 라치라카가 집권. 라치라카 대통령은 76년

1월 사회주의 헌법을 발표하고 국명을 '마다가스카르 민주공화국'으로 개명. 이후 90년대 들어와 사회주의 헌법을 폐기하라는 국민들의 요구가 폭발, 정부는 야당과 국민 앞에 헌법폐기와 총선실시 등을 약속. 93년에 실시된 총선거에서 야권인 '행동하는 사회세력당'의 자피 후보가 당선되어 민주화 추진에 박차를 가한다. 그러나 95년에 접어들어 경제상황이 나빠지자 국민들의 정권에 대한 불만이 폭발. 게다가 정권내부에서의 대통령과 총리 간의 대립이 격화되어 결국 의회가 자피 대통령에 대한 탄핵결의안을 통과시킨다. 이로써 자피 대통령 사임. 이후 96년 11월의 대통령선거에서 라치라카 전 대통령이 현직의 자피 대통령을 누르고 당선, 정권을 탈환한다.

이 곳 역시 전통적인 농업국. 주요 농산물로는 커피, 바닐라, 사탕수수 등. 총면적의 15%가 경작 가능지지만 실제 가동 농지는 2.6%에 불과하다. 따라서 마다가스카르 정부는 라치라카 정권 시절부터 내려오는 농촌 공동체 중심으로 농업 진흥에 힘쓰고 있다.

☞ 사회와 문화

주민의 대부분은 말레이, 인도네시아계. 하지만 20여 개의 부족으로 나뉘어 살고 있다. 중부 고원지대에 200만 명의 메리나족, 동해 연안에 114만 명의 페치미사라카족, 중부에 약 90만의 페치레오족, 그리고 북부에 56만의 치미헤치족 등.

세이셸 공화국
(Republic of Seychelles)

— 독립일 : 1976년 6월 29일, UN 가맹일 : 1976년 9월 21일 —

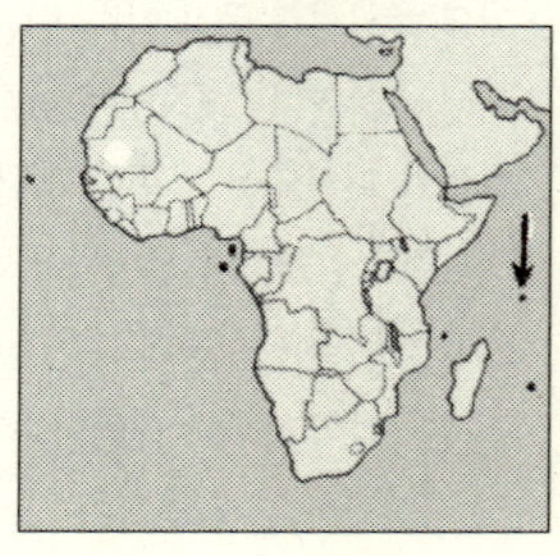 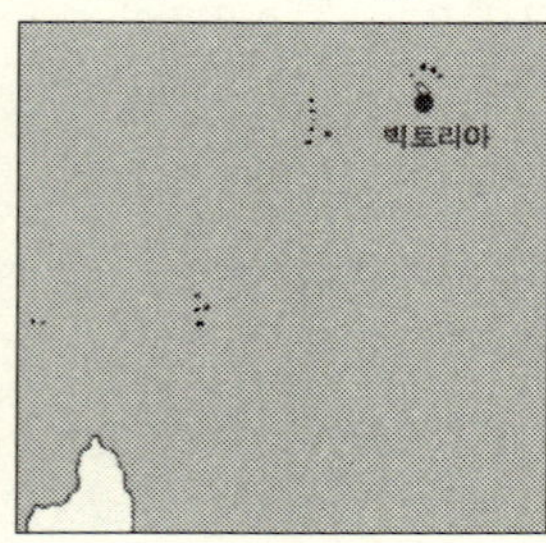

☞ 주요 통계 자료

·면　　적	443㎢
·인　　구	7만 명(95년)
·수　　도	빅토리아(Victoria) 인구 5만 8000명(94년)
·주요 도시	플레트섬, 라디궤섬
·주요 민족	백인과 흑인의 혼혈인 크레올이 대부분
·언　　어	크레올어, 영어, 프랑스어(모두 공용어)
·종　　교	카톨릭(92%)
·정치 체제	공화제 대통령 중심제
·헌　　법	1993년 6월 신헌법 채택
·국가 원수	대통령 프랑시스 알베르 르네(France Albert Rene) 직선제 임기 5년 93년 7월 23일 4선
·의　　회	1원제 33석 임기 5년
·내　　각	대통령이 임명 총리 없음
·주요 정당	세이셸 인민진보전선, 민주당
·국민총생산	4억 9000만 달러(95년)
·1인당 GNP	6410달러(95년)
·통화 단위	세이셸 루피(Rupee). 1달러＝5.01루피(97년 1월)
·주요 자원	구아노(해조분의 퇴적물, 비료용), 수산자원, 관광자원
·주요 공산품	냉동 어류
·주요 농산물	바닐라, 땅콩, 면화, 계피
·무　　역	수출 2600만 달러, 수입 2억 2800만 달러(94년)

(자료원 : 세이셸 정부발표 자료 / World Yearbook 97)

☞ 자연 환경

케냐 동쪽 1580㎞, 인도양 위에 산재한 92개의 섬으로 이루어진 나라. 인구 6만의 작은 나라이다. 특히 마에 섬에는 전체 인구의 85%가 밀집되어 살고 있다. 연간 평균 기온은 25℃에서 29℃로 일정한 편. 진귀한 동물과 식물이 많이 서식하고 있어 '인도양 최후의 낙원'이라고 불린다.

☞ 간추린 역사

18세기까지 무인도였던 곳. 1741년과 44년 두 차례에 걸쳐 프랑스인이 탐험을 통해 프랑스령으로 만든다. 이후 프랑스인들은 노예를 데리고 와 바다사자를 포획하고 마구잡이로 벌목을 해 막대한 이익을 챙긴다. 이주자들은 또한 쌀과 면화 등을 재배하기 시작.

19세기 초 나폴레옹전쟁 때 이 곳은 영불해전의 전장이 되기도 한다. 결과는 영국의 승리. 따라서 세이셸 제도와 모리셔스 제도는 영국령이 되어 근 1세기 동안 영국의 통치를 받는다. 1903년 세이셸은 모리셔스와 분리, 영국 직할 식민지가 되었다가 1970년 대폭적인 자치권을 획득. 76년 6월 '세이셸 공화국'으로 독립한다.

☞ 정치와 경제

독립 후 1년 뒤 군부와 노동자들이 주도한 무혈쿠데타로 르네 사회주의 정권이 탄생한다. 르네 정권은 '세이셸 인민진보전선(SPPF)'이란 1당 체제를 유지하다가 93년 신헌법 제정을 통해 복수정당제를 도입하고, 그 해 실시된 대통령선거에서 여타 야당지도자들을 물리치고 3선에 당선된다. 또한 이어 치러진 의회선거에서도 SPPF가 전체 33석 중 28석을 획득, 집권여당의 자리를 굳건히 한다.

한편 르네 대통령은 95년 2월 국영기업의 민영화 등 대폭적인 경제개혁을 추진할 것이라 천명. 아직까지 정국은 비교적 안정되어 있으나 대통령의 장기집권으로 인해 지식인들 사이에서 불만이 점차 고조되고 있는 실정이다.

이 나라의 주산물은 땅콩, 계피, 바닐라 등. 식료품과 생활필수품은 수입에 의존하고 있다. 한편 마에 섬을 비롯 플레트 섬, 라디궤 섬 등은 파도가 넘실거리는 남국의 향취와 진귀한 동식물이 어우러져 관광지로도 유명하다. 따라서 세이셸 정부는 막대한 투자를 통해 관광사업의 진흥에 노력하고 있다.

☞ 사회와 문화

주민은 서구인과 흑인의 혼혈족인 크레올족이 압도적으로 많다. 그 외에 인도인, 중국인, 서구인 등이 거주. 종교는 거의가 카톨릭이다. 9년 동안의 의무교육이 주어지며 그 기간 동안은 모두 무료.

코모로 이슬람 연방공화국
(Federal Islamic Republic of the Comoros)

— 독립일 : 1975년 7월 6일, UN 가맹일 : 1975년 11월 15일 —

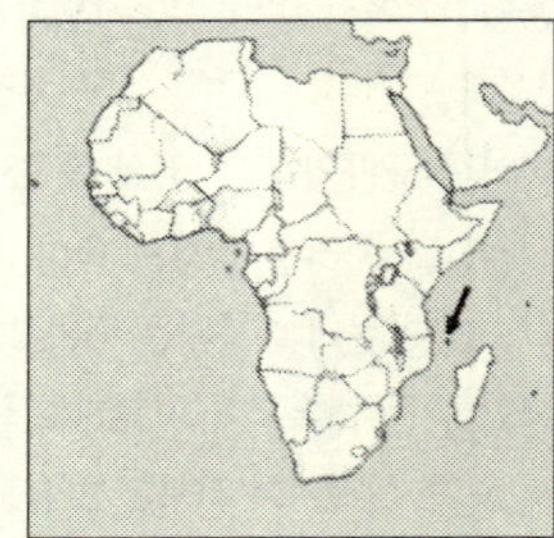
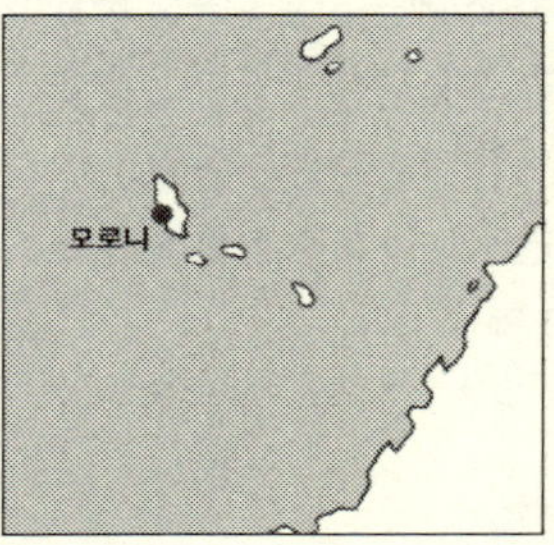

☞ 주요 통계 자료

·면　　　적	1862㎢
·인　　　구	65만 명(95년)
·수　　　도	모로니(Moroni) 인구 4만 2000명(95년)
·주요 도시	드자우드지
·주요 민족	아랍인, 마다가스카르인(말레이계), 흑인 등의 혼혈
·언　　　어	프랑스어, 아리비아어, 코모로어(모두 공용어)
·종　　　교	이슬람교(국교 86%), 기독교(14%)
·정치 체제	공화제 대통령 중심제
·헌　　　법	1992년 6월 7일 개정
·국가 원수	대통령 모하메드 타키(Mohamed Taki) 직선제 임기 5년 96년 3월 취임
·의　　　회	2원제 상원(15석 간선 임기6년) 하원(43석 직선 임기4년)
·내　　　각	대통령이 임명 총리 아메드 압두(Ahmad Abdu) 96년 12월 발족
·주요 정당	국가발전결집, 민주전선, 민주인민운동
·국민총생산	2억 5000달러(95년)
·1인당 GNP	490달러(95년)
·통화 단위	코모로 프랑(Franc) ★ CFA 프랑과 등가. 1달러＝391.27프랑(97년 1월)
·주요 자원	코프라, 바닐라
·주요 공산품	향료, 식료품
·주요 농산물	커피
·무　　　역	수출 2400만 달러, 수입 8400만 달러(94년)

(자료원 : World Yearbook 97／세계 각국 요람)

☞ 자연 환경

모잠비크와 마다가스카르섬 사이에 있는 인도양 상의 섬나라. 마요테, 그랜드 코모로, 모리에, 앙쥬앙 등 4개의 섬으로 구성되어 있다. 기후는 고온 다습한 열대성 기후이다.

☞ 간추린 역사

19세기 초 프랑스인들이 처음 이 곳을 발견한 이후 1886년 프랑스의 보호령이 된다. 이후 2차대전이 끝난 다음 자치정부가 수립되고 1975년 7월 마요테 섬을 제외한(마요테 섬만은 다음 해 총선거를 실시, 계속 프랑스령으로 남아 있기를 표명) 나머지 3개의 섬이 프랑스에 대해 일방적으로 독립을 선언한다.

독립 후 쿠데타의 악순환으로 정국은 극심한 불안에 휩싸이며 1976년 1월, 초대 대통령 압달라는 소와리의 쿠데타에 의해 실각. 하지만 그 역시 78년 5월 쿠데타에 의해 피살되고 국민투표를 거쳐 망명 중이던 압달라 전대통령이 다시 집권. 78년 10월 신헌법을 채택하고 국명을 '코모로 공화국'에서 '코모로 이슬람 연방 공화국'으로 개칭한다.

☞ 정치와 경제

1989년 11월 압달라 대통령은 임기연장을 골자로 한 헌법개정안을 상정, 전체 국민의 92%의 지지를 받는다. 하지만 다시 군부의 쿠데타가 발생, 압달라 대통령은 피살되고 조하르가 임시 대통령에 취임. 92년 6월, 복수정당제 도입을 골자로 한 헌법개정안을 성립시키기 위해 11월에 총선거를 실시한다. 이어 93년 12월 하원선거에서 여당인 민주재생결집당(RDR)이 과반수의석을 확보, 마디 내각이 출범한다. 이후 94년 9월 28일, 전 대통령경호대장 출신의 도나르 대령이 친위부대를 이끌고 쿠데타를 일으켜, 조하르 대통령을 인질로 수도 모로니를 제압한다. 그러나 프랑스가 약 900명의 특수부대를 파견. 도나르를 비롯한 반란군을 일망타진, 결국 쿠데타는 실패로 돌아간다. 96년 3월에 실시된 대통령선거에서 코모로 국민민주연합의 마호메트 타키 전 총리가 이슬람 원리주의 세력의 지지를 배경으로 민주인민운동의 조스프 당수를 누르고 당선, 새 대통령에 취임한다. 이어 하원선거에서도 야당연합이 선거를 보이콧, 집권여당의 일방적 승리로 끝났다. 코모로의 외교정책은 비동맹 중립주의지만 전통적으로 친서방, 특히 프랑스와 밀접한 관계를 유지.

주요 산물로는 바닐라, 코프라, 커피 등의 농산물이다.

☞ 사회와 문화

주민은 마다가스카르인, 아랍인, 흑인 혼혈족 등 다양하다. 마요테를 제외한 나머지 3개섬은 이슬람교. 반면 마요테 섬은 프랑스의 영향으로 주민 대부분이 카톨릭 신자들이다.

모리셔스 공화국
(Republic of Mauritius)

— 독립일 : 1968년 3월 12일, UN 가맹일 : 1968년 4월 24일 —

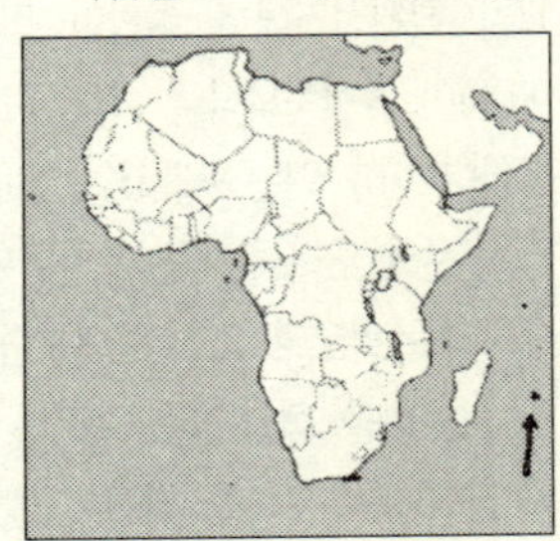
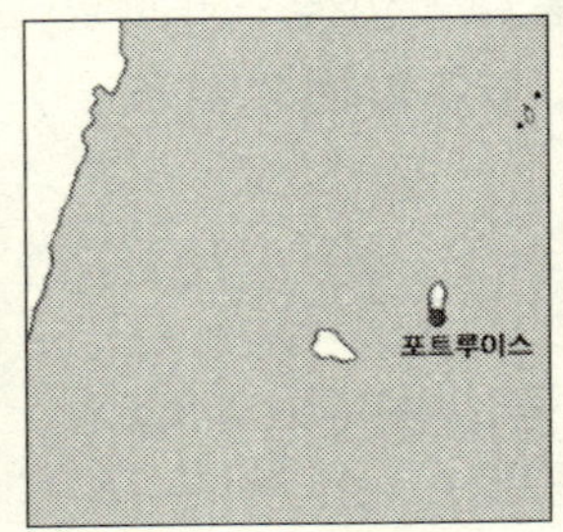

☞ 주요 통계 자료

·면　　　적	2040㎢
·인　　　구	109만 명(95년)
·수　　　도	포트루이스(Port Louis) 인구 17만 2000명(94년)
·주요 도시	마헤보르그
·주요 민족	인도계(68.3%), 크레올(흑인과 백인의 혼혈, 28.5%), 중국계(3.2%)
·언　　　어	영어(공용어), 그 밖에 프랑스어, 크레올어, 힌두어, 중국어
·종　　　교	힌두교(50%), 기독교(31%), 이슬람교(16%), 불교(3%)
·정치 체제	공화제
·헌　　　법	1991년 12월 개정 92년 3월 발효
·국가 원수	대통령 카삼 우팀(Cassam Uteem) 간선제(의회) 임기 5년 92년 6월 선출
·의　　　회	1원제 70석 임기 5년
·내　　　각	대통령이 지명 총리 나빈 람굴람(Navin Ramgoolam) 95년 12월 30일 발족
·주요 정당	모리셔스 사회주의운동, 모리셔스 투쟁운동, 모리셔스 노동당, 모리셔스 재생투쟁
·국민총생산	37억 달러(95년)
·1인당 GNP	3280달러(95년)
·통화 단위	모리셔스 루피(Rupee). 1달러＝19.77루피(97년 1월)
·주요 자원	수산자원, 관광자원
·주요 공산품	제당, 식료품, 석유류
·주요 농산물	사탕수수, 홍차
·무　　　역	수출 13억 7100만 달러, 수입 17억 4000만 달러(95년)

(자료원 : 모리셔스 정부통계 / World Yearbook 97)

☞ 자연 환경

마다가스카르 섬에서 동쪽으로 약 800㎞ 떨어진 지점에 있는 인도양 상의 섬나라. 모리셔스 섬과 로드리게스 섬, 아카레카 제도로 구성. 모든 섬들이 산호초로 둘러싸여 녹색으로 뒤덮여 있다. 기후는 해양성 기후. 습도는 높은 편이지만 연평균 기온은 20℃ 정도. '인도양에 떠 있는 파라다이스'라 불린다.

☞ 간추린 역사

16세기 말 처음 이 곳을 찾은 나라는 네덜란드. 모리셔스란 이름도 이 때 붙여진 이름이다. 이후 1710년 프랑스의 손아귀에 들어갔다가 나폴레옹 전쟁 후인 1814년에 영국의 보호령이 된다. 영국의 식민지시대는 2차대전 후까지 이어지며 거의 무인도였던 이 곳에 유럽인을 비롯 인도인, 파키스탄인 등이 몰려와 복잡한 인종구성을 이룬다. 1967년 총선거를 거쳐 영국으로부터 자치권을 획득하고 다음해 3월 영연방의 일원으로 독립한다.

☞ 정치와 경제

1976년 총선에서 좌익계열인 모리셔스 투쟁운동(MMM)이 제 1 당으로 부상했지만 여당이었던 모리셔스 노동당(MLP)은 모리셔스 사회주의운동(MSM)과 연립하여 정권을 유지한다. 하지만 82년 선거에서 MMM이 압도적 승리를 거두어 좌익연합정권이 탄생했으며 주그

노트가 총리로 취임. 이후 91년 총선에서는 MMM과 MSM가 연대하여 압도적인 승리를 장식한다. 91년 12월에는 영국여왕을 국가원수로 하는 입헌군주제에서 공화제로 이행하면서 헌법 개정작업 착수. 신헌법에 따라 초대 대통령에 린가드 당시 총독이 임명되었다가, 3개월 후 우팀 당시 산업기술장관이 2대 대통령으로 취임한다. 93년 8월, 집권여당이었던 MMM과 MSM 간의 대립이 표면화. MMM에서 이탈한 주요인사들은 모리셔스 재생투쟁(RMM)을 결성한다. 이어 95년 12월의 총선에서 집권여당이었던 MSM이 대패, 주그노트 총리가 퇴진하고, MLP의 람구람 당수가 새 총리로 취임한다.

최대 문제는 인도계 주민과 크레올계 주민(유럽인과 아프리카인의 혼혈)간의 인종대립. 따라서 정국은 항상 불안하다. 외교는 비동맹 중립주의가 기조이지만 경제개발을 위해 친서방 실리주의 노선을 취하고 있다.

경제적으로는 영국과 밀접하며 문화적으로는 프랑스의 영향을 많이 받는다. 주요 산물로는 사탕과 차. 특히 사탕은 수출의 85%를 차지한다.

☞ 사회와 문화

전체 국민 중 인도계가 반수 이상을 차지. 그 밖에 파키스탄계, 크레올계, 중국계 등 복잡한 인종구성을 이루고 있다. 따라서 종교 역시 힌두교를 비롯, 이슬람교, 기독교, 불교 등 다양하다.

나미비아 공화국
(Republic of Namibia)

— 독립일 : 1990년 3월 21일, UN 가맹일 : 1990년 4월 —

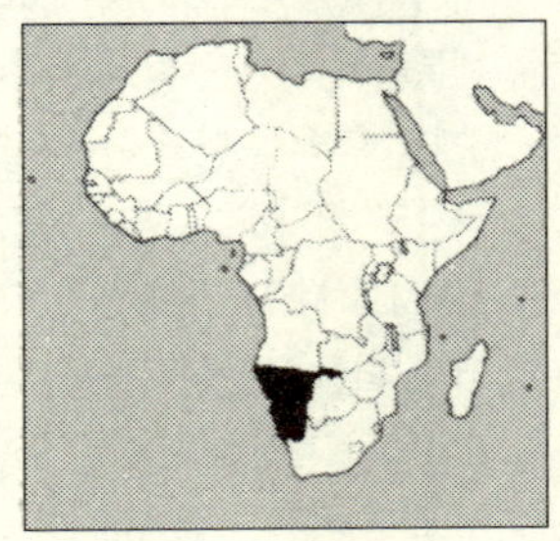
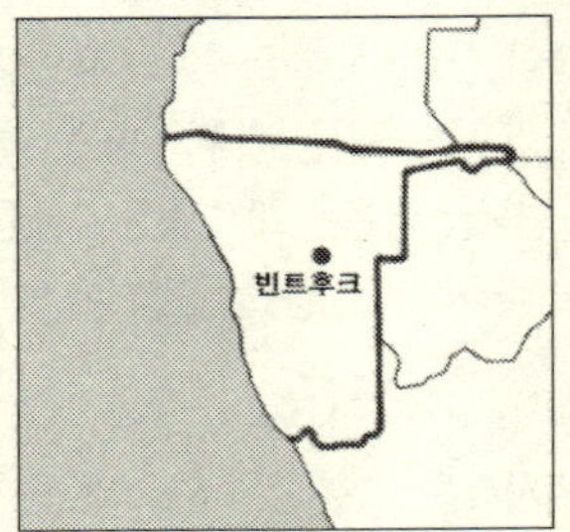

☞ 주요 통계 자료

·면　　적	82만 4296㎢
·인　　구	150만 명(95년)
·수　　도	빈트후크(Windhoek) 인구 16만 1000명(95년)
·주요 도시	레호포즈, 스봐코프문트
·주요 민족	북부의 오밤보족(약 50%), 그 밖에 카방고족 등 흑인이 86%, 백인이 6.6%
·언　　어	영어(공용어) 아프리칸스어도 널리 통용
·종　　교	기독교(90%), 전통종교
·정치 체제	공화제 대통령 중심제
·헌　　법	1990년 3월 21일 발효
·국가 원수	대통령 샘 누조마(Sam Nujoma) 직선제 임기 5년 95년 3월 21일 재선
·의　　회	2원제 하원(국민의회 72석 임기 5년) 하원(국민평의회 26석 임기 6년)
·내　　각	대통령이 임명 총리 하게 게인고프(Hage Geingob) 96년 9월 13일 일부 개각
·주요 정당	남서아프리카인민기구, 민주타인하이레동맹, 통일민주전선
·국민총생산	24억 달러(95년)
·1인당 GNP	1449달러(95년)
·통화·단위	나미비아 달러(Dollar) ★ 남아공의 랜드와 등가. 1달러=4.70N$(97년 1월)
·주요 자원	우라늄, 다이아몬드, 동, 은, 수산자원
·주요 공산품	섬유류, 식품가공제품(특히 냉동새우)
·주요 농산물	우유, 쇠고기, 양고기
·무　　역	수출 13억 2100만 달러, 수입 11억 7100만 달러(94년)

(자료원 : 나미비아 정부발표 자료 / World Yearbook 97)

☞ 자연 환경

아프리카 대륙의 남서부에 위치. 앙골라(북부), 보츠와나(동부), 남아공(남부), 3나라와 국경을 맞대고 있으며 서부는 대서양과 연해 있다. 서부지역엔 해안선을 따라 면적의 1/5을 차지하는 나미브 사막이 펼쳐져 있기도. 동부에도 모래와 석탄으로 이루어진 칼라하리 사막이 보츠와나와 국경지역을 이룬다.

기후는 사막성 기후에 가깝다. 여름에는 기온이 섭씨 30℃ 이상 치솟다가 밤이 되면 서늘해지며, 겨울에는 밤에 영하의 기온을 기록하기도 한다. 밤과 낮의 일교차가 거의 25℃ 이상 난다는 게 특징이다. 또한 강수량은 극히 적어서 서부지역이 연간 100㎜ 이하, 중부는 200㎜에서 400㎜ 정도이다.

나미비아라는 이름은 나미브 사막에서 채용한 것으로 사막의 이름 역시 이 곳에 살았던 푸슈만의 일파 나미브족에서 유래된 것. 또한 과거 수세기 동안 강한 민족에게 쫓김을 받은 약소민족들의 피난처이기도 했다.

☞ 간추린 역사

1884년 '남서 아프리카'란 이름의 독일보호령이었지만 1차대전이 끝난 후인 1919년부터 국제연맹에 의해 남아공의 신탁롱치령이 된다. 이후 1958년 이 곳의 독립운동 세력들은 남서아프리카 인민기구(SWAPO)를 결성하고 독립을 요구. 66년엔 해방을 위한 무장투쟁에 돌입하게 된다.

유엔은 68년 남서아프리카를 '나미비아'로 개칭하고 78년 SWAPO를 이 곳의 정식 대표로 인정. 그리고 80년에 다키 마지를 총리로 한 자치정부가 출범하지만 남아공의 방해공작으로 와해, 다시 남아공의 직접 통치 하에 들어간다. 그러나 유엔은 아프리카 대륙의 마지막 식민지인 이 곳에 독립을 부여하기 위해 88년 1월 외국군 철수를 골자로 한 '브라자빌 의정서'를 조인. 89년에 유엔 감시하에 제헌의회가 소집되고 90년 3월 아프리카 최후의 식민지였던 나미비아는 의회민주주의 국가로 정식 독립한다.

☞ 정치와 경제

94년 12월 7일의 대선에서 누조마 대통령이 당선, 집권 2기를 맞이한다. 반면 동시에 실시된 하원선거에서도 집권여당인 SWAPO가 야당들을 압도적으로 누르고 헌법개정에 필요한 2/3 의석을 단독으로 확보하였다.

지하자원(우라늄, 다이아몬드, 동, 금 등)과 어업자원이 풍부한 나라이지만 모든 개발권은 남아공과 서구의 다국적 기업에게 있다. 독립과 동시에 남북은 대사급 외교관계 수립.

☞ 사회와 문화

현지의 원주민은 북방에서 이주해온 반투계의 오밤보족이 다수를 차지하고 있다. 이들은 옛날의 생활양식을 그대로 지니고 있어 지극히 원시적인 생활을 하고 있다.

보츠와나 공화국
(Republic of Botswana)

— 독립일 : 1966년 9월 30일, UN 가맹일 : 1966년 10월 17일 —

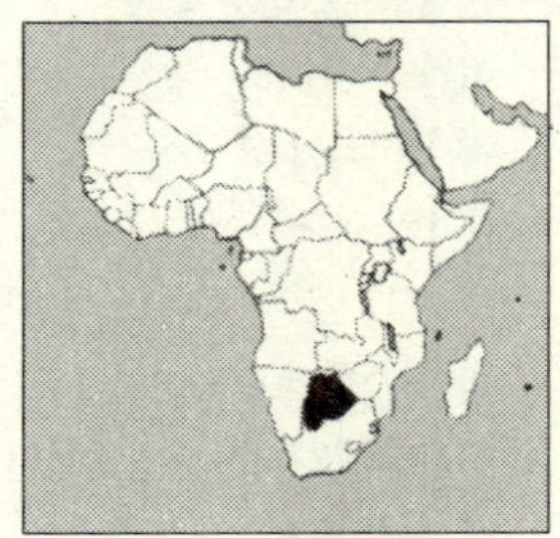 

☞ 주요 통계 자료

• 면　　　적	58만 2000㎢
• 인　　　구	146만 명(95년)
• 수　　　도	가보로네(Gaborone) 인구 15만 1000명(95년)
• 주요 도시	프란시스타운, 셀레비피크웨
• 주요 민족	츠와나족(95%), 산족(칼라하리 사막), 백인(약 1%)
• 언　　　어	영어(공용어) 츠와나어(국어)
• 종　　　교	전통종교(65%), 기독교(30%), 그 밖에 이슬람교 등
• 정치 체제	공화제 대통령 중심제
• 헌　　　법	1966년 9월 30일 발효
• 국가 원수	대통령 퀘트 케투밀레 마시레(Quett Ketumile Masire) 간선제 임기 5년 80년 7월 취임 94년 10월 4선
• 의　　　회	1원제 40석 임기 5년
• 내　　　각	대통령이 임명 총리 없음
• 주요 정당	보츠와나 민주당, 보츠와나 국민전선
• 국내총생산	42억 달러(95년)
• 1인당 GNP	2965달러(95년)
• 통화 단위	풀라(Pula). 1달러＝3.63풀라(97년 1월)
• 주요 자원	다이아몬드, 동, 니켈
• 주요 공산품	보석세공(다이아몬드), 식품가공제품
• 주요 농산물	수수, 키위, 콩류, 우유, 쇠고기, 양고기
• 무　　　역	수출 30억 달러, 수입 28억 7000만 달러(95년)

(자료원 : 보츠와나 정부발표 자료 / World Yearbook 97)

☞ 자연 환경

남부 아프리카의 정중앙에 위치한 나라. 북부의 오카방고 호수지역을 제외하고는 국토의 대부분이 사막지대(칼라하리 사막). 따라서 물이 없어 사람들이 살 수 없는 곳이 많다. 기후는 아열대성으로 연간 강수량이 칼라하리 사막지대는 230㎜, 북부는 685㎜ 정도.

☞ 간추린 역사

1885년 영국의 보호령이 되어 1963년까지 이어진다. 1961년 입법 및 행정평의회가 설치. 1965년 신헌법의 제정을 거쳐 1966년 9월 영연방 보츠와나 공화국으로 독립한다.

초대 대통령에 최고 추장이었던 카마가 취임. 독립 당시엔 지구촌에서 가장 가난한 나라 중 하나였으나 67년에 다이아몬드 광산이 발견되고, 목축업이 차츰 발달, 경제적으로 안정되어 있는 편이다.

☞ 정치와 경제

초대 카마 대통령은 80년 7월 사망할 때까지 집권, 그의 후임으로 퀘트 마시레 박사가 취임. 아프리카 흑인국가 중에는 정당정치가 비교적 발달된 편이고 부족 간의 알력도 추장회의를 통해 조정한다. 또한 다수파의 흑인과 소수파인 백인 간에 인종융화정책도 성공적으로 이루어 아프리카에서 가장 안정된 정세를 구가하고 있다. 95년 11월 마시레 정부는 대통령의 3선 금지조항 및 유권자의 연령을 21세에서 18세로 낮추는 등의 내용을 골자로 한 헌법개정안을 마련, 의회와 협의를 거쳐 오는 99년도 실시할 예정이라고 발표. 그러나 3선금지는 소급적용되지 않기 때문에 마시레 대통령의 5선은 무난하리라 전망된다.

외교노선은 친서방 온건주의. 독립 후 초기에는 친서방정책을 견지하다가 짐바브웨의 흑인해방전선 지원을 계기로 친사회주의 노선으로 선회한다. 그러다 다시 구동구권의 붕괴 이후 서방측과의 관계를 정상화하며, 남아공과도 관계 회복.

보츠와나는 노동인구의 70%가 목축업에 종사한다. 따라서 식량은 2/3를 외국 원조에 의존하고 있다. 이 나라의 자랑은 풍부한 지하자원. 특히 매장량 1억 캐럿의 다이아몬드는 수출총액의 70%(95년 기준)를 차지한다. 최근 남부지방에 새로운 대규모 다이아몬드 광이 발견되어 외국자본들이 군침을 흘리고 있다.

☞ 사회와 문화

보츠와나 주민은 대부분 반투계에 속한다. 츠와나족이 다수를 이루고 아직도 원시생활을 하는 부시맨(산족)이 존재. 경제의 중심은 동부지역. 남아공과 짐바브웨를 잇는 철도가 이 곳을 통과한다. 종교는 원시종교와 기독교가 대부분이며 이슬람교도 약간 있다. 남북 동시 수교국. 한국 교민 105명 거주(92년).

짐바브웨 공화국
(Republic of Zimbabwe)

— 독립일 : 1980년 4월 18일, UN 가맹일 : 1980년 8월 25일 —

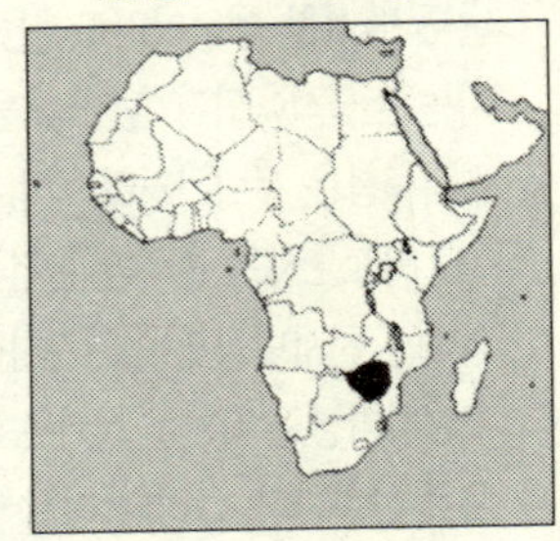 

☞ 주요 통계 자료

·면　　　적	39만 759㎢
·인　　　구	1153만 명(95년)
·수　　　도	하라레(Harare) 인구 120만 명(93년)
·주요 도시	불라와요, 치퉁귀자
·주요 민족	쇼나족(71%), 은데벨레족(16%), 그 밖에 아프리카계 흑인(11%), 아시아계(1%), 유럽계 백인(1%)
·언　　　어	영어(공용어) 그 밖에 쇼나어, 은데벨레어도 널리 통용
·종　　　교	전통종교, 기독교
·정치 체제	공화제 대통령 중심제
·헌　　　법	1980년 4월 18일 제정 87년, 90년에 각각 개정
·국가 원수	대통령 로버트 무가베(Robert Mugabe) 직선제 임기 6년 87년 12월 31일 취임 96년 3월 3선
·의　　　회	1원제 150석(이 중 민선 120석) 임기 5년
·내　　　각	대통령이 임명 총리 없음
·주요 정당	짐바브웨·아프리카 민족동맹, 짐바브웨 통일운동
·국민총생산	59억 달러(95년)
·1인당 GNP	540달러(95년)
·통화 단위	짐바브웨 달러(Dollar). 1달러＝10.83ZD(97년 1월)
·주요 자원	금. 니켈, 석탄, 동, 크롬, 철광석, 주석
·주요 공산품	식품가공제품, 금속가공, 기계류
·주요 농산물	담배, 면화, 사탕수수
·무　　　역	수출 17억 5000만 달러, 수입 15억 5000만 달러(94년)

(자료원 : 짐바브웨 통계국 / World Yearbook 97)

☞ 자연 환경

남부 아프리카에서 모잠비크, 잠비아 등 5개국과 인접한 내륙국으로 국토 전체가 고원에 자리잡고 있다.

때문에 기후는 비교적 온난하고 쾌적한 편이다. 비는 여름철인 10월과 4월 사이에 700㎜ 정도 내린다.

☞ 간추린 역사

짐바브웨는 일찍이 로디지아라는 지명으로 알려진 곳으로 1850년대 탐험가 리빙스턴이 처음 이 곳에 찾은 이후 남아프리카의 개척자 세실 로즈가 개척했다고 해서 그의 이름을 따 붙여진 이름이다.

1889년 이래 영국의 지배 하에서 1923년 자치령으로 승격하고 2차대전 후 인근 잠비아, 말라위와 함께 중앙아프리카 연방에 편입된다. 1960년대 접어들어 해방정국의 분위기에 편승. 잠비아, 말라위가 연방에서 탈퇴, 독립하였지만 로디지아만은 20만의 백인이 700만의 흑인을 통치하는 백인 소수 정부가 이어진다.

백인 정권은 1965년 영국의 반대에도 불구하고 일방적으로 독립을 선언하지만 이 때부터 로디지아는 짐바브웨로 다시 때어날 때까지 14년간을 전쟁의 소용돌이 속에 보내야만 했다.

1972년부터 흑인 급진세력의 무장투쟁이 스미스 총리가 이끄는 백인 정권에게 커다란 위협으로 작용. 스미스 정권은 갈수록 강력해지는 흑인 세력과 세계 여론을 의식 흑인 측과 협상을 전개하게 된다.

이후 1979년 4월 총선거를 실시하기에 이른다. 그리고 선거 결과 흑인 대통령에 의한 '짐바브웨 로디지아'가 탄생하지만 유엔으로부터 승인을 받지 못한다.

이어 80년 총선거를 다시 치러 짐바브웨 아프리카 민족동맹이 승리함으로써 지도자인 무가베가 총리로 취임한다. 그리고 같은 해 4월 영국으로부터 정식 독립함과 동시에 '짐바브웨 공화국'이 출범하게 된다.

☞ 정치와 경제

초대 카나안 바나나 대통령에 이은 무가베 대통령은 내적으로는 인종 부족 간의 마찰과 대립을 중재하는 데 전력하고 외적으로는 비동맹중립주의를 견지, 현실적으로 착실하게 성과를 축적해 나가고 있다.

하지만 1982년 이래 국내의 급진파들에 의한 폭동이 발발하여 정부군과 반군 간에 무력충돌이 자주 발생하고 있다.

한편 96년 3월 16, 17일 양일 동안 87년 헌법개정 이래 3번째로 실시된 대통령선거에서 무가비 대통령이 총 유효 투표 중 92%의 득표율을 기록하면서 3선에 성공한다.

그러나 선거막판 2명의 후보가 선거법에 이의를 제기하며 후보직을 사퇴, 결과적으로 현직 대통령에 대한 신임투표가 된 꼴이다. 뿐만 아니라 투표율도 저조해 31.8%에 불과하였다.

짐바브웨의 경제는 풍부한 지하자원과 기름진 토양의 혜택으로 사회기반이 다른 아프리카 제국들에 비해 비교적 안정된 편이다. 그러나 독립 후 수출입의 둔화와 낮은 투자율 등으로 인해 경제력이 많이 퇴보된 상태이다.

따라서 정부는 90년대 들어서부터는 경제 자유화 정책을 기본 노선으로 하는 긴축재정과 무역자유화, 그리고 외자유치 등에 적극적으로 나서고 있다. 하지만 국내 산업기반의 취약성으로 말미암아 많은 어려움을 겪고 있는 실정이다.

☞ **사회와 문화**

이 나라 사회의 최대 문제는 인종과 지역 간의 빈부격차이다. 백인의 소득은 아프리카 흑인 평균소득의 약 10배, 게다가 농촌 아프리카인에 비하면 거의 150배에 이른다.

스와질랜드 왕국
(Kingdom of Swaziland)

— 독립일 : 1968년 9월 6일, UN 가맹일 : 1968년 9월 24일 —

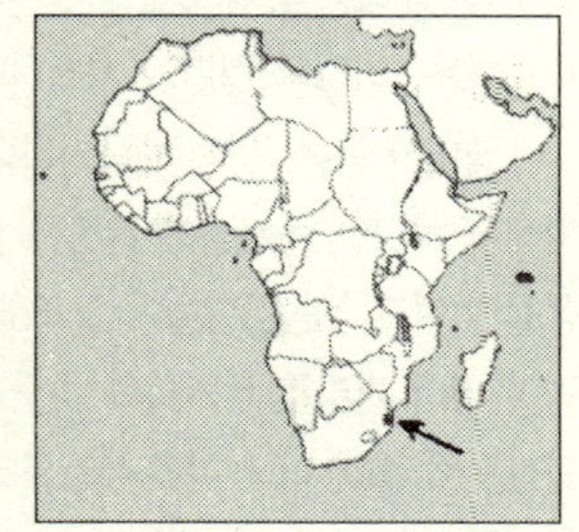
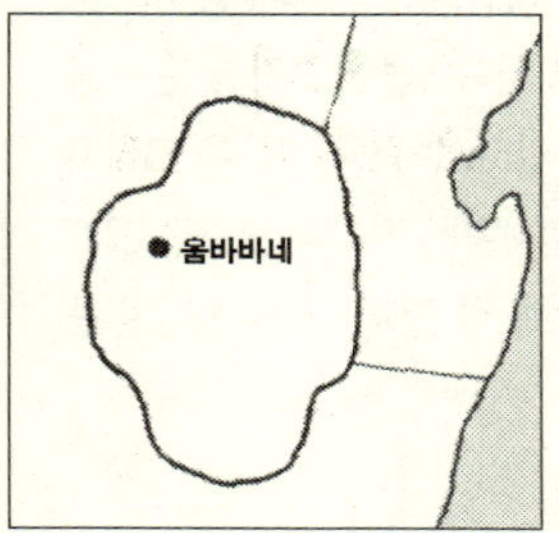

☞ 주요 통계 자료

·면 적	1만 7363㎢
·인 구	90만 명(95년)
·수 도	움바바네(Mbabane) 인구 4만 2000명(94년)
·주요 도시	만지니, 로반바
·주요 민족	스와지족(95%), 그 밖에 줄루족, 샹가인족, 통가족
·언 어	스와지어, 영어(둘 다 공용어)
·종 교	기독교(60%), 전통종교(40%)
·정치 체제	입헌 군주제 국왕 친존 체제
·헌 법	1978년 제정
·국가 원수	국왕 무스와티 3세(Mswati Ⅲ) 86년 4월 25일 즉위
·의 회	2원제 상원(30석), 하원(65석) ★ 입법권 없음
·내 각	국왕이 임명 총리 시부시소 들라미니(Sibusiso Dlamini) 96년 5월 8일 일부 개각
·주요 정당	인포코도포 국민운동(유일한 합법정당)
·국민총생산	10억 달러(95년)
·1인당 GNP	1198달러(95년)
·통화 단위	릴랑게니(Lilangeni) ★ 남아공의 랜드와 등가. 1달러=4.70릴랑게니(97년 1월)
·주요 자원	석면, 석탄, 다이아몬드, 철광석
·주요 공산품	제당, 가구, 직물
·주요 농산물	사탕수수, 면화, 옥수수, 감귤
·무 역	수출 7975만 달러, 수입 8274만 달러(94년)

(자료원 : 스와질랜드 정부발표 자료 / World Yearbook 97)

☞ 자연 환경

동쪽으로는 모잠비크와 남, 북, 서 3방면으로는 남아프리카 공화국에 둘러싸인 내륙국. 서부는 1200m 내외의 고원지대, 동부는 초원지대, 그리고 그 사이에는 표고가 낮은 구릉지대로 이루어져 있다. 연평균 기온은 고원지대가 15℃ 정도로 시원한 편이며 평지도 22℃ 정도로 온난하다. 또한 전체적으로 강수량은 극히 적다.

☞ 간추린 역사

1815년부터 왕국으로 존재. 보어전쟁 이후인 1907년 영국의 보호령이 되었다가 68년 9월 영연방 내 입헌군주국으로 독립한다. 국왕에 소부자 2세가 등극. 소부자 국왕은 권력 독점을 위해 73년 헌법을 정지시키고 국회를 해산, 79년 자신이 지목한 후보들로 총선을 실시, 2원제의 국회를 다시 구성한다.

따라서 상, 하 양원 70명의 국회의원은 모두 국왕의 지지자들이며, 지금까지도 그들의 면모에는 변함이 없다. 86년 소부자 2세 국왕 사망. 같은 해 4월 마호세티베 왕자가 무스와티 3세로 국왕에 즉위.

한편 제1야당 누쿠와네 민족해방회의(NNLC)는 비합법화된 상태에서 간부들이 인근 모잠비크로 망명, 지속적인 왕정 타도 운동을 벌이고 있지만 세력이 미약해 국왕 체제에 전혀 위협을 주지 못하고 있다.

☞ 정치와 경제

95년 1월 중순, 1당 지배체제에 반발하는 세력들이 사제폭탄을 동원, 정부관련시설물과 의사당 및 방송국, 대학교 등을 공격함으로써 민주화운동이 과격해지기 시작한다.

게다가 동년 3월에는 옴바바네 등 주요도시에서 해고 노동자들이 복직을 요구하며 농성을 벌이자 노동조합들이 일제히 합세, 약 4만여 명이 거리로 뛰쳐나와 수도기능이 마비되기도 하였다. 이에 따라 무스와티 3세는 5월 8일 헌법에 대한 국민여론을 수렴하기 위한 기구로 헌법위원회와 스와지 국민의회를 설치한다고 발표하였다.

이 나라는 전체 인구의 80%가 농업과 임업에 종사한다. 주요 산물로는 사탕수수, 키위, 감귤, 면화, 목재, 펄프 등이 있다. 또한 관광지로도 유명해 외화수입에 한몫을 단단히 하고 있다.

☞ 사회와 문화

이 나라는 아프리카에서는 보기 드물게 왕조체제로 이어온 단일종족 국가. 스와지족이 전체 인구의 95%를 차지한다. 경제권을 장악한 왕족 일가와 족장들은 사치가 심한 반면 서민들의 생활은 곤궁하다. 따라서 전체적으로 문맹률이 높으며, 전문기술인력이 부족해 사회발전에 애로점이 많다. 한국 단독 수교국. 현지 교포 15명(92년).

레소토 왕국
(Kingdom of Lesotho)

— 독립일 : 1966년 10월 5일, UN 가맹일 : 1966년 10월 17일—

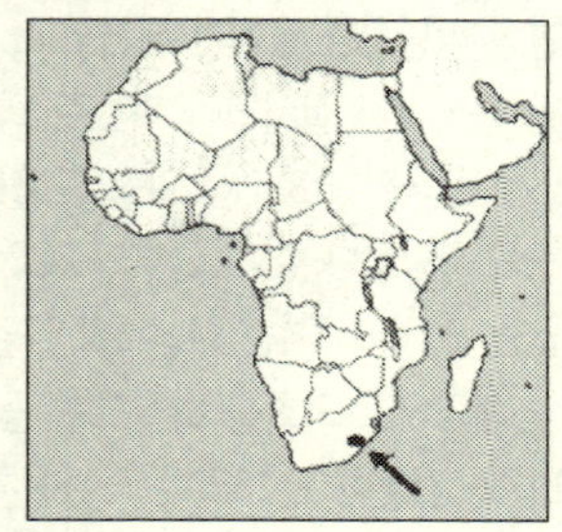
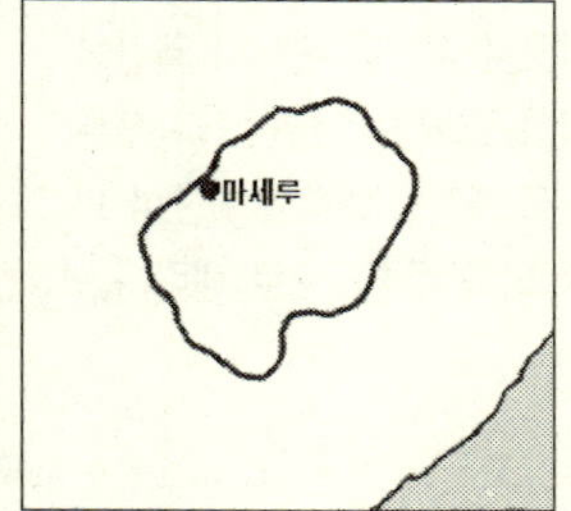

☞ 주요 통계 자료

·면　　적	3만 355㎢
·인　　구	205만 명(95년)
·수　　도	마세루(Maseru) 인구 14만 명(94년)
·주요 도시	레리베, 마페틴
·주요 민족	소토족(99.7%), 그 밖에 유럽계, 아시아계
·언　　어	영어(공용어), 소토어
·종　　교	기독교(80~90%)
·정치 체제	입헌 군주제 의원 내각제
·헌　　법	1993년 4월 신헌법 공포
·국가 원수	국왕 레치에 3세(Letsie Ⅲ) 96년 2월 7일 즉위
·의　　회	2원제 상원(33석) 하원(65석) 임기 5년
·내　　각	의회 다수당 당수가 총리 누투 모헬레(Ntsu Mokhehle) 93년 4월 2일 취임 96년 5월 일부 개각
·주요 정당	바소토 회의당, 바소토 국민당
·국민총생산	15억 달러(95년)
·1인당 GNP	770달러(95년)
·통화 단위	로티(Loti) ★ 남아공의 랜드와 등가. 1달러=4.70로티(97년 1월)
·주요 자원	다이아몬드, 우라늄
·주요 공산품	식료품
·주요 농산물	밀, 쇠고기, 양고기

(자료원 : World Yearbook 97 / 세계 각국 요람)

☞ 자연 환경

남아프리카 공화국 속에 위치한 내륙국. 서부의 일부를 제외하고 전체가 1600~3600m의 고지대에 있다. 고지에 자리잡고 있기 때문에 기후는 전반적으로 시원한 편이며 세간에서는 이 곳을 '남아프리카의 스위스'라 부른다. 몬순의 영향으로 계절의 변화가 있으며 10월~4월의 우계에 비가 집중적으로 내린다.

☞ 간추린 역사

옛날에는 바스톨랜드라 불렸던 곳으로 1818년 반투계의 바스토족이 통일왕국을 건설한 데서 붙여진 이름. 이후 1868년 영국의 보호령이 되었다가 1884년 영국의 직할지가 된다. 그리고 1965년 신헌법을 공표하고 다음 해 10월 영연방 가맹국 내의 왕국으로 독립. 96년 국왕에는 레치에 3세가 즉위하였다.

☞ 정치와 경제

국왕은 정치에 관여하지 않은 영국식 입헌군주국으로 총리가 정국을 이끈다. 초대 총리인 조나단은 바스토 국민당을 중심으로 친정체제를 구축하고, 남아공에 대한 강경정책으로 일관하여 남아공 최대의 반정부 조직인 아프리카 민족회의(ANC)를 지원하기도. 이에 남아공도 레소토의 반정부 조직인 레소토 해방군을 지원하는 한편 경제봉쇄 등을 통해 위협. 이 결과 86년 1월 군사령관인 주스틴 레카냐가 쿠데타를 일으켜 군사평의회를 설치한다. 이후 레카냐는 남아공과의 관계를 회복하는 한편, ANC를 국외로 추방 남아공과 불가침협정을 체결하지만 그 역시 91년 4월, 엘리아스 라마에즈 대령에 의해 축출된다. 이후 86년에 정당활동 금지가 해제되고, 93년 3월 27일 총선거가 실시되어 바소토 의회당(BCP)이 바소토 국민당(BNP)에 압승. 모헬레 당수가 총리에 취임한다. 이후 군부와 BCP 간의 알력이 급등, 레치에 3세는 94년 8월 17일, 모든 장관을 해임하고 의회를 해산하는 등 '국왕 쿠데타'를 감행한다. 그러나 국민여론을 등에 업은 총리 및 BCP는 대중집회를 통해 군부와 국왕에 맞선다. 이에 국왕은 총리 및 전내각을 재임용하고 부친 모쇼에쇼에 2세에게 왕위를 넘기지만 96년 1월 15일 부친이 사망하자 다시 왕위를 계승한다. 한편 모헬레 총리는 군부의 정치적 개입에 여전히 단호한 자세.

농경지가 적어 목축에 종사하는 사람들이 많으며, 세계 제2위의 다이아몬드 생산국임을 자랑하지만 전반적인 경제활동을 남아공에 의존하고 있는 실정. 정부는 남아공 의존성을 탈피하기 위해 국내 공업 육성 및 미국, 캐나다 등 서방의 원조를 구하고 있다.

☞ 사회와 문화

경제적 기반이 약해 국민의 다수(15만 추산)가 남아공에서 경제활동을 하고 있으며, 국가 재정의 상당부분은 이들이 보내준 송금이다. 기독교가 압도적이며 문맹률이 낮다.

남아프리카 공화국
(Republic of South Africa)

― 독립일 : 1910년 5월 31일, UN 가맹일 : 1945년 11월 7일(창설가맹국) ―

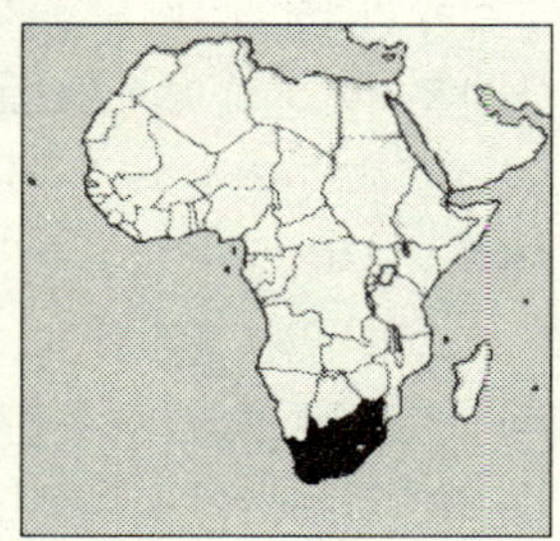

☎ 주요 통계 자료

·면　　　적	122만 1040㎢
·인　　　구	4124만 명(95년)
·수　　　도	프리토리아(Pretoria) 인구 58만 명(94년)
·주요 도시	요하네스버그, 케이프타운, 더반, 포트엘리자베스
·주요 민족	흑인(75.2%), 백인(13.6%), 혼혈(8.6%), 인도계(2.6%)
·언　　　어	영어, 아프리칸스어, 줄루어, 코사어, 츠와나어 등 모두 11개어가 공용어
·종　　　교	백인 대부분과 흑인의 6할이 기독교 그 밖에 힌두교, 이슬람교, 전통종교
·정치 체제	공화제
·헌　　　법	1996년 12월 4일 신헌법 성립 97년 2월 4일 발효
·국가 원수	대통령 넬슨 만델라(Nelson Mandela) 간선제(하원) 임기 5년 94년 5월 10일 취임
·의　　　회	2원제 하원(400석) 상원(90석) 임기 5년
·내　　　각	대통령이 임명 총리 없음
·주요 정당	아프리카 민족회의, 국민당, 인카다 자유당
·국민총생산	1252억 2500만 달러(95년)
·1인당 GNP	3010달러(95년)
·통화 단위	랜드(Rand). 1달러＝4.70랜드(97년 1월)
·주요 자원	금, 다이아몬드, 크롬, 니켈, 바나듐
·주요 공산품	자동차, 화학제품, 조선
·주요 농산물	사탕수수, 담배, 과일류, 옥수수, 밀
·무　　　역	★ 수출 215억 1060달러, 수입 208억 7200만 달러(95년)

(자료원 : 남아공 통계청／남아공 중앙은행／World Yearbook 97)

☞ 자연 환경

아프리카 대륙 최남단 인도양과 대서양에 접해 있는 나라로 전체적으로 항아리 모양을 갖추고 있다. 동부는 드라켄즈버그 산맥이 있어서 산악지대를 이루고 있으며 서부로 갈수록 평지가 이어진다.

기후는 일조시간이 길며 해류와 고도의 영향으로 시원하고 건조한 편이다. 기온은 서해안 쪽이 높고, 강수량은 동부가 많다.

☞ 간추린 역사

1652년부터 네덜란드인(보어인)들이 처음으로 이 곳을 찾기 시작. 이어서 1795년 영국의 해군이 이 곳을 점령 식민지로 삼으려 하자, 정착하고 있던 보어인들이 반발. 이른바 1880년에서 1902년 사이 두 차례에 걸쳐 보어전쟁이 발발한다.

전쟁의 결과는 영국 측의 승리. 1910년 영국령 남아프리카 연방이 결성된다. 그러나 1948년 보어인 중심의 국민당이 정권을 획득, 61년 영연방으로부터 탈퇴를 선언하고 '남아프리카 공화국'을 발족한다.

☞ 정치와 경제

남아공은 소수의 백인이 다수의 흑인을 지배하는 나라. 남아공이 61년에 채택한 '아파르트헤이트 정책'은 인종차별을 70여 가지로 성문화한 대표적인 악법. 따라서 이 법규로 말미암아 남아공은 국제적 고립을 자초한다.

하지만 89년 집권한 드 클레르크 대통령은 30년간 비합법조직이었던 흑인해방조직 아프리카 민족회의(ANC)를 합법화하고 만델라 의장을 석방. 또한 90년 흑백분리법을 폐지하고 흑인참정권을 보장하는 신헌법을 선거에 부쳐 통과시킨다.

그러나 92년 흑인 42명이 학살되는 보이파통 사건으로 흑백 간에 유혈사태 발생. 정부는 94년 자유총선거 실시를 조건으로 흑인들의 불만을 무마한다.

1993년 12월에 열린 백인우위의 3인종회의에서 임시헌법을 승인. 이어 94년 4월 27일 발효됨으로써 전인종선거에 법적 근거가 마련되었다. 전인종선거는 4월 26일~29일 일정으로 실시되어 흑인이 사상 처음으로 투표권을 행사. 하원과 주의회에 모두 19개 정당이 참가하고 전국적으로 약 2200만 명의 유권자가 투표에 임한 결과 ANC가 유효득표수의 62.6%를 획득하여 압도적인 승리를 거두었다.

이어 만델라 ANC의장은 94년 5월 9일 소집된 하원에서 참석자 전원일치로 대통령에 선출되어 다음 날인 10일 역사적인 취임식을 갖는다. 이 자리에서 만델라 대통령은 인종융화를 통한 신국가건설을 선언한다.

한편 남아공 제헌의회는 96년 5월 8일 전 인권 평등, 삼권분립 확립을 주내용으로 하는 신헌법을 채택. 이 신헌법은 사형제 폐지, 동성연애자들에까지 차별을 금지한다는 조항이 있어 '세계에서 가장 자유주의적 헌법'이라 항간에 화제가 되기도 하였다.

남아공은 자원이 풍부한 나라로 석유를 제외하고는 이 땅에서 나지 않는 것이 없을 정도. 우라늄, 망간, 크롬, 형석의 매장량이 세계 1위. 또한 금, 다이아몬드 생산도 세계 1위. 광물이 총 수출액의 57%를 차지하고 있다. 아프리카 제1의 공업국이기도.

하지만 산업의 전부분을 소수인 빠인이 소유하고 있어 빈부의 격차가 무척 심하다.

☞ 사회와 문화

흑인 반투족이 전인구의 73%를 차지하고 있는 데 비해 백인은 14% 내외이다. 그 외에 혼혈족과 아시아인(주로 인도인)들도 거주. 또한 백인은 아프리카나(아프리카어를 사용하는 네덜란드계)와 영어를 사용하는 영국 이민자들로 나뉜다. 아프리카나가 완고하고 강건한 성격인 데 반해 영국계는 진취적이고 진보적이다. 백인은 전학제가 의무교육이지만 흑인의 취학률은 고작 10%에 불과하다.

한편 92년 바르셀로나 올림픽에 60년의 로마올림픽 이후 처음으로 흑인을 포함한 전인종 선수단을 파견.

이후 남아공 국내경기단체는 모든 인종을 포함한 통합기구를 발족하고 실력을 닦은 끝에 96년 애틀란타 올림픽에선 수영 여자 경영과 남자 마라톤에서 각각 금메달 획득. 남아공의 올림픽 금메달은 52년 헬싱키올림픽 이후 44년 만의 쾌거였다.

유럽 (Europe)

북극 해
아이슬란드
노르웨이
스웨덴
핀란드
덴
대서양
에스토니아
라트비아
아일랜드
영국
러시아 연방
덴마크
리투아니아
네덜란드
벨로루시
벨기에
폴란드
독일
우크라이나
룩셈부르크
체코
오스트리아
슬로바키아
몰도바
프랑스
스위스
슬로베니아
헝가리
루마니아
리히텐슈타인
유고슬라비아
보스니아-헤르체고비나
크로아티아
이탈리아
모나코
산마리노
흑 해
포르투갈
스페인
안도라
바티칸
불가리아
마케도니아
터키
지중해
그리스
알바니아
모로코
알제리
몰타

▦ 주요 통계 자료

> ▶ 총면적 ······ 1050만 3750㎢
>
> ▶ 전체인구 ······ 7억 4700만 명(95년 추정치)
>
> ▶ 가장 높은 곳 ······ 엘부르스 산(러시아 연방/해발 5642m)
>
> ▶ 가장 낮은 곳 ······ 카스피해(해발 −28m)
>
> ▶ 가장 넓은 나라 ······ 러시아 연방(17,075000㎢/아시아 지역 포함)
>
> ▶ 가장 인구가 많은 나라 ······ 러시아 연방(1억 4750만 명/96년 12월)
>
> ▶ 가장 인구가 많은 도시 ······ 모스크바(러시아 연방/879만 3000명)
>
> ▶ 가장 긴 강 ······ 볼가 강(러시아 연방/3531㎞)
>
> ▶ 가장 큰 호수 ······ 라도가호(러시아 연방/1만 7703㎢)

아이슬란드 공화국
(Republic of Iceland)

— 독립일 : 1944년 6월17일, UN 가맹일 : 1946년 11월19일 —

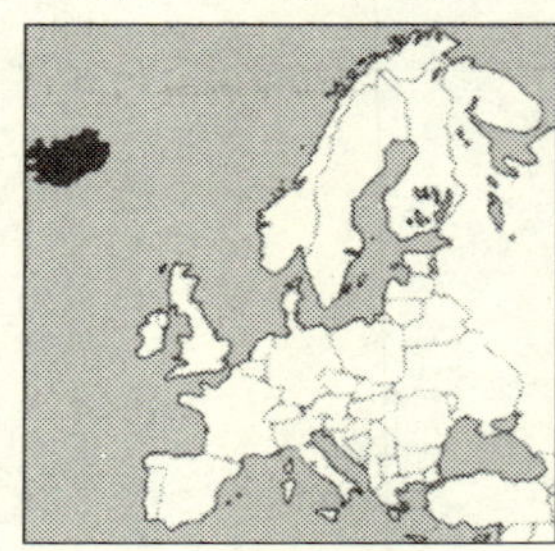 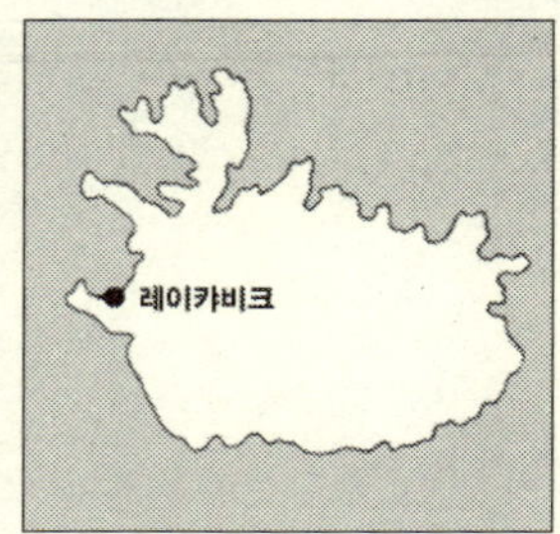

☞ 주요 통계 자료

·면　　적	10만 3000㎢
·인　　구	27만 명(95년)
·수　　도	레이캬비크(Reykjavik) 인구 10만 850명(93년)
·주요 도시	셀포스, 비크
·주요 민족	아이슬랜드인(노르웨이계)
·언　　어	아이슬랜드어
·종　　교	복음 루터교회(90%)
·정치 체제	공화제
·헌　　법	1944년 6월 17일 발효
·국가 원수	대통령 올라푸르 그림손(Olafur Grimsson) 직선제 임기 4년 96년 8월 1일 취임
·의　　회	1원제 63석 임기 4년
·내　　각	대통령이 임명 총리 데이비드 오드손(David Oddsson) 95년 4월 23일 발족
·주요 정당	독립당, 진보당, 사회민주당, 인민운동(신당), 부인연맹
·국내총생산	71억 달러(95년)
·1인당 GNP	2만 62달러(95년)
·통화 단위	크로나(Krona). 1달러=66.74크로나(97년 1월)
·주요 자원	알루미늄, 수산자원
·주요 공산품	알루미늄 정련, 수산가공품
·주요 농산물	거의 수입에 의존
·무　　역	수출 12억 1600만 달러, 수입 13억 4500만 달러(93년)

(자료원 : 아이슬란드 정부통계자료／World Yearbook 97)

☞ 자연 환경

세계 최북단의 섬나라. 거의 북극권에 인접. 국토는 화산과 온천 그리고 빙하로 이루어져 있다. 화산과 온천은 불가분의 관계. 온천을 이용해 바나나도 재배와 수도의 난방을 해결. 빙하는 전체 면적의 1/9 정도. 100m 이상 두께의 빙하가 절벽과 계곡을 이룬 모습은 장관. 하지만 전체 면적의 80%가 사람이 살 수 없는 곳이며 따라서 인구의 약 40% 정도가 수도 레이캬비크에 산다. 북극권에 가깝긴 하지만 멕시코 만 해류의 영향으로 겨울철 평균 기온이 2℃정도를 유지. 난류와 한류가 교차하는 곳이라 세계적인 황금 어장을 이룬다.

☞ 간추린 역사

8세기까지 사람이 살지 않는 무인도였던 곳. 9,10세기에 처음 사람의 발길이 닿기 시작, 1262년에 노르웨이 지배하에 들어갔다가 1380년에 덴마크의 영토가 된다. 이후 1904년 덴마크로부터 자치권을 획득하고 41년 독립선언을 한 뒤 국민투표를 거쳐 1944년 6월 '아이슬란드 공화국'으로 독립한다.

☞ 정치와 경제

이 나라의 국회는 930년에 싱그바틀러 평원에서 소집된 이래 지금까지 이어오는 민주정치의 선구. 세계 최고의 전통을 자랑한다. 정당으로는 독립당, 진보당, 인민연합, 사회민주당 등이 있다. 역사적으로 연합정권이 많았으며 91년 4월의 총선거에서도 2개당의 연합정권(독립당 주도)이 탄생한다. 아이슬란드는 완전 비무장국가. 하지만 현재 NATO에 가입되어 있으며 미공군기지가 자리잡고 있다. 91년 4월 이래 연립정권을 구성하고 있는 독립당과 사회민주당은 95년 4월에 실시된 총선거에서도 과반수 의석을 확보, 연립을 계속 유지하고 있다. 한편 96년 6월 29일에는 대통령 선거가 실시되어 좌파인 오라푸르 그림손이 득표율 40.9%를 획득, 당선되었다.

이 나라 경제의 최대 기반은 어업. 수출의 70%를 수산물이 차지하고 있으며 가공 시설도 완벽하게 갖춰져 있다. 하지만 경지면적이 거의 없어 농산물은 거의 수입에 의존. 한편 빙하로부터 나오는 풍부한 수량을 이용, 수력발전을 일으켜 전력공급도 안정적이다. 최근 지열발전의 개발에 나서 세간의 이목을 집중시키고 있다. 남북 동시 수교국.

☞ 사회와 문화

주민은 노르웨이와 덴마크 이주민이 다수이며 생활수준이 무척 높은 복지국가. 수도 레이캬비크는 현대 문명과 북극의 자연이 어우러진 아름다움의 극치. 시민들의 분위기도 온화하고 무척 친절하다. 한편 96년 11월 5일, 남동부 바트나에서 지난 10월에 발생했던 화산분출의 영향으로 빙하가 녹아 홍수사태 발생. 해안도로에 있던 4개의 다리 중 3개가 파괴되고 전기가 끊기는 등의 소동이 벌어졌다.

노르웨이 왕국
(Kingdom of Norway)

― 독립일 : 1814년 5월17일, UN 가맹일 : 1945년 11월27일(창설가맹국) ―

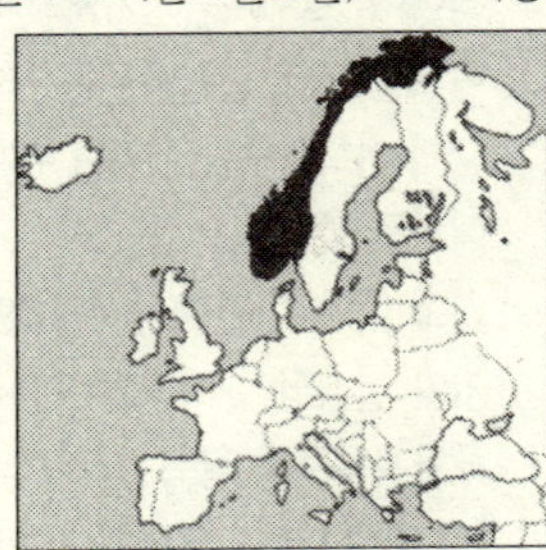 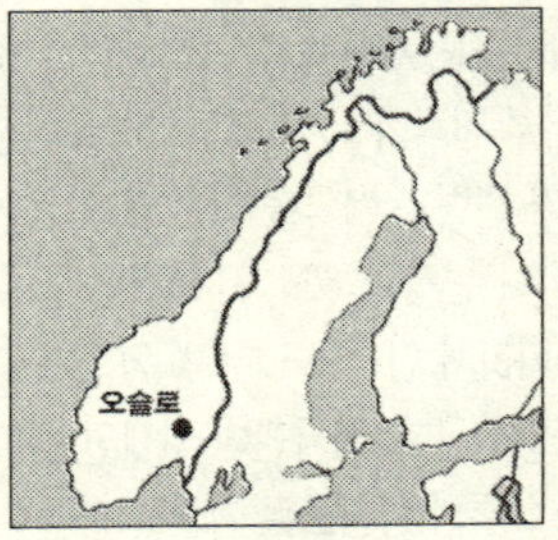

☞ 주요 통계 자료

·면　　　적	38만 6919㎢
·인　　　구	436만 명(95년)
·수　　　도	오슬로(Oslo) 인구 47만 명(93년)
·주요 도시	베르겐(22만 명), 트론헤임(14만 명), 스타방게르(10만 명), 크리스티안순(7만 명)
·주요 민족	노르웨이인(북방게르만계, 87%), 그 밖에 스웨덴인, 핀란드인, 라프인
·언　　　어	노르웨이어
·종　　　교	복음 루터교회(국교)
·정치 체제	입헌 군주제 의원 내각제
·헌　　　법	1814년 5월 17일 채택
·국가 원수	국왕 하랄드 5세(Harald V) 91년 1월 21일 즉위
·의　　　회	변칙 2원제(상·하 양원 총 165석 중 1/4이 상원 구성) 임기 4년
·내　　　각	국왕이 의회의 뜻에 따라 총리 임명 총리 토르뵤른 야글란(Thorbjoern Jagland) 96년 10월 25일 발족
·주요 정당	노동당, 중앙당, 보수당, 진보당, 사회당, 기독교민주당
·국내총생산	1160억 달러(95년)
·1인당 GNP	2만 3230달러(95년)
·통화 단위	크로나(Krona). 1달러=6.4405크로나(97년 1월)
·주요 자원	석유, 철광석, 동광석, 납, 아연
·주요 공산품	석유개발품, 화학공업제품, 기계, 수송기기, 종이제품
·주요 농산물	목재 ★ 노르웨이는 세계적인 어업국
·무　　　역	수출 451억 4000만 달러, 수입 334억 7000만 달러(96년)

(자료원 : 노르웨이 통계청／Norwegian Central Bank)

☞ 자연 환경

북유럽 스칸디나비아 반도 서쪽에 길게 자리잡고 있는 나라이다. 정식 명칭은 '노르웨이 왕국(Kongeriket Norge)'. 여기서 '노르게(Norge)'란 '북방의 길'을 의미한다. 동쪽으로 스웨덴, 핀란드, 러시아 연방과 국경을 접하고 있으며, 그 밖에는 바렌츠해, 노르웨이해, 북해, 스카게라크 해협 등의 바다로 둘러싸여 있다.

노르웨이는 경지면적이 전국토의 겨우 3%에 불과한 반면 나머지는 모두 산림 지개과 호수 및 빙하로 이루어져 있다. 하지만 피오르드식 해안선을 타고 끝없이 이어지는 기암절벽과 약 5만여 개에 이르는 섬들, 그리고 여기에 북극의 맑은 공기와 호수 및 폭포가 곁들여져 자연미의 극치를 이룬다. 기후는 멕시코만 해류의 영향으로 위도에 비해 온난한 편이지만 내륙으로 갈수록 기온차도 심하고 추위가 혹독하다.

☞ 간추린 역사

노르웨이에는 기원전 1만년 무렵부터 사람이 들어와 살기 시작했으며, 이후 기원전 1세기부터 인근 스웨덴과 덴마크의 영향으로 로마문화와 접촉하기 시작하면서 문명권에 들어선다. 하지만 노르웨이인이 본격적으로 유럽역사의 무대에 등장한 건 서기 400년경, 여러 부족공동체들이 각기 나뉘어져 부족국가시대를 열면서부터이다.

이후 서기 890년경 하랄드왕에 의해 처음으로 전국 통일이 이루어지지만 오래 가지 못하고 재차 분열, 이 때 이후로 각 부족별로 비옥한 토지를 찾아 대륙으로의 침략의 길에 나서는 바이킹시대를 맞이한다. 그리고 11세기 초엽, 기독교를 앞세운 올라프 II세가 마침내 재통일을 달성하면서 노르웨이는 중세 봉건시대의 서막을 연다.

노르웨이의 중세 왕권은 덴마크, 스웨덴과의 긴밀한 외교관계과 활발한 해상활동을 통해 13세기 한때 북구 아이슬란드 등지를 정복하는 등 전성기를 구가한다. 하지만 1397년에 덴마크, 스웨덴, 노르웨이의 3개국 동군연합이 '칼마르 연합'으로 재편되면서 덴마크 1국의 독주시대가 펼쳐진다. 따라서 노르웨이는 15세기에 들어서면서부터 덴마크의 일개 속주로 전락하며, 이 덴마크에 의한 식민지적 상황은 19세기 초엽까지 이어진다.

한편, 식민지적 상황이긴 하지만 노르웨이는 16세기 중반 이후 한자상인들의 세력이 약해지는 틈을 타 네덜란드, 영국 등과 활발한 무역을 전개, 나름대로 알찬 경제적 번영을 구가한다. 게다가 1678년에 취해진 덴마크왕의 '노르웨이법'이 정치적으로 노르웨이의 중앙집권화를 촉진시켰고, 또한 대륙과 떨어진 지리적 조건의 혜택으로 오랜 동안 내부적 안정을 도모할 수 있었다.

이 노르웨이의 번영과 안정은 덴마크로부터의 독립의식을 고취시키는 자양분으로 작용한다. 그리고 마침내 덴마크가 나폴레옹 전쟁에서 패하자, 이를 계기로 노르웨이는 근 400년에 걸친 덴마크의 식민지적 지배를 종식시키고 해방을 맞이하는 듯하였다. 하지만 노르웨이의 완전 독립은 인근 스웨덴의 등장으로 무산된다. 전쟁에 패배한 덴마크 왕은 '킬 조약'을 통해 노르웨이를 스웨덴에 할양하였으며, 이에 따라 노르웨이의 국권은 자치권을 제외한 모든 권한이 스웨덴으로 양도된다.

스웨덴 왕권의 치하에서 연합왕국의 일부가 된 노르웨이는 1884년에 내각책임제를 도입함으로써 근대 의회주의를 확립한다. 그리고 1898년에는 보통선거를 실시, 민주주의 국가로서의 기틀을 마련한다.

한편 19세기 말엽부터 외교권문제가 본격화되자, 노르웨이의 좌익내각은 스웨덴 정부와 적절한 타협점을 모색하여, 1905년에 비로소 연합왕국을 해소하고 명실상부한 독립국의 자격을 획득한다. 이후 노르웨이는 2차대전 중 중립주의를 천명했음에도 불구하고 독일군의 일방적인 침략 하에 국왕(호콘 7세)이 런던으로 망명하는 사태를 빚기도 한다. 하지만 전쟁 종결 후 다시 국권을 회복하고 정치적 안정과 풍부한 자원을 바탕으로 알찬 경제성장을 이룩하여 오늘날 세계 유수의 복지국가를 구현하고 있다.

☞ 정치

노르웨이는 내각책임제를 골간으로 한 입헌군주국이다. 따라서 국가원수에는 국왕이 자리하고 있지만 다만 상징적 존재일 뿐이며, 모든 정치적 운영의 권한은 총리를 수반으로 한 내각이 책임지고 있다. 의회(Storting)는 2원제이지만, 4년마다 치르는 자유선거에 의해 165명이 선출되며, 선거 후 의원들 간의 호선을 통해 전체 의석 중 1/4(41석)을 상원(Lagting)으로, 그 나머지를 하원(Odelsting)으로 두는 변칙 2원제를 운영하고 있다.

2차대전 이후 지금까지의 노르웨이 정치무대는 줄곧 노동당 중심의 좌익진영과 보수당, 기독교 민주당, 중앙당으로 이루어진 보수진영 간의 경쟁구도 속에서 유지되어 왔다. 현재의 집권당은 노동당. 노르웨이 최초의 여성 정치지도자였던 브룬트란트 총리에 이어 96년 10월 25일부터 야글란 전노동당 당수가 재임하고 있다.

지난 89년 총선에서 선거 사상 최악의 패배를 기록하며, 보수당을 비롯한 기독교 민주당과 중앙당의 3당 연합전선에 밀려 정권을 넘긴 바 있는 노동당은 만 1년 만에 야기된 우익연립진영의 분열로 얀 시세 총리 이하 보수연립내각이 총사퇴함에 따라 의회 내 다수당의 자격으로 90년 11월 다시금 정권 담당자로 복귀하였다.

심각한 실업문제와 유럽연합(EU) 가맹안이란 당면과제를 안고 출범한 브룬트란트 내각은 실업률과 물가상승률을 억제한 데 힘입어 93년에 실시된 총선거에서 지난 89년에 비해 2.9% 상승한 37.2%의 득표율을 보이며 재집권에 성공하였다. 하지만 94년 11월, 재집권 이후 첫 시험대라 할 수 있었던 유럽연합(EU) 가맹안을 국민투표에 부친 결과, 반대 52.2%, 찬성 47.8%로 정부안이 부결되고 만다. 이러한 결과의 배경에는 노르웨이 국익에 절대적 비중을 차지하고 있는 북해유전과 인근 해역의 풍부한 어장을 유럽연합(EU)의 가입을 계기로 여러 가맹국가들과 공유하게 되면 국민경제에 막대한 타격이 초래될 것이란 우려가 국민들 속에 크게 작용했기 때문이다.

한편, 이 선거의 실패로 제1야당인 중앙당을 중심으로 한 보수진영의 대공세가 예상되는 가운데, 브룬트란트 총리는 96년 10월 23일 "지금이야말로 97년 9월로 예정된 총선을 앞두고 노동당의 전열을 정비할 겸 새 지도자가 절실할 때이다"라는 사임이유를 남기고 총리직에서 물러난다. 지난 81년에 총리가 된 이래 중간에 잠시 보수정당에게 정권을 빼앗기긴 했지만 장장 12년 가까이 노르웨이 정국을 이끌어온 그녀였다.

신임 야글란 총리는 이전 정권의 정책을 그대로 고수하겠다는 방침을 굳힌 가운데, 긴축재정의 계속, 완전고용, 지역간 불균등 발전해소, 복지 충실 등을 당면과제로 내걸고 노르웨이정국을 운영하고 있다.

☞ 경 제

2차대전 이후 공업화에 박차를 가하기 시작한 노르웨이 경제는 풍부한 수력과 다양한 지하자원을 바탕으로 세계에서 손꼽히는 선진국으로 발돋움한다. 이 나라 경제의 3대 지주는 뭐니뭐니 해도 바이킹시대의 유산인 해운업과 석유개발부문 및 합금철, 알루미늄, 니켈 등을 가공 생산하는 에너지 집약형 산업부문이다.

특히 노르웨이의 에너지 산업은 풍부한 수력과 석유자원에 힘입어 1인당 발전량이 2만 3000kWh에 달해 세계 1위를 자랑하고 있으며 70년대부터 본격 개발하기 시작한 북해 근해의 해저유전으로 유럽 굴지의 석유수출국이기도 하다. 따라서 주요산업 역시 풍부한 전력을 바탕으로 한 전기, 화학, 금속산업 등이 발달하였고 선박제조, 기계설비, 발전설비 등의 에너지와 관련된 엔지니어링 산업이 중요한 위치를 차지하고 있다.

반면 노르웨이의 농업은 고위도에 산지가 많은 지리적 조건 때문에 생산성이 매우 낮은 편이다. 따라서 식량자급도가 50%에 불과해 식료, 축산물 등을 수입에 의존하고 있다. 그러나 세계 4대 어장 중의 하나인 북해해역을 끼고 있는 관계로 수산업이 매우 발달, 어획고의 90%를 해외에 수출하고 있으며 특히 연어의 경우는 세계시장을 독점하고 있다.

노르웨이는 기본적으로 자유시장 경제체제를 근간하고 있으나 기간산업분야에 해당되는 중화학부문과 에너지 관련산업은 모두 국가가 관리하고 있다. 따라서 경기흐름이 매우 안정적인 장점을 지니고 있으나 생산성 관리에 있어 비효율성이 문제로 대두되고 있다. 또한 석유개발 이후 원유와 천연가스에 대한 경제의존도(전체 GDP의 14.5%를 차지)가 과중하여 석유관련분야와 비석유 관련 분야 간의 이중구조현상이 전산업의 균형 잡힌 발전에 저해요인으로 작용하고 있다.

지난 1986년 석유가의 폭락 사태로 한때 위기감이 감돌았던 노르웨이 경제는 90년대 들어와 정부의 적극적인 위기타개책과 세계경제의 회복 추세에 편승, 93년도부터 2%대의 성장률을 기록하며 정상궤도를 찾기 시작하였다. 하지만 민간소비부문이 여전히 1%대의 증가에 머물러 있고, 국가재정의 적자가 계속되고 있는데다, 여타 유럽국가에 비해 낮은 수치이긴 하지만 5%(95년)에 달하는 실업률이 아직도 불안요인으로 자리잡고 있다.

이에 따라 실업률 해소와 물가안정을 최우선과제로 내걸고 출범한 브룬트란트 노동당 정권은 인플레이션의 억제와 저이자율을 유지함으로써 기업의 투자의욕을 고취시키고, 이를 민간기업의 활성화로 연계시켜 고용창출을 꾀하였다. 그리고 석유산업을 통해 벌어들인 흑자재원을 여타 제조업분야 투자로

유도하여 경제체질을 강화하는 정책을 밀고 나갔다. 뿐만 아니라 최근 노르웨이는 정부차원에서 환경보호산업을 비롯, 통신산업, 엔지리어링 컨설팅, 바이오 테크놀리지 등 첨단산업에 대한 관심과 투자가 집중되고 있다. 따라서 건설분야를 필두로 제조업이 활기를 되찾고, 저금리, 저물가 정책 등이 크게 작용, 96년 상반기 현재 전년동기대비 5%의 성장률을 기록하였다

☞ 사회와 문화

노르웨이의 사회보장제도는 세계 최고 수준. 국민성은 거친 자연환경을 헤쳐온 까닭에 전반적으로 강건하고 현실적이다.

극작가 입센 로랑, 화가 뭉크, 시인 베르그송 등이 노르웨이가 낳은 위대한 예술가들. 또한 이 나라는 특히 동계 스포츠가 강하며 1994년 릴레함메르 동계올림픽 개최지이기도 하다.

스웨덴 왕국
(*Kingdom of Sweden*)

― 독립일 : 1521년, UN 가맹일 : 1946년 11월 19일 ―

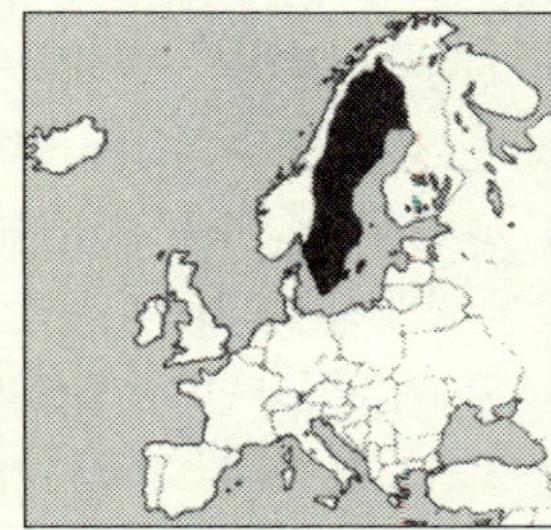 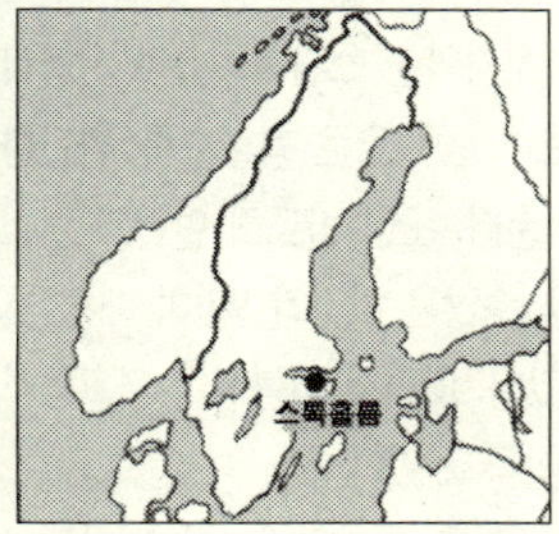

☞ **주요 통계 자료**

·면　　　적	44만 9964㎢
·인　　　구	883만 명(95년)
·수　　　도	스톡홀름(Stockholm) 인구 69만 3000명(95년)
·주요 도시	에테보리(44만 명), 말뫼(24만 명), 웁살라(18만 명), 라쇠핑(13만 명)
·주요 민족	스웨덴인(북방 게르만계, 99%)
·언　　　어	스웨덴어
·종　　　교	복음 루터파(국교)
·정치 체제	입헌 군주제 의원 내각제
·헌　　　법	1809년 제정 1975년 개정헌법 발효
·국가 원수	국왕 칼 16세 구스타프(Carl XVI Gustav) 73년 9월 15일 즉위
·의　　　회	1원제 349석 직선제 임기 3년
·내　　　각	의회의장이 총리를 지명 총리 요란 페르손(Göran Persson) 97년 1월 27일 개조
·주요 정당	사회민주노동당, 온건당, 자유당, 중앙당, 기독교민주당
·국내총생산	2291억 달러(95년)
·1인당 GNP	1만 8360달러(95년)
·통화 단위	크로나(Krona). 1달러=6.9143크로나(97년 1월)
·주요 자원	우라늄, 철광석, 아연, 은, 납
·주요 공산품	자동차, 철강제품, 공작기기, 화학제품, 종이제품
·주요 농산물	밀, 감자, 사탕수수, 사탕무
·무　　　역	수출 793억 달러, 수입 640억 6000만 달러(95년)

(자료원 : 스웨덴 통계청／National Institute of Economic Research)

☎ 자연 환경

스웨덴은 유럽 북부의 스칸디나비아 반도 동부에 자리잡고 있는 나라이다. 정식 명칭은 스웨덴 왕국(Kingdom of Sweden). 노르웨이와 국경지대인 서부지역엔 스칸디나비아 산맥이 가로놓여 있으며 동쪽으로 향할수록 완만한 평야지대를 이룬다. 또한 발트해 연안과 보스니아만 부근엔 수많은 하천과 9만여 개의 호수가 산재해 있다. 따라서 전형적인 서고동저형의 지형을 이루고 있다.

이 나라의 기후는 스칸디나비아 반도의 서해안을 흐르는 멕시코만류의 영향으로 비교적 온난한 편이다. 하지만 북부 노들란드 지방은 연중 반이 눈으로 덮여 있으며 6월과 7월은 백야(白夜)로 유명하다. 반면 남부지방은 겨울이 짧고 따뜻하여 유럽풍의 대농장이 그림처럼 펼쳐져 있다.

☎ 간추린 역사

스웨덴에 사람이 살기 시작한 시기는 빙하기가 끝난 직후인 기원전 1만~기원전 8천년 무렵으로 추정된다. 이후 기원전 2천 년경, 북방 게르만족이 지중해 방면에서 이동해 와 본격적인 농경사회를 이루면서 정착한다. 이들은 오늘날 스웨덴인의 선조격에 해당되는데, 특히 로마시대엔 대륙과 교역을 활발히 전개하면서 부족국가의 귀틀을 다져 나간다.

5~6세기에 이르면 이 곳에도 많은 부족국가들이 등장하게 된다. 이 시기를 '벤델시대'라 하는데 우플란드 지방의 스베데족은 다른 부족들을 흡수, 통합하여 해상무역에까지 손을 뻗친다. 그리고 이 스웨덴의 해상무역은 9세기에 이르러 이른바 '바이킹 시대'를 맞이하면서 절정기를 구가한다. 바이킹들은 주로 콘스탄티노플로 통하는 해상로를 장악, 유럽과 동방간의 무역을 관장하였다. 하지만 이 바이킹의 활동은 11세기 무렵 슬라브족의 발흥과 유럽판도의 변화에 의해 막을 내리게 된다. 그리고 이 때부터 전국적인 통일기운이 감돌면서 중세시대로 넘어갈 채비를 갖춘다.

한편 830년경에 프랑스의 수도사 앙스가르가 이 곳에 최초로 기독교를 전파한 이래 한동안 토착종교와 갈등을 겪다가 12세기에 이르러 거의 전국에 걸쳐 주교단과 수도원이 설치되면서 정착단계에 돌입한다. 또한 1250년에는 정치가이자 신왕조의 창시자인 비리에르 아를이 아들인 발데마르를 앞세워 스톡홀름을 중심으로 중앙집권을 단행하였다. 그리고 14세기 전반 망누스 Ⅰ세와 Ⅱ세의 치세를 통해 스웨덴은 국가다운 면모를 갖추게 되며, 1350년에는 전국적인 법전이 제정되기도 한다. 이 무렵 북유럽 일대는 한자동맹(중세 북유럽 상업권의 패권을 잡았던 북독일 중심의 도시동맹)의 시대를 맞이한다. 한자 상인들은 풍부한 경제력을 바탕으로 북유럽 국가들의 내정에까지 관여하였다. 이에 따라 덴마크를 포함한 스칸디나비아 3국은 한자동맹에 대한 방파제로서 칼마르 동맹을 결성하고 공동왕을 옹립하기에 이른다. 하지만 왕위권이 덴마크에게만 주어진 관계로 시간이 지날수록 스웨덴인들의 불만이 고조되기 시작, 1521년에 스웨덴의 젊은 귀족인 구스타브 바사는 이러한 국민들의 불만을 결집시켜 마침내 반덴마크 투쟁에 나선다. 그리고 2년 뒤인 23년에 합병을 해체하고 스스로 왕위에 오르면서 독립 스웨덴 왕국을 건설한다. 새 국왕 구스타브 Ⅰ세는 이후 27년에 종교개혁을 단행, 개신교를 국가이념으로 하여 근대국가의 기틀을 다져 나간다.

17세기 들어 스웨덴은 30년 전쟁에 가담하여 한때 발트해를 장악, 북구의 강국으로 군림하지만 끝내는 러시아 원정에 실패하여 대국시대의 종말을 고하고 만다. 그리고 이를 기화로 왕권이 약화되고 이른바 '자유의 시대'라 불리는 의회정치가 일찌감치 꽃핀다. 하지만 하트당(귀족계급의 당)과 메사당(서민계급의 당) 간의 소모적인 정쟁이 불씨가 되어 다시금 구스타브 Ⅲ세의 전제정치로 회귀하는 결과를 초래하고 만다. 1772년에 즉위한 구스타브 Ⅲ세는 의회의 권한을 축소하고 전제왕권을 강화하는 한편 산업 및 문화진흥정책을 적국 추진한다. 이 결과로 스웨덴의 한림원과 왕립 오페라 및 그 밖의 세계 유수의 문화관들이 모두 이 시기에 설립된다. 이후 스웨덴은 나폴레옹 전쟁을 끝으로 지구상의 화염과 인연을 끊는다. 그리고 19세기 중엽부터 지방자치제와 양원제를 채택하여 민주주의를 정착시키고 공업화에도 박차를 가해 20세기 복지국가를 향한 기반을 다져 나간다. 특히 20세기 초 제1, 2차 세계대전의 격동 속에서도 의연히 중립정책을 고수, 지속적인 경제적 번영과 사회개혁을 진척시킬 수 있었다.

☞ 정 치

스웨덴의 정치체제는 입헌군주제이며 의회민주주의를 바탕으로 한 삼권분립을 기본원칙으로 삼고 있다. 의회는 1971년 의회법 개정에 따라 그 때까지의 양원제를 폐지하고 단원제로 되었다. 정족수는 349명이며 임기 4년에 직접선거에 의해 선출된다.

스웨덴의 정치사는 36년 단 한 차례를 제외하고, 32년부터 76년까지 40여 년 동안 줄곧 사회민주당에 의해 주도되어 왔다. 따라서 정치적 안정과 더불어 일관되게 사회평등정책을 추진하여 오늘날 세계 최고의 복지국가를 달성할 수 있었다. 그러나 86년 2월 평화운동가로 유명한 사회민주당의 팔메 총리가 암살당하고 난 후 그의 뒤를 이은 칼손 총리가 91년 총선에서 패배, 스웨덴 정국은 보수당 중심의 4당 연립정권(보수당, 자유당, 중앙당, 기민당)에 의해 주도된다. 당시의 총리이었던 카를 빌트 보수당 당수는 19세기 이래 지속된 비동맹중립노선을 수정, 유럽공동체의 가입을 추진하는 한편 93년부터는 복지우선 정책을 거두고 강력한 긴축정책으로 방향전환을 꾀한다.

하지만 이러한 빌트 보수당정권의 정책은 94년 9월 총선에서 사회민주노동당에게 참패하는 결과를 빚고 말았다. 결국 빌트 정권이 스웨덴의 경제재건을 위해 내걸었던 강력한 긴축재정정책은 누적된 재정적자와 사상 최악의 실업률 앞에 좌초되고 만 것이다. 게다가 선거를 통해 확인된 사실은 대다수의 스웨덴 국민들은 여전히 높은 수준의 복지사회를 원하고 있으며, 이를 위한 고소득자에 대한 누진세 적용 등 사회평등정책을 환영하고 있다는 점이다.

또한 이번 선거에서는 지난번에 1석도 확보하지 못했던 녹색당이 유럽연합(EU) 가입 반대와 원자력발전소 철거 등을 이슈로 18석이나 획득했다. 반면 우파진영인 신민주당은 당내분열의 여파로 등원조차 못한 사실을 놓고 볼 때 같은 유럽의 프랑스 정국과 뚜렷한 대조를 보이고 있다.

한편 스웨덴 의회는 94년 10월 총선에서 승리한 사회민주노동당이 칼손 당수를 새 총리로 선출하였다. 그러나 칼손 총리는 재임 2년도 채 못되어 당내 불협화음으로 좌초, 96년 3월 총리직 및 당 총재직까지 사퇴하고 만다. 따라서 집권당인 사회민주노동당은 즉시 임시 당대회를 소집, 새 총리에 페르손 재무부장관을 추대한다. 신임 페르손 총리는 재정긴축정책의 옹호론자로 알려져 있다.

☞ 경 제

스웨덴은 17세기 이래 선철(銑鐵)수출국으로 유명하였다. 19세기 중엽에 이르러 증기기관에 의한 목재업의 발달로 본격적인 산업

혁명을 이룩하고, 이어 노벨의 다이나마이트와 에리크손의 크로스바 전화교환기를 비롯한 우유분리기와 볼베어링 등을 발명, 생산하면서 산업화에 박차를 가한다. 특히 이 과정에서 펼쳐진 키루나 지역의 철광석개발과 철도부설, 그리고 전국에 걸친 전기보급은 공업화의 진전에 결정적인 단서를 제공한다. 게다가 1930년대의 세계적 대공황 속에서도 사회민주노동당의 철저한 안정우선 정책과 중립정책이 실효를 거둬 항공기와 자동차 산업을 중심으로 고도의 공업입국을 건설, 60년대 이후 세계 최고의 복지국가를 확립하였다.

스웨덴의 주요산업으로는 풍부한 철광석 매장량을 기반으로 철강, 자동차, 기계, 금속, 조선, 목재관련산업 등을 들 수 있다. 이 중 특히 사브스카니아와 보포시 두 회사가 담당하고 있는 항공기를 비롯한 무기산업은 스웨덴의 중요 수출품 중의 하나이며, 볼보와 사브스카니아로 대표되는 자동차산업도 세계적으로 유명하다.

91년부터 만성적인 불황에 돌입한 스웨덴의 경제는 93년도 실질 성장률 - 2.8%를 기록하며 전후 최대의 위기국면을 맞이한다. 게다가 칼손 신정부는 줄어들 줄 모르는 실업률에 최대의 고민을 안고 있다. 이는 92년 한 해 동안 2만 2천여 건에 달하는 국내기업의 파산사례가 빚어낸 여파이다.

따라서 스웨덴정부는 이전 보수당정권이 내걸었던 정부주도 경제개발을 적극 수용, 북부 산간지역에 대한 산업개발과 사회간접자본

에 대한 대대적인 투자를 통해 고용촉진을 꾀하고 있다. 또한 94년 11월 유럽연합(EU)의 가입을 정식 결정하여 대외교역에 활로를 뚫는 한편 국내의 국가독점산업에 대한 경쟁체제도입과 민영화추진 방안으로 최저점에 이른 민간투자와 개인소비를 정상화시키기 위해 노력하고 있다.

이에 따라 스웨덴 경제는 93년 후반기에 취해진 크로나화의 평가절하로 수출이 다시 상승곡선을 긋고 국내 공업분야에 대한 투자도 점차 활기를 띠기 시작함으로써 94년도부터는 다시금 플러스 성장으로 전환, 매년 2~3%대의 성장률을 기록하고 있다.

한편 지난 93년 9월 스웨덴을 대표하는 자동차회사인 볼보와 프랑스 국영 자동차회사인 르노가 쌍방간에 합병계획을 발표함으로써 세계 자동차산업의 촉각을 곤두서게 한 적이 있었다. 두 회사의 합병계획은 유럽 최대의 자동차회사가 탄생한다는 점에서 세계 자동차시장에 엄청난 파장을 몰고 올 것이 자명하기 때문이다. 하지만 이 계획은 94년 2월 두 회사의 대표가 합병계획 철회문서를 주고받음으로써 결국 해프닝으로 끝나고 말았다. 알려진 바로는 프랑스 정부의 입김을 고깝게 여긴 볼보측 주주들의 반발이 합병 실패의 주요인이라고 한다.

☞ **사회와 문화**

세계 최고의 사회복지를 자랑하는 나라. 국민 개개인 생활을 전적으로 정부가 책임진다. 교육, 의료, 공공 서비스는 완전 무료. 심지어는 97년 1월부터 징역 3개월 이하의 수형자에 대해선 '재택 복역(在宅 服役)'도 가능하게 만든 나라이다. 따라서 개인적으로 저축하는 사람이 거의 없다.

국민성은 이성적이면서 온순한 편. 또한 서구의 합리주의와 개인주의가 개개인의 사고방식 속에 뿌리깊이 박혀 있다. 하지(夏至) 때의 백야제, 겨울밤의 루시아제 등 축제도 많다. 웁살라 대학의 지진연구소는 세계적으로 유명하다.

핀란드 공화국
(Republic of Finland)

— 독립일 : 1917년 12월 6일, UN 가맹일 : 1955년 12월 14일 —

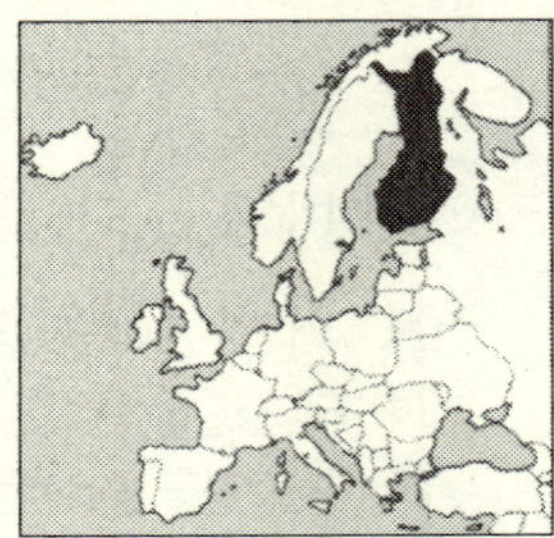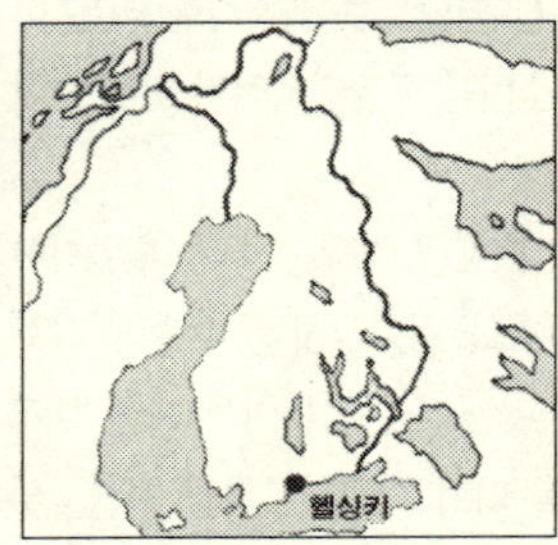

☞ 주요 통계 자료

·면　적	33만 8000㎢
·인　구	511만 7000명(95년)
·수　도	헬싱키(Helsinki) 인구 51만 명(93년)
·주요 도시	에스푸(18만 명), 탐페레(17만 명), 투르크(16만 명), 반타(16만 명), 오울루(10만 명)
·주요 민족	핀인(우랄알타이계, 93.6%), 스웨덴인(6.1%)
·언　어	핀란드어, 스웨덴어(둘 다 공용어)
·종　교	복음 루터파(국교)
·정치 체제	공화제 이원 집정제
·헌　법	1919년 제정
·국가 원수	대통령 마르티 아티사아리(Martti Ahtisaari) 직선제 임기 6년 94년 3월 1일 취임
·의　회	1원제 200석 임기 4년 비례대표제
·내　각	대통령이 지명하면 의회에서 승인. 총리 파보 리포넨(Paavo Lipponen) 95년 4월 13일 발족 96년 2월 2일 일부 개조
·주요 정당	사회민주당, 중앙당, 국민연합, 좌익동맹,스웨덴인 인민당
·국내총생산	1260억 달러(95년)
·1인당 GNP	1만 7285달러(95년)
·통화 단위	마르카(Markka). 1달러=4.6649마르카(97년 1월)
·주요 자원	목재, 동, 납, 아연
·주요 공산품	제지, 펄프, 제조기계, 열난방시스템, 특수선박
·주요 농산물	모피, 육류
·무　역	수출 403억 9100만 달러, 수입 306억 5200만 달러(96년)

(자료원 : 핀란드 통계국／Bank of Finland Bulletin)

☞ 자연 환경

스칸디나비아 반도 북동쪽 끝에 위치한 핀란드는 면적의 1/3이 북극권에 속하는 빙하의 나라이다. 정식 명칭은 핀란드 공화국(Suomen Tasavalta Republiken Finland). 지구촌에서 아이슬란드 다음으로 가장 북쪽에 위치한 이 나라는 육지의 71%가 울창한 냉대림으로 뒤덮여 있으며 그 사이 사이로 6만여 개의 크고 작은 호수가 산재해 있다. 따라서 '핀란드'란 국명도 원래 '호수의 나라'란 의미를 지니고 있다.

핀란드의 기후는 고위도임에도 불구하고 멕시코 난류의 영향으로 비교적 온난한 편이다. 하지만 북극권에 위치한 북부지방은 연평균기온이 영하를 기록하고 있으며, 특히 겨울이 되면 사람이 견디기 힘들 정도의 혹한이 엄습한다.

☞ 간추린 역사

핀린드인의 기원은 우랄어족의 피노우그리아어계 집단에서 찾을 수 있다. 이들은 원래 우랄산맥 서쪽의 볼가강 유역이 고향이었는데 기원전 500년경에 서진하기 시작, 슬라브족 및 북부 게르만족과 차례로 조우하면서 유럽 문화와 생활양식을 습득하여 지금의 핀란드 땅에 정착하게 된다.

핀란드의 원시부족시대는 크게 3부족의 정립형태를 띤다. 매사에 성실하고 생활력이 견고한 하메인과 음악을 즐기는 카렐리아인, 그리고 밝고 쾌활한 성품의 사보인 등이 바로 3부족의 주인공들이다. 하지만 이들 부족들은 통일국가를 형성할 겨를도 없이 자신들의 삶의 터전이 동, 서 양대 세력의 충돌의 장으로 변함에 따라 외부세력의 식민지 시대를 맞이한다.

12세기 중엽, 스웨덴 왕 에릭 9세는 북방 십자군의 기치 아래 처음으로 핀란드에 군대를 진격시켰다. 이후 왕은 세력을 동쪽으로 뻗쳐 동방정교회 세력이 강한 노브고로트 공국(지금의 러시아 지역)과 충돌한다. 그리고 이 전쟁의 결과로 두 나라 사이에는 파하키나사리 조약이 성립하는데, 이 때부터 핀란드는 스웨덴의 정식 식민지로 자리k매김 한다.

한편 14세기 후반, 북유럽 3국(덴마크, 스웨덴, 노르웨이)은 국가연합의 형태로 칼마르동맹을 결성한다. 하지만 동맹은 곧 내부분열로 붕괴되고, 독자노선을 천명한 스웨덴의 쿠스타프 I 세는 종교개혁을 단행하여 본국을 비롯한 핀란드까지 복음 루터파로 개종시킨다. 이어 1581년에 핀란드는 스웨덴에 의해 대공국으로 승격되지만 혹독한 식민정책에 반발, 국내 귀족들을 중심으로 농민반란이 끊이질 않았다. 그러나 스웨덴 왕권은 더욱 강력한 무력을 이용해 핀란드 내의 귀족을 압박하는 한편, 러시아와의 북방전쟁 준비에 들어간다. 1709년 카를 12세가 거느린 스웨덴과 핀란드 연합군은 표트르 I 세의 러시아군과 폴타바에서 일전을 벌인 결과, 핀란드군의 필사적 저항에도 불구하고 스웨덴군의 갑작스런 병력철수로 대패하고 만다. 이로써 스웨덴은 17세기에 획득했던 모든 영토를 잃게 되며, 더불어 핀란드는 사실상 러시아의 수중으로 들어간다.

19세기 초엽, 나폴레옹의 영국에 대한 대륙 봉쇄령에 편승하여 러시아의 알렉산더르 I세는 잔존해 있던 스웨덴 세력을 몰아내고 핀란드 전 영토에 대한 지배권을 확립한다. 러시아황제는 식민지 핀란드에 종교권, 국가법 등 일정정도의 자치권을 부여하는 한편, 차르체제에 충성을 골자로 한 강력한 러시아화를 꾀해 나간다. 하지만 러시아의 식민정책이 강화될수록 핀란드 내의 민족적 자각과 독립의 기운이 고조되어 갔다. 그리고 마침내 1917년 러시아혁명을 통해 차르체제가 붕괴되자 이를 계기로 핀란드는 오랜 외세의 식민지배를 청산하고 독립을 이룩한다.

독립과 동시에 핀란드는 백위군과 적위군 사이의 내전으로 잠시 혼란상황을 겪는다. 도시의 자산계급이 중심이었던 백위군이 정국을 수습한 이후 20년간 평화를 누렸으나, 2차 대전의 발발과 함께 구소련과의 영토문제로 독일군을 지지하며 참전한다. 그러나 대전 막바지에 전국이 불리해지자 구소련과 휴전조약을 체결하고 전선에서 이탈하였다. 그리고 참전의 대가로 영토의 12%를 구소련에게 빼앗기고 8억 달러의 배상금까지 지불하는 홍역을 겪는다. 하지만 대전 후 중립노선을 기조로 놀랄 만한 경제성장을 이룩하여 선진복지국가를 구현하고 있다.

☞ 정 치

핀란드의 정치체제는 이원 집정제를 골간으로 한 공화국이다. 하지만 국가원수인 대통령의 권한이 상대적으로 강한 편이며, 총리를 수반으로 한 내각은 국가행정과 관련된 사안만 담당하고 있다. 대통령은 6년마다 국민들의 직접선거에 의해 선출되며, 1차 투표에서 과반수 득표자가 없을 경우 상위 득표자 2명을 대상으로 2차 투표를 실시하여 최종 선출자를 가린다.

한편 국회는 정족수 200명으로 구성되는 단원제로 보통선거에 의한 비례대표제를 취하고 있다. 따라서 핀란드 헌정사에는 1당이 절대다수를 차지하는 경우가 거의 없었으며, 군소 10여 개의 정당이 난립한 가운데 연립내각의 형태를 빌려 정국을 운영해 나가고 있다. 주요 정당으로는 농민과 중산층을 기반으로 한 중도우파계의 중앙당과 도시 노동자계급이 중심인 사회민주당, 그리고 온건 보수주의노선의 국민연합 및 공산당 등 좌익 4당의 연합체인 좌익동맹 등을 들 수 있다.

지난 1982년 이래 12년 동안 집무해왔던 코이비스토 대통령이 임기를 마침에 따라 94년 1월 새 대통령을 선출하는 국민투표가 핀란드 전역에 걸쳐 실시되었다. 11명의 후보가 난립한 가운데 치른 선거전에서 2차 투표까지 가는 우여곡절을 겪은 끝에 외교통인 사회민주당 출신의 마르티 아티사아리 후보가 새 대통령으로 당선되었다.

1994년 3월에 취임한 아티사아리 신임대통령은 정권출범과 함께 전후 최악의 불황국면에서 허덕이고 있는 경제분야에 적극적인 관심을 표명하며 향후 대폭적인 경제정책 변화를 시사, 앞으로 내놓을 경기부양책에 정치적 사활을 걸 것이라 선언하고 나섰다. 이에 대해 핀란드 국민들은 신임대통령의 행보에 발맞추기라도 하듯 94년 3월에 정부가 내놓은 유럽연합(EU) 가맹 여부를 묻는 국민투표에서 57%의 찬성표를 보내 통과시켰으며, 나아가 95년 3월에 치른 총선에서도 중앙당 대신 사회민주당을 집권여당으로 선택하였다. 반면 96년 10월에 실시된 유럽의회 의원선거에서는 중앙당과 좌익동맹 등 유럽통합반대파가 각각 1, 2위를 차지, 유럽연합(EU)에 대한 핀란드 국민의 불만이 갈수록 증폭되고 있음을 알려주었다.

이로써 앞으로의 핀란드 정국은 사회민주당 당수인 레포넨 총리를 정점으로 조직된 중도 좌파 연립내각의 향배와 유럽연합(EU) 내에서의 적응력 여부를 두 축으로 꾸려져 나갈 전망이다.

☞ 경 제

· 핀란드의 경제는 19세기 중반까지 농업이 주축이었으나 제정러시아 치하에서 공업화를 이루기 시작, 1917년 독립 이후 눈부신 발전을 거듭하여 30년대 초에 이미 번영의 시대를 맞이한다.

하지만 2차대전의 참전으로 국내 생산능력과 자원의 1/10을 잃고, 8억 달러에 달하는 전쟁배상금까지 물어야 하는 부담 속에서 전후 복구에 나서, 52년 헬싱키 올림픽을 기점으로 비약적인 경제성장을 달성하면서 일약 선진공업국으로 발돋움한다.

핀란드의 주요산업으로는 뭐니뭐니해도 목재와 펄프 및 종이제품을 들 수 있다. 풍성한 산림자원을 바탕으로 한 이들 분야는 모두 국제시장과 연결되어 있어 생산품의 80% 이상을 수출하고 있다. 따라서 세계시장 점유율도 종이의 경우 3.6%, 펄프는 약 5.5%를 자랑한다. 뿐만 아니라 핀란드는 모피생산에서도 세계 최고를 기록, 여우의 경우는 지구촌 전체 생산량의 56%를, 밍크는 16%를 차지하고 있다.

이 밖에 핀란드 산업의 주축으로는 금속, 기계공업분야를 들 수 있다. 특히 목재가공기계와 핀란드식 사우나로 유명한 열난방 시스템은 세계적으로 유명하며, 쇄빙선과 호화여객선을 주로 만드는 조선기술과 폐수처리시설 및 기상관측 장비 등을 생산하는 환경관련산업도 독보적이다. 게다가 가구, 도자기 및 유리제품 등에 배어 있는 핀란드식 디자인은 지구촌 모든 애호가들로부터 높은 평가를 받고 있다.

최근 들어 핀란드 경제는 주요 무역상대국이었던 구소련의 붕괴와 세계적 불황 등의 요인으로 90년부터 93년까지 4년 동안 줄곧 마이너스 성장을 기록한다. 그러나 93년 후반기에 취해진 마르카화의 평가절하에 힘입어 주요산업인 목재관련산업을 중심으로 수출이 크게 신장, 94년에 접어들면서 완연한 회복기미를 보인다. 따라서 94년도에는 4%에 달하는 성장률을 기록하였으며 95년도와 96년도에도 5~6%의 높은 경제성장률을 기록하였다.

하지만 이러한 낙관적 전망에도 불구하고 내부적으로 핀란드 경제를 위협하는 요인이라면 단연 실업문제를 들 수 있다. 90년에 3.4%에 불과했던 실업률이 93, 94년도에 와서는 무려 20%선에까지 육박한 것이다. 이에 따라 아티사아리 신임대통령은 현재 50만에 달하는 실업자수를 2000년대에 20만으로 줄이기 위해선 매년 5%대의 경제성장이 필요하다는 결론에 도달, 목표 달성을 위해 다양한 경제정책을 강구 중이다.

이에 따라 핀란드의 신정부는 일차적으로 몇몇 중요 산업에 편중되어 있는 국내산업 구조를 보다 다양화하기 위하여 목재, 금속, 기계 등 기간산업 분야를 국가주도로 돌리고 여기서 나오는 재원으로 전자, 전기 등 첨단기술 산업과 건축분야 및 소비재 생산분야에 대폭 투자할 방침을 정해놓고 있다. 또한 그 동안 유럽시장에 편중되어 있던 수출시장을 말레이시아 등 아시아 개발도상국으로 방향 전환하여 보다 광범위하고 활발한 상품시장을 확보하는 데 주력하고 있다.

☞ 사회와 문화

울창한 침엽수립과 호수가 어울린 대자연, 백야의 여름밤 하늘 아래 수놓아진 눈덮인 산천, 칠흑 같은 어둠에 칼끝 같은 눈보라가 며칠이고 쉬지 않고 휘몰아치는 겨울의 나날들, 집집마다 피어나는 사우나실의 굴뚝 연기 등. 이런 것들이 핀란드의 전형적인 풍경이다. 핀란드인의 국민성은 일반적으로 소박, 정직하며 풍토의 영향으로 강인한 의지력의 소유자들이다. 핀란드인들은 조국에 대한 애국심이 열렬하다. 세계적으로 유명한 작곡가 시벨리우스의 '핀란디아'는 이러한 그들의 애국심을 아름답게 표현한 작품으로 정평이 나있다.

덴마크 왕국
(Kingdom of Denmark)

— UN 가맹일 : 1945년 10월 24일(창설가맹국) —

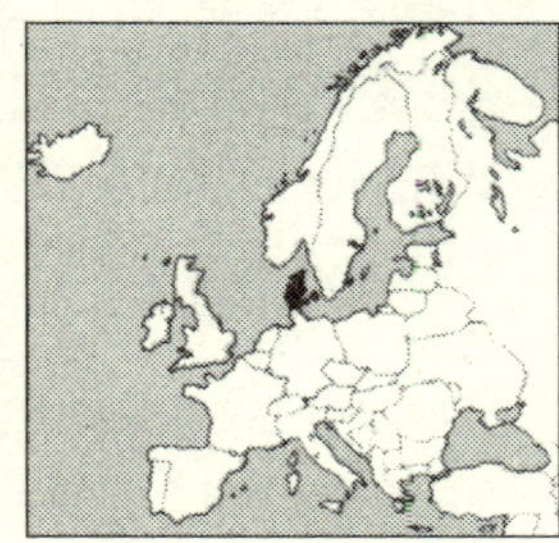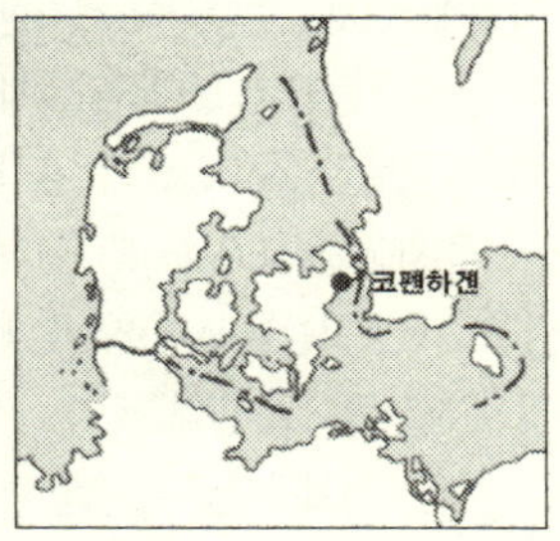

☞ 주요 통계 자료

·면　　적	4만 3094㎢(본토만, 그린란드섬은 217만㎢)
·인　　구	521만 5000명(95년)
·수　　도	코펜하겐(Copenhagen) 인구 135만 명(95년)
·주요 도시	오르후스(27만 명), 오덴시(18만 명), 올보르그(16만 명)
·주요 민족	덴마크인(북부 게르만계)
·언　　어	덴마크어
·종　　교	복음 루터파
·정치 체제	입헌 군주제 의원 내각제
·헌　　법	1953년 6월 5일 개정
·국가 원수	여왕 마르그레테 2세(Margrethe Ⅱ) 72년 1월 14일 즉위
·의　　회	1원제 179석 직선제 임기 4년
·내　　각	국왕이 임명 총리 폴 니룹 라스무센(Poul Nyrup Rasmussen) 92년 12월 발족
·주요 정당	사회민주당, 자유당, 보수당, 사회인민당, 급진자유당
·국민총생산	1729억 달러(95년)
·1인당 GNP	2만 1441달러(95년)
·통화 단위	덴마크 크로네(Krone). 1달러=5.9515크로네(97년 1월)
·주요 자원	소금, 유황, 석회석
·주요 공산품	조선, 기계, 금속가공품, 화학제품, 가구제조품
·주요 농산물	돼지고기, 우유, 사탕수수, 버터, 치즈
·무　　역	수출 490억 달러, 수입 433억 달러(95년)

(자료원 : 덴마크 통계청/Danish Economic Observer)

☞ 자연 환경

유럽 북서부에 위치한 덴마크는 유틀란트 반도와 주변 500여 개의 섬들로 이루어져 있으며, 본토 이외에 캐나다 북동쪽에 위치한 세계 최대의 섬인 그린란드와 북대서양상의 페로 제도를 해외영토로 보유하고 있다. 정식 명칭은 덴마크 왕국(Kingdom of Denmark). 덴마크란 국명은 원래 '데인 사람들(Danes)의 경계지대'란 뜻에서 유래되었다고 한다.

이 나라의 지형은 전체적으로 평탄한 편이며, 최고지점이 고작 173m에 불과하다. 유틀란트 반도의 서부와 북부는 모래를 동반한 강한 서풍이 기승을 부려 인구밀도가 낮은 반면, 덴마크가 자랑하는 식수사업과 토질개량사업이 잘되어 있는 곳이다. 인구는 주로 수도 코펜하겐이 위치한 셸란섬과 오덴세가 있는 핀섬 등 주요 도서지역에 집중되어 있다. 한편 기후는 멕시코난류의 영향으로 고위도임에도 불구하고 대체적으로 온난하다. 하지만 을씨년스러운 겨울이 긴 편이며, 일조시간이 짧아 해를 볼 수 없는 날들이 많다.

☞ 간추린 역사

인류가 거주하기로는 지금으로부터 약 20만년 전인 빙하기로 추정되나 본격적인 역사시대는 5세기경 오늘날 덴마크인의 선조격인 북부 게르만계의 데인스(Danes)족이 스웨덴으로부터 이주하여 정착하면서 비롯된다.

9세기 초 당시 유럽 전역을 지배하고 있던 프랑코 왕국과의 사이에 아이다 강을 경계로 국경조약을 체결한 덴마크 왕조는 이후 10세기경부터 바이킹 왕국을 건설한다. 그리고 13세기에는 북유럽 일대와 독일 북부, 발트 해 연안 전역을 지배권에 넣는다. 그런 다음, 1381년에는 노르웨이를 합병하고 1502년에는 스웨덴을 정복, 명실상부한 북유럽 최강국으로 자리잡는다.

하지만 16세기 이후 왕권을 둘러싼 내부 분열과 칼마르 전쟁 및 30년 전쟁에서의 거듭된 패전의 결과로 1523년에 스웨덴이 분리된다. 그리고 1814년에는 나폴레옹 전쟁에서도 패하여 노르웨이를 스웨덴에 양도할 수밖에 없었으며, 게다가 1864년에는 프로이센 및 오스트리아 연합군과 치른 2차례의 전쟁에서 모두 패함으로써 당시 덴마크 영토의 1/3에 해당하던 슬레스비히와 홀슈타인 지역을 모두 빼앗기고 역사상 최소판도를 이루게 된다.

거듭된 패전과 국력의 쇠퇴는 필연적으로 왕권의 몰락과 새로운 세력의 출현을 낳았다. 즉, 중세시대 동안 북유럽일대의 상권을 거머쥐고 화려한 황금시대를 구가했던 덴마크의 절대왕정, 올덴부르크가가 1863년 1월 프레데릭 7세의 사망으로 사실상 종결되고, 새로운 글뤽스부르크 왕조가 시작된다. 이 때를 즈음하여 덴마크는 이미 1849년에 제정되었던 자유헌법에 기초, 입헌군주제가 확립되며, 내부적으로는 전쟁의 상흔을 딛고 근대화의 길로 접어들기 시작한다.

농촌에서는 공동조합이 결성되어 곡물농업에서 낙농으로의 전환에 성공하는 한편, 산업 혁명의 원활한 수행으로 여기저기 크고 작은 자본주의형 도시가 생겨나게 된다. 도시화의 진전은 다량의 노동자군을 빚어내었고, 이들은 곧장 정치세력화하여 '사회민주당'의 결성을 낳는다.

한편 정치적으로는 의회주의가 정착되기 시작, 1901년에 출범한 좌익내각을 중심으로 본격적인 사회개혁에 착수하여 복지국가의 기초를 두어 나간다.

이 때부터 덴마크는 나라 안팎으로 '국방허무주의'에 입각한 평화주의를 천명하고, 1915년 헌법개정을 통해 상, 하원의 차별철폐, 여성참정권 보장 및 비례대표제 등을 정착시킨다. 그리고 1차 대전 기간 동안에는 엄정 중립을 선언하여 전화(戰禍)를 면할 수 있었으며, 독일의 패배로 빼앗겼던 슐레스비히 지역을 인계받음으로써 오늘날의 국가판도를 이루게 되었다.

2차대전 동안에는 독일에 일방적으로 점령당하지만 1944년에 원상복귀되며, 전쟁 종결과 동시에 자치령이었던 아이슬란드의 독립을 승인하고 덴마크 스스로는 종래의 중립정책을 버리고 북대서양조약기구(NATO)에 가맹함으로써 서방진영에 가담한다.

이어 1953년에 헌법개정을 단행, 상원을 폐지하고, 여성왕위 계승권을 인정함으로써 현재의 국가원수인 여왕 마르그레테 II세의 즉위를 가능케 하였다.

☞ 정 치

오늘날 덴마크의 정치체제는 1953년 6월에 개정된 헌법에 기초하고 있다. 따라서 국가원수는 여왕 마르그레테 II세(Margrethe II)이지만 정치적 실권이 없는 상징적 존재일 뿐이며 정치적 실권은 국회의 다수당 당수를 중심을 조직되는 총리와 내각에 있다. 국회는 단원제로서 정원 179석으로 이루어지며 이 중 자치구인 그린란드와 페로 제도에 각각 2석씩 할애되어 있다.

덴마크의 국내정치는 전통적으로 단일정당이 의회 내 압도적 다수를 차지하는 경우가 거의 없는 관계로 지금까지 군소 정당의 연립내각에 의해 꾸려져 왔다. 따라서 82년 9월 이후 '네잎 클로버'라 불리는 우익노선의 4당 연립내각이 정권을 유지해 오다가 93년 1월 사회민주당 중심의 좌익 4당 연립정권이 수립되어 사회민주당 당수였던 라스무센이 총리로 취임한다.

우익연립정권의 장기집권을 무너뜨린 라스무센 총리는 집권과 동시에 92년도 1차 투표에서 부결되었던 덴마크의 유럽연합(EU) 가입안을 93년 5월에 재투표를 실시, 56.8%의 지지를 얻어 통과시킴으로써 기세를 올리는 듯했으나 유럽연합과 관련된 일련의 정책과 실업문제 및 예산안 심의 과정 등에 대하여 보수계 정당으로부터 빗발치는 비판을 받기도 하였다. 그리고 이러한 비판은 국내여론에도 영향을 끼쳐, 지난 94년 9월에 실시된 총선거에서 사회민주당을 비롯한 집권 중도좌파 4당 연립 정권측은 선거전 91석에서 선거 결과 76석으로 후퇴, 박빙의 차이로 재집권에 성공하였다. 반면 이번 선거를 통해 최근 덴마크 내 젊은층을 중심으로 인기가 확산되고 있는 엘레맨 젠센의 자유당이 종전 의석보다 13석이 많은 42석을 획득하여 제1 야당으로 부상하였으며, 상대적으로 보수당은 지난번보다 3석이 모자라는 28석에 머무는 결과를 초래하였다.

선거 후 라스무센 총리는 총선에서 의석 획득에 실패한 기독교 인민당을 제외한 채 조각(組閣)을 단행, 덴마크 정국은 사회민주당과 중도민주당 및 급진자유당의 중도 좌파 3당 연립내각에 의해 꾸려지다가 96년 12월 중도민주당이 연립에서 이탈함으로써 새 내각을 구성하고 오늘에 이르고 있다.

☞ 경 제

일찍이 1870년대에 산업 혁명시대에 돌입한 덴마크는 슐레스비히 전쟁의 패전을 극복하기 위한 부흥을 슬로건으로 내걸고 농업과 공업에서 괄목할 만한 성장을 가져온다. 특히 1866년에 H. C. 소네의 주창으로 불기 시작한 공동조합운동이 토질개량 사업과 낙농업으로 결실을 맺기 시작하자 농산물 가공업을 주축으로 전국적인 공업화에 박차를 가한다. 게다가 유틀란트 반도 서쪽 연안의 한촌(寒村)에 불과했던 에스비에르크를 대규모 항구도시로 건설하여 대량 생산된 낙농제품들을 해외로 수출하는 전진기지로 활용함으로써 19세기 말부터 급속한 경제성장을 이룩할 수 있었다.

덴마크의 산업은 원래 부존자원이 거의 없는 관계로 원료를 전량 수입해 고도의 기술과 디자인으로 가공해 역수출하는 가공무역을 통해 발전해 왔다. 따라서 대외무역의존도가 매우 높으며, 비교 열위에 있는 상품은 모두 수입에 의존하고 있는 반면 고부가가치의 고가품에 관한 한 세계 최고의 기술수준과 상품 신뢰도를 지니고 있다.

주요산업 분야로는 화학, 의약, 측정장비, 선박엔진, 가구, 오디오, 건설기술, 조립식완구 등을 들 수 있으며, 세계 유명기업으로는 인슐린과 화학 및 의약원료를 생산하는 노보(Novo Nordisk)사, 선박 엔진을 만들어내는 B & W사, 세계적 오디오 제작사인 B & O사, 맥주로 유명한 칼스버그(Calsberg), 조립식완구로 우리에게 잘 알려진 레고(Lego)사 및 도자기의 로열 코펜하겐(Royal Copenhagen)사 등을 손꼽을 수 있다.

1986년 이래 계속 긴축정책을 실시해온 덴마크 정부는 물가상승률을 억제시키는 데는 성공했으나 내수경기가 위축됨으로 말미암아 90년대 접어들어 도산하는 기업이 속출하고 실업자가 양산되는 사태를 빚게 된다. 따라서 93년도에는 대부분의 유럽연합 국가들이 마이너스 성장을 기록하는 가운데 덴마크 경제는 제로성장에 머물고 만다. 하지만 93년 하반기부터 전 유럽의 경제가 서서히 회복되는 흐름에 편승, 덴마크도 차츰 회복세에 돌입하게 되었으며, 특히 최근 들어 체코, 폴란드, 독일의 동부 등 동구지역에 대한 투자와 교역량이 증대하면서 현재까지 경기상승무드가 계속 이어져오고 있다.

이에 따라 덴마크의 라스무센 정권은 경기상승의 핵심적 요인인 민간소비를 활성화시키기 위해 금리인하, 세제개혁 및 주택융자금 상환기간 연장 등의 정책으로 모처럼의 호황국면을 지속시키는 데 총력을 기울이고 있으며, 이 나라 경제의 최대 난제인 실업률 해소를 위해 정부투자를 통한 공공건설사업에 박차를 가하고 있다. 그 일례로 서기 2000년까지 덴마크와 스웨덴을 잇는 교량을 건설하기로 스웨덴측과 합의하여, 현재 코펜하겐 쪽에서 건설공사에 돌입했다고 한다.

☞ 사회와 문화

덴마크는 사회보장제도가 무척 잘되어 있는 나라이다. 특히 빈부의 격차가 거의 없고 여성의 지위가 확실히 보장되고 있다. 왕실과 일반 국민과의 거리도 가까워 국왕이 근처의 어린이들을 모아놓고 안데르센 동화를 읽어줄 정도이다.

국민성은 온순해서 싸움을 무척 싫어하며 유머감각이 풍부하다. 또한 전반적으로 보수성향이 강하고 개인주의적이다. 또한 덴마크인은 자전거를 무척 선호한다. 게다가 스포츠 열기도 대단해 축구장에는 항상 사람들로 만원을 이루고 있다.

영 국
(The Unite Kingdom of Great Britain and Northern Ireland)

— UN 가맹일 : 1945년 10월 24일(창설가맹국) —

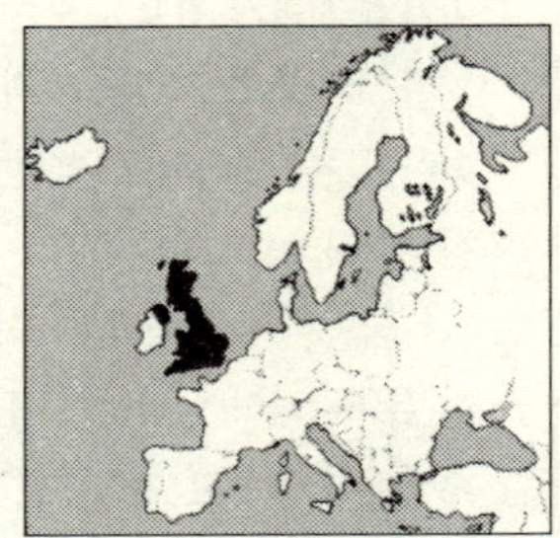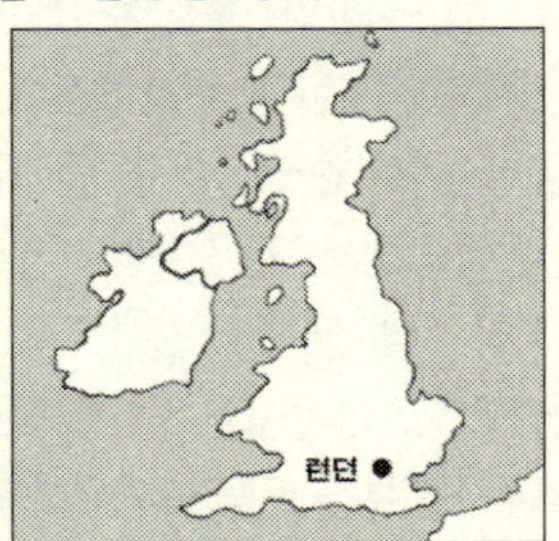

☞ 주요 통계 자료

·면　　적	24만 1752㎢
·인　　구	5826만 명(95년)
·수　　도	런던(London) 인구 690만 4600명(95년)
·주요 도시	버밍엄(101만 명), 리즈(73만 명), 글래스고(69만 명), 셰필드(53만 명), 플랫포드(48만 명)
·주요 민족	앵글로 색슨인(지배적), 켈트인(스코틀랜드, 웨일스), 그 밖에 영연방으로부터 온 유색 인종(4.2%)
·언　　어	영어(공용어) 그 밖에 웨일스어
·종　　교	영국 성공회(국교 2700만 명), 그 밖에 감리교, 침례교, 카톨릭
·정치 체제	입헌 군주제 의원 내각제
·헌　　법	성문헌법이 아닌 관습법
·국가 원수	국왕(여왕) 엘리자베스 Ⅱ세(Elizabeth Ⅱ) 52년 2월 6일 즉위
·의　　회	2원제(상원, 하원) 하원은 651석 임기 5년
·내　　각	총리 토니 블레어(Tony Blair) 97년 5월 1일 집권
·주요 정당	노동당, 보수당, 자유민주당
·국내총생산	1조 1064억 달러(95년)
·1인당 GNP	1만 8900달러(95년)
·통화 단위	영국 파운드(Pound). 1달러=0.5911파운드(97년 1월)
·주요 자원	석탄, 석유, 철광석, 수산자원
·주요 공산품	항공기, 기계, 철강, 자동차, 조선, 전자·전기제품, 섬유
·주요 농산물	밀, 보리, 감자, 사탕무우, 쇠고기, 양고기
·무　　역	수출 2405억 달러, 수입 2588억 달러(95년)

(자료원 : 영국 통계청/The Economist Intelligence Unit)

☞ 자연 환경

영국은 유럽 대륙 북서쪽 북대서양에 위치한 섬나라. 정식 명칭은 '그레이트 브리튼 및 북아일랜드 연합 왕국'. 잉글랜드(England), 웨일스(Wales), 스코틀랜드(Scotland), 북아일랜드(Northern Ireland) 등 4개의 지방으로 구분되며 모양은 우리 나라와 비슷하다.

도버 해협을 사이에 두고 프랑스, 벨기에와 마주보고 있으며 위도는 높은 편(북위 50도~60도)이지만 멕시코 만류의 영향으로 기후는 비교적 온화한 편이다. 전체 면적은 우리 나라 남북한을 합친 면적의 1.2배 정도이며 산이 많은 우리 나라와는 달리 실제 가용면적은 우리의 약 4배를 웃돈다.

☞ 간추린 역사

우리의 영국에 대한 인상은 유럽 근대화의 최선국이라는 이미지이다. 하지만 이는 17세기 말 이후의 시대에 해당하는 말이며 실상 이 이전의 영국은 유라시아대륙 변경에 위치한 후진국가에 불과했다.

지중해 연안에서 그리스 로마 문명이 화려하게 꽃피고 있을 때 영국은 미개한 켈트계 부족들의 연합체에 지나지 않았다. 거다가 영국의 고대사는 주로 로마제국의 속주로 지냈던 시절(1C~4C)로 장식되어 있다.

4세기 말 로마세력이 물러나자 북방 게르만계의 앵글로색슨족이 침입하여 기존의 켈트족을 웨일스와 스코틀랜드 지방으로 몰아내고 잉글랜드 왕국을 건설한다. 또한 11세기에는 노르만디공 윌리엄이 이 곳을 정복, 노르만디 왕조를 수립하면서 중세봉건국가의 기틀을 다진다. 이후 12세기 플랜태저넷 왕조 땐 프랑스의 속령과 같은 신세로 전락했다가 두 번의 100년 전쟁을 통해 국민 국가로서의 면모를 갖추면서 튜더왕조의 절대주의시대를 맞이하게 된다.

영국의 역사에서 중세와 근대의 가교역할을 한 이는 여왕 엘리자베스 I 세였다. 여왕은 1588년 당시 무적함대를 자랑하던 스페인 세력을 격파, 해상의 지배권을 확립하는 한편 문화적으로도 셰익스피어, 베이컨 등을 배출하며 문예부흥 시대를 풍미한다.

17세기 초 스튜어트 왕조가 들어서자 영국 내정은 영국 국교회와 청교도간의 종교마찰이 발생, 수많은 청교도들이 탄압을 피해 북미대륙으로 이주하는 사태를 빚어낸다. 게다가 이 종교 분쟁은 왕정과 의회간의 마찰을 초래하여 결국 크롬웰이 이끄는 의회파가 청교도 혁명을 일으켜 왕을 처형하고 공화제를 선언함으로써 일단락된다.

그리고 이후 1688년 영국 의회는 '권리선언'을 골자로 한 명예 혁명에 성공하여 입헌정치를 확립한다. 이 청교도 혁명과 명예 혁명으로 말미암아 영국은 유럽대륙에서 근대화의 최선두주자로 나선다. 즉 전세계에 걸친 식민지 경영, 산업 혁명의 수행, 의회정치의 확립 등으로 초기 자본주의의 전형을 가르치는 모범국으로 부상했던 것이다.

특히 영국의 19세기 빅토리아 여왕 시대는 폭발적인 산업의 발달과 전세계에 걸친 식민지 경영으로 '지지 않는 태양, 대영 제국'의 절정을 구가한다.

하지만 20세기의 영국은 대공황과 2차례의 세계대전이 남긴 후유증과 식민지국가들의 독립, 그리고 56년 수에즈 전쟁에서의 굴욕적인 철군과 유럽경제공동체(EEC)에 대항하여 조직했던 유럽자유무역연합(EFTA)의 실패 등으로 세계 자본주의권의 대권을 미국에게 넘긴다.

그리고 과거의 영광이 퇴색된 지금의 영국은 복지국가의 위상을 정립하기 위해 노력하는 유럽 대륙의 평범한 국가로 자리매김 되고 있다.

☎ 정 치

영국은 입헌군주제하에서 의회정치가 세계에서 가장 일찍 발달한 나라이며 현대에 와서도 대의민주주의에 관한 한 지구촌 모든 나라의 모범을 보여주고 있다.

최고 입법기관인 의회는 국왕, 상원(귀족원), 하원으로 구성되며 1911년에 제정한 의회법에 의해 하원 우선의 원칙이 철저하게 관철된다. 총리 및 각료는 형식상으로는 국왕이 임명하지만 실제로는 하원 제1당의 당수가 총리를 차지한다.

또한 영국은 내각이 의회에 대해 책임을 지는 의원내각제를 취하고 있다. 따라서 내각이 의회의 신임을 잃으면 총사퇴하는 것이 일반적인 관례이다.

금세기 영국의 정국은 주로 보수당과 노동당에 의해 운영되어 왔다(근 150여 년간). 지난 90년 보수당 내의 반발사건으로 총리 자리에서 물러난 '철의 여인' 대처 총리의 후임으로 존 메이저가 당권을 장악한다.

그리고 92년 4월 총선거에서 경기 불황의 악재 속에서도 과반수 의석을 획득하여 4기 연속 보수당 집권을 달성하였다. 그러나 94년 5월에 있었던 지방 선거에서 득표율 27.8%를 차지, 제1야당인 노동당의 44.2%와 비교, 현격한 차이로 패배하고 만다.

이는 보수당정권의 일련의 정책, 즉 92년 9월 파운드화의 폭락을 막기 위해 긴급처방으로 내세운 유럽 환율 조정 장치(EMR)로부터의 탈퇴조치와 93년 8월 유럽 연합 조약 추진 과정에서 보여준 메이저 정부의 혼란상, 그리고 정부의 경제 운영에 대한 불만 등이 그대로 반영된 것으로 볼 수 있다.

이후 97년 5월 1일에 실시된 하원의원 선거에서 토니 블레어 당수가 이끄는 노동당이 전체 하원 의석 중 419석을 휩쓸며 보수당에 대승을 거두었다.

이처럼 노동당이 대승하게 된 배경에는 첫째로 지난 18년 동안의 장기집권으로 인해 보수당 내부에 부패, 탈진, 분열 현상이 만연한데다 존 메이저 전총리의 리더십 부족을 들 수 있다.

둘째로 21세기를 목전에 둔 시점에서 보다 젊고, 패기 찬 정권을 바라는 시대적 요망이 있었으며, 셋째로는 선거운동 과정에서 사회변화의 기치하에 교육, 청소년 문제, 실업자 대책, 국가의료제도, 국가 연금 등 노동당이 제시한 일련의 정책들이 유권자들의 피부에 와 닿기 때문이라고 분석할 수 있다.

한편 지난 94년 메이저 전총리는 그 동안 영국이 안고 있던 최대의 난제인 북아일랜드 문제의 해결에 착수, 레이놀즈 아일랜드 총리와 '북아일랜드 평화공동선언'에 함께 서명함으로써 문제해결의 일대 전기를 마련한다.

또한 총리는 북아일랜드의 아일랜드 편입을 목적으로 무력투쟁을 벌여왔던 카틀릭과 격파 아일랜드공화군(IRA)에 대해서도 테러포기를 전제로 정치적 대화를 가질 용의가 있다고 표명했다. 이에 따라 IRA측은 94년 9월1일을 기해 무기한 정전을 선언하고 메이저 총리와의 정치적 회담에 전향적인 자세를 보이기도 했다.

그러나 96년 2월 9일 IRA측은 일방적인 정전 파기 선언에 이어 런던에 폭탄테러를 감행한다. 따라서 현재 북아일랜드 문제는 IRA측의 무력행사가 계속되는 한 그 동안의 평화 프로젝트가 궤도를 이탈할 우려를 자아내고 있다.

☞ 경 제

영국은 산업 혁명 이래 전통적인 공업국으로 공업제품이 전체 수출품의 92.7%를 차지하고 있다.

특히 영국의 산업을 지역별로 보면 랭커셔의 섬유공업, 요크셔의 모직물공업, 북부잉글랜드 및 웨일스의 석탄업과 철강업, 글래스고의 조선업 등이 유명하다.

남동 잉글랜드의 자동차 공업과 항공기 공업, 그리고 버밍엄의 대단위 중화학 공업단지 등도 그 역사나 규모 면에서 영국을 대표하고 있는 것이다.

주요 공업제품으로는 기계, 자동차, 항공기, 철강, 조선, 섬유 등이며, 최근에는 고도 첨단 기술을 요하는 컴퓨터, 통신기기, 우주개발기기, 원자력발전에도 급속한 발전을 보이고 있다.

그리고 스코틀랜드 앞바다 북해에 위치한 해저유전은 75년부터 본격적인 석유생산에 돌입, 지금은 세계 제6위의 산유국을 자랑한다. 하지만 이른바 '영국병'이란 말이 있다. 이는 50년대 이래 선진국들 가운데 상대적으로 낮은 성장률을 거듭한 영국 경제를 두고 나온 말이다.

이에 대해 과거 대처 총리는 공공지출의 삭감, 통화 공급량의 억제, 민간 경제 활동에 정부의 인위적 개입을 배제하는 등 장기 불황에 허덕이던 영국 경제에 활력을 주기 위한 정책을 전개하였다.

따라서 80년대 들어 '영국병'은 상당한 정도로 치유되는 기미를 보인다. 그러나 대처 정권의 말기인 89년 이후 경기는 다시 악화되기 시작, 높은 금리로 말미암은 주택부금 상환 부담이 가중되면서 국내시장의 구매력 감퇴와 실업률 증가란 문제를 낳았다.

한편 최근 영국 경제는 92년말을 기점으로 차츰 회복세를 보이고 있다. 이는 파운드화의 약세에 따른 경쟁력 강화와 미국의 경기회복 및 아시아 지역의 경제 성장에 따른 수요증가로 대외수출이 증가했기 때문이다.

따라서 GDP 성장률도 93년도 1.75%에서 94, 95년에는 각각 2.6%로 성장했으며 영국 경제 최대의 고민인 실업률도 10% 내외에서 96년 10월 현재 7.2%를 기록하고 있다.

☞ **사회와 문화**

영국의 국민들은 과거 찬란했던 역사에 대한 자부심이 대단하다.

국민성은 합리적이고 개인주의적. 최근 경제 불황으로 직장을 잃은 실업자들이 런던 시가에서 대규모 시위를 벌이기도 하였다.

신문 보급률은 세계 3위이며, 세계에서 가장 긴 역사를 자랑하는 타임즈(1785년에 창간)지를 비롯하여 135개의 일간지 및 일요지가 있다.

아일랜드 공화국
(Republic of Ireland)

— 독립일 : 1949년 4월 18일, UN 가맹일 : 1955년 12월 14일 —

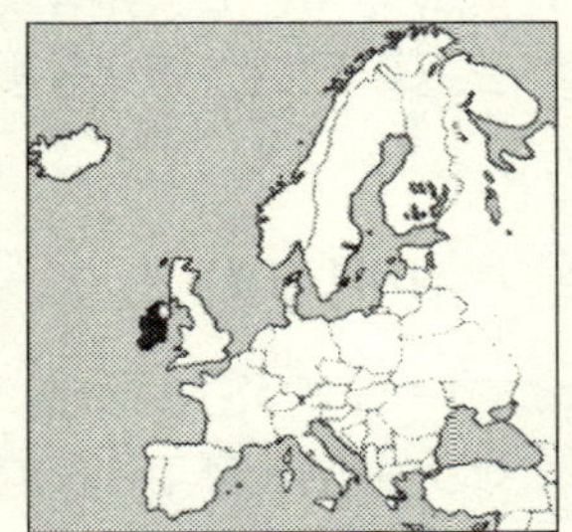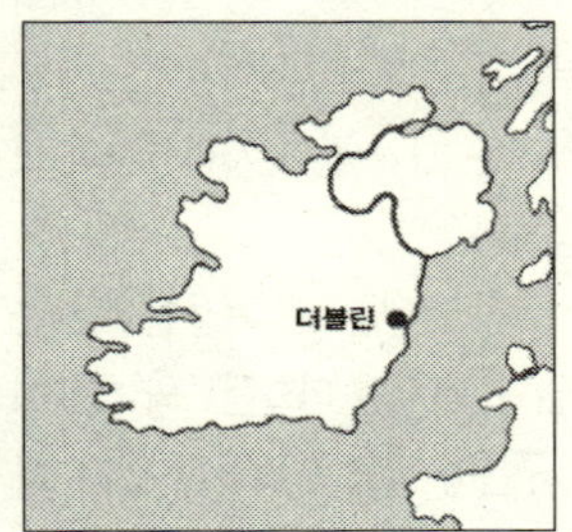

☞ 주요 통계 자료

·면　　　적	7만 285㎢
·인　　　구	358만 명(95년)
·수　　　도	더블린(Dublin) 인구 100만 명(93년)
·주요 도시	코크, 리메리크
·주요 민족	아일랜드인(켈트계)
·언　　　어	아일랜드어(제1 공용어), 영어(제2 공용어)
·종　　　교	카톨릭(95%), 개신교(5%)
·정치 체제	공화제 의원 내각제
·헌　　　법	1937년 12월 29일 발효
·국가 원수	대통령 마리 로빈슨(Mary Robinson) 직선제 임기 7년 90년 12월 3일 취임
·의　　　회	2원제 상원(60석) 하원(166석) 모두 임기 5년
·내　　　각	총리는 하원에서 선출 총리 존 브루턴(John Bruton) 94년 12월 15일 성립
·주요 정당	공화당, 통일아일랜드당, 노동당, 진보민주당
·국내총생산	608억 7500만 달러(95년)
·1인당 GNP	1만 6764달러(95년)
·통화 단위	아일랜드 파운드(Pound). 1달러=0.5985파운드(97년 1월)
·주요 자원	연, 아연
·주요 공산품	기계, 식품, 알루미늄
·주요 농산물	밀, 감자, 보리
·무　　　역	수출 228억 3000만 달러, 수입 172억 2700만 달러(94년)

(자료원 : EU 통계위원회 자료／World Yearbook 97)

☞ 자연 환경

아일랜드는 아일랜드 섬 북부(북아일랜드는 영국령)를 제외한 나머지 지역을 차지하고 있는 나라이다. 국토의 대부분은 얕은 산지와 구릉지로 이루어져 있다. 또한 아일랜드는 하천과 호수(약 800여 개)가 많아 자연경관이 아름답기로 유명하다.

기후는 비교적 온난한 편. 겨울철에도 눈을 보기가 힘들다. 하지만 아일랜드의 하늘에는 항상 잿빛 구름이 짙게 드리우고 있다. 마치 그 역사의 빛깔을 나타내 듯하다.

☞ 간추린 역사

5세기경 수백개의 부족이 산재해 살다가 차츰 부족간의 교류가 활발해면서 공동의 언어와 사회구조를 갖게 된다. 이 때쯤 카톨릭이 전파되어 급속도로 확산, 6세기에서 9세기 사이 아일랜드는 카톨릭 수도원제도의 황금시대를 맞이한다.

하지만 바로 이 때부터 바이킹의 침략과, 12세기에 계속해서 노르만인(현재의 영국인)의 침입을 받아 식민지로 전락한다.

18세기 후반부터 아일랜드는 민족의 힘을 결집, 정치와 종교의 자유를 위해 투쟁을 전개한다. 그러나 그 때마다 노르만인의 가혹한 탄압과 박해가 가해지고 결국 1800년 이 곳은 영국에 합병된다.

합병 후에도 아일랜드의 독립 운동은 더욱 처절한 양태로 전개된다.

1차대전 중 일방적으로 독립을 선언했다가 본국의 무력 앞에 유혈 참극이 벌어지기도. 1921년 북아일랜드를 제외한 26주가 자치령이 되었다가 49년 4월 영연방으로 이탈 '아일랜드 공화국'으로 완전 독립한다.

☞ 정치와 경제

독립 후 57년에 공화당 단독 정권 탄생. 이후 아일랜드 정국은 공화당과 노동당의 양당 구조 속에 진행된다.

92년 11월에 실시된 선거에서 여당인 공화당이 대패하고, 노동당의 급속한 신장으로 93년 1월 공화당과 노동당의 연립내각이 출범한다. 그러나 94년 11월 장관인사를 둘러싸고 양당은 서로 대립, 결국에는 레이놀즈 내각이 총사퇴한다.

이후 12월 하원의 총리 지명 선거에서 노동당의 지지를 얻은 브루턴 노동당 당수가 신임 총리에 당선, 다시금 새로운 공화·노동, 양당 연립내각을 발족하게 된다.

아일랜드의 헌법에 따르면 북아일랜드 역시 자신의 영토로 규정하고 있다. 따라서 북아일랜드를 놓고 영국과 벌이는 영토 분쟁은 이 나라 최대의 현안 문제이다. 그래서 최근 이 문제의 평화적 해결을 위해 영국과 평화협정에 조인한다.

한편, 95년 11월 24일, 아일랜드 내에서는 헌법의 이혼금지 조항을 둘러싸고 국민투표를 실시, 50.3% 대 49.7%의 근소한 차이로 이혼 허용파가 승리한다.

원래 카톨릭 교도가 대부분인 이 나라에선 유럽연합(EU) 가맹국 중 유일한 이혼 금지국이다. 그러나 이번 헌법 개정을 통해 4년간의 별거생활을 한 후 합의 이혼할 수 있는 길이 열리게 되었다.

주요 산업은 농업이며, 특히 목축업이 농업생산의 3/4을 차지하고 있다.

☞ **사회와 문화**

국민의 90%가 경건한 카톨릭 신자이며, 사회 분위기나 국민 생활 모두가 지극히 종교적이다. 국민성은 밝고 친절하며 형식에 얽매이는 걸 무척 싫어한다.

한편 영국의 지배를 700년 동안이나 받은 관계로 영국인에 대한 민족적 감정이 매우 나쁘다.

네덜란드 왕국
(Kingdom of the Netherlands)

— 독립일 : 1648년, UN 가맹일 : 1945년 12월 10일(창설가맹국) —

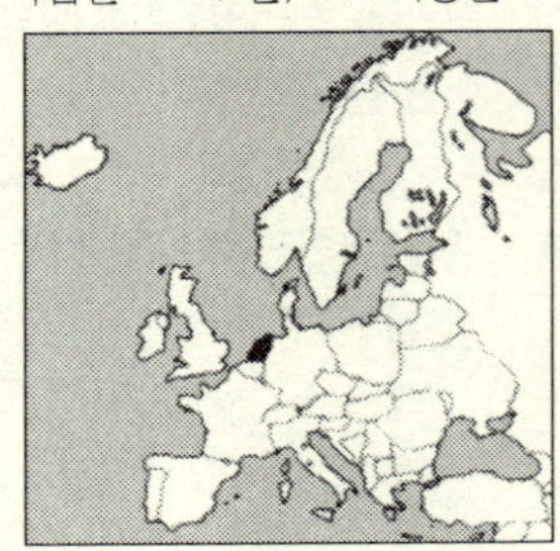

☞ 주요 통계 자료

·면　　적	4만 1574㎢(아이셀호 등 포함), 육지는 3만 3937㎢
·인　　구	1545만 명(95년)
·수　　도	암스테르담(Amsterdam). 인구 110만 명(94년, 근교 포함)
·주요 도시	헤이그(69만 명, 정부와 왕궁 소재지), 로테르담(110만 명), 위트레흐트(54만 명), 에인트호벤(39만 명)
·주요 민족	네덜란드인(게르만계)
·언　　어	네덜란드어
·종　　교	카톨릭(36%), 개신교(27%, 네덜란드개혁파 18%) 등 왕실은 네덜란드 개혁파
·정치 체제	입헌 군주제 의원 내각제
·헌　　법	1814년 제정 1848년 개정 1983년 신헌법 제정
·국가 원수	국왕 베아트릭스 여왕(Beatrix Wilhelmina Armgard) 80년 4월 30일 즉위
·의　　회	2원제 상원(75석 임기 6년 주의회의원에 의한 간선제) 하원(150석 임기 4년 비례대표제에 의한 직선제)
·내　　각	선거결과에 따라 국왕이 총리 임명 총리 윔 콕(Wim Kok) 94년 8월 22일 성립
·주요 정당	노동당, 기독교 민주세력, 자유민주당
·국내총생산	3955억 달러(95년)
·1인당 GNP	1만 9401달러(95년)
·통화 단위	길더(Guilder). 1달러=1.74길더(97년 1월)
·주요 자원	천연가스
·주요 공산품	합성고무, 시멘트, 철강, 알루미늄, 자동차
·주요 농산물	사탕수수, 밀, 치즈, 꽃
·무　　역	수출 1913억 2100만 달러, 수입 1750억 5700만 달러(96년)

(자료원 : 네덜란드 통계국/IMF 보고서 /ABN - AMRO Bank)

☞ 자연 환경

우리에게 튤립과 풍차로 유명한 네덜란드는 유럽의 북서쪽에 자리잡은 입헌군주국이다. 정식 명칭은 네덜란드 왕국(Kingdom of the Netherlands). 동쪽으로는 독일, 남쪽으로는 벨기에와 인접해 있으며 북쪽과 서쪽은 북해와 맞닿아 있다.

네덜란드라는 말은 사전적으로 '저지개지방(低地)'이란 뜻을 지니고 있다. 따라서 이 나라 자연환경의 가장 큰 특징은 국토의 전체 면적 중 1/4이 바다표면 아래에 놓여 있다는 점이다. 특히 북해 연안지역인 라인강 하구지역은 전체가 간척에 의해 만들어진 땅이다. 이로 인해 세간에서는 네덜란드인을 바닷물과의 투쟁을 통해 국가를 건설한 민족이라 부른다.

네덜란드의 기후는 고위도임에도 불구하고 편서풍과 멕시코만류의 영향으로 비교적 온난한 편이다.

☞ 간추린 역사

네덜란드 지역에 대한 역사상 최초의 기록은 기원전 56년 이 지역을 원정한 카이사르의 '갈리아 전기'란 문헌이다. 당시 이 곳의 원주민으로는 계르만계의 프리시족, 바타위족, 카니네파르족 등이 거주하고 있었다고 한다. 하지만 카이사르의 정복에 의해 북부의 프리시족을 제외하고는 모두 로마의 속주로 편입된다. 이후 프리시인들은 로마의 영광을 무너뜨린 프랑코 왕국의 위세 앞에서도 인근 작센인들과 결탁, 끝까지 저항하다가 7세기 말 카를대제의 정복시대에 와서야 완전히 통합된다.

중세기의 네덜란드는 신성로마제국의 치하에 놓인다. 하지만 황제의 권력이 미미하여 변경인 이 지역에까지 영향력을 행사하지 못하자 그 어느 지역보다 먼저 봉건적 분열과 해체를 경험하게 된다.

그리고 그 일련의 과정의 중심축은 단연 지방의 영주들와 호족들이었다. 따라서 네덜란드에서는 11~12세기에 이미 봉건적 여러 영방(領邦)들이 형성되게 되는데, 그 대표주자로 남부의 브라반트 공령과 북부의 위트레흐트 주교령, 그리고 홀란트 백작령 등을 들 수 있다. 이들은 각기 상공업 중심의 도시국가형태로 발전한다. 그리고 13세기 중반에는 영국과 프랑스 간의 백년전쟁에도 간여할 만큼 그 세력이 막강해진다. 하지만 16세기 초 네덜란드는 신성로마의 황제로 스페인의 왕 카를 5세가 즉위하자, 그의 강력한 중앙집권적 통치 아래 놓인다.

한편 이 때를 즈음하여 독일에서 일어난 종교개혁의 물결이 이 곳 네덜란드에도 강하게 밀어닥친다. 이에 대해 1555년, 카를 5세의 뒤를 이은 스페인왕 펠리페 II세는 카톨릭주의를 통치이념으로 중앙집권적 식민지 지배를 강화한다. 따라서 자연히 스페인과 네덜란드 간의 종교적 갈등이 표면화되고, 1568년 오렌지공의 주도하에 네덜란드 내 신교세력이 반기를 들게 됨으로써 마침내 두 나라 간의 80년 전쟁(네덜란드 독립전쟁)이 시작된다.

1579년 네덜란드의 북부의 7개 주는 스페인에 대한 결사 항전을 선언하며 위트레흐트 동맹을 체결한다. 그리고 1648년에는 스페인과 베스트팔렌 조약을 체결함으로써 완전 독립을 달성한다.

17세기의 네덜란드는 동인도 회사를 중심으로 세계적인 상공업국가로 발돋움함으로써 '네덜란드의 황금시대'를 구가한다. 그러나 18세기에 접어들면서 영국과의 국제분쟁에서 거듭 패배하고 급기야는 1806년에는 나폴레옹군에게 점령당해 프랑스에 합병된다.

나폴레옹 Ⅰ세는 아우 루이를 네덜란드 국왕으로 임명하고 10년 동안 이 곳을 통치한다. 이후 프랑스혁명의 여파로 나폴레옹의 시대가 막을 내리자 빈회의 결정에 따라 벨기에를 병합한 네덜란드 왕국이 탄생하게 되고 국왕에 윌리엄 Ⅰ세가 즉위한다.

하지만 곧이어 네덜란드는 벨기에와 종교분쟁에 봉착한다. 캘빈주의가 주류를 이루고 있던 네덜란드에 대해 카톨릭 중심의 벨기에 주민이 반기를 든 것이다. 따라서 1830년에 벨기에가, 그리고 39년엔 룩셈부르크가 각각 네덜란드로부터 독립함으로써 현재의 베네룩스 3국의 국경이 설정되게 된다.

이미 1880년 무렵에 산업 혁명을 달성하고 정치적으로는 의회민주주의 기틀을 다지며 순조로운 자본주의적 이행을 수행하고 있던

네덜란드는 2차 세계대전이 발발하자 곧장 엄정 중립을 선언한다. 하지만 독일군은 이를 비웃기라도 하듯 기갑부대를 앞세워 네덜란드를 점령해 버린다.

1945년 5월 독일군의 패배로 네덜란드는 해방의 기쁨을 맞이하지만 전쟁을 인한 경제적 황폐화로 엄청난 곤경에 처한다.

그러나 이후 네덜란드는 연립내각에 의한 정치적 안정을 토대로 철저한 계획경제을 추진하여 세계 속의 선진국으로 자리잡는다.

☞ 정 치

네덜란드의 정치 체제는 내각책임제하의 입헌군주국이다. 헌법상의 국가 원수는 국왕이지만(현재의 국왕은 80년에 즉위한 제6대 베아트릭스 여왕), 행정의 실권은 총리 이하 15명의 각료에 있다.

의회는 상원에 해당하는 제1원과 하원에 해당하는 제2원으로 구성된다. 제1원은 주의회 의원에 의한 간접선거로 선출되며 반면 제2원은 국민들의 직접선거에 의해 선출된다.

네덜란드 정국은 80년대 이후 최근까지 주로 중도 우파인 기독교 민주연합(CDA)에 의해 주도되어 왔다.

기독교 민주연합의 루버스 당수는 82년 반아흐트 정권을 물리치고 총리자리에 오른 이래 86년과 89년 총선에서도 연거푸 승리하여 근 10여 년 동안 장기집권한다. 하지만 94년 5월에 실시된 총선거에서 기독교 민주연합

이 참패하고, 반면 노동당(PVDA)이 제1당으로 부상함으로써 루버스 총리의 시대도 막을 내린다.

네덜란드 정치사상 처음으로 야당으로 전락한 기독교 민주연합의 패배 요인으로는 재정적자 만회를 위해 갑작스럽게 취한 정부의 과중한 세금 부과책과 사회보장비 삭감책 등이 국민들의 불만을 쌓기 때문이며, 또한 보다 더 근본적인 문제로는 만성적인 경제불황에 따른 대량 실업사태에 있다고 보여진다.

한편 94년 5월 총선을 통해 정권 담당자로 나선 노동당은 조각(組閣)에 난항을 겪는 등 3개월 간의 정치공백을 낳은 끝에 8월 22일 출범하였다. 지난 1977년 이래 노동당 당수로선 처음으로 정권 담당자가 된 코크 총리는 보수파인 자유민주당(VVD)와 중도 좌파인 데모크라시 66당(Democratic 1966)을 새로운 연립의 파트너로 선택한다.

이로써 네덜란드 정국은 보수와 혁신이 망라된 3당 연립에 의해 꾸려지게 되었다. 코크 총리가 이끄는 3당 연립내각은 출범과 함께 정부의 긴축 재정과 국민의 세금과 사회보장비 부담의 경감, 그리고 98년까지 35만 명의 고용창출 실현 등을 주요 정책으로 제시하며 의욕적으로 움직이고 있다.

따라서 96년 4월에 실시한 국내 여론 조사에 따르면 노동당 연립 정권은 출범 초기 정치력 미흡 등의 우려를 말끔히 씻어내고 네덜란드 정국을 매우 안정적으로 이끌고 있는 것으로 나타났다.

☞ 경 제

네덜란드 경제의 가장 큰 특징은 중계, 가공 무역을 축으로 대외무역 의존도(75%)가 매우 높다는 점이다. 이는 국내의 부존자원이 빈약하고 시장이 협소한 까닭이며, 따라서 일찍부터 무역 자유화정책을 통해 고도의 경제성장을 이룩해 왔다.

주요 산업을 부문별로 살펴보면 국토의 1/4을 간척사업을 통해 확보한 네덜란드의 농업은 고도의 집약화와 기계화로 유럽국가들 중 농업 생산성이 가장 높은 편이다.

대표적인 농업 생산 품목으로는 낙농과 축산, 그리고 튤립을 중심으로 한 원예작물을 들 수 있다. 그리고 2차대전을 통해 국내 생산 설비의 40% 이상이 파괴되는 참혹한 상황을 딛고 일어선 공업 분야는 금속 공업과 화학 공업을 중심으로 그 기반이 단단하기로 유명하다.

특히 이 나라에는 세계 굴지의 다국적 기업들이 포진하고 있는데, 식품 가공업의 유니레버(Unilever)사, 석유정제 분야의 셸(Shell)사, 전자 분야의 필립스(Philips)사, 화학 분야의 아크조노벨(Akzo Nobel) 등이 대표적 기업들이다. 이 밖에도 네덜란드는 유럽 대륙 내 트럭 수송 분야의 1/3을 점유하고 있으며 로테르담을 중심으로 한 해운업은 유럽 최대를 자랑한다. 게다가 일찍이 대외무역을 통해 경제성장을 달성한 관계로 자유로운 외환관리와 효율적인 여신시장, 그리고 통화 안정 및 무역수지 흑자 등이 안정적으로 정착되어 유럽 내 금융과 보험 서비스업의 중심국이기도 하다.

한편 최근 네덜란드의 경제 흐름을 살펴보면 89년도에 GDP 성장률 4.1%를 달성한 이후 개인 소비의 신장세의 둔화와 제조업에 대한 투자의욕 감퇴 등의 요인으로 하강국면에 돌입. 91년도에는 고작 2.1%의 증가에 머문다. 게다가 92년도에는 인근 독일경제의 부진의 여파로 GDP 실질성장률이 전년도에 비해 더욱 하락된 1.4%를 기록하더니 93년도에는 수출신장세의 부진까지 겹쳐 지난 75년 제2차 석유파동 이래 처음으로 마이너스 성장을 기록한다. 이에 대해 코크 신정부는 경기 부양책의 해답을 '고용확대 및 정부재정 수지 개선'에서 찾고, 인금 인상률을 동결시킴으로써 인플레이션과 공장가동률을 높이는 한편 수출시장을 EU 일변도에서 탈피, 동구권 및 아시아에 대한 무역규모를 대폭 확대한다.

이에 따라 94년 중반을 기점으로 민간소비와 제조업생산 공히 뚜렷한 회복세를 보여 94년도 성장률이 2.3%로 상향 조정되고, 특히 96년도에 들어서는 수출기조가 정상을 찾으면서 3% 내외의 실질성장률을 기록한 것으로 나타났다.

☞ 사회와 문화

사회보장제도가 잘 갖춰져 있어 국민의 생활수준은 무척 높다. 국민의 생활 태도는 캘빈이즘의 영향으로 매우 검소하다.

하지만 한편으로는 꽃과 음악과 그림을 좋아하는 예술성이 풍부한 면도 지니고 있다.

한편 이 나라는 성에 대해 매우 개방적인 편이다. 96년 4월, 네덜란드 하원은 동성연애자간의 결혼을 인정하자는 결의안을 채택, 정부에 현행법의 개정을 촉구한 바가 있다.

벨기에 왕국
Kingdom of Belgium

— 독립일 : 1831년 7월 21일, UN 가맹일 : 1945년 12월 27일(창설가맹국) —

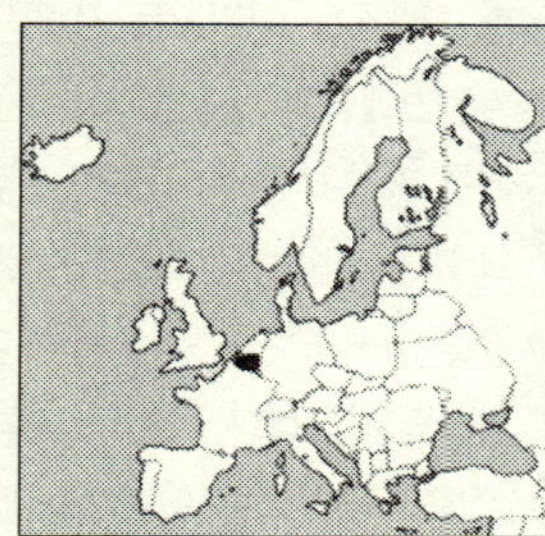 

☞ 주요 통계 자료

· 면　　　적	3만 519㎢
· 인　　　구	1011만 명(95년)
· 수　　　도	브뤼셀(Brussel) 인구 96만 명(91년)
· 주요 도시	앤트워프(47만 명), 강(23만 명), 리에즈(19만 명), 브뤼즈(11만 명)
· 주요 민족	북부는 네덜란드계의 플라망인(55%), 남부는 프랑스계의 왈롱인(33%), 외국인(10%)
· 언　　　어	북부는 네덜란드어, 남부는 프랑스어, 동부 일부지역은 독일어
· 종　　　교	카톨릭(75%), 그 밖에 개신교, 유태교, 이슬람교
· 정치 체제	입헌 군주제 의원 내각제
· 헌　　　법	1831년 2월 7일 제정 1970, 80, 89, 93년에 각각 개정
· 국가 원수	국왕 알베르 2세(Albert Ⅱ) 93년 8월 9일 즉위
· 의　　　회	2원제 하원(150석, 직선에 의한 비례대표제) 상원(71석) 모두 임기는 4년
· 내　　　각	총리, 장 뤼크 드안(Jean Luc Dehaene) 95년 6월 23일 발족
· 주요 정당	기독교사회당, 사회당, 자유민주시민당, 자유개혁당, 플랑드르인민동맹
· 국내총생산	2694억 달러(95년)
· 1인당 GNP	2만 987달러(95년)
· 통화 단위	벨기에 프랑(Franc). 1달러=32.09(97년 1월)
· 주요 자원	석탄
· 주요 공산품	철강, 금속제품, 기계제품, 화학제품, 다이아몬드 가공품
· 주요 능산물	밀, 보리, 사탕수수
· 무　　　역	수출 1981억 달러, 수입 1851억 달러(96년)

(자료원 : 벨기에 통계청／European Economy Supplement)

☞ 자연 환경

벨기에는 유럽대륙의 북서부에 위치한 조그마한 나라이다. 정식명칭은 벨기에 왕국(Kingdom of Belgium). 주변의 프랑스, 독일, 네덜란드와 국경을 맞대고 있으며 서북부는 북해와 맞닿아 있다. 벨기에의 지형은 남동부의 아르덴 고원 지대를 제외하고는 전반적으로 플랑드르 평야를 축으로 평지를 이루고 있다. 그리고 작은 하천과 운하로 된 수로망이 잘 발달되어 있어 예로부터 북해와 유럽대륙 내부를 연결하는 상업루트의 구실을 해왔다. 또한 기후는 북해의 영향으로 해양성 기후를 띠고 있으며, 기온은 대체적으로 온난한 편이고 유독 구름과 비가 많은 것이 특징이다.

☞ 간추린 역사

이 지역은 예부터 유럽대륙의 교역거점이었기 때문에 일찍부터 문명이 개화한 곳이었다. 고대에는 주로 켈트족이 거주하였으며, 이후 기원전 57년에 로마의 카이사르에게 정복되면서 '벨기카'란 이름으로 편입된다. 그리고 4세기 무렵 로마제국의 멸망과 함께 플라망어를 사용하는 게르만민족의 한 갈래가 북부에, 로망스어계의 왈롱민족이 남부에 정착하면서 오늘날의 민족구성을 이룬다.

이후 이 곳은 12~13세기에 들어와 십자군전쟁으로 원격지무역이 활발해지면서 왈롱인은 금속공으로, 또한 플랑드르 지역은 모직물공을 중심으로 실력을 획득, 한자동맹에 참가하는 등 자치도시의 형태로 번영을 구가한다. 하지만 15세기 프랑스의 부르고뉴공의 지배에 편입되면서부터 이후 오랜 세월 동안 주변 강대국의 식민지로 전락한다.

스페인과 오스트리아 합스부르크가의 지배를 거친 이 곳은 1789년 프랑스혁명 정부군의 지배를 받는다. 그리고 나폴레옹 Ⅰ세가 실각한 뒤에는 빈회의 결정에 따라 네덜란드에 합병되기도 한다. 그러나 네덜란드 국왕 빌렘 Ⅰ세가 극단적인 북부(지금의 네덜란드) 우선주의 정책을 취하자 이에 남부(지금의 벨기에) 지역의 주민들이 강력하게 반발하고 나선다. 게다가 때맞춰 터진 프랑스 7월 혁명의 여파가 밀어닥치자 브뤼셀을 비롯한 벨기에 전역은 시민봉기의 소용돌이에 봉착한다. 이에 대해 네덜란드 국왕은 무력진압이란 강경책으로 맞서지만 이미 대세는 봉기의 주도세력인 시민 혁명군의 편으로 기울어진 상태였다. 이로써 벨기에는 1830년 10월 4일 네덜란드로부터의 독립을 선언하고, 이듬해인 31년에 런던회의를 거쳐 명실상부한 독립국(국왕에 레오폴드 1세)으로 탄생하게 된다.

독립 후 벨기에는 유럽대륙에서 처음으로 산업 혁명을 완수하여 공업선진국으로 발돋움한다. 그리고 19세기 중엽부터는 세계열강의 식민지 획득 경쟁 속에 뛰어들어 아프리카의 자이르를 수중에 넣기도 한다. 하지만 제1차, 2차 세계대전 동안 벨기에 정부의 엄정 중립선언에도 불구하고 독일의 일방적인 점령 아래 전쟁의 소용돌이에 휩쓸린다. 그리고 전쟁이 종결되자 전쟁책임문제에 연루된 국왕 레오폴드 Ⅲ세는 왈롱인의 강한 반발 앞에 복위를 단념하고 보두앵 Ⅰ세에게 권좌를 넘긴다.

이후 벨기에는 국내적으로 경제재건과 민족분규란 어려운 문제를 안고 있으면서도 대외적으로는 유럽통합을 위해 적극적인 자세를 견지한다. 따라서 이웃나라들과 베네룩스 관세협정(1948년), 북대서양 조약기구(1949년), 유럽공동체(1957년) 등을 형성하는 데 주도적 역할을 해나가는 한편, 이후에도 국제연합(UN) 활동을 중심으로 동서 긴장완화와 세계평화를 위해 앞장서고 있는 나라 중의 하나로 손꼽힌다.

☞ 정 치

벨기에의 정치체제는 입헌군주제 하의 의원내각제를 취하고 있다. 현재의 국왕은 93년 8월 서거한 보두앵 Ⅰ세에 이어 알버트 Ⅱ세가 보위를 계승하고 있다. 그리고 국회는 임기 4년에 정치적 권한이 대등한 상, 하 양원으로 구성되어 있으며 정부 장관 15명 가운데 총리를 제외한 각료는 플라망계와 왈롱계가 같은 수가 되도록 정해져 있다.

1950년 이후 중도 기독교 사회당을 축으로 한 연립내각에 의해 운영되어 오던 벨기에 정국은 79년을 기점으로 마르테네즈 총리가 이끄는 중도 우파 연립정권에 의해 유지되었

다. 하지만 87년 10월 플라망인과 왈롱인 간의 언어분쟁이 정치쟁점화되면서 우파 연합이 총사퇴, 88년 5월 중도 좌파를 중심으로 한 제8차 마르테네스 내각이 성립한다.

이후 91년 무기수출과 관련한 부정 혐의로 마르테네스 총리가 사퇴함으로써 벨기에 정국은 다시 혼미를 거듭하다가 92년 기독교 사회당과 사회당 내 각각의 플라망계와 왈롱계가 합작, 드안 총리를 정점으로 한 좌파연립내각이 출범한다.

드안 연립정부는 출범과 함께 벨기에 내정의 최대 고민거리인 플라망인과 왈롱인 간의 언어 및 민족적 갈등을 해소하기 위해 연방화를 위한 헌법개정안을 국회에 상정한다. 이에 대해 벨기에의 상하 양원은 93년 2월, 자국을 연방제국가로 규정한 헌법개정안을 가결하고, 연방화를 향한 국가기구 개혁법안 등 부수법안들은 통과시킨다. 이로써 벨기에는 네덜란드어와 프랑스어, 그리고 독일어 등 각각의 언어공동체와 이들 각각을 대표하는 플라망, 왈롱, 수도 브뤼셀 등의 3개지역 자치정부로 이루어진 '연방 국가'로 자리매김 된다. 이후 벨기에 연방정부는 국가예산, 외교, 방위에 관한 권한은 예전대로 유지하면서, 대외무역과 농업, 환경, 과학연구, 사회정책 등 각분야별 권한을 각각의 언어공동체 지역정부에 이양하였다.

한편 94년 6월 연방국가 출범 후 첫 실시된 유럽의회선거 결과 기독교 사회당을 축으로 한 연립여당의 득표율이 낮아진 반면 자유

민주시민당 등 기존 야당과 국민전선 등 극우 정당의 득세가 두드러졌다. 게다가 10월 9일에 있었던 통일지방선거에도 수도 브뤼셀에서 국민전선이 처음으로 4석을 획득하였고, 제2의 도시인 앤트위프에서는 극우 민족주의 계열인 플라망스 블럭이 18석을 획득하여 지역 내 제1당으로 부상하였다.

따라서 드안 정권은 낮아진 지지율을 만회하고 차기정권 창출을 위한 사전포석으로 외상과 국방상을 교체하는 등, 일대 개각을 단행하여 곧 있을 총선거에 대비한다. 이어 95년 5월 21일 실시된 총선에서 연방하원 내 드안 중도좌파연립정권을 구성하고 있는 여당 4당이 과반수 의석을 확보, 동년 6월 23일 드안 총리를 중심으로 4당연립 신내각이 발족한다.

☞ 경 제

건국 후 산업 혁명을 성공적으로 수행하여 순조롭게 자본주의의 길에 접어든 벨기에의 경제는 20세기 초엽까지 유럽 굴지의 공업국으로 성장한다. 게다가 북해와 대륙을 연결하는 지리적 조건으로 말미암아 1835년에 이미 브뤼셀과 메헬란을 연결하는 유럽 최초의 철도가 개설되는 등 철도망 밀도는 세계 최고를 자랑하며 내륙수로도 매우 발달되어 있는 편이다.

석탄을 제외하고는 특별한 지하자원이 없는 벨기에의 산업구조는 주로 고도의 기술을 요하는 복잡하고 정교한 공업제품 생산에 치중되어 있다. 주요 생산품으로는 금속제품, 기계, 화학, 유리, 가구, 인쇄물 등이며 주로 가공무역에 의존하고 있기 때문에 무역의존도가 매우 높은 국가 중의 하나이다. 주요 무역상대국으로는 독일, 네덜란드, 영국, 프랑스, 영국을 주축으로 하는 유럽공동체 가맹국들과 미국 등을 들 수 있다.

1990년대 접어들어 벨기에의 경제는 세계경제에 불어닥친 전반적인 불황과 인근 독일 경기의 부진 등의 요인으로 상당한 후퇴를 감수해야만 하였다. 특히 93년도의 국내총생산 실질성장률이 마이너스성장을 기록하면서 심각한 재정적자와 높은 실업률로 최악의 상황을 맞이한다.

이에 대해 벨기에 정부는 93년 1월 정부의 재정적자 축소를 위해 사회보장비의 삭감과 간접세 인상을 골자로 한 경제개혁법안을 국회에 상정, 노동단체들의 강력한 반발에도 불구하고 통과시킨다.

그리고 이미 94년도에 10%선을 넘어 95년에는 13.3%까지 오른 실업 문제를 해소하기 위해 연방정부, 지방정부, 기업인들로 구성된 '고용 협의회(Conference on Employment)'를 발족하여 종합적인 고용창출대책을 마련하느라 고심 중이며, 경기부양책의 일환으로 벨기에를 출발 프랑스, 독일을 연결하는 고속기차(TGV)공사를 추진할 것이라 발표하였다.

따라서 벨기에의 경제전문가들은 94년을 기점으로 자국의 경기가 점차 회복될 것으로 낙관하고 있으나, 94년도 한해 세계경제의 회복에 편승, 성장률 2.2%를 달성한 것 외어 95년부터 다시 주춤하여 2.0%에 머물고 만다.

게다가 96년도에는 제조업 분야가 조금 활기를 띤 반면 민간소비와 서비스 분야가 더욱 위축되어 경제 성장의 억제 요인으로 작용하였다.

이런 요인으로 말미암아 지난해보다 더욱 하락한 1.4%를 달성, 전반적인 경기의 정체성을 여실히 드러내고 있다.

97년, 98년의 성장률도 각각 2.1%, 2.5%로 전망되고 있다.

☞ 사회와 문화

사회보장제도가 잘 갖춰져 있어 국민들은 높은 생활수준을 영위하고 있다. 국민성은 대게 온화하고 교양이 넘쳐 흐른다. 또한 지리적 이유로 무척 개방적이며 친절하다. 수도 브뤼셀은 국제적 행사가 자주 열리는 세계적인 도시, 반면 지방도시들은 고풍창연한 중세 유럽의 역사와 전통을 간직하고 있다. 이 나라를 통해 화가로는 브뤼겔, 루벤스, 그리고 문학가로는 메테르리히 등이 배출되었다. 또한 국제 엘리자베스 음악콩쿠르는 세계적인 젊은 음악인들의 등용문으로 유명하다.

룩셈부르크 대공국
(Grand Duchy of Luxembourg)

— 독립일 : 1839년 4월 14일, UN 가맹일 : 1945년 10월 24일(창설가맹국) —

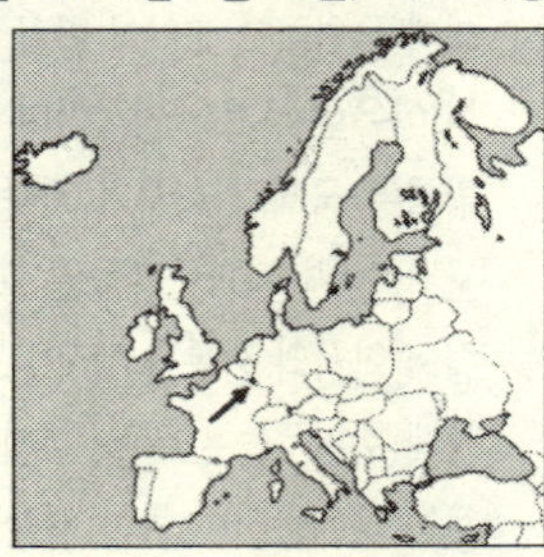 

☞ **주요 통계 자료**

·면　　적	2586㎢
·인　　구	40만 명(95년)
·수　　도	룩셈부르크(Luxembourg) 인구 7만 5400명(93년)
·주요 민족	룩셈부르크인(독일계) 외국인이 전인구의 1/3을 차지
·언　　어	룩셈부르크어(국어) 프랑스어, 독일어(모두 공용어)
·종　　교	카톨릭(97%), 개신교(1.2%)
·정치 체제	입헌 군주제 의원 내각제
·헌　　법	1868년 10월 17일 제정 1919년과 56년에 각각 개정
·국가 원수	대공(大公) 쟝(Grand - Duc Jean) 64년 11월 12일 즉위
·의　　회	1원제 60석 직선제 임기 5년
·내　　각	대공이 총리를 임명 총리 쟝클라우드 융케르(Jean-Claude Juncker) 95년 1월 발족
·주요 정당	기독교사회당, 사회노동당, 민주당, 녹색당
·국내총생산	170억 달러(95년)
·1인당 GNP	3만 1002달러(95년)
·통화 단위	룩셈부르크 프랑(Franc). 1달러=32.09프랑(97년 1월)
·주요 자원	철광석
·주요 공산품	철강제품, 통조림
·주요 농산물	고등 채소, 과일
·무　　역	수출 100억 9600만 달러, 수입 105억 1400만 달러(95년)

(자료원 : EU 통계국／룩셈부르크 중앙은행)

☞ 자연 환경

신록이 우거진 아름답고 고요한 전원 국가. 주변 경관이 뛰어나 여행자들의 발길이 끊이질 않는다. 일년을 통해 일조량이 적고 비가 많으며 특히 가을에서 겨울에 이르는 시기는 짙은 안개가 자욱하다.

☞ 간추린 역사

룩셈부르크란 보루(堡壘)란 의미. 신성로마제국 시절 붙여진 이름이다. 15세기 초엽까지 로마제국의 통치를 받는다. 그리고 로마제국의 붕괴 후에도 400여 년간에 걸쳐 프랑스, 독일, 네덜란드 등 주변 강대국의 등살에 시달린다.

1814년 네덜란드 왕국의 성립과 함께 대공국이 된다. 그리고 1867년 런던조약을 통해 영세 중립국이 되었으나 1948년 그 지위를 포기. 1948년에 베네룩스(네덜란드, 벨기에, 룩셈부르크)를 결성한 후 NATO와 EC에 가입한다. 1964년에 샤를로트 대공녀가 퇴위하고 쟝 대공세자가 즉위.

☞ 정치와 경제

내각책임제의 입헌군주국. 행정권의 형식상 책임자는 대공이지만 실질적으로는 내각이 전반적인 국정을 운영. 특히 이 나라에는 대공이 임명하는 21명의 의원과 대공 자신 및 대공 계승자로 구성된 국참사원(Council of State)이

있어 입법, 사법, 행정 상의 재판업무를 담당한다. 지금까지 정권은 기독교사회당에서 장악해 왔지만 최근 정당의 역관계가 변하면서 지금은 기독교사회당과 사회노동당의 연합정권이 정국을 주도하고 있다. 94년 6월 12일 총선에서 지난 84년부터 정권을 유지해온 산테르 연립내각이 과반수 의석을 확보, 제3차 산테르 내각이 발족한다. 이후 산테르 총리가 유럽연합 산하 유럽위원회 위원장으로 취임함에 따라 융케르 총리가 뒤를 승계, 기존의 중도좌파의 온건한 노선을 계속 이어오고 있다.

이 나라는 전통적으로 목축업이 발달했으나 현재 경제의 근간을 이루는 분야는 철강산업. 1인당 국민소득은 EC 내에서 1위. 특히 인근 벨기에와는 경제적으로 밀접한 관계(양국의 경제는 일체화되어 있다). 91년 5월부터는 자본이동에 관한 규제조차 철폐하기도.

☞ 사회와 문화

세출의 30%가 사회보장비로 책정되는 복지국가. 전체 국민의 97%가 카톨릭 교도이며 종교행사나 휴일 미사를 철저히 잘 지키기로 소문난 나라이다. 따라서 사회 분위기는 조금 폐쇄적인 느낌을 준다. 젊은 사람들조차 새로운 유행에 별 반응을 나타내지 않는다.

하지만 전체 인구의 24%가 외국인. 또한 룩셈부르크인들은 보통 5,6개의 외국어를 능숙하게 구사한다. 따라서 이 나라를 찾는 관광객들은 전혀 언어의 장애를 느끼지 않는다.

독일 연방 공화국
(The Federal Republic of Germany)

— 독립일 : 1949년 9월 7일(90.10.3, 동·서독 통일), UN 가맹일 : 1973년 9월 18일 —

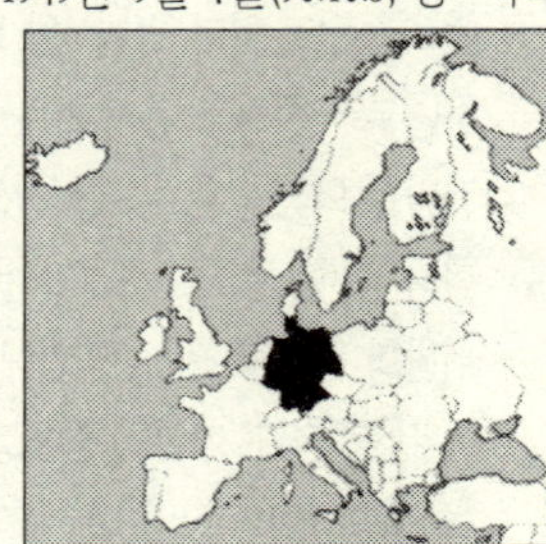 

☞ 주요 통계 자료

·면 적	35만 7,042㎢
·인 구	8164만 명(95년)
·수 도	베를린(Berlin) 인구 347만 명(93년)
·주요 도시	함부르크(170만 명), 뮌헨(126만 명), 쾰른(96만 명), 프랑크푸르트(66만 명), 에센(62만 명), 도르트문트(60만 명), 슈투드가르트(60만 명), 본(28만 명)
·주요 민족	게르만 민족의 독일인
·언 어	독일어
·종 교	개신교(40.8%), 카톨릭(34.8%)
·정치 체제	연방 공화국 의원 내각제
·헌 법	기본법 1949년 5월 23일 시행
·국가 원수	대통령 로만 헤르초크(Roman Herzog) 간선제 임기 5년 94년 7월 1일 취임
·의 회	2원제 연방의회(672명, 임기 4년), 연방참의원(68명)
·내 각	대통령이 총리 임명 총리 헬무트 콜(Helmut Kohl) 82년 10월 취임 94년 11월 17일 제5차 내각 발족
·주요 정당	기독교 민주동맹, 기독교 사회동맹, 사회민주당, 90년연합·녹색당, 자유민주당, 민주사회당
·국내총생산	2조 4140억 달러(95년)
·1인당 GNP	2만 508달러(95년)
·통화 단위	독일 마르크(Mark). 1달러=1.5575(97년 1월)
·주요 자원	석탄, 철광석, 갈탄, 칼륨, 암염
·주요 공산품	자동차, 식품, 화학제품, 기계, 전기제품, 철강
·주요 농산물	밀, 보리, 홉, 감자, 채소, 유제품, 포도주
·무 역	수출 4851억 달러, 수입 4228억 달러(95년)

(자료원 : 독일 연방 통계청／연방 은행 연감 96)

☞ 자연 환경

게르만 민족이 주류를 이루고 있는 독일은 유럽대륙의 정중앙부에 위치한 나라이다. 정식명칭은 '독일연방공화국'. 북쪽으로는 덴마크와 북해, 발트해, 남쪽으로는 오스트리아, 스위스, 그리고 동쪽으로는 폴란드와 체코, 서쪽으로는 프랑스 및 베네룩스 3국과 국경을 맞대고 있다.

독일의 지형은 크게 세 부분으로 나뉜다. 북부는 대부분 저지(低地)이며 특히 이 곳의 동쪽은 크고 작은 호수가 많다. 또한 중부는 기복이 심한 구릉과 평야지대가 혼재되어 있으며 남부는 알프스 산악지대의 입구에 해당한다.

기후는 편서풍의 영향 하에 있는 북부를 제외하고는 대부분 조금 한랭한 대륙성 기후를 띠고 있다.

☞ 간추린 역사

민족대이동 이후 라인강을 중심으로 게르만족이 터전을 잡으면서 독일의 역사는 시작된다. 3세기 말 서유럽 일대에 프랑크제국이 건설되자 독일의 여러 부족들도 그 영향력 하에 들어간다. 이후 이 프랑크제국의 확대와 분열과정에서 독일은 봉건화를 진행시켜 이른바 신성로마제국으로 상징되는 봉건시대를 맞이한다.

그러나 이 신성로마제국은 게르만민족의 완전한 통일이었다기보다는 부족국가 간의 연합체적 성격을 띠고 있었다. 따라서 부족국가 간의 대립과 갈등이 첨예화되고 여기에 로마교황의 개입이 본격화되면서 십자군전쟁이란 홍역을 치른다.

13세기 후반에 이르러 농경사회의 생산력이 비약적으로 발전하자 제국의 황제권이 땅에 떨어진 반면 지방 제후의 영향력을 날이 갈수록 막강해져 갔다. 이에 따라 정치적 갈등과 분열이 극에 달하고 인근 국가인 영국과 프랑스의 영향으로 봉건적 위기를 맞이한다.

독일의 봉건시대와 근대의 분기점을 이루는 사건은 바로 '종교개혁'이었다. 하지만 독일은 인근 영국이나 프랑스처럼 순조로운 자본주의로의 이행의 길은 걸을 수가 없었다. 물론 독일의 신흥 부르주아 역시 생산력 발달을 배경으로 체제 변화를 꾀하기 위해 '3월혁명'을 일으키지만 메테르니히의 반동체제에 막혀 좌절되고 만다.

이후 18세기 후반부터 독일 내부에서 '국민통일운동'이 일기 시작, 1871년에 마침내 프로이센을 중심으로 한 독일제국을 탄생시킨다. 하지만 1918년 제1차 세계대전의 패배로 독일제국은 멸망하고 대신 '11월 혁명'을 통해 바이마르 공화국이 성립한다.

이 바이마르체제는 헌법상 가장 민주적 색채로 채색되어 있었지만 군소정당의 난립과 당쟁격화를 감당하지 못해 나치스의 권력지배를 용납하고 만다.

1933년에 등장한 히틀러의 국가사회주의 독일노동자당(이른바 '나치스')은 과거의 영토를 회복한다는 구실 하에 제2차 세계대전을 일으킨다. 그러나 결과는 600만 명의 독일국민과 11만 4000㎢의 영토를 전쟁의 대가로 지불하며 45년 5월 8일 무조건 항복한다.

2차대전 후 독일은 얄타회담에 의해 동서로 분열된다. 냉전시대를 갓 넘긴 70년대, 브란트의 동방정책인 '한 민족, 두 국가' 원칙이 주효하여 이후 통일의 교두보를 마련한다.

그리고 80년대 후반 이념의 장벽이 무너지고 동유럽에 민주화의 열기가 치솟자 28년 동안 지속되었던 베를린 장벽을 철거하고 마침내 90년 10월 3일 통일독일을 달성한다.

☞ 정 치

통일 이후 독일은 국기와 정치, 경제, 사회, 사법제도 등을 모두 구서독의 것을 그대로 따르고 있다. 따라서 연방공화제를 토대로 의원내각제를 통해 정국을 운용하는 기본 틀에는 변함이 없다. 의회는 연방의회(Bundestag)와 연방참의원(Bundesrat)의 2원으로 구성되어 있으며 전자는 국민을 대표하는 하원의 성격을 띠고 있는 데 반해 후자는 각 주정부대표로 이루어진 합의기관이다.

독일의 국가원수는 대통령이다. 하지만 정치적 실권은 없다. 반면 실제 정치력을 행사하는 총리는 연방회의에서 선출되며, 내각은 선출된 총리의 지명에 의해 조직된다. 현재는 94년 11월 17일 출범한 기민당과 사회동맹, 그리고 자유민주당으로 구성된 연립내각이 정국

을 운영하고 있으며 기민당 당수인 헬무트 콜이 총리를 맡고 있다.

지난 94년 6월 임기만료된 바이츠제커 대통령의 후임을 뽑는 연방대회의가 소집되었다. 이 자리에서 헌법재판소장이었던 로만 헤르초크가 당선, 제7대 연방대통령으로 취임하였다. 또한 이어 10월16일 실시된 연방의회 총선거에서 기존의 여당인 기민당, 사회동맹, 자민당 연합진영이 야당진영에 비해 고작 10석의 우위를 지켜 승리를 고수했다.

반면 구동독 공산당의 후신인 민주사회당이 구동독 지역을 중심으로 선전하여 의석수를 15석에서 30석으로 배가시켰다. 이보다 앞서 실시된 지방선거에서는 기민당이 37.5%의 지지율을 획득, 55년 이래 최저 득표율을 기록했다.

특히 이번 선거는 통일 후 4년이 지난 시점에서 국민들이 집권여당에 대해 어떠한 심판을 내릴 것인가를 놓고 세간을 관심을 집중시켰다. 따라서 비록 집권연립여당이 박빙의 승리를 거두긴 했지만 실업의 급증 등 통일의 후유증을 제대로 수습하지 못한 콜정권에 대한 국민의 불만이 그대로 표출되었다고 볼 수 있다.

한편 독일 정부는 종래의 기본법에 명시되어 있던 독일군의 해외파병 금지원칙을 변경, UN 캄보디아 참정통치기구와 제2차 UN소말리아활동 외에 대 유고슬라비아 UN제재의 감시활동에 연방군을 파견하기로 결정했다. 이 과정에서 독일 국내에서는 제1야당인 사회

당을 중심으로 위헌시비가 일기도 했으나 연방헌법재판소가 연방의회의 과반수의 찬성을 조건으로 독일군의 해외 파병을 용인한다는 판결을 내렸다.

이 판결에 따라 연방의회는 독일정부의 파병안을 가결, 곧바로 르완다 난민구원에 연방군을 파병하였다. 따라서 독일군의 해외파병은 2차대전 이후 47년 만에 이루어진 일이며, 독일정부는 앞으로도 PKO활동 등에 적극적으로 참여할 뜻을 비추고 있다.

97년 4월 3일, 현 총리인 헬무트 콜은 98년 4／4분기로 예정된 독일연방 총선 및 총리 재출마 추대를 흔쾌히 수락, 제6차 콜 내각의 발족을 향해 나아가고 있다.

☞ 경 제

일찍이 제2차 세계대전 전부터 독일은 세계에서 손꼽히는 공업입국이었다. 비록 인근 영국이나 프랑스처럼 정치와 경제의 조화 속에 순조로운 자본주의 이행의 길을 걷지는 못했지만 풍부한 지하자원과 노동력을 축으로 후발자본주의의 전형을 보여주었다.

하지만 2차대전을 통해 전국토가 피폐화되고, 특히 동·서독의 분열로 말미암아 일체형의 산업구조는 한쪽은 자본주의 체제로, 다른 한쪽은 사회주의체제로 새롭게 시작하지 않으면 안되었다.

이후 서독은 마셜플랜에 의한 미국원조를 기반으로 눈부신 경제성장을 이룩해 이른

바 '라인강의 기적'을 탄생시킨다. 또한 동독역시 구소련의 지원 아래 '사회주의적 계획경제'를 실현시켜 동구권에서 가장 발달한 공업국을 이룩한다.

90년 10월 베를린 장벽이 무너진 후 통일독일의 산업구조는 동독이 서독에 편입되는 형태를 띠고 있다. 자동차, 화학, 전기, 기계, 철강 등이 주요 산업이며, 주로 공업생산력이 수출력의 근간을 이루고 있다. 특히 루르, 샤르, 베스트팔렌 지방을 중심으로 형성된 중화학공업은 역사나 규모면에서 유럽 최대를 자랑하며, 독일의 자동차산업은 미국과 일본 다음으로 세계 제3위를 자랑한다.

통일 이후 독일의 경제는 92년 하반기부터 침체국면을 겪기 시작, 93년에는 마이너스 성장을 기록하며, 전후 최악의 불황국면을 경험한다.

그러나 93년 말부터 조금씩 회복되는 기미를 보이더니 94년도에는 국내 총생산(GDP) 성장률 2.9%를 달성, 그러나 95년도에는 마르크화의 강세로 인한 수출부진으로 실질성장률 1.9%에서 만족하고 만다.

통일 후 독일 경제의 최대 걸림돌은 단연 실업 문제이다. 94년 2월 현재 404만여 명의 실업자수를 기록, 전후 최고치를 나타냈다가 95년도에는 346만 명으로 조금 나아지는 추세를 보인다.

그러나 96년도에 들어와 다시 실업문제가 폭발, 실업률 12.3%에 실업자수 427만 명으로 다시금 최고 기록을 갱신한다. 이와 같은 실업

문제의 배경에는 높은 노동비용과 마르크화의
강세에 따른 고용구조의 조정작업이 가속화되
었기 때문이다.

한편 독일의 경제자문위원회는 96년 이
후 독일 경제의 전망에 대해 비교적 낙관적
견해를 피력하고 있다. 그것은 96년 하반기부
터 마르크화가 정상을 되찾자 기업 경쟁력이
재생, 수출이 눈에 띄게 늘어나고 있기 때문
이다.

게다가 통일 후 혼란의 핵심이었던 구동
독 경제가 그간 급성장을 거듭, 교통, 통신 등
사회기반산업이 완전 정비되었으며, 따라서
국내 투자 및 수요, 나아가서는 고용구조에도
상당한 몫을 해주고 있기 때문이다.

☞ 사회와 문화

92년 8월 22일 신나치 극우세력들의 루마
니아 난민 기숙사 습격사건 발생. 이 사건을
기폭제롤 극우세력들의 외국인에 대한 테러사
건이 계속해서 발생, 좌·우 정면충돌의 위기
감이 고조되고 있다. 독일의 종교는 크게 개신
교와 카톨릭. 개신교는 다시 루터교회, 연합교
회, 개혁교회(캘빈파)로 나뉘며, 이 세 파가 모
여서 독일 복음교회(EKD, 개신교 최고합의기관)
를 구성한다. 독일의 의무교육 연수는 10년.
전문대 이상 재학생 수는 모두 180만 명(93년).
평균 졸업 연령은 27.9세로 유럽지역 내에서
가장 고령을 자랑한다.

폴란드 공화국
(Republic of Poland)

― UN 가맹일 : 1945년 10월 24일(창설가맹국) ―

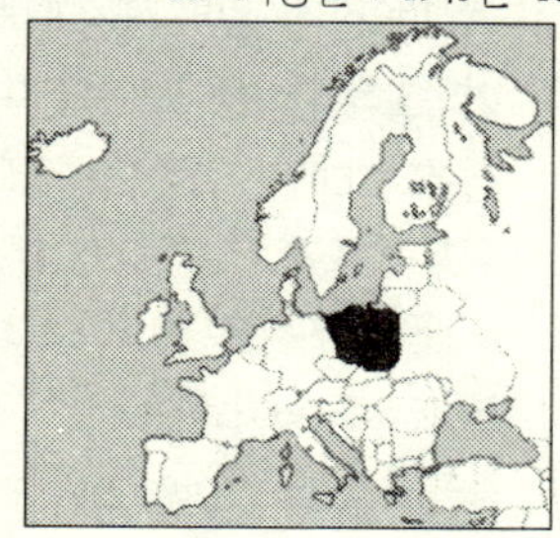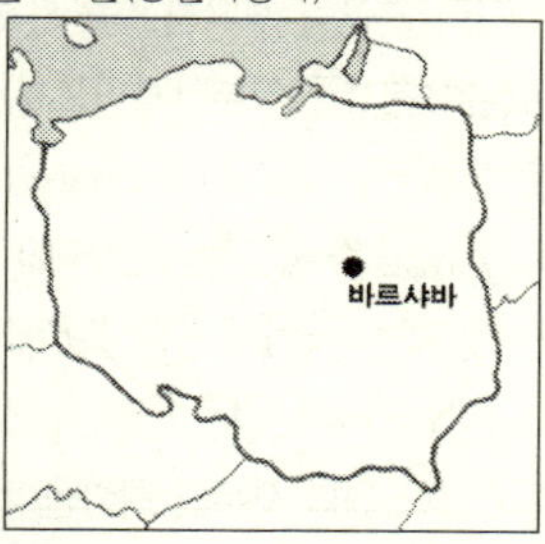

☞ 주요 통계 자료

·면　　　적	31만 2683㎢
·인　　　구	3861만 명(95년)
·수　　　도	바르샤바(Warszawa) 인구 164만 명(94년)
·주요 도시	우즈(85만 명), 크라코프(74만 명), 보로츠와브(64만 명), 포즈난(58만 명)
·주요 민족	폴란드인(서슬라브계, 98%) 그 밖에 우크라이나인, 벨로루시인, 독일인, 유태인
·언　　　어	폴란드어
·종　　　교	카톨릭(91%), 그 밖에 그리스정교, 유태교
·정치 체제	공화제
·헌　　　법	1952년 7월 22일 제정 76, 83, 89, 90년 5월, 92년 11월 17일에 각각 개정
·국가 원수	대통령 알렉산데르 크바스니예프스키(Aleksander Kwasniewski) 직선제 임기 5년 95년 12월 23일 취임
·의　　　회	2원제 상원(100석), 하원(460석) 둘 다 직선제 임기 4년
·내　　　각	대통령이 총리를 지명 총리 바시미에츠 치모세비츠(Wlodzmierz Cimoszewicz) 96년 2월 7일 발족
·주요 정당	사회민주당, 폴란드 농민당, 자유동맹, 노동동맹
·국민총생산	1079억 달러(95년)
·1인당 GNP	2800달러(95년)
·통화 단위	즐로티(Zloty). 1달러=2.86즐로티(97년 1월)
·주요 자원	석탄, 동, 유황, 암염
·주요 공산품	의약품, 조선, 식품가공제품, 농업용비행기, 헬리콥터
·주요 농산물	밀, 보리, 감자, 잎담배
·무　　　역	수출 228억 9500만 달러, 수입 290억 4970만 달러(95년)

(자료원 : 폴란드 중앙통계청／중앙은행)

☞ 자연 환경

발트해 남쪽에 자리잡은 폴란드는 비스툴라강이 국토의 대동맥을 이루고 있는 가운데 카르타파이 산맥 부근을 제외하고는 전체 면적의 90% 이상이 평지로 이루어져 있다.

정식명칭은 폴란드 공화국(Rzeczpospolite Polska). 국명인 '폴란드' 역시 '폴(Pole=Field)', 즉 '경지' 또는 '농지'란 뜻에서 유래되었다고 한다.

이 나라의 기후는 유럽 서부의 해양성 기단과 동부의 대륙성 기단이 교차되는 지점에 위치한 관계로 연중 매우 불안정한 상태를 띤다. 여름을 제외하고는 비교적 추운 편이며, 상대적으로 겨울 또한 길다. 게다가 겨울엔 눈이 많지 않아 무척 건조한 편이다.

☞ 간추린 역사

폴란드는 지리적으로 유럽대륙의 동서남북을 연결하는 요충지에 위치해 있다. 때문에 그 역사는 오랜 세월을 두고 수많은 이민족의 침략사로 얼룩져 있으며, 그 역사의 주체인 폴란드 민족 역시 고난의 삶을 영위해야만 했다.

이미 기원전 10세기부터 사람들이 살았던 흔적이 남아 있는 이 곳에 슬라브족이 정착한 시기는 4세기 후반 훈족의 침략으로 민족의 대이동이 시작되면서부터이다. 이후 10세기 중반, 슬라브계의 폴리안(Polian)들이 언어와 관습 및 종교가 유사한 여타의 슬라브계 부족들을 통합하여 통일국가의 초석을 마련한다. 폴란드 최초의 왕인 피아스트 왕조의 미에슈코는 포모제, 슐레지엔, 말로폴스카 등의 땅을 합병하여 독일로부터 독립을 위한 투쟁을 전개하는 한편, 로마교황청과 제휴하여 996년에 기독교를 받아들이고 봉건사회를 형성하기에 이른다. 하지만 폴란드 왕국의 봉건시대는 왕위계승 문제로 인한 내부 갈등과 몽골의 침입 및 독일, 키예프, 러시아와의 전쟁 등으로 분열과 혼란을 거듭한다.

이후 14세기 초, 폴란드 왕국은 지난 300여년 동안의 봉건적 혼란기를 극복하고 이른바 의회군주국가시대(1320~1455년)의 장을 열게 되는데, 이 때 등장한 카시미르 대제는 강력한 중앙집권적 왕권을 토대로 제도의 개혁과 문화창달을 통해 국가의 면모를 일신한다. 세계 최초의 대학인 크라쿠프 대학('야기엘로 대학'의 전신)이 바로 이 시기에 설립되었으며, 뒤이어 카지미에슈 법전이 완성되기도 하였다.

그리고 카시미르 대제의 뒤를 이은 야기엘로 왕조는 인근 리투아니아와 연합하여 1410년 그룬발트 전투에서 독일군을 격파, 발트해로 통하는 길을 확보한다. 이 싸움은 서양사에서 중세시대 최대의 전략적 전투로 유명한데, 이로 인해 폴란드와 독일은 이후 계속해서 영토 분쟁을 겪게되며, 나아가 2차대전 당시 히틀러의 폴란드 침공에 있어 유력한 명분이 되기도 한다.

한편 1447년 즉위한 야기엘로 Ⅳ세는 선

대에서 물려받은 국위를 더욱 신장시켜 북으로는 발트해, 남으로는 흑해에 이르는 대왕국을 건설하여 폴란드 역사상 최고의 황금기를 구가한다.

그러나 1492년에 야기엘로 Ⅳ세가 사망하자 대왕국 폴란드의 운명은 하루아침에 내리막길을 걷기 시작한다. 몰락한 왕족 대신 귀족들이 득세하기 시작하자 귀족들 간의 전횡과 갈등이 표면화되면서 폴란드 내정은 자체에서 왕을 옹립하지 못하고 인근국에서 영입해야만 하는 불행한 전통을 만들어 낸다. 게다가 17세기에 들어서는 발트해를 둘러싼 스웨덴과의 전쟁 및 튀르크와의 전쟁으로 국력이 소진되고, 이어 프로이센, 오스트리아, 러시아가 차례로 침입해 온 결과, 마침내 1795년 폴란드는 이들 3국에 의해 완전 분할 통치되면서 123년 동안이라는 기나긴 식민지 시대(1795~1918년)을 맞이한다.

세계 1차대전 직후인 1918년 11월, 폴란드는 연합군측의 승리에 편승, 대망의 독립을 달성한다. 하지만 1939년 9월 1일 새벽, 나치 독일의 폴란드 침공으로 시작된 2차대전의 여파로 다시 독일과 소련에 의해 양분된다. 그리고 전쟁 중 폴란드는 약 600여만 명이 희생되는 세계 최대의 피해국으로 기록된다. 이후 폴란드는 2차대전 종식과 함께 소련을 맞이한다. 이어 친소련계인 공산당 주도로 통일정부가 수립되고 폴란드 인민공화국이 출범한다.

또한 1955년에 결성된 '바르샤바 조약기구'의 주요국가로 활약하며, 이후 약 35년 동안 사회주의 노선을 견지한다. 그러나 1980년대 말에 밀어닥친 동구권의 자유화 물결에 편승, 바웬사를 중심으로 한 자유노조가 정치 전면에 부상하면서 급속히 사회주의로부터 이탈하기 시작한다. 그리고 89년에는 헌법 개정을 통해 인민공화국의 깃발을 내리고 마침내 민주공화국으로 새롭게 출발하게 되었다.

☞ 정 치

지난 90년 전체 유권자의 75%란 압도적인 지지를 받으며 폴란드 초대 대통령으로 당선되었던 레흐 바웬사는 소위 '폴란드식 총격요법'이란 급진적인 시장개방 정책으로 동구권을 비롯, 국제정치 무대에서 민주화의 총아로 떠오른 바 있다.

그러나 출범 1년 만에 가진 자유총선에서 바웬사의 지지기반인 자유노조가 급격한 하락세를 보인 반면 좌파계열인 민주좌익연합이 제1당으로 부상하는 등 군소정당들이 대거 의회에 진출, 향후 정국운용에 일대 변화를 예고하였다. 상황이 자신에게 불리한 것을 직감한 바웬사는 즉각 의회해산령을 발동, 93년 가을 재차 총선을 실시하였으나 결과는 여전히 구 공산당 계열의 좌익연합과 농민당의 압승으로 나타나 좌익계 2당의 연립정부가 구성되기에 이른다.

지난 94년 말, '95년도 예산안'을 놓고 마침내 반공주의자 바웬사 대통령과 좌익연립내각 간의 갈등이 폭발하고 만다. 서방언론들이

'폴란드 정국의 총체적 위기'로 평가했던 이 난국에서 폴란드 정치권은 농민당 출신의 파블락 총리를 사임시키고 의회 내 최대파벌인 민주좌파연합의 올렉시 전 하원의장을 새 총리로 기용함으로써 타개의 실마리를 찾는다. 하지만 민주좌파연합의 크바스니예프스키 총재가 차기 대통령 후보로 대두되고 있던 상황에서 같은 계파의 총리가 등용된 것은 결과적으로 바웬사에게 치명적이었다.

게다가 강력한 대통령 중심제를 골자로 한 개헌 추진 작업이 국내 여론을 악화시킨데다 지난 5년 동안의 경제개혁 성과가 국민들의 기대에 미치지 못하고 실업률의 증가와 복지감소란 부작용만 초래하였다.

결국 95년 11월 20일, 동구권 민주화의 영웅 바웬사는 침몰하고 말았다. 이에 서방언론들은 '크바스니예프스키의 승리라기보다는 바웬사의 패배'란 한마디로 폴란드 대통령 선거를 평하였다.

한편 96년에 접어들자마자 올렉시 총리가 지난 83년부터 구소련과 러시아에 국가기밀을 유출시켜왔다는 의혹이 제기되어 검찰당국인 수사에 나서는 사건이 발생한다.

이로 인해 결국 올렉시 총리는 사임을 표명하고 좌파연합과 농민당은 즉각 대책회의를 연 끝에 새 총리에 치모세비츠 전하원 부의장을 지명한다.

치모세비츠 총리는 시정방침연설을 통해 외교·경제정책과 관련, 전정권의 정책을 계속 이어나갈 것이라고 표명하였다.

☞ 경 제

폴란드 경제는 지난날의 국유제와 중앙집권적 계획체제에서 탈피, 동구권에서 가장 급진적으로 자유기업체제로의 전환을 서두르고 있다.

따라서 자유노조의 파업으로 최악의 경제상황을 빚었던 지난 88년 이후 대폭적인 산업의 사유화와 화폐개혁, 그리고 IMF 경제개혁안 수용 등을 통해 시장경제체제로의 체질개선과 경제재건을 위해 노력하고 있는 중이다. 이에 따라 계속해서 마이너스 성장을 기록하던 성장률이 92년을 기점으로 플러스로 전환, 94년도의 4.7%에 이어 95년도에는 7.0%란 괄목할 만한 성장을 기록한다.

이러한 성장의 배경에는 지난 93년부터 유럽경기가 차츰 호전됨에 따라 인근 독일, 러시아연방 등과의 국경무역이 활기를 띠고 있는데다, 민간분야의 지속적인 성장으로 투자활성화와 민간소비의 상승 등이 큰 몫을 하였기 때문이다.

그러나 상승세를 타고 있는 폴란드 경제이긴 하지만 일말의 불안감이 없지 않아 있다. 이는 바로 경제성장이 전반적인 산업구조의 개선 및 대외경쟁력의 강화를 통해 이루어지는 것이 아니라 단지 민간소비의 증가와 국경무역의 수요증대 등 단기적 요인에 전적으로 의존하고 있기 때문이다.

95년 이후 좌익정권의 출범으로 사유화정책에 일부 수정이 가해지고 있다. 증가일로에 있는 실업률로 인해 국영기업의 민영화에 제동이 걸린 것이다. 많이 개선되었다고는 하나 96년에 들어서도 실업률은 여전히 15% 내외, 인플레율은 20% 내외로 높은 수준이다. 게다가 폴란드의 국영기업들은 하나같이 재무구조가 도산직전에 와 있는 실정이어서 증세를 한다지만 투자재원을 확보하기가 여의치 못하다. 또한 폴란드의 주요 수출산업분야가 주로 1차산품에 편중되어 있고, 또한 섬유, 철강 등 보호주의 유발품목이 주류를 이루고 있다.

때문에 폴란드 경제에게는 무엇보다 장기적이고 체계적인 경제운영전략이 절실하다. 그리고 대외무역의존도가 큰 폴란드 경제이고 보면 국제경제 메커니즘에 적절히 대응할 수 있는 산업구조 조정작업도 필수적이다.

따라서 폴란드 정부는 보다 적극적인 제도적 개혁방안의 마련 및 추진, 유럽연합에의 가입 등을 통해 발돋움하고 있는 폴란드 경제의 앞날을 밝혀나갈 것으로 알려지고 있다.

☞ 사회와 문화

폴란드인의 애국심은 각별하다. 뼈저린 역사적 경험을 통해 조국의 소중함을 알고 있기 때문이다. 또한 폴란드인은 약자에게 무척 관대하다. 그만큼 약한 자의 슬픔도 이해하고 있다는 뜻이다. 하지만 폴란드인은 자기 생각이 옳다면 끝까지 밀어붙인다. 왜냐하면 그들이 낳은 슈만과 코페르니쿠스와 퀴리부인이 그렇게 가르쳤기 때문에.

체코 공화국
(The Czech Republic)

— 독립일 : 1993년 1월 1일, UN 가맹일 : 1993년 1월 19일 —

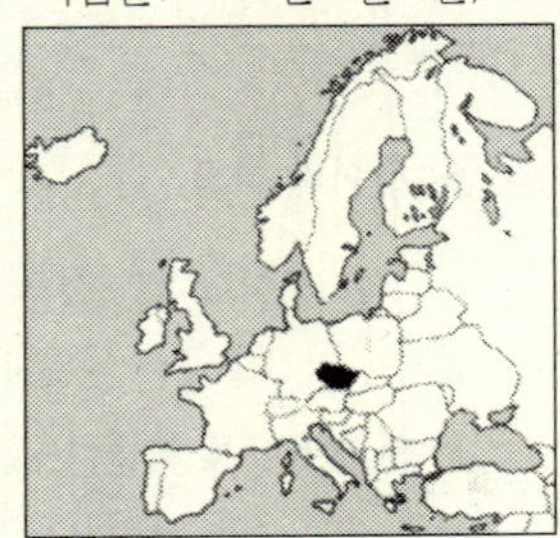 

☞ 주요 통계 자료

・면　　　적	7만 8864㎢
・인　　　구	1033만 명(95년)
・수　　　도	프라하(Praha) 인구 134만 명(94년 말)
・주요 도시	브르노(38만 명), 오스트라바(33만 명), 플제니(17만 명)
・주요 민족	체코인(슬라브계 81.2%), 모라비아인(13.2%), 슬로바키아인(3.1%)
・언　　　어	체코어(공용어)
・종　　　교	카톨릭(43%), 개신교(6%), 그리스 정교(3%)
・정치 체제	공화제
・헌　　　법	1993년 1월 1일 시행
・국가 원수	대통령 바츨라프 하벨(Vaclav Havel) 간선제(상·하원 합동총회에서 선출) 임기 5년 93년 2월 2일 취임
・의　　　회	2원제 상원(81석 임기 6년) 하원(200석 임기 4년)
・내　　　각	대통령이 임명 총리 바츨라프 클라우스(Vaclav Klaus) 92년 7월 취임 96년 7월 4일 2차 내각 발족
・주요 정당	시민민주당, 체코사회민주당, 보헤미아·모라비아 공산당
・국내총생산	471억 달러(95년)
・1인당 GNP	4556달러(95년)
・통화 단위	체코 코루나(Koruna). 1달러=27.248코루나(97년 1월)
・주요 자원	석탄, 동
・주요 공산품	승용차, 화물자동차, 열연강판, 가구류, 유리제품
・주요 농산물	흡, 맥아(麥牙), 육류
・무　　　역	수출 166억 3900만 달러, 수입 203억 7800만 달러(95년)

(자료원 : 체코 통계청／Chzech National Bank)

☞ 자연 환경

중앙유럽에 위치한 이 나라는 독일, 폴란드, 오스트리아, 슬로바키아 등 4개국과 국경을 맞대고 있는 내륙국이다. 전체 면적은 한국의 약 0.8배에 해당하며, 전국은 크게 서부의 보헤미아 지방과 동부의 모라비아 지방으로 나누어 살펴볼 수 있다.

보헤미아는 수도 프라하를 비롯, 남북을 관통하며 흐르는 엘바 강을 중심으로 주로 낮은 구릉지와 평지로 이루어져 있으나 독일과의 국경지역으로 갈수록 산지가 많아진다.

반면 체코모라바 고지를 정점으로 갈라지는 동부 모라비아 지역은 다뉴브강의 원류인 모라바 강을 중심으로 대부분 평야지대를 이루고 있다. 체코의 기후는 내륙국인 만큼 전반적으로 대륙성 기후를 띠고 있다. 따라서 여름엔 비교적 더우나 겨울은 무척 춥고 건조한 편이다.

☞ 간추린 역사

원래 이 곳은 기원전 게르만족의 일파인 보이이족이 정착하였던 곳이다. 따라서 '보헤미아'란 지명도 '보이이족의 땅'이란 의미를 지니고 있다. 이후 6세기경 슬라브계의 체히인들이 터를 잡기 시작, 9세기 무렵에 체코와 슬로바키아 민족에 의한 '대(大)모라비아 제국'이 건설된다. 하지만 한때 번영을 구가했던 이 제국도 10세기 초 헝가리 제국의 침입으

로 슬로바키아 지방이 점령당하면서 쇠퇴의 길로 접어들고, 남아 있던 체코지역마저도 16세기 초에 당시 일세를 풍미하던 합스부르크 왕가의 오스트리아·헝가리 제국에 완전 편입된다. 이로써 체코는 20세기 초엽 1차 세계대전이 끝날 때까지 장장 390여년(1526~1918년)간에 걸쳐 강대국의 식민지 통치 하에 놓인다.

1918년 10월, 1차대전의 종결과 함께 오스트리아·헝가리 제국이 붕괴되자 체코와 슬로바키아 민족은 한데 힘을 합쳐 '체코슬로바키아 공화국'을 수립하고, 동구권에서 유일하게 의회민주주의를 실시한다. 그러나 이 체코슬로바키아 공화국은 민주주의가 채 뿌리도 내리기 전에 인근 독일의 나치정권이 2차대전을 일으킴으로써 해체의 시련과 함께 또다시 외세의 점령지로 전락한다.

1945년 5월, 이미 패색이 짙어진 나치독일이 이 곳에서 철수하자 이번에는 연합국 일원의 자격으로 소련군이 진주한다. 그리고 이듬해인 46년 5월에 소련군정 하에서 치른 총선거에서 체코슬로바키아 공산당이 제1당으로 부상, 2년 동안의 전후 수습기간을 가진 다음 해인 48년 6월에 '체코슬로바키아 인민 공화국'을 정식 수립, 선포한다.

한편, 1968년 1월, 당시 동구권에 불어닥친 민족·민주운동에 편승, 체코슬로바키아 공산당 중앙위원회는 그 때까지 보수정책으로 일관하고 있던 노보트니 정권을 밀어내고 개혁파의 중심인물이었던 두브체크를 당서기장으로 추대한다. 두브체크 서기장은 '인간의

얼굴을 가진 사회주의'를 표방하며 사회제도 및 정치제도 전반에 걸친 민주개혁운동을 추진한다.

하지만 이 체코슬로바키아의 자유화운동에 대해 소련을 비롯한 동유럽 사회주의 국가들은 마르크스·레닌주의로부터의 이탈이란 명분을 내세워 불법적인 무력침공을 감행한다. 68년 8월, 20여만 명에 달하는 바르샤바 조약군에 의해 두브체크를 비롯한 개혁파들이 모두 체포되고, 따라서 체코슬로바키아의 저 유명한 '프라하의 봄'도 세계여론의 안타까움 속에 막을 내리고 만다.

비록 실패로 끝나긴 했지만 이 사건은 70년대 이후 소련과 동구권 사회주의 국가간의 관계를 새롭게 정립하는 계기로 작용하였으며, 나아가 동구권 민주화운동의 초석으로 자리매김 된다.

69년 4월, 두브체크 축출 후에 들어선 후사크 정권은 체코와 슬로바키아 각각에 독자적인 정부와 의회를 인정하는 연방제를 채택한다. 그러나 이후 50여 만 명에 달하는 개혁파 당원들이 제명 또는 숙청당하는 등 인권탄압의 사례가 속출하였다. 이에 1977년 1월에 체코슬로바키아 지식인들은 전국민의 이름으로 정부의 인권탄압에 항의, '헬싱키 조약'의 준수를 촉구하는 '77헌장'을 공표한다.

그리고 이 여세를 몰아 89년에는 공산통치 종식과 자유화를 요구하는 '벨벳 혁명'을 성공리에 완수, 90년 자유총선거를 거쳐 혁명주도세력이었던 '시민 포럼'을 중심으로 한 비공산 연립정권을 출범시킨다. 또한 민주화 단행 이후 강하게 제기되기 시작한 슬로바키아 내의 분리독립운동을 적극 수용, 체코와 슬로바키아 연방공화국 대표간의 합의로 93년 1월을 기해 평화적 분리, 독립을 달성한다.

☞ 정 치

체코 공화국의 정치체제는 대통령을 수반으로 한 입헌공화국을 취하고 있지만 의원내각제적 성격이 강한 편이다. 국가원수인 대통령은 의회에서 간선제로 선출되며, 2회에 한하여 연임이 가능하다. 연방 독립 후 초대대통령으로는 '헌장 77'의 극작가로 알려진 바츨라프 하벨씨가 맡고 있다. 반면 의회는 대선거구제를 통해 국민의 직접선거로 뽑힌 200명의 의원으로 이루어진 하원(The Chamber of Deputies)과 역시 국민의 직접선거를 통해 선출된 81명의 의원으로 이루어진 상원(The Senate)으로 구성된다.

현재 의회활동을 벌이고 있는 주요정당으로는 지난 92년 총선에서 29.7%의 지지율로 집권당이 된 시민민주당(과거 시민포럼의 급진개혁세력들이 중심)을 비롯, 기독민주동맹·체코슬로바키아 인민당 및 시민민주동맹 등이 우익쪽을 대변하고 있으며, 좌익으로는 제1야당인 사회민주당과 보헤미아·모라비아 공산당(과거 공산당의 후신) 등을 들 수 있다.

1993년 벽두부터 지난 74년의 세월 동안 유지해온 연방체제를 해체, '체코 공화국'이란 단일국가로 출범식을 올린 체코 정국은 연방 해체에 따른 후유증에도 불구하고 집권당인 시민민주당을 중심으로 계속적인 개혁 정책을 추진 중에 있다.

따라서 경제적으로는 시장경제원리를 골자로 한 경제개혁안을 토대로 자유무역주의 표방과 아울러 유럽연합(EU) 가입을 위해 대외통상정책을 대폭 수정한 바 있으며, 과거청산의 차원에서 지난날 체코비밀경찰과 협력했던 자들을 색출, 공직에서 추방하는 내용의 법률안(일명 'Screening Law')을 의회에서 통과시행하였다.

한편 지난 94년 11월에 시행된 지방선거에서 집권 시민민주당은 프라하 등 몇몇 주요 도시에서는 승리를 거두었으나 전체 득표율에서 기독민주동맹·체코슬로바키아인민당이 거둔 12%에도 모자라는 11%에 그쳐, 이후 정권 재창출에 한 점 불안감을 던져 주었다. 아니나 다를까 96년 5월 31일, 6월 1일, 양일 동안 실시된 하원선거에서 클라우스 총리가 이끄는 시민민주당은 비록 제1당의 위치는 고수했지만 과반수 확보에 실패하고 만다. 반면, 제1야당인 사회당은 지난번 선거에 비해 4배가량 신장된 61석을 확보, 차기 집권의 가능성까지도 내다볼 수 있게 되었다.

☞ 경 제

체코는 전통적으로 동유럽의 대표적인 공업국이었으며, 공산 치하에서도 비교적 높은 경제수준을 자랑했던 나라이다. 따라서 다른 동구권의 나라들에 비해 산업시설과 공업기술이 모두 우수한 편이며, 노동력 또한 매우 숙련되어 있다.

하지만 체코 경제는 개방 이후 슬로바키아 분리문제 등으로 몸살을 앓으면서 한때(91년) 경제성장률이 마이너스 14.2%까지 떨어지는 심각한 위기국면을 맞기도 했다. 그러나 93년 하반기부터 점차 회복되기 시작, 94년도에는 성장률 2.6%, 95년도에는 4.0%를 달성하며 마침내 본궤도에 올랐음을 보여준다.

특히 이 나라 경제의 고무적인 측면은 경제의 근간을 이루고 있는 공업생산력이 94년 들어 개방 이후 처음으로 플러스 성장을 기록한데다 95년도에는 6%란 높은 성장률을 나타냈다는 점이다. 이는 가격자유화 및 부가가치세 도입 등의 악재에도 불구하고 체코 정부의 철저한 긴축정책으로 인플레가 10%의 안정선을 유지함에 따라 대외무역이 증가하고, 이와 연계하여 국내사유화 기업들의 경제활동이 활발해졌기 때문이다.

체코의 산업구조는 공업입국답게 기계공업을 비롯, 제조업 중심으로 이루어져 있다. 또한 체코의 공업분야는 부존자원의 부족으로 (다양한 지하자원을 보유하고 있으나 석탄을 제외한 거의 모두가 극히 소량이라 경제성이 없다) 원료를 전량 수입에 의존하고 있음에도 불구하고 높은 기술력을 이용한 가공업이 발달, 생산성이 높고 생산품목도 매우 다양한 편이다.

따라서 비록 개방 이후 한동안 침체현상

을 보이긴 했지만 체코의 기계공업분야는 오늘날까지 세계적 수준을 자랑하며, 이 밖에 금속가공, 화학, 의약, 제지, 유리, 자동차 산업 등이 경제성장의 주역으로 부상하고 있다.

게다가 최근 들어서는 관광산업에 대한 관심이 고조되어 고전미와 현대미가 조화를 이루고 있는 프라하를 중심으로 자연경관이 빼어난 보헤미아 지역을 집중 개발, 외화획득의 유망산업으로 적극 육성 중이다.

한편 체코 정부는 그 동안 8차 걸쳐 추진해온 경제개발 계획을 일단 접고, 95년도부터 민영화를 통한 시장경제체제로의 개혁을 더욱 적극적으로 추진할 의지를 표명했다.

그리고 이와 연계하여 외국자본의 국내 투자를 정부차원에서 적극 유도하는 한편, 체코 산업구조의 가장 취약분야인 통신시설과 정유 및 석유시설 관련분야에 대한 현대화 프로젝트를 입안, 현재 실행에 옮기고 있다.

개방을 통한 시장경제체제로의 전환과정에서 해외의 자본과 기술 유치는 실로 중차대한 문제이다. 그리고 이는 개방정책을 추진하고 있는 모든 동구권 나라들의 공통 관심사일 것이다. 체코는 최근에 나타난 경제수치만 놓고 본다면 동구권에서 가장 안정적인 서장세를 유지하고 있다. 따라서 향후 관계 법령 등 제도적 장치가 보완되고, 은행 및 통신 서비스의 후진성 등을 극복한다면 개방경제정책의 성공적으로 사례로 역사에 기록되리라 여겨진다.

☞ 사회와 문화

유럽 내 동구권 국가 중 최고의 생활수준과 높은 문화를 지니고 있다. 특히 수도 프라하는 '천탑(千塔)의 거리'란 이름답게 도시 전체가 고딕, 바로크 등 중세 건축의 미술관을 옮겨놓은 것 같다.

슬로바키아 공화국
(The Slovak Republic)

— 독립일 : 1993년 1월 1일, UN 가맹일 : 1993년 1월 19일 —

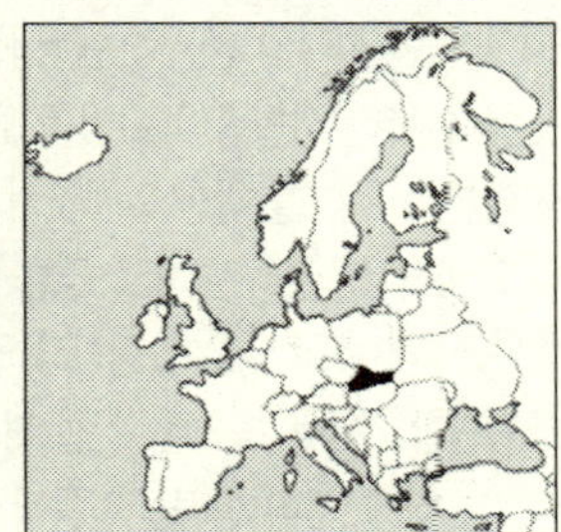 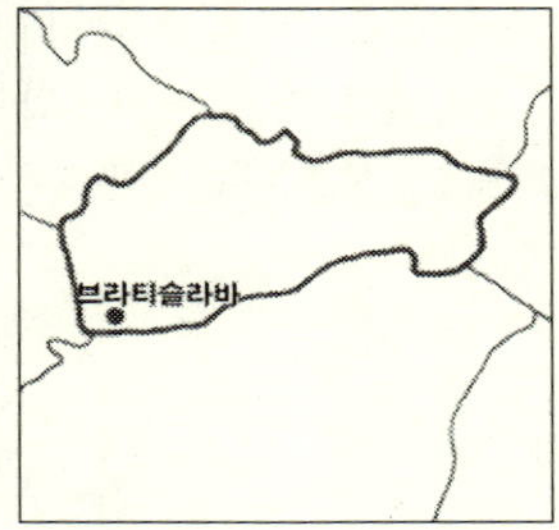

☞ 주요 통계 자료

·면　　　적	4만 9036㎢
·인　　　구	536만 명(95년)
·수　　　도	브라티슬라브(Bratislava) 인구 45만 명(94년)
·주요 도시	코시체, 프레조프, 니트라
·주요 민족	슬로바키아인(서슬라브계, 85.7%), 헝가리인(10.6%), 집시(1.6%)
·언　　　어	슬로바키아어(공용어), 헝가리어(행정 언어)
·종　　　교	카톨릭(68%)
·정치 체제	공화제
·헌　　　법	1992년 9월 1일 채택, 93년 1월 1일 발효
·국가 원수	대통령 미하르 코바치(Mihal Kovac) 의회에서 선출 임기 5년 93년 3월 2일 취임
·의　　　회	1원제 국민의회(150석) 직선제 임기 4년
·내　　　각	대통령이 총리 임명 블라디미르 메치아르(Vladimir Meciar) 94년 12월 13일 발족 96년 8월 27일 개조
·주요 정당	민주슬로바키아운동, 민주좌익당, 기독교민주운동
·국민총생산	158억 달러(95년)
·1인당 GNP	2940달러(95년)
·통화 단위	슬로바키아 코루나(Koruna). 1달러＝32.063K(97년 1월)
·주요 자원	동, 아연, 납, 석탄
·주요 공산품	설비기기, 기계, 수송기기
·주요 농산물	밀, 보리, 감자
·무　　　역	수출 79억 4000만 달러, 수입 78억 8400만 달러(95년)

(자료원 : 슬로바키아 통계국／슬로바키아 중앙은행)

☞ 자연 환경

유럽의 정중앙에 자리잡은 내륙국. 북부는 카르파티아 산맥 줄기에 위치해 전반적으로 산악지대. 남부는 다뉴브 강 유역에 평야가 펼쳐져 비옥한 곡창지대를 이룬다. 기후는 대륙성으로 겨울은 무척 춥다. 특히 북부의 산악지대는 만년설과 울창한 침엽수림이 아름다운 설경을 이루고 있다.

☞ 간추린 역사

10세기 초 헝가리 점령 이후 1000여 년 동안 체코와 분리되어 있다가 공산정권 수립과 동시에 연방국가로 통합된다. 그러나 89년 사회주의권 몰락으로 연방에서의 분리운동을 전개. 92년 6월 총선에서 분리운동의 구심체인 민주슬로바키아운동(HZDS)이 1당자리를 차지. HZDS는 같은 해 7월 독립을 위한 주권선언을 채택, 체코의 정치지도자들과 연방분리방안을 놓고 여러 차례 회담을 전개한 끝에 연방 해체에 합의한다. 따라서 93년 1월 이 곳은 슬로바키아 공화국으로 새롭게 출범한다.

☞ 정치와 경제

국가 원수는 대통령이지만 내각의 수반인 총리의 권한이 더 강력하다. 대통령은 의회에서 선출하며, 복수정당제를 채택하고 있다. 94년 가을 총선에서 민주슬로바키아운동이 승리, 메치아르 의장이 다시 총리로 복귀. 그러나 이후 메치아르 총리와 코바치 대통령간의 대립이 격화되면서 슬로바키아 정국은 점점 안개 속으로 휩싸여간다. 한편 민주슬로바키아운동 중심의 연립정권은 정부 출범 후 처음으로 96년 8월 27일 일부 내각 교체를 단행. 그 동안 정부의 공권력 남용에 대해 유럽연합을 비롯한 서방측이 우려를 표명해옴에 따라 여론의 무마를 위한 임시조치로 알려졌다. 외교적으로는 분리된 체코 공화국과 같은 기조로 보조를 맞추고 있으며, 헝가리, 폴란드와 함께 유럽연합 가입을 목표로 '유럽 협정'에 서명.

경제 분야에서는 전통적으로 공업이 발달하지만 생산제품들의 국제 경쟁력은 약한 편. 분리 독립 후 체코와 마찬가지로 국영기업의 민영화, 가격자유화 등 시장경제로의 이행정책을 추진 중이다. 하지만 15%에 달하는 실업과 높은 인플레이션 등의 문제에 직면, 고심하고 있다. 93년 1월 헝가리, 폴란드와 함께 자유무역지대를 창설하기로 합의하였다.

☞ 사회와 문화

과거 연방시절 슬로바키아 지역은 체코에 비해 푸대접을 받아왔다. 따라서 슬로바키아인의 불만이 결국 오늘날 연방분리 및 독자노선의 길을 선택하도록 했다고 할 수 있다. 대체적으로 보수성향이 강하며, 도심지의 화려함보다는 시골의 소박하고 전원적인 생활을 좋아한다. 수도 브라티슬라바는 과거 동구 사회주의권 나라 중에서 최초로 보행자 천국을 위해 설계된 계획 도시로 알려져 있다.

스 페 인
(Spain)

— UN 가맹일 : 1955년 12월 14일 —

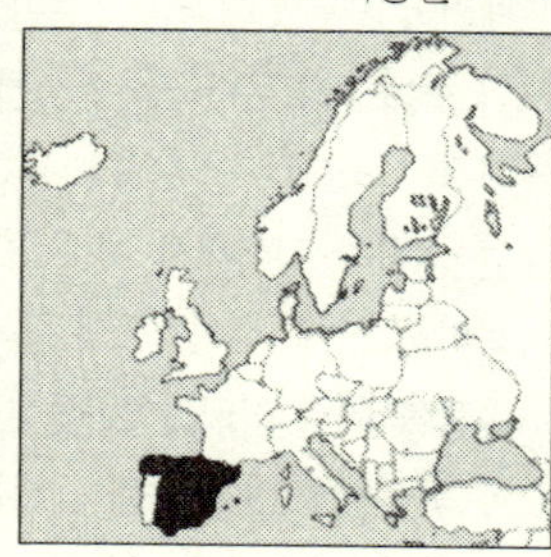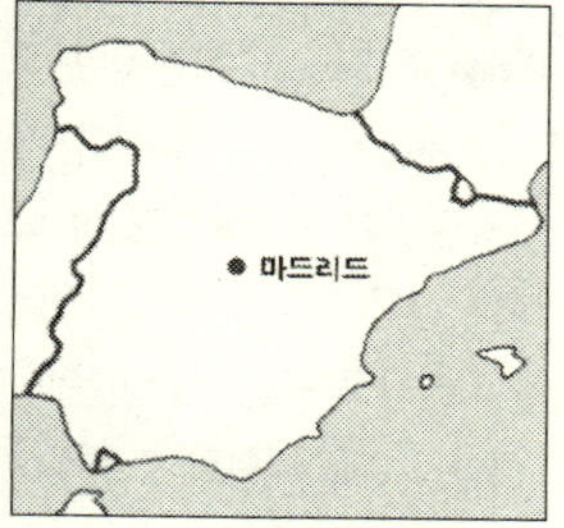

☞ 주요 통계 자료

·면　　적	50만 4782㎢
·인　　구	3921만 명(95년)
·수　　도	마드리드(Madrid) 인구 301만 명(93년)
·주요 도시	바르셀로나(164만 명), 발렌시아(75만 명), 세비야(68만 명), 사라코사(59만 명)
·주요 민족	원주민인 이베리아인과 켈트인, 로마인, 게르만인과 베르베르인 등의 혼혈로 오늘날 스페인인이 됨
·언　　어	스페인어(국어)
·종　　교	대부분이 카톨릭
·정치 체제	입헌 군주제 의원 내각제
·헌　　법	1978년 12월 29일 공포
·국가 원수	국왕 주앙 카를로스 1세(Juan Carlos Ⅰ) 75년 11월 22일 즉위
·의　　회	2원제 상원(257석) 하원(350석) 둘 다 임기 4년
·내　　각	국왕이 다수당의 당수를 총리로 지명 국회에서 승인 총리 호세 마리아 아스나르 (Jose Maria Aznar) 96년 5월 발족
·주요 정당	국민당, 사회노동당, 카탈루냐 동맹
·국내총생산	5591억 달러(95년)
·1인당 GNP	1만 4312달러(95년)
·통화 단위	페세타(Peseta). 1달러＝131.15페세타(97년 1월)
·주요 자원	석탄, 철, 연, 아연, 수은
·주요 공산품	자동차, 석유화학제품, 조선, 철강, 섬유류
·주요 농산물	밀, 보리, 옥수수, 해바라기, 감자
·무　　역	수출 1028억 4100만 달러, 수입 1225억 3900만 달러(96년)

(자료원 : 스페인 통계청／Banco de Espana)

☞ 자연 환경

'정열의 나라'로 상징되는 스페인은 유럽대륙의 남서쪽에 있는 이베리아 반도의 약 4/5를 차지하고 있는 나라이다. 정식명칭은 에스파냐 왕국(Reino de Espana). 북동쪽 프랑스, 안도라와의 국경지대엔 피레네 산맥이, 서대서양 연안엔 칸다프리아 산맥이, 그리고 남부엔 시에라모레나 산맥이 사방에 병풍처럼 둘러쳐진 가운데 자리잡고 있는 스페인은 국토의 대부분이 해발 1000m 내외의 고원지대를 이루고 있다. 따라서 남동부 지중해 연안지역을 제외하고는 거의 농경지를 찾아보기가 힘들다. 기후는 전반적으로 대륙성 기후를 띠고 있어 연중 기온차가 심하고 건조한 편이며, 다만 지중해 연안지역은 따뜻한 지중해성 기후를 띠고 있다.

☞ 간추린 역사

스페인의 고대시대는 그리스 문명의 영향권 속에서 전개된다. 기원전 1100년경 페니키아인이 카디스에 상업기지를 건설하면서 시작된 이 시기는 이후 카르타고의 식민시대를 거치면서 화려한 상업문명의 혜택을 함께 공유한다. 하지만 기원전 3세기 무렵 카르타고가 포에니전쟁에서 로마에 패하자 이 곳의 지배권도 자연히 로마의 수중에 떨어진다. 이후 500년 동안 지속되는 로마시대를 통해 스페인은 로마의 속주로 존재하면서 라틴어의 보급 및 기독교 문화의 세례를 받는다.

한편 5세기에 접어들면서 한 시대를 풍미했던 로마시대도 게르만족의 이동과 더불어 차츰 쇠퇴의 길로 접어든다. 이 때를 틈타 이베리아 반도를 침공한 게르만계의 서고트족은 이 곳에 서고트왕국을 건설하고 카톨릭을 본격적인 국교로 선포한다. 또한 7세기 말부터는 세력이 강성해진 이슬람의 아랍인세력이 북아프리카의 무어인들과 힘을 합쳐 유럽대륙 진출을 위해 이베리아반도에 상륙한다. 그리고 8세기 초 이 이슬람 세력들은 서코트왕국을 멸망시키고 북부 일부를 제외한 이베리아 반도 전역을 지배하면서 10세기에는 코르도바를 중심으로 이슬람문화의 전성기를 구가한다. 하지만 이베리아 반도의 이슬람왕조는 11세기 이후 카톨릭 세력의 국토회복운동에 봉착, 오랜 세월 동안 이전투구(泥田鬪狗)를 거듭하다가 15세기 말 마지막 근거지였던 그라나다를 빼앗기면서 이슬람시대의 종말을 고한다. 그리고 이 국토회복운동의 과정을 통하여 스페인은 봉건시대를 열게 되고, 또한 포르투갈이 스페인으로부터 분리되는 결과를 빚어낸다.

스페인의 역사에서 16세기 중엽부터 17세기 후반까지를 이른바 '황금의 세기'라 한다. 이미 1492년 콜럼버스의 '지리상의 발견'을 통해 식민지 개척에 나선 스페인은 16세기에 이르러 브라질을 제외한 남미대륙 전역을 수중에 넣는 성과를 올린다. 그리고 식민지에서 채굴해 온 금, 은 등을 통해 막대한 이익을 거뒤들이고 모직물공업 등 경제발전을 추진하기도 한다.

그러나 18세기에 접어들어 유럽전역에 근대화의 물결이 몰아치자 이전의 스페인의 영광은 차츰 영국과 네덜란드의 위세 앞에 압도당하기 시작한다. 나라 안으로는 가혹한 종교재판과 유대인과 무어인에 대한 박해르 말미암아 노동력이 고갈되는 지경에 빠지고, 또한 대외적으론 영국, 프랑스, 네덜란드 등과의 전쟁에서 모두 패해, 결국 무적함대의 패권을 영국에게 넘기고 만다. 정치권력은 부패의 극을 달렸다. 하지만 혁명을 추진할 만한 신흥계급이 스페인에는 없었다. 게다가 국외 식민지들의 독립이 가속화되고 연이어 터진 디국과의 전쟁으로 인해 마침내 스페인은 유럽의 최후진국으로 몰락하고 만다.

20세기가 도래하자 스페인은 국제적 고립과 반봉건적 잔재가 낳은 여러 가지 사회문제에 봉착한다. 특히 교회 중심의 기생적 대토지소유는 민중 불만의 표적이었다. 왕권은 군부를 끌어들여 민중운동의 열기를 제어하려 했다. 그러나 군부마저 이미 실추된 왕권에 대해 등을 돌림으로써 1931년 스페인은 왕정을 폐지하고 공화국 체제를 맞이한다.

스페인의 새로운 공화국은 일차적으로 봉건잔재의 청산에 나선다. 하지만 귀족과 군부의 반동에 부딪혀 제대로 된 개혁을 추진할 수 없었다. 이에 불만을 품은 스페인의 노동자, 농민들은 '인민전선'을 결성, 1936년 총선을 통해 정치 전면에 등장한다. 그러나 이번에는 프랑코 중심의 우익진영이 인민전선에 대해 총부리를 겨눈다. 이른바 '스페인 내전'이 발발한 것이다. 3년 동안의 내전은 결국 반란군 프랑코 장군의 승리로 종결된다. 그리고 이 때부터 스페인은 장장 36년 동안 프랑코 총독 1인이 다스리는 전제정치가 이어진다.

☞ 정 치

1975년 프랑코 총독의 죽음을 계기로 독재정치를 마감하고 국민투표를 통해 정치개혁법을 발동, 공산당의 합법화, 프랑코의 국민운동 해산, 겸열제도 폐지 등 대규모 민주화조치를 단행한다. 또한 78년 12월에는 개헌을 단행하여 의원내각제에 바탕을 둔 입헌군주제를 정치체제로 채택한다. 따라서 명목상의 국가원수는 75년 11월에 즉위한 국왕 카를로스 Ⅰ세이지만 실제 정치운영의 책임은 하원의 다수당을 기반으로 한 총리가 맡고 있다.

스페인의 사회노동당은 82년 10월 총선에서 다수의석을 확보하여 집권한 이래 86년, 89년 총선에 이어 93년 총선에서도 승리, 13년째 스페인 정국을 주도하고 있다. 집권 초기 사회노동당 정권은 스페인의 유럽공동체 가입을 실현하는 한편 국내정치의 민주화와 경제개혁을 단행하여 국민으로부터 열렬한 지지를 받는다. 그러나 92년 세비야 엑스포와 바르셀로나 올림픽 개최를 기점으로 경제사정이 악화되기 시작하여 집권 이후 최대의 정치적 위기에 봉착한다.

게다가 94년 전 중앙은행 총재인 마리아노 루비오 등 고위공직자들의 부정축재 사실이 폭로되면서 정권의 도덕성에도 치명적인 상처를 입게된다. 이에 따라 곤잘레스 총리는 사태 발생 즉시 내무장관과 농수산부장관을 경질하는 등 일대 개각을 단행하여 정치적 신뢰회복에 나섰으나 지난해 실시된 유럽의회 선거에서 야당인 국민당에 참패하는 결과를 낳고 만다. 이번 선거에 기록한 사회노동당의 30.7%란 득표율(반면 국민당은 40.2%)은 집권 이후 가장 낮은 지지율이며 더군다나 전국 규모 선거에서 야당에게 최초의 패배를 기록함으로써 향후 스페인 정국의 지각변동을 예고했다.

96년 3월 3일에 실시된 조기총선에서 호세 마리아 나스나르 당수가 이끄는 스페인 국민당이 사회노동당을 누르고 승리, 마침내 원내 제1당으로 부상한다. 그리고 동년 4월 말 국민당은 카탈루냐 동맹 등과 연립정부 구성에 합의함으로써 사회노동당의 과거 13년 6개월간의 집권기간을 마감하고 정권 교체를 이루어 낸다.

한편 94년 7월 29일, 마드리드 중심부에서 폭탄테러가 발생, 3명이 사망하고 10여 명이 중상을 입는 사건이 발생한다. 스페인 경찰청은 이번 사건의 주모자로 북부 바스크지방의 분리 독립을 주장하고 있는 '바스크 조국과 자유(ETA)'란 극우단체를 지목하고 있다.

특히 이번 사건은 최근 유럽 전역에서 만연되고 되는 우경화 경향의 극단적인 표출이란 점에서, 또한 뒤이은 우익 정권의 등장과 맞물려 있다는 점에서 세간의 우려를 자아내고 있다.

☞ 경 제

다른 유럽의 선진국들에 비해 산업 혁명의 과정이 철저하지 못했던 스페인은 20세기에 접어들어서야 정부의 적극적인 산업정책을 통해 공업화를 이룩한다. 특히 1956년 프랑코 정권은 경제개발을 위한 외자도입의 일환으로 경제안정계획을 발표하고 3차례에 걸친 경제개발계획(제1차 1964~69년, 제2차 1968~71년, 제3차 1972~75년)을 착수한 끝에 자원 개발 및 공업과 교통, 통신의 근대화를 달성할 수 있었다. 현재 스페인의 주요 산업으로는 풍부한 지하자원을 바탕으로 국영기업인 INI(국가산업공사)가 주도하고 있는 제철업과 조선업, 피아트와 합자회사인 세아트 등의 자동차산업, 그리고 카탈루냐 지방에 집중되어 있는 섬유공업 등을 들 수 있다.

지난 86년에 유럽공동체(EC)에 가입한 스페인의 경제는 이후 90년까지 연평균 5%의 지속적인 성장률을 기록한다. 하지만 91년부터 차츰 성장세가 둔화되기 시작하더니 올림픽을 치른 후인 93년에는 심각한 투자감소와 재정적자로 급기야는 마이너스 성장을 기록, 사상 최악의 경제침제국면을 맞이한다. 게다가 그 동안 3차례의 평가절하에도 불구하고 페세타화의 약세가 거듭되면서 유럽통화제도(EMS)의 변동허용 하한치에 위험수위까지 근접해 있으며, 제조업부분 투자의 위축에 따라 실업률이 유럽에서 최고치인 23.9%를 기록하기도 하였다. 그리고 특히 노사문제와 관련하여 94년에 발표한 정부의 노동관련법 개정안이 외자유치를 최우선으로 내세운 나머지 인금인상 자제와 종업원 해고조항의 완화를 주내용으로 담고 있어 노동단체들의 강력한 반발에 부딪히기도 하였다.

그러나 이러한 상황 속에서도 곤잘레스 정권은 94년도에 접어들면서 정부의 재정적자를 만회하기 위해 강력한 긴축정책을 전개하는 한편 470억 달러에 달하는 유럽 구조조정기금을 활용하여 정부 주도의 공공부문 투자를 확대함으로써 경기활성화를 꾀한 바 있다.

또한 96년 5월 5일 정식 취임한 아스나르 총리는 유럽통화동맹(EMU) 가입을 목표로 공공부처 및 공공적자 축소에 노력하는 한편, 산업경정력를 강화시키기 위해 거대기업인 INI(국가산업공사)를 비롯, 국영기업들의 점진적인 민영화방안을 적극 추진 중에 있다.

또한 긴축재정과 관련, 정부 슬림화에 노력하는 한편, 사회보장제도의 개편, 97년 공무원 임금 동결 등을 천명하였다. 이에 따라 국내적으로 공무원들의 집단행동 등의 부작용이 파생되고 있기는 하나 스페인 경제는 정부의 적극적인 경기부양책과 더불어 유럽연합 및 미국 등지의 경기회복에 편승하여 96년도 이후 점차 활기를 찾아 나가고 있다.

☞ 사회와 문화

예부터 이 곳은 유럽과 아프리카의 접점지대이기 때문에 이슬람교 문화와 기독교 문화가 공존하고 있다. 스페인은 특히 지방색이 짙은 나라. 따라서 국민의 기질도 지방에 따라 다른데 북부 사람들은 근면 성실한 데 비해 남부 사람들은 활기차고 정열적이다. 이 나라 최고의 스포츠는 단연 '투우(鬪牛)'. 96년 5월에는 산체스란 걸출한 여성 투우사가 등장하여 스페인 전국을 열광시키기도 했다. 92년에 바르셀로나 올림픽과 세비야 엑스포를 개최한 나라이기도 하다.

포르투갈 공화국
(Portuguese Republic)

— 독립일 : 1143년, UN 가맹일 : 1955년 12월 14일 —

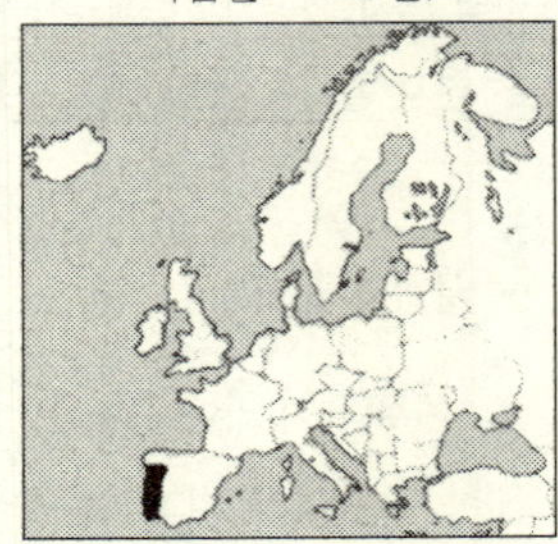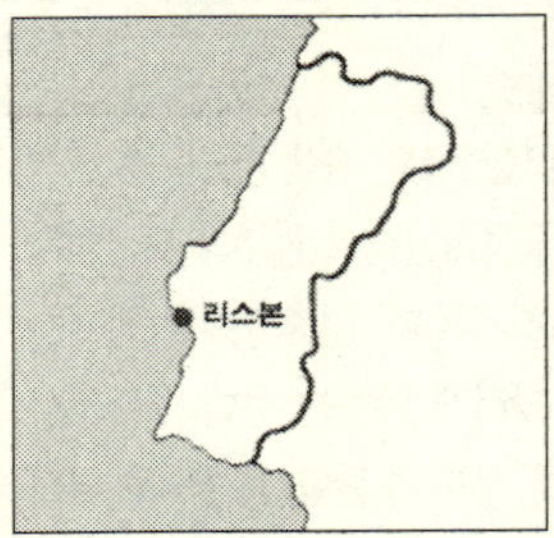

☞ 주요 통계 자료

·면　　　적	9만 2389㎢
·인　　　구	1080만 명(95년)
·수　　　도	리스본(Lisbon Lisboa) 인구 205만 명(93년)
·주요 도시	포르토(164만 명), 브라가(75만 명), 세투발(71만 명)
·주요 민족	원주민 이베리아인에 켈트, 게르만계가 혼혈, 또한 페티키아인, 베르베르인과도 혼혈
·언　　　어	포르투갈어
·종　　　교	카톨릭(95%)
·정치 체제	공화제 대통령 중심제에 의원 내각제 가미
·헌　　　법	1976년 4월 공포 92년 일부 개정
·국가 원수	대통령 조르제 삼파이오(Jorge Sampaio) 직선제 임기 5년 96년 3월 9일 취임
·의　　　회	1원제 230석 직선제 임기 4년
·내　　　각	대통령이 총리 임명 각료는 총리가 추천 총리 안토니오 구테레스(Antonio Guterres) 95년 10월 28일 발족
·주요 정당	사회당, 사회민주당, 민중당, 통일민주동맹(공산당 중심)
·국내총생산	1036억달러(95년)
·1인당 GNP	1만 2944달러(95년)
·통화 단위	에스쿠도(Escudo) 1달러=156.54에스쿠도(97년 1월)
·주요 자원	석회석, 텅스텐, 동, 주석, 망간
·주요 공산품	섬유, 의류, 종이제품, 코르크, 가구
·주요 농산물	밀, 옥수수, 감자, 포도, 올리브
·무　　　역	수출 235억 달러, 수입 329억 달러(96년)

(자료원 : 포르투갈 통계청／포르투갈 중앙은행)

☞ 자연 환경

포르투갈은 이베리아 반도 서쪽 끝에 정방형으로 자리잡은 나라이다. 본토 이외에 대서양상의 아조레스와 아데이라 제도를 비롯, 중국 남부의 마카오를 해외 식민지로 두고 있다. 정식명칭은 포르투갈 공화국(Republica Portuguesa). 복쪽과 동쪽은 스페인과 국경을 접하고 있으며 남쪽과 서쪽은 대서양에 면해 있다. 또한 지형적으로는 북부지역이 기복이 심한 산악지대인 데 반해 남부는 농업에 적합한 평지르 이루어져 있다.

포르트갈의 기후는 전형적인 해양성 기후를 띠고 있어, 대체로 온난한 편이다. 특히 대서양 해안지역은 포근한 겨울과 청량한 여름으로 인해 유럽인들이 즐겨 찾는 휴양지이기도 하다.

☞ 간추린 역사

원래 이 곳의 원주민은 이베로족이었으나 기원전 7세기 무렵 반도 북쪽으로부터 이주한 켈트족이 정착하면서 오늘날 포르투갈 민족의 기원을 이룬다. 이후 포르투갈은 기원전 3세기 말부터 로마의 지배 하에 들어가 라틴어와 기독교을 받아들이게 되며, 남북을 관통하는 도로가 건설되어 그 때까지의 고립지역들이 하나로 연결되기도 한다.

로마가 몰락한 후 북방 게르만족이 들어와 지금의 브라가 지역에 수에비왕국을 건설하지만, 6세기 중엽에 이르러 서고트왕국에 합병되고 만다. 하지만 711년, 이슬람교도인 북아프리카의 무어족이 침입해 이베리아 반도 전역을 지배하기에 이른다. 무어족은 이후 이 지역을 400여년간 통치하며 이슬람식 문화를 강요한다.

포르투갈에서 무어족에 대항한 '국토 회복 운동(레콘키스타)'의 바람이 일기 시작한 때는 11세기 초에 이르러서의 일이다. 당시 이베리아 반도 북부에서 비롯된 이 운동은 알폰소 헨리케왕의 지휘 하에 무어족의 축출에 성공, 마침내 1139년에 코암브라를 중심으로 포르투갈 왕국을 건설한다. 그리고 포르투갈 왕들은 이후에도 국토회복운동을 계속 전개해 13세기 중엽에 지금의 국경을 확정지었으며, 이는 이웃나라인 스페인보다 250년이나 앞서 완료된 것이었다.

왕국 건설 이후 영토회복에 바빴던 포르투갈의 내정은 14세기 중엽, 페스트와 대 카스티야전쟁으로 인해 극심한 사회, 경제적 위기에 직면한다. 하지만 1385년 독립파가 친 카스티야파를 평정하고 아비스왕조를 옹립함으로써 포르투갈 내정은 차츰 진정국면을 맞이한다. 그리고 해상 부르주아지의 지원을 받은 아비스왕조는 이 때부터 본격적인 해외진출정책을 전개하여 1488년에 희망봉을 발견하는가 하면 1498년엔 바스코 다 가마가 인도항로를 개척하였고 1500년에는 브라질을 손에 넣어 이들로부터 나오는 금은 보화나 향료, 비단 등의 수입을 통해 막대한 경제적 번영을 구가한다.

그러나 이러한 포르투갈이 번영도 국내 정국의 불안으로 16세기 말부터 점차 사양화의 길을 걷기 시작, 끝내는 1580년에 스페인에 합병되어 이후 1640년까지 60년 동안 스페인 식민통치 시대를 경험한다. 독립 후 이미 인도의 향료교역권을 상실한 포르투갈은 17, 8세기 동안 브라질의 설탕과 금 생산에 주력한다. 그리고 이는 브라질의 골드러시에 편승, 포르투갈의 제2 황금기를 맞이하는 듯했다. 하지만 귀족들의 부정부패와 영국에 대한 경제적 종속, 그리고 1807년에 빚어진 나폴레옹 군의 침입으로 포르투갈의 운명은 다시금 나락의 길을 걷는다.

이러한 와중에서도 포르투갈은 19세기 중반 쇄신당과 진보당의 양당체제를 중심으로 근대화를 추진한다. 그러나 브라질의 독립으로 경제적 난국이 초래되고 왕당정부는 다시 국민의 신망을 잃어, 결국 1910년 10월에 리스본에서 공화 혁명이 발발한다.

20세기 초, 공화국이 된 뒤에도 포르투갈의 내부 사정은 경제위기와 정세불안이 가시실 않았다. 그리고 불실한 혁명의 뒤끝은 반혁명의 악순환을 초래하였다. 1926년 5월 군부가 쿠데타를 성공시켜 강권정치로 질서회복을 꾀한다. 이어 1932년에 출범한 살라자르 우익독재정권은 이후 40여년 동안 국민들의 인권을 무시한 전체주의적 체제를 구가한다.

이후 1974년 4월 25일, 군부의 젊은 장교들이 펼친 '군부정화운동'이 무혈쿠데타로 발전, 포르투갈은 40년 동안의 독재정치에 종지부를 찍고 '리스본의 봄'이 도래한다.

☞ 정 치

포르투갈의 정치체제는 대통령 중심제의 공화제이다. 1976년에 공포한 신헌법에 의하면 국가원수인 대통령은 국민들의 직접선거에 의해 선출되며, 임기 5년에 2회에 한해 연임할 수 있다.

반면 국회는 1원제이며, 비례대표제에 의해 선출된 230명으로 구성된다. 또한 국회 내에 가장 득표율이 높은 정당이 집권당이 되며, 집권당의 대표가 자동으로 총리가 되어 내각을 구성한다. 주요정당으로는 현재의 집권당인 중도좌파계열의 사회민주당(PSD), 그리고 사회당(PS), 국민연합(PSN), 및 중도우파의 중앙민주당(CDS)과 좌파의 공산당(CDU) 등을 들 수 있다.

포르투갈의 헌정사는 지금까지 총 16차례에 걸쳐 정부가 붕괴되고, 13차에 걸쳐 총선이 실시되는 등 혼란과 진통의 악순환으로 점철되어 왔다. 하지만 지난 87년 7월 선거에서 사회민주당이 148석을 획득, 헌정사상 처음으로 단일정당이 전체의석의 과반수 이상을 차지하는 신기원을 이룩한 가운데 차츰 안정을 찾아나간다. 이어 사회민주당 정부는 89년 9월 당시 제1 야당이었던 사회당과 연합하여 개헌작업에 착수, 강한 사회주의적 색채 때문에 경제발전에 여러 가지로 저해요인으로 작용했던 '76년 헌법'을 현행 헌법으로 개정한다.

그리고 91년 1월 새 헌법에 따라 실시된 대통령 선거에서 마리오 소아레스 후보가 재당선되었으며, 이어 치른 10월 총선에서 사회민주당이 135석으로 전체의석 중 과반수 이상을 차지함으로써 이후 정치적 안정과 함께 경제정책의 일관성을 유지할 수 있게 되었다.

한편 지난 95년 10월 1일에 실시된 총선거에서는 사회당이 집권 사회민주당을 물리치고 10년 만에 정권을 탈환한다. 사회민주강의 실각요인으로는 실업률 증대, 유럽연합에 대한 농민층의 이반, 그리고 무엇보다도 집권당 내부의 비리사건 등이 크게 작용한 듯. 또한 96년 10월의 대통령 선거에서도 사회당 후보인 삼파이오 전리스본시장이 득표율 54%를 획득, 당선됨으로써 포르투갈 정국은 사회당 일색으로 구색을 갖추게 되었다.

삼파이오 현 대통령의 취임에 앞서 소아레스 전대통령으로부터 지명을 받은 구테레스 신임 총리는 신내각을 발족시키면서, 국제경쟁력 강화를 위해 앞으로 교육 등의 분야에 역점을 두겠다고 시정방침을 표명했다.

☞ 경 제

1974년의 쿠데타 이후, 해외 식민지의 상실과 정부의 성급한 국유화 정책, 그리고 남부의 토지개혁 실패 등의 요인으로 포르트갈 경제는 한때 최악의 위기상황을 맞이하기도 하였다. 그러나 85년에 도입한 국제통화기금(IMF)의 긴급 융자를 기반으로 정부의 과감한 긴축정책이 실효를 거둬 이후 경제지표는 차츰 상승곡선을 그리게 된다.

포르투갈의 경제는 지난 10년 동안 지속적인 성장추세를 유지해 왔다고는 하나, 각각의 산업분야는 여전히 낙후성을 면치 못하고 있다. 농업은 전체노동인구의 1/4이 종사하고 있지만 생산성이 낮아 자급자족조차 어려운 실정이며, 어업 역시 3면이 바다로 둘러싸여 있는 좋은 입지조건에도 불구하고 노후선박과 가공기술의 부족으로 영세하기 그지없다. 게다가 제조업의 생산성은 유럽연합 평균치의 20~30% 수준에 머물러 있으며, 그나마 직물, 의류, 신발, 식품, 장신구류 등 전통산업 분야에 편중되어 있는 실정이다. 특히 전체 제조업체의 약 80% 정도가 종업원수 10명 미만의 영세업체로 이뤄져 있어 산업구조 조정문제가 국가경제의 최대 난제로 부각되고 있다.

86년의 유럽연합(EU) 가맹 이래 매년 4~5%의 고도성장을 지속해온 포르투갈 경제는 90년대 접어들면서 전반적인 세계경제의 침체와 통독에 따른 유럽연합 내의 경기후퇴로 성장률이 차츰 둔화되기 시작, 급기야는 93년도에 마이너스 성장을 기록한다. 게다가 국내의 생산기반이 취약한데다 외국자본의 투자마저 부진하여 실업률 증가에다 인플레의 압력까지 받기도 하였다.

하지만 94년에 들어와 EU와 미국 등 주요 무역상대국들의 경제가 회복되면서 이에 편승, 포르투갈의 경제도 수출과 투자가 증가하고, 물가도 점차 안정기조를 되찾아 나가고 있다. 따라서 95, 96년에 각각 1.9%, 2.5%의 성장률을 나타냈으며, 96년 하반기 이후에는 국내의 제조업, 상업, 공공건축분야 등 모든 부분에서 골고루 호조를 띠고 있어 앞으로의 전망도 매우 밝다 하겠다.

한편 최근 포르투갈 정부는 물가 및 환율 안정과 재정적자 축소, 그리고 국제무역기구(WTO) 체제에 대비한 경쟁력 강화를 목표로 한 '6개년 경제개발계획(93년부터 99년까지)'을 발표한 바 있다. 즉 현재의 긴축재정을 더욱 강력히 추진함으로써 물가 안정 및 경기활성화를 위한 기반을 조성하고, 낙후된 농업부문의 활성화를 위해 7가지에 달하는 지원 방안을 강구하는 한편, 공기업의 민영화 정책과 함께 수송장비, 통신 등 신산업 분야에 대한 투자를 전폭 지원하여 전통산업 중심의 산업구조를 본격적으로 조정해 나갈 방침이다.

그리고 93년에 채택된 '포르투갈 산업발전 특별 프로그램(PEDIP)'은 이러한 포르투갈 정부의 노력을 충실히 반영한 것이라 할 수 있다. 따라서 세계 경제전문가들은 포르투갈 경제의 앞날에 대해 매우 긍정적인 반응들이다. 특히 유럽연합(EU) 회원국들과의 경제 및 산업수준 격차를 줄이기 위해 정부와 국민이 혼연일체가 되어 노력하고 있는 만큼 이 나라 경제는 앞으로 꾸준히 성장할 것으로 여겨진다.

☞ **사회와 문화**

본래 포르투갈은 라틴계 민족이 주류를 형성하지만 옛날부터 외부의 침입을 많이 받아 혼혈이 많다. 국민성은 대체적으로 온건하고 소박한 편. 또한 가족 중심주의적인 경향이 강하다.

안도라 공국
(Principality of Andorra)

— 독립일 : 1993년 5월 4일, UN 가맹일 : 1993년 7월 —

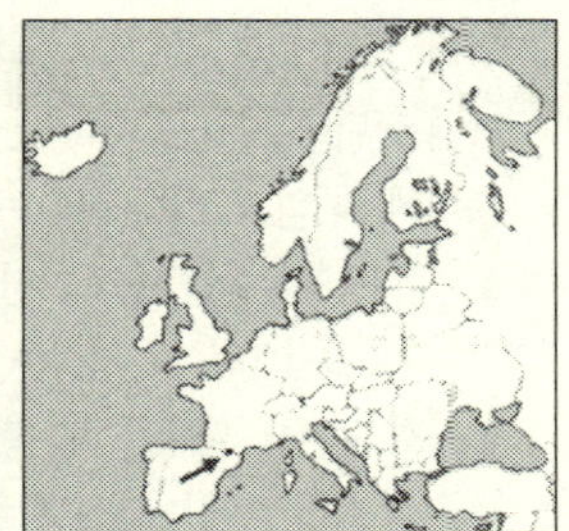

☞ 주요 통계 자료

·면　　적	468㎢
·인　　구	6만 명(95년)
·수　　도	안도라라벨라(Andorra la Vella) 인구 2만 1000명(95년)
·주요 민족	카탈로니아인(61%), 스페인인(30%), 안도라인(6%)
·언　　어	카탈로니아어(공용어) 스페인어, 프랑스어
·종　　교	카톨릭
·정치 체제	입헌 군주제
·헌　　법	1993년 5월 4일 공포
·국가 원수	공동원수 스페인의 우르젤 주교와 프랑스 대통령
·의　　회	1원제 총평의회 28석 임기 4년
·내　　각	의회에서 총리 선출 총리 마르크 포르네(Marc Forne) 94년 12월 출범
·주요 정당	국민민주연합, 자유연합
·국내총생산	11억 7000만 달러(94년)
·1인당 GNP	1만 8700달러(94년)
·통화 단위	1달러=(97년 1월)
·주요 자원	철, 납, 관광자원
·주요 공산품	철강, 전력, 식품
·주요 농산물	밀, 보리, 감자, 담배, 쇠고기

(자료원 : EU 보고서／World Yearbook 97)

☞ 자연 환경

프랑스와 스페인의 국경지대인 피레네 산맥의 3000m지점, 심산유곡에 있는 조그마한 나라. 예부터 '안도라 중립 계곡'이라 불려왔던 곳. 연간 기온 차가 심해 여름에는 최고 30℃까지 치솟고 겨울에는 영하 20℃까지 내려간다. 강수량은 많은 편. 연간 고르게 내린다. 산중에는 희귀한 고산식물이 많이 분포되어 있으며 꽤 넓은 초지도 갖추고 있다.

☞ 간추린 역사

안도라는 819년 루이 I 세가 이 곳을 우르헬의 주교에게 증여형식으로 부여하면서 비롯. 우르헬은 스페인 동북쪽 피레네 산맥 기슭의 소도시로 1231년 입법, 행정, 사법 등 국가 제도를 갖추어 국가의 기틀을 다진다. 그러나 내부적으로는 귀족들과 주교간에 권력 암투로 정국의 혼란을 초래. 결국 양자는 1278년 행정 협정을 체결, 상호공동의 통치권을 인정한다. 1982년 1월, 행정과 입법을 분리하고. 92년 12월 안도라 의회는 프랑스 대통령과 주교의 외교, 치안 등에 대한 상징적 권리를 인정. 국민주권을 명문화시킨 헌법안을 채택, 93년 3월 국민투표에서 74.2%의 찬성을 획득, 5월 4일 헌법을 공포. 정식 독립한다.

☞ 정치와 경제

현재 이 나라는 스페인의 우르헬 주교와 프랑스 대통령이 파견한 2명의 대리인에 의해 통치되고 있다. 82년 1월 입법과 행정을 분리하는 개혁을 단행. 84년 첫 총리로 솔렌스가 당선된다. 28명으로 구성된 총평의회가 입법권을 가지고 있으며 전국은 6개구로 나누어져 있다. 93년 12월, 독립 후 최초로 실시된 총선에서 국민민주연합의 리바스 당수가 94년 1월 총리에 취임. 그러나 총리는 95년 예산을 놓고 의회 내 갈등을 초래, 1년도 못 가 내각총사퇴. 따라서 안도라 의회는 94년 12월, 자유연합의 포르네 당수를 새 총리로 선출한다.

이 나라 경제는 피레네 산맥의 설경을 상품으로 한 관광사업이 주 수입원. 또한 자유관세지역이기 때문에 중개무역도 상당히 발달해 있다. 경지 면적은 전체 면적의 2%에 불과. 주로 밀과 보리를 많이 재배하며 담배가 주요 수출품. 공업은 목재공장과 담배공장이 몇 군데 있는 정도이다.

☞ 사회와 문화

주민들은 대부분 산중생활에 익숙해져 있다. 주교가 통치하는 나라답게 카톨릭이 국교. 특히 매년 9월 8일에 열리는 성처녀 마리아 축일날은 이 나라 최고의 국경일이다. 이 곳 국민들은 마리아가 자신들이 사는 계곡지대의 수호자라고 인식하고 있다. 따라서 이 날만 되면 나라 안의 온국민들이 인간 사슬을 이루고 안칸 계곡의 마리셀 성지를 향해 집을 나선다. 군대가 없는 나라이며 120명의 경찰이 주민들의 민생치안을 담당하고 있다.

프랑스 공화국
(French Republic)

— UN 가맹일 : 1945년 10월 24일(창설가맹국) —

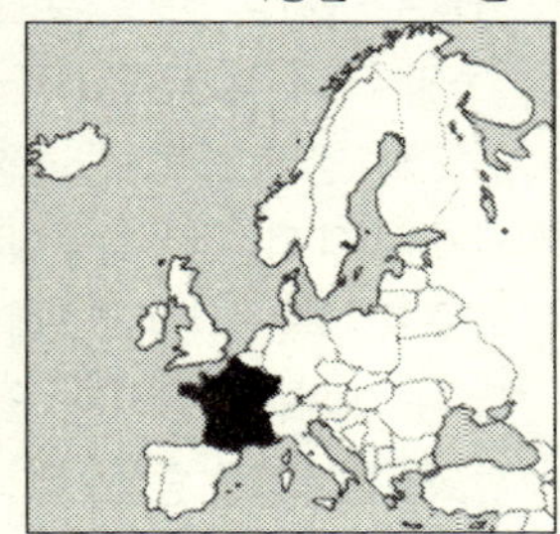 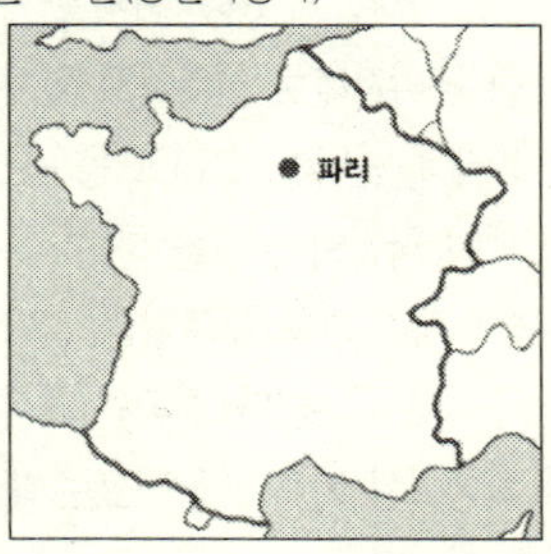

☞ 주요 통계 자료

· 면　　　적	55만 1208㎢(코르시카섬 포함)
· 인　　　구	5830만 명(96년)
· 수　　　도	파리(Paris) 인구 218만 명(93년)
· 주요 도시	마르세유(81만 명), 리용(43만 명), 툴루즈(37만 명), 니스(35만 명), 스트라스부르(26만 명)
· 주요 민족	켈트인, 게르만인, 노르만인 등의 혼혈 그 밖에 유럽 각지와 미국 등지에서 온 이민족 브르타뉴엔 독자종족
· 언　　　어	프랑스어 지방어로는 브르통어, 플로방스어
· 종　　　교	카톨릭(80%), 개신교, 유태교, 이슬람교
· 정치 체제	공화제 대통령 중심제(내각제와 절충형인 오를레앙식)
· 헌　　　법	프랑스 제5공화국 헌법 1958년 10월 5일 공포
· 국가 원수	대통령 쟈크 시라크(Jacques Chirac) 직선제 임기 7년 95년 5월 17일 취임
· 의　　　회	2원제 상원(321석, 임기 9년) 하원(577석, 임기 5년)
· 내　　　각	대통령이 임명 총리 리오넬 조스팽(Lionel Jospin) 97년 6월 2일 발족
· 주요 정당	공화국연합, 프랑스 민주연합, 사회당, 공산당, 국민전선
· 국내총생산	1조 5200억 달러(95년)
· 1인당 GNP	2만 6200달러(95년)
· 통화 단위	프랑(Franc). 1달러=5.2615프랑(96년 12월)
· 주요 자원	철, 보크사이트, 석탄, 농산물
· 주요 공산품	항공기, 원자력, 자동차, 화학·기계·섬유제품, 식품
· 주요 농산물	밀, 보리, 포도, 유제품, 포도주
· 무　　　역	수출 2692억 달러, 수입 2496억 달러(95년)

(자료원 : 프랑스 통계청/Banque de France)

☞ 자연 환경

프랑스는 서유럽에서 면적이 가장 넓은 나라로서 동서와 남북으로 약 1000㎞ 사이에 육각형의 모양으로 자리잡고 있다. 전체 면적의 64%가 비옥한 평야지대로 이루어져 있지만 남쪽으로는 피레네 산맥이, 그리고 동쪽으로는 알프스 산맥이 국경의 구실을 한다.

기후는 지역에 따라 대륙성, 해양성, 산악성, 지중해성 등 4가지로 나뉜다. 하지만 대서양의 편서풍과 지중해성 기후의 영향으로 대체적으로 따뜻한 편이다.

☞ 간추린 역사

프랑스의 선사시대는 구석기시대의 크로마뇽인시대로까지 거슬러 올라간다. 이후 신석기시대를 거쳐 기원전 5세기 무렵부터 켈트인이 부족을 이루고 살았으며 로마총독 카이사르의 '갈리아 정복'(기원전 58년)을 통해 화려했던 로마의 문명과 비로소 접하게 된다.

5세기, 게르만계의 프랑크족이 서유럽일대를 통일하면서 프랑크 왕국을 건설, 프랑스 중세봉건시대의 막을 올린다. 이 프랑크 왕국은 메로빙거 왕조에서 카롤링거 왕조로 이어지면서 중세의 기틀을 다지며, 특히 카를대제 시대엔 로마교회와의 상호협조 속에 학문과 예술을 꽃피워 교황으로부터 서로마 황제란 칭호까지 받는다.

하지만 카를대제 사후, 귀족과 왕가간의 권력다툼이 벌어져 로베르가 위그 카페의 카페왕조 수립과 동시에 멸망하고 만다. 10세기 후반, 권좌에 오른 카페왕조는 흔들렸던 왕권을 강화하고 봉건적 지배체제를 확립함으로써 통일국가로서의 면모를 갖춘다. 이후 프랑스는 영국과의 백년전쟁(1337~1453년)을 통해 관료제의 정비, 조세개혁, 군창설 등으로 국민국가로서의 기본적인 틀을 마련하고 르네상스와 종교개혁운동의 파고 속에 초기자본주의적 맹아를 배양한다. 하지만 도시 수공업자, 농민, 하급귀족층을 중심으로 파급되던 신교운동은 종교전쟁을 불러일으켜 절대왕정으로 대변되는 부르봉왕조를 탄생시킨다.

프랑스 역사에서 부르봉 왕조시대를 이른바 '앙시앵레짐(구제도) 시대'라 한다. 특히 화려한 베르사유 궁정으로 상징되는 루이 14세의 치세는 절대왕정이 극에 달했던 시대로 부국강병을 국시로 프랑스의 황금시대를 구가한다. 그러나 절대권력은 잦은 전쟁과 궁정의 낭비로 국가재정이 악화되고 지폐남발과 투기 등 경제적 혼란이 가중, 파국의 길을 걷는다. 그리고 급기야는 1789년 루이 왕조에 불만을 느낀 신흥시민계급이 로베스피에르를 중심으로 봉기, 왕정을 폐지하고 공화정을 수립(제1공화제)함으로써 프랑스대혁명을 맞이한다.

혁명 후 프랑스는 자코뱅파와 지롱드파의 암투 속에 암흑정국을 빚어낸다. 이 때 국외에 있던 나폴레옹이 귀국, 국내질서를 회복하고 스스로 황제의 자리에 오른다. 하지만 나폴레옹은 영국과의 워털루전투에서 치명타를 입고 헬레나섬에 유배되어 죽는다.

이후 프랑스는 왕정의 반동정책과 신흥계급의 혁명적 열기가 맞물리면서 7월혁경(1830년)에서 2월혁명(1848년)으로의 시대에 접어든다. 이 시기는 프랑스 근대국가의 기초를 확립한 시기(제2공화제)로서 시민들의 봉기에 의해 선거권이 보장되고 대통령제를 골자로 한 헌법이 성립한다. 선거에 의해 권좌에 오른 루이 나폴레옹은 공화파를 몰아내고 독재체제를 구축, 프랑스 제2제정을 연다.

그러나 나폴레옹 Ⅲ세의 권력도 보불전쟁의 패배로 몰락, 이후 프랑스는 파리코뮌(1871년)을 거쳐 제3공화제의 시대를 맞이한다. 프랑스 제3공화정은 드레퓌스 사건 등을 일으키며 무차별적인 식민지경영에 나선다. 그러나 기세등등했던 제국주의도 2차대전의 발발과 함께 종지부를 찍는다.

이후 프랑스는 전쟁의 종결과 함께 드골 장군을 중심으로 임시정부를 구성한다. 하지만 드골은 제4공화제 발족 직전에 밀어닥친 정당간의 마찰에 휩쓸려 수반의 자리에서 물러난다. 프랑스 제4공화제는 11년간 19차례나 내각이 뒤바뀌는 혼란의 시대였다.

그리고 결국은 알제리 독립 문제를 계기로 정권에 복귀한 드골에 의해 마감한다. 1958년 6월에 정권에 복귀한 드골은 강력한 대통령제를 골자로 한 신헌법을 발표하고 제5공화제를 출범시킨다.

그리고 이 때부터 오늘날까지 제5공화제가 이어져오고 있다.

☎ 정 치

프랑스 제5공화정 헌법의 골격은 대통령 중심제이지만 행정업무의 집행과 책임은 총리가 진다. 따라서 대통령이 임명한 총리는 국민의회에서 불신임안이 가결될 경우 무조건 내각과 함께 총사퇴해야 하므로 의원내각제적 요소도 가미되어 있다. 이러한 이유에서 프랑스 대통령제를 '반(牛)대통령제'라고도 한다. 또한 의회는 하원에 해당하는 국민의회(577명)와 상원에 해당하는 원로원(321명)으로 구성된다. 제4공화정에 비해 제5공화정 아래에서는 의회의 힘이 대폭 약해졌으며, 특히 통상 법률안이나 예산안 등의 심의, 채택과정에서 정부의 개입을 보장하고 있다는 점에서 집행권 우위의 특징이 관철되고 있다.

프랑수아 미테랑 대통령 후임을 뽑는 95년 대통령선거에서 우파 공화국 연합당의 자크 시라크 후보가 당선, 새 대통령으로 취임했다. 지금까지 2번이나 대통령 선거에 출마, 고배를 마신 경력이 있는 시라크 새 대통령은 그러나 지난 18년 동안 파리시장을 연임해온 저력을 바탕으로 14년 동안 이어온 좌익정권을 종식시키고 보수우익정권의 새 지평을 열었다. 또한 대통령선거에 이어 치러진 지방선거에서도 인종차별정책으로 유명한 극우정당 '국민전선'이 대두되는 등 우파진영의 득세가 두드러져 일각에서는 프랑스정국의 우경화경향에 우려를 표명하기도 하였다.

자크 시라크 신임 대통령은 정권출범과

함께 핵실험 재개를 선언, 핵확산 금지를 위해 노력하고 있는 지구촌의 정치권에 일대 파문을 일으켰다. 이에 대해 국제환경단체인 그린피스 등은 강력한 항의와 격렬한 시위로 맞섰지만 프랑스 정부는 96년 1월까지 모두 6차례에 걸쳐 핵실험을 강행. 이번 사태는 시라크대통령이 일찍부터 주창해온 신드골주의의 표출이란 측면으로 해석할 수 있다.

한편 97년 5월 25일과 6월 1일에 각각 실시된 프랑스 총선에서 세간의 예상을 뒤엎고 사회당, 공산당, 녹색당 등 좌파연합이 하원 의석의 과반수 이상을 획득, 일대 파란을 불러 일으켰다. 이로써 프랑스 정국은 여소야대 형국. 보수 우익을 고집해온 시라크 대통령으로선 향후 정치 행보에 상당한 제약을 받을 것으로 전망된다.

차기 총리에는 리오넬 조스팽 사회당 당수가 국정담당자로 나서게 되었다.

프랑스의 산업과 최근 경제 동향 19세기 중반까지 영국에 이어 세계 제2위를 자랑하던 프랑스 경제는 20세기에 접어들면서 독일과 미국에 밀리기 시작, 2차대전이 끝날 무렵에는 인구 정체로 인한 소비시장 침체와 노동력 고갈로 경제적 위기에 봉착한다.

하지만 드골정부가 들어서면서 강력한 경제개발계획에 착수, 산업구조를 중화학공업 중심으로 고도화시키면서 선진국의 대열에 다시 합류한다. 특히 1958년에 발족한 유럽경제공동체(EEC)는 프랑스의 경제발전에 중요한 역할을 담당한다.

프랑스는 유럽경제공동체(EEC) 총생산가의 1／4을 생산하는 주요농업국이자 세계 제2위의 농산물 수출국이다. 전체토지 중 60% 이상이 비옥한 농경지이며 특히 랑그도크루시용과 보르도 지역을 중심으로 한 포도재배 및 와인생산은 세계 제1위를 자랑한다.

또한 최근의 프랑스 산업은 항공, 우주, 원자력 등 첨산 산업에 관심을 집중시키고 있다. 그 대표적 사례로 초음속여객기 콩코드기 개발사업과 구주 4개국 합병회사인 에어버스인더스트리사의 창설 등을 들 수 있으며 항간에는 전자, 통신 정보분야와 관련하여 '구주 첨단기술 공동연구계획'을 발표, 유럽공동체 내 미래산업 개발계획에 주도적 역할을 담당하고 있다.

지난 92년 미테랑 전대통령은 장기불황에 허덕이던 프랑스 경제를 살리기 위해 외부적으론 유럽시장 통합을, 그리고 국내적으론 경제기반의 강화와 금융·자본시장의 개혁에 착수한 바 있다. 이에 따라 92년 무역수지가 14년 만에 흑자(약 59억 달러)를 기록하고 소비자물가 상승률도 유럽공동체 국가들 중에서는 최저수준인 1.7%를 기록하였다.

하지만 93년도의 경기부진의 여파로 자동차산업의 메카인 부죠 등 주력기업들이 대규모 인원감축을 단행하고 전체 실업자수가 300만에 육박하는 사태를 빚고 있다. 게다가 무역수지가 흑자를 기록하고 있다고는 하지만 경기침체에 따른 중간, 자본재분야의 생산활동이 위축됨으로써 전체 교역액은 감소되고 있는 추세이다.

따라서 프랑스 정부는 국영기업의 민영화을 통해 기업활동에 활력을 불어넣고, 정부가 보유한 주식을 매각함으로써 누적된 정부재정의 적자폭을 줄여나가려 하고 있다. 또한 '실업문제 해결을 위한 고용증대 5개년 계획'에 따라 'TGV(프랑스 고속전철)노선 증설 프로젝트' 등 정부투자를 통한 대규모적이고도 다양한 고용증대 계획을 추진 중이다.

이에 따라 프랑스 국립통계 경제연구소는 이미 94년 하반기부터 프랑스 경제는 완전히 회복단계에 들어섰다고 주장하고 있다. 그러나 96년 11월 현재 실업률 12.7%로 전후 최악을 상황을 연출했는가 하면 성장률도 96년에 2%대에 만족 프랑스 정부는 97년 성장률 목표치를 하향 조정하는 결과를 빚기도 한다.

☞ 사회와 문화

프랑스는 자유주의 사상을 배양한 나라. 따라서 프랑스인은 인간의 존엄과 자유를 존중하며 개개인의 개성을 최대한 보장한다.

또한 프랑스인은 멋과 예술을 사랑한다. 수도 파리의 중심가는 세계 패션의 선두주자이자 현대 미술의 총본산. 세계 최대규모를 자랑하는 루브르 미술관을 비롯, 인상파 중심의 오르세 미술관, 국립 조르즈 퐁피두 미술관, 파리 시립근대미술관 등이 자리잡고 있다.

스위스 연방
(Swiss Confederation)

— 독립일 : 1291년 8월 1일, UN 비가맹국 —

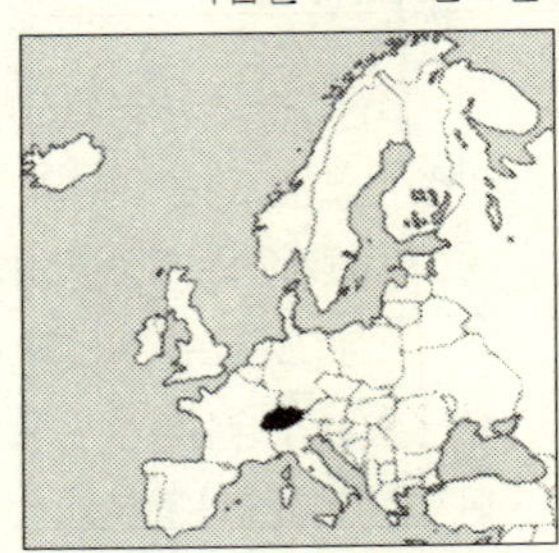
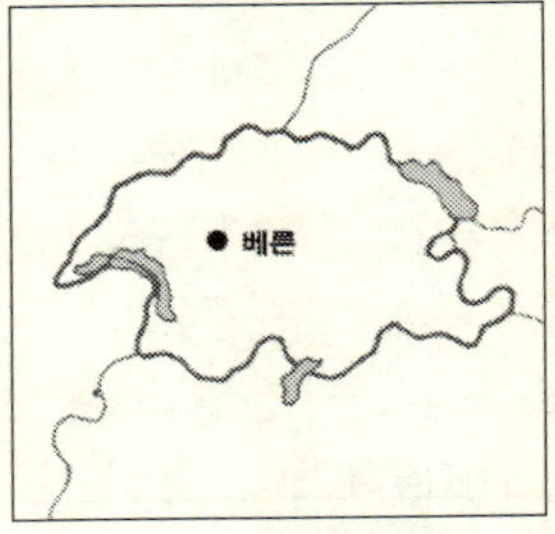

☞ 주요 통계 자료

· 면　　　적	4만 1293㎢
· 인　　　구	704만 명(95년)
· 수　　　도	베른(Bern) 인구 14만 6000명(93년)
· 주요 도시	취리히(37만 명), 바젤(18만 명), 제네바(16만 명), 로잔(13만 명)
· 주요 민족	독일계(65%), 프랑스계(18.4%), 이탈리아계(9.8%), 로망슈계(0.8%)
· 언　　　어	독일어, 프랑스어, 이탈리아어(모두 공용어), 로망슈어
· 종　　　교	카톨릭(47.9%) 개신교(44.3%)
· 정치 체제	연방 공화제 연방정부 및 주정부는 각료의 합의체
· 헌　　　법	1848년 제정 1874년 수정
· 국가 원수	대통령 아노드 콜러(Arnord Koller) 임기 1년 97년 1월 취임
· 의　　　회	2원제 상원(全州의회 46석) 하원(국민의회 200석) 모두 임기 4년
· 내　　　각	상·하원 합동회의가 임명하는 7인으로 구성 총리 없음
· 주요 정당	사회민주당, 급진민주당, 기독교민주당, 국민당
· 국내총생산	3039억 달러(95년)
· 1인당 GNP	2만 4522달러(95년)
· 통화 단위	스위스 프랑(Franc). 1달러=1.3549프랑(97년 1월)
· 주요 자원	알프스산을 배경으로 한 관광자원
· 주요 공산품	기계, 화학품, 금속공예품, 정밀기계, 시계
· 주요 농산물	우유, 치즈
· 무　　　역	수출 730억 3700만 달러, 수입 716억 2900만 달러(96년)

(자료원 : 연방 통계청, International Economic Outlook 96/97)

☞ 자연 환경

스위스는 '유럽의 지붕'이라 일컫는 알프스 산중에 위치한 내륙국이다. 정식명칭은 스위스 연방(Schweizerische Eidgenossenschaft). 몬테로자, 마터호른 등 4000m급 이상의 고봉들이 즐비한 산지가 전체 면적의 약 60%를 차지하고 있다. 주변국가로는 프랑스, 독일, 오스트리아, 리히텐슈타인, 이탈리아 등과 국경을 맞대고 있으며, 주로 분수계, 하천, 호수 등 자연환경이 국경 구실을 하고 있다.

기후는 대체적으로 대륙성 기후를 띠고 있지만 알프스와 쥐라산맥 사이의 평야지역(미텔란트 구릉지)은 비교적 온난한 편이다. 하지만 고도에 따라 기온차가 심하며, 고도 1000m 이상 지역은 산악성 기후를 띠고 있다. 그리고 알프스의 준령들은 모두 만년설로 뒤덮여 있다.

☞ 간추린 역사

기원전 스위스 지역에는 독일지역에서 남하한 켈트계의 헬베티나족이 거주하고 있었으나, 기원전 58년 로마의 카이사르에게 정복된 이후 로마제국의 식민체제 하에 편입된다. 이후 로마제국이 멸망하자 6세기부터는 프랑크제국의 일부가 되며, 계속해서 9세기에는 신성로마제국의 통치 하에 들어가 유럽의 남북을 잇는 요충지로서 상업과 촌락의 발전을 이룩한다.

13세기 신성로마제국이 몰락하자 전유럽의 판도가 합스부르크 왕가의 영향권 하에 놓인다. 당시까지 스위스는 독일황제의 식민지이긴 했지만 '자유와 자치'의 특허장 하에서 일정 정도의 정치적, 경제적 자유를 누리고 있었다. 하지만 새롭게 등장한 합스부르크가의 루돌프황제는 강력한 중앙집권과 더불어 영토확장정책을 추진한다. 이에 대해 1291년 8월 1일, 스위스의 우리(Uri), 슈비츠(Schwyz), 운터발덴(Unterwalden) 등 산악지역의 3개주가 자신들의 사법과 행정의 자주권을 보호하기 위한 공동방어를 목적으로 '스위스 서약동맹'을 체결하게 되는데, 이것이 오늘날 스위스 연방의 효시가 된다.

이 스위스 서약동맹체제는 일차적으로는 독립을 위한 공동방위을 목적으로 함과 동시에 이차적으로는 신영토확장을 추진하려 했던 느슨한 국가연합체의 성격을 띠고 있었다. 이후 스위스 동맹은 1353년에 중앙 평야지대의 루체른, 취리히 등을 포함한 8개 주 동맹으로 확대되며, 1460년에 합스부르크가의 세력을 라인 강 좌안으로 완전 축출함으로써 현재의 스위스 북부 국경을 확정짓는다. 그리고 동맹은 1513년에 13개 주 동맹으로 확대 발전한다.

한편, 16세기 중반 취리히의 츠빙글리가 종교개혁을 단행하자 개신교의 열풍이 스위스 전역에 전파되어 카톨릭을 고수하려는 세력을 위협한다. 이로 말미암아 신, 구교간에 종교분쟁이 발생하여 2차례의 카플전쟁을 치르는 등, 스위스 동맹은 분열 위기에 직면한다. 하지만 이 스위스의 종교대립은 동맹의 와해를 염려한 주대표들의 극적인 타협과 30년 전쟁의 중립노선 천명으로 결과적으로 향후 스위스 중립주의의 초석으로 작용한다. 따라서 1648년 30년 전쟁의 결과, 베스트팔렌조약이 체결됨으로써 스위스는 대외적으로 독립국가로서의 위상을 인정받게 되며, 대내적으로는 신, 구교의 이원화 정통이 자리잡게 되었다.

1798년, 프랑스의 나폴레옹은 이 곳 스위스를 점령하고 헬베티아 공화국을 수립한다. 이는 그간의 스위스 지역주의 전통과 정면으로 대치되는 중앙집권적 국가형태였다. 따라서 혼란은 필연적이었다. 결국 나폴레옹의 패배로 이 국가체제는 얼마 가지 못해 붕괴되고 만다.

그리고 스위스는 다시금 제네바, 발레 등 프랑스어권 주를 추가로 포함, 22개 주로 구성된 연방주의 국가형태로 되돌아간다. 그리고 1815년 빈회의를 통해 최초의 중립국으로서의 국제적 공인을 받게 된다.

이어 1848년과 1874년 2차례에 걸쳐 새로운 자유연방 헌법이 국민투표에 의해 제정 및 수정됨으로써 현재의 스위스 국가제도의 기초가 확립된다.

제1차, 제2차 세계대전 동안에는 철저한 중립을 견지하여 전화에 휩쓸리지 않았다. 그리고 1차대전 후에는 국제연맹의 본부가 제네바에 있었지만, 2차대전 후에는 중립원칙에 위배된다 하여 국제연합(UN)에 가입하지 않고 있다.

☞ 정 치

스위스는 23개의 주(Kanton)로 이루어진 연방공화국이다. 각주는 완전한 자치주로 독자적인 법률과 의회 및 정부를 갖고 있다. 그리고 언어선택권마저 주정부에게 있기 때문에 다민족 국가에서 필연적으로 발생하는 민족 간의 마찰과 대립을 미연에 방지하고 있다. 국가원수는 연방정부의 대통령이 맡고 있으며, 연방정부 각료 7명이 윤번제로 1년씩 맡는다. 또한 국가의 중대사는 모두 국민발의의 국민투표로 결정하는 '직접 민주주의제'를 채택하고 있는 것이 특징이다.

1959년 이래 스위스의 정국은 급진민주당, 사회민주당, 기독교민주당 및 스위스 국민당 등 4개 정당의 연합정권에 의해 꾸려져 오고 있다. 정치적 성향은 대체로 자유주의적 보수주의를 견지하고 있으며, 국가의 정책결정을 대화와 타협을 통한 전원일치제와 국민의 직접투표제를 원칙으로 하고 있기 때문에 매우 안정적인 정국운영의 묘를 보여주고 있다.

지난 94년 6월에 시행된 UN의 평화유지활동(PKO)부대의 창설과 파병에 관한 국민투표에서 찬성 43%, 반대 57%로 정부안이 부결되었다. 파견안 부결의 주요 이유로는 전통적으로 내려오는 스위스의 중립성에 대한 침해 우려와 최근 유고 사태에서 보여준 평화유지군의 비효율적인 활동, 그리고 평화유지군 파견에 따른 정부예산 부담의 가중 등을 들고 있다. 뿐만 아니라 교통정체 해소를 위해 레만호에 새로운 지하터널을 건설하는 문제도 제네바 주민의 국민투표에서 부결된 바 있다.

한편 이에 앞서 스위스 국민들은 1986년 UN 회원국 가입안에 대해서도 국민투표를 통해 부결시켰으며, 92년의 유럽경제지역(EEA)에 대한 정부 가맹안에 대해서도 부결시킨 바 있다. 국제사회의 요청에 대해 번번히 등을 돌린 스위스의 처사에 대해 UN 등은 유감의 시선을 보내고 있으며, 스위스 정가의 일각에서도 국제사회에서의 고립화에 대한 우려의 목소리가 강하게 대두되고 있다.

이에 따라 스위스 연방정부는 현행 국민투표제도의 개혁을 포함한 포괄적인 헌법개정안을 마련하기 위해 97년 1월부터 2개의 특별위원회를 설치 가동 중이다. 이는 이미 냉전시대의 종식으로 말미암아 그 동안 견지해 온 중립주의 노선이 사실상 유명무실해진데다가 갈수록 고립되어 가는 국제무대에서의 위상을 재정립하기 위한 자구책이라 할 수 있다. 개헌안은 스위스 헌법제정 150주년에 해당되는 98년도에 의회의 승인을 얻어 금세기 중에 실현될 것으로 내다보고 있다.

☞ 경 제

스위스는 지질, 지형, 기후 등의 요인으로 비옥한 땅이 적고 황무지가 많아 농업생산력을 높이기가 힘들며 원료와 에너지 자원의 부족으로 공업발전에도 상당한 악조건을 지닌 나라이다. 하지만 이러한 불리한 자연적 조건에도 불구하고 수력 개발과 숙련된 노동력, 그리고 풍부한 자본과 교통 상의 이점 등을 최대한 살려 오늘날 세계 최고의 경제부국으로 성장한 나라이기도 하다.

실제 스위스의 1인당 GNP 수준은 3만 달러 이상을 기록, 경제대국이라는 미국이나 일본을 앞지르고 있다. 뿐만 아니라 스위스의 통화 단위인 스위스 프랑(SwF)은 미국의 달러화와 독일의 마르크화 다음으로 세계 경제에서 중요한 위치를 차지하고 있다. 이 나라의 주요 산업으로는 주로 기계, 정밀기기, 시계, 화학공업 등 부가가치가 높은 분야가 근간을 이루고 있으며, 알프스 산을 배경으로 한 관광산업과 철저한 비밀주의를 원칙으로 통화 및 경제의 안정 속에 발전한 금융산업도 국가수입의 상당한 몫을 감당하고 있다.

또한 스위스는 일찍부터 대기업 중심의 산업육성책을 펼쳐온 관계로 국가 규모에 비해 세계적으로 유명한 기업들이 다수 존재하고 있다. 특히 식품가공업의 네슬레(Nestle - Konzern)사, 화학 약품업의 산도스(Sandoz)사, 중전기 제조업의 슐처(Sulzer Konzern)사, 그리고 시계제조업의 롤렉스(Montres Rolex SA)사 등이 세계적으로 유명하다.

1990년 후반부터 경기후퇴국면에 돌입한 스위스 경제는 91년 실질 국민총생산(GDP) 성장률이 82년 이래 처음으로 마이너스 성장을 기록한다. 이후 92년에 - 0.1, 93년에 - 0.6을 기록하며 3년 연속 마이너스 성장을 기록하더니 93년 하반기를 기점으로 차츰 침체에서 벗어나 본격적인 회복국면에 진입, 94년에 이르러 1.2%를 기록, 플러스 성장으로 전환한다. 그러나 95년 1월 부가가치세가 도입되어 개인 소비가 위축되자 성장률은 다시 둔화, 0.7%에 머물며, 96년도에도 프랑고(高) 현상 등이 장기화되면서 0.1% 성장으로 다시금 후퇴한다.

게다가 스위스 경제의 전도에 가장 불안한 요소는 바로 실업의 문제이다. 현재 스위스의 실업률은 5% 선 내외로 다른 유럽의 선진국에 비해 상대적으로 낮은 수치를 기록하고 있다. 그러나 90년대 이전까지 줄곧 완전 고용 사회에 익숙해져 있는 스위스 국민들에게는 대공황 이래 최대의 위기의식을 불러일으키고 있다. 게다가 늘어나는 실업자에 대한 실업수당의 지급으로 정부 재정이 악화일로에 있으며, 연방정부의 고용정책에 항의하는 시위가 끊이질 않아 사회문제까지 야기되고 있다. 이에 따라 스위스 연방정부는 실업보험의 모자라는 재원을 마련하는 방안으로 실업보험의 고용자 부담률을 급여의 2%에서 3%로 인상하는 방안을 검토 중이나 실업률 해소에는 직접적인 영향을 미치지 못할 것으로 관측된다.

☎ 사회와 문화

오랜 전통의 동업조합과 지역공동체가 사회제도의 중심을 이룬다. 따라서 스위스는 다민족 국가이지만 세계에서 가장 질서가 잘 잡힌 나라 중의 하나. 특히 국민들은 자발성이 뛰어나 일년에 한 번 있는 전주민이 참가하는 주민회를 통해 나라일에 참여할 정도.

하지만 최근 고물가와 치안부재, 그리고 마약중독자 사망자수 세계 1위 등과 같은 불명예스러운 기록을 남겨 사회불안의 여지를 남기고 있다.

리히텐슈타인 공국
(Principality of Liechtenstein)

— 독립일 : 1719년, UN 가맹일 : 1990년 9월 18일 —

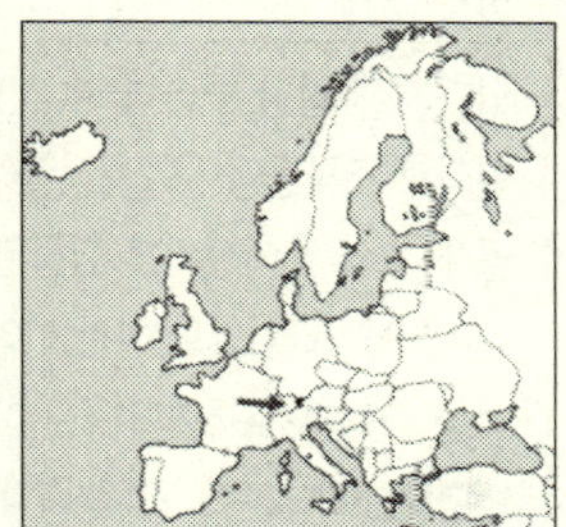
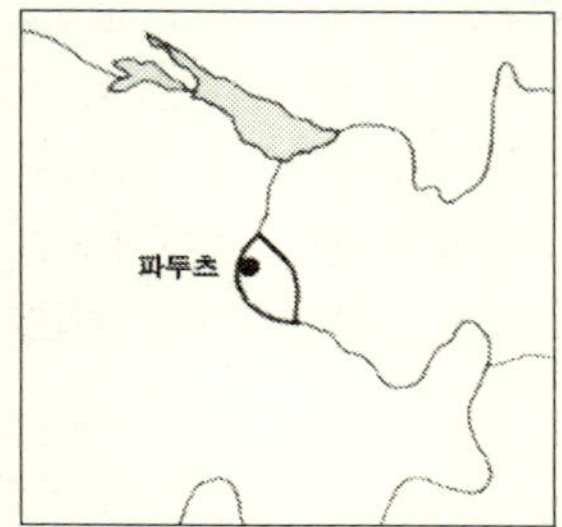

☞ 주요 통계 자료

·면　　　적	160㎢
·인　　　구	3만 명(95년)
·수　　　도	파두츠(Vaduz) 인구 5067명(94년)
·주요 민족	독일계(95%)
·언　　　어	독일어
·종　　　교	카톨릭(86%)
·정치 체제	입헌 군주제
·헌　　　법	1921년 헌법 재정
·국가 원수	공작 한스 아담 2세(Hars Adam Ⅱ) 89년 11월 즉위 외교권 의회의 소집 해산권을 지님
·의　　　회	1원제 25석 임기 4년
·내　　　각	총리 마리오 프릭(Mario Frick) 93년 10월 발족
·주요 정당	조국연합, 진보연합
·국내총생산	16억 8000만 달러(92년)
·1인당 GNP	5만 4607달러(92년)
·통화 단위	1달러=1.3549프랑(97년 1월)
·주요 자원	거의 없음
·주요 공산품	금속제품, 기계, 정밀기기
·주요 농산물	목축
·무　　　역	수출 26억 4400만 달러, 수입 13억 6000만 달러(94년)

(자료원 : EFTA 통계국／World Yearbook 97)

☞ 자연 환경

스위스와 오스트리아 사이, 알프스의 심장부에 자리잡은 나라. 전원국가로 유명한 곳이다. 수도인 파두츠의 거리 역시 도시라기보다는 조용하고 목가적인 유럽풍의 농촌.

하지만 이 곳은 유럽 교통의 요충지. 스위스와 오스트리아를 잇는 철도가 있는가 하면 유럽의 주요 간선도로도 이 곳을 통해 연결되고 있다.

☞ 간추린 역사

1712년 리히텐슈타인가가 이 곳의 토지를 매입, 신성로마제국의 허락을 얻어 자치국을 수립한다. 이후 1806년 라인동맹의 일원으로 신성로마제국의 영향권에서 벗어났으며 1815년 독일 연방에 가입한다.

1866년 프로이센과 오스트리아간의 전쟁으로 독일연방이 해소되자 이를 계기로 리히텐슈타인은 중립지향을 표방. 하지만 1852년 오스트리아제국과 관세동맹을 체결하면서 긴밀한 관계 유지. 이로 말미암아 1차대전 후 중립을 표방했지만 패전국으로 처리되는 곤경을 겪기도 한다.

1919년 오스트리아와의 관세동맹을 철폐하고 같은 중립주의 국가인 스위스와 가까워지기 시작. 양국은 1923년 관세동맹을 체결하고 정치적으로 긴밀한 관계를 유지한다. 1967년 영세중립국으로 등록. 90년 9월 UN 가맹,

☞ 정치와 경제

1921년에 제정된 헌법에 기초하여 입헌군주제 채택. 행정권은 국왕과 의회(정원 25명)가 맡고 군사, 재정, 외교권은 스위스가 대행하고 있다. 국제법상 주권 공국. 정당으로는 진보시민당과 조국동맹 등 2개정당이 있으며 84년 6월에 와서야 여성에게 참정권을 부여한다.

93년 10월 의회 해산에 이은 총선에서 13석을 획득한 조국연합(중도)이 11석의 진보시민당(보수)과 연합, 프릭 내각을 발족한다.

경제는 전체 인구의 60%가 농업에 종사하는 농업국. 하지만 2차대전 후 금속가공업과 정밀공업, 그리고 화학공업 등이 비약적으로 발전했으며, 특히 이 나라 제품의 의치(義齒)는 세계적으로 유명하다. 관광과 우표판매 수익도 이 곳 정부 재원의 주요 부분을 차지하고 있다. 1인당 GNP는 세계 최고 수준.

☞ 사회와 문화

게르만족 최후의 군주국으로 알프스의 자연 속에서 발달한 오염되지 않은 나라. 세계에서 가장 잘사는 나라 중의 하나다. 국민성은 소박하고 근면하며 빈부의 격차가 거의 없다. 사회보장제도도 완벽하게 구비.

이 나라의 왕실은 세계적인 명화를 많이 수입하기로 유명하다. 루벤스 등 1500여 점의 초일류작품을 소장하고 있다.

모나코 공국
(Principality of Monaco)

― 독립일 : 1861년, UN 가맹일 : 1993년 5월 ―

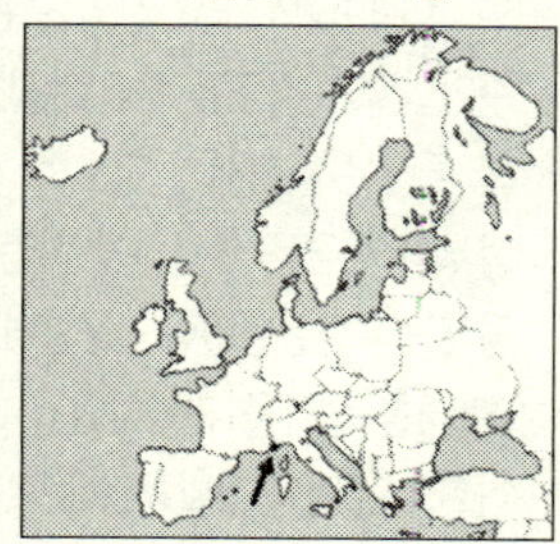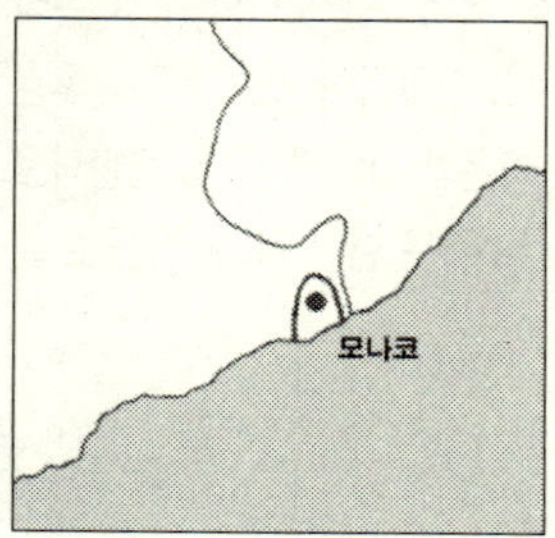

☎ 주요 통계 자료

·면　　적	1.95㎢
·인　　구	3만 2000명(95년)
·수　　도	모나코(Monaco) 인구 2500명(95년)
·주요 도시	몬테카를로
·주요 민족	모나코인, 프랑스인, 이틸리아인
·언　　어	프랑스어
·종　　교	카톨릭(국교)
·정치 체제	입헌 군주제 입법은 원수와 의회가 공동으로 행정은 원수 하에 국무장관과 3인의 고문(내무, 재무·경제, 공공·사회)이 담당
·헌　　법	1911년 헌법 제정 1962년 신헌법 채택
·국가 원수	공(公) 레니에 3세(Rainier Ⅲ) 1949년 5월 9일 즉위
·의　　회	1원제 18석 임기 5년 비례대표제
·내　　각	원수가 임명 국무장관 폴 디쥬(Poul Dijoud)
·국민총생산	5억 4400만 달러(94년)
·1인당 GNP	1만 7000달러(94년)
·통화 단위	프랑스 프랑(Franc). 1달러=5.2615(96년 12월)
·주요 자원	관광자원
·주요 공산품	의약품, 전자제품, 우표, 정밀기계
·주요 농산물	거의 수입으로 대체

(자료원 : World Yearbook 97/모나코 중앙은행)

☞ 자연 환경

프랑스 동남쪽 끝 '푸른 해안'이라 불리는 지중해 연안에 자리잡고 있는 작은 나라. 카지노로 유명한 세계적인 도박의 도시 몬테카를로가 있는 곳. 전형적인 지중해성 기후로 여름과 겨울의 기온가 심하지 않다. 전반적으로 온난한 편. 강수량은 연간 740㎜ 정도로 맑은 날이 많다.

☞ 간추린 역사

모나코란 이름은 '모노이코스(독신자란 뜻)'에서 유래. 옛날 영국 출신의 독신자들이 이 곳에 많이 살았기 때문이다. 모나코항은 천혜의 조건을 가진 항구. 따라서 기원전부터 강대국의 전략적 기지로 많이 이용되었다.

1297년 북이탈리아의 교황과의 분쟁에서 패배한 크리말티가가 마지막 근거지로 모나코 요새를 점령. 이 크리말티가는 현 모나코 황실의 선조인 셈이다. 이후 모나코는 그 전략적 중요성 때문에 수많은 분쟁에 휩쓸리다가 1763년 프랑스의 보호령이 된다. 하지만 나폴레옹 전쟁 후 빈회의를 거쳐 주권을 회복. 그리고 1919년 베르사유조약에서 주권공국으로서 국제적 인정을 받는다.

☞ 정치와 경제

독립 초기에는 국왕 친정체제였지만 현재는 입헌군주국. 1962년에 개정된 헌법에 따라 집정회의와 국민의회(18명,임기 5년)가 입법권을 공동으로 소유하고 있다. 국회의 권한이 상대적으로 큰 편.

이 나라의 주요 산업은 관광업이다. 정부 수입의 20% 정도를 차지할 정도. 또한 이 나라의 특징은 직접세가 없으며 개인소득에 대해 정부가 세금을 부과하지 않는다. 최근 모나코 정부는 반관반민이 운영하는 해수욕회사(SBM)를 중심을 관광사업을 더욱 진흥시키는 한편 수공업과 정밀공업에도 심혈을 기울이고 있다.

☞ 사회와 문화

쪽빛 해안의 아름다운 풍경과 현란한 네온사인으로 칠갑한 도박장의 유혹, 그리고 귀족풍의 거리 분위기 등 모나코는 나라 전체가 관광을 위해 꾸며져 있다. 특히 카지노와 자동차경주는 세계적으로 유명. 게다가 국왕 레니에 Ⅲ세는 할리우드의 스타인 그레이스 켈리를 왕비로 맞아들여 유럽의 사교계를 떠들썩하게 만들기도 했다. 이 밖에 모나코에는 지중해 과학탐험 국제위원회 본부가 자리잡고 있어 해양과학에 대한 관심이 매우 높은 곳이다.

이탈리아 공화국
(Republic of Italy)

— 독립일 : 1861년 3월 1일, UN 가맹일 : 1955년 12월 14일 —

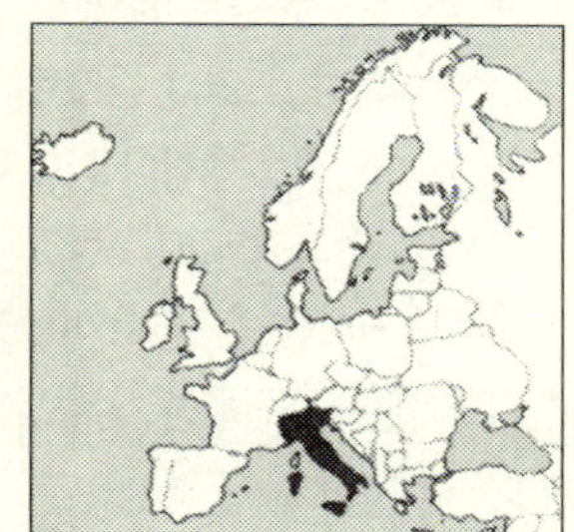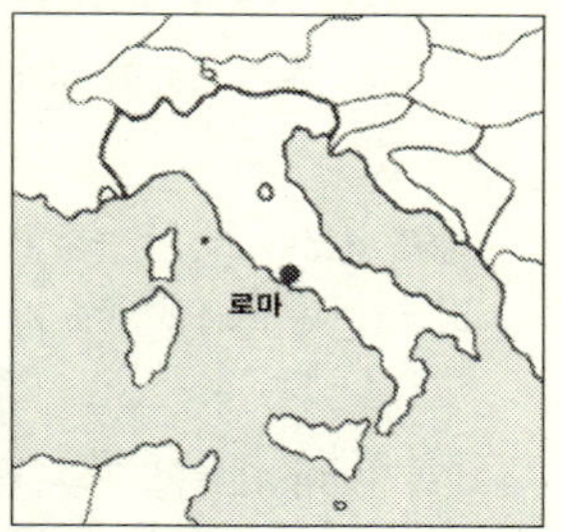

☞ 주요 통계 자료

·면　　　적	30만 1277㎢
·인　　　구	5719만 명(95년)
·수　　　도	로마(Roma Rome) 인구 269만 명(93년)
·주요 도시	밀라노(133만 명), 나폴리(106만 명), 토리노(95만 명), 팔레르모(69만 명), 제노바(66만 명), 볼로냐(39만 명)
·주요 민족	이탈리아인. 북부에는 독일계, 프랑스계, 슬리브계의 소수민족, 남부에는 중동, 아프리카계도 혼재
·언　　　어	이탈리아어
·종　　　교	카톨릭(90%) 그 밖에 개신교, 이슬람교, 유태교
·정치 체제	공화제 의원 내각제
·헌　　　법	1947년 12월 22일 채택 48년 1월 1일 시행
·국가 원수	대통령 오스카르 루이지 스칼파로(Oscar Luigi Scalfaro) 간선제 임기 7년 92년 5월 28일 취임
·의　　　회	2원제 상원(325석) 하원(630석) 모두 임기 5년
·내　　　각	대통령이 총리를 지명 총리 로마노 프로디(Romano Prodi) 96년 5월 18일 발족
·주요 정당	북부동맹, 국민동맹, 전진이탈리아당, 좌익민주당, 공산당 재건파 등
·국내총생산	1조 882억 달러(95년)
·1인당 GNP	1만 9691달러(95년)
·통화 단위	리라(Lira). 1달러=1532.48리라(97년 1월)
·주요 자원	천연가스, 철광석, 보크사이트, 수은, 관광자원
·주요 공산품	철강, 자동차, 선박, 기계류, 섬유제품, 피혁
·주요 농산물	올리브, 쌀, 밀, 마, 포도주
·무　　　역	수출 2300억 달러, 수입 1910억 달러(95년)

(자료원 : 이탈리아 통계청／통계연감／중앙은행 연감)

☞ 자연 환경

총길이 1200㎞에 달하는 이탈리아는 남부 유럽의 바닷국가로써 정식명칭은 이탈리아 공화국. 지중해 중앙에 장화모양으로 자리잡은 이탈리아반도와 시칠리아, 사르데냐 등 70여개의 섬으로 이루어져 있다. 국토 중앙에는 아펜니노산맥이 가로놓여 있으며 포 강 유역의 롬바르디아평원을 비롯, 전체 면적의 90% 가량이 평지이다.

기후는 북부 내륙지방이 대륙성 기후인데 반해 남쪽으로 내려갈수록 지중해 해양성 기후를 띤다. 따라서 대체적으로 온난한 편이며 겨울철에 비가 많은 대신 여름철엔 비교적 건조하다.

☞ 간추린 역사

이탈리아라 하면 우리는 제일 먼저 그 옛날 화려함의 극치를 자랑했던 로마시대의 번영을 연상하게 된다. 지리적으로 이탈리아는 아프리카 대륙과 유럽을 연결하는 지중해상의 다리 구실을 하고 있으며, 따라서 일찍부터 상업을 중심으로 도시문명이 발달하였다.

기원전 7세기 무렵부터 도시국가를 토대로 막을 열기 시작한 로마시대는 카르타고와의 3차례에 걸친 포에니전쟁을 통해 지중해의 패권을 완전 장악한다. 그리고 기원전 27년 아우구스투스황제(옥타비아누스)에 이르러 그 영향력을 유럽전역으로 확대해 이른바 로마에

의한 평화, 즉 '팍스 로마나'시대를 풍미한다. 하지만 이후 로마제국은 거대해진 몸집을 감당하지 못해 395년에 동,서로 분열되고 만다.

476년 서로마제국이 몰락한 뒤 이탈리아는 실질적으로 동로마황제(비잔틴황제)의 지배 하에 놓인다. 그러나 동고트족과 랑고바르드족 등 이민족의 침입이 이어지면서 중앙권력이 사실상 붕괴되고, 프랑크왕국과 신성로마제국의 지배를 받으면서 이탈리아반도는 소도시국가들이 난립하는 사분오열의 지경에 빠진다.

수세기 동안 이어진 분열상에도 불구하고 15세기의 이탈리아는 베네치아, 피렌체, 밀라노 등 대상업도시들 간의 정치적 경쟁의식과 상인을 중심으로 한 시민의식의 성숙으로 르네상스문화를 꽃피운다. 특히 당시 도시국가의 군주들은 정치적 대결의식을 자제하는 한편 학자와 예술가들을 적극 보호하여 르네상스문화의 발전에 큰 역할을 담당한다.

1789년의 프랑스혁명은 당시 이탈리아의 신흥시민계급에도 커다란 반향을 불러일으킨다. 이들은 1831년 복고체제와 맞서 싸우기 위해 카르보나리당 등 비밀결사를 조직, 전국 각지에서 이탈리아의 독립과 통일을 향한 운동을 전개한다.

이 운동은 오스트리아의 무력개입으로 일시 진압되지만 이후 마치니가 이끄는 청년이탈리아당의 모태가 된다. 이후 1870년, 이탈리아는 가리발디의 진두지휘 하에 보불전쟁을 승리로 장식하며 마침내 대망의 통일을 달성

한다.

하지만 통일 후 이탈리아 정국은 온건개혁노선의 우파와 급진 공화주의자 마치니의 계보를 잇는 좌파간의 암투로 얼룩진다. 게다가 1차대전 이후 오스트리아에 빼앗겼던 옛 영토를 되찾지만 전쟁의 후유증으로 야기된 심각한 경제불안은 전국을 혼란의 소용돌이에 빠뜨린다. 이 틈을 타고 등장한 것이 바로 무솔리니의 파시스트 정권이었다.

1922년 왕의 명령에 따라 내각을 조직한 무솔리니는 사회당과 공산당을 배제시키고 왕과 대자본가의 지지를 배경으로 독재체제를 구축한다. 그리고 1937년 국제연맹의 탈퇴와 동시에 독일, 일본과 방공협정을 맺음으로써 뒤늦게 제2차대전의 주역으로 나선다. 그러나 아직 군비가 갖추어지지 않은 무솔리니의 이탈리아군은 지중해상과 아프리카 등지에서 패전을 거듭, 끝내는 43년 7월 친정세력의 쿠데타에 의해 붕괴되고 만다.

2차대전이 끝난 이후 이탈리아는 패전의 멍에를 떨쳐버리고 정치적 안정과 국긴적 통일을 달성하기 위한 노력에 박차를 가한다. 1946년 국민투표를 통해 왕제도가 폐지되고, 이어 47년에 소집된 제헌의회가 신헌법을 채택함으로써 마침내 지금의 이탈리아공화국이 탄생한다.

그리고 수년 동안 기독교민주당(DC)에서 공산당에 이르는 광범위한 반파시즘세력이 대연립정권을 구성, 정국을 운영함으로써 민주주의의 기틀을 다진다.

☞ 정 치

이탈리아의 정치구조는 의원내각제를 골간으로 이루어져 있다. 따라서 대통령이란 존재는 다만 국민통합의 상징적인 존재일 뿐이며 실제 정치권력의 최고기관은 국회이다. 국회는 상, 하 양원의 2원제이며 임기는 모두 5년으로 되어 있다.

전후 이탈리아 정치의 특징은 광범위한 반파시즘민주주의와 좌우정당들이 정권교체 없이 대립하는 '분극화 민주주의'를 들 수 있다. 이는 파시즘과 왕제도를 붕괴시키고 이후 민주주의를 이끌어나간 주력부대가 레지스탕스세력이었기 때문이며, 동시에 대전 후 개혁의 불철저로 말미암아 구지배계급과 구질서가 온존하면서 개혁세력과 끊임없이 마찰을 빚어낸 데 기인한다.

따라서 공화국 수립 후 이탈리아의 정국은 거의가 연립내각에 의해 꾸려지며, 그 내각 또한 평균 수명 10개월에 지금까지 총 53번이나 주역들이 바뀌는 파란만장한 정치사를 연출한다.

한편 최근 이탈리아의 정계는 한 마디로 정치인들의 대수난시대라 할 만하다. 이는 92년 2월에 시작된 밀라노 검찰청의 정치권비리에 대한 수사를 통해 세상에 드러났는데, 기민당과 사회당 등 주요정당들의 거물정치인들이 마피아와의 연계 및 뇌물수수혐의로 대거 체포되는 사태가 빚어진다.

이로 말미암아 전국적인 정치권 비리척

결운동이 일어나고 이 여파로 93년의 지방선거에서 기민당, 사회당 등 기존의 중도 정치세력들이 몰락하고 우파보수세력이 득세하는 결과를 초래한다.

또한 94년 3월에 실시된 총선에서도 베를루스코니가 이끄는 우파연합이 다른 정당들을 따돌리고 압도적으로 승리, 전후 52번째 내각이 탄생한다. 특히 이탈리아의 민영방송 3개국을 경영하고 있는 베를루스코니는 정치입문 2개월 만에 총리의 권좌에 앉는 신기원을 이룩한다.

하지만 베를루스코니 총리도 친동생의 탈세혐의와 관련, 94년 12월 사임함으로써 집권연정은 출범 7개월 만에 붕괴되고 만다. 이후 이탈리아 정국은 후임 총리의 선출문제을 놓고 빚어진 우익진영 내부의 알력으로 난항을 거듭하다가 95년 1월 재무장관 출신의 람베르토 디니를 새 총리로 맞이한다. 금융전문가인 디니 새 총리는 출범과 함께 이탈리아 정치사상 처음으로 내각에 국회의원을 배제한 실무형내각을 발족시켜 경제개혁에 대한 강한 의욕을 보이기도 했다.

그러나 96년 4월 21일에 실시된 상·하원 총선거에서 중도좌파연합(ULIVO)이 중도우파연합(POLO)을 누르고 제1세력으로 부상한다.

이어 구 공산당세력까지 끌어안은 중도좌파연합은 새 총리에 경제 실무형인 로마노 프로디 산업부흥공사 총재를 추대. 스칼파로 대통령의 재가를 얻어 96년 5월 18일 프로디 총리를 정점으로 한 신내각이 출범한다.

☞ 경 제

독일과 같은 전범국인 이탈리아에게 제2차대전의 후유증은 경제적으로 치명적인 상처였다. 하지만 이러한 상황에서 연합국, 특히 미국의 원조를 통해 경제회복의 발판을 마련한 이탈리아는 53년에서 63년 사이 연평균 6.4%의 성장률을 기록하며 이른바 '이탈리아 경제의 기적'을 이룩한다. 특히 이 고도성장 과정에서 착실하게 진행된 것은 밀라노, 제노바, 톨리노로 연결되는 '공업삼각지대'를 배경으로 중화학공업 중심의 산업구조가 정착된 점이다. 또한 성장의 일등공신으로는 자동차의 피아트, 사무기계부문의 올리베티, 화학공업분야의 피렐리 및 IRI(이탈리아 산업부흥공사)의 철강부문을 담당한 핀시데르회사 외에 탄화수소공사(ENI) 등을 들 수 있다.

급속한 성장의 이면에는 그에 상응하는 부작용이 따르게 마련이다. 이 이탈리아의 경우에도 몇 가지를 찾아볼 수 있는데, 첫째로는 북부지역을 중심으로 공업화를 추진해온 결과 남,북 간의 개발격차가 두드러져 심각한 이중화현상을 보이고 있다는 점이다. 또한 경제성장 과정에서 국가자본이 대거 진출해 주도함으로써 이후 생산성의 비효율성과 국가재정의 압박 등의 문제를 낳는다. 따라서 이탈리아정부는 문제해결의 차원에서 85년부터 시칠리아를 중심으로 본격적인 남부개발계획을 착수하는 한편 92년에는 민영화법안을 설립, 거대 국영기업들을 주식회사로 전환시키는 정책을 추진 중이다.

1987년부터 제2의 경제기적이라 불리는 '황금의 3년'을 보낸 이탈리아경제는 90년 후반부터 경기후퇴의 국면에 접어든다. 여기에는 석유에 대한 지나친 수입의존, 첨단산업의 후진성, 높은 실업률 및 국영기업의 비능률성 등 구조적인 문제에 기인한 것이었다. 따라서 93년의 GDP 성장률이 −0.7%를 기록, 지난 제1차 석유파동 이후 처음으로 마이너스 성장을 기록한다.

하지만 이탈리아경제는 93년 후반부터 유럽경제의 회복에 편승, 수출이 호조를 띠면서 점차 회복되는 추세를 보이고 있다. 특히 전총리이었던 베를루스코니는 94년 기조연설에서 고용창출과 인플레 억제, 그리고 정부재정축소를 골자로 한 경제계획을 발표, 경제관련 규제를 대폭 완화하고 민영화를 적극 추진할 것을 약속했다. 또한 디니 전총리 역시 경제통답게 경제안정을 최우선과제로 내세워 안정된 국가살림을 꾸려가 95년 이탈리아 경제는 G7 평균 성장률인 2.1%를 상회하는 3%의 고성장을 달성한다. 그러나 96년 이후 좌파정권이 등장하는 정치적 변동과 수출부진, 독일을 비롯한 주변국들의 경기부진 등의 요인으로 성장세가 크게 둔화되고 있다.

☞ 사회와 문화

전체 국민의 98%가 카톨릭교도. 따라서 국민생활에 카톨릭교가 미치는 영향이 지대하다. 일반적으로 이탈리아인은 친절하고 개방적인 성품을 지니고 있다. 르네상스 문화를 잉태한 나라답게 예술적 전통이 화려하며 특히 영화와 디자인계에 괄목할 만한 인물들이 많다.

하지만 이탈리아는 마피아의 본거지이기도 한 곳. 시실리아를 거점으로 한 마피아는 모두 180개 조직에 조직원만 4000여 명선으로 알려져 있다. 한편 93년 1월, 이탈리아 경찰은 이탈리아 내 마피아 각 계보를 모두 통솔하고 있던 보스 중의 보스로, 20년 이상 지명수배를 받아오던 리나를 체포했다고 발표.

바티칸 시국
(Vatican City State)

— 독립일 : 1929년 2월 11일, UN 가맹일 : 비가맹국(옵저버 파견국) —

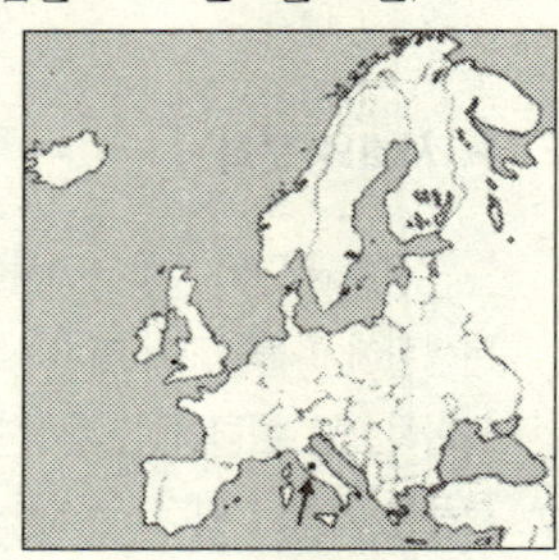

☞ 주요 통계 자료

·면　　　　적	0.44㎢(세계 최소국)
·인　　　　구	1277명(93년 11월)
·주요 민족	교황청에 근무하는 성직자 및 근위병
·언　　　　어	라틴어(교회공용어), 프랑스어(대외용 언어), 이탈리아어(일상어)
·종　　　　교	카톨릭
·정치 체제	종교 국가
·기 본 법	신교회법(1752조)이 1983년 11월에 발효
·국가 원수	로마법왕(교황) 9억 7594만 명(94년 추계)의 전세계 카톨릭 교도의 지도자 종신제 80세 미만의 추기경으로 구성되는 법왕선거회에서 선출 법왕(교황) 요한 바오로 2세 (Johannes Paulus Ⅱ) 제264대 78년 10월 16일 선출
·의　　　　회	추기경회가 일종의 의회 구실
·내　　　　각	법왕청 국무장관(수상에 해당) 안젤로 소다노 추기경
·국가 재정	생산·유통 기관은 없음
	재정은 라테라노 조약 체결 당시 이탈리아로부터 받은 배상금의 이자수익과 세계 각 구 교회 헌금, 우표판매 수익, 그리고 박물관 입장료 등으로 충당한다.

(자료원 : World Yearbook 97/세계 각국 요람)

☞ 자연 환경

이탈리아의 수도 로마 시내에 위치한 세계에서 가장 작은 나라. 세계 8억 카톨릭 신도의 총본산인 로마교황청 소속의 영토이다. 기후는 대륙성 기후로 온난하며 습도가 낮다. 여름철엔 좀 더운 편이지만 겨울철엔 우리 나라 서울보다 더 따뜻하다.

☞ 간추린 역사

4세기경 로마시 바티칸 언덕에 있던 사도 베드로(초대 교황) 묘지 위에 성베드로성당이 창건되고, 1377년 이 곳에 아비뇽에 있던 교황성좌를 모셔오면서 교황청의 총본산이 된다.

당시 교황은 유럽 각국의 군주들에 대한 임명과 파문을 좌지우지할 정도로 막강한 권력을 행사. 따라서 중세시대엔 중부이탈리아의 광대한 영토가 교황청의 소속이기도 했다. 하지만 1870년 이탈리아가 중부일대를 장악하고 왕국을 건설하자 이탈리아와 교황청 간에 영토분쟁이 초래된다. 1929년 이탈리아와 교황청 간에 라테라노조약을 체결. 이 조약에 따라 교황청은 성베드로성당을 포함한 현재의 면적에 '바티칸시국'이란 공식 명칭으로 독립한다.

☞ 정치와 경제

바티칸시국의 국가원수는 교황. 추기경으로 구성된 선거집회에서 선출되며 임기는 종신제이다. 교황을 보좌하는 기관으로는 추기경회와 국무성을 비롯한 11개의 부서가 있다. 11개성의 장관은 추기경 중에서 임명되며 하는 일은 주로 외교와 교회행정지도.

현재 바티칸시국은 세계 120개국과 외교관계를 맺고 있으며 UN에는 옵저버를 파견하고 있다. 활동은 왕성한 편. 최근 바오로 II세는 해방신학을 지지하는 성명을 발표하는가 하면 세계평화를 호소하는 적극적인 외교활동을 펼치고 있다. 우리 나라에도 2차례 방문(84년 5월4일과 89년 세계성체대회 때).

또한 96년 10월 23일, 교황청 과학 아카데미는 1857년에 체계화된 다윈의 진화론을 '카톨릭의 교리와 모순되지 않는다'고 공식 발표, 130여년 만에 진화론과 화해하기도. 이어 11월 13일 교황은 로마에서 개최된 세계 식량 세미나 개막연설을 통해 '인구억제로 식량문제가 해결될 수 없다'고 표명, 미국 등 선진국의 인구억제책을 강력히 비판했다.

☞ 사회와 문화

카톨릭 성직자의 서열은 교황과 추기경, 그리고 대주교, 주교, 사제 순으로 내려간다. 추기경은 이탈리아 국내에서 왕족과 같은 대우를 받고 있다. 한편 바티칸에 있는 성베드로성당과 시스틴 성당은 세계적인 문화제이며 바티칸 박물관에는 역대 교황의 왕관과 미켈란제로, 라파엘로 등이 그린 세계적인 명화와 조각품들이 보존되어 있다.

산마리노 공화국

(Republic of San Marino)

― 독립일 : 1631년, UN 가맹일 : 1992년 3월 ―

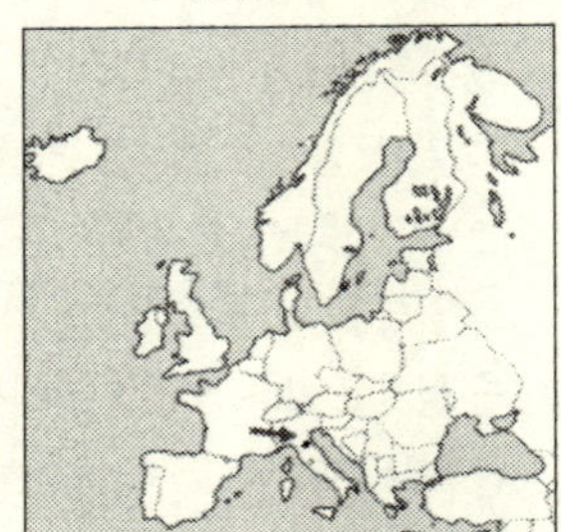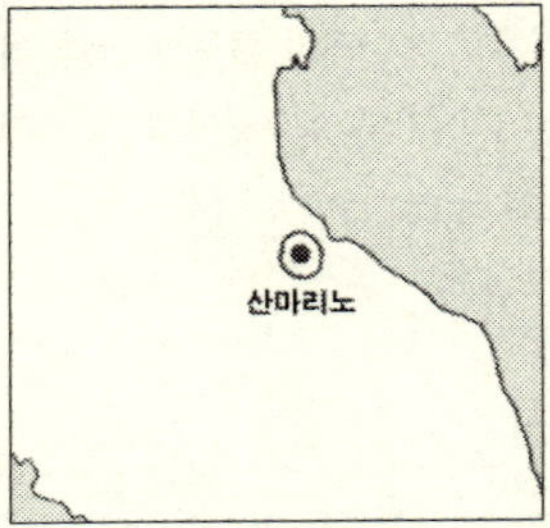

☞ 주요 통계 자료

·면　　　적	61.19㎢
·인　　　구	2만 5058명(95년)
·수　　　도	산마리노(San Marino). 인구 4498명(95년)
·주요 민족	대부분 이탈리아인
·언　　　어	이탈리아어
·종　　　교	카톨릭(국교)
·정치 체제	공화제
·국가 원수	6개월마다 대평의회에서 호선된 집정관 2인이 공동으로 국가원수와 정부대표를 담당 　　외교·정치담당장관, 카브리엘 가티(Gabriele Gatti)
·의　　　회	1원제. 대평의회. 60석. 임기 5년
·주요 정당	기독교민주당, 사회당, 진보민주당
·국민총생산	2억 2500만달러(93년)
·1인당 GNP	8626달러(93년)
·통화 단위	이탈리아 리라. 1달러=1532.48(97년 1월)
·주요 자원	관광자원
·주요 공산품	섬유제품
·주요 농산물	밀, 올리브, 치즈, 포도주

(자료원 : IMF 보고서／World Yearbook 97)

☞ 자연 환경

중부 이탈리아의 아드리아 해안에 위치한 조그마한 나라. 영토 중앙에 치타노산(해발 749m)이 솟아 있고 수도 산마리노시는 이 산 꼭대기에 위치해 있다. 평지로 이어지는 동쪽의 경사면을 제외하고는 3면이 아드리아해안과 인접한 절벽. 바다에서 본 산마리노는 중세시대의 성곽이 절벽을 타고 우뚝 솟아 있는 한 폭의 그림 같다. 기후는 지중해의 영향으로 해양성 기후.

☞ 간추린 역사

350년경 기독교인인 석공 마리노가 로마황제의 박해를 피해 이 곳에 와 기독교를 전파하며 이룬 종교적 공동체가 국가로 발전. 1631년 로마교황으로부터 정식 독립국으로 인정을 받는다. 산마리노는 세계에서 가장 오래된 공화국. 2차대전 중 독일군과 연합군측에 번갈아 가며 잠깐 동안씩 점령당하기도 했지만 전쟁의 종결과 함께 곧 자유를 회복한다. 따라서 산마리노인들은 비록 면적은 작지만 오랜 세월동안 자유와 독립을 지켜온 자신들의 역사를 자랑스럽게 여기고 있다.

☞ 정치와 경제

이 나라 헌법은 1600년에 제정된 국법이 전부다. 과거에는 가족장들이 모여 나라일을 관리했지만 근대로 넘어오면서 대평의회란 정치기관이 탄생한다. 대평의회(정원 60명)는 의회 역할을 하며 이 속에서 선출된 집정관 2명이 국가원수와 정부대표를 맡고 있다.

1945년 이래 연립정권이 이어져 오다가, 78년부터 86년까지 좌익정권이 정국운영. 92년 기독교민주당과 사회당 간의 연립정부 수립. 또한 93년 5월 총선에서도 집권 여당이 다수석을 확보, 정권을 계속 유지하고 있다.

이 나라의 외교는 특별히 이탈리아와 긴밀한 편. 매년 이탈리아로부터 일정액의 재정 원조금을 받는 등 일견 보호국의 성격을 띠고 있다.

주요 산물로는 포도주, 밀, 계란, 치즈 등이 있으며 국가재원의 60% 이상을 우표판매 수익과 관광수익에서 구하고 있다.

☞ 사회와 문화

이 나라 사회는 주로 혈연관계를 기본축으로 구성. 따라서 재판권은 혈연관계가 없는 외국인재판관에게 위임하고 있다. 작은 나라지만 국민개병제를 채택.

수도인 산마리노시는 독립국의 수도라기보다는 중세의 성채가 돋보이는 아름다운 관광도시 같은 느낌을 준다. 경제적으로 넉넉한 나라는 아니지만 사회보장제도가 잘 갖춰진 살기 좋은 나라.

그리스 공화국
(Hellenic Republic)

— 독립일 : 1821년 3월 25일, UN 가맹일 : 1945년 10월 25일(창설가맹국) —

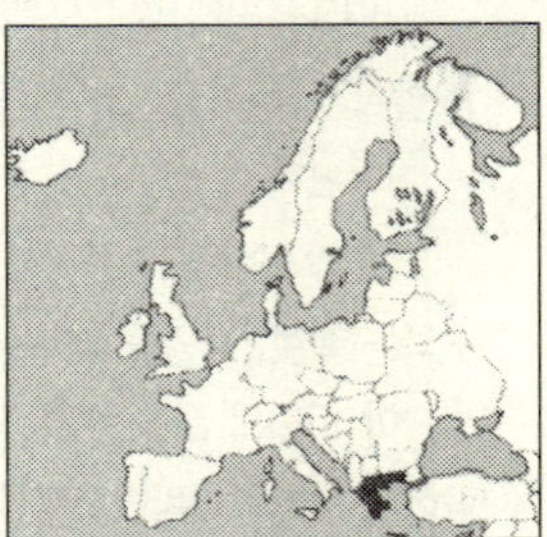 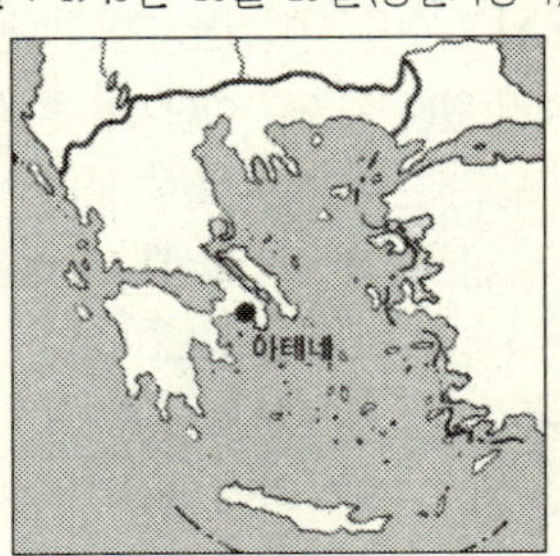

☞ 주요 통계 자료

·면　　적	13만 1957㎢
·인　　구	1046만 명(95년)
·수　　도	아테네(Athens) 인구 309만 명(93년)
·주요 도시	테살로니카(97만 명), 파트라(29만 명), 라리사(26만 명)
·주요 민족	그리스인(97%), 그 밖에 터키인(약 10만 명), 유대인
·언　　어	그리스어
·종　　교	그리스 정교(국교 98%)
·정치 체제	공화제 의원 내각제
·헌　　법	1975년 6월 11일 공포 86년 3월 개정
·국가 원수	대통령 콘스탄티노스 스텐파노폴로스(Konstantinos Stephanopoulos) 간선제 임기 5년 95년 3월 취임
·의　　회	1원제 300석 직선제 임기 4년
·내　　각	대통령이 총리 지명 의회가 승인 총리 콘스탄티노스 시미티스(Konstantinos Simitis) 96년 9월 24일 신내각 발족
·주요 정당	전그리스사회주의운동, 신민주주의당, 좌익진보연합, 공산당
·국내총생산	1116억 달러(95년)
·1인당 GNP	1만 1761달러(95년)
·통화 단위	드라크마(Drachma). 1달러＝245.7드라크마(97년 1월)
·주요 자원	석탄, 철광석, 보크사이트, 니켈
·주요 공산품	섬유, 알루미늄 및 금속제품, 석유제품, 화학 및 의약품
·주요 농산물	담배, 면화, 올리브, 포도주
·무　　역	수출 57억 7000만 달러, 수입 241억 3500만 달러(96년)

(자료원 : 그리스 통계청／그리스 중앙은행)

☞ 자연 환경

그리스는 유럽 동남부 발칸반도 일대와 펠레폰네소스 반도에 딸린 지중해연안의 여러 섬들로 이루어진 나라이다. 정식명칭은 그리스 공화국(Hellenic Republic). 서쪽은 이오니아해, 동쪽과 북동쪽은 에게해에 둘러싸여 있으며, 북쪽으로는 알바니아, 마케도니아(과거 유고연방의 일원), 불가리아와, 그리고 동쪽으론 에브로스 강을 사이에 두고 터키와 국경을 맞대고 있다.

또한 이 나라는 전체 면적의 3/4이 산악 구릉지대로 이루어져 있다. 최고봉은 그리스 신화로 유명한 올림프스 산(2917m)이며, 주로 석회암질로 이루어져 있어 산림이 빈약한 대신 양질의 대리석이 많기로 유명하다. 그리고 기후는 대표적인 지중해성 기후를 띠고 있다. 따라서 여름엔 무척 고온 건조하며, 겨울엔 비가 많고 온화하다.

☞ 간추린 역사

오늘날 서구문명의 모태라 할 수 있는 그리스문명은 기원전 16세기 그리스 남단 크레타 섬의 크노소스를 중심으로 발생한 미노아 문명에 의해 비롯된다. 이 미노아 문경은 동시기 펠로폰네소스반도에 정착해 있던 아카이아인(오늘날 그리스인의 선조)과 교류하며 미케네 문명으로 발전하여 인류 최초의 서사시인 호메로스의 '일리아드 오딧세이'의 주무대인 트로이전쟁을 승리로 이끄는 등 한때 번창일로를 걷는다. 하지만 기원전 12세기, 북방계 도리아인의 침략으로 미케네 문명이 붕괴되자 그리스는 오랜동안 암흑시기를 맞이한다.

이후 기원전 8세기경, 아테네를 필두로 폴리스라는 도시국가가 생겨나면서 그리스 문화는 깊은 잠에서 깨어나 다시금 화려한 꽃을 피운다. 알파벳의 기초가 되는 문자가 창안되고, 제우스신전을 비롯한 여러 가지 고대건축물들이 축조되는가 하면, 고대 올림픽경기가 생겨난 것도 모두 이 시기의 일이었다. 그리고 이 때의 도시국가들 중 아테네는 다리우스라는 걸출한 영웅이 이끄는 페르시아제국의 서진을 마라톤전투와 살라미스해전 등을 통해 막아냄으로써 서구문명의 방파제 구실까지 하였다.

페르시아전쟁의 승리는 곧 아테네의 부상을 낳았다. 펠리크레스의 민주정치가 만개하고 비극작가 소포클레스, 역사가 헤로도투스, 철학자 소크라테스 등이 모두 이 시기 아테네가 낳은 위대한 인물들이다. 하지만 아테네의 급성장은 같은 도시국가의 하나였던 스타르타의 도전을 낳는다. 이른바 '그리스의 자살'이라고까지 평을 받게 되는 아테네와 스파르타간의 펠레폰네소스 전쟁이 발발한 것이다. 전화(戰禍)는 30년 동안 그리스 전역을 휩쓸었다. 전쟁의 승자는 스파르타였지만 화려했던 그리스 문화의 몰락은 그 모두를 패자로 만들었다. 그리고 끝내는 그리스 북방 마케도니아에서 군사를 일으킨 알렉산더 대왕의 아버지인 필리포스Ⅱ세에 정복당하고 만다.

기원전 322년 동방정벌을 통해 대제국을 건설했던 알렉산더 대왕이 33세의 젊은 나이로 병사하자 전유럽의 패권은 로마의 손에 접수된다. 따라서 기원전 146년 그리스는 로마의 속주 마케도니아의 일부로 편입되어, 이후 오랜 동안 외세의 식민통치에 의해 연명한다. 특히 로마제국이 동서로 분열된 후 들어선 비잔틴 제국은 그리스를 1000년 이상 통치하며, 뒤이어 들어선 오스만 튀르크는 1453년부터 1821년까지 약 400년 동안 그리스에서의 식민지지배를 관철시킨다. 게다가 오스만 튀르크의 통치시대는 그리스 전체 인구의 1/4이 감소하고 그나마 나머지도 소작농이나 노예로 살아갈 만큼 혹독하고도 암울한 세월이었다.

1814년, 러시아의 항구도시 오데사에서 그리스상인들을 중심으로 최초의 독립해방조직이 결성된다. 그리고 1821년엔 펠레폰네소스의 칼리브리타에서 그리스 독립선언서가 낭독되고 곧바로 터키와의 항쟁에 돌입한다. 독립전쟁은 터키군의 무차별 학살에 그리스인 5만 여명이 목숨을 잃고, 유럽열강이 참전하는 등 우여곡절을 겪은 끝에 터키의 패배로 종결된다. 이로써 그리스는 1829년, 근 2000년 동안의 외세지배에서 벗어나 독립국으로 거듭나며, 이후 20세기 초에는 2차례의 발칸전쟁을 승리로 이끌면서 테살로니카, 이오니아 등 과거의 옛 영토를 회복하기에 이른다. 또한 제2차 세계대전 동안에는 독일과 이탈리아군에 의해 다시 점령되지만, 1946년 연합국의 승리로 인해 다시 독립국으로 자리매김 된다.

☞ 정 치

그리스는 2차대전 직후 한때 입헌군주국을 표방했으나, 왕제파와 공화파 간의 대립이 격화되어 내전에 휩싸이는 등 정국불안이 지속된다. 이에 1967년 파파도플로스 장군이 이끄는 군부가 쿠데타를 일으켜 정권을 잡음으로써 군사정권이 수립된다.

그러나 1974년 군사정권은 키프로스 정책의 실패로 인해 붕괴되고, 당시 파리에 망명해 있던 카리만리스가 귀국하여 문민내각을 발족시킴과 동시에 국민투표를 통해 정식 공화제를 채택한다. 이로써 그리스는 카리만리스를 총리를 한 '그리스 공화국'으로 정식 출범하면서 1980년에 NATO에 복귀하고 1981년에는 EC에 가입, 정식 회원국이 된다.

그리스 공화제는 대통령을 국가원수로 하되 국내 정치의 모든 책임과 권한은 총리가 담당하는 내각책임제를 골자로 하고 있다. 따라서 대통령은 대외적으로 국가를 대표하는 상징적 성격이 강하며, 국회를 통해 간선으로 선출된다. 반면 총리직은 의회 내 다수당의 당수가 담당하며, 내각 역시 모두 국회의원으로 구성된다.

지난 20여 년 동안 그리스의 정국은 중도 우파계열인 신민주주의당(ND)과 좌파계열인 전그리스 사회주의운동(PASOK)간의 격렬한 정권다툼을 통해 이어져 왔다. 현재의 집권당은 파판드레우 총리가 이끄는 전그리스 사회주의운동(PASOK). 키프로스 주권문제, 마케도니아 공화국 독립승인문제 등과 함께 경제재건이 주요 쟁점사안이었던 지난 1993년 총선거에서 전그리스 사회주의운동은 완전고용, 물가상승 억제, 증세(增稅) 보류 등 국민생활경제 해결을 공약으로 내세워 신민주주의당에 압승을 거두고 4년 4개월 만에 재집권에 성공하였다.

파판드레우 좌파정권은 전(前)정권의 민영화를 골자로 한 경제개혁을 중단하는 한편, 복지국가의 건설과 노동자권익의 보장을 내세우며 기간산업의 재국유화와 영국에 망명 중인 왕실의 재산을 몰수하여 국고로 귀속시키는 등 공약사항 이행에 노력을 기울인다. 하지만 이러한 노력에도 불구하고 정부의 재정적자와 높은 실업률, 그리고 두 자리수 물가상승률은 지속되었고, 게다가 95년 11월 총리는 폐렴으로 긴급 입원했다가 이듬해인 96년 1월 15일 건강악화를 이유로 전격 사임하기에 이른다.(이후 파판드레우 총리는 95년 6월 23일 심장질환으로 사망.) 여당인 전그리스사회주의운동은 즉각 당소속의원들의 투표를 통해 후임총리에 콘스탄티노스 시미티스 전 무역장관 겸 공업·에너지·기술장관을 선출한다.

한편, 96년 9월 22일에 실시된 총선거에서는 집권 여당인 사회주의운동이 41.5%를 득표, 300석 중 162석을 획득함으로써 과반수를 확보하며 대승을 거둔다. 반면 기대를 모았던 신민민주의당은 108석에 머무르고 만다. 이에

따라 시미티스 총리는 동년 9월 24일 새내각을 발족하고, 안정된 지지기반을 배경으로 강력한 통치력을 행사하고 있다.

☞ 경 제

제2차 세계대전 후 아테네와 피레에프스를 중심으로 근대산업이 싹트기 시작했으며, 이후 서방세계의 원조와 외자도입으로 제철, 조선, 석유정제 등의 중화학공업 육성에 박차를 가한다. 67년 이래 군사정권이 취한 성장우선정책의 결과, 수년 간 10% 내외의 경제성장을 달성하지만 70년대 중반 이후 정세불안과 에너지파동 등의 요인으로 1~2%의 성장률에 머무는 한편, 높은 인플레이션율에 홍역을 앓고 있다.

그리스는 농지가 전국토의 1/4 정도밖에 되지 않으며, 토질이 박토인데다 토지의 분할상속이 관습화되어 영세농가가 주를 이루고 있어 농업생산성도 그다지 높지 못하다. 게다가 그나마 있는 비옥한 토지엔 담배, 면화, 감귤 등 상품성 작물만 재배하고 있어 주식량인 밀은 상당부분 수입에 의존하고 있다. 이는 그리스 경제 최대의 골치거리인 무역수지 적자폭의 확대에 커다란 요인으로 작용하고 있다. 주요산업으로는 관광업 등 서비스 산업이 GDP의 절반이상을 차지하고 있으며 올리브와 포도를 생산, 가공하는 식품가공업 정도를 들 수 있다. 한편 국외에 선적을 보유하고 있는 그리스계의 대선주들은 세계 해운업계에서 중

요한 위치를 차지하고 있다.

90년대 접어들어서 그리스의 경제사정은 악화일로를 치달린 끝에 포르투갈의 추월을 허용, 유럽연합(EU) 내 최빈국(最貧國)으로 전락하고 만다. 성장률은 90년도에 마이너스 성장(-0.4%)을 기록한 이후 91년도에 1.8%, 92년도에 1.5%, 그리고 93년도엔 0.7%로 저성장을 면치 못한다. 게다가 제조업에 대한 투자부진이 지속되고 있고 정부의 방만한 국영기업운영으로 국민생활과 직결되는 전기, 수도 등 공공요금이 거듭 인상되고 있어 세계경제의 회복국면 속에서도 그리스 경제는 그다지 활기를 띠지 못했다.

그러나 95년 이후 파판드레우 정권은 강력한 긴축경제기조를 근간으로 투자활성화를 위한 경제환경 조성, 대규모 사회간접자본 건설, 광범위한 재원 개발 등의 정책을 내걸고 경기활성화에 총력을 기울인 결과, 95년 성장률이 정부 목표치인 1.7%보다 높은 2.0%를 달성한다. 게다가 96년 1월에 등장한 시미티스 신정부 강력한 인플레 억제정책과 건설업 촉진 등을 당면 과제로 내걸고 공무원 급여를 인하조치, 물가상승을 6% 선에서 저지하는가 하면 유럽연합의 자금을 적극적으로 유치하여 스파타 신공항 건설, 도로 건설, 아테네 시내 곳곳의 도로보수 및 시가지 미화공사 들을 활발히 전개, 지난 10여 년간의 경기 침체를 타파하고 마침내 서서히 회복기를 맞이하고 있다. 이에 따라 96년 9월 현재 아테네 주가지수도 급등하여 종합지수가 800에서 1700으로 치솟았다.

☞ 사회와 문화

전체 국민의 97%가 그리스정교를 믿고 있어 생활전반이 종교적 분위기. 국민성은 지중해에 떠오른 밝은 태양처럼 대체로 활달하고 개방적이며 인간미가 풍부하다. 특히 그리스는 고대문명의 유적지가 많아 외국관광객의 발길이 끊이질 않는다.

몰타 공화국
(Republic of Malta)

— 독립일 : 1964년 9월 21일, UN 가맹일 : 1964년 12월 1일 —

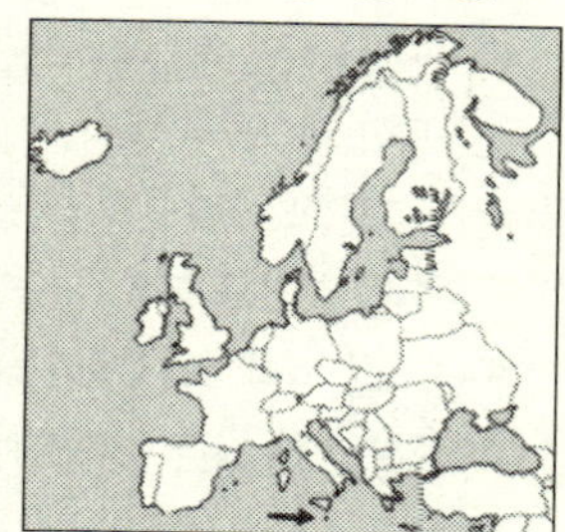

☞ 주요 통계 자료

·면　　　적	316㎢
·인　　　구	37만 5000명(95년)
·수　　　도	발레타(Valetta) 인구 1만 5000명(95년)
·주요 민족	유럽계,, 북아프리카계
·언　　　어	말타어, 영어(둘 다 공용어) 그 밖에 이탈리아어
·종　　　교	카톨릭(91%)
·정치 체제	공화제
·헌　　　법	1964년 독립헌법 공포
·국가 원수	대통령 우고 미프서드 코니치(Ugo Mifsud Bonnici) 간선제(의회) 임기 5년
·의　　　회	1원제 69석 임기 5년
·내　　　각	대통령이 지명 총리 알프레드 산트(Alfred Sant) 96년 10월 발족
·주요 정당	국민당, 노동당
·국민총생산	24억 7100만 달러(93년)
·1인당 GNP	6600달러(93년)
·통화 단위	몰타 리라(Lira). 1달러＝0.3635(96년 11월)
·주요 자원	관광자원
·주요 공산품	선박, 섬유
·주요 농산물	밀, 감자, 토마토

(자료원 : World Yearbook 97／세계 각국 요람)

☞ 자연 환경

몰타 공화국은 시실리 섬에서 남쪽으로 93㎞ 떨어진 지점, 지중해 위에 떠 있는 섬나라. 몰타섬, 고조 섬, 코미노 섬 등 3개의 주요 섬으로 이루어져 있다.

주로 바위로 이뤄진 섬들이라 농사짓기에는 적합지 않다. 따라서 주민들은 양과 산양을 기르며 산다. 또한 수도 발레타 항은 지중해 교통의 요충지이다.

이 곳은 전형적인 지중해성 기후. 작렬하는 태양 아래 쪽빛 바다의 풍경이 일품이라 세계적인 관광지로 유명하다.

☞ 간추린 역사

이 곳은 고대 페니키아인이 '멜리타(MELITA)'라고 불렀던 곳. 일찍부터 해상무역의 중계지로 번영을 누렸다. 로마, 비잔틴, 아랍, 튀르크의 지배를 차례로 받다가 1530년에 요한기사단이 점령. 이후 프랑스를 거쳐 1814년에 영국의 식민지가 된다.

영국은 이 곳에 대규모 조선소와 군사기지를 건설. 2차례의 세계대전을 치르면서 군사적으로 중요한 역할을 담당한다.

1921년 영국으로부터 부분적인 자치를 인정받지만 1958년 본격적인 반영폭동이 발생하여 자치가 중단되고 64년 국민투표를 거쳐 같은 해 9월 독립을 달성한다. 현재 영연방 가맹국의 일원이다.

☞ 정치와 경제

국가원수는 대통령이지만 정치는 내각책임제 하에 운영된다. 70년대부터 영국에 대한 의존관계에서 탈피, 비동맹노선으로 전환한다. 하지만 87년 총선에서 16년 연속 집권해온 노동당이 패배, 국민당정권이 탄생, 친서방노선을 추진한다. 96년 총선에선 다시 노동당이 국민당을 누르고 부활. 노동당의 산트정권은 95년 4월 북대서양조약기구(NATO)를 탈퇴, '평화를 위한 파트너십'(PEP) 협정에 가입한다. 몰타는 주요산업이라고 할 만한 것이 없다. 인구는 많지만 자원이 거의 없어 공업입지 조건이 갖춰지지 않은 나라. 기껏해야 섬유나 피혁제품 등이 조금 생산될 뿐. 게다가 79년 영국의 군사기지가 철수됨에 따라 기지 사용료 등의 수입이 없어지고 실업자가 대량발생 사회문제화. 정부이 주수입원은 관광사업.

☞ 사회와 문화

89년 12월 부시 미대통령과 고르바초프 소련서기장이 이 곳 해안 함상에서 정상회담을 갖고 최초의 공식적인 냉전종식을 선언했던 현장. 따라서 항간에는 '얄타에서 몰타로'란 말이 유행하기도. 몰타인은 북아프리카계, 중동계, 유럽계 인종의 혼혈이며 언어도 페니키아어와 아라비아어의 파생어이다. 주민의 대부분은 카톨릭교도이며 따라서 종교의 사회적 영향력이 매우 크다.

오스트리아 공화국
(Republic of Austria)

— UN 가맹일 : 1955년 12월 14일 —

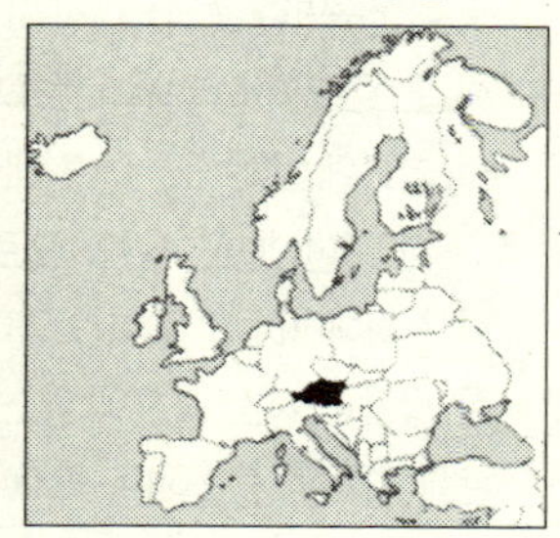

☞ 주요 통계 자료

·면　　적	8만 3855㎢
·인　　구	799만 명(95년)
·수　　도	빈(Wien) 인구 159만 명(95년)
·주요 도시	그라츠(23만 명), 린츠(20만 명), 잘츠부르크(11만 명), 인스부르크(11만 명)
·주요 민족	독일계(98%), 그 밖에 헝가리인, 슬로베니아인, 크로아티아인 등
·언　　어	독일어
·종　　교	카톨릭(90%), 개신교(6%)
·정치 체제	연방 공화제 의원 내각제
·헌　　법	1920년 제정 45년의 헌법계승법으로 부활
·국가 원수	대통령 토마스 클레스틸(Thomas Klestil) 직선제 임기 6년 92년 7월 8일 취임
·의　　회	2원제 상원(연방의회 63석) 하원(국민의회 183석) 모두 임기 4년
·내　　각	대통령이 하원 제1당 당수를 임명 총리 빅토르 클리마(Viktor Klima) 97년 1월 28일 발족
·주요 정당	사회민주당, 국민당, 자유당, 녹색당
·국내총생산	2333억달러(95년)
·1인당 GNP	2만 999달러(95년)
·통화 단위	실링(Schilling). 1달러=10.95실링(97년 1월)
·주요 자원	석유, 천연가스, 철광석
·주요 공산품	전기기기, 산업용 일반기계, 금속제품, 철강제품
·주요 농산물	밀, 보리, 백포도주, 목재
·무　　역	수출 575억 4000만 달러, 수입 662억 1000만 달러(95년)

(자료원 : 오스트리아 중앙통계청／중앙은행 연감 96)

☞ 자연 환경

오스트리아는 유럽대륙의 정중앙에 위치하여 동, 서유럽의 접점지대를 이루고 있는 나라이다. 동쪽은 헝가리, 서쪽은 스위스와 리히텐슈타인, 남쪽은 슬로베니아와 이탈리아, 그리고 북쪽으로는 독일과 체코 및 슬로바키아 등 인근 8개국과 국경을 맞대고 있으며, 알프스 산맥의 동쪽 끝자리에 위치해 있기 때문에 전체 면적의 60%가 산악지대로 구성되어 있다. 따라서 수도 빈을 비롯하여 비교적 평지에 속하는 동부지역에 전체 인구의 42%가 거주하고 있다.

기후는 전체적으로 대륙성 기후를 띠고 있으며 다른 지역에 비해 동부지역이 상대적으로 온난한 편이다.

☞ 간추린 역사

이 곳은 선사시대부터 교통의 요지로서 여러 민족들의 이동이 잦았다. 특히 기원전 2세기에는 켈트족이 노리콤이란 왕국을 세웠다가 로마에 의해 멸망하며, 이후 5세기에는 게르만민족의 대이동으로 게르만족이 터를 잡는 동안 슬라브족을 동반한 아바르족이 진출하기도 한다. 하지만 8세기 후반 칼대제가 아바르족을 물리치고 이 곳에 오스트마르크란 동부변경백작령을 설치하면서 국가다운 면모를 갖춤과 동시에 신성로마제국의 일원으로 자리잡는다. 이 당시 오스트리아를 영도한 왕가는 바벤베르크가였다. 바벤베르크의 군주들은 동방식민을 추진하여 경제발전을 꾀하는 한편 황제와 교황 간의 분쟁을 이용해 세습권까지 확보한다. 그러나 13세기 중반 헝가리와의 전쟁으로 군주였던 프리드리히 II세가 전사함으로써 오스트리아는 바벤베르크가의 시대가 막을 내리고 합스부르크가의 시대를 맞이한다.

1273년, 보헤미안의 오토카르 II세가 세력을 확대하려 하자 이를 염려한 독일 제후들은 급히 스위스 출신의 합스부르크백작 루돌프를 황제로 선출한다. 황제 루돌프 1세는 즉위 즉시 오토카르를 제거하고 오스트리아를 영지로 확보하는 한편 인근 룩셈부르크가의 도전도 당당히 물리침으로써 명실상부한 합스부르크가 천하를 구축한다. 이후 오스트리아의 합스부르크가는 1438년부터 1806년까지 신성로마제국의 제위를 독점하면서 유럽의 패자로 군림한다.

19세기의 막이 열리고 나폴레옹 보나파르트의 등장에 직면한 합스부르크가의 프란CM II세는 패권을 유지하기 위해 신성로마제국을 해체하고 오스트리아 황제로 등극한다. 그리고 재상 메테르니히는 국제여론을 교묘히 이용, 유럽의 새질서 확립이란 기치 하에 빈회의를 소집하여 복고, 정통, 연대를 기조로 한 반동체제를 구축한다. 하지만 1848년 프랑스의 2월혁명에 고무된 빈시민들의 봉기로 오스트리아는 혁명과 반동의 갈림길에서 한 차례 홍역을 겪는다. 결국 빈의 3월혁명은 메테르니히의 망명으로 성공을 거두는 듯했으나 상·하층

시민들 간의 분열로 인해 반혁명의 승리로 귀결된다. 빈의 3월 혁명은 실패로 끝났지만 그 여파는 오스트리아 내 여러 민족들의 민족의식을 고취시키는 계기로 작용한다. 이 중 특히 슬라브계와 헝가리인들의 민족주의 운동은 자본주의의 발달과 함께 등장한 노동운동과 닷물려 전개되면서 왕권을 위협하는 지경이었다. 이에 위기감을 느낀 오스트리아의 프란츠 요세프 황제는 헝가리의 토지귀족들을 회유, '오스트리아 헝가리 제국'을 탄생시켜 제2의 도약을 꾀한다. 하지만 국내의 민족분규와 노동자들의 저항을 국외의 제국주의적 진출로 무마하려 했던 오스트리아의 패권정책은 마침내 범슬라브계의 저항에 막혀 제1차 세계대전의 도화선이 된다.

1914년 오스트리아의 황태자 프란CM 페르난데스가 사라예보에서 암살당한 사건을 계기로 폭발한 제1차 세계대전은 1918년 강대국 '오스트리아 헝가리 제국'의 멸망을 낳고 종결된다. 이로써 오스트리아는 전쟁 전의 1/7밖에 안 되는 영토에서 사회민주당 주도로 공화국을 출범시킨다. 하지만 전후의 경제혼란과 1929년에 발발한 대공황의 여파로 오스트리아 공화국은 출범초기부터 혼미를 거듭한다. 게다가 이후 독일의 나치스가 제2차 세계대전의 주역으로 등장함에 따라 오스트리아는 독일에 합병되어 또 한 차례 전화의 소용돌이 속에 휩싸인다. 전쟁은 독일의 패배로 끝난다. 그리고 오스트리아는 미국, 영국, 프랑스, 소련 등 4개국의 분할점령지로 전락했다가 1955년 7월에 가서야 주권을 회복한다. 오스트리아의 좌우연합정권은 주권회복과 동시에 영세중립국을 선포하고 UN에 가입, 지금까지 민주공화국으로서의 새 지평을 열어나가고 있다.

☞ 정 치

오스트리아는 9개주로 구성된 연방공화국이다. 국가원수인 대통령은 국민의 직접선거에 의해 선출되며 임기 6년에 3선 이상은 할 수 없게 되어 있다. 한편 의회는 양원제로서 하원격인 국민의회(Nationalrat)와 상원격인 연방의회(Bundesrat)로 구성된다. 국정 운영의 핵심인 국민의회는 임기 4년의 의원으로 구성되며, 비례대표제에 의해 국민의 직접선거로 선출된다. 그리고 국가행정의 수반이자 내각을 책임지는 총리는 국민의회 내 다수당의 당수가 되는 게 관례이다.

전후 오스트리아의 정치는 민주사회주의의 실현을 목적으로 하는 사회민주당과 진보적 중립노선을 견지하고 있는 국민당 간의 상호 견제와 연대 속에 국정의 안정과 발전을 도모해 왔다. 하지만 90년대에 접어들면서 동구권 난민과 외국인 노동자에 대한 규제를 슬로건으로 내건 우익 자유당이 점차 정치세력권을 확대해 나가고 있으며, 환경보호 등을 부르짖고 있는 녹색당의 활동도 매우 활발하다. 이 밖에 93년 자유당의 우경화 경향을 우려하여 결성된 자유포럼이 오스트리아의 제5정당으로 활약하고 있다.

따라서 지난 94년 10월에 실시된 국민의회 총선거에서 우익 자유당은 역사상 가장 많은 의석인 42석을 확보하여 일대 파란을 일으켰다. 반면 현재 연립여당을 구성하고 있는 사회민주당과 국민당은 각각 65석과 52석을 차지하여 제1, 제2당의 자리를 확보하는 데는 성공했으나 사상 최소의 의석수를 기록하였다. 이로써 연립여당은 과반수는 확보했지만 중요 법안을 성립시키는 데 필요한 전체 의석의 2/3를 얻는 데는 실패, 앞으로의 정국운영에 상당한 애로점이 있을 것으로 전망되고 있다.

총선거 결과에 따라 다수당인 사회민주당과 국민당은 90년에 이어 다시 연립정권 수립에 합의하고 총리에 사회민주당의 당수인 브라니츠키씨를 선출하였다. 브라니츠키 신정권은 지난해 11월 출범과 함께 향후 오스트리아 정국의 중요과제로서 재정적자의 해소, 유럽연합(EU)의 가맹 및 환경보호의 촉진 등을 내걸었다. 이에 따라 브라니츠키 정권의 첫번째 시험대였던 95년 1월 오스트리아의 EU 가입 상정안은 자유당을 제외한 녹색당과 자유포럼 등이 여권의 손을 들어줌으로써 의결정족수 2/3를 넘어 무난히 통과되었다. 한편 오스트리아 정계의 일각에서는 자국의 EU 가입과 때를 맞춰 '중립유지여부'를 문제제기하고 있으나 아직 국민여론의 60%이상이 중립노선을 선호하고 있어 신정부는 EU 외교와 중립유지노선을 동시에 추진할 것이라 천명하였다.

한편 95년 12월의 총선에서는 사민당이 의외로 선전, 제1당의 자리를 굳건히 지킨다. 이어 지난 87년부터 연립정권을 유지해왔던 제2당의 국민당과 다시금 연대, 브라니스키 총리를 차기 총리로 옹립한다. 그러나 브라니츠키 총리는 96년 9월에 실시된 유럽의회 선거에서 사민당이 역사상 최악의 참패를 기록함으로써 이에 책임을 지고 이듬해인 97년 1월 전격 사퇴성명을 발표한다. 따라서 전총리의 직계로 알려진 클리마가 새 총리로 취임하였다.

☞ 경 제

오스트리아는 제1차, 제2차 세계대전을 통해 산업시설의 대부분이 파괴되었으며, 전후에도 4대 강대국에 의한 분할점령과 소련으로의 생산시설 반출 등의 요인으로 엄청난 경제적 어려움에 봉착한다. 하지만 49년부터 취해진 마셜플랜에 의한 유럽부흥기금을 활용하여 생산시설을 갖추고, 완전독립을 이룩한 55년부터 본격적인 경제개발에 착수하여 줄곧 6% 이상의 경제성장률을 달성한다. 이러한 오스트리아의 경제성장은 독립 이후 반환된 옛 독일제국의 자산을 국가가 직접 관리하여 공업화를 추진하는 한편 끊임없는 기술혁신에 총력을 기울인 결과이다.

오스트리아의 경제체제는 원칙적으로 자본주의 시장경제를 취하고 있지만 기간산업에 관한 한 국유화정책이 관철되고 있다. 대표적인 국영기업으로는 철강, 비철금속, 기계·조선 및 전기, 석유·화학, 석탄 등 6분야를 관장하는 오스트리아 산업관리 주식회사(ÖIAG)가 있다. 이 밖에 오스트리아가 자랑하는 산업으로는 풍부한 지하자원을 바탕으로 한 금속가공업이 있으며 특히 정밀기계와 엔지니어링 등의 분야는 세계적인 기술수준이다. 뿐만 아니라 알프스와 수도 빈으로 연결되는 관광산업은 유럽공동체 내 최고의 관광수입을 기록하고 있다.

최근 오스트리아의 경제동향을 살펴보면 89년과 90년에는 통독특수와 수출증대 등의 요인으로 4.0% 이상의 성장률을 달성한다. 하지만 91년부터 통독특수효과가 감퇴하고 EU 국가들의 수입수요 부진 및 동구권 경기침체 등의 요인으로 점차 경제침체현상을 보이다가 급기야는 93년도에 마이너스 성장을 기록한다.

이에 따라 오스트리아 정부는 초긴축정책을 통해 정부재정 적자폭을 최대한도로 줄이고, 대폭적인 세제개혁과 최근 국제시장에서 경쟁력을 상실해가는 국영기업들을 점차적으로 민영화시키는 방안을 통해 경제활성화를 적극 꾀한다.

따라서 94년 이후 현재까지 오스트리아 경제는 국내투자가 점차 활기를 띠기 시작하고(특히 95년 1월 오스트리아 국회에서 EU 가입안이 정식 통과됨으로써 국외투자가들의 움직임이 두드러짐), 유럽경제의 전반적인 호전국면에 편승하여 수출이 활성화됨으로써 향후 다시금 상승곡선을 그릴 것으로 전망되고 있다.

☎ 사회와 문화

오스트리아인만큼 자기 나라의 역사와 문화적 유산에 대한 자부심이 강한 국민도 없을 듯. 중세시대 꽃피었던 풍부한 문화·예술의 유산은 이러한 국민들의 열의에 의해 훌륭하게 보존되고 있다. '음악의 도시' 빈은 여전히 세계에서 가장 예술활동이 활발한 곳. 이 밖에 오스트리아인은 유행 의상과 음식문화에 남다른 관심을 가지고 있다. 유럽 예술의 전당인 빈의 국립오페라극장, 부르크 극장 등이 있으며, 봄에는 빈 페스티발, 여름에는 잘츠부르크 음악제가 세계적으로 유명하다.

헝가리 공화국
(Republic of Hungary)

— UN 가맹일 : 1955년 12월 14일

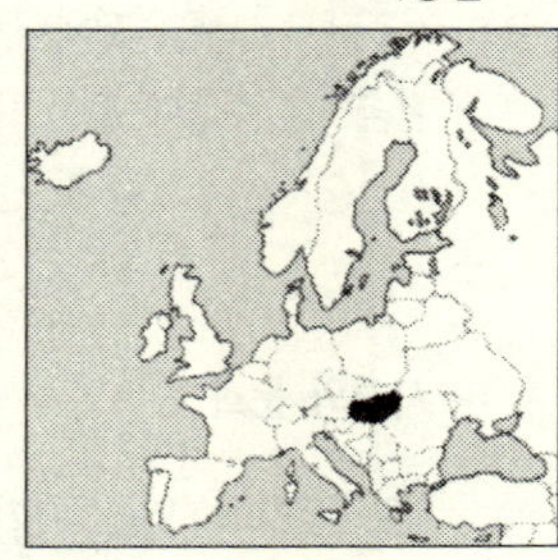 

☞ 주요 통계 자료

·면　　적	9만 3032㎢
·인　　구	1022만 명(95년)
·수　　도	부다페스트(Budapest) 인구 199만 5696명(94년)
·주요 도시	데브레첸(22만 명), 미스콜치(19만 명), 세게드(18만 명), 페츠(17만 명), 죄르(13만 명)
·주요 민족	마자르인(우랄알타이계 98.8%), 그 밖에 독일인, 집시, 유대인
·언　　어	마자르어(공용어)
·종　　교	카톨릭(65%), 개신교(25%)
·정치 체제	공화제
·헌　　법	1949년 8월 20일 시행 72년, 89년 10월, 90년 6월 개정
·국가 원수	대통령 아르파드 곤츠(Arpad Gones) 간선제 임기 5년 90년 8월 3일 선출 95년 6월 19일 재선
·의　　회	1원제 386석 직선제 임기 4년
·내　　각	대통령의 추천을 거쳐 의회가 선출 총리 줄라 호른(Gyula Horn) 94년 7월 15일 성립
·주요 정당	사회당, 자유민주동맹, 민주포럼, 독립소지주당
·국민총생산	423억 달러(95년)
·1인당 GNP	4130달러(95년)
·통화 단위	포린트(Forint). 1달러＝166.70포린트(97년 1월)
·주요 자원	석탄, 석유, 천연가스, 보크사이트
·주요 공산품	기계, 승합차, 의약품, 섬유, 육류가공품
·주요 농산물	옥수수, 밀, 과일류
·무　　역	수출 128억 6700만 달러, 수입 154억 6600만 달러(95년)

(자료원 : 헝가리 정부발표／Foreign Exchange Reserves)

☞ 자연 환경

중부 유럽에 위치한 이 나라는 오스트리아, 루마니아 등 주변 7개국과 국경을 맞대고 있는 내륙국가이다. 정식 명칭은 헝가리 공화국(Republic of Hungary). 다뉴브강과 티소 강이 국토의 남북을 가로질러 흐르고 있으며, 강유역을 중심으로 비옥한 평야지대가 전체 면적의 80% 이상을 차지하고 있다. 특히 동유럽 최대를 자랑하는 서부의 발라톤 호(湖) 부근과 슬로바키아와 국경지역인 북동부 지역은 아담한 산세에 아름다운 삼림으로 덮여 있어 관광·휴양지로 유명하다.

기후는 대체로 온기가 많은 대륙성 기후를 띠고 있으며 바람이 없고 건조한 편이다.

☞ 간추린 역사

우리 민족과 같은 어족(語族)인 우랄 알타이어계의 마자르족이 우랄지역을 벗어난 시점은 기원전 10세기 즈음으로 추정된다. 이후 그들은 오랜 세월을 두고 터키계의 여러 민족들과 접촉하면서 남하를 거듭. 마침내 9세기 말 고대 로마제국의 일부였던 이 곳 헝가리 분지(카르파티아 분지)에 정착하게 되었다.

마자르족의 초기 국가형태는 부족연합체(7부족)의 이중수장제(二重首長制)였다. 그러다가 농경사회가 차츰 발달하자 씨족지배체제가 급격히 해체되기 시작하였으며, 여기에 아르파드가(家)의 게자와 이스트만 I세 부자가 등장, 국가통일을 이룸과 동시에 헝가리왕국을 탄생시킨다. 그리고 초대 국왕에 등극한 이스트만 I세는 토지사유제를 골자로 한 법률을 제정하고 봉건영주제도를 실시하는 한편 기독교를 적극 수용, 로마 교황으로부터 정식 국왕의 칭호를 수여받기도 한다.

그러나 이스트만 I세가 죽자 국내에서는 이교도들의 반란과 지방영주들의 득세가 본격화되고, 대외적으로는 발칸반도를 둘러싼 로마 비잔틴제국과의 첨예한 대립 등으로 왕권은 더욱 쇠퇴해져 지방호족들에 의한 국토분열의 위기까지 초래하였으나 국왕과 귀족들 간의 동맹으로 왕국 해체의 상황을 가까스로 모면한다.

1458년 중소귀족들의 지지를 얻어 국왕에 등극한 마티아스 I세는 왕권회복의 기치를 내걸고 지방호족들의 세력을 잠재우는 데 성공, 강력한 중앙집권화를 추진한다. 그리고 이 기간 동안 헝가리는 비록 짧긴 했지만 국론 통일과 함께 대외정책에서도 성공을 거두어 중부유럽의 강국으로 군림, 르네상스문화가 번창하기도 한다. 그러나 마티아스 I세가 죽은 후 국내는 다시 분열의 양상을 띠기 시작, 급기야는 대오스만 십자군모병을 계기로 농민전쟁이 발발한다. 게다가 급조된 헝가리군은 1526년 모하치(Mohacs)전투에서 오스만 제국군에게 참패, 이로써 헝가리는 이후 1세기반 동안 터키의 식민지로 전락한다.

17세기 말, 오스트리아의 합스부르크 왕가는 터키군에 일격을 가하고 전체 유럽의 주도권을 거머쥔다. 이에 따라 헝가리 역시 1699년의 카를로비치 조약에 의해 오스트리아의 휘하에 들어간다. 그러나 18세기에 접어들면서부터 헝가리 국내에선 독립에 대한 열망이 하나둘 모아지기 시작한다. 특히 1848년에 코슈트의 지휘로 발발한 대오스트리아 독립운동은 비록 실패로 끝났으나 합스부르크 왕가에 치명타를 입혀 이후 농노해방과 더불어 오스트리아·헝가리 이중왕국을 성립(1867년)시키는 계기로 작용한다.

1918년, 제 1차 세계대전의 패배로 이중왕국의 붕괴와 함께 헝가리 내부에서 혁명이 발발, 왕정을 폐지하고 인민공화국을 선포한다. 그러나 당시의 사회주의정권은 국내 정책의 실패와 국제적 반혁명의 기류에 휩쓸려 호르티(M.Horthy)제독의 파시즘 체제에 의해 붕괴되고 만다. 이어 헝가리는 2차대전에서 추축국(樞軸國)편에 가담, 대소전선에 참전하지만 1944년에 소련군에 의해 오히려 정령당한다. 이후 헝가리는 소련군정 하에서 여러 가지 개혁을 단행하였으며, 49년 5월의 총선거를 거쳐 노동당 주도의 사회주의 인민공화국이 성립된다.

한편, 50년대 이후 헝가리는 부다페스트 민중봉기 등의 정치적 격동을 겪으면서도 여러 차례에 걸친 경제개혁을 통해 안정된 사회발전의 길을 걷는다. 그리고 89년 동구권의 자유화 물결에 편승, 그간의 공산당이 해체되고 서유럽식의 사회민주주의를 표방하는 공화국으로 탈바꿈한다.

☏ 정 치

89년 변혁 이후 헝가리의 정치체제는 입헌공화국을 국시로 하는 한편 의원내각제에 대통령제를 가미한 절충형을 취하고 있다. 국가원수인 대통령은 의회에서 간접선거로 선출되는데 다만 국가를 대표하는 상징적 존재일 뿐 실제 행정에 대해서의 권한은 없다. 반면 실질적인 행정권을 쥐고 있는 총리직은 의회 다수당의 당수가 승계하며, 헝가리 의회는 정족수 386명의 단원제로 구성되고, 임기 4년에 국민들의 직접선거에 의해 선출된다. 현재 의회활동을 하고 있는 정당으로는 우익쪽에 89년 민주변혁의 기수였던 자유민주동맹과 민주광장(일명 '민주포럼')이, 그리고 좌익쪽에는 과거 사회주의 노동자당의 후신인 사회당 등이 포진하고 있다.

지난 94년 5월 8일과 28일, 두 차례에 걸쳐 실시된 헝가리 총선거에서 세간의 예상을 뒤엎고 사회당이 반수 이상인 209석을 획득, 민주광장 등 집권 연정세력들을 물리치고 제1당으로 부상했다. 이번 선거 결과, 세간에서는 과거 민주개혁 주역들이 일거에 몰락한 원인으로 민주광장을 비롯한 집권 연립정권의 내분과 물가상승 등 민생고로 인한 국민들의 불안심리가 과거 사회주의 시절 풍족하진 않지만 안정적인 발전을 도모했던 사회당에 대한 '향수'를 불러일으킨 데서 찾고 있다.

한편 선거 후 사회당은 즉시 임시전당대회를 소집, 당수인 줄라 호른씨를 총리로 추대하는 한편, 우익인 자유민주동맹측과의 연립내각 구성에 합의를 함으로써 동구권 최츠의 좌우연립정권이 출범하게 되었다. 이로써 신정부의 총리가 된 사회당의 호른 총리는 취임 초기 행한 시정연설을 통해 이전 정권의 무원칙한 경제운영을 비판하면서, 그 동안의 민영화 정책을 전면 재조정할 뜻을 밝혔으며, 게다가 96년에 유치하기로 한 헝가리 국제바람회건도 현재의 경제난을 이유로 유치권을 반납할 뜻을 천명하였다.

☞ **경 제**

헝가리는 전국토 중 약 65.9%가 경작 가능한 비옥한 농지로 이루어져 있기 때문에 전통적으로 농업이 산업구조의 기둥 역할을 해왔다. 그러나 1960년대 이후 사회주의 정권의 계획경제 하에서 공업진흥정책을 추진, 중공업 중심의 산업구조조정 작업에 착수한다. 그 결과 80년대 중반 이후 전체 산업 중 공업분야가 차지하는 비중이 50%를 넘게 되었으며, 반면 농수산업은 13.8%에서 계속 낮아지는 추세를 기록하고 있다.

헝가리 공업분야는 지하자원 부족으로 인해 가공도가 높은 상품의 생산이 두드러진다. 따라서 다른 동구권의 국가들에 비해 소비재 생산비중이 높은 편이며, 최근 들어서도 정부 스스로가 경공업분야에 대한 신규 기업참여를 적극 권장하고 있어 그 비중은 더욱 커질 전망이다.

한편 헝가리 경제의 주요 산업으로는 공업분야의 기계, 금속가공, 화학, 식품가공 등이 여전히 주력부대로 자리잡고 있는 가운데 유리 및 도자기 산업이 세계적으로 유명하며, 이 밖에 최근에는 전자, 자동차, 제약, 고무, 플라스틱 가공 등에서도 두드러진 신장세를 나타내고 있다. 또한 헝가리는 세계 14대 관광국의 하나로 94년 한해 출입국자가 총 3500백만명에 이르며, 관광수입만으로도 14억 달러를 넘고 있다.

89년 개방정책 실시 이후, 헝가리 경제는 국영기업의 민영화와 경제활동의 자유화를 지속적으로 확대해 나가는 한편, 서방과의 경제협력 강화를 통해 투자자금 유입 및 대외무역의 활성화를 기하고 있다. 그러나 민영화에 따른 산업생산성은 계속해서 신장세를 기록하고 있지만 우익 연합정권의 무원칙한 경제운영으로 정부의 재정적자가 GDP 총규모의 9.0% 수준을 보이고 있는데다, 10% 이상의 실업률과 20% 내외의 물가상승률로 인해 국민경제 전반에 위기감이 감돌고 있다.

이에 따라 새로 등장한 사회당 정권은 94년 하반기부터 민영화의 속도를 늦추어 실업률 조정에 나서는 한편, 강력한 내핍정책을 추진, 재정적자 관리에 총력을 기울이고 있다. 그리고 이어 95년 3월 호른 총리는 '경제안정화 시책'을 발표하는 자리에서 97년까지를 '경제성장 기반 조성기'로 설정하고 소비억제, 사회복지 축소, 수출증진을 3대 강령으로 내세워 98년도부터는 본격적인 경제성장을 이룩한다는 청사진을 제시한 바 있다.

96년 1월에 발표된 '헝가리 경제안정화 시책에 대한 중간보고'에 따르면, 그간의 긴축정책 결과 정부의 재정적자폭이 GDP 총규모의 6.6%로 감소하였으며, 수출부분도 자동차, 통신 및 임가공품들은 중심으로 차츰 활기를 띠기 시작하는 등 전체적으로는 성공적이다. 하지만 아직도 헝가리 경제는 30%에 육박하는 물가상승률과 10% 이상의 실업률로 홍역을 앓고 있으며, 이에 따라 내수시장은 여전히 침체국면을 벗어나지 못하고 있다. 게다가 94년 이후 사회당 정권의 등장으로 외국자본들마저 현지 투자에 망설이고 있는 실정이라 '경제안정화 시책'의 성공여부는 좀더 두고 봐야 할 것이다.

☎ 사회와 문화

이 곳에 사는 마자르족은 원래 아시아계. 수렵과 유목생활을 했던 기마민족이었다. 따라서 민족성은 매사에 적극적이고 용감하며 호기심이 강한 편이다. 또한 과학과 예술에 대한 소양도 탁월해 지금까지 8명의 노벨상 수상자를 배출했으며 리스트와 같은 훌륭한 음악가도 이 곳 출신.

89년 출판의 사적 소유가 합법화되면서 정당 등의 기관지 등이 대부분 사적 소유로 이전되었다. 최대의 일간지였던 네프사파챠그('인민의 자유')는 사회당 기관지였으나 지금은 독립, 개인이 운영하는 회사가 되었다.

루마니아
(Rumania)

― 독립일 : 1877년 5월 9일, UN 가맹일 : 1955년 12월 14일 ―

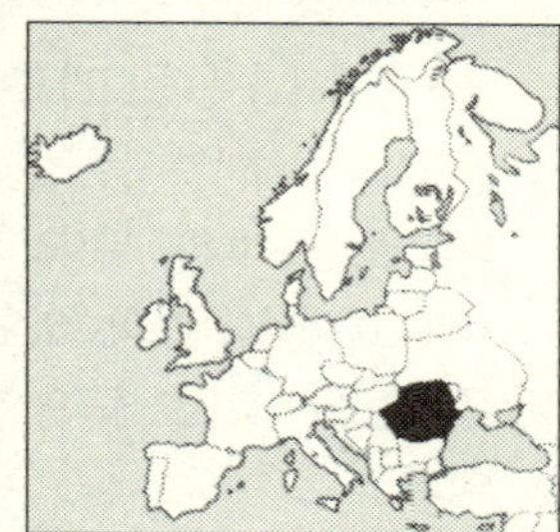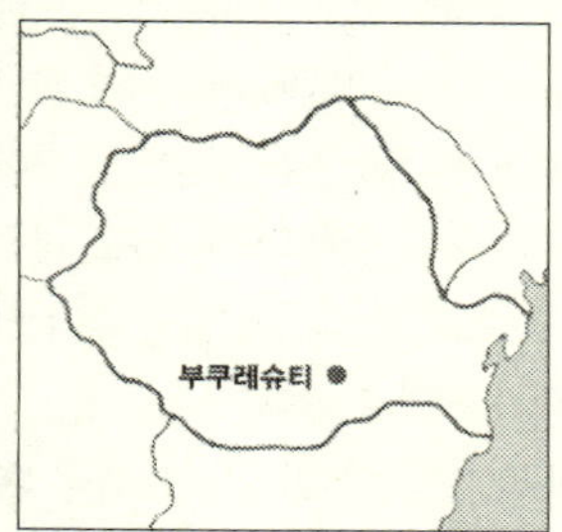

☞ 주요 통계 자료

·면　　적	23만 7500㎢
·인　　구	2272만 명(95년)
·수　　도	부쿠레슈티(Bucurestiest) 인구 235만 명(94년)
·주요 도시	콘스탄차(35만 명), 이야시(34만 명), 티미쇼아라(33만 명), 클루즈나포카(33만 명), 갈라치(33만 명)
·주요 민족	루마니아인(동구권 유일의 라틴계 90%), 그 밖에 헝가리인(8%), 독일인(1.5%)
·언　　어	라틴계의 루마니아어(상용어)
·종　　교	그리스정교의 분파인 루마니아 정교가 80% 이상
·정치 체제	공화제 대통령 중심제
·헌　　법	1991년 12월 8일 국민투표로 승인
·국가 원수	대통령 에밀 콘스탄티네스쿠(Emil Constantinescu) 직선제 임기 4년 96년 11월 17일 선출
·의　　회	2원제 상원(143석) 하원(341석) 둘 다 임기 4년
·내　　각	대통령이 임명 총리 빅토르 초르베아(Victor Ciorbea) 96년 12월 11일 발족
·주요 정당	사회민주당, 민주회의, 사회민주동맹, 민족통일당
·국민총생산	329억 달러(95년)
·1인당 GNP	1450달러(95년)
·통화 단위	레이(Lei). 1달러=4140레이(97년 1월)
·주요 자원	석유, 목재, 천연가스. 석탄, 철
·주요 공산품	철강, 공구, 석유화학제품, 섬유, 가구
·주요 농산물	밀, 호밀, 보리, 옥수수, 해바라기
·무　　역	수출 75억 1950만 달러, 수입 94억 1040만 달러(95년)

(자료원 : 루마니아 국립통계 위원회／KOTRA 세계시장정보)

☞ 자연 환경

　유럽 남동부 발칸반도의 북동쪽에 위치한 루마니아는 한반도 전체 면적보다 조금 더 큰 규모를 지닌 흑해연안 국가이다. 공식 국명은 통칭과 같은 루마니아(Rumania). 국토 중앙부에 카르파티아 산맥이 왕관 모양으로 솟아 있으며, 불가리아와의 국경지역을 타고 남쪽 흑해로 향해 흐르고 있는 다뉴브강을 따라 비옥한 평야지대가 펼쳐져 있다.

　루마니아의 기후는 우리 나라와 매우 흡사한 면을 지니고 있다. 4계절이 뚜렷하고 평균기온도 비슷하다. 하지만 습도는 우리보다 낮아 조금 건조한 편이다.

☞ 간추린 역사

　루마니아인들의 선조는 기원전 1세기경 트란실바니아, 왈라키아, 몰다비아 등을 통일, 강대한 노예제국을 건설했던 다키아인들이었다. 하지만 2세기 무렵 로마제국의 트라야누스 황제에 의해 정복당해 일개 속주(屬州)로 전락하며, 이 때부터 다키아인과 로마인 사이의 혼혈이 이루어진다. '루마니아'란 명칭도 이 때 붙여진 것으로 로마인들이 다키아인들과 공존하면서 로마화시켰다 해서 '로마인이 사는 땅'이란 의미를 지니고 있다. 이후 로마제국의 붕괴와 함께 '다키아 로마'로 불렸던 고대 루마니아 민족은 오랜 역사적 공백기를 맞이한다.

　14세기 초엽 한때, 현 루마니아의 동부와 남부지역에 해당되는 몰다비아와 바사라비아 등지에서 루마니아인에 의한 봉건국가가 건설되기도 했으나, 당시 오스만 튀르크제국의 막강한 군사력 앞에 국가적 기틀을 마련하기도 전에 붕괴되고 만다. 그리고 16세기 말에는 왈라키아의 미하이가 튀르크군을 몰아내고 몰다비아, 트란실바니아, 바사라비아 등지를 통합, '대(大)루마니아'를 이루었으나 이 역시 얼마 못가 오스만 튀르크제국의 강압에 의해 해체된다.

　이후 19세기에 접어들어 튀르크제국이 점차 쇠퇴의 기미를 보이자 오스트리아와 러시아 세력이 발칸반도 진출을 시도, 현 루마니아 영토는 위 3개국에 의해 분할통치되는 수난을 겪는다. 그러나 루마니아인들은 1821년에 발발한 그리스 독립혁명에 영향을 받아 농민군을 조직, 독립전쟁을 일으킨다. 비록 전쟁은 실패로 돌아갔지만 이를 계기로 왈라키아 민족당이 결성되어 독립운동의 구심체 역할을 한다.

　1856년 크리미아 전쟁 후의 파리조약을 통해 일정 정도의 자치권을 확보한 루마니아는 1877년에 발발한 터키와 러시아 간의 전쟁에서 터키가 패함으로써 그 동안의 식민통치를 종식하고 완전 독립한다. 그리고 제 1차 세계대전 중에는 연합국측에 가담, 전후 그 동안 헝가리의 영역이었던 트란실바니아, 바나트 등지를 획득하였으며, 또한 러시아 혁명기에는 바사라비아를 병합하여 '대(大)루마니아 왕국'의 재현에 성공한다. 그러나 왕권과 파시스트 단체인 '철위단(鐵衛團)' 사이에 유혈 충돌이 발생, 왕조 정권은 무너지고, 이 여파로 구소련과 헝가리에게 재차 영토를 할양하게 된다.

왕권 붕괴 이후 들어선 안트네스쿠 파시스트 정권은 2차대전 중 고토 회복을 꿈꾸며 독일측에 가담, 대소전선에 참전한다. 하지만 구소련군의 반공(反攻)과 국내의 공산당을 비롯한 4당연합의 쿠데타로 루마니아는 급거 연합국측으로 방향을 전환한다. 이어 45년 3월에는 구소련의 통제 하에서 공산당 주도의 정권이 탄생하게 되며, 2년 후인 47년 12월에 인민공화국을 선포한다.

이후 1965년, 데지 전서기장의 사망으로 집권한 차우세스쿠는 신헌법을 제정, 국호를 사회주의 공화국으로 개칭하고, 공산당 조직을 정비하여 자신의 권력기반을 공고히 한다. 또한 그는 89년 민주혁명을 통해 처형될 때까지 무려 24년간 1인 독재체제를 유지하며 사상 유례 없는 우상화 정책 및 사상통제로 악명을 떨쳤다. 89년 12월, 헝가리계 즈민의 강제이주 문제를 계기로 폭발한 루마니아 국민들의 민주화요구 시위는 순식간에 혁명적 상황을 빚어내고, 군부가 시민들을 지지하고 나섬으로써 마침내 루마니아 민주혁경은 성공을 거둔다. 혁명 후, '구국전선'은 공산당 1당 체제를 폐지하고 3권 분립에 기초한 민주공화제를 선포하는 한편, 국명도 '루마니아'로 변경, 오늘에 이르고 있다.

☞ 정　치

루마니아의 정치체제는 입헌공화정 하의 대통령 중심제이고, 국가원수인 대통령은 국민들의 직접선거에 의해 선출되며 임기는 4년이다. 또한 행정부는 대통령이 임명하는 총리 및 16부 장관으로 구성되며, 입법부는 이원제로서 상원 142석, 하원 341석 등 총 474석으로 꾸려지고 있고 임기는 5년이다. 지난 92년 총선을 통해 나타난 결과에 의하면 현재 집권 여당으로는 사회민주당(166석) 및 국가연합(44석) 등이 있으며, 제 1 야당으로는 민주연합(116석) 등이 포진하고 있다.

지난 89년 민주혁명 당시 구심체 역할을 했던 구국전선은 90년 집권 이후 내부의 불협화음을 조율하지 못해 결국 사분오열되고 만다. 따라서 현재 집권당인 사회민주당은 지난 93년 8월에 탄생한 구국전선의 후신격이다.

차우세스쿠 정권 붕괴 이후 90년 5월 총선 및 92년 10월 총선에서 국민의 70% 이상의 압도적인 지지로 당선, 정국을 이끌었던 이온 일리에스쿠 정권은 집권 이후 지속적으로 시장경제 도입을 골자로 한 자본주의식 경제개혁과 친서방 외교노선을 축으로 정책을 펼쳐 나갔다.

따라서 정치적으로는 상당히 안정되어졌다는 평가를 받고 있기는 하나, 높은 인플레, 실업문제 등으로 노조 등의 파업, 시위 움직임 등 여러 가지 부작용은 끊이질 않았다. 게다가 96년 1월, 헝가리계 정당인 '헝가리인 민주동맹'이 루마니아 내 헝가리인들의 밀집지역인 중북부의 무레스, 코스바스나, 하르키타주 등에 대한 자치권을 요구하고 나서, 이웃 나라인 헝가리와의 관계에 심각한 장애요소가 되고 있다.

이에 대해 루마니아 정부는 자치권 요구는 실정법 위반이란 입장을 고수하고 있으나, 이에 대해 국내 여론 및 주변국가들의 반응은 대단히 비판적이다. 또한 사회민주당과 연립하여 집권하고 있던 민족통일당 역시 96년 9월 민족분규와 관련, 연립정권으로부터 이탈하여 요구하기도 하였다.

한편 지난 96년 11월 17일에 실시된 대통령선거에서는 야당연합인 '민주회의'가 내세운 콘스탄티네스쿠 후보가 현직의 일리에스쿠 대통령의 3선을 저지하며 당선, 루마니아 정치사상 처음으로 비공산계 인물로서 대통령에 취임하였다.

또한 비슷한 시기에 실시된 의원 총선에서도 상·하원 모두 민주회의가 제1당을 차지, 집권 사회당을 제2당으로 밀어냈다. 집권 민주회의는 즉각 조각에 돌입, 사회민주동맹 및 헝가리인민주동맹 등과 연합하여 연립정권을 발족하고 총리에 전 부큐레슈티 시장이었던 쵸르베아를 옹립한다.

☞ **경 제**

전체 면적의 65% 이상이 비옥한 농지로 이루어진 루마니아는 예부터 유럽의 곡창지대로 불릴 만큼 전통적인 농업국이었다. 그러나 사회주의 정권이 들어선 이후부터 공업화를 꾀하기 시작, 6, 70년대에는 줄곧 공업성장률 연 10% 이상을 기록해왔다.

루마니아 산업 중 경쟁력 있는 분야로 손꼽히는 것으로는 철강, 공구, 석유 화학, 섬유, 가구제조 등을 들 수 있다. 이 중 특히 가구제조 분야는 풍부한 자원을 보유하고 있는 덕택에 중요산업으로 부각되고 있으며, 최근 들어서는 흑해 휴양지, 다뉴브 델타(삼각주), 16세기 수도원, 드라큘라성(실제 이름은 브랜성)들을 활용한 관광업도 각광을 받고 있다. 하지만 전체적으로 생산설비 및 기술수준이 낙후된 관계로 생산성이 매우 낮으며, 따라서 대규모 신규자본의 투여를 통한 산업구조조정이 불가피한 상황이다.

지난 89년 민주혁명 이후 루마니아는 자본주의 경제이론에 따른 시장개방정책을 포함하여 무려 수백 개에 이르는 개혁법안을 채택, 현재까지 시행해 오고 있다. 따라서 경제개혁에 따른 부작용도 엄청나, 90년부터 줄곧 천문학적 수치의 인플레율과 두 자리수의 실업률, 그리고 화폐가치의 폭락에 다른 국내 소비시장의 위축 등 홍역을 치러내야만 했었다.

그러나 93년에 이르러 정부의 경제개혁 효과가 가시화되기 시작한데다, 주변 유럽국가들의 경기가 되살아난 데 편승, 다소 회복기미를 보이더니 94년에는 실질성장률 3.5%를 달성해, 그 동안의 과도기적 혼란이 어느 정도 진정되었음을 보여주었다. 게다가 95년에는 민영화정책이 실효를 거두면서 공업생산이 호조를 띤데다, 정부의 경기부양책과 대외교역의 활성화 등이 맞물리면서 실질성장률 4.5%를 달성했으며, 96년에도 5% 이상의 성장이 기대되고 있다.

하지만 이러한 거시지표상의 안정기조에도 불구하고 현재 루마니아 경제의 최대난제는 사회간접자본의 정비와 확충에 있다. 이에 따라 루마니아 정부는 소요되는 막대한 자본을 확보하기 위해 외국 차관 및 외국인 투자를 적극 유치하려 노력 중이나 외자 도입은 여전히 미흡한 실정이다. 뿐만 아니라 최근 들어 그 동안 화폐가치가 지속적으로 평가 절하됨에 따라 실질임금이 낮아진 노조 측이 시위 및 파업 등을 불사하고 있어, 루마니아 경제의 최대 불안요인이 되고 있다.

☞ 사회와 문화

루마니아인은 다키아인과 로마 변경 사람들의 혼혈족이다. 따라서 동구권에선 유일하게 라틴계 민족이라 할 수 있다. 언어도 라틴어계. 그래서 그런지 천성이 낙천적이며 다혈질적이다. 또한 예술에도 각별한 재능이 있어 수많은 예술가들이 이 곳에서 배출되기도 했다.

불가리아 공화국
(Republic of Bulgaria)

— UN 가맹일 : 1955년 12월 14일 —

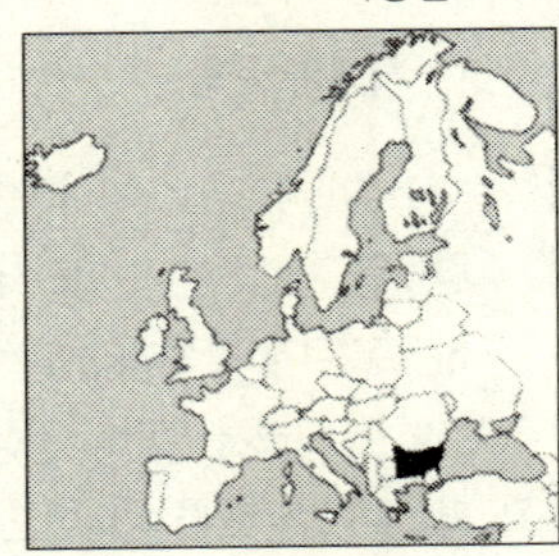 

☞ 주요 통계 자료

·면　　　적	11만 912㎢
·인　　　구	840만 명(95년)
·수　　　도	소피아(Sofia) 인구 114만 명(94년)
·주요 도시	플로브디프, 바르나, 루세, 부르가스
·주요 민족	불가리아인(남슬라브계 85%) 그 밖에 터키인(약 9%), 집시(약 3%), 아르메니아인, 마케도니아인
·언　　　어	불가리아어
·종　　　교	불가리아 정교(87%) 그 밖에 이슬람교(12.7%) 등
·정치 체제	공화제
·헌　　　법	1991년 7월 제정
·국가 원수	대통령 페테르 스토야노프(Peter Stoyanov) 직선제 임기 5년 96년 11월 3일 당선
·의　　　회	1원제 240석 직선제 임기 4년
·내　　　각	의회가 총리 선출 잔 비데노프 내각 96년 12월 총사퇴
·주요 정당	사회당, 민주세력동맹, 국민동맹, 권리와 자유운동
·국민총생산	113억 달러(95년)
·1인당 GNP	1340달러(95년)
·통화 단위	레프(Lev). 1달러=485.53레프(96년 12월)
·주요 자원	석탄, 철광석, 동, 납, 아연, 석유
·주요 공산품	기계, 전자제품, 섬유류
·주요 농산물	밀, 감자, 야채류, 과일류
·무　　　역	수출 51억 1030만 달러, 수입 50억 4970만 달러(95년)

(자료원 : 불가리아 통계청/중앙은행)

☞ 자연 환경

흑해 연안에 사다리꼴로 자리잡은 나라. 산악지대가 전체의 27.6%(주로 서부 유고연방과의 국경 지역), 평야지대(전체 면적의 31.4%)는 루마니아와의 국경인 다뉴브 강 유역에 있다. 기후는 평야지대가 온난한 편이며 각처에 분지가 많아 연중 온도차가 심하다.

☞ 간추린 역사

이 지역 최초의 주민은 인도계 트라키아인. 하지만 지리상 이민족의 왕래가 잦아 민족간의 쟁탈전이 활발했던 곳. 비잔틴 시대(11~12세기)와 오스만 튀르크 점령시대(14~19세기) 사이 2차례의 불가리아 왕조가 수립되며, 1878년 러시아와 터키간의 전쟁을 계기로 3차 불가리아 왕조가 건립된다. 이후 1차대전 당시 독일과 오스트리아측에 가담, 패전국이 되어 영토의 일부를 빼앗기기도. 또한 2차대전 때도 전범국에 가담, 과거의 영토를 되찾으려 했으나 패하고 만다. 1944년 9월 소련군의 진주하에 키몬 게오르기예프의 조국전선이 정권을 장악, 1946년 인민투표를 거쳐 왕정을 폐지, 인민 공화국 수립을 선포한다.

☞ 정치와 경제

인민 공화국의 성립 후 공산당 1당독재 체제하에 지프코프 서기장의 강권이 35년 동안 이어지지만 89년 11월 민주화를 요구하는 시위가 전국적으로 확산, 지프코프체제가 붕괴되고 믈라데노프가 서기장이 정치 개혁에 착수. 먼저 국호를 '불가리아 공화국'으로 바꾸고 사회주의와의 결별을 선언한다. 또한 공산당 1당독재 대신 대통령제를 도입, 서방과의 접촉을 통해 유럽연합 가맹을 서두른다. 92년 대선에 젤레프 대통령이 재당선되었으나 민주세력 동맹과의 반목이 극심, 결국 대통령이 지명했던 디미트로프 내각이 총사퇴한다. 경제학자 출신 페로프 무당파 총리가 등장하지만 민영화 정책에 대한 국민의 불만이 증폭되면서 총사퇴. 94년 12월 총선에서는 구공산당의 후신으로 비데노프 의장의 사회당이 과반수 의석을 확보, 민주세력의 퇴조와 보수화의 우려를 낳기하나 96년 대선에서 비공산계 야당연합 후보인 민주세력 동맹의 스토야노프가 당선, 이 우려를 말끔히 씻는다. 더불어 96년 12월, 비데노프 총리는 경제혼란과 대선의 패배에 대한 책임을 통감하며 스스로 물러난다. 정국의 혼란만큼 경제도 급속한 시장경제 체제의 도입에 따른 혼란이 가중. 극심한 인플레이션과 대량 실업사태, 90년부터 시행해 온 지불유예정책으로 외자유치에 실패하는 등, 경제 난국은 갈수록 더해간다.

☞ 사회와 문화

대부분은 불가리아정교를 신봉하지만 지난날 사회주의 교육으로 생활전반에 걸친 종교색은 짙지 않은 편. 국민성은 이민족의 침입을 많이 받아 사람과 민족마다 각양각색.

알바니아 공화국
(Republic of Albania)

— UN 가맹일 : 1955년 12월 14일 —

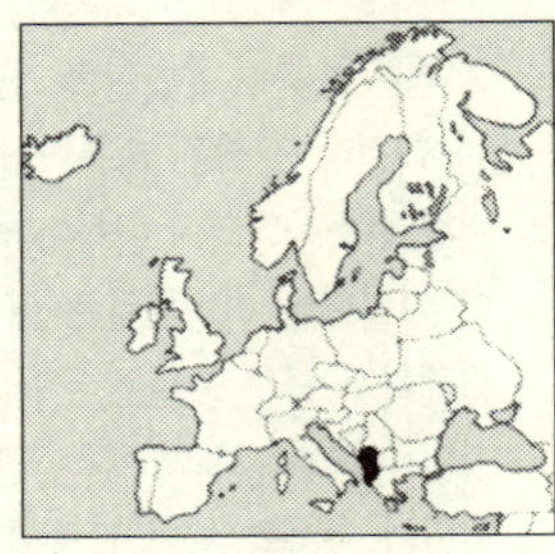 

☞ **주요 통계 자료**

·면　　적	2만 8748㎢
·인　　구	330만 명(95년)
·수　　도	티라나(Tirana). 인구 25만 명(93년)
·주요 도시	두레스, 엘바산, 슈코데르, 프로라
·주요 민족	알바니아인(98%), 그리스인(1.8%), 마케도니아인(0.1%)
·언　　어	알바니아어
·종　　교	이슬람교(70%), 그리스정교(20%), 카톨릭(10%)
·정치 체제	공화제
·헌　　법	1991년 4월 29일 잠정 헌법 채택
·국가 원수	대통령 렉헤프 메이다이(Lekhef Meidai) 간선제 임기 5년 97년 7월 24일 선출
·의　　회	1원제 140석 직선제 임기 4년
·내　　각	대통령의 지명으로 의회가 선출 수상 알렉산데르 멕시(Aleksander Meksi) 96년 7월 24일 성립
·주요 정당	민주당, 사회당, 인민전선, 인권연합
·국민총생산	22억 달러(95년)
·1인당 GNP	690달러(95년)
·통화 단위	레크(Lek). 1달러＝102.25레크(97년 1월)
·주요 자원	석탄, 석유, 천연가스, 동, 니켈, 크롬
·주요 공산품	석유화학제품, 직물
·주요 농산물	밀, 사탕무, 우유, 치즈
·무　　역	수출 1억 4000만 달러, 수입 5억 4600만 달러(94년)

(자료원 : World Yearbook 97／알바니아 국립은행)

☞ 자연 환경

알바니아는 지중해 아드리아 해 연안에 자리잡은 아름다운 나라로 지중해 위에 떠 있는 밝은 태양과 레몬과 올리브의 향기가 그윽하기로 유명하다.

기후는 전형적인 지중해성 기후이지만 내륙으로 갈수록 대륙성 기후에 가까워진다. 대체적으로 연중 기온차가 없어 사람 살기에 아주 적합하다.

☞ 간추린 역사

고대부터 이민족의 침입이 잦았던 관계로 알바니아의 역사는 피어린 저항으로 점철되어 있다.

특히 500년간에 걸친 오스만 튀르크의 압정 아래 고립무원의 알바니아인이 펼친 항전은 피와 눈물로 얼룩진 비운의 역사 그 자체였다.

근대에 접어들어 1차 발칸전쟁(1912년)에서 트루크가 패배하자 이 틈을 이용해 독립을 달성한다. 하지만 1차대전 후인 1939년에 다시 이탈리아의 식민지로 전락하고 만다. 이 무렵 알바니아 각지에서 '자유의 전사'라는 독립 투쟁체가 태동하는데 이것이 후에 알바니아 공산당의 모태가 된다.

2차대전 중 알바니아 공산당은 파르티잔을 조직, 파시즘에 대항하여 전국 각지에서 게릴라전을 전개한다.

그리고 전쟁이 끝난 46년 1월 알바니아 인민사회주의 공화국을 선포하고 초대 서기장에 엔베르 호자가 취임한다.

☞ 정치와 경제

호자 정권은 미소 양국을 모두 비난하며 독자 사회주의 노선을 견지하면서, 국제적인 고립을 초래한다.

85년 호자 서기장이 죽은 후 등장한 알리아 정권은 기존의 쇄국정책에서 탈피하여 서방에 대해 문호를 개방하는 한편 부분적인 사적 소유를 인정하고 복수정당제를 도입한다.

하지만 90년대 접어들어 경제난에 따른 국민들의 민주화 요구가 증폭되면서 알바니아 정국은 혁명적 상황으로 치닫는다.

이에 따라 알바니아 정부는 복수 정당제에 의해 자유선거를 실시하여 야당을 포함한 4당 연립내각을 구성하고 사회주의 포기를 선언한다. 그러나 심각한 식량난에 몰린 나머지 국민들이 그리스 및 이탈리아로 탈출하는 일이 속출하기도 한다.

92년 3월, 두 번째의 자유선거에서 민주당이 압승하여 동년 4월에 베리샤 민주당 의장이 대통령에 취임한다. 그러나 베리샤 대통령을 비롯한 민주당 정권은 96년 5월 총선거에서 부정선거 의혹을 연출한다. 결국 사회당을 비롯한 야당의 거센 항의와 맞물리면서 97년 2월에 국가 비상 사태란 최악이 상황을 초래한다.

　　이후 알바니아 의회는 97년 7월에 접어들면서 사회당을 중심으로 정국 수습에 나서 렉헤프 메이다이 사회당 서기장을 새 대통령으로 선출하고 국가 비상 사태도 해제한다.

　　전체 취업 인구의 약 65%가 농업에 종사하는 농업국이다. 알바니아 의회는 91년 7월에 토지 사유화법을 가결하여 공산정권 시절에 몰수했던 토지를 농민들에게 반환한다. 그리하여 96년 현재 99%를 배분한 상태이다. 한편 알바니아 정부는 94년 7월, 국내 총생산력의 70%가량을 97년까지 민영화시키겠다는 '경제 민영화 계획'을 발표하여 현재 추진 중이다.

☞ 사회와 문화

　　호자 정권하에서 국내의 모든 교회와 사원이 폐쇄되어 한때 세계 최초의 무신 국가를 선언하기도 한다.

　　하지만 1990년 이후 종교의 자유가 허용되면서 이슬람교를 중심으로 활발한 포교 활동이 전개되고 있는 중이다.

　　알바니아는 외환보유고가 제로(Zero)상태인데다 월평균 임금이 15달러에 지나지 않아 유럽에서 가장 가난한 나라이다.

유고슬라비아 연방 공화국
(Federal Republic of Yugoslavia)

— 독립일 : 본문 참조, UN 가맹일 : 본문 참조 —

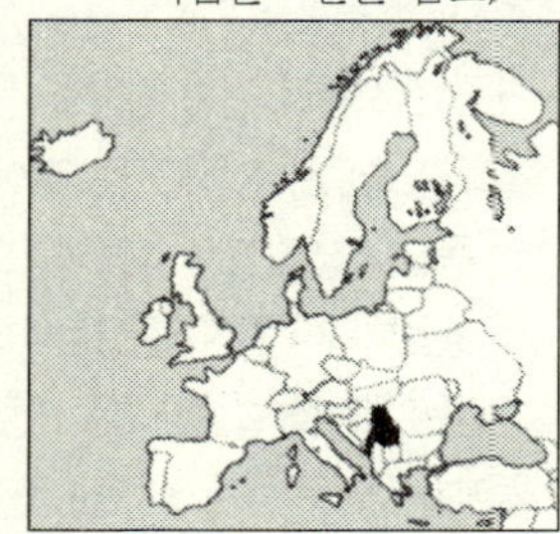
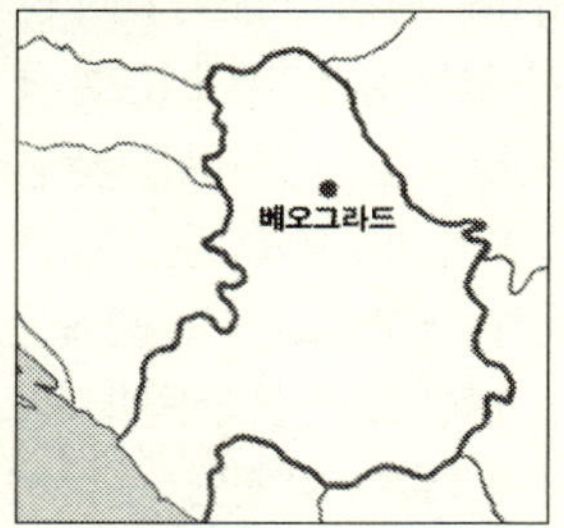

☞ 주요 통계 자료

·면 적	10만 2173㎢
·인 구	1054만 명(95년)
·수 도	베오그라드(Beograd) 인구 117만명(91년)
·주요 도시	노비사드, 니스, 수포티차
·주요 민족	세르비아는 세르비아인(65.8%), 알바니아인(17.2%) 몬테네그로는 몬테네그로인(68%), 이슬람계(13.3%), 알바니아인(6.4%)
·언 어	세르비아어(공용어) 그 밖에 알바니아어
·종 교	세르비아 정교, 이슬람교, 카톨릭
·정치 체제	연방 공화제
·헌 법	1992년 4월 27일 채택
·국가 원수	대통령 조란 릴리치(Zoran Lilic) 연방의회에서 선출 임기 4년 93년 6월 25일 취임
·의 회	2원제 상원(공화국원 40석) 하원(시민원 138석)
·내 각	대통령이 지명하면 의회에서 승인 총리 라도예 콘티치(Radoje Kontic) 93년 3월 성립 94년 9월 15일 개조
·주요 정당	세르비아사회당, 세르비아급진당, 몬테네그로민주사회당
·국민총생산	95억 2000만 달러(93년 추정)
·1인당 GNP	900달러(93년 추정)
·통화 단위	신(新)디나르(Novi Dinar). 1달러=5.09디나르(97년 1월)
·주요 자원	보크사이트, 아연, 우라늄, 석유, 석탄, 천연가스
·주요 공산품	식품가공품, 섬유, 기계, 금속가공품
·주요 농산물	밀, 라이보리, 옥수수, 사탕무, 해바라기, 담배
·무 역	* *내전 이후 발표된 바 없음

(자료원 : 유고슬라비아 연방정부 자료／World Yearbook 97)

☞ 자연 환경

유고슬라비아 연방 공화국은 세르비아 공화국과 몬테네그로 공화국으로 구성되어 있다. 북부 다뉴브 강 유역은 '발칸의 메소포타미아'라 할 정도로 기름진 평야가 넓게 펼쳐져 있으며 남부로 내려올수록 표고가 높은 산악지대를 형성한다. 북부의 평야지대를 비롯 내륙지방은 대륙성 기후로 연간 기온차가 크고 건조한 편. 반면 해안지역은 지중해성 기후에 뜨거운 모래바람이 덧붙여져 열대식물이 무성하게 자랄 정도.

☞ 간추린 역사

6세기 남슬라브족이 세운 나라. 1389년 튀르크의 지배하에 들어갔다가 1878년 러시아, 튀르크 전쟁과 발칸전쟁의 결과 '세르비아 몬테네그로왕국'으로 독립한다. 1914년 1차대전 기간 동안 오스트리아 헝가리 제국의 지배하에 들어갔다가 전쟁의 종결과 함께 '세르비아 크로아티아 슬로베니아 왕국'을 건설. 1929년 '유고슬라비아 왕국'으로 개칭. 2차대전 중인 43년부터 티토를 중심으로 게릴라전을 전개, 45년 11월 공산당 주도하에 '유고슬라비아 연방인민공화국'을 수립한다.

☞ 정치와 경제

1980년 종신 대통령이었던 티토가 사망하자 유고연방은 통합의 구심점을 잃고 각 연방마다 민족주의 세력들이 부상하기 시작한다. 80년대 말 사회주의 체제의 붕괴로 그나마 통합의 끈이었던 이데올로기가 사라지자 유고연방의 혼란은 극에 달한다. 게다가 경제난까지 겹쳐 각 공화국의 정치권을 장악한 민족주의 세력은 서둘러 연방 탈퇴를 선언한다. 91년 6월25일, 슬로베니아와 크로아티아가 제일 먼저 분리 독립을 선포. 이에 대해 6월 27일 유고연방군이 슬로베니아를 침공함으로써 유고 내전 발발. 내전은 전장을 슬로베니아, 크로아티아보스니아 등지를 차례로 옮겨가며 2년 동안 250만 명 이상의 난민과 1만 500명 이상의 사상자를 발생시키며 인류 최악의 민족 분규로 기록되고 있다.

1992년 4월 세르비아와 몬테네그로 두 공화국은 의회를 통해 유고 연방을 계승한다는 내용을 골자로 한 신헌법을 채택하고 '신유고 연방'을 선포한다. 이로써 과거의 유고 연방은 슬로베니아, 크로아티아, 보스니아 헤르체고비나, 신유고연방, 마케도니아 등 6개 나라로 완전 분리. 1996년 11월 3일, 유고슬라비아연방 하원선거에서 여당 세르비아사회당이 세르비아측에서 64석을 획득한 데 이어 몬테네그로측에서도 여당인 민주사회당이 20석을 획득, 합계 84석을 차지함으로써 과반수 의석을 무난히 확보, 밀로세비치 세르비아 대통령이 여전히 실권을 행사할 수 있게 되었다.

한편 구유고슬라비아 붕괴 후 극심한 혼란으로 한때 인플레이션율이 2만%에 이르기도 하였다. 이에 정부는 화폐개혁을 단행, 신통화인 '신(新)디나르'를 도입함으로써 진정국면을 맞이한다.

보스니아 헤르체고비나 공화국
(Republic of Bosnia-Herzeagovin)

— UN 가맹일 : 1992년 5월 22일 —

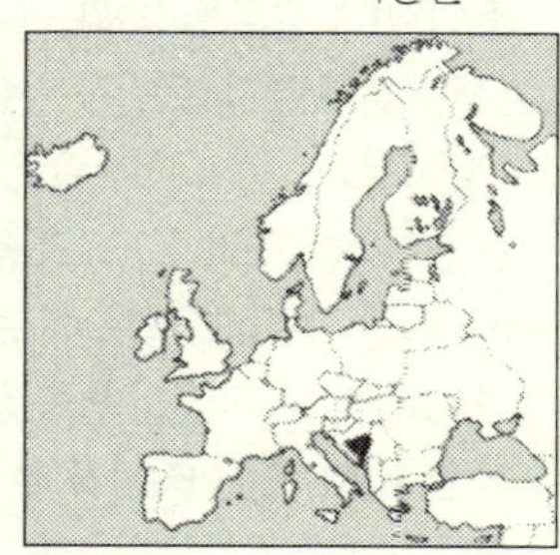
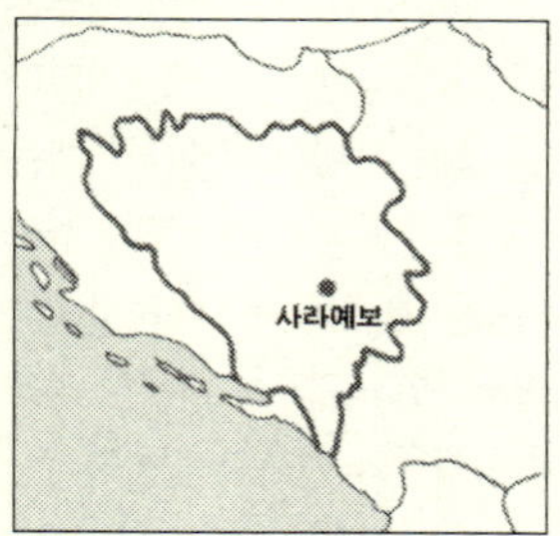

☞ 주요 통계 자료

·면　　　적	5만 1129㎢
·인　　　구	448만 명(95년)
·수　　　도	사라예보(Sarajevo). 인구 38만 3000명(93년, 유엔추정)
·주요 도시	반야루카
·주요 민족	이슬람교도(43.7%), 세르비아인(31.4%), 크로아티아인(17.3%)(91년 국가실태조사)
·언　　　어	세르비아어
·종　　　교	이슬람교, 세르비아정교, 카톨릭
·정치 체제	공화제 간부회에 의한 집단지도체제
·헌　　　법	1974년 보스니아·헤르체고비나 사회주의공화국 헌법 공포 95년 12월 14일 조인된 보스니아·헤르체고비나 평화협정의 첨부문건
·국가 원수	간부회의장 아리야 이제트베고비치(Alija Izetbegovic) 직선제 96년 9월 14일 선출
·의　　　회	2원제 상원(15석 구성 체의회에서 선출) 하원(42석 직선제)
·내　　　각	간부회가 지명하면 하원이 승인 공동 총리 하리스 실라이지치(Haris Silajdzic)와 보로 보시치(Boro Bosic) 97년 1월 3일 발족
·주요 정당	민주행동당, 세르비아민주당, 크로아티아민주동맹
·국민총생산	＊＊ 내전 이후 발표된 바 없음
·통화 단위	보스니아 디나르(Dinar) 등
·주요 자원	보그사이트
·주요 공산품	＊＊ 내전으로 산업기반 와해
·주요 농산물	감자, 담배
·무　　　역	＊＊ 내전 이후 발표된 바 없음

(자료원 : 유엔 관련보고서／World Yearbook 97)

☞ 자연 환경

구유고연방의 중심부에 자리잡은 이 나라는 북부의 보스니아와 남부의 헤르체고비나, 2지역으로 구성되어 있다. 국토의 대부분은 산악지대이며 사바 강이 북부 크로아티아와의 국경지대를 흐르고 있다. 산악지대에는 무성한 숲이 우거져 수많은 야생동물이 서식하고 있으며 산속을 흐르는 계곡에는 160여종의 어류가 노닐고 있다. 기후는 대체로 대륙성 기후로 기상과 기온의 변화가 심하다.

☞ 간추린 역사

기원전 10세기에 이미 트라키아인이 정착했던 곳. 이후 그리스인과 로마 제국의 지배를 받으며 395년에는 이 곳 사바 강 유역을 경계로 동,서 로마가 분열되기도 한다. 당시 이 곳은 로마 교황과 정교주교 모두로부터 박해를 받아 주민들 중 이슬람교로 개종하는 자가 속출하기도 하였다.

14세기 말 오스만 튀르크 세력하에 보스니아, 헤르체고비나, 세르비아 등이 연합 독립국을 형성하지만 곧이어 이 곳 보스니아는 북방의 오스트리아 헝가리 세력과 튀르크 세력이 충돌하는 전장이 된다. 이후 열강의 싸움은 19세기까지 이어진다. 1918년 유고슬라비아왕국이 수립됨에 따라 그 일부로 편입된다. 또한 1946년 북의 보스니아와 남부의 헤르체고비나는 통합을 선언하고 하나의 공화국으로 유고 연방에 가맹한다.

☞ 정치와 경제

1989년 소련과 동구권에 민주화운동이 일어나면서 유고 연방에도 민족주의 열기가 고조. 1991년 슬로베니아와 크로아티아가 연방으로부터의 분리, 독립을 선언하자 이듬해인 92년 3월3일 보스니아·헤르체고비나도 독립을 선언한다. 그러나 국내의 소수 민족인 세르비아인과 크로아티아인, 다수 민족인 보스니아회교도간에 3파전의 민족분규가 발발, 이에 세르비아와 크로아티아가 본격적으로 개입하면서 내전에 돌입한다. 이후 95년 12월 14일, 파리에서 분쟁 당사자간의 수뇌회담을 거쳐 평화협정에 조인. 이어 96년 9월 14일, 평화협정에 의거하여 신국가의 모습을 갖추기 위한 총선이 일제히 실시하여 이슬람교도 세력이 주축인 민주행동당의 이제트베고비치가 최고득표를 획득, 간부 회의장에 취임한다.

☞ 사회와 문화

민족분포는 이슬람회교도 44%, 세르비아계 32%, 크로아티아계 17% 등 3그룹으로 크게 나뉜다. 이들은 각각 언어, 종교, 생활전반에 걸쳐 독자적인 문화권을 형성하며 서로 대립해왔다. 따라서 이번 보스니아 사태도 인근 세르비아와 크로아티아 공화국이 자국의 동포를 보호한다는 명분에 근거, 무력개입한 것이다. 유엔과 유럽연합(EU)이 이 곳의 평화를 위해 노력하고 있으며, 지난 95년 연말의 평화협정 체결로 일단은 전시상황을 모면한다.

슬로베니아 공화국
(Republic of Slovenia)

— 독립일 : 1991년 6월 25일, UN 가맹일 : 1992년 5월 22일 —

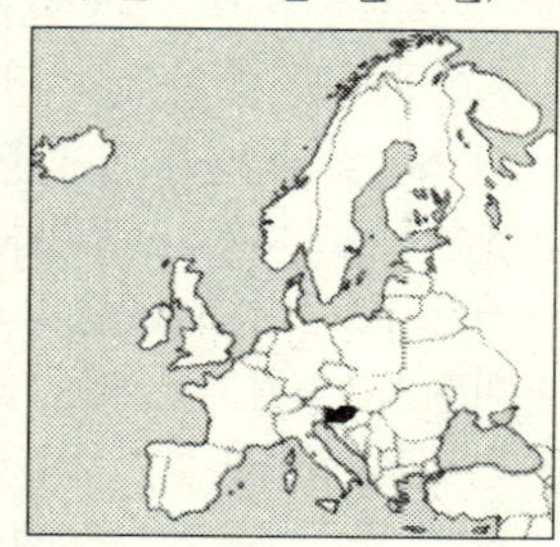

☞ 주요 통계 자료

· 면　　　적	2만 253㎢
· 인　　　구	198만 명(95년)
· 수　　　도	류블랴나(Ljubljana). 인구 27만 명(94년)
· 주요 도시	마리보르
· 주요 민족	슬로베니아인(남슬라브계, 88%), 크로아티아인(3%), 세르비아인(2%)
· 언　　　어	슬로베니아어
· 종　　　교	카톨릭
· 정치 체제	공화제
· 헌　　　법	1991년 12월 23일 발효
· 국가 원수	대통령 밀란 쿠찬(Milan Kucan) 직선제 임기 5년 92년 12월 6일 선출
· 의　　　회	2원제 하원(국가회의 90석 임기 4년) 상원(국가평의회 40석 임기 5년)
· 내　　　각	대통령이 총리를 지명하면 의회가 승인 총리 야네스 드르노브세크(Janez Drnovsek) 93년 1월 25일 발족
· 주요 정당	자유민주당, 기독교민주당, 통일리스트
· 국민총생산	161억 달러(95년)
· 1인당 GNP	8070달러(95년)
· 통화 단위	톨라(Tolar). 1달러＝198.18톨라(96년 10월)
· 주요 자원	철광석, 석탄, 납, 아연, 관광자원
· 주요 공산품	철강, 알루미늄, 기계
· 주요 농산물	밀, 감자, 담배
· 무　　　역	수출 82억 8600만 달러, 수입 94억 5100만 달러(95년)

(자료원 : 슬로베니아 정부통계／World Yearbook 97)

☞ 자연 환경

발칸 반도의 남서쪽에 위치한 나라. 이탈리아 등 4개국과 국경을 맞대고 있다. 북서부 일대는 알프스 산맥의 줄기에 해당, 산악지대를 형성하고 있으며 남부일대는 석회암의 카르스트 지형. 해안지역은 지중해 해양성 기후, 반면 내륙지역은 대륙성 기후, 신록의 포도밭과 올리브밭이 많아 경치가 아름다운 곳이다.

☞ 간추린 역사

이 곳의 원주민은 남슬라브계의 슬로베니아인. 8세기중엽부터 강대국의 침입을 받기 시작, 프랑크 왕국을 필두로 신성로마 제국, 오스트리아, 독일의 지배를 받다가 13세기에는 크로아티아와 함께 오스트리아의 합스부르크가 치하에 놓인다. 1차대전이 끝나고 오스트리아 헝가리 왕국이 붕괴하자 인근 남슬라브계 민족들을 규합, '세르비아 크로아티아 슬로베니아 왕국'을 건설, 이는 1929년에 '유고슬라비아 왕국'으로 발전한다. 2차대전 중 나치군의 진군으로 국민들은 파르티잔을 조직하여 저항운동을 전개. 전쟁 후 이 때의 지도자인 티토를 중심으로 공산당을 조직, 왕정을 폐지하고 슬로베니아, 크로아티아, 세르비아, 보스니아 헤르체고비나, 몬테네그로, 마케도니아 등 6개 공화국을 합쳐 '연방 인민공화국'을 발족한다. 이후 63년 '유고슬라비아 사회주의 연방 공화국'으로 개칭. 1989년 동구권의 민주화에 편승, 반소성향이 강했던 슬로베니아는 91년 연방으로부터의 독립을 선포.

☞ 정치와 경제

독립 선언 후 유고 연방군이 진주하는 소동이 벌어졌으나 양국간 휴전에 동의, 실질적인 독립을 달성한다. 92년 총선을 통해 밀란 쿠찬이 초대 대통령으로 취임하고 드로노프세크가 이끄는 자유민주당이 제1당으로 집권. 이후 96년 11월 총선에서도 집권 여당인 자유민주당은 25석을 확보, 제1당의 자리를 지킨다. 이 곳은 구유고 연방시절 가장 산업이 발달했던 곳. 농업이 경제의 주체이지만 수력 발전을 이용한 기계공업도 상당수준 발전. 비록 구유고슬라비아의 해체로 원자재 공급원과 제품시장을 잃었지만 유고 연방 중 가장 안정적으로 경제전환에 성공. 때문에 1인당 국민소득도 높은 수준을 유지하고 있다. 자연의 아름다움이 일품이라 유럽 각지로부터 많은 관광객들이 찾아든다. 최근 시장경제 체제의 확립 과정에서 인플레이션 및 실업문제로 많은 어려움을 겪고 있는 실정이다.

☞ 사회와 문화

슬로베니아인은 브론디색의 눈빛을 지닌 미남, 미녀가 많다. 1000여 년간에 걸친 이민족 게르만의 지배하에 있었으면서도 고유의 언어와 독자의 전통을 지켜왔을 만큼 민족의식이 강하다. 또한 손재주가 좋아 장식 기술이 탁월하기로 유럽에서 소문나 있다.

크로아티아 공화국
(Republic of Croatia)

— 독립일 : 1991년 6월 25일, UN 가맹일 : 1992년 5월 22일 —

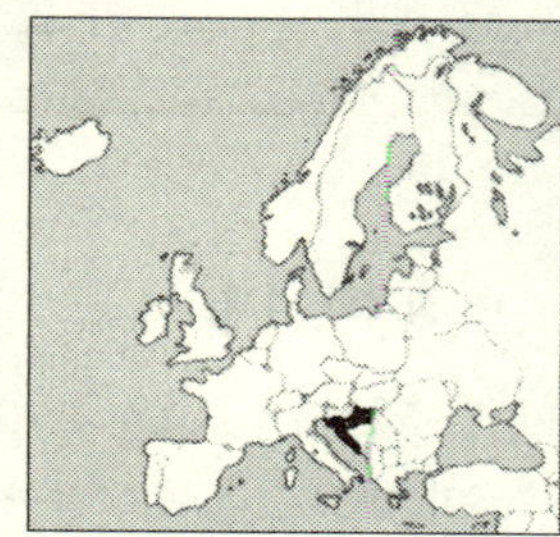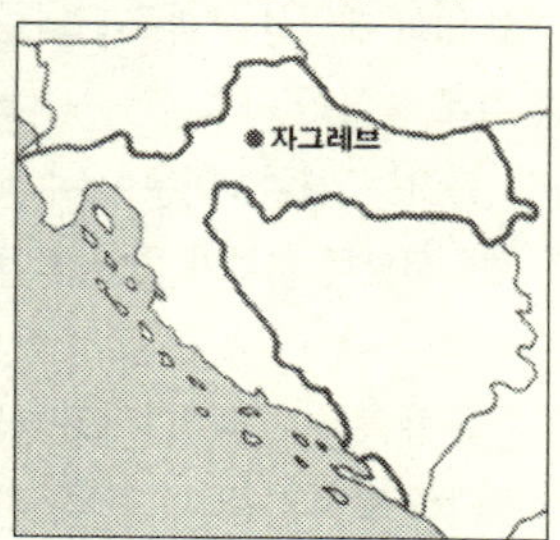

☎ 주요 통계 자료

·면　　　적	5만 6538㎢
·인　　　구	480만 명(95년)
·수　　　도	자그레브(Zagreb). 인구 71만 명(94년)
·주요 도시	스플리트, 리예카
·주요 민족	크로아티아인(남슬라브계 90%), 세르비아인(5%)
·언　　　어	크로아티아어(공용어)
·종　　　교	카톨릭, 세르비아 정교
·정치 체제	공화제
·헌　　　법	1990년 12월 22일 발효
·국가 원수	대통령 프라뇨 투치만(Franjo Tudjman) 직선제 임기 5년 90년 5월 취임 92년 8월 2일 재선
·의　　　회	2원제 하원 정족수는 100~160석(현재 127석) 직선제 임기 4년
·내　　　각	대통령이 임명 총리 즐라트코 메테자(Zlatko Matesa) 95년 11월 7일 발족
·주요 정당	크로아티아 민주동맹, 크로아티아 사회자유당
·국내총생산	157억 달러(95년)
·1인당 GNP	3280달러(95년)
·통화 단위	쿠나(Kuna). 1달러=5.50쿠나(97년 1월)
·주요 자원	석유, 천연가스, 보크사이트
·주요 공산품	석유화학제품, 기계, 식품가공
·주요 농산물	밀, 사탕무, 담배, 올리브
·무　　　역	＊＊ 내전 이후 발표된 바 없음

(자료원 : 크로아티아 정부 집계／World Yearbook 97)

☞ 자연 환경

발칸 반도의 서북쪽 아드리아 해안을 따고 길게 자리잡은 나라로 내륙에는 다뉴브 평야가 넓게 펼쳐져 있고 해안선을 끼고 디나르 알프스 산맥이 길게 뻗어 있다.

달마타이라 불리는 해안지역은 무수한 섬과 아름다운 해안선으로 경치가 좋아 휴양지로 유명하다.

기후는 지중해 해양성 기후이다. 따라서 연중 온난하며 화려한 꽃과 상큼한 과일이 관광객들의 구미를 자극한다.

☞ 간추린 역사

고대시대에는 트라키아인이 거주했지만 7세기 무렵부터 남슬라브계의 크로아티아인이 정착하기 시작하였다.

925년에 남슬라브인 사상 최초로 이 곳에 왕국이 건설된다. 하지만 13세기 이후 이웃 슬로베니아와 함께 오스트리아의 합스부르크가 지배를 받는다.

1차대전의 결과 오스트리아 헝가리 왕국이 붕괴되자 남슬라브계 민족들을 규합 국민회의 연합을 결성한다. 29년 10월에 '유고슬라비아왕국'으로 발전한다. 이후 2차대전의 발발과 함께 나치 독일군에게 점령당하지만 티토를 중심으로 공산당이 궐기, 종전과 동시에 연방 인민 공화국을 창설한다.

티토는 이후 63년에 국호를 '유고슬라비아 연방 사회주의 공화국'으로 변경하면서 독자적인 사회주의노선을 천명한다.

1989년 이후 동구권에 밀어닥친 민주화 물결이 이 곳에도 들어와 크로아티아는 91년 6월 연방으로부터의 분리를 선언하고 독립을 하게 된다.

☞ 정치와 경제

독립 선언 전인 91년 5월 공화국 내의 세르비아계와 크로아티아 경찰 병력이 충돌, 민족분규가 발생한다.

이에 대해 슬로베니아에 진격했던 유고 연방군의 진격으로 내전이 더욱 확산된다. 9월에 연방군은 크로아티아 영내의 대통령 궁을 공습하는 등 전면전에 돌입한다. 한때 크로아티아 내 크라이나 지방의 세르비아인들이 독립을 선언, '크라이나·세르비아 인민공화국' 수립한다.

그러나 95년 8월, 크로아티아 정부군은 크라이나 지역에 대해 총공격을 개시하여 항복을 받아낸다. 이로 인해 20여 만 명의 난민이 발생하기도 한다.

한편 투치만 대통령은 하원을 해산하고 95년 10월 29일 총선거를 실시. 여기서 집권여당인 크로아티아 민주동맹이 과반수 의석을 확보함에 따라 동년 11월 7일 마테샤 총리를 중심으로 한 새 내각이 발족한다.

과거 유고 연방 내에서 슬로베니아 다음으로 가는 공업 선진국이었으나 격렬한 내전으로 경제 상태는 극심한 혼란에 놓여 있다.

게다가 다수의 난민이 발생하여, 세계 각국에 원조를 호소하고 있는 상태이다.

관광지로 유명했던 아드리아 해안 역시 전쟁의 불길에 휩싸여 과거의 평화롭고 아름다운 정취는 찾아볼 수 없다.

94년 5월 화폐 개혁으로 신통화인 쿠나를 도입함으로써 내전으로 인한 인플레가 다소 진정기미를 보이고 있다.

☞ 사회와 문화

크로아티아는 국민의 75%가 크로아티아인 반면 세르비아인은 12%이다. 두 민족은 오랜 역사를 두고 앙숙지간으로 지내왔다.

터키 문화권의 영향을 받은 세르비아인에 비해 크로아티아인은 과거 로마와 합스부르크 문화에 많이 기울어져 왔다.

마케도니아 공화국
(Republic of Macedonia)

— 독립일 : 본문 참조, UN 가맹일 : 1993년 4월 8일 —

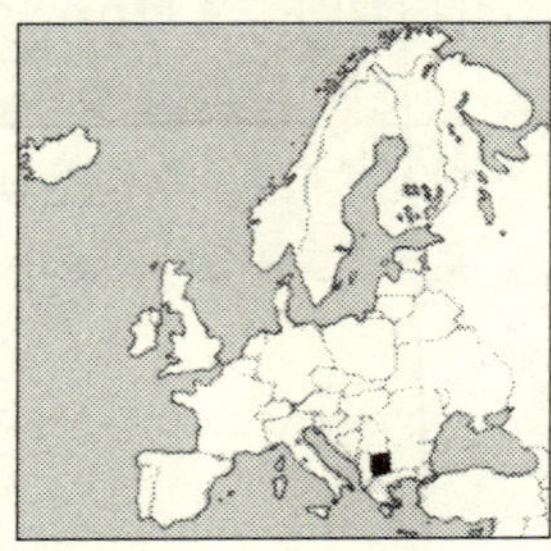

☞ 주요 통계 자료

·면 적	2만 5713㎢
·인 구	210만 명(95년)
·수 도	스코폐(Skopje) 인구 44만 명(94년)
·주요 도시	비트라, 오하리드
·주요 민족	마케도니아인(남슬라브계 67%), 아르메니아인(23%), 터키인(5%), 집시(2%), 세르비아인(2%)
·언 어	마케도니아어, 알바니아어
·종 교	마케도니아 정교, 이슬람교
·정치 체제	공화제
·헌 법	1991년 11월 20일 발효
·국가 원수	대통령 키로 글리고로프(Kiro Gligorov) 직선제 임기 5년 91년 1월 27일 선출 94년 2월 10일 개조
·의 회	1원제 120석 임기 4년
·내 각	대통령이 총리를 임명 총리 블란코 츠르벤코프스키(Branko Crvenkovski) 96년 2월 10일 개조
·주요 정당	사회민주동맹(구공산주의자동맹계), 자유당, 사회당, 민주번영당
·국민총생산	18억 달러(95년)
·1인당 GNP	840달러(95년)
·통화 단위	마케도니아 데나르(Denar). 1달러=41.38데나르(97년 1월)
·주요 자원	석탄, 철, 아연, 크롬, 망간, 납, 니켈
·주요 공산품	야금제품, 화학제품
·주요 농산물	야채, 담배, 쌀, 우유
·무 역	★ 유엔의 유고연방에 대한 경제봉쇄조치와 그리스의 마케도니아에 대한 경제봉쇄로 수·출입에 막대한 타격을 입음

(자료원 : 마케도니아 정부 발표 자료/World Yearbook 97)

☞ 자연 환경

구유고 연방 남단에 위치한 내륙국. 국토는 대분지(평야지대)와 산악지대로 나뉜다. 분지는 경작이 가능하여 사람이 밀집되어 살지만, 산간지역엔 거의 사람이 살 수가 없다. 목축업과 임업 종사자만 조금 있을 뿐.

기후는 전반적으로 대륙성 기후. 강수량이 많은 남부와 서부지역을 중심으로 농업이 발달되어 있다.

☞ 간추린 역사

마케도니아란 고대 그리스어로 '고지(高地)의 사람'이란 뜻. 우리에게는 기원전 4~2세기 알렉산더 대왕의 마케도니아 제국으로 잘알려져 있다. 이 곳 마케도니아 공화국도 당시 영토의 일부. 알렉산더 시대 이후 14세기 발칸반도의 패권을 거머쥔 세르비아왕국에 편입되었다가 뒤이어 오스만 튀르크의 지배 하에 놓인다.

1918년 이후 유고슬라비아 왕국의 시대를 거쳐 2차대전이 끝나자 티토의 유고슬라비아 연방 인민 공화국에 가맹. 1963년 '유고슬라비아 사회주의 연방 공화국'을 구성하는 1개 공화국으로 자리잡는다.

☞ 정치와 경제

1989년 소련 및 동구권의 민주화 열기에 편승, 민족 자립의 기운이 고양되자 마케도니아는 1991년 6월 유고연방으로부터 분리, 독립을 선언한다. 인근 유고연방의 다른 나라들처럼 내전에 휩쓸리지는 않았지만 이웃 그리스와 국명, 국기 등의 문제를 놓고 첨예하게 대립하고 있다. 유엔은 93년 4월 8일 이 곳을 '구유고슬라비아·마케도니아 공화국'이라는 국명으로 가맹을 승인했다.

한편 츠르벤코프스키 총리는 96년 2월 10일 대폭적인 개각을 단행, 자유당 출신의 각료 전원을 교체한다. 이로써 마케도니아 정국은 사회민주동맹과 사회당 그리고 민주번영당(알바니아인계 정당) 등 3당 연립 정권에 의해 꾸려지고 있다.

마케도니아 경제의 주체는 농목축업이다. 특히 치즈와 포도주가 유명하다.

☞ 사회와 문화

최근 마케도니아 최대의 사회문제는 인근 코소보와 알바니아로부터 탈출한 이슬람 난민 문제. 이들은 마케도니아인과 종교 및 생활관습에서 전혀 달라 민족분쟁의 소지를 다분히 안고 있다.

한편 이 곳의 산악지대에는 터키풍의 민속 복장을 하고 전통을 지키며 살아가는 부족들이 많다. 그리고 곳곳에는 비잔틴 양식의 수도원과 이슬람교의 모스크도 상당수 산재해 있다.

리투아니아 공화국
(Republic of Lithuania)

— 독립일 : 1991년 9월 6일, UN 가맹일 : 1991년 9월 17일 —

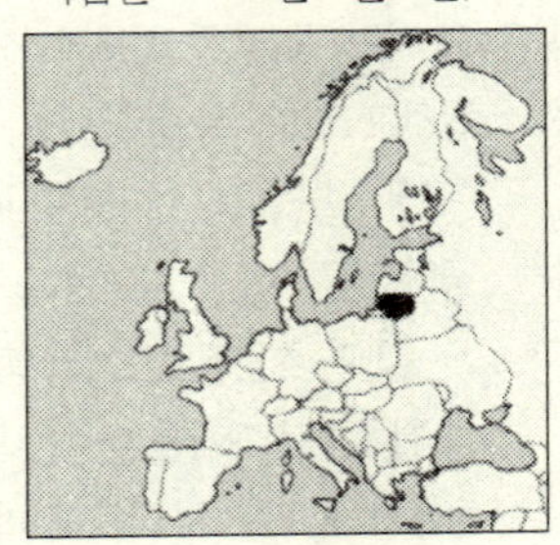
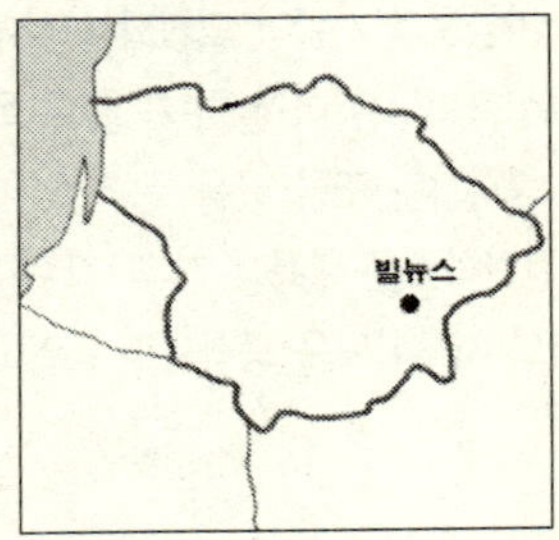

☞ 주요 통계 자료

·면 적	6만 5200㎢
·인 구	371만 명(95년)
·수 도	빌뉴스(Vilnius) 인구 59만 명(91년)
·주요 도시	카우나스, 클라이베다
·주요 민족	리투아니아인(발트계 81.1%), 러시아인(8.5%), 폴란드인(7.0%)
·언 어	리투아니아어(발트어계 공용어)
·종 교	카톨릭(주도적) 그 밖에 개신교, 러시아 정교
·정치 체제	공화제
·헌 법	1992년 10월 25일 신헌법 승인
·국가 원수	대통령 알기르다스 브라자우스카스(Algirdas Brazauskas) 직선제 임기 5년 93년 2월 25일 취임
·의 회	1원제 141석 직선제 임기 4년
·내 각	대통령이 지명하면 의회에서 승인 총리 게디미나스 바그노리우스(Gediminas Vagnorius) 96년 12월 1일 발족
·주요 정당	조국동맹, 민주노동당, 기독교민주당
·국민총생산	76억 달러(95년)
·1인당 GNP	2050달러(95년)
·통화 단위	리타스(Litas). 1달러=4.00리타스(97년 1월)
·주요 자원	석탄, 석회석
·주요 공산품	가전제품, 기계, 금속가공제품
·주요 농산물	밀, 감자, 우유, 치즈
·무 역	수출 22억 1000만 달러, 수입 28억 9300만 달러(95년)

(자료원 : 리투아니아 통계국／World Yearbook 97)

☞ 자연 환경

발트해 연안 3국 중 제일 아래에 위치한 나라. 리투아니아는 '해안의 토지'라는 뜻. 대체적으로 평지로 이루어져 있으며 습지와 4000여 개의 호수가 곳곳에 산재해 있다. 세계적으로 오염되지 않은 자연환경과 경지가 좋기로 유명하다. 또한 국내에는 90여 곳의 자연보호구가 설치되어 있다. 기후는 해양성과 대륙성이 번갈아 찾아들며 연중 일기가 불안정한 날이 많다.

☞ 간추린 역사

기원전부터 리투아니아 원주민이 원시공동체를 이루고 살았다는 기록이 있다. 하지만 역사에 등장하기는 10세기 말. 12세기 독일기사단의 침략을 받았으나 발트해 근방에서 유일하게 끝까지 저항한다. 13세기 전반 리투아니아공국 수립. 이후 백러시아, 우크라이나, 러시아 일부를 병합해 강대국으로 군림. 또한 14~15세기에는 인근 폴란드와 합병 폴란드 리투아니아 군주연합국을 탄생시키며 황금시대를 구가한다. 하지만 이후 러시아와 오스트리아의 힘이 강해지면서 차츰 쇠퇴해지기 시작, 1795년에 전국토가 러시아제국에 편입된다. 1차대전 중 독일의 점령하에 독립왕국을 수립, 공화국을 선포하지만 1939년 독일과 소련 간의 불가침협정에 의거 발트 연안 3국은 소련연방으로 귀속된다. 1940년 소련군의 진주로 '리투아니아 소비에트공화국' 성립. 이후 1990년 소련에서의 페레스트로이카에 편승, 독립선언을 단행하지만 소련군의 진주로 유혈사태로까지 발전한다. 하지만 전체 국민의 힘을 모아 91년 2월 '독립민주국가'를 선언하고 소련 내의 쿠데타사건을 기화로 독립을 쟁취한다.

☞ 정치와 경제

독립운동의 구심체였던 '사유디스'를 축으로 자본주의적 시장경제의 정착에 매진. 93년 2월 14일의 대선에서 구공화국 공산당 제1서기였던 민주노동당 당수 블라자우스카스 대통령 대행이 60.03%의 득표율을 획득, 정식 대통령에 취임한다. 반면 '사유디스'는 극심한 내부분열을 겪다가 93년 12월 정치단체에서 사회단체로 전락, 역사적 역할을 마감한다.

이웃 에스토니아나 라트비아와는 달리 전통적인 농업국. 비옥한 토지와 온화한 기후를 바탕으로 농업생산성이 무척 높은 곳이다. 또한 전체 면적의 26%를 차지하는 산림지역을 토대로 임업이 발달, 국민소득에 상당량 일조하고 있다. 국민생활 수준은 높은 편.

☞ 사회와 문화

국민의 대부분은 농민. 최근 들어 공업화의 열기가 가열되고 있지만 환경이 오염될 여지가 있어 사회문제화되고 있다. 리투아니아는 유럽대륙과 러시아를 잇는 육상교통의 요충지. 따라서 철도와 도로망이 잘 발달되어 있다.

에스토니아 공화국
(Republic of Estonia)

— 독립일 : 1991년 9월 6일, UN 가맹일 : 1991년 9월 17일 —

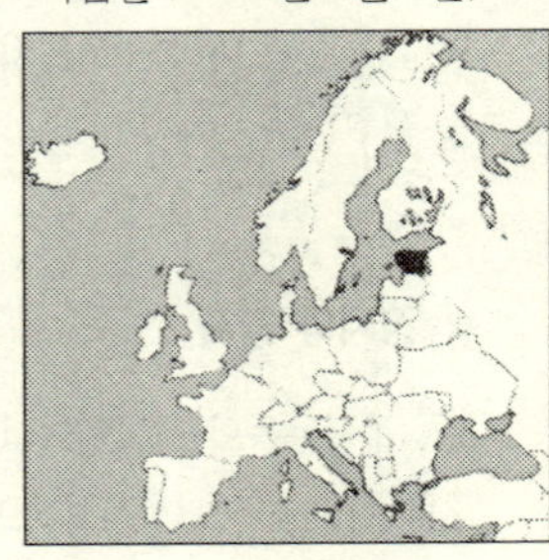
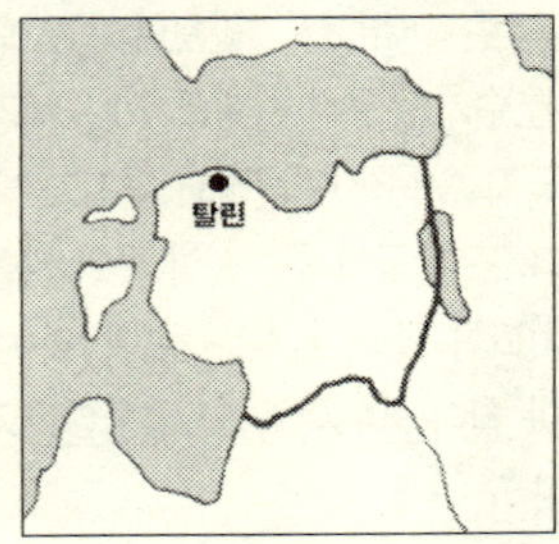

☞ 주요 통계 자료

·면　　적	4만 5215㎢
·인　　구	153만 명(95년)
·수　　도	탈린(Tallinn) 인구 45만 명(95년)
·주요 도시	타르투
·주요 민족	에스토니아인(핀계 61.5%), 러시아인(30.3%), 우크라이나인(3.1%)
·언　　어	에스토니아어(공용어), 러시아어도 통용
·종　　교	개신교(루터파)
·정치 체제	공화제
·헌　　법	1992년 6월 28일 신헌법 채택
·국가 원수	대통령 레나르트 메리(Lennart Meri) 간선제(의회) 임기 5년 92년 10월 5일 취임 96년 9월 20일 재선
·의　　회	1원제 101석 직선제 임기 4년
·내　　각	대통령이 지명하면 의회에서 승인 총리 티트 바히(Tiit Vahi) 95년 4월 17일 발족
·주요 정당	연합당, 농민동맹, 개혁당, 중도당, 조국, 우리집 에스토니아
·국민총생산	43억 달러(95년)
·1인당 GNP	2920달러(95년)
·통화 단위	크룬(Kroon). 1달러=12.45크룬(97년 1월)
·주요 자원	오일세일(석유를 함유한 암석), 목재
·주요 공산품	섬유류, 식품가공제품, 석유화학제품
·주요 농산물	우유, 버터

(자료원 : IMF 통계자료／World Yearbook 97)

☞ 자연 환경

발트해 연안 3국 중 가장 북쪽에 위치. 근해에는 약 800여 개의 섬이, 국내엔 1500여 개의 호수가 있다. 지형은 평탄한 평지로 최고 해발이 318m에 지나지 않는다. 대륙성 기후이지만 해안지역에는 비가 많다. 수도 탈린항은 일년 중 50일 가량이 동결상태에 놓인다.

☞ 간추린 역사

역사에 등장한 시기는 11세기 초. 덴마크와 독일기사단의 지배를 거쳐 1561년 스웨덴이 통치. 이후 18세기 초 러시아 표트르 I 세의 리보니아 원정을 기점으로 러시아 제국에 편입되지만 독일 귀족의 토지지배는 여전히 관철. 20세기 러시아 혁명의 영향으로 노동운동이 활기를 띠기 시작, 1917년에 소비에트 정권이 탄생한다. 하지만 소비에트 정권은 반혁명군(독일군)의 반격을 받아 붕괴되고 반소친독 정권을 중심으로 에스토니아 민주 공화국이 수립된다(1918년). 그러나 2차대전으로 에스토니아의 입지는 소련으로 기울어져 상호원조조약을 체결하고 소련 연방에 가입한다. 이후 1980년대 말 소련 고르바초프의 개혁 바람으로 독립의 기운이 일기 시작, 1990년 3월 독립 선언을 거쳐 다음해 9월에는 독립을 달성한다.

☞ 정치와 경제

독립 후 92년 9월 20일 신의회선거에서 민족세력인 '조국'이 제1당으로 부상. 10월 5일에는 레나르트 메리가 초대 대통령에 취임. 이후 95년에 치른 의회 선거에서는 중도좌파 블록인 연합당과 농민 동맹이 압승. 러시아인의 이익을 대변하는 '우리집 에스토니아'도 선전(6석 획득)한다. 이에 따라 '조국' 중심의 내각은 총사퇴하고 바히 연합당 당수를 총리로 한 중도좌파 연립내각이 발족한다.

독립 후 서구 지향의 시장 경제로 전환, 정치·경제적으로 급속한 개혁을 추진 중. 이곳은 구소련 당시 최대의 중공업단지가 있었던 곳. 따라서 우수한 노동력과 생산시설을 바탕으로 공업화를 진전시킬 수 있었다. 또한 전통적인 농업국으로 농업 생산성이 높은 편이며 발트해를 통한 어업과 해운업도 주요 산업. 92년 6월 독자통화인 그룬을 발행하여, 구소련공화국 중 최초로 루블권을 이탈한다.

☞ 사회와 문화

소연방 당시 경제수준이 가장 높았던 곳으로 도시와 농촌 간의 생활 수준 격차도 거의 없다. 또한 12세기에 건립된 수도 탈린은 중세풍의 건축물들이 잘 보존되어 있으며 그 수는 4500여 개에 달한다. 전체 인구 중에서 러시아인의 비율(30%)이 높은 이유는 소련의 공업화 정책에 따라 외지에서 많은 우수한 노동력이 유입되었기 때문이다. 인근 핀란드와는 민족적(같은 아시아계)으로나 언어적(우랄어 계통의 발트 - 핀어에 속함)으로 형제관계이다. 따라서 지금도 두 나라는 무척 사이가 좋은 편이다.

라트비아 공화국
(Republic of Latvic)

— 독립일 : 1991년 9월 6일, UN 가맹일 : 1991년 9월 17일 —

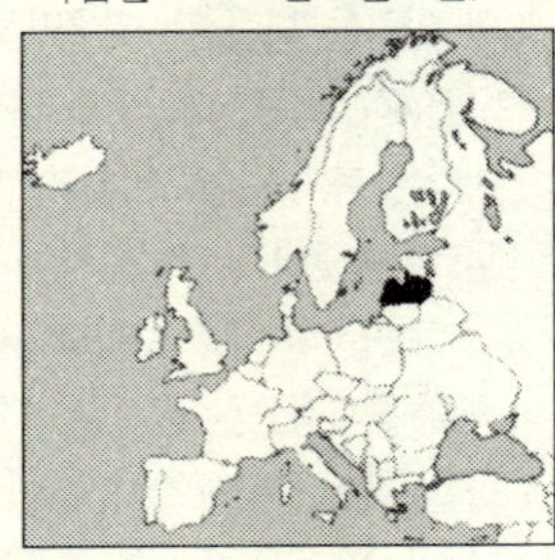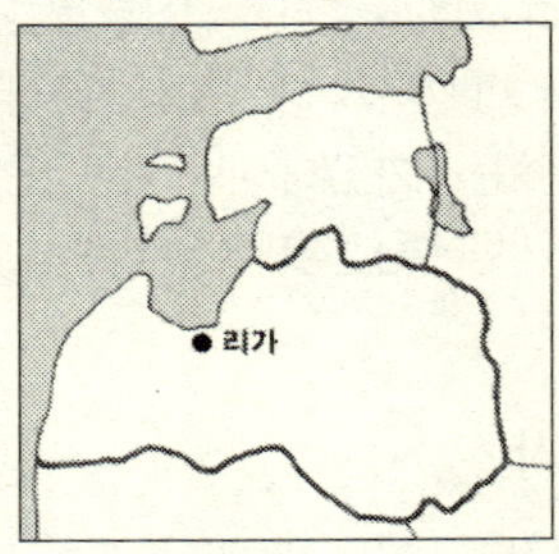

☞ 주요 통계 자료

·면 적	6만 3700㎢
·인 구	251만 명(95년)
·수 도	리가(Riga) 인구 89만 명(92년)
·주요 도시	다우가프빌스, 리에파야
·주요 민족	라트비아인(발트계 53.5%), 러시아인(33.5%), 벨로루시인(4.2%), 우크라이나인(3.2%), 폴란드인(2.2%)
·언 어	라트비아어(발트어계 공용어) 러시아어도 통용
·종 교	카톨릭(동부지역), 개신교(루터파 서부지역)
·정치 체제	공화제
·헌 법	1990년 5월 4일의 독립선언에 22년에 제정한 헌법을 일부 부활
·국가 원수	대통령 군티스 울마니스(Guntis Ulmanis) 간선제 임기 3년 93년 7월 7일 취임 96년 6월 18일 재선
·의 회	1원제 100석 임기 3년
·내 각	대통령이 지명하면 의회에서 승인 총리 안드리스 스켈레(Andris Skele) 95년 12월 21일 발족
·주요 정당	민주당, 라트비아농민동맹, 라트비아의 길, 국민운동
·국민총생산	61억 달러(95년)
·1인당 GNP	2420달러(93년)
·통화 단위	라트(Lat). 1달러=0.5525라트(97년 1월)
·주요 자원	석탄
·주요 공산품	기계, 전기, 전자, 금속가공품, 차량
·주요 농산물	밀, 감자, 담배

(자료원 : IMF 통계자료／World Yearbook 97)

☞ 자연 환경

발트해 연안 3국 중 가운데에 위치한 나라. 지형은 대부분 평야지대. 발트해 연안은 경치가 좋아 '리보니아의 스위스'로 불린다. 기후는 대륙성에 가까운 편. 특히 해안지역은 온도가 높으며 겨울에도 춥지 않다.

☞ 간추린 역사

기원전부터 라트비아인이 정착했던 곳. 13세기경 독일의 리보니아 기사단에 점령당해 농노화되었다가 16세기 이반 황제에 의해 폴란드에 병합. 이후 18세기 표트르 대제의 원정으로 이웃 에스토니아와 러시아에 점령당한다. 20세기 들어 러시아혁명의 분위기에 편승, 해방의 열기가 감돌지만 혁명군과 반혁명군간의 내전이 격화, 1920년에 반소노선의 정권이 공화국을 수립하면서 독립한다. 그러나 2차대전의 발발로 라트비아는 소련과 상호원조조약을 체결. 이후 40년에 소련의 스탈린에 의해 강제 합병된다. 1989년 동구권의 자유화 바람에 편승, 공산당 일당독재체제를 청산, 반소 독자노선을 추구. 1990년 3월 독립선언을 결의하자 소련이 군대를 파견, 한때 무력충돌로 발전하기도. 하지만 국민의 강력한 독립의지로 소련의 쿠데타 사건 직후인 91년 9월 6일 완전 독립을 달성한다.

☞ 정치와 경제

독립 후 라트비아는 자본주의체제를 향한 급진적인 개혁을 단행. 정치경제적인 혼란이 따랐지만 최근 들어 안정되어가는 추세. 95년 9월 30일 실시된 의회선거에서 중도좌파인 민주당이 약진, 제1당으로 부상한 반면 집권 여당이었던 '라트비아의 길'은 의석수가 반감되어 제2당으로 전락한다.

선거 후 울마니스 대통령은 한동안 내각 지명 과정에서 우여곡절을 겪다가 고심 끝에 무소속의 실업가 스켈레를 총리로 영입, 민주당 등 6개당이 연합한 '거국일치' 내각을 구성한다. 한편 울마니스 대통령은 96년 6월 18일 의회를 통해 차기 대통령으로 재당선되었다.

이 곳 역시 구소련 당시 인근 에스토니아와 함께 구소련 최대의 공업지역. 따라서 기계, 금속가공, 전자, 전기 등 근대적인 공업시설이 잘 갖춰져 있다. 특산물로는 호박[땅속의 수지(樹脂)가 화석화된 것]이 유명하다. 또한 교통시설과 해운도 상당히 발달된 편이다.

☞ 사회와 문화

라트비아인은 유럽계 민족. 하지만 이 곳 역시 전체 인구 중 러시아인이 차지하는 비율이 높다(33.5%). 특히 수도 리가에는 리트비아인 보다 러시아인의 수가 더 많다. 따라서 두 민족간의 감정이 별로 좋지 않은 편.

사회 분위기는 슬라브풍보다는 게르만풍에 많이 젖어 있는 편이다. 거리에 서 있는 고딕건물이나 문화양식들이 모두 북방 독일계에 가깝다.

러시아 연방
(Russian Federation)

— 독립일 : 1990년 6월 12일, UN 가맹일 : 1945년 10월 24일(창설가맹국) —

☞ 주요 통계 자료

·면　　　적	1707만 5400㎢
·인　　　구	1억 4750만 명(96년 12월)
·수　　　도	모스크바(Moskva) 인구　879만 3,000명(94년)
·주요 도시	상트페테르부르크(503만 명), 니즈니노브고로드(142만 명), 노보시비르스크(141만 명), 사마라(122만 명), 옴스크(116만 명), 첼랴빈스크(112만 명)
·주요 민족	1백 개 이상의 민족으로 구성 러시아인(85%), 타타르인(3.8%), 우라이나인(1.2%), 츄바 시 야인(1.2%), 바시카리야인(0.9%)
·언　　　어	러시아어(공용어)
·종　　　교	러시아정교(5천만 명), 이슬람교(2천만 명), 그 밖에 카톨릭, 유대교, 불교 등
·정치 체제	연방 공화제 대통령 중심제
·헌　　　법	1993년 12월 국민투표로 성립
·국가 원수	대통령 보리스 N. 옐친(Boris N. Yeltsin) 직선제 임기 4년 91년 6월 12일 선출 96년 7월 3일 재선
·의　　　회	연방의회 2원제 상원(연방의회 178석) 하원(국가회의 450석) 하원은 직선제
·내　　　각	총리 빅토르 S. 체르노미르딘(Viktor S. Chernomyrdin) 96년 8월 15일 일부 개각 발족
·주요 정당	러시아 공산당, 러시아 자유민주당, 우리의 집 러시아
·국민총생산	3284억 달러(95년)
·1인당 GNP	2230달러(95년)
·통화 단위	루블(Ruble). 1달러=5537루블(96년 12월)
·주요 자원	석탄, 천연가스, 철광석, 금, 석유, 다이아몬드, 주석
·주요 공산품	철강, 기계, 항공기, 자동차
·주요 농산물	밀, 감자
·무　　　역	수출 783억 달러, 수입 467억 달러(95년)

(자료원 : CIS 통계위원회／러시아연방 경제부)

☞ 자연 환경

유럽과 아시아 대륙에 걸쳐 동서로 약 9000㎞, 남북으로 약 4000㎞에 달하는 방대한 영역에 자리잡은 세계 최대 면적의 나라이다. 우랄산맥을 분수령으로 유라시아와 시베리아로 크게 나뉘며 면적이 넓은 만큼 지형도 각양각색이다. 하지만 대체로 유라시아의 경우는 평탄한 평원 지대로, 그리고 시베리아 쪽은 북부의 툰드라 지대와 남부의 비옥한 흑토 지대로 이루어져 있다.

기후 역시 지역에 따라 천차만별이지만 대개는 대륙성 기후를 띠고 있다. 따라서 연중 기온차가 심하며 겨울엔 눈이 많은 대신 여름엔 건조한 편이다.

☞ 간추린 역사

러시아 연방의 고대사는 신천지를 향한 끊임없는 개척과 식민의 역사였다. 그리고 이 척식(拓植)은 하천을 따라 이루어졌으며, 따라서 이미 대부분의 하구들을 차지하고 있던 당시의 여타 민족들과 '바다로의 출구'를 확보하기 위한 계속된 투쟁을 전개해야만 했다. 또한 러시아사의 주무대인 유라시아 대평원은 방어지형이 전혀 형성되어 있지 않은 탓에 남쪽으로부터는 사나운 유목민족들이, 그리고 북쪽과 서쪽으로는 유럽의 강대국들이 끊임없이 침입해왔다. 따라서 러시아 연방는 13세기 몽골의 내습에서부터 2차대전 시 나치 독일의 공격에 이르기까지 수많은 전쟁을 치르면서도, 끝내는 이를 물리치고 극복해왔다.

현 러시아 연방의 핵심 민족인 동슬라브족이 '루시'란 이름으로 역사의 전면에 등장한 시기는 9세기 후반경이었다. 이미 스키타이 시대부터 남부와 중부 러시아 일대에 널리 퍼져 하자르인 등 여러 다른 민족들의 지배를 받으며 살았던 슬라브족은 9세기 말 노르만인들의 침입에 직면하자 바란지아 출신의 수장 후예인 올레그를 중심으로 '키예프 공국'을 건설한다. 그리고 이 키예프 공국 시대는 이후 350여년간 지속되면서 11세기 한때 비잔틴 문화를 꽃피우기도 하였으나, 13세기에 빚어진 거듭된 내부분열과 몽골의 침입으로 종말을 고한다. 이 때부터 러시아는 15세기까지 타타르인, 즉 몽골의 지배 아래 놓이게 되는데, 사가들은 이를 '타타르의 멍에'라 부르고 있다.

한편 모스크바를 중심으로 슬라브인들의 힘을 결집시켜온 이반 Ⅲ세는 15세기 중반 무렵 반몽골의 기치를 내걸고 스스로 대공의 지위에 오른다. 이어 그는 두 차례에 걸친 몽골의 정벌군을 패퇴시키고, 1480년엔 마침내 완전 독립을 선언한다. 그리고 그의 손자인 이반 Ⅳ세는 1547년에 러시아 사상 최초로 '차르(황제)'에 올라 광활한 영토 확장과 더불어 강력한 중앙집권정책으로 통일국가로서의 기반을 확립한다.

하지만 17세기에 접어들면서 차르의 강력한 중앙집권화에 반발한 귀족들의 소요와 이를 진압하려는 이반 Ⅳ세의 공포정치로 러시아의 역사는 다시금 동란의 시대를 맞이한다. 거듭되는 차르의 교체와 농민반란, 게다가 폴란드의 침공으로 모스크바는 일순간에 함락 위기에 봉착한다. 이러한 위기 상황에서 포자르스키가 이끄는 국민군의 활약으로 모스크바는 가까스로 사지에서 구출되며, 이어 소집된 전국회의를 통해 새왕조인 로마노프 차르체제가 성립한다.

러시아의 근대화는 17세기 후반 표트르 대제 치세 하에서 비롯된다. 제정 러시아 시대의 막을 연 장본인인 표트르 대제는 대내적으로 유럽의 선진 문물을 적극 수용, 과감한 개혁정책을 추진하는 한편, 크고 작은 전쟁에서 모두 승리, 발트해로의 출구를 확보하고 이 곳에 유럽의 창문격인 상트페테르부르크를 건설하여 위용을 과시하였다.

하지만 표트르 대제 사후, 제정 러시아는 프랑스혁명의 여파로 밀어닥친 자유주의 사상과 차르의 반동정치가 맞물리면서 심각한 동요기를 맞이한다.

게다가 제정 하에서 받아들인 산업자본주의체제가 공황으로 귀결되고, 러일전쟁을 비롯한 계속되는 대외 전쟁에서의 패배로 차르의 권위가 땅에 떨어지자 레닌을 중심으로 한 혁명주의자들의 활동이 표면화된다.

그리고 1917년 11월, 레닌의 볼셰비키당은 1차대전의 와중에서 차르체제를 마감하고 마침내 인류 최초의 사회주의 혁명을 승리로 이끈다. 이어 레닌은 1922년 주변지역과 연방조약을 체결, '소비에트 사회주의 연방공화국'을 발족한다. 이 소련은 이후 70여년 동안 미국과 함께 지구촌을 양분하는 양대산맥으로 군림한다. 하지만 거대했던 '소련'이란 존재도 지난 80년대 말에 밀어닥친 자유화의 물결에 편승, 1991년 12월에 연방을 구성하고 있던 15개의 공화국이 각각 분리, 독립함으로써 역사의 뒤안길로 물러나고 만다. 그리고 지금은 그 적자라 할 수 있는 '러시아 연방'의 역사 속에서 재기(再起)의 발걸음을 내딛고 있다.

☞ 정 치

지난 세월 구소련의 사회주의체제를 폐기 처분한 지금의 러시아 연방은 대통령을 국가 원수로 한 연방 공화제를 취하고 있다. 93년 12월의 국민 투표를 통해 확정된 신헌법에 의하면 대통령은 임기 4년에(단, 현 옐친 대통령에 한하여 5년의 임기 부여) 국민들의 직접선거에 의해 선출되며 1회에 한하여 연임할 수 있다.

또한 의회는 상원격인 '연방평의회'와 하원격인 '국가 두마'로 이루어진 2원제이며, 정족수의 반은 국민의 직접선거에 의해 선출되지만, 그 나머지 반은 정파별 득표율에 따른 비례대표제로 선출된다.

지난 91년 6월 러시아 연방 최초의 민선 대통령으로 당선된 옐친은 취임 2달 후에 발발한 군부의 쿠데타와 93년 10월의 의회 무장봉기 사건 등에도 불구하고 현재까지 개혁정책을 고수하고 있다. 인민대의원 회의와의 첨예한 갈등으로 국회해산 및 의회 무력진압이라는 극한 상황까지 빚어내기도 했던 옐친 정권은 93년 12월 자신의 개혁의지를 신헌법(소위 '옐친 헌법')에 담아 국민투표에 회부, 60% 이상의 지지로 무사히 통과시킨다.

하지만 선거와 동시에 치른 총선에서 초보수 극우세력인 지리노프스키가 이끄는 자유민주당이 대폭 약진, 이후 옐친을 비롯한 개혁파의 정국운영에 커다란 걸림돌로 작용한다. 게다가 선거 한 달 뒤에는 가이다르 총리와 표르도프 재무장관이 차례로 사임하고, 94년 11월에는 블라코프 국방장관이 무기판매대금 착복혐의로 해임되는 등 정치권 내부의 동요가 끊이질 않아 개혁을 둘러싼 진통은 여전한 상태이다.

뿐만 아니라 옐친 정권은 94년 12월에 독립을 열망하는 체첸 자치공화국에 연방군을 투입, 전면전에 돌입한다. 비록 사태는 러시아 연방군이 체첸 대통령궁을 함락함으로써 한달여 만에 일단 진정되었지만, 주변 이슬람계 공화국들의 반러시아 움직임이 표면화되는 등 사태의 후유증은 심각한 형편이다.

한편 96년 6월 16일 차기 러시아 대통령을 선출하는 국민투표 실시. 그러나 모든 후보들이 과반수 득표에 실패, 결국 2차 결선투표로 자웅(雌雄)을 겨루게 된다.

7월 3일 치른 결선투표에서 옐친 후보는 공산당의 주가노프 후보를 53.82%대 40.31%로 제압, 한 달여 후인 8월 9일 정식 대통령으로 취임함으로써 집권 2기째를 맞이한다.

☞ 경 제

1990년 초 공식적으로 생산수단의 사유화를 인정하기 이전까지는 국유화를 기초로 한 중앙집권적 계획경제를 영위하여 왔다. 통칭 '네프(NEP)'라고 하는 이 사회주의 경제정책은 그러나 경제운용상의 민주주의 결핍, 기업의 독창성 결여, 가격의 비탄력성에 따른 수급 불균형의 심화, 게다가 특히 만성적인 소비재 부족과 생산성 저하 등을 불러와 결국 시장경제체제로의 이행으로 이어진다.

현재 러시아 정부는 시장경제의 정착을 목표로 지난 92년에 가격 자유화와 토지 사유화를 수용한 이후 작년 94년 7월엔 제2단계 민영화 포고령을 발표한 바 있으며, 급진개혁파인 아나톨리 츄바이스를 중심으로 실무형 경제각료를 등용, 경제개혁에 박차를 가할 전망이다.

한편 러시아 연방의 산업구조는 정부의 산업구조조정에도 불구하고 여전히 구소련의 골격을 유지하고 있다. 주요 산업이 중공업 분야에 편중되어 있는 점이 특징이다. 특히 이 나라의 기계, 금속, 원자력 분야는 세계적 수준이며, 이 밖에도 우주개발, 군수산업, 제철 관련분야도 미국과 쌍벽을 이룰 정도이다. 하지만 기술의 상품화에 실패, 노동생산성은 매우 낮은 형편이다. 게다가 소비에트 체제의 해체로 인한 산업불균형과 갑작스런 대외개방 인한 수입품의 대거 등장으로 국내 산업의 생산성은 더욱더 위축되어 가고 있는 실정이다.

지난 94년 10월, 이른바 '암흑의 화요일'이라 불리는 루블화 대폭락 사태가 발생하였다. 이는 현재의 러시아 연방 경제를 단적으로 상징하는 사건이었으며, 여전히 과도기적 혼란이란 미망(迷妄)에서 헤어나지 못했다는 것을 반증하기도 한다.

그 동안 정부의 대규모 산업구조조정 결과, 94년 한해 국가경제에서 민간이 차지하는 비중이 62%로 증가하였고, 전체 산업에서 은행, 보험 등 서비스분야의 비중이 50%에 이르는 등 많은 변화가 있었다고는 하지만 국내총생산에서 소비가 차지하는 비중이 66%에 달한 반면 제조업에 대한 투자는 오히려 27%나 감소하고 말았다. 이는 수입품 선호에 따른 가계지출의 증대와 그 동안의 생산성 정체로 기업들의 재무구조가 이미 위험 수위에 도달, 자본의 생산적 투자가 사실상 불가능한 데 기인하고 있다. 이 결과 94년의 실질성장률이 전년대비 마이너스 15%를 기록하였고, 게다가 도산하는 기업들이 속출, 실업률이 지난 91년도(0.1%)와 비교, 천문학적 수치인 7.1%를 기록하고 말았다. 95년 3월, 옐친 정권은 구소련 붕괴 후 처음으로 '경제개발 3개년 계획'을 채택한 바 있다. 계획에 따르면 600여 투자 프로젝트를 통해 경제발전을 추진한다고 한다. 그러나 아쉽게도 계획 속에는 투자재원의 확보방안에 대한 구체적인 언급이 없었다.

현재 러시아 정부는 긴축재정을 통한 인플레 억제와 정부의 대폭적인 지원을 통해 산업을 활성화시킨다는 2대 당면과제 사이에서 아슬아슬한 외줄타기를 하고 있다. 따라서 96년도 러시아경제는 인플레를 잡는 데는 어느 정도 성과를 거두지만 기대했던 플러스 성장은 실현되지 못했다. 게다가 세수부족과 재정 고갈로 공무원 급료조차 지불할 수 없는 등 경제문제 해결를 향한 돌파구는 여전히 혼미한 상태이다. 러시아라 하면 무한한 에너지 자원과 첨단과학기술 등 잠재력이 풍부한 나라. 더군다나 97년부터는 'G 8'의 일원으로 지구촌 전체의 살림을 관장해야 할 처지이다. 때문에 러시아 정부로선 그에 걸맞는 경제력을 담보하는 것이 참으로 중대한 문제임이 분명하다.

☞ 사회와 문화

세계은행이 발표한 '1996년 세계 개발 보고'에 따르면 80년대 말부터 러시아에서의 성인 사망률이 큰 폭으로 증가한 것으로 나타났다. 남성은 평균 수명 64세에서 58세로, 여성은 74세에서 71세로 저하되었다.

그 원인으로는 공산당 정권의 붕괴에 따른 사회적 혼란이 과도한 음주문화를 낳았기 때문이라는 것. 게다가 러시아 사회는 날이 갈수록 범죄가 만연해 가는데, 95년 한해 살인사건만 해도 3만 1000건에 달하며 모스크바 시민 중 10% 이상이 자기 방어를 위해 무기를 소지하고 있는 것으로 나타났다.

우크라이나 공화국
(Republic of the Ukraina)

— 독립일 : 1991년 7월 1일, UN 가맹일 : 1945년 10월 24일(창설가맹국) —

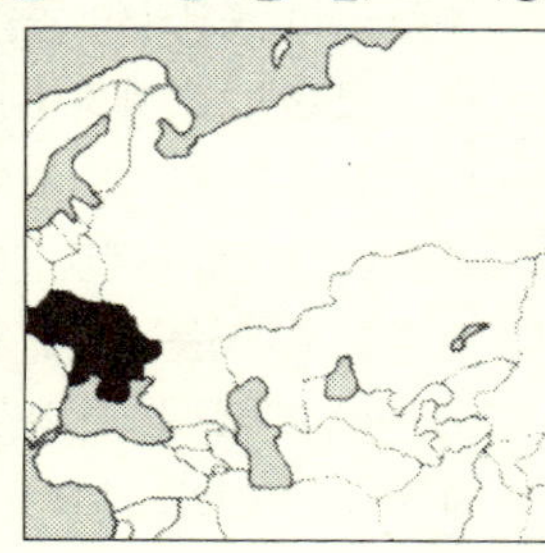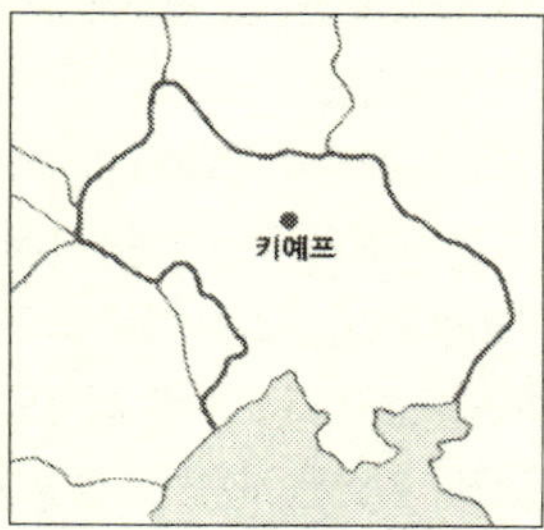

☞ 주요 통계 자료

·면　　　적	60만 3,700㎢
·인　　　구	5160만 명(95년)
·수　　　도	키예프(Kiev) 인구 264만 6000명(94년)
·주요 도시	하리코프(162만 명), 드녜프로페트로프스크(118만 명), 도네츠크(112만 명), 오데사(106만 명)
·주요 민족	우크라이나인(동슬라브계 72.7%), 러시아인(22.1%), 유태인(0.9%), 벨로루시인(0.9%)
·언　　　어	우크라이나어(공용어)
·종　　　교	우크라이나 정교, 우크라이나·카톨릭
·정치 체제	공화제
·헌　　　법	1996년 6월 28일 제정
·국가 원수	대통령 레오니드 쿠추마(Leonid Kutshma) 직선제 임기 5년 94년 7월 19일 취임
·의　　　회	1원제 최고회의 450석 임기 4년
·내　　　각	대통령이 지명하면 최고회의가 승인 총리 파블로 I. 라자렌코(Pavlo I. Lazarenko) 96년 7월 발족
·주요 정당	공산당, 루프, 농민당, 사회당
·국민총생산	841억 달러(95년)
·1인당 GNP	1630달러(95년)
·통화 단위	그리브나(Hyrvna). 1달러＝1.89그리브나(97년 1월)
·주요 자원	석탄, 철광석, 망간
·주요 공산품	철강, 기계, 화학, 금속, 식품, 목재 제품
·주요 농산물	사탕무, 감자, 육류
·무　　　역	수출 55억 3060만 달러, 수입 38억 6050만 달러(95년)

(자료원 : CIS 통계위원회／World Yearbook 97)

☞ 자연 환경

유럽의 동남부에 위치한 이 나라는 독립국가연합(CIS)의 일원으로서 인구나 경제 규모면에서 러시아연방 다음으로 큰 규모를 자랑하고 있다. 정식명칭은 우크라이나 공화국(Republic of Ukraine). 12세기 무렵부터 사용된 '우크라이나'라는 명칭은 원래 '변경(邊境)'을 의미하는 '크라이'라는 말에서 유래되었다고 한다. 한때는 '소(小)러시아'란 이름으로 불리기도 하였으나 지금은 사용하지 않는다.

우크라이나의 지형은 서부 카르파티아 산맥 주변의 일부를 제외하고는 거의 대부분이 흑토지대나 스텝지대를 이루고 있다. 기후가 온난하며, 흑해의 영향으로 비가 많아 토질이 무척 기름지다. 게다가 석탄, 철광석 등 지하자원도 풍부한 편이다. 따라서 구소련 당시 '빵바구니'로 불릴 만큼 풍요로운 지방으로 알려져 있으며 남부 흑해 연안의 크리미아반도 일대는 세계적인 휴양지로 유명하다.

☞ 간추린 역사

이 지역은 대륙간의 이동통로였기 때문에 일찍부터 스키타이, 사르마트, 코트훈, 아바르족 등의 지배를 거치는 한편, 고대 그리스 시대에는 흑해를 통하여 지중해 문명의 혜택을 받기도 한다. 그러나 오늘날의 우크라이나인, 즉 동슬라브족이 이 곳에 정착하기 시작한 시기는 이보다 훨씬 뒤인 6세기 무렵이다. 이른바 '루시'로 알려진 이들은 9세기에서 12세기에 걸쳐 이 곳에 키예프공국을 건설, 최초의 정치적 통일을 이룩한다.

하지만 13세기 초, 몽골족의 침입으로 키예프공국이 붕괴되자, 동슬라브족은 러시아인, 우크라이나인, 백러시아인 등으로 분화된다. 그리고 14세기에는 리투아니아 대공국과 폴란드의 침입을 차례로 받아, 결국 양국에 의해 분할 통치되는 시련을 겪기도 하며, 이후 1569년에 리투아니아가 폴란드에 합병되는 일을 계기로 우크라이나 역시 폴란드의 단일 식민지로 전락한다.

한편 폴란드의 식민지 수탈과 착취가 갈수록 극심해지자 우크라이나인들 내부에서는 차츰 이민족의 지배체제에 대한 불만이 싹트기 시작한다. 그리고 이는 곧 농민층을 중심으로 하는 집단적 저항운동을 낳기에 이르며, 나아가 17세기 중반에는 본격적인 독립전쟁으로까지 발전한다. 그러나 전쟁의 양상은 러시아의 개입으로 또다시 강대국간의 이권다툼으로 변질된다.

전쟁 결과, 폴란드와 러시아는 드네프르를 기점으로 한 우크라이나 분할통치에 합의한다. 그러나 러시아는 표트르대제와 예카테리나 II세의 치세를 거치면서 세력을 더욱 확대시켜 나가 결국 18세기 중엽에 이르러 우크라이나 전역을 수중에 넣는다. 그리고 이 곳을 '소(小)러시아'라 명명하고, 농노제를 골자로 한 강력한 러시아화 정책을 추진해 나간다.

19세기에 접어들어 시인이었던 T.G.셰프첸코를 중심으로 우크라이나 민족운동이 활발히 전개되기도 하였으나 러시아의 강력한 탄압에 봉착, 수포로 돌아간다. 1917년 러시아혁명 이후, 우크라이나는 독립을 선언, 탈러시아를 꾀했으나 국내의 좌우대립으로 내전까지 치르는 우여곡절을 겪은 끝에 결국 1922년에 소연방에 가입하게 된다.

레닌의 민족정책에 편승, 소비에트체제하에서 독보적인 자치정부와 당을 갖게 된 우크라이나는 1920년대 이후 '우크라이나화 정책'을 공식 채용한다. 이로써 그 동안 두수한 이민족으로부터의 침략과 식민을 경험한 우크라이나인들은 과학아카데미아를 중심으로 역사와 민족 문화에 대한 연구와 창달에 매진, 이른바 르네상스시대를 방불케 했다. 그러나 1930년대 스탈린 집권 이후, 이 '우크라이나화 정책'은 정반대의 양상을 띠기 시작한다. 우선 농업집단화와 가혹한 곡물 징발로 내부 경제가 혼란에 빠지기 시작한데다, 민족주의에 대한 숙청과 탄압이 가해져 500여만 몇 이상이 회생되는 참담한 결과를 초래한다. 게다가 2차대전 후에는 우크라이나 민족주의자들과 소비에트군 간의 충돌로 50여만 명이 시베리아 유형에 처해진다.

하지만 이러한 지난한 역사에도 불구하고 우크라이나인들은 6, 70년대의 냉전시대를 거치면서 탈러시아화와 민족의식의 탈환을 위한 노력을 계속 경주한다. 그리고 이는 80년대 후반 페레스트로이카의 등장으로 빛을 발하기

시작, 마침내 91년 8월에 독립을 선포하고, 12월 국민투표를 거쳐 국민들의 열화와 같은 성원하에서 '우크라이나 공화국'으로 새롭게 탄생한다.

☞ 정 치

우크라이나의 정치체제는 공화제를 근간으로 한 대통령중심제를 취하고 있다. 따라서 국가를 영도하는 최고책임자로서의 대통령은 국민들의 직접선거에 의해 선출되며, 임기는 4년이고 1회에 한해 재임이 가능하다. 반면 의회는 1원제로 '우크라이나 최고회의'라 하며, 의원정족수 450명에, 임기는 역시 4년으로 되어 있다. 현재 의회활동을 벌이고 있는 주요 정당으로는 친러시아계 좌파 그룹으로 사회당(과거 공산당의 후신), 녹색당 등을 들 수 있으며, 반면 독립의 중심적인 역할을 했던 우파 민족주의 정당으로는 신우크라이나당 및 민주당 등을 들 수 있다.

91년 독립 이래, 우크라이나 정국은 민족주의자인 크라프추크 정권의 출범과 함께, 시장경제의 도입과 비핵, 중립 비동맹 외교노선을 천명하고 나선다. 그러나 급작스런 시장경제 도입에 따른 후유증으로 경제가 전체적으로 흔들리고, 흑해함대의 거취 문제와 핵무기 이관 문제 그리고 크리미아반도 문제 등으로 러시아연방과 마찰을 빚어 상당한 곤경에 빠지기도 하였다. 이에 우크라이나 최고회의는 난국을 타개할 방책으로 94년 3월과 6월에 각

각 총선거와 대통령선거를 조기에 실시, 정계 개편을 단행한다.

선거결과 경제불황에 따른 국민감정이 그대로 표출되어 민족주의 진영이 대거 후퇴한 반면 사회당 및 녹색당 등 좌파진영의 약진이 두드러졌으며, 대통령선거 역시 러시아와의 관계강화를 정책으로 내건 쿠추마 후보가 52.1%의 득표율을 기록, 기존 크라프추크 대통령을 누르고 새 대통령에 당선되었다.

한편 쿠추마 우크라이나 대통령은 취임하자마자 러시아의 옐친 대통령과의 회담을 통해 흑해함대의 분할협정 체결에 합의를 보았으며, 이어 크리미아의 분리 움직임에 대해서는 연방제 실시를 약속하는 한편, 미국과 일본 등 서방선진국들을 차례로 순방하며 자국에 대한 대폭적인 경제지원 및 협력을 호소, 상당한 성과를 거두고 귀국하였다. 또한 95년 4월에는 지난 86년 방사능 유출사고로 세계의 이목을 집중시켰던 체르노빌 원전에 대해 오는 2000년까지 완전 폐쇄할 것을 천명, 국제여론의 박수갈채를 받기도 하였다.

☞ 경 제

우크라이나는 예로부터 지구상에서 손꼽히는 곡창지대로 알려져 왔다. 따라서 세계 2차대전 후 구소련체제하에서 비약적인 공업발전을 이룩, 산업의 중심이 공업분야로 옮겨졌다고는 하지만 오늘날에도 전체국민 중 농업종사자가 32.5%를 차지할 정도로 그 중요도가

크다. 주요 재배작물로는 밀을 비롯한 곡류 이외에도 사탕무, 옥수수, 해바라기, 목화, 담배 등이 다량 산출되고 있다.

또한 우크라이나는 지하자원이 매우 풍부한 나라로 석탄, 철광석, 마그네슘 등 총 40여 종에 이르는 다양한 광물들을 생산하고 있으며, 그 생산량도 세계 광물채굴량의 5%를 차지할 정도로 매우 많다. 따라서 우크라이나의 공업은 이러한 부존자원을 토대로 형성된 것이기에 자연히 중공업 위주로 발전할 수밖에 없었다. 대표적인 공업분야로는 총 공장생산의 32.9%를 차지하고 있는 기계공업을 들 수 있으며, 이 밖에도 구소련 시절부터 다른 지역에 비해 독보적인 지위를 차지해 온 군수산업 분야에 최첨단 과학기술 분야가 손꼽힌다. 특히 '구소련 우주계획(The Former USSR Space Program)'의 대부분이 우크라이나 출신의 과학자들에 의해 꾸려졌다는 사실은 이 나라 공업기술의 잠재력이 세계적인 수준임을 말해준다.

한편 독립 이후 우크라이나 경제는 산업구조의 불균형과 시장경제 도입에 따른 후유증으로 엄청난 몸살을 앓고 있다. 매년 10% 이상의 마이너스 성장을 거듭하는가 하면 정부의 통화남발로 인플레이션이 가중되어 93년 한해는 400%를 넘는 천문학적 수치를 기록하기도 하였다. 또 풍부한 지하자원 보유국이긴 하나 석유나 천연가스와 같은 연료 에너지의 부존량이 없어 심각한 에너지부족 현상이 초래되고 있는데다, 소비재의 절대부족과 전반

적인 생산시설이 낙후되어 있어 산업생산성이 매년 하향세를 그리고 있다.

이에 따라 우크라이나의 쿠추마 정부는 모든 경제정책의 초점을 산업생산의 안정화와 인플레이션 억제에 두는 한편, 적극적인 외자 도입 및 외국기업의 현지 투자를 적극 장려, 외자활용을 통한 자립적 산업구조로의 조정작업에 박차를 가하고 있다. 그리고 안정적인 에너지 공급선을 확보하기 위해 러시아와의 관계 개선 및 상호 협력 방안을 다각도로 모색하는가 하면, 높은 실업률을 감안, 국영기업의 사유화방식을 종업원에 의한 인수(전체 사유화기업들 중 80%정도) 형태로 유도하고 있다.

우크라이나 최고회의는 96년도 정부 예산안을 심의하는 자리에서 우크라이나 경제의 앞날에 대해 다음과 같이 밝힌 바 있다. 즉, 우크라이나 경제는 94년 이후 취해진 정부의 강력한 긴축재정과 IMF 및 G7 국가들의 차관제공 등으로 그 동안의 혼란을 수습, 96년부터는 인플레율이 10% 안팎을 기록하면서 차츰 정상궤도에 진입할 것이라고 한다.

우크라이나는 독립국가연합(CIS) 내에서 비옥한 농토와 풍부한 지하자원을 보유하고 있어 러시아연방 다음으로 큰 경제적 잠재력을 지닌 나라로 평가되고 있다. 따라서 전문가들은 쿠추마 정부의 적극적인 노력과 국민들의 자부심을 바탕으로 현재 추진하고 있는 경제개혁정책이 원활히 이루어진다면 우크라이나는 머지 않은 장래에 강력한 독립국가의 면모를 갖출 것으로 내다보고 있다.

☞ 사회와 문화

'변경'이란 말에 걸맞지 않게 이 곳은 일찍부터 흑해와 지중해 문화의 영향으로 문명이 발달해왔다. 수도 키예프는 1000여년의 역사를 가진 도시. 따라서 이 곳 주민들은 자기 고장에 대한 자부심이 대단하다. 그리고 우크라이나어에 대한 자긍심도 대단해 독립 후 학교교육과정에 우크라이어와 우크라이나사, 그리고 우크라이나 문학을 중점 교육하는 것으로 알려져 있다.

벨로루시 공화국
(Republic of Belarus)

— 독립일 : 1991년 8월 25일, UN 가맹일 : 1945년 10월 24일(창설가맹국) —

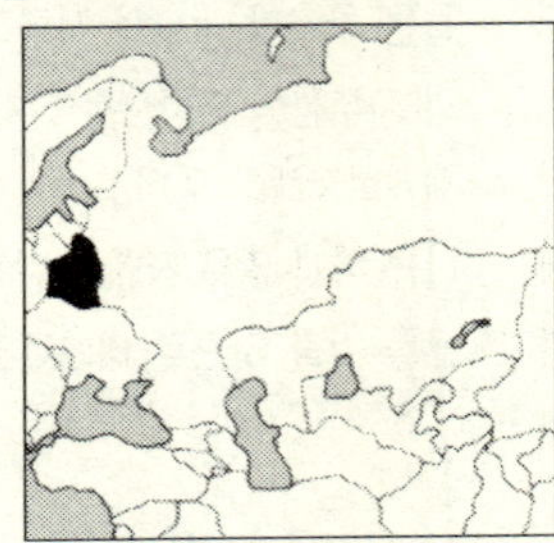
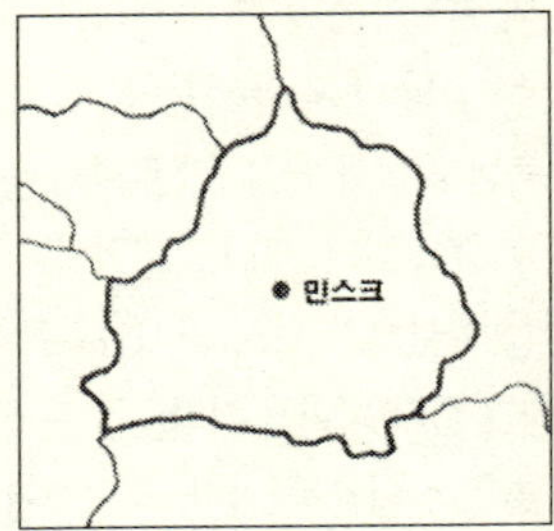

☞ 주요 통계 자료

·면 적	20만 7595㎢
·인 구	1030만 명(95년)
·수 도	민스크(Minsk) 인구 167만 2600명(95년)
·주요 도시	고멜, 비텝스크, 브레스트
·주요 민족	벨로루시인(슬라브계 78%), 러시아인(13%), 폴란드인(4%)
·언 어	벨로루시어(공용어) 그 밖에 러시아어
·종 교	러시아 정교, 카톨릭
·정치 체제	공화제
·헌 법	1996년 11월 28일 신헌법 발효
·국가 원수	대통령 알렉산드르 G. 루카센코(Aleksandr G. Lukashenko) 직선제 94년 7월 20일 취임 96년 11월에 임기 4년을 2001년까지 연장
·의 회	2원제 상원(64석) 하원(110석)
·내 각	대통령이 총리 지명 총리대행 세르게이 S. 린크(Sergei S. Ling) 96년 11월 19일 임명
·주요 정당	벨로루시공산당, 농민당, 벨로루시·기독교민주동맹, 벨로루시 인민전선
·국민총생산	218억 달러(95년)
·1인당 GNP	2110달러(95년)
·통화 단위	벨로루시 루블(Ruble). 1달러=2만 600루블(97년 1월)
·주요 자원	석탄
·주요 공산품	자동차, 농업기계, 금속공작기계, 컴퓨터
·주요 농산물	호밀, 감자

(자료원 : CIS 통계위원회／World Yearbook 97)

☞ 자연 환경

폴란드 등 주변 5개국에 싸여 있는 내륙국. 중앙에는 얕은 구릉지가 동서로 길게 뻗어 있고 그 사이사이 강과 운하가 종횡으로 흐른다. 벨로루시는 '숲과 호수의 나라'. 또한 비옥한 토지와 목초지가 넓게 펼쳐진 천혜의 자연을 지녔다. 기후는 대륙성이지만 대서양의 영향으로 겨울 나기가 어렵지 않다.

☞ 간추린 역사

'벨로루시'는 '백러시아'란 뜻. 9세기 키예프공국의 시대를 지나 13세기에 몽골이 침입. 몽골의 지배하에 놓이는 동부지방을 '흑러시아'라 부르고 독립을 유지한 서부를 '백러시아'라 불렀다. 한편 일설에는 벨로루시인의 모발과 피부가 유난히 희다하여 백러시아인이 되었다는 설도 있다. 14세기 대부분이 리투아니아 공국의 지배하에 들어가며 이후 폴란드 왕국이 리투아니아를 접수하면서 함께 편입되지만 18세기 폴란드 왕국이 분할되면서 3차례에 걸쳐 러시아에 합병. 1919년 러시아 혁명 후 소련과 폴란드의 전쟁으로 벨로루시 지역은 다시 분할. 동벨로루시는 독자적으로 '백러시아 공화국'이라는 국명으로 독립, 22년 소연방에 가입한다. 39년에 독소 불가침협정으로 폴란드령이었던 서벨로루시까지 합병, 지금의 영토가 된다. 1991년 소련 쿠데타 실패로 8월 25일 독립을 선언. 소연방에서 이탈, '벨로루시 공화국'을 선포한다.

☞ 정치와 경제

독립 후 시장경제로의 이행과 서구형 사회를 목표로 매진하고 있지만 독자노선을 걷기보다는 러시아 연방 등 독립 국가 연합(CIS)과 보조를 함께하고 있다. 때문에 지난 96년 3월 29일에는 러시아, 카자흐스탄, 키르기스탄 등과 함께 공동시장 창설을 목적으로 통합심화조약에 조인, 4월 2일에는 러시아와 주권은 상호 유지하면서 외교 및 군사정책의 통합을 위한 공동체 창설조약에 조인. 한편 정부가 러시아와 이 조인 한 직후 국내 대규모 항의시위가 빈발하자 루카셴코 대통령은 즉시 공권력을 동원, 진압에 나선다. 그리고 대통령 권한의 강화를 골자로 한 신헌법을 국민투표에 부쳐 96년 11월 28일 신헌법을 공포한다.

국토의 1/3이 농경지로 전통적인 농업국. 하지만 2차대전 후 기계공업과 소비제산업을 중심으로 공업화를 추진, 상당한 성과를 올린다. 1인당 GNP만 놓고 보자면 벨로루시는 독립국가 연합체 중 서열 3위. 최근 컴퓨터 등 첨단 전자산업에 관심을 기울이고 있다.

☞ 사회와 문화

2차대전 당시 독일군의 침입으로 전 국토가 파괴되고 주민의 1/4 가량이 살상된 역사에도 불구하고 벨로루시인은 무척 온건하고 이성적인 품성을 지니고 있다. 종교는 러시아정교가 주류. 폴란드의 지배를 받았기 때문에 폴란드 문화의 잔재가 짙게 남아 있다.

몰도바 공화국
(Republic of Moldova)

— 독립일 : 1991년 8월 27일, UN 가맹일 : 1992년 3월 2일 —

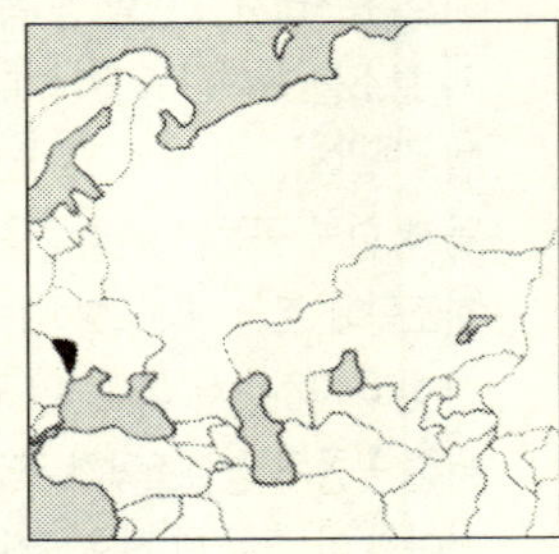

☞ 주요 통계 자료

·면　　　적	3만 3700㎢
·인　　　구	430만 명(95년)
·수　　　도	키시네프(Kishinev) 인구 66만 7100명(92년)
·주요 도시	티라스폴리, 콤라트
·주요 민족	몰도바인(64.5%), 우크라이나인(13.8%), 러시아인(13%), 가가우스인(3.5%), 불가리아인(2%)
·언　　　어	몰도바어(공용어)
·종　　　교	러시아 정교, 카톨릭
·정치 체제	공화제 대통령 중심제
·헌　　　법	1994년 7월 28일 신헌법 채택 8월 27일 발효
·국가 원수	대통령 표트르 루친스키(Petru Lucinschi) 직선제 임기 4년 97년 1월 15일 취임
·의　　　회	1원제 104석 직선제 임기 4년
·내　　　각	대통령이 지명 총리 이온 츄부크(Ion Ciubuk)
·주요 정당	농업민주당, 사회당, 재생조화당, 기독교민주인민전선
·국민총생산	40억 달러(95년)
·1인당 GNP	920달러(95년)
·통화 단위	레이(Lei). 1달러＝4.68레이(97년 1월)
·주요 자원	석탄, 인광석, 석고
·주요 공산품	식료품
·주요 농산물	포도, 밀
·무　　　역	수출 2억 7340만 달러, 수입 2억 7050만 달러(95년)

(자료원 : CIS 통계위원회／World Yearbook 97)

☞ 자연 환경

동서로 우크라이나와 루마니아에 둘러싸여 있는 내륙국. 옛 지명은 베사라비아 또는 몰다비아. 국토의 중앙은 표고 300m 내외의 구릉지이며 흑토가 덮여 있어 비옥한 편. 따라서 과일과 농작물 재배가 잘 된다. 구소 연방에서 가장 농업 생산성이 높았던 곳이다. 농업지대에는 저수지와 관개용수로가 잘 발달. 한편 기후는 겨울보다 여름이 긴 편이며 덥고 건조하다.

☞ 간추린 역사

기원전 5세기 고대 킨멜인과 스키타인이 티라스란 도시를 세웠다는 기록이 전한다. 이 곳은 일찍부터 교통의 요지였기 때문에 제 민족의 왕래가 잦은 것으로 알려져 있다.

14세기 몰다비아 공국이 성립하여 한때 번성했지만 16세기 이래 300여 년 동안 오스만 튀르크의 지배를 받는다. 19세기 초 러시아와 터키 간의 전쟁 결과, 비로소 러시아령으로 귀속. 1917년 러시아 혁명을 기점으로 잠시 루마니아가 이 지역을 점령하지만 1924년 우크라이나 공화국이 정비되면서 몰도바 자치공화국 수립. 이어 1940년 독소불가침협정에 따라 이 곳은 몰도바 소비에트 사회주의공화국으로서 소연방에 가입한다. 하지만 2차대전 중 루마니아의 침공으로 한 차례 뺏고 빼앗기는 쟁탈전을 벌인 끝에 1944년에 최종적으로 소연방의 정식 공화국으로 귀착된다. 1991년 소련 쿠데타사건을 계기로 독립을 선언. 이어 92년 3월 UN에 가입함으로써 정식 공화국으로 출범한다.

☞ 정치와 경제

이 곳은 독립 국가 연합체 중 가장 독자 노선을 고집하는 나라. 하지만 내부적으론 심각한 민족 분규에 시달리고 있다. 남부의 터키계 민족이 세운 '가가우스 공화국'과 동부의 러시아계 주민들이 주축이 된 '드네스트르 공화국'이 장본인들. 한동안 유혈사태 등이 속출, 정국이 극도로 불안한 상태.

한편 96년 11월 17일, 인근 루마니아와의 관계를 중시하는 스네그루 후보와 러시아와의 관계강화를 역설한 루첸스키 후보간의 대결로 관심을 모았던 몰도바 대선에서 2차결선 투표까지 가는 우여곡절 끝에 루첸스키 후보가 막판 역전승을 거두고 새 대통령에 취임하였다.

몰도바는 전형적인 농업국. 특히 이 곳에서 생산되는 포도는 세계적으로 유명하다. 95년 한해 수출의 62%, 수입의 67%를 독립국가연합국에 의존하고 있는 실정이다.

☞ 사회와 문화

몰도바인은 루마니아인과 함께 같은 핏줄을 나눠가진 라틴계 민족. 따라서 두 나라간에는 동포의식이 강하다. 언어면에서도 몰도바어는 루마니아어의 지방 사투리인 셈. 또한 두 나라의 국기도 중앙의 문장만 빼면 거의 같다.

그루지야 공화국
(Republic of Georgia)

— 독립일 : 1991년 4월 9일, UN 가맹일 : 1992년 7월 31일 —

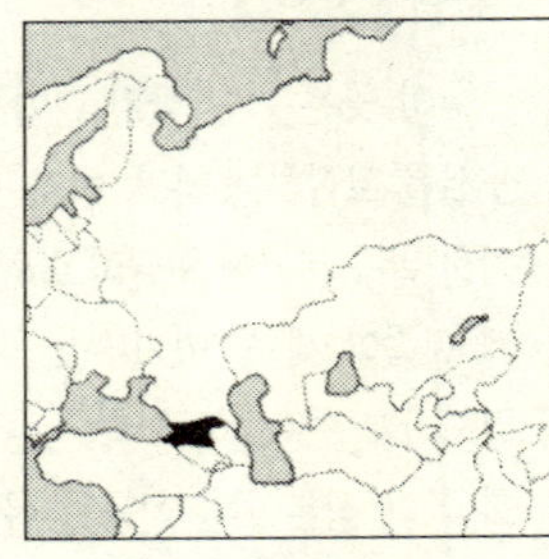

☞ 주요 통계 자료

·면　　　적	6만 9700㎢
·인　　　구	546만 명(95년)
·수　　　도	트빌리시(Tbilisi) 인구 128명(93년)
·주요 도시	수후미, 쿠타이시, 바투미, 루스타비
·주요 민족	그루지야인(68.8%), 아르메니아인(9%), 러시아인(7.4%), 압하스인 등
·언　　　어	그루지야어(남카프카스계, 공용어) 러시아어도 통용
·종　　　교	그루지야 정교, 이슬람교
·정치 체제	공화제
·헌　　　법	1995년 8월 24일 제정
·국가 원수	대통령 에두아르도 A. 세바르드나제(Eduard A. Shevardnadze) 직선제 임기 3년 95년 11월 취임
·의　　　회	1원제 235석 직선제 임기 4년
·내　　　각	대통령이 각료 임명 총리 없음
·주요 정당	시민연합, 국민민주당, 사회민주당
·국민총생산	24억 달러(95년)
·1인당 GNP	440달러(95년)
·통화 단위	라리(Lari). 1달러＝1.40라리(97년 1월)
·주요 자원	망간, 철광석, 동, 석탄, 석유
·주요 공산품	금속가공제품, 기계
·주요 농산물	홍차, 포도, 감귤

(자료원 : CIS 통계위원회／World Yearbook 97)

☞ 자연 환경

북으로 카프카스 산맥을 경계로 러시아 연방과 남으로 터키, 아르메니아, 아제르바이젠과 국경을 이룬다. 4000m급 고봉이 즐비한 카프카스 산맥으로 고원 지대에 위치, 서부 흑해 연안은 비옥한 평야지대이며, 비가 많은 해양성 기후이다. 버섯, 차, 감귤 등이 잘 자란다. 내륙의 산간지역은 대륙성 기후.

☞ 간추린 역사

그리스 신화에도 등장하는 지명. 기원전 4세기부터 사람이 살았다고 전한다. 고대에는 북카프카스와 그리스, 페르시아를 연결하는 요충지로 페르시아, 비잔틴, 아랍 등의 지배를 받는다. 중세에는 튀르크, 몽골, 티무르에게 차례로 접수. 18세기가 되어 러시아와 터키간의 전쟁으로 러시아에 넘어간다. 1918년 러시아 혁명을 틈타 민족 세력들이 힘을 모아 독립을 선언하지만 내분이 생겨 러시아적군에 굴복당한다. 22년 3월 아제르바이젠, 아르메니아와 '자카프카스 공화국'을 결성, 소연방의 일원이 된다. 레닌을 이어 소련의 서기장을 역임한 스탈린이 이 곳 출신. 스탈린 사후 소련 공산당의 러시아화 정책에 반발, 폭동이 빈번했던 곳. 91년 4월 9일 독립을 선언한다.

☞ 정치와 경제

독립 후 91년 5월 총선거를 통해 급진파 민족주의자인 감사후르디아가 초대 대통령에 당선되지만 92년 1월 유혈 쿠데타가 발생, 세바르드나제 구소련 외무장관이 국가평의회 의장으로 국가 원수직 대행. 한편 95년 11월 5일 대선에서 4명의 후보가 각축전을 벌였으나 세바르드나제 최고회의 의장이 70%를 넘는 득표율로 압승, 정식 대통령으로 취임한다. 세바르드나제는 선거 2달반 전 자신의 정적으로부터 폭탄테러를 당하는 수난을 겪기도. 최대 고민은 압하스 자치주의 이탈문제 등의 민족분규로 최근까지 이어지고 있다. 발트해 3국(라트비아, 리투아니아, 에스토니아)과 함께 독립국가 연합체에 가입하고 있지 않다.

이 곳은 비교적 자원이 풍부한 편으로, 특히 산간 수력발전을 이용해 산업이 고루 발달. 농업 생산성도 높아 귤, 포도, 홍차 등이 많이 재배된다. 특히 그루지야산 포도주와 브랜디는 세계적으로 유명하다.

압하스 등 각종 민족 분규로 94년 인플레율이 한때 2만 %에 달하는 등 경제 위기 상황을 맞하였으나, 화폐개혁과 긴축재정, 그리고 국제통화기금(IMF)의 지원 등으로 95년 이후 점차 성장가도를 달리기 시작한다.

☞ 사회와 문화

장대한 카프카스 산맥이 울타리 역할을 해 일찍부터 독자적인 문화를 형성해왔다.

그루지야는 기후가 온난하고 공기가 맑아 세계적으로 장수 마을과 휴양지가 많기로 유명하다.

아르메니아 공화국
(Republic of Armenia)

— 독립일 : 1991년 9월 23일, UN 가맹일 : 1992년 3월 2일 —

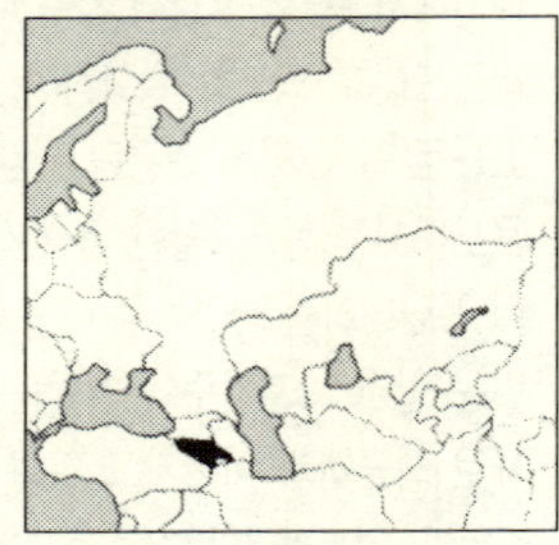 

☞ 주요 통계 자료

·면 적	2만 9800㎢
·인 구	375만 4300명(95년)
·수 도	예레반(Yerevan) 인구 125만 4400명(92년)
·주요 도시	레니나칸, 세판
·주요 민족	아르메니아인(93.3%), 아제르바이잔인(2.6%), 쿠르드인(1.7%), 러시아인(1.5%), 우크라이나인(0.3%)
·언 어	아르메니아어(공용어)
·종 교	아르메니아 정교
·정치 체제	공화제
·헌 법	1995년 7월 5일 신헌법 채택
·국가 원수	대통령 레본 아코포비치 테르페트로샨(Levon Akopovich Terpetrosyan) 직선제 임기 5년 96년 9월 재선
·의 회	1원제 최고회의 260석
·내 각	대통령이 임명 총리 아르멘 사르키샨(Armen Sarkisyan) 96년 11월 발족
·주요 정당	아르메니아 국민운동, 아르메니아 민주당
·국민총생산	21억 달러(95년)
·1인당 GNP	570달러(95년)
·통화 단위	드람(Dram) 1달러=435.07드람(97년 1월)
·주요 자원	동, 아연, 몰리브덴, 알루미늄
·주요 공산품	금속가공품, 기계
·주요 농산물	포도, 오렌지, 밀

(자료원 : CIS 통계위원회／World Yearbook 97)

☞ 자연 환경

그루지야, 아제르바이잔, 터키, 이란 등에 둘러싸인 내륙국. 면적의 90% 이상이 표고 1000m 이상의 고지대에 자리잡고 있지만 지형은 전반적으로 평지로 이루어져 있다. 수도 예레반을 포함하고 있는 아라라트 분지가 이 나라 산업의 중심지역. 토양은 대체로 화산재로 구성되어 있다. 따라서 무척 비옥한 편이지만 지진이 잦다. 내륙국인 관계로 기후는 건조하며 강수량이 무척 적다. 또한 지역에 따라 기온차도 심한 편. 표고차이에 따라 여름철 40℃를 넘는 곳이 있는가 하면 겨울철엔 영하 25℃를 기록하는 곳도 있다.

☞ 간추린 역사

고대문명의 발생지 중 하나(B.C. 2000년경으로 추정). 구석기시대 유적이 발견된 곳이다. 일찍이 이 곳에 건설된 아르메니아 왕국은 막강한 세력을 자랑하는 강대국이었다. 하지만 아시리아와 알렉산더 대왕의 침략을 받아 몰락. 이후 1800여 년 동안 비잔틴, 아랍, 몽골, 튀르크 등의 지배를 차례로 받게 된다. 18세기부터 페르시아, 터키, 러시아의 세력각축장. 19세기후반 러시아의 영토로 자리매김 된다. 러시아 혁명 후 한때 반혁명 민족주의정부가 들어서지만 러시아적군의 진주로 와해, 21년 소비에트 정부가 탄생한다. 22년 '자카프카스 연방'의 일원으로 소연방에 가입. 36년 헌법 채택과 함께 '아르메니아 공화국' 정식 출범.

이후 91년 소련의 쿠데타 사건을 계기로 독립선언, 이어 92년 3월 독립국가연합(CIS)에 가맹한다.

☞ 정치와 경제

바이잔 영역 내에 있는 카라파프 자치주(주민의 75%가 아르메니아인)의 귀속문제를 둘러싼 민족 분규가 최근까지 무력충돌로 이어지고 있으며 많은 사상자가 속출. 테르페트로샨 대통령은 95년 7월 5일, 대통령 권한강화를 골자로 한 신헌법을 국민투표에 부쳐 68%의 지지로 채택한다. 96년 9월 22일에는 제2회 대선을 실시, 51.75%의 득표율을 획득하여 재집권한다. 그러나 선거과정에 부정이 있었다 하여 야당의원들이 의회에서 소동을 벌이는 등 한때 정국이 혼란스럽기도.

한편 이 나라는 구소련에서도 낙후지역. 지하자원은 풍부하지만 에너지자원이 없는 게 치명적. 농업은 포도와 오렌지가 주로 생산되며 이 지역의 코냑은 세계적으로 유명.

☞ 사회와 문화

수도 예레반은 몇 안 되는 고대도시 중의 하나. 또한 아르메니아인은 세계 최초로 기독교를 국교로 받아들인 민족(301년). 국민은 교육 수준이 무척 높으며(문맹률 1% 미만) 특히 상술에 뛰어나다. 따라서 아르메니아인은 전 세계 약 70개국에 걸쳐 200여 만 명이 흩어져 상업 분야에서 두각을 나타내고 있다.

아제르바이잔 공화국
(Azerbaidjan Republic)

― 독립일 : 1991년 8월 30일, UN 가맹일 : 1992년 3월 2일 ―

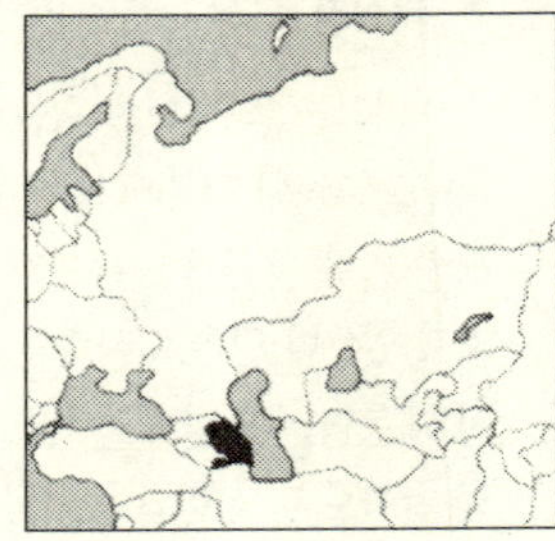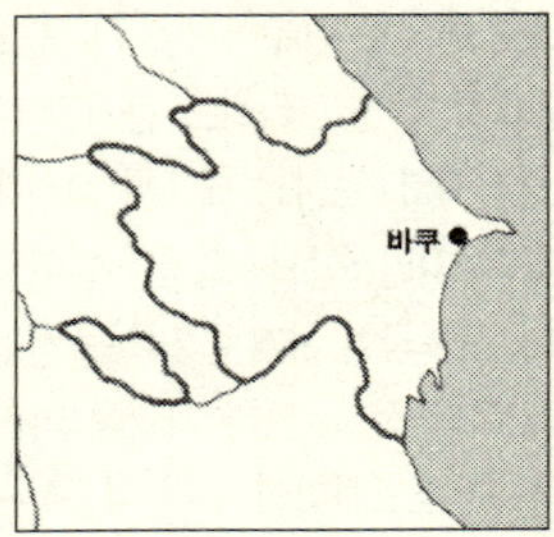

☞ 주요 통계 자료

·면　　　적	8만 6600km²
·인　　　구	750만 명(95년)
·수　　　도	바쿠(Baku). 인구 115만 명(90년)
·주요 도시	키로바바트
·주요 민족	아제르바이잔인(82.7%), 러시아인(5.6%), 아르메니아인(5.6%), 레즈긴인(2.4%)
·언　　　어	아제르바이잔어(공용어)
·종　　　교	이슬람교(시아파)
·정치 체제	공화제 대통령 중심제
·헌　　　법	1995년 11월 신헌법 채택
·국가 원수	대통령 게이다르 알리에프(Geidar Aliyev) 직선제 임기 5년 93년 10월 10일 취임
·의　　　회	국민의회 50석
·내　　　각	대통령이 임명 총리대행 아르투르 T. 라시자데(Artur T. Rasizade) 96년 11월 취임
·주요 정당	신아제르바이잔, 아제르바이잔 인민전선, 사회민주당
·국민총생산	36억 달러(95년)
·1인당 GNP	480달러(95년)
·통화 단위	마나트(Manat). 1달러＝4230마나트(97년 1월)
·주요 자원	석유, 천연가스, 철, 알루미늄, 동, 납
·주요 공산품	석유화학, 금속가공품
·주요 농산물	밀, 담배, 목축

(자료원 : CIS 통계위원회／World Yearbook 97)

☞ 자연 환경

카프카스 산맥의 남쪽, 가스피해 연안에 위치한 나라. 카스피해 연안의 평야지대를 제외하고는 전반적으로 산악지대. 아르메니아와 마찬가지로 지진대에 속한다. 연간 기온차가 무척 심하고 지역에 따라 기후도 많은 차이가 있다. 하지만 맑은 공기와 쾌적한 환경으로 인해 세계에서 가장 장수촌이 많다.

☞ 간추린 역사

고대에는 '알바니아(동구의 알바니아와는 구별)'라고 불렸던 곳. 8세기 무렵부터 현재의 이름을 사용하기 시작. 기원전 7세기 스키타이인에게 처음으로 정복된 이후 튀르크와 아랍, 몽골, 오스만 투루크, 페르시아 등으로부터 차례로 지배당한다. 19세기 초 러시아가 처음으로 이 곳에 진출, 페르시아와 쟁탈전을 펼친 끝에 아라크스강 이북지역을 점령. 따라서 아제르바이잔의 국토는 남북으로 반분된다. 이후 러시아 혁명의 분위기에 편승 1920년에 석유산업의 노동자들을 중심으로 혁명운동이 발발, 소비에트정권이 성립한다. 1922년 자카프카스 연방의 일원으로 소련방에 가입하고 36년 소연방을 구성하는 독자적인 공화국을 출범시킨다. 1989년 9월 구소련에서는 최초로 '주권에 관한 법률'을 채택, 민족운동이 고양되기 시작하여 91년 소련 쿠데타를 계기로 완전 독립한다.

☞ 정치와 경제

풍부한 천연자원을 바탕으로 중공업이 발달한 나라. 하지만 독립 후 계획경제의 붕괴와 개혁의 후유증으로 많은 어려움을 겪고 있다. 인근 아르메니아와 민족분규가 발생, 정국은 전시상황을 방불케 하고 있다. 급진적 민족주의 노선을 견지했던 엘치베이 초대 대통령은 93년 6월, 반정부파의 봉기로 도피. 이후 10월 3일 대선에서 러시아와의 관계 강화를 역설한 알리에프 대통령 대행이 정식 대통령으로 취임. 95년 11월 의회 총선을 실시, 알리에프가 이끄는 '신아제르바이잔'이 78%의 득표율로 압승한다. 이 여세를 몰아 알리에프 정권은 대통령의 권한강화를 골자로 한 신헌법을 국민투표에 부쳐 역시 채택하게 된다.

지하자원으로는 석유, 천연가스, 금, 코발트 등이 풍부하며 농업과 목축도 활발한 편. 특히 이 곳은 '사람 수보다 양이 많고 마을 수보다 석유탑이 많다'고 할 정도로 목축과 석유산업이 유명하다.

☞ 사회와 문화

아제르바이잔인은 원주민인 알바니아인과 이민족(스키타이인, 터키인, 페르시아인)의 혼혈. 이 중 터키의 영향을 많이 받아 언어도 터키어에 가깝고 종교도 자카프카스 3국 중 유일하게 이슬람교. 따라서 인근 아르메니아와는 문화적으로도 많은 차이를 보이고 있다.

카자흐스탄 공화국
(Republic of Kazakhstan)

— 독립일 : 1991년 12월 16일, UN 가맹일 : 1992년 3월 2일 —

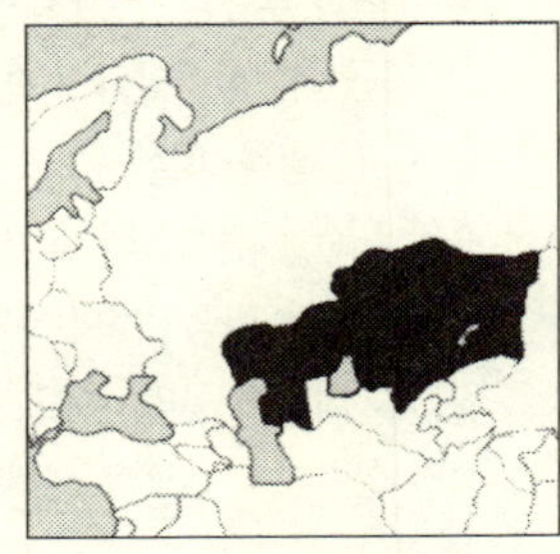

☞ 주요 통계 자료

·면　　적	271만 7300㎢
·인　　구	1660만 명(95년)
·수　　도	알마아타(Alma-Ata) 인구 115만 명(91년)　★2000년까지 아크모라로 옮길 예정
·주요 도시	카라간다, 구레프, 파블로다르
·주요 민족	카자흐인(44.3%), 러시아인(35.8%), 우크라이나인(5.1%), 독일인(3.6%), 우즈벡인(2.2%)
·언　　어	카자흐어(공용어)
·종　　교	이슬람교(수니파), 러시아 정교, 개신교
·정치 체제	공화제 대통령 중심제
·헌　　법	1995년 8월 30일 신헌법 채택
·국가 원수	대통령 누르술탄 A.나자르바예프(Nursultan A. Nazarbayev) 직선제 임기 5년 91년 12월 1일 재선 95년 4월 국민투표로 2000년까지 임기 연장
·의　　회	2원제 상원(47석=대통령임명 7석 주의회의원에 의한 선거 40석) 하원(67석 직선제)
·내　　각	대통령이 총리 지명 총리 아케잔 M. 카제겔린(Akezhan M. Kazhegel`din) 94년 10월 14일 발족
·주요 정당	카자흐스탄 국민통일동맹, 국민회의, 사회당
·국민총생산	174억 달러(95년)
·1인당 GNP	1040달러(95년)
·통화 단위	텐게(Tenge). 1달러=74.00텐게(97년 1월)
·주요 자원	석탄, 석유, 철, 동, 납, 아연, 텅스텐, 니켈, 금
·주요 공산품	기계, 석유화학제품, 금속가공품
·주요 농산물	밀, 야채류, 감자

(자료원 : CIS 통계위원회／World Yearbook 97)

☞ 자연 환경

세계에서 9번째로 넓은 나라(아르헨티나 다음). 중앙아시아 대부분을 차지. 지형은 전반적으로 사막과 황무지, 게다가 아직 사람의 발길이 닿지 않은 곳도 무수히 널려 있어서 앞으로의 가능성은 풍부한 편. 기후는 대륙성 기후로 연간 기온차가 심하고 무척 건조하다.

☞ 간추린 역사

예부터 유목인들의 생활터전. 우리에겐 '실크 로드'의 일부로 잘 알려져 있다. 원주민인 카자흐 민족은 15세기 중엽 우즈벡족에서 분리되어 키르기스 초원을 배경으로 형성. '카자흐'란 '반역자'라는 뜻. 이후 17세기에 접어들면서 카자흐족은 유목생활을 청산하고 농경생활을 한다. 그리고 일부는 러시아에, 또 다른 일부는 중국에 편입. 19세기에는 러시아 세력이 남진함에 따라 이 곳에서 러시아와 중국이 정면 충돌하기도. 1917년 러시아 혁명을 계기로 독립운동이 발발. 1920년에 자치 공화국을 구성하고 36년에는 '카자흐 사회주의 공화국'으로 승격, 소연방에 편입. 1986년 소련의 고르바초프 서기장이 현지 출신 인사를 배척하고 러시아인을 공화국 공산당 제1서기에 임명하자 대규모 폭동이 발생. 1991년 소련 쿠데타가 실패하자 12월 10일 국명을 '카자흐스탄 공화국'으로 변경, 16일에 정식 독립한다. 92년 3월에 독립국가 연합체(CIS)에 가입.

☞ 정치와 경제

구소연방 체제 때부터 이 곳은 러시아와 매우 밀접한 관계를 유지해왔다. 따라서 외교적으로는 이슬람 및 슬라브 제국과의 교량 역할을 하는 한편 군사적으로는 구소련 핵병기의 13%가 이 곳에 배치되어 있다. 현재 나자르바예프 대통령을 중심으로 시장경제체제로의 이행을 추진 중. 풍부한 지하자원을 바탕으로 대규모 중화학공업단지 조성에 노력하고 있다. 한편 농업생산성도 독립국가 연합체 중 우크라이나 다음으로 높다. 따라서 이 곳은 앞으로의 개발여하에 따라 무한한 성장 가능성을 지닌 나라이다. 한편, 나자르바예프 대통령은 95년 3월 11일, 최고회의를 일방적으로 해산하고 국민투표를 통해 자신의 임기를 2000년까지 연장한다.

☞ 사회와 문화

카자흐는 지리적 조건으로 말미암아 아랍, 슬라브, 아시아 등 3가지의 문화권이 혼재되어 있다. 하지만 원주민인 카자흐족은 터키계. 언어도 터키 계열이다. 이 나라는 우리 한민족과도 깊은 관계가 있는 곳. 1930년대 스탈린의 소수민족 정책에 따라 연해주로부터 강제 이주된 10여만 명의 한민족이 이 곳에서 살고 있다.

우즈베키스탄 공화국
(Republic of Uzbekistan)

— 독립일 : 1991년 8월 31일, UN 가맹일 : 1992년 3월 2일 —

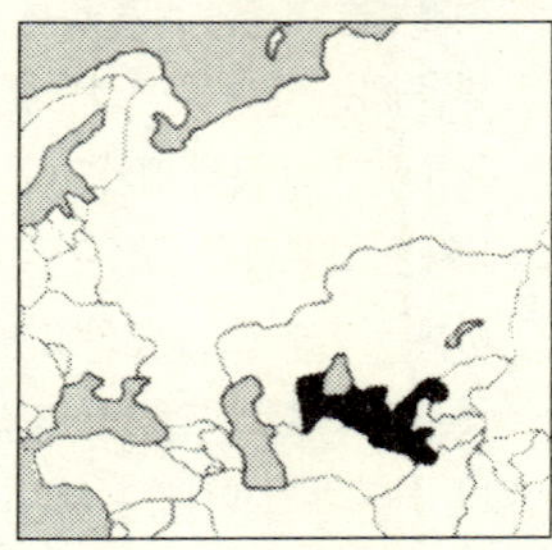

☞ 주요 통계 자료

·면　　적	44만 7400㎢
·인　　구	2290만 명(95년)
·수　　도	타슈켄트(Tashkent) 인구 210만 명(91년)
·주요 도시	사마르칸트, 부하라, 코칸트
·주요 민족	우즈벡인(71.4%), 러시아인(8.3%), 타지크인(4.7%), 카자흐인(4.1%), 타타르인(2.4%), 한인(韓人 1%)
·언　　어	우즈벡어(터키계 공용어)
·종　　교	이슬람교(수니파), 러시아 정교
·정치 체제	공화제 대통령 중심제
·헌　　법	1992년 12월 제정
·국가 원수	대통령 이슬람 A. 카리모프(Islam A. Karimov) 직선제 임기 8년 91년 12월 29일 재선
·의　　회	최고회의 250석 직선제 임기 5년
·내　　각	대통령이 지명 의회에서 승인 총리 우트키르 T. 술타노프(Utkir T. Sultanov) 95년 12월 21일 발족
·주요 정당	우즈베키스탄 인민민주당, 빌리크, 엘크
·국민총생산	212억 달러(95년)
·1인당 GNP	930달러(95년)
·통화 단위	숨(Sum). 1달러=51.1숨(97년 1월)
·주요 자원	석유, 석탄, 천연가스, 금, 우라늄, 텅스텐, 동
·주요 공산품	석유화학제품, 금세공품
·주요 농산물	면화, 과일류

(자료원 : CIS 통계위원회／World Yearbook 97)

☞ 자연 환경

중앙 아시아 5개국 중 정가운데 위치한 나라. 북부는 아랄해와 남부는 아프가니스탄과 접해 있다. 국토의 대부분은 평탄한 평지. 남부의 국경지대에 부분적으로 산악지대가 있다. 기후는 대륙성으로 건조하며 한겨울을 제외하고는 거의 영상의 기온을 유지. 여름은 사막지대 특유의 더위가 기승을 부리기도.

☞ 간추린 역사

기원전 6세기 페르시아 제국의 일부였다가 알렉산더 대왕에게 정복당한다(기원전 4세기). 이후 2세기경부터 여러 유목민들이 들어와 군웅할거의 시대를 맞이하다가 7세기 후 튀르크, 아랍, 페르시아, 몽골 등에 차례로 지배당한다. 이후 14세기에 사마르칸트를 수도로 티무르 제국이 들어선다. 이 때부터 우즈베크인들이 정착하기 시작, 16세기에는 부하라국과 히바국 그리고 코칸트국을 건설하여 중앙아시아 일대를 지배한다. 1917년 러시아혁명 당시엔 반혁명세력인 '바스마치(백군)'가 이 곳에 도망쳐 와 자리를 잡기도 하지만 1922년 하마와 부하라에서 각각 봉기가 발생, 사회주의 공화국을 수립. 이후 24년에 소련군이 타슈켄트로 진주하자 각 공화국이 통합, '우즈베크 사회주의 공화국'을 건설한다. 25년에 소연방의 구성국으로 가입. 또한 36년에 헌법을 제정하면서 인근 카르칼파크 자치공화국을

흡수한다. 1991년 소련 쿠데타사건 직후인 8월 31일 국호를 변경, 완전 독립한다.

☞ 정치와 경제

중앙아시아 제국 중 인구가 가장 많고 자원도 풍부한 나라. 하지만 아직 근대화되지 못한 부분이 많아 시장경제 체제를 받아들이는데 상당한 어려움을 겪고 있다. 농업의 기반은 면화 생산. 천연자원으로는 석탄, 석유, 금 등에 전력까지 풍부. 최근 인구 급증에 따른 실업문제가 심각. 하지만 중앙아시아의 경제, 문화, 교통의 중심지로서 그 발전 가능성은 풍부하다. 금 생산량은 연간 70톤으로 세계 7위, 우라늄은 세계 4위를 자랑. 한편 카리모프 대통령은 94년 12월 독립 후 처음 실시된 총선에서 반정부 세력을 무차별하게 탄압, 권위주의적 체제를 구축해 간다. 95년 3월 26일에는 자신의 임기를 99년까지 연장하는 국민투표를 실시, 99.6%의 찬성을 얻어내기도.

☞ 사회와 문화

과거 실크로드의 중심지로 도시마다 역사적인 유물들이 많다. 주민은 주로 터키계. 언어도 터키계열이다. 그러나 타슈켄트 등 일부 도시의 언어는 페르시아어의 영향이 남아 있다. 강제 이주된 우리 한민족이 17만 명이나 살고 있다. 한국과는 92년 1월 수교한 뒤 여러 분야에서 협력관계를 유지하고 있다.

투르크메니스탄 공화국
(Republic of Turkmenistan)

— 독립일 : 1991년 10월 27일, UN 가맹일 : 1992년 3월 2일 —

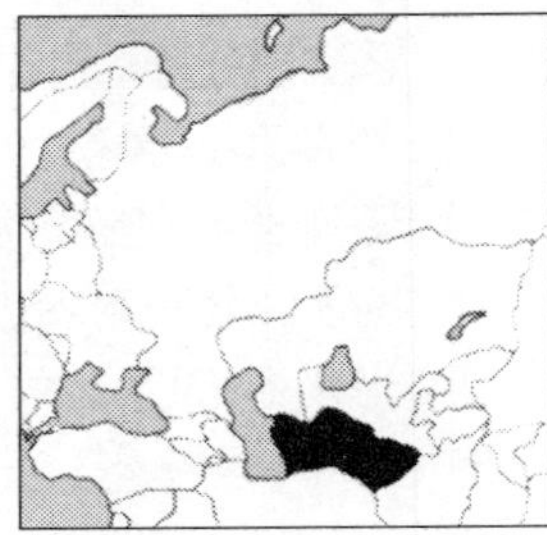

☞ 주요 통계 자료

·면　　적	48만 8100㎢
·인　　구	450만 명(95년)
·수　　도	아슈하바드(Ashkhabad) 인구 51만 7000명(93년)
·주요 도시	차르조우, 타자우즈
·주요 민족	투르크멘인(73.3%), 러시아인(9.8%), 우즈벡인(9%), 카자흐인(2%)
·언　　어	투르크멘어(공용어)
·종　　교	이슬람교(수니파), 러시아 정교
·정치 체제	공화제 대통령 중심제
·헌　　법	1992년 5월 19일 신헌법 공포
·국가 원수	대통령 사파르무라트 니야조프(Saparmurat Niyazov) 직선제 임기 10년 92년 6월 21일 재선
·의　　회	1원제 50석 직선제 임기 5년
·내　　각	대통령이 총리직 겸임
·주요 정당	투르크메니스탄 민주당
·국민총생산	42억 달러(95년)
·1인당 GNP	920달러(95년)
·통화 단위	마나트(Manat). 1달러＝4070마나트(97년 1월)
·주요 자원	석유, 천연가스, 석탄, 유황, 석회석
·주요 공산품	석유화학제품, 시멘트
·주요 농산물	면화, 양모, 목축

(자료원 : CIS 통계위원회／World Yearbook 97)

☞ 자연 환경

구소연방의 공화국 중 가장 남쪽에 위치. 카라쿰 사막(일명 '검은 사막')이 국토의 대부분을 차지하고 있다. 우즈베키스탄과의 국경 지대엔 아무다리야 강이 흐르고 이 강을 출발한 카리쿰 운하가 카스피해까지 이어진다. 기후는 사막성 기후. 특히 여름엔 40℃를 넘는 날이 태반이며 비는 봄에 잠깐 올 뿐. 하지만 증발량이 많아 일년내내 건조한 날이 연속.

☞ 간추린 역사

기원전 4세기 알렉산더 대왕에게 점령당한 이후 계속해서 이민족의 지배하에 놓인다. 6세기엔 투르크민족, 이후 아랍과 페르시아를 거쳐 13세기에는 몽골에 점령당한다. 이어 16세기에는 인근 부하라, 히바, 이란과 싸우다 결국 전쟁에서 패하여 분할 통치된다. 한편 러시아의 손이 미치기 시작한 때는 18세기부터. 1917년 러시아 혁명의 영향으로 수도인 아슈하바드에 소비에트 정권 탄생. 1924년에 호레즘 공화국 등을 합쳐 '투르크메니스탄 사회주의 공화국' 공식 출범하면서 소연방에 가입한다. 1991년 소련의 쿠데타 사건 이후 독립 선언, 현재의 국호로 재탄생한다.

☞ 정치와 경제

중앙아시아 제국 중 가장 낙후한 나라. 따라서 러시아 연방 및 독립국가 연합체에 대한 의존도가 무척 높다.

이 나라 산업의 중심은 천연가스, 석유, 마그네슘, 유황 등 지하자원의 생산. 특히 천연가스는 이 나라 경제의 주춧돌이다. 한편 농업 분야는 주로 면화 생산에 의존. 카라쿰 운하 주변에서 나는 양모도 주요 수출품이다. 독립 후 90년 10월 27일의 첫 대선에서 구소련 투르크메니스탄 공화국의 제1서기장이었던 니야조프 후보가 단신 출마, 대통령에 취임한다. 이어 그는 대통령의 권한을 대폭 강화한 신헌법을 국민투표를 통해 공포. 92년 신헌법에 의거한 대통령선거에서도 단신 출마하여 99% 이상의 득표율을 올리며 재임한다. 갈수록 개인 우상화 작업을 노골적으로 펼치고 있는 니야조프 대통령은 앞으로 2002년까지 임기가 보장. 의회 역시 50석 중 자신이 통솔하고 있는 투르크메니스탄 민주당 소속 의원이 49명을 차지하고 있다.

☞ 사회와 문화

수도 아슈하바드는 '사랑의 거리'란 뜻. 일찍이 조그마한 오아시스 촌이었지만 지금은 유목 민족의 역사가 고이 간직된 아름다운 도시로 변모했다. 거리마다 아라베스크 문양의 모자이크로 장식된 건물들이 즐비하게 들어서 있다. 또한 인근에 있는 니사 유적지는 고대 파르티아 제국의 수도답게 상아조각과 고문서 등이 대량 발굴되고 있다. 투르크멘인은 터키계 민족. 언어도 터키어와 유사하다. 한국과는 92년 2월 정식 수교를 맺었다.

타지크스탄 공화국
(Republic of Tajikstan)

— 독립일 : 1991년 9월 9일, UN 가맹일 : 1992년 3월 2일 —

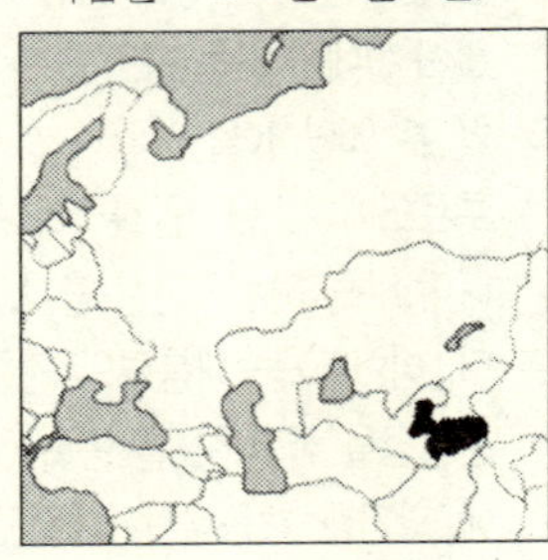 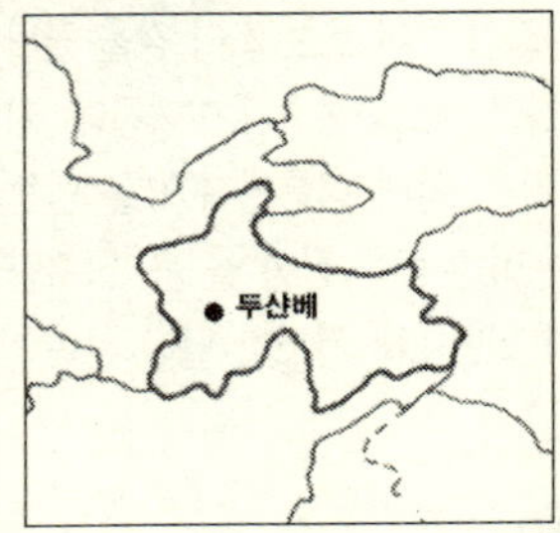

☞ 주요 통계 자료

·면　　적	14만 3100㎢
·인　　구	580만 명(95년)
·수　　도	두샨베(Dushanbe) 인구 61만 명(92년)
·주요 도시	호젠트, 크랴프, 레니나비트
·주요 민족	타지크인(이란계 62.3%), 우즈벡인(터키계 23.5%), 러시아인(7.6%)
·언　　어	타지크어(공용어)
·종　　교	이슬람교(수니파가 중심)
·정치 체제	공화제 대통령 중심제
·헌　　법	1994년 11월 신헌법 채택
·국가 원수	대통령 에모말리 S. 라크모노프(Emomali S. Rakhmonov) 직선제 임기 5년 94년 11월 16일 취임
·의　　회	1원제 최고회의 181석 임기 5년
·내　　각	대통령이 총리 임명 총리 야크에 N. 아지모프(Yakhye N. Azimov) 96년 2월 9일 임명
·주요 정당	타지크스탄 공산당, 민주당, 이슬람 재생당, 인민당
·국내총생산	22억 달러(95년)
·1인당 GNP	370달러(95년)
·통화 단위	타지크스탄 루블(Ruble). 1달러＝328루블(97년 1월)
·주요 자원	석유, 천연가스, 금, 우라늄, 라듐, 텅스텐
·주요 공산품	식료품, 목공예
·주요 농산물	면화, 과일류, 목축

(자료원 : CIS 통계위원회／World Yearbook 97)

☞ 자연 환경

세계의 지붕인 파미르 고원에 자리잡은 산악국. 평지는 거의 찾아볼 수 없고 산림지역도 전체 면적의 5%에 불과하다. 레닌 봉(7134m)을 비롯, 4000m 이상의 고봉이 즐비하며 길이 77㎞에 달하는 페트첸코 빙하도 유명하다. 기후는 차갑고 건조한 대륙성 기후. 일년 중 300일 이상을 혹한에 시달린다.

☞ 간추린 역사

기원전 6세기 페르시아의 영토였다가 곧 알렉산더 대왕에게 점령당한다. 이후 튀르크, 아랍, 몽골, 티무르 등에 차례로 지배된다. 타지크 고유의 산업과 문화가 발달하기 시작한 것은 16세기경부터. 수공업 및 중국과의 교역이 활발했다고 전한다. 19세기 후반 부하라국이 이 일대를 지배하며 세력을 떨쳤지만 제정 러시아의 남진으로 멸망, 러시아의 일개주로 편입. 1917년 러시아 혁명에 편승, 소비에트 정권이 들어서며, 부하라국 회복을 꾀하는 세력에 의해 반혁명의 거점이 되기도. 1924년 우즈벡 공화국 내의 자치 공화국으로 소연방에 가입. 이후 29년에 정식 '타지크 소비에트 공화국'으로 승격한다. 1991년 소련 쿠데타사건 직후 독립을 선언하고 9월 9일 정식 독립.

☞ 정치와 경제

독립 후 국내의 이슬람 원리주의 세력의 반정부 활동으로 거의 내전상태와 다름없는 상황이 지속. 게다가 높은 인구 증가율에 따른 실업문제 등 경제 문제까지 덧붙여져 정국의 혼란을 더욱 부채질하고 있다. 공산당 출신인 라크노모프 대통령은 아프가니스탄 게릴라와 결부되어 있는 국내 이슬람세력들과 첨예하게 대립, 96년 2월 반란군에 대한 공격을 게을리 했다는 이유로 총리를 전격 해임할 정도. 농업과 목축이 산업의 중심이지만 불모지가 많아 생산성은 무척 낮은 편. 그나마 면화와 과일류가 조금 나는 정도. 지하자원은 풍부하지만 아직 개발되고 있지 못하다. 특히 우라늄, 라듐 등 희귀금속이 많이 매장되어 있다. 최근 들어 타지크 정부는 석유와 천연가스에 개발에 노력을 기울이고 있다.

☞ 한인 피난 사태

중앙아시아에서 유일하게 이란계 민족으로 구성. 따라서 독립 후 민족과 종교상의 문제로 내전에 돌입. 이에 따라 이 곳에 거주하고 있던 한민족 1만 3000명 중 절반 이상이 92년 말 전쟁을 피해 인근 나라로 피난하는 사태가 빚어졌다. 1937년 스탈린의 강제 이주 정책에 따라 연해주에서 이 곳 등지로 쫓겨온 한민족은 오늘날까지 소수민족의 설움을 당하게 되는 사건이었다. 따라서 한국 정부는 93년 1월 '타지크 내전에 따른 한인 난민 지원대책회의'을 가진 끝에 정부와 민간이 합심하여 종합지원방안을 마련하는 한편 우선 10만 달러의 지원금을 출연하여 송금하였다.

키르기스탄 공화국
(Republic of Kyrgyzstan)

— 독립일 : 1991년 8월 31일, UN 가맹일 : 1992년 3월 2일 —

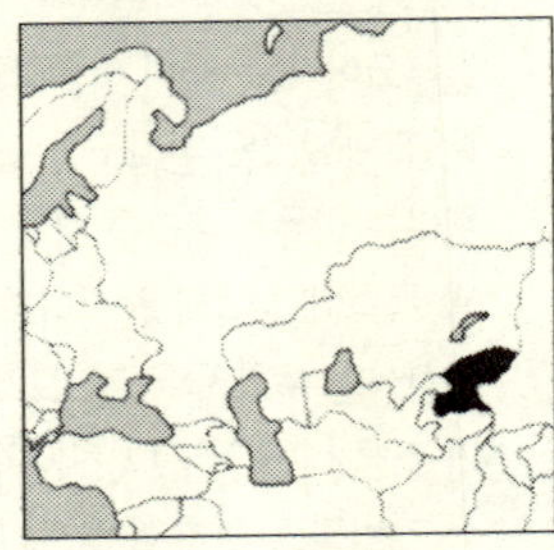 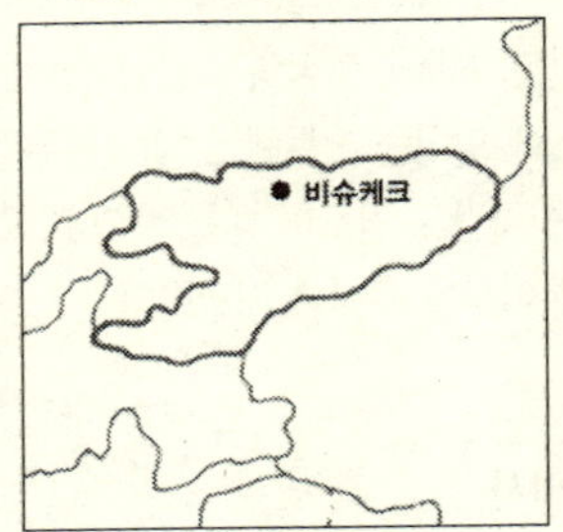

☞ 주요 통계 자료

·면　　적	19만 8500㎢
·인　　구	450만 명(95년)
·수　　도	비슈케크(Bishkek) 인구 62만 9000명(92년)
·주요 도시	오시, 나린
·주요 민족	키르기스인(52.4%), 러시아인(21.5%), 우즈벡인(12.9%), 우크라이나인(2.5%), 독일인(2.4%)
·언　　어	키르기스어(공용어)
·종　　교	이슬람교(수니파)
·정치 체제	공화제 대통령 중심제
·헌　　법	1993년 5월 신헌법 채택
·국가 원수	대통령 아스카르 A. 아카예프(Askar A. Akayev) 직선제 임기 5년 95년 12월 24일 재선
·의　　회	2원제 상원(국민대표의회 70석) 하원(입법의회 35석)
·내　　각	대통령이 의회의 승인을 얻어 임명 총리 아파스 쥬마굴로프(Apas Dzhumagulov)
·주요 정당	키르기스탄 민주운동, 자유 키르기스 민주당
·국민총생산	31억 달러(95년)
·1인당 GNP	690달러(95년)
·통화 단위	솜(Som). 1달러=16.91솜(97년 1월)
·주요 자원	석탄, 석유, 천연가스, 수은, 텅스텐
·주요 공산품	공작기계, 섬유, 금속제품
·주요 농산물	면화, 양모, 커피, 감자

(자료원 : CIS 통계위원회／World Yearbook 97)

☞ 자연 환경

톈산(天山)산맥의 경사면 위치한 산악국. 만년설로 뒤덮인 7000m 이상의 고봉이 즐비한 가운데 깊이 500m에 달하는 협곡 속에 인가가 형성되어 있다. 산악지대의 기후는 매우 불안정한 것이 특징. 하지만 사람들이 살고 있는 지역은 비교적 기온이 높고 강수량도 많다.

☞ 간추린 역사

키르기스인은 몽골 유목민의 후예. 기원 전후 훈족의 지배를 받다가 7세기무렵 돌궐 제국의 지배하에 놓인다. 이후 중국의 당나라와 위구르 제국의 지배를 거쳐 13세기 몽골의 원나라에 편입되지만 19세기 러시아가 남진함에 따라 중앙아시아의 다른 나라들과 함께 러시아의 영토가 되어 20세기를 맞이한다. 1917년 러시아 혁명 직후 키르기스탄은 튀르크메니스탄의 일부로 소연방에 가입. 이어 36년에 '키르기스 소비에트 공화국'으로 승격, 소연방 구성 공화국의 회원이 된다. 1991년 소련 쿠데타사건 이후 독립을 선포하고, 국호를 '키르기스탄 공화국'으로, 수도를 후룬제에서 비슈케크로 변경하여 완전 독립한다

☞ 정치와 경제

독립 후 시장 경제로의 이행을 서둘고 있지만 전근대적인 사회구조로 말미암아 많은 어려움을 겪고 있다. 정치와 경제 모든 면에서 러시아 연방 및 독립국가 연합체에 의존하고 있는 실정이다.

현 아카예프 대통령은 원래 물리학자 출신으로 골수 개혁파. 95년 12월 24일의 대통령 선거에서 약 72%의 득표율을 획득, 구공산당 출신의 막강 후보들을 여유 있게 따돌리고 재선된다. 또한 그는 취임 직후 민주화와 경제개혁에 더욱 박차를 가하기 위해서는 대통령의 권한 강화가 절실하다고 판단, 96년 2월 헌법 개정안을 국민투표에 부쳐 94.5%의 절대 지지를 이끌어 낸다.

국토가 산악지대인 만큼 양, 낙타, 말 등 유목이 주산업이며 재배농작물은 커피, 감자, 담배 등 산간식물이 주류를 이룬다. 따라서 대부분의 식량은 인근 카자흐스탄에 의존하고 있는 실정. 한편 지하자원은 무척 풍부한 편. 텅스텐, 수은, 아연 등에 최근 들어 석유와 천연가스가 대량 매장되어 있음이 밝혀졌다.

☞ 사회와 문화

키르기스인은 원래 아시아 민족이었으나 튀르크의 지배로 터키화된 민족. 하지만 겉모습은 한민족과 비슷하게 생겼으며 문화는 북방의 코자크와 가깝다. 이 나라 동부에 있는 이시크 호수는 세계적으로 유명한 명소. 호수 밑에 고대 도시가 잠겨 있을 것이란 학설이 나올 정도로 신비에 싸여 있으며 아름답기로 세계에서 첫 손가락에 꼽힌다.

북아메리카(North America)

주요 통계 자료

▶ 총면적 ······ 2423만 5280㎢

▶ 전체인구 ······ 4억 8700만 명(95년)

▶ 가장 높은 곳 ······ 매킨리 산(알래스카／해발 6194m)

▶ 가장 낮은 곳 ······ 죽음의 계곡(캘리포니아／해발 −86m)

▶ 가장 넓은 나라 ······ 캐나다(976,139㎢)

▶ 가장 인구가 많은 나라 ······ 미국(2억 6460만 명, 95년)

▶ 가장 인구가 많은 도시 ······ 멕시코시티(멕시코／1500만 명)

▶ 가장 큰 섬 ······ 그린란드(2,175,600㎢)

▶ 가장 긴 강 ······ 미시시피 강(미국／6210㎞)

▶ 가장 큰 호수 ······ 슈피리어 호(미국과 캐나다 사이／82,100㎢)

미 국
(United States of America)

— 독립일 : 1776년 7월 4일, UN 가맹일 : 1945년 10월 24일(창설 가맹국) —

☞ 주요 통계 자료

•면　　적	937만 3000㎢
•인　　구	2억 6460만 명(96년 추계)
•수　　도	워싱턴(Washington) 인구 56만 7000명(95년)
•주요 도시	뉴욕(733만 명), 로스앤젤레스(345만 명), 시카고(273만 명), 휴스턴(170만 명), 필라델피아(152만 명)
•주요 민족	백인(80.3%), 흑인(13.1%), 아시아·태평양계(2.9%), 원주민(인디언 등 0.8%)
•언　　어	영어
•종　　교	개신교(8700만 명), 카톨릭(6000만 명), 유태교(600만 명)
•정치 체제	50개주와 콜롬비아 특별구(수도 워싱턴)로 이루어진 연방 공화국 대통령 중심제
•헌　　법	1787년 제정 89년 발효
•국가 원수	대통령 빌 클린턴(Bill Clinton) 제42대 임기 4년 97년 1월 20일 2기 취임
•의　　회	2원제 상원(100의석, 임기 6년) 하원(435의석, 임기 2년)
•내　　각	대통령이 지명 상원의 승인이 필요 97년 1월 20일 발족
•주요 정당	공화당, 민주당
•국민총생산	7조 2375억 달러(95년)
•1인당 GNP	2만 7510달러(95년)
•통화 단위	달러(Dollar). 1달러=843.5원 (97년 1월)
•주요 자원	석탄, 천연가스, 석유, 철, 동
•주요 공산품	항공기, 기계, 철강, 자동차, 컴퓨터, 전자·전기제품, 화학제품
•주요 농산물	밀, 옥수수, 쌀, 보리, 잎담배, 면화, 오렌지
•무　　역	수출 6228억 달러, 수입 7913억 달러(96년)

(자료원 : Statistical Abstract of the U.S./WEFA, Economic Outlook)

☞ 자연 환경

　미국은 북으로 캐나다, 남서로 멕시코, 그리고 동남으로 쿠바와 국경을 맞대고 있으며, 동서로 약 4000㎞, 남북으로 약 2000㎞에 달하는 면적을 가진 세계에서 4번째로 넓은 나라이다.

　정식 명칭은 '아메리카 합중국'. 본토에 있는 48개 주(State)와 1959년에 주로 승격된 알래스카와 하와이를 합쳐 모두 50개 주로 이루어진 연방 공화국이다. 또한 이 밖에 미국은 푸에르토리코, 사모아, 괌 등의 자치령과 파나마 운하지대(Canal Zone)의 독점운영권을 소유하고 있다.

☞ 간추린 역사

　광활한 북미 대륙의 주인은 원래 아메리카 인디언이었다. 하지만 1492년에 콜럼버스가 처음 이 곳에 발을 들여놓은 이후 서구인들의 개척이 본격화되면서 마침내 오늘날의 미국의 역사가 시작된다.

　영국이 자본주의의 싹을 배양한 나라라면 미국은 대륙국가란 지리적 조건을 배경으로 자본주의란 현란한 꽃을 마음껏 피운 나라이다. 그리고 그것은 이른바 '팍스 아메리카나'(미국의 힘에 의한 국제 질서의 형성과 유지란 의미)란 단어로 대변된다. 세계의 초강대국인 미국의 역사는 다음과 같은 4개의 시기로 나누어 살펴볼 수 있다.

　첫째는, 영국 식민지 시대(17세기 초~1776년). 대륙은 1607년 영국인에 의해 본격적인 식민지 건설이 이루어지면서 착실한 발전을 보이지만 원주민인 인디언들과의 마찰로 몸살을 앓는다. 백인들은 1763년 프렌치 인디언 전쟁을 승리로 이끌면서 식민 통치의 영역을 한층 확대한다. 그러나 식민지 영역이 확대될수록 본국과 식민지간의 이해관계가 대립되어 마침내 75년 독립전쟁이 발발한다.

　둘째는, 대륙 팽창의 시대(1776년~남북전쟁). 1776년 7월 4일 필라델피아에 개최된 대륙회의에서 동부 13주 대표가 모여 역사적인 독립선언을 채택하게 된다. 이 독립선언 이후 미대륙은 서부개척을 축으로 눈부신 발전을 도모한다. 하지만 노예제를 둘러싼 남부와 북부의 대립이 심화되어 남북전쟁이라는 또 한 차례의 홍역을 겪게 된다. 전쟁은 링컨이 이끄는 북군의 승리로 귀결되면서 산업자본의 기틀을 다진다.

　셋째는, 산업자본의 발전과 해외진출시대(남북전쟁에서 제1차 세계대전). 남북전쟁 이후 미대륙은 하나의 국민 경제권이 확립되면서 엄청난 경제성장을 이룩한다. 또한 19세기 말에는 독점 기업체가 형성되고, 이들은 국내의 과잉자본을 발판으로 본격적인 해외진출을 도모한다. 이른바 미국 자본주의의 제국주의적 모습이 대두되기 시작한 시기이다.

　넷째는, 팍스 아메리카나 형성시대(제1차 세계대전~현재까지). 1929년의 대공황 위기를 루스벨트 대통령(32대)의 뉴딜 정책으로 극복한 미국은 제 1 차, 제 2 차 양 대전을 계기로 세계 자본주의 체제의 맹주로 군림하게 된다. 미국의 '팍스 아메리카' 논리는 전후 소련을 중심으로 한 사회주의권에 대한 반공 봉쇄망의 성격을 함께 띠면서 지구촌을 양극화의 시대로 치닫게 한다. 하지만 1960년 이후 각지의 민족해방운동의 고양과 국제정치의 다극화 현상에 봉착, 미국의 절대적 지위는 차츰 퇴색하기에 이른다.

☞ 정 치

미국 정치의 가장 큰 특징은 민주주의가 일찍부터 제도화되어 온 점에 있다. 삼권분립 원칙의 철저한 관철, 지방자치제의 확립에 따른 권력의 지방 분권화, 공정한 선거 관행, 사회 압력단체들의 왕성한 활약상 등은 미국 사회 속에서 민주주의의 의식이 얼마나 뿌리깊은가를 실감나게 한다.

미국의 정치체제는 연방공화제를 취하고 있다. 각 주의 연방정부는 입법, 사법, 행정에 관한 독자적인 권한을 가지며 국가재정과 외교, 국방에 대한 통수권은 중앙정부에 있다. 따라서 미국의 대통령은 행정부의 수반인 동시에 대외적으로 국가를 대표하는 국가원수이며 군의 최고 사령관이기도 하다. 각주에서 선정된 선거인단에 의해 간접선거로 선출되며, 임기는 4년이고 재선까지 허용된다.

현 대통령은 집권 2기째를 맞은 민주당의 빌 클린턴. 지난 96년 11월 5일에 실시된 미국 대통령 선거에서 공화당의 밥 돌 후보를 당당히 물리치고 대망의 21세기 최초의 미국 대통령이란 영광도 예약해 놓은 상태. 선거 전, 토지개발·부정융자 의혹(일명 'WW 의혹'), 정치헌금 및 섹스 스캔들 등에 봉착하여 심각한 곤경에 빠지기도 했던 클린턴 대통령은 막상 선거전에 돌입하자 상대편(공화당) 정책 중 여론의 인기가 높은 것들을 자기 것으로 소화하고, 나아가 교육, 복지 등 생활 밀착형 정책들을 전개, 미국의 중산층 및 여성 유권자들의 지지를 얻어내는 데 성공한 것이다.

반면 밥 돌 후보는 70세라는 고령이 최대의 걸림돌이었던 듯. 게다가 미국 의회에 공화당이 다수파를 이루고 있기 때문에 자칫 보수파 일색이 될 가능성에 대한 경계심과 현상 유지를 바라는 전반적인 사회 분위기가 그의 최대 적이었다.

한편 대통령 선거와 동시에 실시된 미국 연방 의회 선거에서는 공화당이 상·하 양원 모두 다수를 획득함으로써 미국의 정국은 여전히 여소야대의 형국을 유지하게 된다. 여러 가지 의혹사건에 연루되어 있는 클린턴 대통령으로서는 지난 94년 중간선거 이후 계속해서 정국운용에 많은 고민과 장애가 뒤따를 것으로 전망된다.

한편 당선 후 가진 기자회견에서 클린턴 대통령은 2기째의 최우선 과제로 재정 균형, 새로운 복지개혁, 정치자금 규제개혁 등을 내걸고 공화당의 협력을 호소하였다. 또한 대외적으로는 중국을 비롯, 아시아 지역의 국가들과 유대강화, 북대서양조약기구(NATO)의 확대를 통한 유럽 안정화와 대러시아 유대 강화, 중동평화 정책에 대한 일대 궤도 수정 등을 현안으로 내걸었다.

그러나 외교 문제에 관한 한 클린턴 정권에 대한 미국 국민의 시선은 매우 차갑다. 특히 북한과의 핵문제 협상에서 보여준 우유부단한 자세와 보스니아 문제에 대한 미온적인 태도, 그리고 자동차를 둘러싼 일본과의 무역전쟁 등은 세계 속의 미국의 입지에 심각한 손상을 초래한 바 있다.

이에 클린턴 대통령은 새 국무장관에 최초의 여성 장관으로 올브라이트 전 유엔대사를 임명, 실추된 미국의 국제적 위상을 다시 일으켜 세우고 나아가 21세기를 맞이하는 지구촌의 선두 국가로 자리매김 하는 결의를 다지고 있다.

☞ 경 제

풍부한 지하자원과 비옥한 토지 위에서 성장한 미국의 산업은 명실상부 세계 초대의 규모를 자랑한다. 이는 93년의 GDP 규모가 6조 3433억 달러에 이르는 것만 봐도 쉽게 알 수 있다.

미국의 산업은 공업(자동차, 조강, 전력 등)을 필두로 광업(석유, 알루미늄 등)과 농업, 여기에 첨단 하이테크 및 컴퓨터와 방위산업 등이 주류를 이루고 있다. 특히 공업부분의 자동차 산업은 94년 상반기에만 국내 판매실적

776만 대를 기록하는 놀라운 호황을 누렸으며, 하이테크 산업과 관련 클린턴 정부는 초고속 정보 통신망(Information Super Highway) 프로젝트를 추진 중이다.

82년 이래 장기간에 걸친 침체 국면에서 헤어나지 못하던 미국 경제는 91년 2/4분기를 기점으로 차츰 회복 국면을 맞이한다. 그리고 2년 후인 93년에는 3.1%의 실질 성장률을 기록하며 국내 산업 경기를 마침내 본 궤도에 올려놓았다.

이후 미국 경제는 저금리, 저유가와 고생산성을 바탕으로 투자심리와 소비자 심리를 자극 경제성장에 더욱 박차를 가하게 된다. 하지만 상대적으로 유럽과 일본시장의 경기침체에 따른 수출 부진과 국내 경기회복에 편승한 수입 증가로 무역 및 경상수지 적자의 폭(93년 적자액 1158억 달러)이 더욱 확대되는 문제를 노정하고 있다. 특히 이 중 대일 적자비중이 51.2%(593억 달러)를 차지, 양국간의 통상관계에 심각한 마찰을 빚고 있기도 하다.

이러한 사태에 직면하여 미국의 클린턴 정부는 날로 심각해져 가는 국제수지의 불균형을 극복하기 위해 세계 신무역 질서를 정착하기 위한 국제무역기구(WTO)체제 완성, 수출시장 확보를 위한 아시아태평양경제협력회의(APEC) 및 북미자유무역협정(NAFTA)의 역할의 확대를 추진하고 있다.

특히 날로 블록화되어 가고 있는 세계 경제의 추세를 놓고 볼 때, 현재 미국이 구상하고 있는 '미주 자유 무역지대(FTAA)'가 순조

롭게 결성될 경우 오는 2000년대에는 인구 규모 8억 5000만 명에 총 14조 달러의 시장이 조성되리라 전망하고 있다.

☞ 사회와 문화

미국 사회는 '세계 인종의 박람회장' 같은 곳이다. 따라서 크고, 작은 사건과 사고가 끊이질 않으며, 인종간의 마찰 역시 심심찮게 발생하고 있다.

지난 96년 사우디아라비아의 미군기지 폭탄 테러사건에 이어 7월에는 TWA기 폭발사고가 발생, 이에 대해 클린턴 대통령은 11억 달러를 들여 미국에 대한 테러를 뿌리뽑겠다고 강력히 시사한 바 있다.

반면 미국은 시민운동단체의 활약상과 영향력이 세계에서 가장 왕성한 곳으로 주요 시민 단체로는 환경운동 분야에 시에라 클럽(Sierra Club)을 비롯한 지구를 우려하는 과학자동맹(UCS), 천연자원 보호협 등이 있으며, 여성단체로는 전 회원수 6만 5000명을 자랑하는 미여성기구, 그 밖의 단체로는 전미흑인지위향상협회, 전미 시민자유연합 등을 들 수 있다.

95년 9월 말 현재 일간지의 총 발생 부수는 5819만 부. 최대 발행 부수를 자랑하는 신문은 월스트리트저널지로 일일 176만 3000부 발행. 또한 잡지로는 리더스 다이제스트가 1510만 부를 발행, 최고를 달리고 있다.

TV보급률이 99%에 이르는 만큼 방송의 위력은 막강하다. 전국 네트워크 방송사로는 ABC, CBS, NBC, 3대 방송국을 들 수 있으며, 최근에는 CNN(뉴스전문채널), WTBS(오락 전문 채널) 등의 케이블 TV 방송국들이 급성장하고 있다.

캐 나 다
(Canada)

— 독립일 : 1867년 7월 1일, UN 가맹일 : 1945년 11월 9일(창설 가맹국) —

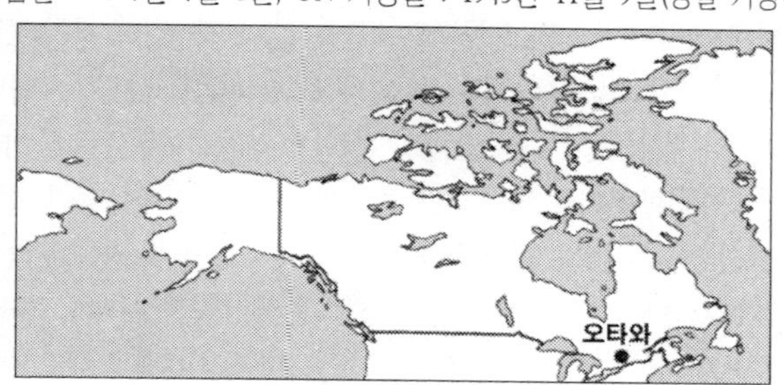

☞ 주요 통계 자료

·견　　　적	997만 6139㎢
·인　　　구	2961만 명(95년)
·수　　　도	오타와(Ottawa) 인구 92만 명(94년)
·주요 도시	토론토(389만 명), 몬트리올(313만 명), 밴쿠버(160만 명), 에드먼드(84만 명)
·주요 민족	미국계(40%), 프랑스계(27%), 그 밖에 독일계, 우크라이나계, 이탈리아계 등 원주민(1.5%)
·언　　　어	영어(공통어), 프랑스어(공용어)
·종　　　교	카톨릭(1140만 명), 캬나다합동교회(87만 명), 영국성공회(85만 명), 유대교(33만 명)
·정치 체제	입헌 군주제 의원 내각제
·헌　　　법	1982년 4월 17일, 연방 발족 후 115년 만에 자유헌법 제정
·국가 원수	영국 여왕 엘리자베스 2세(Elizabeth Ⅱ) 총독 로메오 르블랑(Romeo LeBlanc)
·의　　　회	2원제 상원(104의석) 하원(295의석)
·내　　　각	총독이 제1당 당수를 총리로 임명 총리 장 크레티앵(Jean Chretien) 96년 1월 25일 개조
·주요 정당	자유당, 퀘벡연합, 개혁당, 신민주당, 진보보수당
·국민총생산	5629억 달러(95년)
·1인당 GNP	2만 1144달러(95년)
·통화 단위	캐나다 달러(Dollar). 1달러=1.3757C$(97년 1월)
·주요 자원	석유, 천연가스, 석탄, 우라늄, 금, 은, 동, 아연, 니켈
·주요 공산품	자동차, 기계, 철강 종이제품, 섬유제품
·주요 농산물	밀, 보리, 옥수수, 메귀리, 채소, 감자
·무　　　역	수출 2477억 캐나다 달러, 수입 2255억 캐나다 달러(95년)

(자료원 : World Yearbook 97／Canadian Economic Observer)

☞ 자연 환경

북아메리카 대륙 북부지역에 위치한 캐나다는 지구촌에서 러시아연방 다음으로 면적이 넓은 나라이다. 태평양 해안을 타고 3000m~6000m급 고봉이 즐비한 캐나디안 로키 산맥이 가로놓여 있으며 중앙부는 위니펙 호 등 수많은 호수와 함께 대평원을 이루고 있다. 또한 동부 대서양 연안에는 래브라도 반도를 축으로 제임스 만과 허드슨 만이 자리잡고 있고 남부의 오대호 지방과 세인트로렌스 강 유역에는 구릉지대가 펼쳐져 있다.

캐나다의 기후는 고위도상에 자리잡고 있는 관계로 대체로 한랭한 편이다. 따라서 면적은 넓지만 농업에 적합한 지역은 전체 면적의 7%에 불과하며 인구의 대부분은 미국과의 국경지대인 오대호 지역에 띠모양으로 거주하고 있다.

☞ 간추린 역사

15세기 말 유럽의 탐험가들이 북미대륙을 찾아들었을 때 이 곳의 주인은 '이누이크'라는 에스키모인과 인디언들이었다. 이들은 혹독한 기후 조건 속에서 수렵생활로 연명하고 있었다. 초기 유럽의 탐험가들 중 가장 유명한 이는 프랑스인인 J. 카르티에이다. 16세기 초 지금의 몬트리올 근방에서 활동을 펼친 카르티에 일행은 원주민들과 대체로 협조관계를 유지하고 있었다. 그리고 그 대가로 그들은 눈

속에서 견뎌내는 기술과 풍부한 모피를 획득할 수 있었다.

17세기에 접어들자 프랑스는 이 곳의 세인트로렌스 강 유역을 중심으로 본격적인 식민지경영에 착수한다. 특히 프랑스 국왕인 앙리 4세가 파견한 샹프랭은 퀘벡에 성을 쌓고 식민지 경영의 거점으로 삼는다. 이처럼 프랑스가 캐나다에 눈독을 들인 이유는 이 곳 인근의 대구 어장과 질 좋은 모피 때문이었다.

한편 비슷한 시기에 영국도 북미대륙에 대한 식민지 확대에 박차를 가한다. 이미 미국 동부지역에 거점을 확립한 영국은 점차 그 세력을 북쪽으로 확대함에 따라 필연적으로 프랑스세력과 충돌할 수밖에 없었다. 1754년, 두 나라가 이 곳의 식민지 경영권을 놓고 결정적으로 맞붙은 프렌치·인디언 전쟁은 결국 영국의 승리로 종결되고, 1763년 파리 강화조약을 통해 캐나다는 완전 영국의 지배권 하에 놓인다.

영국은 프랑스와의 항쟁을 통해 캐나다를 수중에 넣었지만 곧이어 미국의 독립전쟁과 맞부딪친다. 그리고 1774년의 미국의 독립은 여러 면에서 인근 캐나다에 많은 영향을 미친다. 특히 미국에서 건너온 4만에 달하는 중산계층은 캐나다의 정치무대에서 중심 세력으로 부상, 영국에 대해 강력히 민주화 요구를 하고 나선다.

이에 대해 영국 본국은 식민지의 연방화란 대안으로 사태를 무마하기 시작, 그 결과로 1867년 7월 1일 노바스코샤, 뉴브런즈윅, 온타

리오, 퀘벡의 4개 주로 구성된 캐나다 자치령이 탄생하게 된다.

캐나다가 근대국가로 성장하는 데 최대 걸림돌은 바로 영국계 캐나다 사회와 프랑스계 캐나다 사회간의 이해관계를 어떻게 조절하는가에 있었다. 게다가 국가 발전을 위해서는 이민을 통한 인구 증가책과 영국으로부터의 외교 자주권을 획득하는 일도 급선무였다.

이런 상황 하에서 정권 담당자로 나선 캐나다의 보수당은 대륙횡단 철도 건설을 통해 국토의 동맥을 형성하고 40만에 달하는 이주자들을 통해 국가건설에 매진하는 한편 영국에 대해선 끊임없이 외교 자주권을 요구하고 나선다. 이에 대해 영국은 1926년 제국회의를 통해 '밸푸어 보고'를 채택함으로써 사실상 캐나다의 외교 자주권을 승인한다.

다른 선진국들에 비해 뒤늦게 자본주의 길에 들어선 캐나다에게 제 2 차 세계대전은 인근 미국과 마찬가지로 국제무대에서 국가의 위상을 확립하는 데 하나의 호기로 작용한다. 물론 주요 참전국으로서 인적 자원의 피해는 컸으나 연합국의 무기고와 식량창고의 역할을 담당하면서 짧은 독립국의 역사에도 선진국 수뇌회담에 당당히 참가하게 된다.

그러나 이러한 외부적 번영에도 불구하고 60년대 이후의 캐나다는 프랑스계 캐나다인이 80%를 차지하고 있는 '퀘벡주 문제'를 둘러싸고 심각한 정치적 갈등을 빚는다. 결국 이 문제는 '1982년 신헌법' 제정으로까지 이어지며, 이 헌법은 프랑스어를 공용어로 정식 규정하고 각 주의 이익의 평등화와 정치적 독립성 보장을 주요 골자로 하고 있다.

☞ 정 치

캐나다는 명목상 영국 국왕을 국가원수로 하는 입헌군주국으로 연방제도를 취하고 있다. 연방 행정부는 영국 국왕의 대행자인 총독(내각이 임명하는 캐나다인)과 총리를 포함한 총 40명의 각료로 구성된다. 총리는 하원의 제 1 당 당수가 되는 것이 관례이며, 총리가 이끄는 내각에 의해 정국이 운영되는 의원내각제를 띠고 있다.

퀘벡주의 분리 움직임에 따른 정정 불안과 실업률 11%의 극심한 경기침체 속에 치러진 지난 93년 총선거에서 자유당이 178석을 획득, 장 크레티앵을 총리로 한 자유당 정권이 9년 만에 다시 정치 전면에 등장한다. 반면 집권 보수당은 겨우 2 석에 머무는 참패를 경험하게 되었으며 프랑스어권 퀘벡주의 독립을 주장하는 퀘벡 연합이 54석을 획득하여 제 1 야당으로 부상하여 향후 캐나다 정국의 태풍의 눈으로 자리잡는다.

93년 11월 4일 정식 출범한 자유당의 장 크레티앵 정권은 경제 난국의 해결방안으로 공공사업을 통한 고용창출을 최우선 과제로 설정하는 한편 외교적으로는 종래의 대미 일변도에서 탈피, APEC에 대한 적극적인 참여 등을 통해 외교적 다각화를 꾀하고 있다. 하지만 이러한 신정권의 괄목할 만한 노력에도 불구하고 지난 94년 9월에 실시된 퀘벡주 의회 선거에서 퀘벡당이 자유당을 누르고 주정부를 장악함으로써 퀘벡주의 분리, 독립 문제가 본격적인 정치쟁점으로 떠올랐다.

퀘벡주는 프랑스어권 주민이 다수를 차지하는 곳으로 역사적으로 독립 의지가 강했던 곳이다. 신임 퀘벡주 총리로 등장한 쟉파리조는 95년 9월 독립 초안을 정식으로 연방 의회에 상정. 95년 10월 30일 퀘벡 독립의 가부를 묻는 투표를 치렀으나 유권자의 50.6%가 반대하여 근소차로 독립에 실패한다. 이어 크레티앵 정부는 96년 1월 정권 이양 후 처음으로 개각을 단행하여 퀘벡 출신의 민간인을 총무부 장관에 임명, 향후 퀘벡문제에 대한 집중적 관심을 표명한다. 이로써 퀘벡주 분리 독립 문제는 임시방편이긴 하나 일단락된다.

한편 97년 4월, 장 크레티앵 총리는 향후 정치 일정을 발표한다. 또한 같은 시기에 실시된 여론조사에서 현 자유당 정부는 퀘벡주와 알버트주를 제외한 전국에서 평균 47%란 높은 지지율을 기록, 이후 재집권의 가능성을 한층 높인다. 97년 6월 2일 실시된 캐나다 총선에서 현정부가 이끄는 자유당이 하원의 과반수 획득에 성공. 이로써 장 크레티앵 총리는 재집권에 성공, 향후 21세기까지 캐나다의 정국운영 담당자로 등장한다.

☞ 경 제

건국 이후 20세기 초엽까지 캐나다는 본국인 영국의 자원 공급지이자 제품소비지로서의 역할을 담당하는 식민지경제 상황이었다. 따라서 이 시기에는 주로 영국자본을 매개로 농업과 광업 중심의 산업구조를 띤다.

하지만 1차대전이 끝난 1920년대 전후 인근 미국자본의 유입이 본격화되면서 공업발전기를 맞이한다. 게다가 제 2 차대전 후에는 본국인 영국과의 관계가 급속도로 약화되는 대신 미국과의 경제적 관계가 긴밀해진다. 특히 풍부한 지하자원에 비해 자본과 기술이 많이 부족했던 캐나다 산업은 세계 최대의 생산력을 자랑하던 미국과의 관계를 통해 1960년대 이후 비약적인 공업발전을 이룩한다.

전통적으로 캐나다는 다양하고 풍부한 자원을 바탕으로 산업발전을 도모해 왔다. 니켈, 아연 등의 생산은 세계 1위이며 금과 우라늄 등도 세계 2, 3위를 자랑한다. 게다가 24만 km나 되는 해안선을 끼고 거두어들이는 캐나다의 어획량은 세계 최대이다. 따라서 80년대 중반까지 전체적인 산업구조는 자원 의존형이었다.

하지만 84년 이래 캐나다 정부는 첨단기술 산업으로의 방향전환을 모색하기 시작하여 지금은 복잡하고 정교한 공업제품도 원활히 소화할 수 있는 기술 선진국으로 발돋움한 것이다. 캐나다의 공업은 주로 온타리오주를 중심으로 기계, 자동차, 화학, 철강 등 중공업분야가, 그리고 퀘벡주를 중심으로는 섬유, 종이, 펄프 등 경공업 분야가 집중되어 있다.

1989년부터 극심한 침체국면에 돌입했던

캐나다 경제는 90, 91, 92, 3년 동안 거듭 마이너스성장을 기록한다. 이에 대해 캐나다 정부는 93년에 국가 차원에서 불황 탈출을 선언, 정부의 긴축재정과 공공사업 투자를 통한 내수시장의 확대 등의 노력에 힘입어 차츰 회복되어 가는 추세이다. 따라서 94년도에는 4.6%의 실질성장률을 기록. 그러나 95년도부터 2.2%를 기록하며 다시 주춤. 이어 96년도에는 1.8%의 수준에 머물고 만다.

한편 캐나다는 국민총생산(GNP) 중 수출입액 비율이 25%나 차지하는 무역 의존율이 높은 나라이다. 특히 대외거래는 미국에 대한 의존율이 높아 전체 수출입 규모의 70%에 달하고 있고 수출품목 가운데 원재료의 비율이 높고 제품의 비율이 낮은 것이 특징이다.

게다가 국내 경기의 핵심인 제조업 분야의 투자자본 중 상당비율이 미국자본에 의해 꾸려지고 있다. 따라서 지금까지 캐나다 경제는 미국의 경기흐름에 지대한 영향을 받아온 것이 사실이다. 게다가 94년 1월 북미 자유무역협정(NAFTA)이 발효됨에 따라 양국 시장의 통합은 더욱더 진전될 전망이다.

최근에 캐나다의 장 크레티앵 총리는 출범 초기부터 아시아 태평양 경제협력 회의(APEC) 비공식 수뇌회담에 참석하는가 하면, 중국과 베트남을 차례로 순방하는 등 부산하게 움직이고 있다.

이는 미국에 지나치게 의존하고 있는 무역 관계의 물꼬를 아시아나 중남미 쪽으로 돌리려는 캐나다 정부의 노력으로 간주할 수 있다. 왜냐하면 NAFTA의 진전과는 별개로 빚어지고 있는 미국과의 무역마찰이 캐나다 경제의 앞날에 최대의 현안문제로 부상하고 있기 때문이다.

☞ 사회와 문화

캐나다는 이민을 통해 발전해 온 나라이다. 다양한 이민족으로 이루어진 다민족 국가이며 기질이나 문화도 민족별로 다양하다.

공용어는 영어지만 각 민족마다 제 2 언어를 사용하고 있다. 이 중 프랑스어권이 전체 인구의 29% 이상을 차지. 이 때문에 민족별로 블록화 현상이 생겨 각 지방 간에 마찰이 심하다.

멕시코 합중국
(United Mexican States)

— 독립일 : 1821년 9월 27일, UN 가맹일 : 1945년 11월 7일(창설 가맹국) —

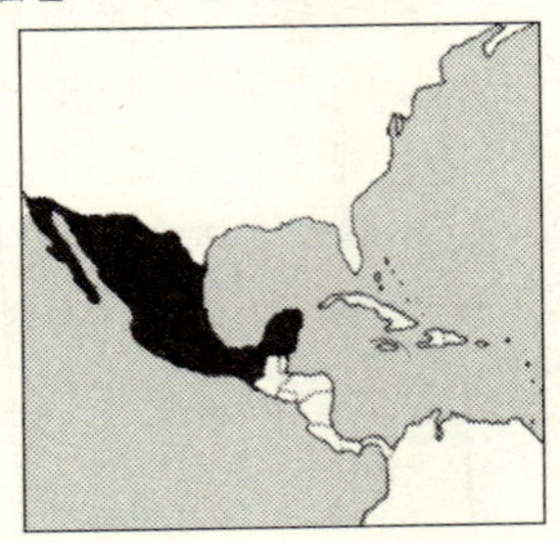
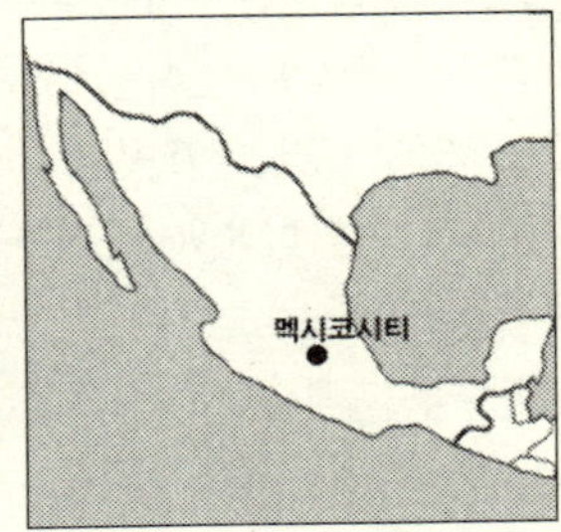

☞ 주요 통계 자료

· 면　　적	196만 183㎢
· 인　　구	9180만 명(95년)
· 수　　도	멕시코시티(Ciudad de Mexico) 인구 1500만 명(90년)
· 주요 도시	과달라하라(163만 명), 몬테레이(106만 명), 푸에브라(105만 명), 레온(87만 명)
· 주요 민족	메스티조(원주민과 스페인계 백인의 혼혈, 60%), 원주민(25%), 백인(15%)
· 언　　어	스페인어
· 종　　교	카톨릭(96%)
· 정치 체제	연방 공화제 대통령 중심제
· 헌　　법	1917년 2월 5일 제정
· 국가 원수	대통령 에르네스토 세디요(Ernesto Zedillo) 직선제 임기 6년 94년 12월 1일 취임
· 의　　회	2원제 상원(128의석 임기 5년) 하원(500의석 임기 3년)
· 내　　각	대통령이 임명 총리는 없음
· 주요 정당	제도적 혁명당, 국민행동당
· 국민총생산	3046억 달러(95년)
· 1인당 GNP	3320달러(95년)
· 통화 단위	페소(Peso). 1달러=7.82페소(97년 1월)
· 주요 자원	석유, 금, 은, 동, 연, 아연, 우라늄
· 주요 공산품	자동차 및 부품, 석유화학제품, 전지제품, 섬유류
· 주요 농산물	면화, 커피, 사탕수수
· 무　　역	수출 959억 9000만 달러, 수입 894억 6,000만 달러(96년)

(자료원 : 멕시코 통계청／Banco de Mexico)

☞ 자연 환경

북미대륙 남부에 있는 멕시코는 북으로는 미국, 남으로는 과테말라 및 벨리즈와 국경을 맞대고 있으며, 서로는 캘리포니아 만과 태평양, 그리고 동으로는 멕시코 만과 카리브 해에 면해 있다. 정식 명칭은 멕시코 합중국(Estados Unidos Mexicanos). 멕시코라는 극명은 스페인어 발음으로 '메히코'라 하는데. 아즈텍 제국의 태양과 전쟁의 신(神)인 메시트리가 관장했던 땅, '메시코'에서 유래한다.

지형은 국토 중앙부를 남북으로 나란히 가로지르고 있는 동·서 시에라마드레 산맥을 중심으로 평균 해발 1800m의 고원지대가 대부분을 차지하고 있으며, 평야지대로는 해안지역과 유카탄 반도 정도를 들 수 있다.

기후는 지역에 따라 조금씩 다른데 북부는 연중 기온차가 심하고 매우 건조하며 중부는 건기(乾期)와 우기(雨期)가 번갈아 순환되는 가운데 대체로 온난한 편이다. 하지만 해안지역과 남동부는 고온 다습한 열대성 기후를 띠고 있다.

☞ 간추린 역사

원래 이 곳의 원주민은 기원전 3만년경 시베리아로부터 베링 해협을 건너온 아메리카 인디오의 조상들이다. 이들은 이미 기원전 3500년경에 농업사회를 형성하게 되며, 나아가 기원전 2세기부터는 남부 일대를 중심으로 대신전도시(大神殿都市)로 유명한 마야문명을 꽃피운다. 또한 10세기경부터는 북방수렵민족의 문화가 유입되면서 주로 중앙고원 일대를 주무대로 군사를 동원한 부족간의 정복시대를 맞이하는데, 먼저 10세기 중엽부터 12세기 중엽까지는 톨텍 왕국이, 그리고 14세기부터는 아즈텍족이 세력을 확장, 인구 수백만에 달하는 정복국가를 건설, 일세를 풍미한다.

그러나 1519년 스페인의 H. 코르테스가 함선 11척과 500여 명의 군사를 이끌고 멕시코만의 베라크루스에 상륙, 3년 동안의 침략전을 전개한 끝에 1521년 아즈텍 왕국을 정복하고 만다. 이로써 멕시코는 이후 300년에 걸쳐 스페인의 식민통치를 받게 되는데, 이 기간 동안 은을 비롯한 대량의 국가자원이 수탈당하고, 인구분포 역시 원주민인 인디오가 대거 감소하고 혼혈인 메스티조가 급속히 증가, 오늘날과 같은 분포구조를 띠게 된다.

19세기에 접어들어 나폴레옹이 스페인을 점령하는 일대 지각변동이 발생하자 멕시코 내에서도 서서히 독립의 기운이 일기 시작한다. 1810년, '멕시코 독립의 아버지'라 불리는 M. 이달고 신부(神父)가 하층민중을 선동하여 처음 봉기를 일으켰으나, 1년 만에 실패로 끝난다. 하지만 이 사건을 계기로 멕시코 내정은 본격적인 독립전쟁 상황으로 확대되며, 게다가 1820년에 발발한 스페인 내의 자유주의 혁명의 여파로 식민지 내의 기득권층과 카톨릭 교회마저 모국(母國)으로부터의 분리, 독립 쪽을 선택함으로써 1821년 코르도바 조약을 통해 마침내 독립을 달성한다.

1823년에 공화제가 선포되고 이듬해에 헌법 제정과 더불어 대통령이 선출되기는 하였으나, 보수파와 자유파 간의 대립으로 1827년 이후 내란으로까지 발전한다. 게다가 1845년에는 미국의 일방적인 텍사스주 병합조치로 인해 미·멕시코 전쟁이 발발, 이 전쟁에서 패한 멕시코는 영토의 절반에 해당되는 텍사스주와 캘리포니아 일대를 잃고 만다.

1867년, 지난 40년 동안 보수파의 군부에 맞서 집요한 게릴라전을 전개했던 자유파는 마침내 멕시코시티에 입성, 공화국을 부흥하고 민주화와 근대화의 출발을 시도한다. 그러나 1876년에 발발한 P. 디아스 장군의 쿠데타로 멕시코의 민주일정은 수포로 돌아가고, 이후 35년간에 걸친 군부독재 정치가 이어진다.

1910년, 민족자본가였던 F. I. 마데로는 빈농층의 힘을 규합, 민주화를 요구하며 디아스 독재정권의 타도에 성공한다. 이른바 '멕시코혁명'의 서막이었다. 이후 혁명적 상황은 빈농층과 농민 및 지주세력 간의 갈등으로 걷잡을 수 없는 혼란의 양상을 띠기도 하였으나 도시 노동자와 지식인의 적극적 참여로 차츰 안정을 찾아 나간다.

그리고 1917년에는 국가자원의 국유화와 토지개혁 및 노동자의 제 권리들을 명기한 현행 민주헌법이 제정되었으며, 노동계급의 정치적 역할 증대와 더불어 1927년에는 모든 혁명 지도자들이 결집한 전국 혁명당(PNP)이 결성됨으로써, 지난 17년간에 걸친 멕시코 혁명은 일단락된다.

2차대전 후, 멕시코 정국은 정책의 중심이 개혁에서 경제성장 쪽으로 옮겨짐에 따라 좌파는 몰락하고 우파가 득세하게 된다. 이에 따라 친미 반공주의가 팽배한 가운데 미국자본의 도입을 통한 경제 건설에 박차를 가한다. 그리고 1960년대 이후에는 과중한 외채부담에 따른 경제위기와 우파정권에 대한 노동운동 및 학생운동의 도전에도 불구하고 1차례의 올림픽(1968년)과 2차례의 월드컵(1970년, 1986년)을 개최하기도 하였다.

☞ **정 치**

1910년에 시작된 멕시코 혁명의 이념과 목적을 담아낸 1917년 헌법은 중남미권에서 가장 혁신적인 헌법으로 유명하다. 따라서 이 헌법에 근거한 멕시코의 정치체제는 삼권분립과 연방제를 중심으로 한 공화제이며, 대통령 중심제를 취하고 있다. 국가 원수인 대통령은 임기 6년에 재선이 금지되어 있으며, 국민들의 직접투표에 의해 선출된다. 또한 의회는 상, 하 양원제로 하원은 정족수 500의석(직접선거 300석, 비례대표 200석)에 임기 3년이며, 하원은 128석에 임기 6년이고, 양원의원 모두는 연속 재선이 금지되어 있다. 의회 내 주요 정당으로는 1929년 이래 현재까지 집권 여당으로 군림하고 있는 제도 혁명당(PRI)과 제 1 야당인 국민 행동당(PAN) 및 좌익계열의 사회주의 인민당(PRD) 등을 들 수 있다.

지난 1988년 이래 6년 동안 집권했던 살리나스 전(前)정권은 대폭적인 개방정책 하에 북미자유무역협정(NAFTA) 체결, 경제협력개발기구(OECD) 가입 등을 통해 멕시코 경제의 대외적 위상을 끌어올림과 동시에 향후 경제발전의 기틀을 다졌다 해서 한때 국민적 영웅으로까지 평가되었다. 그러나 94년 연말에 밀어닥친 통화위기를 계기로 경기가 큰 폭으로 하락하자 졸지에 경제 침체의 원흉으로 탈바꿈했으며, 게다가 재임기간 중에 있었던 치부와 측근 비리들이 속속 드러나자 전직 대통령 구속을 요구하는 국민적 여론이 들끓고 있다.

한편 94년 12월 1일 출범한 세디요 현정권은 내각구성에 있어서 계파간의 균형을 유지하는 한편, 검찰 총장에는 야당인사를 등용, 그 동안의 권력층 비리를 일소하고 민주화를 이루어내겠다는 강한 의지를 표명하고 나선다. 게다가 경제위기의 책임을 물어 재무장관을 경질함과 동시에 불황 타개를 위한 긴급경제조치를 발표하였으며, 정치불안의 근원이 되고 있는 정치적 테러사건의 조속한 처리 및 치아파스 농민군(94년 1월 이후 제도권 정치에 반기를 들고 무장투쟁을 벌이고 있는 반정부집단)과의 대화창구 마련 등 과감한 조치들을 통해 정치, 경제적 안정을 도모하고 있다. 따라서 현재 반군 측과는 평화적 대치 상태.

한편 97년 7월, 멕시코 의회는 세디요 정부가 제시한 역사적인 정치개혁안을 만장일치로 승인, 멕시코 정국은 정치적 안정을 도모해 나가고 있다. 이로써 세디요 정부는 정부기구 간의 자치권 보장, 사법기구에 대한 개혁, 정당간의 민주주의적 협정, 야당인사들에 대한 정부요직 등용 등을 통해 정치적 기반을 더욱 확실히 다져 나갈 전망이다.

☞ 경 제

멕시코 산업의 근대화는 1860년대에 디아스 군부 독재정권의 주도하에 시작되지만, 1910년의 혁명으로 지난 30여 년간의 근대화 성과는 모두 물거품이 되고, 이어 1929년의 대공황은 멕시코 경제를 거의 마비상태로 만든다. 그러나 2차대전 중 연합국에 전략물자를 수출하여 막대한 외화를 벌어들이면서 일대 발전의 전기를 마련, 이후 정부의 국내공업 육성정책에 힘입어 공업입국으로서의 비약적인 성장을 한다. 따라서 1970년대까지 연평균 7%대의 성장률을 기록하였으며, 특히 1977년~80년에는 대규모 유전의 발견과 개발에 편승, 9%의 높은 성장률을 기록함으로써 이른바 '멕시코의 기적'이라고 불려졌다.

멕시코 경제성장의 주역으로는 단연 공업 분야를 들 수 있다. 이미 1950년부터 섬유, 식품가공업 등 경공업 중심에서 철강, 석유화학, 자동차 등 중화학공업 중심으로 탈바꿈하기 시작한 공업분야는 미국자본의 대량 유입과 풍부한 지하자원을 근간으로 중남미권에서 최대의 규모를 자랑한다. 공업분야 중 특히 식품 · 음료산업과 석유화학산업 및 기계 · 금속 가공산업 등 3대 산업은 멕시코 전체 산업의

60%를 차지하고 있을 만큼 절대적 비중을 띠고 있다. 또한 멕시코는 광물 생산국으로 금, 은, 유황, 아연, 우라늄 등의 생산량은 세계적 수준이며, 1970년에 발견된 남부의 거대유전은 매장량이 약 645억 배럴로 확인되어 세계 8위를 자랑한다.

이 밖에 멕시코는 마야, 아즈텍 문명 등 신비한 고대 유적지와 태평양 및 카리브 해 연안의 수많은 휴양지를 보유하고 있어 이탈리아, 스페인에 버금가는 세계 유수의 관광국이기도 하다. 95년 한해 멕시코를 다녀간 관광객 수만도 912만 명에 달하며, 96년도에는 1000만 명을 돌파할 것으로 여겨진다.

1995년 한해 멕시코 경제는 1980년대 이래 가장 부진한 마이너스 7%를 기록한다. 이는 94년 연말의 환율 파동의 여파로 투자심리가 위축되고, 수입 원자재 가격상승에 따른 생산차질 및 임금동결로 인한 구매력 감소 등이 직접적 원인으로 작용한 것으로 나타났다. 하지만 이를 좀더 구조적으로 살펴보면 가장 심각한 문제로 멕시코 경제의 대외 의존성을 들 수 있다. 1950년대부터 끌어들이기 시작한 외채가 95년 한해 1538억 달러에 달해 이미 정부의 통제권을 벗어나 있으며, 여기에 페소화의 평가절하가 단행되자 대외 결제부담을 이기지 못한 국내기업들의 도산이 속출, 오늘날의 사태를 맞게 된 것이다.

이에 세디요 정부는 취임 6개월째인 95년 5월말 '1995~2000년, 국가개발계획'을 발표, 경제 안정과 성장, 고용창출 및 긴축재정 등을 중점목표로 상정하고, 이를 위해 NAFTA를 통한 외국인 투자를 적극 유치하는 한편, 민영화 방안과 세제개혁 등을 통해 연평균 5%의 경제성장을 달성하겠다고 선언.

따라서 96년 상반기를 보낸 현재, 멕시코 경제는 정부의 경기부양조치로 인해 환율을 비롯한 금융시장이 차츰 안정을 되찾고 있고, 이와 함께 해외 투자 역시 회복세를 띠고 있어 연말까지 3%대의 경제성장을 달성할 것으로 전망되고 있다. 또한 96년 10월 26일에는 멕시코 정부와 재계, 노동조합, 농민조합의 대표간에 임금 상승률, 공공요금 인상률 등을 합의한 '경제성장을 위한 협약'에 조인함으로써 97년 멕시코 경제의 국내총생산 성장률은 5% 선까지 상승할 것으로 전망된다.

☞ 사회와 문화

마야와 아즈텍문명의 흔적은 거의 소멸되었으며 농촌을 중심으로 인디언 문화만이 조금 남아 있을 뿐 오늘날 멕시코 문화의 주류는 스페인 풍의 라틴 문화이다. 게다가 인근 미국의 영향으로 국민들의 일상 생활은 대체로 서구적이다.

최근 세디요 개혁정부는 유괴, 살인 등의 흉악 범죄가 급증함에 따라 전 사회에 걸쳐 범죄 소탕령을 발동. 미마약취재국(DEA)에 따르면 현재 멕시코 내에는 5개의 거대한 마약카르텔이 존재하며, 이들이 유통하는 자금만 해도 연간 70억 달러에 달한다고 발표했다.

과테말라 공화국
(Republic of Guatemala)

— 독립일 : 1821년 9월 15일, UN 가맹일 : 1945년 11월 21일(창설가맹국) —

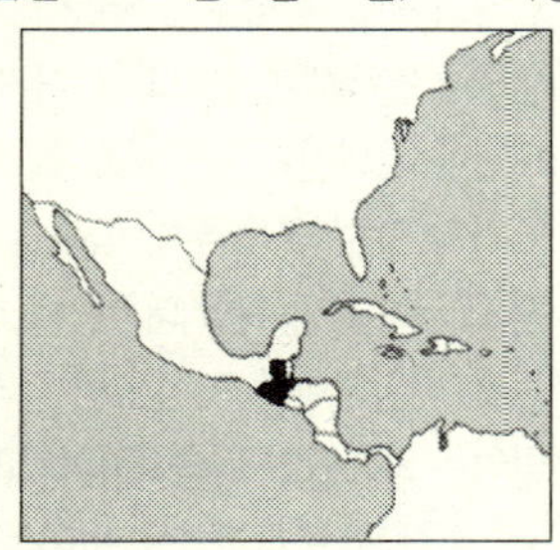 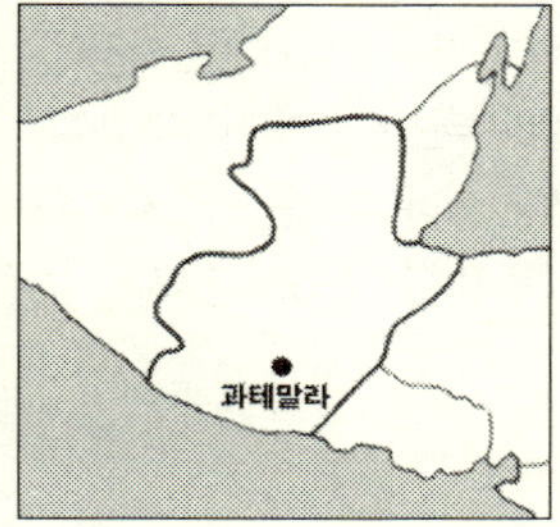

☞ 주요 통계 자료

·면　　적	10만 8889㎢
·인　　구	1060만 명(95년)
·수　　도	과테말라(Ciudad de Guatemala) 인구 117만 명(95년)
·주요 도시	퀘찰테난고, 에스퀸트라
·주요 민족	원주민(56%), 메스티조(36%), 백인(8%)
·언　　어	스페인어
·종　　교	카톨릭, 개신교
·정치 체제	공화제 대통령 중심제
·헌　　법	1986년 1월 시행 94년 개정
·국가 원수	대통령 알바로 아르죠(Alvaro Arzu) 직선제 96년 1월 14일 취임 임기 4년
·의　　회	1원제 80의석 직선제 임기 4년
·내　　각	대통령이 임명 총리 없음
·주요 정당	국민진보당, 과테말라 공화전선, 신과테말라 민주전선, 과테말라 기독교민주당, 국가중앙동맹
·국민총생산	143억 달러(95년)
·1인당 GNP	1340달러(95년)
·통화 단위	퀘찰(Quetzal). 1달러=6.00퀘찰(96년 12월)
·주요 자원	니켈, 석유, 목재
·주요 공산품	식료품, 섬유류
·주요 농산물	커피, 면화, 바나나, 사탕수수
·무　　역	수출 19억 9450만 달러, 수입 30억 4910만 달러(95년)

(자료원 : World Yearbook 97／과테말라 중앙은행)

☞ 자연 환경

멕시코 남부, 유카탄 반도의 뿌리 부근에 위치. 서북 방향에서 동남 방향으로 시에라마드레 산맥이 있고 활화산과 화산호가 많아 경치가 좋다. 면적의 2/3가 산악지대로 지진이 많아 수도 과테말라 부근은 얼마 전까지 대지진의 참사를 빚기도 했다. 기후는 해안지역은 열대성인 반면 고원지대는 온대성 기후.

☞ 간추린 역사

기원전부터 마야 문명이 꽃피었던 곳으로 1524년 스페인의 페르로데 알라바도에 정복된 후 스페인의 식민지로 전락. 이후 300여 년간 스페인이 통치, 1821년 평화적인 독립을 달성한다. 또한 1823년 중미연방 공화국의 일원으로 참가, 39년 연방의 해체로 단독정부를 수립, 47년 공화국으로 재출범한다. 20세기에는 제국주의 자본의 침투와 매판자본의 득세로 정치적 홍역을 겪기도. 특히 1944년 이후 군부 쿠데타가 빈번하고 좌우대립이 극에 달해 정국은 혼란에 빠진다. 1966년 신헌법이 발표되고 선거에 의해 문민정권이 탄생하지만 군부의 득세와 좌우테러를 막기는 역부족.

☞ 정치와 경제

최대 문제는 빈부 격차로 국민의 대부분을 차지하는 농민은 처참한 생활을 하는 반면 미국 자본에 의한 매판세력의 생활은 호화롭기 그지없어 좌우 대립의 문제가 발생. 매년 좌우테러로 수많은 희생자들이 발생. 한편 91년 민주주의 확립과 부정부패 척결을 기치로 출범했던 세라노 민간정부도 결국 의회와 사법부의 거친 반발로 도중하차. 정권을 데리온 인권 감찰관에게 넘긴다. 이어 95년 11월 12일 대선에서 과반수 득표자가 없어 2차 결선 투표까지 가는 끝에 우익 국민진보당의 아르쥬전 외상이 11월 14일 대통령에 취임한다. 한편 북부 산악지대를 거점으로 정부군과 내전을 벌여온 과테말라 민족혁명연합(URNG)은 96년 3월 유엔의 평화교섭을 받아들여 일시 정전 성명을 발표. 12월에는 노르웨이의 오슬로에서 정부측과 과테말라 민족혁명연합측간에 항구적 정전 협정에 상호 조인함으로써 지난 35년 동안 12만 명의 사망자를 냈던 중미 최후의 내전이 종결되었다. 이에 앞서 국회는 내전과 관계된 일체의 범죄에 대해 형사책임을 묻지 않는 사면법을 성립시켰다.

인구의 60%가 농업에 종사하며, 대부분 소작농. 주요 농작물은 커피, 면화, 사탕수수 등이다. 한편 경제는 외채와 높은 물가고에 실업문제까지 겹쳐 위기상황에 놓여 있다.

☞ 사회와 문화

최근 코카인의 대미수출기지로 알려져 화제. 주민의 대부분(90%)은 카톨릭을 신봉. 그 외의 10% 정도가 마야족의 전통종교를 믿고 있는 것이 특징이다. 92년도 노벨평화상 수상자인 리고베르타 멘추가 이 곳 출신이다.

벨 리 즈
(Belize)

— 독립일 : 1981년 9월 21일, UN 가맹일 : 1981년 9월 25일 —

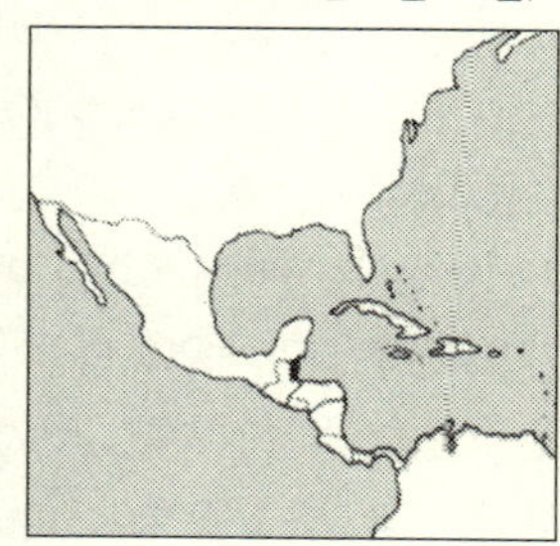
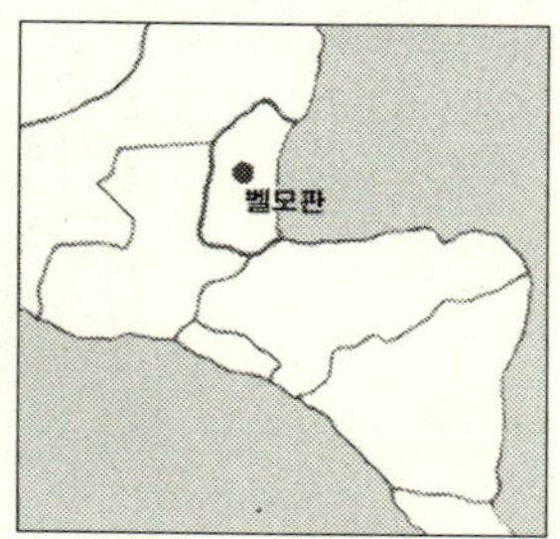

☞ 주요 통계 자료

·면　　　적	2만 2965㎢
·인　　　구	22만 명(95년)
·수　　　도	벨모판(Belmopan) 인구 약 3900명(94년)
·주요 도시	벨리즈
·주요 민족	혼혈(54%), 흑인(35%), 카리브족(7%), 마야족(4%)
·언　　　어	영어(공용어) 스페인어, 마야어
·종　　　교	카톨릭
·정치 체제	입헌 군주제 의원 내각제
·국가 원수	영국여왕 엘리자베스 2세(Elizabeth Ⅱ) 총독 콜빌 영(Colville Young)
·의　　　회	2원제 상원(8의석) 하원(29의석) 임기 5년
·내　　　각	총리는 하원 다수당 당수를 총독이 임명 총리 마누엘 에스키벨(Manuel Esquivel) 93년 6월 발족
·주요 정당	통일민주당, 인민통일당
·국민총생산	5억 3500만 달러(94년)
·1인당 GNP	2550달러(94년)
·통화 단위	벨리즈 달러(Belize $). 1달러=2B$(97년 1월)
·주요 자원	삼림, 수산자원
·주요 공산품	목재가공품, 식료품
·주요 농산물	사탕수수, 오렌지
·무　　　역	수출 1억 5590만 달러, 수입 2억 2,970만 달러(95년)

(자료원 : World Yearbook 97／중남미 경제보고서)

☞ 자연 환경

벨리즈는 북으로는 멕시코, 동쪽으로는 카리브 해, 그리고 남서쪽으로는 과테말라와 접하고 있는 유카탄 반도 남부에 위치한 나라이다. 북부와 해안지역은 평탄한 평지이며 특히 바다 가까이는 습지대가 많다.

기후는 아열대성으로 여름철에도 무역풍의 영향으로 비교적 시원한 편이다. 하지만 간혹 허리케인의 습격으로 피해를 입곤 한다.

☞ 간추린 역사

이 곳 역시 원주민은 마야족. 1502년 콜럼버스에 의해 발견. 잠시 스페인령으로 있다가 17세기부터 영국세력이 도래하였다. 1789년 영국과 스페인 사이에 전쟁이 발발. 이후 전쟁에 이긴 영국의 식민지로 편입된다(1862년). 1964년 영국으로부터 자치권을 인정받고 영국, 과테말라와의 3국 회담을 거쳐 1981년에 완전 독립을 달성한다.

☞ 정치와 경제

벨리즈는 영연방의 일원이며 영국 여왕인 엘리자베스 2세가 국가원수로 있는 입헌군주국이다. 의회는 2원제. 하원의원의 임기는 5년이며 보통선거를 통해 선임된다.

초대 총리는 인민당 당수인 조지 프라이스가 취임하였으며, 93년 6월 총선거에서 통일민주당이 정권을 탈취하여 총리에 에스키벨이 취임한다.

독립하는 과정에서 인근 과테말라와 주권 분쟁이 있었던 관계로 국정의 최대 과제를 국가안전보장에 두고 있다. 하지만 91년 9월 과테말라와 장기간의 불편한 관계를 청산하고 외교관계를 수립한다.

벨리즈는 중미에서 가장 안정적인 경제기반을 갖춘 나라. 농업과 임업이 산업의 주체로 주요 농작물로는 사탕, 오렌지, 마호가니목재(단향과의 상록 교목) 등이 있다. 또한 미국으로 이민 간 사람들이 부쳐오는 송금도 국가재원의 커다란 비중을 차지하고 있다.

☞ 사회와 문화

국민의 반수 이상이 혼혈이며, 35%가 인도계 흑인으로 인종 구성이 복잡한 편이고 언어도 영어, 스페인어, 마야어, 카리브어 등 각양각색이다. 의무교육 기간이 9년이며 문맹률은 10% 미만으로 낮은 편이다. 남북 동시 수교국.

엘살바도르 공화국
blic of El Salvador)

— 독립일 : 1821년 9월 15일, UN 가맹일 : 1945년 10월 24일(창설 가맹국) —

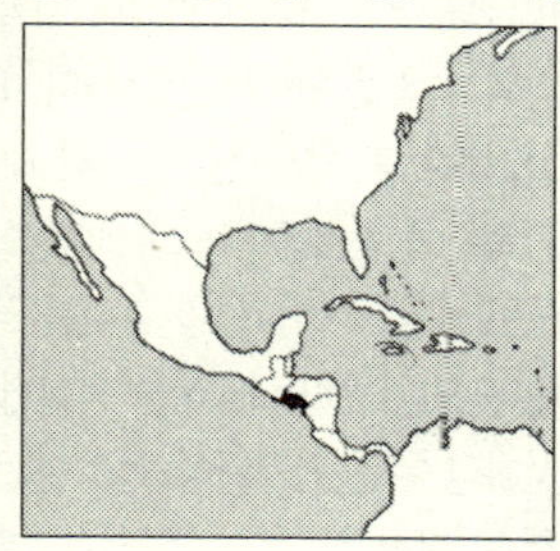

☞ 주요 통계 자료

·면　　적	2만 1041㎢
·인　　구	580만 명(95년)
·수　　도	산살바도르(San Salvador) 인구 50만 명(94년)
·주요 도시	산티아나, 산미켈
·주요 민족	메스티조(84%), 백인(10%), 원주민(6%)
·언　　어	스페인어
·종　　교	카톨릭
·정치 체제	공화제 대통령 중심제
·헌　　법	1983년 12월 30일 시행
·국가 원수	대통령 아르멘도 칼데론 솔(Armando Calderon Sol) 직선제 임기 5년 94년 6월 1일 취임 재선 금지
·의　　회	1원제 84의석 직선제 임기 3년
·내　　각	대통령이 임명 총리 없음
·주요 정당	민족주의 공화동맹, 팔라펀트마르티 민족해방전선, 기독교 민주당, 국민화합당
·국민총생산	91억 달러(95년)
·1인당 GNP	1580달러(95년)
·통화 단위	콜론(Colon) 1달러=8.79콜론(96년 12월)
·주요 자원	커피, 면화, 사탕수수
·주요 공산품	식료품, 직물류
·주요 농산물	커피, 면화, 사탕수수
·무　　역	수출 9억 9800만 달러, 수입 28억 5300만 달러(95년)

(자료원 : World Yearbook 97／엘살바도르 중앙은행)

☞ 자연 환경

중미의 가운데에 위치한 나라로 국토 전체가 열대지역에 속한다. 하지만 수도 산살바로드는 해발 682m의 고원지대로 비교적 시원. 하지만 해안지역은 습도도 높고 무척 더운 편. 계절은 우계와 건계로 나뉜다. 우계에는 천둥번개를 동반한 스콜성 소나기가 하루에 한 차례씩 내린다. 또한 이 곳은 환태평양 화산대에 속하기 때문에 지진이 자주 발생한다.

☞ 간추린 역사

1524년 스페인의 침입을 받아 1528년에 정식으로 식민지가 된다. 이전까지는 마야문명권. 19세기 초엽부터 독립운동이 시작되어 3차례의 항전을 치렀지만 끝내 실패. 1821년 과테말라와 함께 독립한다. 독립 후 엘살바도르는 인근 5개국들과 함께 중미연방을 결성했다가 41년에 다시 분리 독립한다.

20세기에 접어들어 엘살바도르는 쿠데타와 내전의 악순환으로 얼룩진다. 1931년 쿠데타로 정권을 장악한 마르티네즈 대통령에서 69년 온두라스와의 전쟁을 경험한 로메로 정권에 이르기까지 모두 쿠데타에 의해 정권이 교체된다. 또한 70년대 후반부터는 극좌 게릴라의 활동이 격렬해져 정국은 무정부상태를 방불케 한다. 89년 대선에서 당선된 민족주의 공화동맹의 크리스티아니는 UN 중재 하에 반군과 평화협상을 벌여 12년 동안 약 7만 5000여 명의 사상자를 낸 내전을 종식시킨다.

☞ 정치와 경제

내전은 종식되었으나 중미에서는 여전히 화약고와 같은 존재. 특히 이 나라의 문제는 미국과 쿠바 등이 개입되어 사실상 단순한 내전의 수위를 뛰어넘은 것이다. 1994년 3월 20일, 내전 후 처음으로 실시된 대통령선거에서 민족주의 공화동맹(우파)의 칼데론 전 산살바도르 시장이 좌파연합 후보를 물리치고 당선된다. 이어 95년 4월에는 평화협정 실시를 감시하던 유엔 감시단이 임무 종료를 선언하고 철수. 현상적으로는 정국 정상화에 도달했지만 합의사항이었던 구 게릴라들에 대한 토지 분배, 난민 문제, 정치적 개혁 등이 아직 이행되지 못한 상태로 96년 이후 계속 암살 및 테러 등의 위기상황이 되풀이되고 있다.

이 곳은 전통적인 농업국. 커피, 사탕, 면화 등을 주로 생산한다. 하지만 오랜 내전으로 농민들이 땅을 떠나고 농지는 황폐해져 나라 경제가 말이 아닌 상태. 게다가 내전 중 몇 차례에 걸쳐 외국인 유괴사건도 발생하여 외국으로부터의 투자도 끊어진 실정이다.

☞ 사회와 문화

이 곳은 인종별로 부의 편차가 극심한 나라이다. 경제가 백인 '15인 가족의 손아귀'에 들어 있다고 할 정도. 국민의 대부분은 메스티조. 약간의 인디오들이 오지에서 독자적인 사회를 꾸리며 살고 있다. 남한 단독 수교국으로 92년 12월 당시 체류자는 66명.

온두라스 공화국
(Republic of Honduras)

— 독립일 : 1821년 9월 15일, UN 가맹일 : 1945년 12월 17일(창설 가맹국) —

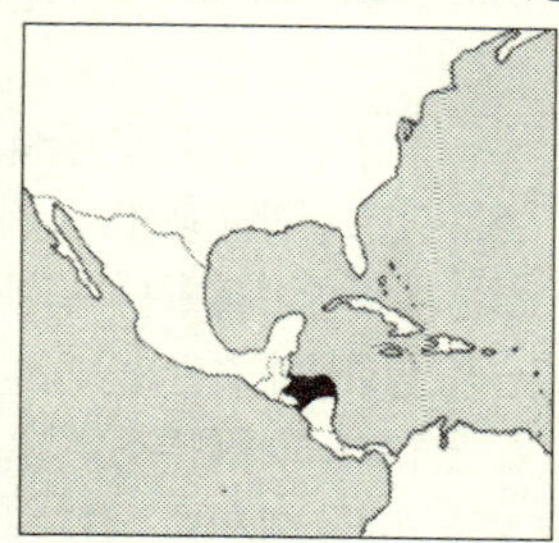
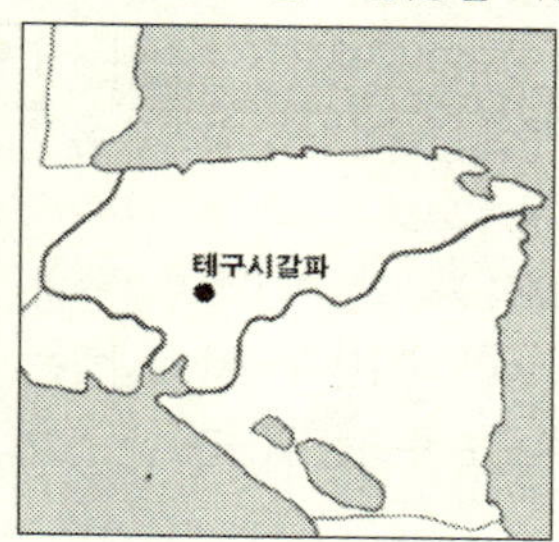

☞ 주요 통계 자료

·면　　　적	11만 2000㎢
·인　　　구	590만 명(95년)
·수　　　도	테구시갈파(Tegucigalpa) 인구 78만 명(94년)
·주요 도시	산페드로술라, 라세이파
·주요 민족	원주민과 스페인계 백인의 혼혈(91%), 흑인(2%), 백인(1%)
·언　　　어	스페인어
·종　　　교	카톨릭
·정치 체제	공화제 대통령 중심제
·헌　　　법	1982년 1월 시행
·국가 원수	대통령 카를로스 로베르토 레이나(Carlos Roberto Reina) 직선제 임기 4년 94년 1월 27일 취임
·의　　　회	1원제 128의석 직선제 임기 4년
·내　　　각	대통령이 임명 총리 없음
·주요 정당	자유당, 국민당, 혁신통일당
·국민총생산	36억 달러(95년)
·1인당 GNP	600달러(95년)
·통화 단위	렘피라(Lempira). 1달러=12.85렘피라(96년 12월)
·주요 자원	연, 아연, 은, 목재
·주요 공산품	섬유류, 가구
·주요 농산물	바나나, 커피, 사탕수수
·무　　　역	수출 11억 8900만 달러, 수입 15억 1800만 달러(95년)

(자료원 : World **Yearbook** 97／중남미 경제 보고서)

☞ 자연 환경

남북으로 태평양과 카리브 해안을 끼고 동서로 과테말라 등 4개국과 국경을 이루고 있다. 전체의 65%가 산지로 이루어져 있어 고원에 자리잡고 있지만 환태평양 화산대에서 벗어나 있기 때문에 중남미 나라 중에서 유일하게 지진의 피해가 없다. 기후는 해안지역은 고온 다습한 열대성 기후. 반면 고원지대는 비교적 시원한 편. 매년 카리브 해에서 발생하는 허리케인의 습격으로 수해를 입는다.

☞ 간추린 역사

1498년에 아메리고 베스푸치 일행이 이곳의 북부에 처음으로 상륙. 그리고 4년 후 콜럼버스가 이 곳 근해를 본격적으로 탐사한다. 이후 스페인 세력이 들어와 1520년에 원주민의 저항을 거세하고 39년에 이 곳을 과테말라 총독령 산하에 편재한다. 1821년 과테말라의 독립과 함께 온두라스도 독립. 중미연방의 일원으로 있다가 38년에 단일 독립국가를 수립한다. 독립 후 온두라스의 최대 고민은 국경분쟁. 1871년 과테말라, 1874년과 1907년은 니카라과와 각각 국경분쟁이 일어나 국토의 상당부분을 잃고 만다. 또한 내적으로는 쿠데타의 악순환으로 불안한 정국이 계속되고 있다.

☞ 정치와 경제

온두라스 정국은 1932년부터 17년 동안 정권을 장악한 카리아스 대통령시대에 잠시 안정을 찾는 듯 했으나 49년 군부쿠데타 이후 또다시 혼란의 양상이 이어진다. 71년 문민정부가 들어서지만 1년도 못 돼 군부쿠데타에 의해 좌절. 이후 근 18년 동안 군부정권이 이어진다. 89년 11월 온두라스 역사상 3번째 실시된 총선에서 우익 국민당의 라파엘 카에야스가 당선. 군정이 종식되고 정치적 안정을 되찾는다. 93년 11월에는 야당인 레이나 후보가 승리, 평화적인 정권이양을 실현한다.

이후 레이나 대통령은 징병제 폐지 등, 군부의 권한을 대거 축소하고 명실상부한 문민통제로 나아가고 있다. 그러나 96년 7월 한때 군부 내 최고사령관의 반란기도혐의가 포착, 수명의 군 간부들이 체포되는 사건이 발생하기도 한다. 또한 96년 3월과 11월에는 대통령 관저와 형사재판소 등에 일련의 폭탄 테러가 발생하기도 하였다.

온두라스 경제의 주축은 농림업. 특히 바나나 생산은 수출액의 25%를 차지한다. 지하자원과 수산자원이 풍부하지만 아직은 개발되지 않은 상태이다. 최근 이 나라 정부는 제조업과 건설업 중흥에 노력을 기울이고 있다.

☞ 사회와 문화

주민의 대부분은 백인과 인디오의 혼혈로 빈부의 격차는 심하지만 인종 차별에 따른 문제는 거의 없다. 국민성은 밝고 순박하며 대단히 사교적이다. 한국 단독 수교국이며 문맹률은 25% 내외이다.

니카라과 공화국
(Republic of Nicaragua)

— 독립일 : 1821년 9월 15일, UN 가맹일 : 1945년 10월 24일 —

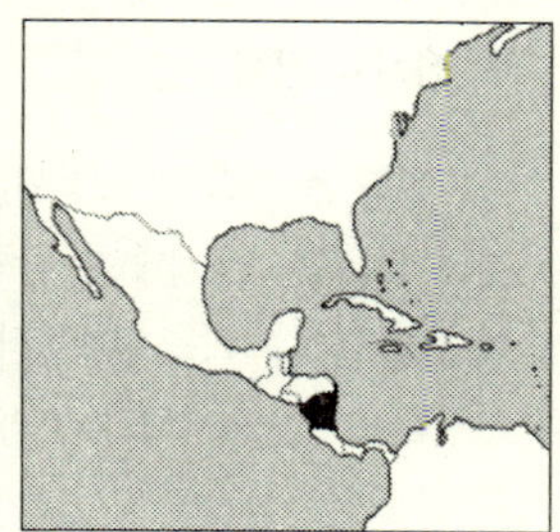 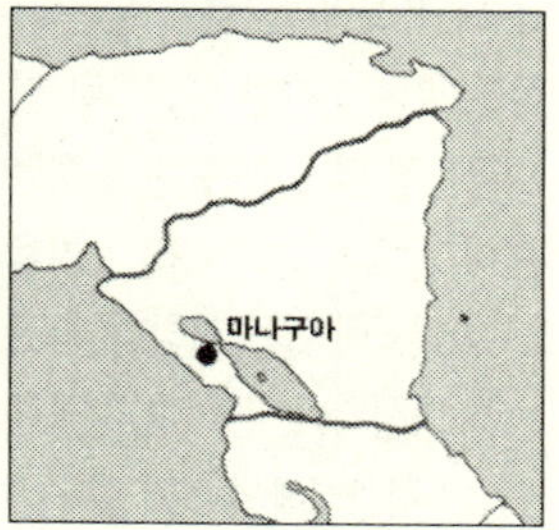

☞ **주요 통계 자료**

·면　적	12만 254㎢
·인　구	430만 명(95년)
·수　도	마나구아(Managua) 인구 103만 명(94년)
·주요 도시	레온, 그라나다, 마사야
·주요 민족	메스티조(69%), 백인(17%), 흑인(9%), 원주민(7만 명)
·언　어	스페인어(공용어)
·종　교	카톨릭
·정치 체제	공화제 대통령 중심제
·헌　법	1986년 11월 신헌법 채택 95년 7월 일부 개정
·국가 원수	대통령 아놀드 알레만(Arnold Aleman) 직선제 97년 1월 10일 취임
·의　회	1원제 93의석 직선제 임기 6년
·내　각	대통령이 임명 총리 없음
·주요 정당	자유연합, 산디니스타 민족해방전선
·국민총생산	17억 달러(95년)
·1인당 GNP	390달러(95년)
·통화 단위	코르도바(Cordoba) 1달러=8.91코르도바(96년 12월)
·주요 자원	커피, 면화, 사탕수수
·주요 공산품	식료품, 직물류
·주요 농산물	커피, 면화, 바나나사탕수수, 육류
·무　역	수출 5억 4600만 달러, 수입 9억 4900만 달러(95년)

(자료원 : World Yearbook 97/중남미 경제보고서)

☞ 자연 환경

카리브해 연안의 나라로 온두라스와 코스타리카 사이에 자리잡고 있다. 지형은 크게 카리브해 연안과 태평양 연안으로 구분된다.

카리브해 쪽은 고온 다습한 열대우림 기후이며 전역이 밀림으로 덮여 있다. 반면 태평양 쪽은 산악지역이 많으며 열대 사바나 기후로 비옥한 평지가 발달되어 있는 편이다. 따라서 이 나라는 농업 중심지이기도 하다. 한편 니카라과는 환태평양 화산대에 속하기 때문에 지금도 활화산이 연기를 내뿜고 있는가 하면 지진도 빈번하다.

☞ 간추린 역사

니카라과는 콜럼버스의 4차 항해 때 발견된 곳으로 1573년에 스페인령 과테말라에 속해 있다가 1821년에 독립한다. 이후 중미연방의 일원으로 가담했다가 1838년에 연방이 해체되면서 단일국가로 독립한다.

20세기 들어 1936년 미국의 사주를 받은 아나스타시오 소모사 장군이 쿠데타로 정권을 장악하고 40년 동안 족벌체제를 유지한다. 하지만 72년부터 반소모사 기운이 서서히 감돌기 시작하면서 78년부터 본격적인 반정부운동이 전개된다.

운동의 구심체는 산디니스타 국민해방전선(FSLN). 79년 FSLN을 중심으로 대규모 민중봉기가 발발, 니카라과 정국은 내란 상태에 봉착한다. 결국 소모사 대통령이 축출되고 산디니스타 정권이 발족함으로써 정국은 진정국면을 맞이한다.

☞ 정치와 경제

혁명 후 산디니스타정권은 국가 재건 집행위원회(집단지도체제)를 발족하고 사회전반에 걸쳐 일대 개혁을 단행한다. 하지만 미국의 사주를 받은 반공세력의 끊임없는 방해공작으로 한때 궁지에 몰리기도 하였다.

1990년 소련 및 동구권의 자유화 바람에 편승, 니카라과에서도 자유를 요구하는 야당연합이 결성된다. 이들은 산디니스타 정권의 사회주의 노선에 반기를 들고 자본주의적 민주개혁을 요구한다. 그 해 실시된 선거에서 야당연합의 후보인 차모로 여사가 당선됨으로써 새로운 정부가 출범하기에 이른다.

1996년 10월 20일, 니카라과에서는 대통령과 국회의원 선거가 동시 실시되었다. 여기서 우파인 자유연합의 알레만 전(前) 마나구아 시장이 약 51%의 득표율을 획득하여 새 대통령에 오른다.

반면 산디니스타 민족해방전선은 득표율 38%에 머물어 전회에 이어 연속하여 패배를 맞보게 된다. 또한 국회선거에서도 자유연합은 42석을 획득함으로써 비록 과반수 확보에는 실패했으나 국회 내에서 최대세력을 형성하게 되었다.

니카라과는 전체 국민의 60%가 농업에

종사하는 농업국이다.

누적된 재정적자와 인플레이션으로 경제적 어려움이 심각한 상태이다. 특히 민주화 후 경제구조 조정에 의해 대량의 공무원과 군부의 해고로 실업자수가 증가하여 94년 현재 실업률이 23.5%에 이르고 있다.

☞ **사회와 문화**

국민의 대부분은 혼혈족인 메스티조이다.

역사적으로 스페인 문화의 영향을 많이 받은 편이며 부분적으로는 미국적인 요소도 많은 편이다.

국민성은 무척 다혈질이고 낙천적인 반면 미국의 영향으로 합리적이고 개인주의적인 성향도 엿볼 수 있다.

95년 11월 세계보건기구(WHO)는 니카라과에 원인 불명의 출혈열이 유행하여 약 1000명 이상이 감염되고 15명이 사망했다고 발표하였다.

코스타리카 공화국
(Republic of Costa Rica)

— 독립일 : 1821년 9월 15일, UN 가맹일 : 1945년 11월 2일(창설 가맹국) —

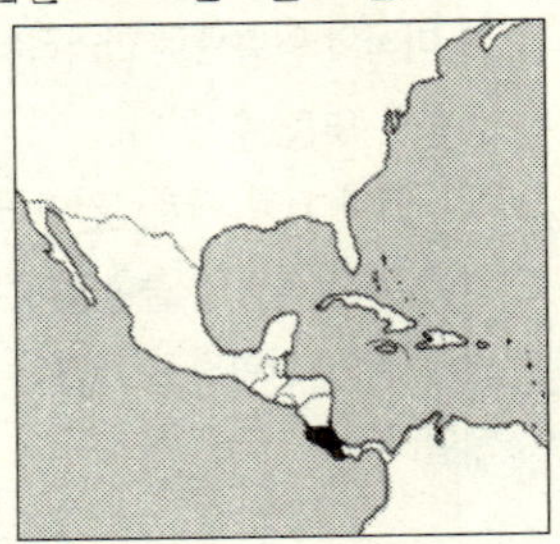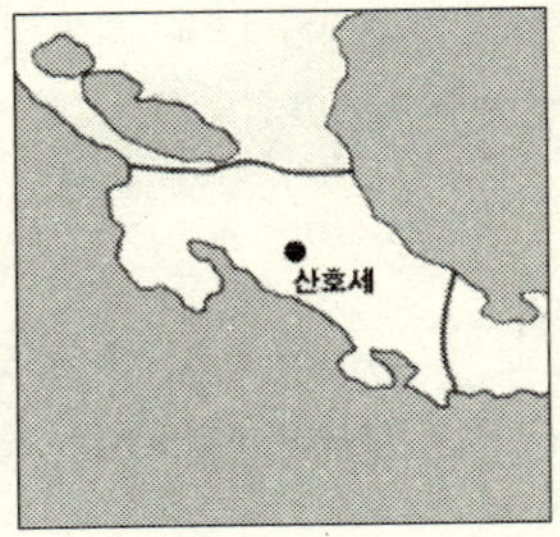

☞ 주요 통계 자료

·면　　적	5만 1100㎢
·인　　구	330만 명(95년)
·수　　도	산호세(San Jose) 인구 32만 명(95년)
·주요 도시	아라프에라, 카르타고, 리몬
·주요 민족	백인 및 혼혈(95%), 흑인(3%), 원주민(2%)
·언　　어	스페인어
·종　　교	카톨릭(국교)
·정치 체제	공화제 대통령 중심제
·헌　　법	1949년 11월 공포
·국가 원수	대통령 호세 마리아 피가레스(Jose Maria Figueres) 직선제 임기 4년 94년 5월 8일 취임 재선 금지
·의　　회	1원제 57의석 직선제 임기 4년
·내　　각	대통령이 임명 총리 없음
·주요 정당	국민해방당, 기독교 사회연합당
·국민총생산	88억 달러(95년)
·1인당 GNP	2590달러(95년)
·통화 단위	콜론(Colon). 1달러=220콜론(97년 1월)
·주요 자원	커피, 바나나
·주요 공산품	식료품, 섬유
·주요 농산물	커피, 바나나, 코코아, 사탕수수, 쇠고기
·무　　역	수출 26억 1000만 달러, 수입 32억 7300만 달러(95년)

(자료원 : World Yearbook 97 / 중남미 경제보고서 / 코스타리카 중앙은행)

☞ 자연 환경

동서로 카리브해와 태평양을 끼고 남북으로 니카라과, 파나마와 국경을 맞대고 있는 나라. 국토 중앙이 표고 1000m 정도의 고원으로 이루어져 있어 연중 기후는 쾌적한 편.

또한 고원을 중심으로 화산으로 이루어진 산맥이 가로놓여 있기 때문에 이 나라 역시 지진 다발지역. 기후는 전체적으로 열대성기후이며 특히 카리브 해안은 강수량이 닳아 밀림을 형성하고 있다.

☞ 간추린 역사

코스타리카란 '풍요로운 해안'이란 뜻으로 이 곳은 1502년 콜럼버스에 의해 처음 발견된 이래 1524년에 최초의 스페인 식민지가 건설된다. 이후 1821년에 스페인으로부터 독립했다가 중미연방에 가입하지만 연방이 내부분열로 해산되자 1848년 독자적인 정브를 구성하고 완전 독립을 달성한다.

☞ 정치와 경제

코스타리카는 대통령중심제의 입헌공화국으로 임기 4년에 재선은 불가. 이 나라는 문민정권이 일찍부터 뿌리내려 중남미에서 가장 민주주의가 잘 정착된 곳이다. 또한 헌법 중에 평화를 가장 커다란 원칙으로 못박아 군대가 없는 것도 특징 중 하나. 83년 11월에는 중립국가를 선언하기도 했다. 96년 6월, 회계검사원장 지명문제를 놓고 국민해방당(PLN) 내 파벌 싸움이 본격화되어 결국 당내 실력자인 커트 국회의장이 피가레스 대통령파에 반기를 들고, 야당인 기독교 사회연합당(PUS)과 합세하는 배반극을 연출한다. 한편 피가레스 대통령은 96년 7월, 통신 인프라의 근대화, 도로망 개선, 보건 교육분야의 강화, 연금제도 개선 등 일련의 정책을 추진하기 위해 일부 내각을 교체하였다.

이 나라의 산업은 농, 목축업이 중심으로 전체 수출액의 60%를 농산물이 차지하고 있다. 최근 정부는 산업의 다각화와 공업화 중심의 산업구조 조정에 박차를 가하고 있다.

☞ 사회와 문화

중남미에서는 드물게 보는 백인의 나라로 스페인 출신의 농업 이민족들에 의해 개척되었다. 따라서 사회분위기가 다른 중남미 나라들과는 달리 유럽적이다.

국민성은 평화를 사랑하고 소박한 편. 군대가 없는 대신 교육 열의가 대단히 높아 의무교육 제도가 잘 보장되어 있다. 그리고 전 대통령인 아리아스는 중미 5개국 정상회담을 통해 '에스키 풀라스 2' 평화안을 관철시켜 87년 노벨 평화상을 받기도 했다.

최근 미국으로 밀수출되는 코카인의 중개지로 알려져 세인의 이목이 집중. 의무교육 9년에 전액 무료, 문맹률은 0.3%이다.

파나마 공화국
(Republic of Panama)

— 독립일 : 1903년 11월 3일, UN 가맹일 : 1945년 11월 13일(창설 가맹국) —

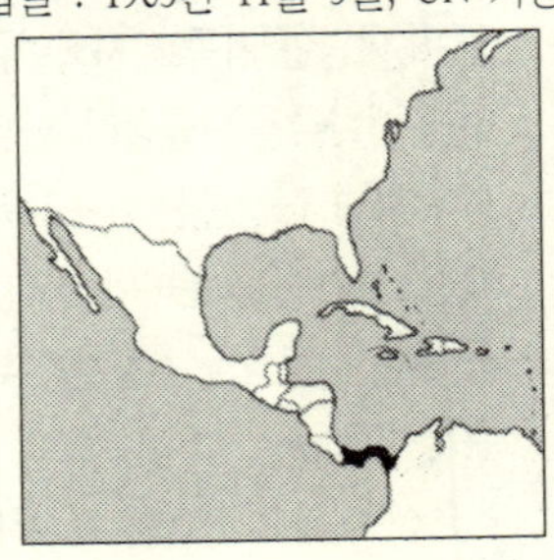 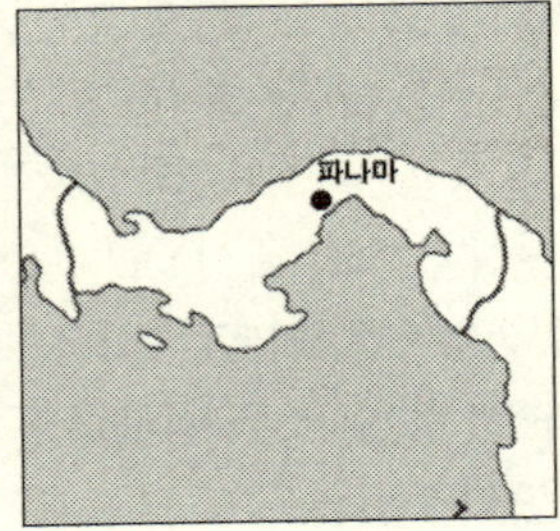

☞ 주요 통계 자료

·면 적	7만 7082㎢
·인 구	270만 명(95년)
·수 도	파나마(Ciudad de Panama) 인구 41만 명(94년)
·주요 도시	다비드, 콜론
·주요 민족	메스티조(65%), 흑인(13%), 백인(11%), 원주민(10%)
·언 어	스페인어
·종 교	카톨릭
·정치 체제	공화제 대통령 중심제
·헌 법	1972년 10월 제정 83년 5월 대폭 개정
·국가 원수	대통령 에르네스토 페레스 발라다레스(Ernesto Perez Balladares) 직선제 임기 5년 94년 9월 1일 취임 연속집권 금지
·의 회	1원제 72의석 직선제 임기 5년
·내 각	대통령이 임명 총리 없음
·주요 정당	민주혁명당, 아르눌피스타당, 기독교민주당
·국민총생산	72억 달러(95년)
·1인당 GNP	2720달러(95년)
·통화 단위	발보아(Balboa). 미 달러와 등가. 달러도 유통
·주요 자원	농, 수산물
·주요 공산품	식료품
·주요 농산물	바나나, 사탕수수
·무 역	수출 5억 9300만 달러, 수입 23억 3700만 달러(95년)

(자료원 : World Yearbook 97/중남미 경제보고서)

☞ 자연 환경

　이 나라는 북미와 남미를 연결하는 접점 지역. 대서양과 태평양 사이에 길게 자리잡고 있다. 국토의 대부분은 산악지대이며 중앙에 파나마운하(미국정부 산하의 파나마운하위원회가 관리운영)가 있다. 기후는 고온 다습한 열대성 기후로 계절은 우계와 건계로 나뉘며 우계에는 스콜성 비가 내린다.

☞ 간추린 역사

　이 곳은 콜럼버스가 2차 항해 때(1501년) 발견한 이후 스페인의 식민지가 된다. 이후 1821년에 스페인으로부터 독립하여 콜롬비아의 한 주로 편입하지만 1903년에 파나마운하 건설문제를 놓고 콜롬비아 의회에서 반대하자 미국의 도움을 받아 독립을 달성한다. 이어 1914년에 파나마운하 개통.

　전통적으로 친미보수성향의 정권이 득세했다가 1964년 1월에 파나마운하 지역에서 발발한 폭동으로 미국과의 관계가 악화, 단교(斷交)하는 사태로까지 발전한다. 그러나 64년 4월에 미국과 국교를 회복하면서 파나마은하에 관한 조약을 체결, 현재에 이르고 있다.

☞ 정치와 경제

　이 나라 정치·경제는 파나마운하의 운명과 직결되어 있다. 운하 개통 당시 체결한 조약의 내용은 미국이 운하의 사용권과 지배권을 모두 독점하는 그야말로 불평등 조약 그 자체. 하지만 양국간에 긴 세월 동안의 협상 결과 79년 10월 미국이 1999년에 파나마운하의 관리 및 운영권을 파나마 정부에게 넘긴다는 것을 골자로 한 신조약을 체결한다. 따라서 90년대 들어 반환준비가 진행 중이다.

　한편 미국은 89년 12월 파나마 군부의 실세인 노리에가 장군을 축출하기 위해 파나마를 침공. 90년 1월 노리에가를 마약밀매 혐의로 체포. 미국으로 압송한다. 이를 계기로 파나마 내정은 친노리에가파와 반노리에가파로 나뉘어져 혼란을 겪는다. 이후 친미성향의 엔다라 대통령이 집권. 이후 94년 5월 대선에서 군정을 지지했던 민주혁명당의 발라다레스 후보가 새 대통령에 취임한다. 그는 96년 6월, 대선 당시 콜롬비아의 마약밀매조직으로부터 선거자금을 받았다고 인정하지만 파나나 검찰은 이를 입증할 만한 증거가 없다고 발표.

　파나마경제는 파나마운하를 배경으로 자유무역지대를 설정, 상업 및 금융업을 주요 산업으로 발전해 왔다. 하지만 대부분 미국자본에 의해 운영되고 있으며 파나마 주민 대부분은 농수산업에 종사하고 있다.

☞ 사회와 문화

　파나마인의 일반적인 기질은 지리적 환경의 영향으로 무척 개방적이며 후안무치(厚顔無恥)라 할 만큼 자기주장이 강하다.

바 하 마
(Commonwealth of the Bahamas)

— 독립일 : 1973년 7월 10일, UN 가맹일 : 1973년 9월 18일 —

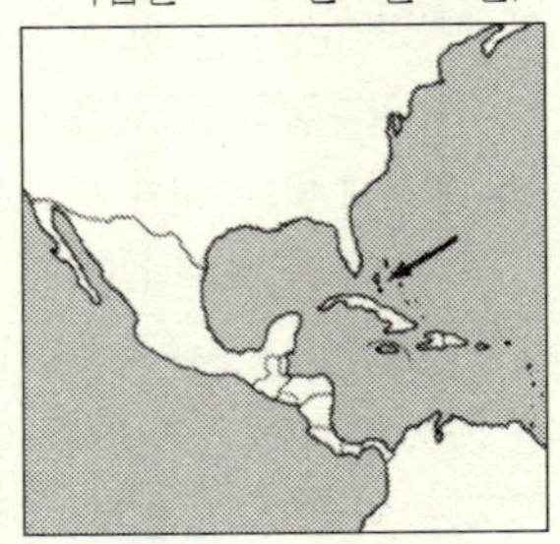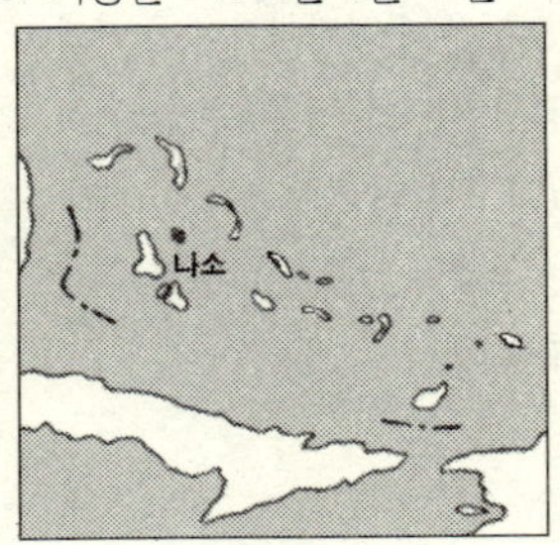

☞ 주요 통계 자료

·면　　　적	1만 3939㎢
·인　　　구	28만 명(95년)
·수　　　도	나소(Nassau) 인구 18만 명(95년)
·주요 도시	앤드로스타운
·주요 민족	흑인(85%), 백인(15%)
·언　　　어	영어(공용어)
·종　　　교	영국성공회, 카톨릭, 개신교
·정치 체제	입헌 군주제 의원 내각제
·헌　　　법	1973년 7월 제정
·국가 원수	영국 여왕 엘리자베스 2세(Elizabeth Ⅱ) 총독 오빌 턴퀘스트(Orville Turnquest)
·의　　　회	2원제 상원(16의석) 하원(49의석) 둘 다 임기 5년
·내　　　각	총리는 국회에서 다수당의 당수를 총독이 임명 총리 휴버트 알렉산더 잉그레햄(Hubert Alexander Ingraham) 92년 8월 취임
·주요 정당	자유국민운동당, 진보자유당
·국민총생산	32억 700만 달러(94년)
·1인당 GNP	1만 1790달러(94년)
·통화 단위	바하마 달러(Bahamas $) 미국 달러와 등가
·주요 자원	수산물, 관광자원
·주요 공산품	화학제품, 식품가공
·주요 농산물	야채류
·무　　　역	수출 6억 9730만 달러, 수입 17억 9920만 달러(95년)

(자료원 : World Yearbook 97／바하마 중앙은행)

☞ 자연 환경

이 나라는 미국 플로리다반도 동남쪽 해안 약 90km 떨어진 지점에 자리잡고 있다. 약 700여 개의 섬과 2000여 개의 산호초(또는 암초)로 이루어져 있으며 이 중 사람이 살 수 있는 섬은 30여 개에 지나지 않는다.

수도 나소가 있는 뉴프로비던스 섬은 천혜의 항구로 이 나라 정치·경제의 중심지로 국제공항도 갖추고 있다. 또한 주변 경관이 좋아 관광지로도 유명하다. 기후는 해양성 열대 기후로 습도는 높지만 바다 바람의 영향으로 무척 시원하다.

☞ 간추린 역사

1492년 콜럼버스에 의해 발견되어 신대륙 개척의 단초를 제공한 곳. 하지만 처음 이 곳에 발을 들여놓은 스페인 세력은 식민지 경영에 흥미를 보이지 않는다. 그래서 이 지역은 17세기 후반 해적의 근거지로 자리잡는다. 하지만 1783년 베르사유조약을 통해 영국이 이 곳의 영유권을 확보한다. 이후 영국의 식민지로 있다가 1964년 자치권을 획득하고 69년에 자체 헌법을 제정하였으며 1972년에 총선거를 거쳐 이듬해 완전 독립을 달성한다.

☞ 정치와 경제

이 곳은 영연방 내의 입헌군주국으로 국가원수는 영국 여왕인 엘리자베스 2세로 되어 있다. 정치 형태는 의원내각제이며 의회는 이원제(상원 16석, 하원 49석)로 꾸려지고 있다. 독립 이래 계속해서 진보자유당이 정권을 잡고 있다.

외교관계는 전통적으로 영국, 미국 등 친서방 노선이 기본 축으로 하고 있으며, 현재 카리브 공동체·공동시장(CARICOM)의 주요 멤버로 활약 중이다. 그리고 중남미로부터 미국으로 수출되는 마약 중계지 역할을 하고 있기도 하다.

바하마의 주요 산업은 관광업과 은행업. 특히 관광업은 국가수입의 반을 차지하고 있다. 또한 외국법인 세금우대정책을 택하여 국제적인 금융센터로 등장하였다.

농업은 야채재배를 주로 하고 있으며 식량은 전량 수입에 의존한다. 경제문제에 관한 바하마 정부의 최대 고민은 최근 늘어나는 실업문제와 식량문제이다.

☞ 사회와 문화

전체 인구의 85%가 흑인이며 대부분 기독교를 신봉하고 있다. 종파는 주로 영국 성공회.

전통적인 관광국답게 레저시설이 잘 갖추어져 있으며 미국의 마이애미와 나소를 연결하는 정기 순항선도 운항되고 있다. 9년 동안의 의무 교육제가 실시되고 있으며 문맹률은 5% 이하로 낮은 편이다.

쿠바 공화국
(Republic of Cuba)

― 독립일 : 1902년 5월 20일, UN 가맹일 : 1945년 10월 24일(창설 가맹국) ―

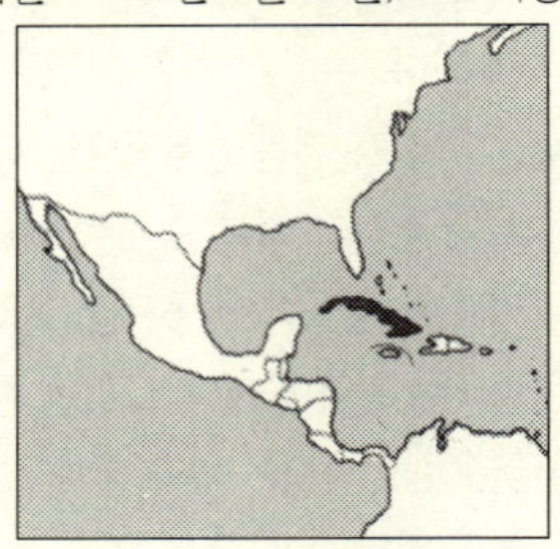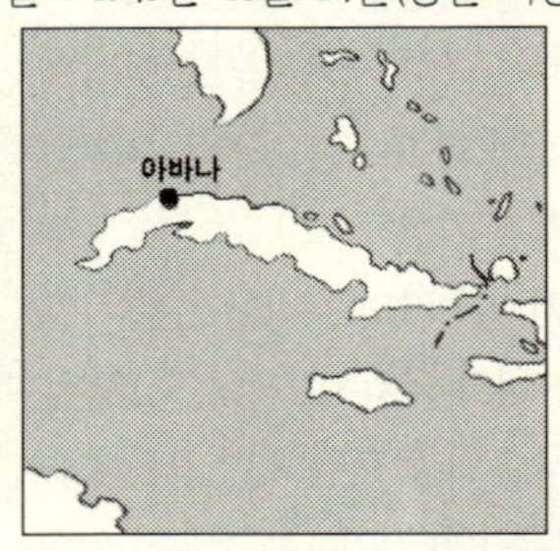

☞ **주요 통계 자료**

·면　　　적	11만 860㎢
·인　　　구	1104만 명(95년)
·수　　　도	하바나(Habana) 인구 210만 명(95년)
·주요 도시	산티아고데쿠바, 카마구에이, 오르긴, 콴타나모, 산타클라라
·주요 민족	백인(25%), 혼혈(60%), 흑인(15%)
·언　　　어	스페인어
·종　　　교	카톨릭
·정치 체제	공화제 공산당 1당 독재
·헌　　　법	1976년 2월 24일 시행 92년 7월 일부 개정
·국가 원수	국가평의회 의장 피델 카스트로 루즈(Fidel Castro Ruz) 국회에서 선출 임기 5년 93년 3월 4기째 취임
·의　　　회	1원제(인민권력전문회의) 589의석 직선제 임기 5년
·내　　　각	각료평의회 의장은 국가평의회 의장
·주요 정당	쿠바 공산당
·국민총생산	128억 6830만 달러(94년)
·1인당 GNP	1174달러(94년)
·통화 단위	페소(Peso). 1달러=1페소(96년말 공정)
·주요 자원	코발트, 니켈, 철광석, 관광자원
·주요 공산품	제당, 통조림, 섬유류
·주요 농산물	담배, 오렌지, 사탕수수
·무　　　역	미국의 경제봉쇄조치로 대외거래 부진

(자료원 : World Yearbook 97／중남미 경제보고서)

☞ 자연 환경

카리브해 서인도 제도 중에서 가장 큰 섬인 쿠바 섬을 비롯해 노스 섬 등 약 1600여 개의 섬으로 이루어진 섬나라이다. 쿠바의 지형은 대부분이 기름진 옥토의 평탄한 평지로 구성되어 있다.

기후는 아열대 해양성 기후로 기온은 높지만 바다바람의 영향으로 더운 느낌은 없다.

☞ 간추린 역사

쿠바는 1511년에 스페인에게 정복강한 후 4세기 동안 식민지 지배를 받는다. 그리고 1898년 미국과 스페인간의 전쟁 결과 체결된 파리조약에 따라 미국의 보호령으로 바뀐다. 이후 1934년 미국이 스스로 내정 간섭권을 철회함에 따라 독립국이 된다.

쿠바는 일찍부터 미국자본에 의해 발달한 나라로 1890년대부터 진출하기 시작한 미국자본은 1930년대 이르러 쿠바 국내의 모든 기간산업과 공익사업을 잠식하기에 이른다.

이를 배경으로 등장한 것이 바로 쿠바의 바티스타 정권이다. 바티스타는 미국자본을 배경으로 마키아벨리식 정치를 통해 독재자로 군림한다.

50년대 들어 매판자본의 수탈과 독재정치에 환멸을 느낀 민심이 차츰 이탈하기 시작, 1953년에 카스트로의 게릴라 활동이 본격적으로 전개된다. 6년 동안의 내전 결과 1959년 1월 바티스타 정권이 붕괴되고 카스트로 혁명정권이 수립된다.

카스트로 신정부는 사회주의 노선에 따라 미국자본을 일소하고 모든 경제체제에 대해 개혁을 단행한다. 그리고 지금까지 민족주의적 사회주의 노선을 견지하고 있다.

☞ 정치와 경제

쿠바는 중남미 유일의 공산주의 국가로 공산당이 모든 정치권력을 쥐고 사회를 이끌어나가고 있다. 60년대 소련 미사일 설치문제를 놓고 파문을 낳은 이후 미국을 비롯한 중미 제국들과 외교가 단절된 상태이다.

하지만 90년대 동구권의 민주화 열기에 편승하여 쿠바 내에서도 자유화 요구가 일어나고 있다.

또한 최근 들어 생필품조차 원활히 공급되지 못할 정도로 경제문제가 심각해 미국으로 탈출하는 난민들이 속출하고 있다.

이에 따라 쿠바 당국은 탈출자들에 대한 감시를 강화하는 한편, 국내 반정부 인사들에 대한 탄압의 강도를 더욱 높이고 있다. 비근한 예로 96년 2월 미국 플로리다에 거점을 두고 있는 반카스트로 조직인 '구조의 동포'측 소형기 2대를 영공을 침범했다는 이유로 격추. 이 조직은 지난 90년부터 난민들을 비행기로 구원하는 활동을 펼쳐왔는데, 이 사건으로 말미암아 미 당국은 쿠바에 대한 제재조치를 더욱 강화한다.

또한 지난 96년 2월에는 쿠바 내 반정부 연합조직인 '쿠바회의'가 집회를 열려 하자 미정부가 지원하는 반정부활동으로 규정하여 이 회의 구성원 50여 명을 긴급 구속한다.

주요 산업은 농업이며 특히 사탕수수 재배는 세계적으로 유명하다. 최근에 들어서는 미국의 경제제재 조치로 심각한 경제난을 겪고 있다.

이에 따라 쿠바 당국은 자국 내에 자유무역지구와 공업단지 설치를 발표. 미국의 제재 조치에 대항 적극적인 외국자본 유치에 나서고 있다.

☞ 사회와 문화

세간은 쿠바 섬을 '카리브해의 흑진주'라 부른다. 그만큼 경관이 아름답고 땅이 기름지기 때문이다. 주민의 다수는 백인이다. 하지만 혁명을 전후로 중상류 계층의 백인 약 70만 명이 국외로 빠져나가는 바람에 상대적으로 흑인의 비중이 높아졌다. 쿠바의 국민성은 대단히 활달하며 운동경기에 탁월한 재능을 지니고 있다. 특히 야구와 복싱은 세계 최고의 수준을 자랑한다.

자 메 이 카
(Jamaica)

— 독립일 : 1962년 8월 6일, UN 가맹일 : 1962년 9월 18일 —

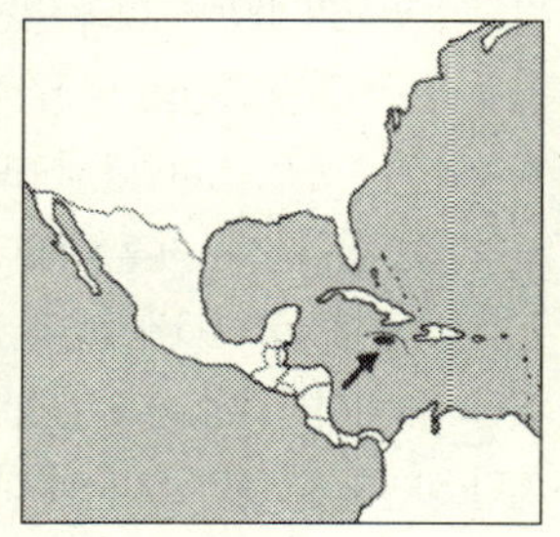 

☞ 주요 통계 자료

·면　　적	1만 991㎢
·인　　구	254만 명(95년)
·수　　도	킹스턴(Kingston) 인구 73단 명(95년)
·주요 도시	스페니시타운, 몬테고베이
·주요 민족	흑인(77%), 혼혈(15%), 인도계(3%), 백인(3%)
·언　　어	영어(공용어)
·종　　교	개신교(75%), 그 밖에 카틀릭, 포크마니아(아프리카 원시종교)
·정치 체제	입헌 군주제 의원 내각제
·헌　　법	1962년 8월 6일 공포
·국가 원수	영국 여왕 엘리자베스 2세(Elizabeth Ⅱ) 총독 하워드 쿡크(Howard Cooke)
·의　　회	2원제 상원(21의석) 하원(60의석) 모두 임기 6년
·내　　각	하원 다수당 당수를 총리로 임명 총리 퍼시발 J 패터슨(Persival J. Patterson) 92년 3월 취임
·주요 정당	인민국가당, 자메이카 노동당, 국민민주운동
·국민총생산	38억 달러(95년)
·1인당 GNP	1510달러(95년)
·통화 단위	자메이카 달러(Dollar). 1달러=34J$(97년 1월)
·주요 자원	보크사이트, 알루미늄, 관광자원
·주요 공산품	알루미늄 관련 제품, 제당
·주요 농산물	사탕수수, 바나나, 커피
·무　　역	수출 14억 6250만 달러, 수입 20억 5000만 달러(95년)

(자료원 : World Yearbook 97/자메이카 중앙은행/중남미 보고서)

☞ 자연 환경

자메이카는 쿠바 동남쪽 카리브해 상에 떠 있는 섬나라로 화산섬이며, 동부에는 해발 2258m의 풀마운틴 산이 있다. 지형은 전반적으로 산지가 많은 편이다. 변화가 많은 해안선을 따라 아름다운 경관을 자랑하는 곳이 많아 세계적인 관광지로 유명하다.

기후는 열대성 해양 기후로 연중 기온이 20℃ 밑으로 내려가는 경우가 드물다. 하지만 산간지역의 경우 서리가 내릴 때도 있다.

☞ 간추린 역사

1494년 콜럼버스에 의해 발견된 이후 스페인의 식민지로 전락. 이후 1670년 마드리드 조약에 따라 영국이 지배권을 확보하여 아프리카 노예들을 데리고 와 본격적인 개발에 들어간다. 1838년 노예해방. 하지만 영국인 지배하의 사탕수수밭은 여전히 흑인 노예들에 대한 수탈이 계속되고 이에 격분한 노예들이 66년 반란을 일으키기도 했지만 실패, 영국은 66년부터 직접통치에 들어간다. 1944년 의회선거가 도입되면서 영국으로부터 자치권을 확보하고 이후 53년에 내각책임제가 도입되며 59년에 본격적인 자치정부가 출범한다.

한편 1958년에 여타의 영연방국들과 함께 서인도 연방을 결성. 연방은 1년도 못 가서 해체되고 자메이카는 62년 8월 카리브 연안국들 중 최초로 독립국이 된다.

☞ 정치와 경제

자메이카는 영연방가맹국이며 입헌군주국. 양당제(자메이카노동당과 인민국가당)가 확립되어 있으며 1976년 이래 인민국가당이 정권을 장악하지만 70년대 후반경제불안과 사상 최악의 홍수까지 겹쳐 인민국가당이 물러나고 노동당이 집권한다. 이후 자메이카는 비동맹노선을 견지하고 제3세계문제에 적극적으로 개입. 한때 미국과의 관계가 소원해지기도 했지만 80년대 말 인민국가당이 다시 정권을 잡으면서 대미관계를 정상화시킨다.

이 나라 주요 산업은 광업, 농업, 그리고 관광업. 특히 관광업은 이 나라 외화벌이의 주원천이다. 또한 지하자원 중 보크사이트와 알루미늄의 생산량은 세계 제2위.

91년부터 외국위착의 자유화, 국영기업의 민영화 등 국제통화기금(IMF)의 지도로 경제구조 조정에 착수한다. 그러나 자메이카 달러의 폭락, 물가상승, 고금리 등으로 경제자유화 정책은 현재까지 난항을 거듭하고 있다.

☞ 사회와 문화

대다수 주민은 아프리카계 흑인. 따라서 생활 속에 아프리카 토속문화가 배어 있으며, 국민성은 대단히 활달하며 친절하고 개방적인 편이다. 인종차별이 거의 없으며 여성의 지위도 높다. 특히 자메이카는 우리에게 레게음악의 본거지로 잘 알려져 있다.

아이티 공화국
(Republic of Haiti)

— 독립일 : 1804년 1월 1일, UN 가맹일 : 1945년 10월 24일(창설 가맹국) —

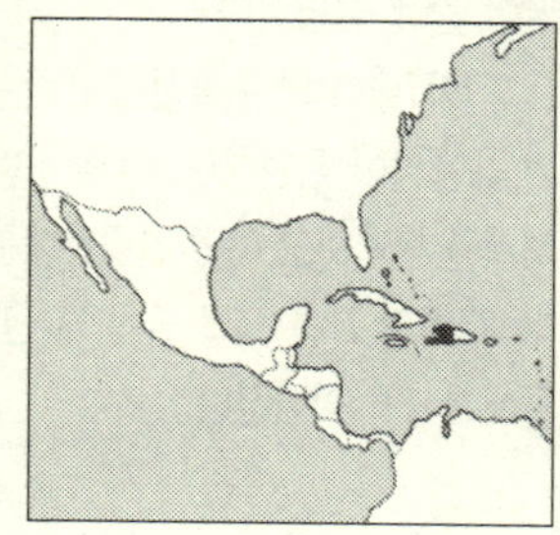

☞ 주요 통계 자료

·면　　　적	2만 7750㎢
·인　　　구	718만 명(95년)
·수　　　도	포르토프랭스(Port au Prince) 인구 76만 명(93년)
·주요 민족	흑인(95%), 프랑스계와 흑인의 혼혈(5%)
·언　　　어	프랑스어, 크레오르어(둘 다 공용어)
·종　　　교	카톨릭(75%), 부두교(아프리카 토착신앙)
·정치 체제	공화제 대통령 중심제
·헌　　　법	1987년 4월 28일 시행
·국가 원수	대통령, 르네 프레발(Rene Preval) 직선제 임기 5년 96년 2월 7일 취임 연속 재선 금지
·의　　　회	2원제 상원(27의석 임기 6년) 하원(83의석 임기 4년)
·내　　　각	대통령이 총리 지명 총리 로스니 스마르트(Rosny Smarth)
·주요 정당	변혁과 민주주의 국민전선, 라프라스
·국민총생산	18억 달러(95년)
·1인당 GNP	250달러(95년)
·통화 단위	구르드(Gourde). 1달러＝15.26구르드(97년 1월)
·주요 자원	커피, 보크사이트
·주요 공산품	제분, 시멘트, 섬유류
·주요 농산물	커피, 사탕수수
·무　　　역	수출 1억 달러, 수입 4억 달러(95년)

(자료원 : World Yearbook 97／중남미 경제보고서)

☞ 자연 환경

카리브해상의 이스파뇨라 섬에 위치한 나라로 동쪽으로 도미니카 공화국과 국경을 맞대고 있다. 아이티란 옛날 인디언 용어로 '산간(山間) 토지'란 뜻이다.

전체 면적의 83%가 산악지대이다. 그러나 지난 세월동안 무차별한 벌목으로 황폐화된 민둥산이 많다. 기후는 열대성이며 건조한 편이다.

☞ 간추린 역사

1492년에 콜럼버스가 발견하였으며, 이후 스페인 식민지가 된다. 원래 이 곳에는 100만 명에 달하는 인디언 원주민이 살고 있었다. 하지만 스페인 세력의 가혹한 탄압으로 거의 멸족 지경에 처해 있다.

거의 2세기가 지난 다음 이 곳은 다시 프랑스 세력에 의해 지배당한다(1697년). 프랑스는 아프리카 흑인들을 대거 이 곳으로 이주시켜 국토 개발에 착수한다. 하지만 1791년 자유를 갈구하는 흑인들의 대반란이 있은 후 94년에 노예 제도 폐지된다. 또한 1803년에는 이 곳의 흑인세력이 프랑스군을 격퇴시키고 1804년에 독립을 선언, 라틴 아메리카 최초로 독립국이 된다.

이 때 데살린 장군이 황제로 즉위하였으나 2년 후 황제 암살사건이 발생한다. 이후 공화제를 선포하지만 내부분열로 아이티정국은 내란상태에 들어간다.

불안한 정국은 20세기에 접어들어서까지 지속된다. 1915년에 이 나라 대통령이 암살되는 사건을 계기로 미국이 개입. 1934년까지 미국이 강제 점령한다.

1957년에 의사 출신인 프랑수아 뒤발리에가 대통령에 취임한다. 이후 뒤발리에는 독재체제를 확립하고 64년에 종신대통령을 선언한다. 그리고 71년 그가 죽은 후 권좌는 그의 아들에게까지 이어진다.

☞ 정치와 경제

1980년에 접어들면서 뒤발리에 부자의 족벌체제에 대한 국민의 불만이 폭발하기 시작. 84년 5월에는 대규모 폭동이 발생하였으며 결국 아이티 사태는 86년 2월 대통령이 국외로 망명함으로써 진정된다.

이후 90년까지 2번의 쿠데타가 발생하는 등 우여곡절을 겪은 끝에 90년 12월 해방신학의 신봉자인 아리스티드 신부를 중심으로 한 민간정부가 출범한다. 하지만 91년 또다시 군부의 쿠데타로 아리스티드는 미국으로 망명. 이에 대해 UN은 민간정부의 복귀를 위해 아이티에 대한 경제제재 조치를 실시한다.

나아가 미군이 주체가 된 유엔의 다국적군이 아이티에 진주, 쿠데타의 주역 세드라 사령관은 파나마로 망명하고 아리스티드 대통령은 3년 만에 귀국하여 다시 복권하게 된다.

한편 95년 12월, 민정복귀 후 처음으로 실

시된 대통령 선거에서 라프라스(홍수)당의 지지를 얻은 프레바르 전 총리가 대통령으로 당선된다. 이로써 정식정부가 출범하게 되자 97년 4월 미군 등 유엔 다국적군도 철수한다.

아이티는 전통적인 농업국으로 주로 커피와 사탕수수를 재배하지만 생산성은 매우 낮은 편이다.

이 나라 국민의 75%가 빈곤층에 속하며, 실업률도 높아 40%에 달한다.

☞ 사회와 문화

아이티는 주민의 80%가 농업에 종사하는 전통적인 농업국으로 중남미에서 가장 빈곤한 나라이다. 주민들은 대부분 아프리카에서 건너온 흑인노예의 자손으로 주로 콩고와 기니아 출신들이 많다. 6세에서 12세까지를 의무교육으로 정해 놓긴 했으나 실제 초등학교 취학률은 25%에 불과하다.

도미니카 공화국
(Dominican Republic)

— 독립일 : 1844년 2월 27일, UN 가맹일 : 1945년 10월 24일(창설 가맹국) —

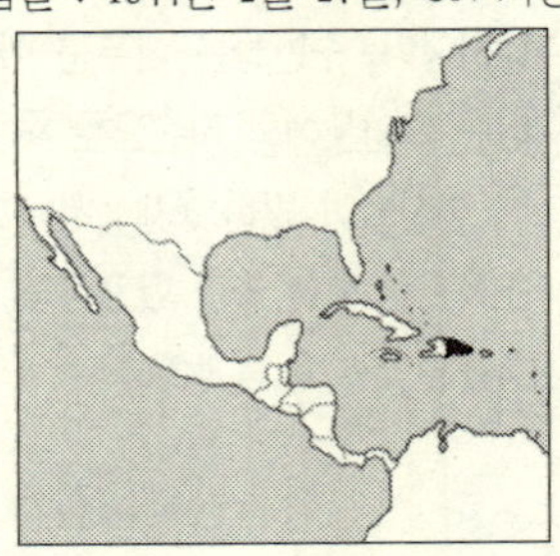 

☞ 주요 통계 자료

·면　　적	4만 8422㎢
·인　　구	791만 명(95년)
·수　　도	산토도밍고(Santo Domingo) 인구 214만 명(95년)
·주요 도시	산티아고, 라로마나
·주요 민족	흑인과 백인의 혼혈(73%), 백인(16%), 흑인(11%)
·언　　어	스페인어(공용어)
·종　　교	카톨릭(약 90%)
·정치 체제	공화제 대통령 중심제
·헌　　법	1966년 11월 28일 공포
·국가 원수	대통령 레오넬 페르난데스 레이나(Leonel Fernandez Reyna) 직선제 임기 4년 96년 8월 16일 취임 연속집권금지
·의　　회	2원제 상원(30의석) 하원(120의석) 직선제 임기 4년
·내　　각	대통령이 임명 총리 없음
·주요 정당	도미니카 혁명당, 기독교 사회개혁당, 도미니카 해방당
·국민총생산	114억 달러(95년)
·1인당 GNP	1460달러(95년)
·통화 단위	페소(Peso). 1달러=14.07(97년 1월)
·주요 자원	니켈, 보크사이트, 금, 은
·주요 공산품	식료품, 섬유류
·주요 농산물	사탕수수, 바나나, 코코아, 커피, 담배
·무　　역	수출 7억 4270만 달러, 수입 27억 670만 달러(95년)

(자료원 : World **Yearbook** 97/IDB 보고서)

☞ 자연 환경

아이티와 함께 이스파뇨라 섬에 있는 나라(섬의 2/3를 차지)로 국토는 산악지대가 대부분이며 산맥과 산맥 사이의 분지에 평야가 펼쳐져 있다. 기후는 아열대 해양성 기후. 특히 4,5월과 9월에는 허리케인의 엄습이 잦다.

☞ 간추린 역사

1492년 콜럼버스가 최초의 항해 때 발견한 곳. 이후 스페인의 식민지. 원주민이 살고 있었지만 정복자들과의 전투와 전염병으로 16세기에 이르러 완전 멸족한다. 이 곳에 프랑스 세력이 들어온 것은 17세기의 일. 1777년에 인근 아이티를 손에 넣고 계속 1795년에 이스파뇨라 전역을 접수한다. 하지만 1804년에 아이티가 독립하자 도미니카도 1804년에 독립을 선언. 이어 콜롬비아 연방의 시대를 거쳐 1844년에 공화국으로 완전 독립한다.

독립 후 도미니카는 정치적 혼란이 가중되면서 다시 외세의 침략을 받는다. 1861년에 재차 스페인이 식민지 통치를 감행 그리고 1916년에는 미국 해병대가 상륙하여 27년까지 11년 동안 군정을 펼친다. 이후 1930년에 라파엘 트루히요 대통령이 집권. 그는 61년에 암살될 때까지 30여 년 동안 독재체제로 일관하지만 그가 죽자 도미니카 정국은 또다시 혼란에 봉착, 좌우파 간의 내전으로 발전한다. 이에 대해 미국이 다시 개입, UN과 미주기구를 통해 임시정부가 수립되기도 한다.

☞ 정치와 경제

도미니카는 민주주의를 표방하는 입헌공화국. 국가원수는 국민의 직접선거에 의해 선출. 1978년에 야당인 안토니오 구스만이 대통령에 당선됨으로써 최초의 평화적 정권교체가 이루어진다. 이어 96년 5월 16일 대선에서 집권 여당이었던 기독교사회개혁당이 참패한 반면 야당인 혁명당과 해방당이 결선투표를 실시. 결국 혁명당 후보인 페르난데스가 승리. 새 대통령에 취임한다. 그는 집권하자마자 정치개혁에 착수. 부정부패를 막기 위해 공무원 봉급을 인상하고, 국영기업을 민영화하며, 또한 군, 경찰의 정치개입을 차단하기 위해 군경 간부 24명을 교체한다. 외교적으로는 반공을 기조로 미국과 긴밀한 관계를 유지. 따라서 미국에 대한 의존도가 매우 높은 편이다.

사탕수수 재배를 중심으로 한 전통적인 농업국으로 수출의 41%를 설탕이 차지. 최근 들어 지하자원 개발에 착수, 니켈, 금, 은 등의 수출에 총력을 경주. 1979년에 강력한 허리케인의 기습으로 사상 최대의 피해(10억 달러)가 발생. UN에 원조를 요청하기도 했다.

☞ 사회와 문화

도미니카 문화의 토대는 스페인풍이지만 최근 들어 교류가 많은 미국에 상당한 영향을 받고 있다. 국민성은 매사에 무척 적극적이면서도 밝은 편. 의무교육은 7세부터 14세까지 8년간(전액 무료)이며 문맹률 17% 내외이다.

세인트 크리스토퍼 네비스
(St. Christopher and Nevis)

— 독립일 : 1983년 9월 19일, UN 가맹일 : 1983년 9월 23일 —

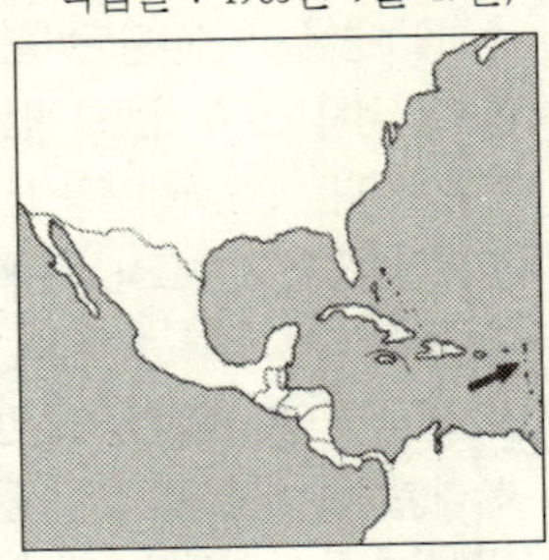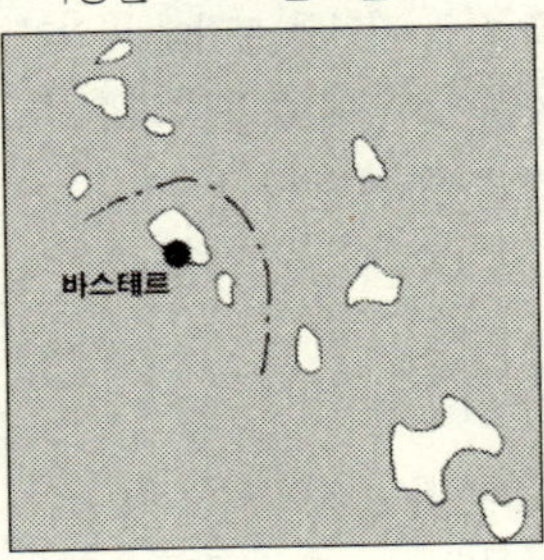

☞ 주요 통계 자료

·면　　　적	262㎢
·인　　　구	4만 명(95년)
·수　　　도	바스테르(Basseterre) 인구 1만 5000명(93년)
·주요 민족	흑인 및 흑인계 혼혈(97%), 백인(3%)
·언　　　어	영어(공용어)
·종　　　교	카톨릭, 영국 성공회
·정치 체제	입헌 군주제 의원 내각제
·국가 원수	영국여왕 엘리자베스 2세(Elizabeth Ⅱ) 총독 클리멘트 아린델(Clement Arrindell)
·의　　　회	1원제 14의석(이 중 총독임명 의원 3명) 임기 5년
·내　　　각	총리는 다수당 당수를 총독이 임명 총리 덴질 더글러스(Denzil Douglas) 95년 7월 발족
·주요 정당	노동당, 인민행동운동, 네비스 개혁당
·국민총생산	1억 9500만 달러(94년)
·1인당 GNP	4760달러(94년)
·통화 단위	동카리브 달러(EC Dollar). 1달러=2.70(97년 1월)
·주요 자원	열대농산물, 관광자원
·주요 공산품	식료품
·주요 농산물	사탕수수, 면화, 바나나
·무　　　역	수출 1억 1650만 달러, 수입 1억 5100만 달러(93년)

(자료원 : World **Yearbook** 97／중남미 경제보고서)

☞ 자연 환경

동카리브해의 리와드 제도 최북단에 위치한 세인트 크리스토퍼 섬과 네비스 섬으로 이루어진 나라. 전체 면적이 262㎢으로 우리나라 제주도의 약 1/7 밖에 안 된다(인구는 약 5만 정도). 해양성 기후로 대체로 온화한 편으로 연간 평균 기온이 25℃ 내외이다.

☞ 간추린 역사

이 나라는 1493년 콜럼버스의 2차 항해 때 발견된 곳으로 세인트 크리스토퍼 섬의 이름은 콜럼버스의 이름인 크리스토퍼에서 따온 것이다. 반면 네비스란 스페인어로 '하얀 눈'을 의미하는데 콜럼버스가 상륙할 당시 이 섬 전체가 하얀 구름에 가려 눈에 뒤덮인 것으로 오인한 데서 붙여진 이름이라고 한다.

1623년 서인도 제도에서 최초로 영국의 식민지가 되었다가 프랑스 세력의 등장으로 영, 불간에 영토 분쟁이 발발한다. 1783년 베르사유조약의 체결에 따라 이 곳은 영국의 식민지로 낙찰된다. 이후 1967년 '세인트 네비스 안틸라'라는 이름으로 자치권을 획득하고 83년 9월에 이르러 완전 독립을 달성한다.

☞ 정치와 경제

이 나라는 입헌군주국. 명목상의 국가원수는 영국 여왕인 엘리자베스 2세로 되어 있다. 의회는 선거에 의해 선출되는 10명의 의원과 총독이 임명하는 3명의 임명의원으로 구성된다. 한편 국가의 행정권은 내각의 수반인 총리가 쥐고 있다. 95년 7월 총선거에서 여당이었던 인민행동운동이 대패함에 따라 압승을 거둔 노동당의 더글러스 당수가 새로운 총리에 취임했다.

외교적으로는 인근 카리브 제국 및 영국과 특별히 밀접하며 카리브제국과 관련된 모든 기구(카리브 공동체, 카리브 개발은행 등)에 가맹하고 있다. 또한 영연방의 48번째 가맹국이며 UN의 158번째 승인국이기도 하다.

주요 산업은 농업과 관광. 특히 국가 수출의 60% 이상을 사탕수수가 차지하고 있다. 최근 이 나라 정부는 사탕수수에 대한 의존도를 탈피하기 위해 관광자원 개발과 경공업에 많은 관심과 투자를 기울이고 있다.

☞ 사회와 문화

인구는 수도가 있는 세인트 크리스토퍼 섬에 집중되어 있다(네비스 섬에는 1만 명 정도가 살고 있다). 또한 주민의 대부분은 흑인과 영국계 백인과 흑인 사이의 혼혈인으로 구성되어 있다.

앤티가 바부다
(Antigua and Barbuda)

— 독립일 : 1981년 11월 1일, UN 가맹일 : 1981년 11월 11일 —

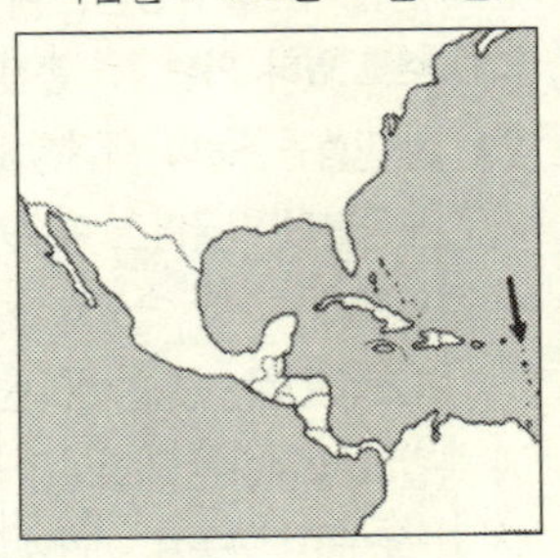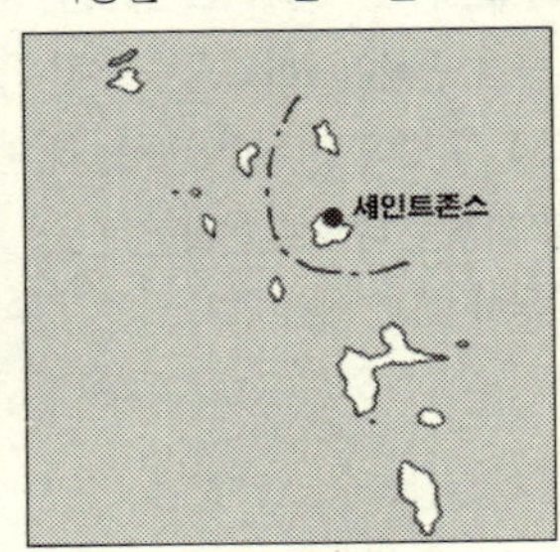

☞ 주요 통계 자료

·면　　　적	442㎢
·인　　　구	7만 명(95년)
·수　　　도	세인트존스(St. John's)　인구 2만 2000명(91년)
·주요 민족	흑인 및 흑인계 혼혈이 대부분 그 밖에 소수의 백인
·언　　　어	영어(공용어)
·종　　　교	카톨릭, 영국 성공회
·정치 체제	입헌 군주제 의원 내각제
·국가 원수	영국 여왕 엘리자베스 2세(Elizabeth Ⅱ) 총독 제임스 B. 칼리슬(James B. Carlisle)
·의　　　회	2원제 상원(임명 17의석) 하원(직선 17의석) 임기 5년
·내　　　각	총리는 하원 다수당 당수를 총독이 임명 총리 레스터 B. 버드(Lester B. Bird) 94년 취임
·주요 정당	앤티가 노동당, 통일진보당, 바부다 인민운동
·국민총생산	4억 5300만 달러(94년)
·1인당 GNP	6970달러(94년)
·통화 단위	동카리브 달러(EC Dollar). 1달러=2.70(97년 1월)
·주요 자원	수산자원, 관광자원
·주요 공산품	수산물 가공제품
·주요 농산물	면황, 야채, 과일류
·무　　　역	수출 4억 2910만 달러, 수입 4억 5730만 달러(93년)

(자료원 : World **Yearbook** 97／중남미 경제보고서)

☞ 자연 환경

동카리브해 북단에 자리잡고 있는 앤티가, 바부다, 레돈다 등 3개의 섬으로 이루어진 나라이다. 이 중 앤티가 섬은 리와드 제도에서 가장 큰 섬으로 남부에 화산지대가 펼쳐져 있다. 반면 레돈다 섬은 사람이 살지 않는 암초로 구성되어 있다.

기후는 열대성 기후이지만 북동 무역풍의 영향으로 여름철에도 시원한 바람을 만끽할 수 있다.

☞ 간추린 역사

1493년 콜럼버스의 2차 항해 때 발견된 이래 16세기와 17세기에 걸쳐 스페인과 프랑스의 식민지를 차례로 경험하게 된다. 이후 1667년에는 영국의 식민지령으로 귀착, 영국령 리와드 제도에 편입된다.

1958년 영국령 서인도연방이 수립되자 앤티가 바부다도 일원으로 가맹하지만 62년 연방이 해체되면서 영국으로부터 자치권을 획득하게 된다. 그리고 1967년에는 국방과 외교권을 제외한 모든 통수권을 행사할 수 있는 자치정부를 수립한다.

한편 1980년 총선거에서 그 동안 독립운동을 지도해온 앤티가 노동당(당수에 비어 버드)의 당수가 당선한다. 영국, 바부다, 앤티가 등 3곳을 대표하는 제헌의회가 소집되고 이듬해 11월에 완전 독립을 달성한다.

☞ 정치와 경제

이 곳 역시 영국 여왕을 국가원수로 받드는 입헌군주국. 의회는 2원제이며 보통직접선거에 의해 선출된 17명의 하원의원과 총독이 임명하는 17명의 상원의원으로 구성되어 있다. 주요 정당으로는 앤티가 노동당, 통일진보당, 바부다 인민운동 등 3당이 있다. 독립 이래 계속해서 앤티가 노동당이 집권하고 있다. 92년 비어 버드 전 총리가 공금유용혐의로 입건. 이에 그 후임으로 전 외무장관이었던 레스터 버드가 총리에 취임한다.

이 나라의 주요산업은 관광업, GDP의 40%를 차지하고 있다(고용인구의 60%가 관광관계 일에 종사하고 있다). 또한 농업 분야에선 면화와 사탕이 주로 생산된다. 최근 이 나라 정부는 관광사업에 지나치게 의존하고 있는 경제구조를 탈피하기 위해 농업생산력 육성에 역점을 주고 있다.

☞ 사회와 문화

전체 주민의 90% 이상이 흑인과 흑인계 혼혈인이다. 대부분 기독교 신자이며 특히 카톨릭과 영국성공회 교도가 많다.

수도 세인트존스는 수심이 깊은 천혜의 항구로 훌륭한 시설을 갖춘 국제공항도 구비하고 있다.

도미니카 연방
(Commonwealth of Dominica)

— 독립일 : 1978년 11월 3일, UN 가맹일 : 1978년 12월 18일 —

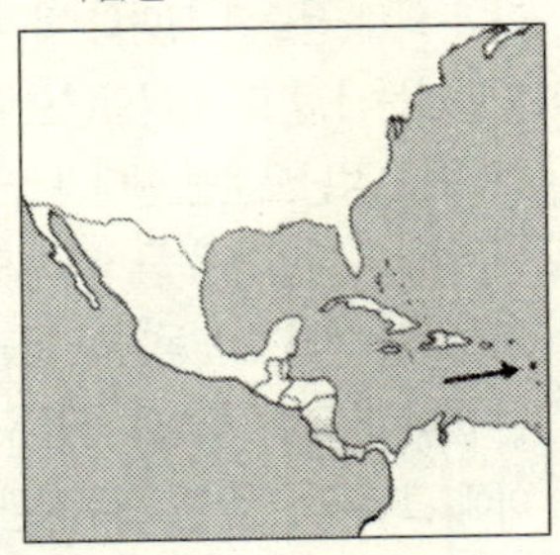
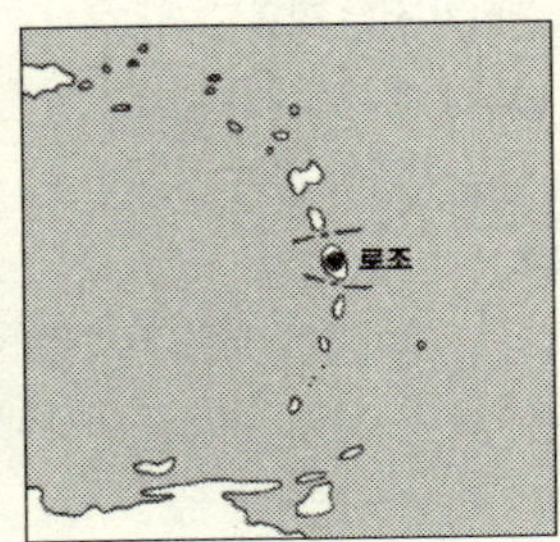

☞ 주요 통계 자료

·면　　적	752.7㎢
·인　　구	7만 명(95년)
·수　　도	로조(Roseau) 인구 2만 명(95년)
·주요 도시	마리고
·주요 민족	아프리카계 흑인(90%), 백인 및 시리아인(10%)
·언　　어	영어(공용어)
·종　　교	카톨릭, 영국성공회
·정치 체제	공화제 의원 내각제
·국가 원수	대통령 크리스핀 소하인도(Chrispin Sorhaindo) 국회에서 선출
·의　　회	1원제 31의석 임기 5년
·내　　각	총리 에디슨 제임스(Edison James)
·주요 정당	통일노동자당, 도미니카 자유당, 도미니카 노동당
·국민총생산	2억 100만 달러(94년)
·1인당 GNP	2830달러(94년)
·통화 단위	동카리브 달러(EC Dollar). 1달러=2.70(97년 1월)
·주요 자원	열대농산물
·주요 공산품	식료품, 약용비누
·주요 농산물	바나나, 땅콩, 포도
·무　　역	수출 8300만 달러, 수입 1억 7700만 달러(94년)

(자료원 : World **Yearbook** 97／중남미 경제보고서)

☞ 자연 환경

카리브해 윈즈워드 제도의 북단에 위치한 섬나라로 우리 나라 제주도의 약 절반 크기이다. 섬 곳곳에는 밀림이 우거져 있고 주변 해안에는 형형색색의 바위가 떠 있어 아름다운 경관을 자랑한다.

기후는 열대성 기후이지만 북동 무역풍이 열기를 식혀주어 여름철이라도 참기 힘들 정도의 더위는 없다.

☞ 간추린 역사

1493년 콜럼버스의 3차 항해 때 발견된 곳으로 17세기에 접어들면서 영국과 프랑스가 이 곳의 영유권을 놓고 치열한 각축전을 벌이다가 1748년 양국의 협상으로 중립지역이 된다. 하지만 이후에도 이 곳을 매개로 한 양국의 쟁탈전은 계속 전개되어 결국 지배권은 영국에게로 돌아간다.

1967년 외교와 국방을 제외한 모든 자치권을 획득하며, 1977년에는 제헌의회가 소집되고 영국이 이 곳의 독립을 승인함으로써 이듬해 11월에 완전 독립을 달성한다.

☞ 정치와 경제

도미니카 연방은 대통령 중심제의 공화국. 의회는 일원제이며 총원 31명 중 22명은 선거에 의해 선출되는 반면 나머지 9명은 대통령이 지명한다. 주요 정당으로는 도미니카 노동당과 도미니카 자유당. 전자가 일반 서민의 정당이라면 후자는 사회 상류층을 주요 기반으로 삼고 있다.

1980년 이후 3차례에 걸쳐 치른 총선에서 도미니카 자유당이 모두 승리, 찰스(여성) 총리가 집권하였으나, 지난 95년 선거에서 통일노동자당이 제 1 당으로 부상함에 따라 현재는 제임스 총리가 집권 중이다.

한편 이 나라의 경제는 농업과 관광업을 주요 산업으로 하며 주로 바나나를 비롯한 열대성 식물이 많이 재배되고 있다.

하지만 국토의 대부분이 산악지역이고 밀림이 많아 경제개발에 애로점이 많다. 이 나라 정부는 최근 자연경관을 이용한 관광사업에 노력을 집중하고 있다.

☞ 사회와 문화

이 나라는 오랜 동안 영국의 식민지였기 때문에 영국 문화의 잔재가 많이 남아 있다.

주민의 90% 이상이 아프리카 출신의 흑인이며 게다가 노예들이기 때문에 문화의 일면에는 아프리카 토속 문화의 색채도 섞여 있다. 국민성은 무척 활달하고 낙천적인 편이다.

세인트 루시아
(Saint Lucia)

— 독립일 : 1979년 2월 22일, UN 가맹일 : 1979년 9월 18일 —

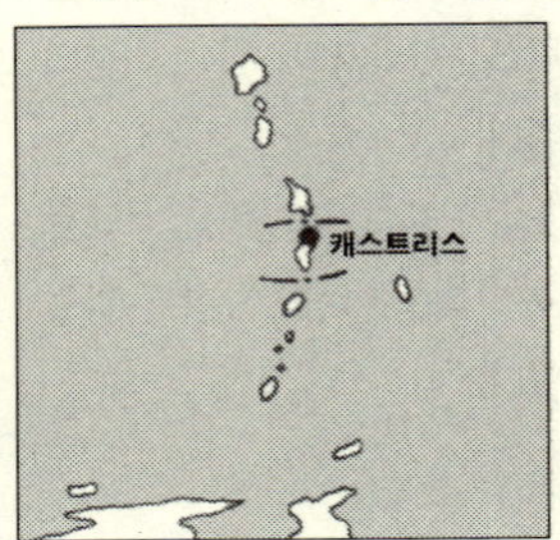

☞ 주요 통계 자료

• 면　　적	616㎢
• 인　　구	14만 명(95년)
• 수　　도	캐스트리스(Castries) 인구 약 5만 5000명(93년, 추정)
• 주요 민족	흑인(97%), 백인(3%)
• 언　　어	영어(공용어)
• 종　　교	카톨릭, 영국 성공회
• 정치 체제	입헌 군주제 의원 내각제
• 국가 원수	영국 여왕 엘리자베스 2세(Elizabeth Ⅱ) 총독 조지 매릿(George Mallet)
• 의　　회	2원제 상원(11의석 임명) 하원(17의석 직선제) 임기 5년
• 내　　각	총리는 하원 다수당 당수를 총독이 임명 총리 바우한 루이스(Vaughan Lewis) 96년 4월 취임
• 주요 정당	통일노동당, 세인트루시아 노동당
• 국민총생산	5억 100만 달러(94년)
• 1인당 GNP	3450달러(94년)
• 통화 단위	동카리브 달러(EC Dollar). 1달러=2.70EC$(97년 1월)
• 주요 자원	열대농작물, 관광자원
• 주요 공산품	식품가공제품, 주류
• 주요 농산물	바나나, 땅콩, 코코아, 사탕수수
• 무　　역	수출 1억 720만 달러, 수입 2억 6410만 달러(93년)

(자료원 : World Yearbook 97／중남미 경제보고서)

☞ 자연 환경

카리브해 동부, 소앤틸리스 제도(일명 '윈드워드 제도') 중부에 위치한 섬나라. 해안 주위로 화산맥이 뚜렷이 보이는 화산대이다.

기후는 열대성이지만 북동 무역풍의 영향으로 견디기 힘들 정도의 더위는 아니다. 계절은 건계와 우계, 두 철로 나뉜다.

☞ 간추린 역사

1502년 콜럼버스에 의해 발견된 곳으로 17세기 초반부터 영국과 프랑스 세력이 밀려와 이 곳의 영유권을 놓고 40년 동안 14번이나 충돌한다. 결국 1814년에 파리조약의 체결로 영국의 식민지로 낙찰되고 영국 본토의 직접 통치하에 놓인다.

이후 150년이 지난 1967년 3월, 영국으로부터 자치권을 획득하고 영국령 서인도연합주의 일부가 된다. 그리고 1978년 12월에 영국의회의 승인을 얻어 이듬해 2월에 완전 독립을 이룩하게 된다.

☞ 정치와 경제

영국 여왕이 국가원수로 있는 입헌군주국. 의원내각제에 의해 정국이 운영된다. 의회는 11명의 선임의원(상원)과 17명의 선출의원(하원)으로 구성되어 있다. 주요 정당으로는 통일 노동당(UWP)과 세인트루시아 노동당(SLP).

87년 4월에 있었던 총선에서 통일 노동당의 콤프튼 총리가 재집권, 이후 95년 연말 공금유용 혐의로 입건될 때까지 장기 집권한다. 집권여당인 통일 노동당은 콤프튼 총리 후임에 동카리브해 제국기구(OECS)의 사무총장이었던 루이스를 지명. 96년 4월에 총리에 취임한다.

외교관계는 주로 인근 카리브 제국 및 영국과 밀접한 편이며, 1974년 이래 카리브공동체 가맹국이기도 하다.

이 나라의 주요 산업은 열대작물을 중심으로 한 농업과 어업이다. 또한 관광사업도 이 나라 경제의 주요 수입원이다. 특히 이 곳에서 양조되는 럼주는 세계적인 명물이다.

☞ 사회와 문화

전체 국민의 97%가 아프리카계 흑인. 하지만 사회의 상류층은 3% 정도의 백인이 차지하고 있다. 종교는 대부분 카톨릭.

이 나라에는 대학이 없으며 고등학교도 공업기술학교 하나뿐이다. 수도 캐스트리스는 완전 기계화된 항구도시이다. 따라서 대형 외양어선들이 많이 정박한다.

바베이도스
(Barbados)

— 독립일 : 1966년 11월 30일, UN 가맹일 : 1966년 12월 9일 —

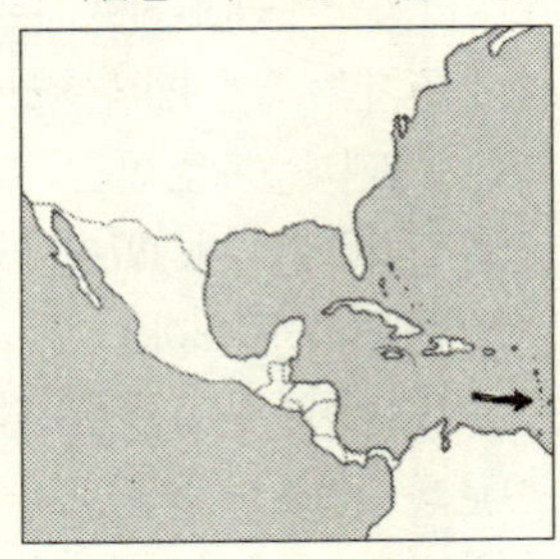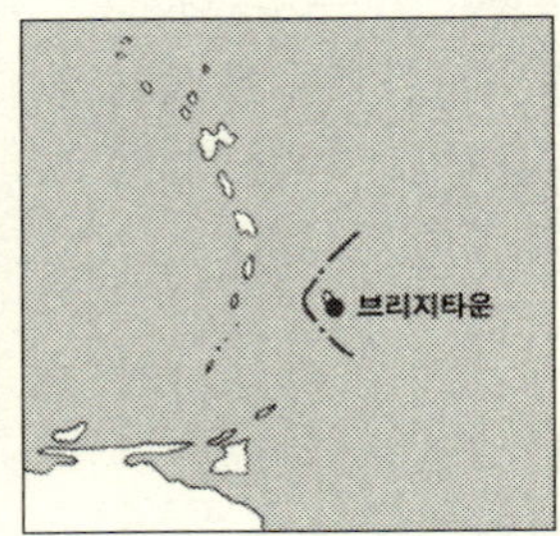

☞ 주요 통계 자료

·면　　　적	431㎢
·인　　　구	26만 명(95년)
·수　　　도	브리지타운(Bridgetown) 인구 12만 명(95년)
·주요 민족	흑인(89%), 혼혈(7%), 백인(4%)
·언　　　어	영어
·종　　　교	영국 성공회(전체 인구의 약 40%)
·정치 체제	입헌 군주제 의원 내각제
·헌　　　법	1966년 11월 시행
·국가 원수	영국 여왕 엘리자베스 2세(Elizabeth Ⅱ) 총독 클리포드 허스번스(Clifford Husbands)
·의　　　회	2원제 상원(21의석 총독이 임명) 하원(28의석 직선제) 임기는 모두 5년
·내　　　각	총독이 하원 다수당 당수를 총리로 지명 총리 오웬 아서(Owen Arthur)
·주요 정당	바베이도스 노동당, 민주노동당, 국민민주당
·국민총생산	17억 400만 달러(94년)
·1인당 GNP	6560달러(94년)
·통화 단위	바베이도스 달러(B$). 1달러=2.01B$(97년 1월)
·주요 자원	석유, 사탕
·주요 공산품	전기제품, 섬유류, 제당
·주요 농산물	면화, 사탕수수
·무　　　역	수출 1억 7600만 달러, 수입 6억 6670만 달러(95년)

(자료원 : World **Yearbook** 97／바베이도스 개발은행)

☞ 자연 환경

카리브해 서인도 제도의 동쪽 끝에 위치한 삼각형 모양의 섬나라로 크기는 우리 나라 거제도보다 조금 큰 정도. 지형은 북동부와 중앙일대는 고원지대이며 그 외에는 전반적으로 낮은 평지를 이루고 있다.

기후는 열대성이지만 북동 무역풍의 영향으로 심한 더위는 느낄 수 없다. 연간 평균 기온은 25℃ 내외이며, 강수량은 해안지역보다는 중앙의 고원지대가 많다.

☞ 간추린 역사

이 곳은 1627년 영국인 선원에 의해 처음 발견된 이후 52년에 영국의 식민지가 된다. 원래 소앤틸리스 제도 전역을 통치하는 행정상의 중심지 역할을 했던 곳. 1885년에 영국으로부터 독자적인 지위를 획득하고 1961년에 보통선거를 도입하여 의원내각제를 구성하며 이후 1958년에 인근 자메이카와 함께 서인도연방을 결성한다. 그러나 1962년 서인도연방이 해체됨에 따라 영국에 자치권을 요구. 이후 4년 동안 국내의 정치체제를 정비하고 66년에 제헌의회를 발족, 같은 해 11월30일 완전 독립한다.

☞ 정치와 경제

바베이도스는 영연방 가맹국이자 내각책임제 국가. 의회는 이원제. 상원 21명의 의원은 영국 여왕의 대리인인 총독이 임명하며 하원 28명의 의원은 국민들의 직접선거에 의해 선출된다. 주요 정당으로는 민주노동당과 바베이도스 노동당이 있다. 일찍부터 양당제가 확립, 정국은 안정되어 있는 편이다. 현재 바베이도스 노동당이 집권 중. 아서 총리는 최근 20%대에 이르는 실업률 해소를 위해 경제정책을 중요 과제로 채택. 외국자본 유치와 관광산업에 총력을 기울이고 있다.

외교적으로는 미국, 캐나다 및 영국과의 관계를 최우선으로 삼고 있으며 그 외에 인근 카리브 제국들과의 유대강화에 노력하고 있다. 남북한 동시수교국.

바베이도스의 주요 산업은 관광업과 사탕수수. 최근 들어 외국법인 우대정책을 통하여 국제적인 금융센터로서 등장하고 있다. 또한 인근 해역에는 석유와 천연가스가 발굴되어 국가경제에 한 몫을 톡톡히 하고 있다. 카리브해역의 국가들 중에서는 GNP가 상대적으로 높은 편에 속하는 나라이다.

☞ 사회와 문화

전체 인구의 89%가 흑인이며 주로 영국 성공회와 카톨릭을 신봉하고 있다. 카리브해역의 나라들 중 문맹률이 현저히 낮으며(5% 정도) 대학도 4개나 있다. 또한 세계적으로 도로확보율이 높기로 손가락에 꼽힌다. 마치 거미줄 같은 도로가 섬 전체를 뒤덮고 있다.

쎄인트 빈쎈트 그레나딘
(St. Vincent and the Grenadines)

— 독립일 : 1979년 10월 27일, UN 가맹일 : 1980년 9월 16일 —

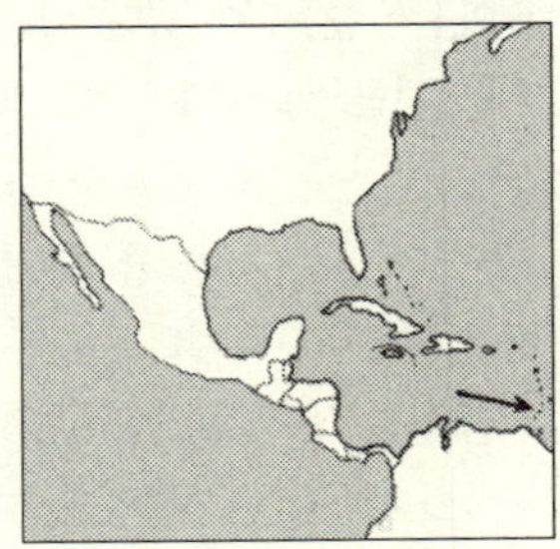

☞ **주요 통계 자료**

·면　　　적	389㎢
·인　　　구	11만 명(95년)
·수　　　도	킹스타운(Kingstown) 인구 2만 6500명(91년)
·주요 민족	흑인 및 혼혈(85%), 인도계(6%), 백인(3%)
·언　　　어	영어(공용어)
·종　　　교	영국 성공회, 카톨릭
·정치 체제	입헌 군주제 의원 내각제
·국가 원수	영국 여왕 엘리자베스 2세(Elizabeth Ⅱ) 총독 데이비드 잭(David Jack)
·의　　　회	1원제 21의석(이 중 총독 임명 의원 6명) 임기 5년
·내　　　각	총리는 다수당 당수를 총독이 임명 총리 제임스 미첼(James Mitchell) 94년 2월 3기째
·주요 정당	신민주당, 세인트빈쎈트 노동당
·국민총생산	2억 3500만 달러(94년)
·1인당 GNP	2120달러(94년)
·통화 단위	동카리브 달러(EC Dollar). 1달러=2.70EC$(97년 1월)
·주요 자원	열대농작물, 관광자원
·주요 공산품	식료품
·주요 농산물	바나나
·무　　　역	수출 5710만 달러, 수입 1억 3460만 달러(93년)

(자료원 : World **Yearbook** 97／중남미 경제보고서)

☞ 자연 환경

동카리브해의 소앤틸리스 제도 남방에 떠 있는 도서국가. 약 600여 개의 섬으로 이루어져 있으며 이 중 세인트빈센트 섬이 중심이다. 또한 이 일대는 아직도 화산활동이 활발한 곳으로 특히 세인트빈센트 섬의 스프레르 화산은 1902년에 대폭발, 약 2000여 명의 인명을 앗아갔으며 1979년에도 분화하여 섬의 1/3을 황폐화시켰다.

기후는 열대성. 하지만 북동 무역풍의 영향으로 심한 더위는 느낄 수 없다. 연간 기온분포는 18℃에서 32℃ 정도. 계절은 우계와 건계로 나뉜다.

☞ 간추린 역사

이 곳은 1498년 콜럼버스에 의해 처음 발견되었으며 이후 이 지역을 둘러싸고 영국과 프랑스간에 영유권 분쟁이 이어지다가 1783년 베르사유 조약에 따라 영국의 식민지로 귀착된다.

1833년 인근 바베이도스와 함께 윈드워드 통일정부에 소속되며, 바베이도스 총독의 관리하에 있다가 1958년에 서인도연방에 가입하고 이후 연방의 해체와 함께 69년 영국으로부터 자치권을 획득한다.

10년 동안의 준비 기간을 거쳐 제헌의회를 소집하고 1979년 영국의회의 승인을 받아 정식으로 독립한다.

☞ 정치와 경제

영연방에 가입된 입헌군주국. 의원내각제이며 의회는 일원제. 19명의 의원들로 구성되어(13명은 선거에 의해, 나머지는 총독이 임명) 있다. 노동당의 케이토가 집권하고 있었으나 89년 총선을 통해 야당인 신민주당이 정권 담당자로 등장한다. 현재까지 신민주당의 미첼 총리는 3기째 집권 중이다. 외교노선은 친서방 정책을 기조로 인근 카리브해 제국들과의 유대강화에 중점을 두고 있다. 또한 최근 베네수엘라와의 관계가 급진전되고 있다.

이 나라의 경제는 전통적으로 농업이 중심. 전체 노동력의 80%가 농업에 집중되어 있다. 주요 산물로는 바나나와 땅콩 및 산림자원. 하지만 79년 대규모 화산폭발로 국가 경제가 엄청난 타격을 입기도 했다.

☞ 사회와 문화

전체 인구의 85%가 아프리카 출신 노예들의 후손이다. 국민성은 대체적으로 대단히 밝고 개방적이며, 종교는 영국성공회와 카톨릭이 주종을 이루며 그 외에 기독교의 각 계파가 혼재되어 있는 양상이다.

수도 킹스타운은 전 인구의 30%가 밀집되어 있는 지역. 그러나 절대수는 고작 2만 6500명에 불과하다.

그 레 나 다
(Grenada)

— 독립일 : 1974년 2월 7일, UN 가맹일 : 1974년 9월 17일 —

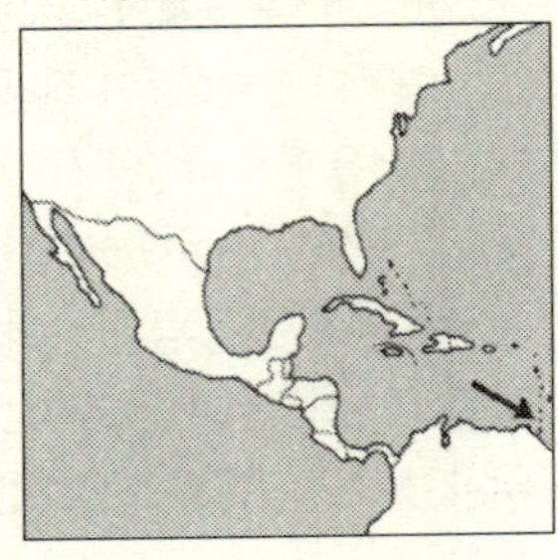
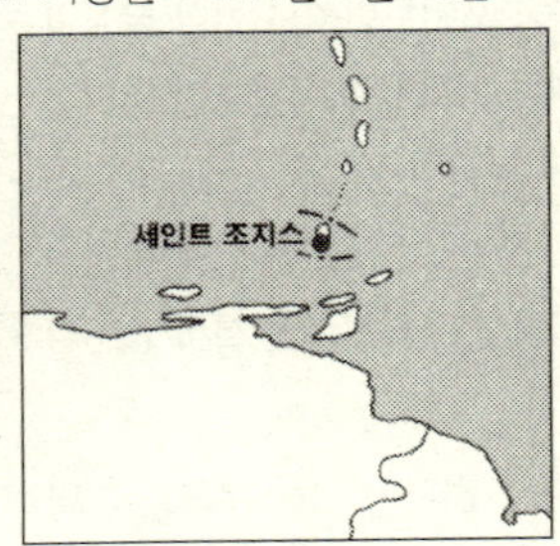

☞ 주요 통계 자료

·면　　　적	344㎢
·인　　　구	9만 명(95년)
·수　　　도	세인트조지스(St. George's) 인구 4만 3000명(94년)
·주요 민족	흑인(82%), 혼혈(13%)
·언　　　어	영어(공용어)
·종　　　교	영국 성공회, 카톨릭
·정치 체제	입헌 군주제 의원 내각제
·헌　　　법	1974년 2월 7일 시행
·국가 원수	영국 여왕 엘리자베스 2세(Elizabeth Ⅱ) 총독 다니엘 윌리엄스(Daniel Williams) 96년 8월 9일 취임
·의　　　회	2원제 상원(13의석) 하원(15의석) 임기 5년
·내　　　각	총리는 하원 다수당 당수를 총독이 임명 총리 키트 미첼(Keith Michell) 95년 6월 22일 발족
·주요 정당	신국민당, 국민민주회의, 그레나다 통일노동당
·국민총생산	2억 4100만 달러(94년)
·1인당 GNP	2620달러(94년)
·통화 단위	동카리브 달러(EC Dollar). 1달러=2.70EC$(97년 1월)
·주요 자원	어패류, 관광자원
·주요 공산품	식료품, 향신료
·주요 농산물	코코아, 바나나
·무　　　역	수출 2800만 달러 수입 1억 2000만 달러(94년)

(자료원 : World Yearbook 97／중남미 경제보고서)

☞ 자연 환경

이 나라는 카리브해 윈드워드 제도의 최남단에 있는 몇 개의 군소 섬으로 이루어져 있다. 주 섬인 그레나다 섬은 길이 34km, 폭 19km의 화산섬으로 섬의 중앙부는 모두 산지로 뒤덮여 있다. 기후는 열대해양성 기후지만 북동무역풍의 영향으로 시원한 편이다. 강수량은 해안지역(1000mm 내외)보다는 산간지역(3500mm 내외)이 많다.

☞ 간추린 역사

이 곳은 1498년 콜럼버스가 발견. 1665년 프랑스가 점령했다가 1783년에 베르사유조약에 의해 영국의 식민지가 된다. 1837년에 노예해방이 단행되고 1945년에는 행정원이, 그리고 51년에는 입법원이 차례로 설치되면서 나라의 기틀을 다진다. 1966년 외교와 국방권을 제외한 전 영역에서 영국으로부터 자치권을 획득하게 된다. 다음 해인 67년에는 서인도연방에 가입한다.

1961년에 국내의 정권을 장악한 그레나다 통일노동당은 국민들에게 독립을 호소하게 되고 이 결과 67년에 독립의 여부에 대한 선거를 실시, 국민의 2/3의 찬성을 얻어 영국 정부와 독립에 관한 교섭을 단행한다.

따라서 영국의회는 1973년 12월 그레나다의 독립을 정식으로 승인하고 이듬해인 74년에 완전 독립을 달성한다.

☞ 정치와 경제

그레나다는 영연방가맹국의 입헌군주국. 독립 후 통일노동당의 게이리가 집권했으나 79년 쿠데타에 의해 인민혁명정부가 수립된다. 혁명정부는 헌법을 정지시키고 사회주의 노선을 천명. 이에 대해 그레나다가 소련의 공군기지화될 것을 우려한 미국이 1984년에 전격적인 침공을 감행, 혁명정부를 축출하고 친미성향의 신국민당을 앞세워 혼란을 진정시킨다. 이후 90년 3월에 치러진 총선거에서 니콜라스 블레이스웨트가 이끄는 국민민주회의가 정권을 장악. 그러나 95년 6월 총선에서 국민민주회의의 경제정책 실패로 신국민당이 다시 제1당으로 부상, 미첼 정부가 들어선다.

이 나라의 주요산업은 농업과 관광업이며 코코아, 바나나 및 향료가 주로 재배된다. 최근 35%에 달하는 실업률과 계속적인 재정적자에 시달리고 있다.

☞ 사회와 문화

전체 국민의 95%가 흑인과 흑인계 혼혈로 구성되어 있다. 오랜 세월 영국의 식민지로 있었기 때문에 영국적인 분위기가 지배적이지만 아프리카 전통 문화의 잔재도 곳곳에 배어 있다.

주요 종교로는 영국성공회와 카톨릭. 또한 국민성은 대단히 밝고 개방적인 편이다.

트리니다드 토바고
(Republic of Trinidad and Tobago)

― 독립일 : 1962년 8월 31일, UN 가맹일 : 1962년 9월 18일 ―

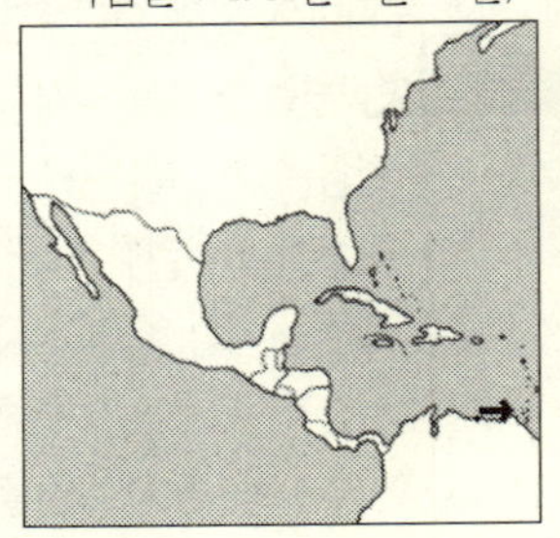

☞ 주요 통계 자료

·면　　적	5128㎢
·인　　구	131만 명(95년)
·수　　도	포트오브스페인(Port of Spain) 인구 6만 1000명(95년)
·주요 도시	산페르난도, 카낭
·주요 민족	흑인(41%), 인도계(41%), 혼혈(16%)
·언　　어	영어(공용어)
·종　　교	카톨릭, 영국 성공회, 힌두교, 이슬람교
·정치 체제	공화제 의원 내각제
·헌　　법	1976년 8월 1일 시행
·국가 원수	대통령 누아 모하메드 하사날리(Noor Mohammed Hassanali) 임시 5년 간선제 87년 3월 취임 2기째
·의　　회	2원제 상원(31의석 대통령 임명) 하원(36의석 직선제)
·내　　각	대통령이 하원 다수당 당수를 총리로 임명 총리 바스데오 팬디(Basdeo Pandy)
·주요 정당	인민민족운동당, 통일민족회의, 국가재건동맹
·국민총생산	49억 달러(95년)
·1인당 GNP	3720달러(95년)
·통화 단위	트리니다드 토바고 달러(TT$) 1달러=6.202TT$(97년 1월)
·주요 자원	석유, 천연가스
·주요 공산품	석유화학제품
·주요 농산물	사탕수수, 커피, 코코아
·무　　역	수출 24억 2790만 달러, 수입 17억 3790만 달러(95년)

(자료원 : World Yearbook 97 / 중남미 경제보고서)

☞ 자연 환경

이 나라는 카리브해 서인도 제도의 남쪽 끝에 위치한 트리니다드 섬과 토바고 섬으로 이루어져 있다. 트리니다드 섬은 녹음이 울창한 산지로 구성된 섬. 반면 토바고 섬은 기복이 심한 지형에 해안선도 복잡하다. 이 섬의 북서쪽은 산호초로 이루어진 철새의 낙원.

기후는 열대성이며 일교차가 심한 편이다. 야간 평균 기온이 23℃ 정도인 데 비해 낮의 기온은 30℃ 정도. 계절은 우계와 건계로 나뉘며 우계에는 스콜성 비가 세차게 내린다.

☞ 간추린 역사

1498년 콜럼버스가 트리니다드 섬을 먼저 발견. 처음에는 스페인의 영토였다가 1797년부터 영국의 식민지가 된다. 한편 토바고 섬은 1814년에 영국령으로 귀속. 1888년에 두 섬은 행정상 통합되어 이 때부터 영국령 '트리니다드 토바고'라는 이름을 갖는다. 1925년 이래 점차적으로 독립의 길을 걷기 시작하여 59년에 의원내각제가 도입. 61년에 의회가 구성되면서 대폭적인 자치권을 확보한다. 이후 1962년 영국으로부터 완전 독립을 달성한다.

☞ 정치와 경제

이 나라 역시 영연방 국가. 국가원수로 대통령이 따로 있고 행정권은 총리가 맡고 있다. 의회는 이원제(상원 31석, 하원 36석). 1956년 이래 인민민족운동당이 정권을 잡았으나 86년에 야당연합인 국가재건 동맹당이 집권. 그러나 인민민족운동당은 91년 선거에서 다시 재집권. 또한 이후 95년도에는 여야 모두 과반수 의석 확보에 실패, 17석의 통일민족회의와 2석의 국가재건당이 연합, 연립정권을 수립한다.

최대 고민은 아프리카계 흑인과 인도계 주민간의 인종문제로 빈부격차문제까지 가세해 해마다 심각한 노동쟁의가 일어난다. 트리니다드 토바고는 영연방국가이지만 외교적으로는 독자노선을 견지. 특히 카리브 공동체의 주창국으로서 주도적 위치를 차지하고 있다.

이 나라의 경제는 2차 대전을 계기로 급속하게 발전. 특히 석유산업이 국가수입의 상당량을 점하고 있다. 농업 생산물로는 사탕, 커피, 코코아 등이 생산되고 있다.

☞ 사회와 문화

이 나라는 인종적으로 매우 복잡한 양상을 띠고 있다. 사회지배층을 구성하고 있는 백인들 외에 흑인층과 인도인, 그리고 중국인들까지 가세. 따라서 문화적으로도 동서양의 각양각색의 풍속이 공존하고 있다.

종교는 카톨릭이 절대다수이며 힌두교, 이슬람교 등이 혼재하고 있다. 특히 이 곳은 칼립소 음악의 발상지로 스틸 밴드와 림보 댄스도 이 곳에서 시작되었다.

푸에르토리코
(Commonwealth of Puerto Rico)

— 정치적 위상 : 미국의 자치령 —

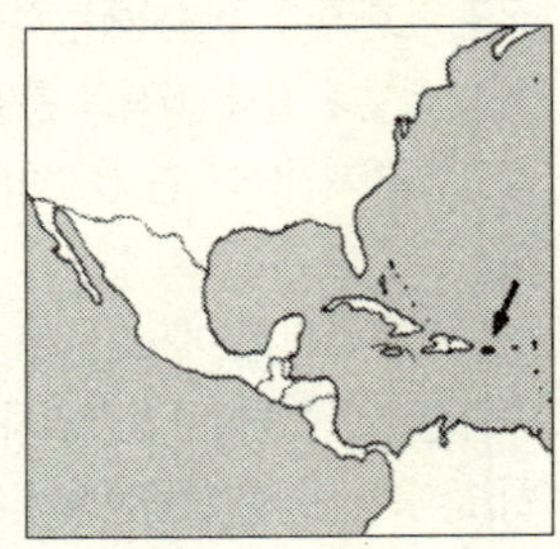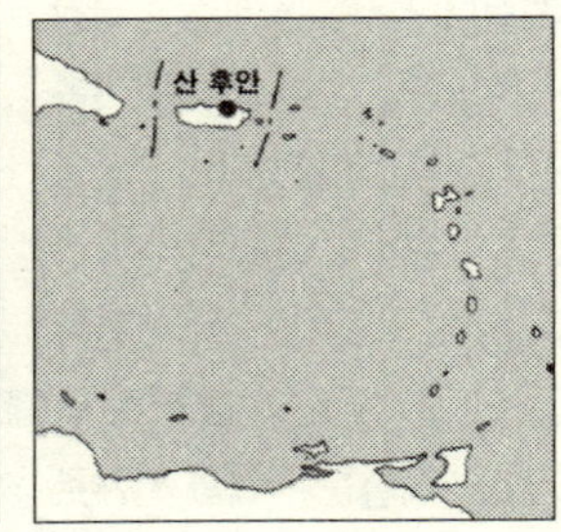

☞ 주요 통계 자료

·면 적	8959㎢
·인 구	367만 명(95년)
·수 도	산후안(San Juan) 인구 44만 9000명(91년)
·주요 도시	바야몬, 폰세
·주요 민족	원주민, 스페인계, 흑인의 혼혈이 대부분
·언 어	스페인어, 영어(둘 다 공용어)
·종 교	카톨릭
·정치 체제	미국의 자유연합주
·헌 법	1952년 시행(내정 자치권 획득)
·국가 원수	미국 대통령 빌 클린턴(Bill Clinton) 97년 1월 20일 2기 취임
·의 회	2원제 상원(27의석) 하원(53의석) 임기 4년
·내 각	자치주 지사 페드로 로셀로(Pedro Rossello) 직선제 임기 4년 97년 1월 2일 취임 2기째
·주요 정당	신진보당, 민주인민당, 푸에르토리코 독립당
·국민총생산	253억 1700만 달러(93년)
·1인당 GNP	7020달러(93년)
·통화 단위	미국 달러
·주요 자원	관광자원
·주요 공산품	전자, 전기부품, 석유화학, 의약품, 섬유류
·주요 농산물	사탕수수, 바나나, 파인애플

(자료원 : World Yearbook 97／미연방 통계청)

☞ 자연 환경

대서양과 카리브해의 경계선상에 위치한 섬나라로 섬의 중앙은 남북으로 산맥이 가로 놓여 있고 해안지역으로 평야가 펼쳐져 있다. 이 섬의 유래는 중생대 백악기에 있었던 조산 운동에 의해 생겨났다는 설이 있다. 하지만 지금은 분화할 여지가 있는 화산은 없다.

기후는 열대해양성. 일년을 통틀어 20℃에서 30℃까지의 기온분포를 나타낸다. 강수량은 섬의 남부에 비해 북부가 많다. 또한 간혹 허리케인이 찾아와 인명과 재산피해를 낳기도 한다.

☞ 간추린 역사

1493년 11월 콜럼버스의 2차 항해 때 발견한 곳으로 16세기 초 스페인의 점령지였다가 1898년 미국과 스페인 사이에 전쟁이 발발, 미국의 영토에 편입된다.

이후 1952년 미국의 자유연합주도 자치권 획득하였으며 군사, 외교권은 미국정부가 지니고 있지만 푸에르토리코 내정권은 자체 주민에게 주었다. 이 결과 이 나라의 주민은 미국의 연방주와는 달리 미국 내에서 시행되는 모든 선거에 일체의 투표권을 행사할 수 없다.

☞ 정치와 경제

1953년 미국의 아이젠하워 대통령이 푸에

르토리코의 독립을 인정할 용의가 있다는 성명을 발표했지만 국내의 위정자들에 의해 거부된다. 하지만 지금까지도 자국의 독립을 쟁취하려는 움직임은 여전히 남아 있다.

정체는 공화제이며, 국가원수는 민선에 의해 선출된 지사(知事)가 담당하고 있다. 의회는 이원제. 이 나라의 국민은 미국의 시민권을 지니고 있지만 투표권은 없다. 또한 미국은 일체 푸에르토리코의 내정에 간섭할 수 없는 반면 헌법을 개정하려고 할 때만 미국 정부의 승인을 받아야만 한다.

경제는 사탕수수 경작을 중심으로 한 모노컬처 구조. 이 밖에 식품, 섬유를 비롯한 경공업이 발달해 있다. 하지만 모든 산업이 미국의 주도하에 돌아가는, 이른바 미국에 종속된 경제구조를 지니고 있다.

☞ 사회와 문화

원래 이 곳의 원주민은 인디언이었으나 스페인 세력의 박해로 말미암아 지금은 명맥만 유지하고 있는 정도이다. 대신 미국으로부터 건너온 흑인 노예들이 많이 살고 있으며, 종교는 카톨릭이 대부분을 차지하고 있다.

이 곳은 특히 미국의 뉴욕시와 밀접한 관계가 있어 사회 지배층의 대부분이 뉴욕에 근거지를 두고 있는가 하면 이 곳 출신의 뉴욕주민도 100만 이상을 기록하고 있다.

남아메리카(South America)

■ 주요 통계 자료

▶ 총 면 적 ＊＊＊＊＊＊ 17,820,770㎢

▶ 전 체 인 구 ＊＊＊＊＊＊ 3억 2500만 명(95년 추계)

▶ 가장 높은 곳 ＊＊＊＊＊＊ 아콩카과 산(아르헨티나／해발 6,960m)

▶ 가장 낮은 곳 ＊＊＊＊＊＊ 발데스 반도(아르헨티나／해발 −40m)

▶ 가장 긴 강 ＊＊＊＊＊＊ 아마존 강(브라질／6,437㎞)

▶ 가장 큰 호수 ＊＊＊＊＊＊ 마라카이보 호(베네수엘라／13,512㎢)

▶ 가장 넓은 사막 ＊＊＊＊＊＊ 사하라 사막(9,064,958㎢)

▶ 가장 넓은 나라 ＊＊＊＊＊＊ 브라질(8,511,965㎢)

▶ 가장 인구가 많은 나라 ＊＊＊＊＊＊ 브라질(1억 4739만 3000명)

▶ 가장 인구가 많은 도시 ＊＊＊＊＊＊ 상파울로(브라질／948만 명)

콜롬비아 공화국
(Republic of Colombia)

— 독립일 : 1810년 7월 20일, UN 가맹일 : 1945년 11월 5일(창설 가맹국) —

☞ 주요 통계 자료

·면　　　적	114만 1748km²
·인　　　구	3510만 명(95년)
·수　　　도	보고타(Santa Fe de Bogota) 인구 503만 명(93년)
·주요 도시	칼리, 메데인, 발란켈라
·주요 민족	스페인계 백인과 원주민 간의 혼혈(58%), 백인(20%), 백인과 흑인 간의 혼혈(14%), 흑인(4%)
·언　　　어	스페인어
·종　　　교	카톨릭(95%)
·정치 체제	공화제 대통령 중심제
·헌　　　법	1991년 7월 6일 시행
·국가 원수	대통령 에르네스토 삼페르 피자노(Ernesto Samper Pizano) 직선제 임기 4년 94년 8월 7일 취임
·의　　　회	2원제 상원(102석) 하원(163석) 직선제 임기 4년
·내　　　각	대통령이 임명 총리 없음
·주요 정당	자유당, 보수당, 애국동맹, 민주연합M19
·국민총생산	703억 달러(95년)
·1인당 GNP	1900달러(95년)
·통화 단위	페소(Peso). 1달러＝998.50페소(96년 12월)
·주요 자원	석탄, 석유, 에메랄드, 금, 은, 백금
·주요 공산품	석유화학제품, 보석가공품
·주요 농산물	커피, 코코아, 면화, 담배
·무　　　역	수출 97억 6300만 달러, 수입 138억 6100만 달러(95년)

(자료원 : KOTRA 국가정보／콜롬비아 중앙은행／World Yearbook 97)

☞ 자연 환경

남미대륙의 북단에 자리잡은 나라로 국토의 서부는 안데스 산맥의 출발지점에 해당하며, 해발 3000m급의 연봉들이 줄지어 있는 반면 동부는 아마존 강의 지류와 더불어 광활한 초원과 밀림으로 뒤덮여 있다.

콜롬비아는 위도상으로 적도 부근의 열대권에 속하지만 기후는 표고에 따라 크게 4가지로 나뉜다.

해안과 평야지대는 고온 다습한 열대성 기후이며, 표고 1000m에서 1500m 사이의 지역은 연간기온이 20℃ 전후의 아열대성이다. 그리고 2000m 지역은 우리 나라 초봄의 날씨가 이어지며 3000m 이상의 지역은 일간 기온차가 심하고 눈이 내리기도 한다.

☞ 간추린 역사

콜롬비아는 16세기 초 콜럼버스에 의해 처음으로 발견된 이후 황금향(黃金鄕 : 엘도라도)이라 불리며 서구 정복자들의 구미를 당기게 했던 곳이다. 이 곳을 최초로 지배한 자는 스페인 세력이지만 이 땅의 원래 주인은 인디언들이었다.

18세기 후반부터 독립운동이 활발해지기 시작하여 1810년에 독립선언을 감행하고 19년에는 혁명군을 조직, 스페인군을 격파하고 실질적인 독립을 달성한다.

그리고 이 때를 기해 인근 파나마, 베네수엘라, 에콰도르를 포함하는 거대한 대콜롬비아 공화국을 수립하지만 1830년 베네수엘라와 에콰도르가 독립하고 1902년에는 파나마도 분리 독립. 이후 지금의 영토를 토대로 콜롬비아 공화국이 탄생한다.

☞ 정치와 경제

콜롬비아의 정치사는 오랜 세월 동안 자유당과 보수당의 갈등과 대립국면으로 이어진다. 양당은 1899년과 1948년 두 차례 내전까지 가는 격렬한 정치투쟁을 전개, 모두 30만 명 이상의 사상자를 발생시키기도 한다.

내전은 1958년 휴전협상으로 중단. 이후 양당은 4년을 주기로 번갈아 정권을 담당하기로 합의하였다. 이 제도는 74년까지 이어졌으며, 현재의 집권당은 자유당이다.

한편 94년에 실시되었던 대통령 선거 직후에 대통령에 당선된 삼페르 진영에게 세계 최대 마약조직인 칼리 카르텔(미국에서 소비되는 코카인의 8할을 제조, 밀수하는 콜롬비아에 거점을 두고 있는 마약조직)의 자금이 유입되었다는 의혹이 폭로되어, 세간의 관심이 집중되었다.

결국 95년 8월, 선거대책 본부장이었던 보테르 전 국방장관이 사임 후 구속되고, 대통령 당사자는 청문회에 나서게 되었다. 그러나 여기서도 삼페르 대통령은 끝까지 결백을 주장한다.

하지만 96년 1월 구속 중이었던 보테르

전 국방장관이 형무소에서의 인터뷰 자리에서 대통령이 마약조직의 자금을 받았다고 공식 실토해 버림으로써 한동안 잠잠했던 콜롬비아 정가는 특위를 가동하여 대통령의 부정사례에 대해 공식 수사를 하게 된다.

이에 궁지에 몰린 삼페르 대통령은 98년까지의 대통령 임기를 단축하여 사임할 것을 검토하고 있다는 입장을 표명하고 나섰다.

이 나라 경제의 주산업은 커피(세계 2위)로 수출의 약 60%를 차지하고 있으며 이 밖에 바나나, 에메랄드 등도 수출하고 있다.

☞ 사회와 문화

이 나라는 지리나 지형적 조건에 따라 거주하는 사람이나 성격이 각양각색이다. 해안지역과 평야지대에는 대체로 흑인과 흑인계 혼혈이 살며 비교적 낙천적이고 개방적인 성격을 지녔다. 반면 산간지역에는 원주민과 백인들이 거주하는데 대개 폐쇄적인 생활을 영위하고 있다. 또한 이 곳에는 1979년과 85년 두 차례에 걸쳐 큰 지진이 발생하여 수많은 인명을 앗아가기도 했다.

베네수엘라 공화국
(Republic of Venezuela)

— 독립일 : 1811년 7월 5일, UN 가맹일 : 1945년 11월 15일(창설 가맹국) —

☞ 주요 통계 자료

· 면　　적	91만 2050㎢
· 인　　구	2164만 명(95년)
· 수　　도	카라카스(Caracas) 인구 357만 명(93년)
· 주요 도시	마라카이보, 발렌시아, 마라카이, 바르퀘시멘토
· 주요 민족	원주민과 백인의 혼혈(66%), 백인(22%), 흑인(10%), 원주민(2%)
· 언　　어	스페인어
· 종　　교	카톨릭(89%), 개신교(2%)
· 정치 체제	공화제 대통령 중심제
· 헌　　법	1961년 1월 공포
· 국가 원수	대통령 라파엘 칼데라 로드리게스(Rafael Caldera Rodriguez) 직선제 임기 5년 94년 2월 2일 취임
· 의　　회	2원제 상원(53석) 하원(202석) 둘 다 임기 5년
· 내　　각	대통령이 임명 총리 없음
· 주요 정당	민주행동당, 기독교 사회당, 국민연합
· 국민총생산	655억 달러(95년)
· 1인당 GNP	3020달러(95년)
· 통화 단위	볼리바르(Bolivar). 1달러＝475.75Bs(97년 1월)
· 주요 자원	석유, 천연가스, 철광석, 다이아몬드, 금, 석탄
· 주요 공산품	석유화학제품, 철강제품
· 주요 농산물	면화, 야채류
· 무　　역	수출 176억 2700만 달러, 수입 107억 9100만 달러(95년)

(자료원 : KOTRA 국가정보／베네수엘라 중앙은행／World Yearbook 97)

☞ 자연 환경

베네수엘라는 카리브해 연안에 자리잡은 남미대륙 북단의 나라로 해안을 끼고 200여 개의 섬이 산재해 있다.

국토의 서부는 안데스 산맥의 일부를 이루고 있으며 4000m급의 고봉이 86개나 솟아 있다. 반면 남미 3대 강의 하나인 오리노코 강 유역으로는 광활한 평야지대가 펼쳐져 있으며 서북부 마라카이보 호 부근은 유전지대로 유명하다.

베네수엘라는 위도상으로 열대권에 속하지만 기후는 표고에 따라 다르다. 안데스지역은 한랭 기후이며 북부는 아열대성의 건조 기후인 반면 중앙의 평야지대는 열대우림 기후를 띠고 있다.

☞ 간추린 역사

원래 이 곳의 주인은 인디오로 150여 개 이상의 부족이 살았다고 전한다. 하지만 1499년 스페인이 점령한 이후 19세기 들어서까지 식민지시대가 이어진다.

19세기 초 남미해방의 아버지라 불리는 볼리바르의 지휘하에 독립운동의 기운이 고양되기 시작하여 1811년에 독립을 선언하고 이듬해 인근 콜롬비아, 에콰도르와 함께 대콜롬비아 공화국을 수립한다.

그러나 베네수엘라는 1830년에 공화국에서 이탈하고 독자적인 정부를 탄생시킨다.

독립 후 이 나라 정국은 군부세력의 이전투구로 얼룩지는데 1세기 동안 자그마치 50회에 달하는 쿠데타가 발생하였다.

1945년 민주행동당과 청년장교들이 손을 잡고 쿠데타를 일으켜 군부정권을 몰아내고 정당정치를 실현한다. 하지만 3년 후 히메네스 정권이 등장 10년 동안 군사독재정치를 이어나간다.

☞ 정치와 경제

베네수엘라의 정치적 특색은 대통령의 권한이 상대적으로 막강한 대통령 중심제라는 점이다. 주요 정당으로는 중도좌파계열인 민주행동당과 기독교사회당이 있다.

그러나 지난 93년 12월에 실시된 대통령 선거에서는 기독교사회당의 창설자이자 지난 69년부터 74년까지 대통령을 역임한 바 있는 라파엘 칼데라가 17개 소정당으로 이루어진 국민연합을 등에 업고 출마하여 민주행동당과 기독교사회당의 후보를 꺾고 당선, 대통령에 취임했다.

칼데라 대통령은 취임과 동시에 금융위기와 관련 경제 비상 사태를 선포하고 국가재정 파탄 등 일련의 경제문제를 정부 주도로 풀어나가려 노력한다.

이 나라의 외교노선은 석유를 배경으로 대미자립, 제3세계 중심의 비동맹 중립주의를 표방하고 있다.

특히 카리브 및 안데스 제국들 간의 결속

과 OPEC(산유국 회의)의 강화에 역점을 두고 있다.

이에 따라 이 나라의 경제 분야는 당견히 석유산업이 중심이다. 따라서 베네수엘라 정부는 76년부터 석유산업에 대해 국유화 조치를 단행하였으며 92년 이후 단계적으로 민간 기업과 외국 기업들에 개방해 나가고 있는 상황이다.

또한 아직 개발되지 않은 유전이 닳으며 석유 외에 천연자원이 많다.

☞ 사회와 문화

이 나라 문화는 전반적으로 스페인풍이다. 하지만 날이 갈수록 미국풍으로 변화되어 가는 과정에 놓여 있다.

또한 최근(92년) 2번에 걸친 쿠데타 기도 사건과 정치권의 부정부패로 말미암아 사회혼란이 가중되고 있다.

의무교육은 7세부터 10년간이며, 문맹률은 12% 내외이다.

에콰도르 공화국
(Republic of Ecuador)

— 독립일 : 1830년 8월 10일, UN 가맹일 : 1945년 12월 21일(창설 가맹국) —

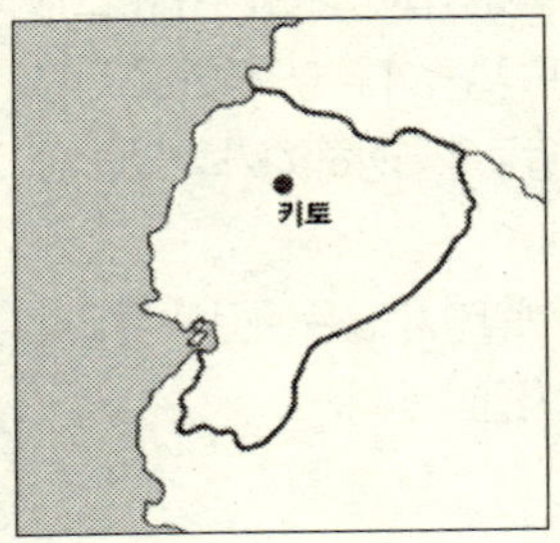

☞ 주요 통계 자료

·면　　적	27만 670㎢
·인　　구	1146만 명(95년)
·수　　도	키토(Quito) 인구 170만 명(95년)
·주요 도시	과야킬, 쿠엥카, 마차라
·주요 민족	원주민과 백인 간의 혼혈(55%), 원주민(25%), 백인(10%), 흑인(10%)
·언　　어	스페인어(공용어) 그 밖에 케추아어 등
·종　　교	카톨릭(80%), 개신교, 유태교
·정치 체제	공화제 대통령 중심제
·헌　　법	1979년 8월 10일 시행
·국가 원수	대통령 압달라 부카람(Abdala Bucaram) 직선제 임기 4년 96년 8월 10일 취임 연속 재선 금지
·의　　회	1원제 82의석(이 중 전국구 12석은 임기 4년 지역구 70석은 임기 2년)
·내　　각	대통령이 임명 총리 없음
·주요 정당	기독교 사회당, 에콰도르·로루도스당, 인민민주당
·국민총생산	160억 달러(95년)
·1인당 GNP	1390달러(95년)
·통화 단위	수크레(Sucre). 1달러=3680수크레(97년 1월)
·주요 자원	석유, 금, 은, 동, 천연가스
·주요 공산품	석유화학제품
·주요 농산물	바나나, 커피, 코코아
·무　　역	수출 43억 6200만 달러, 수입 40억 9500만 달러(95년)

(자료원 : World Yearbook 97/에콰도르 중앙은행)

☞ 자연 환경

　서쪽으로 태평양을 끼고 적도 선상에 위치한 나라. 태평양 위에 떠 있는 '자연의 보고' 갈라파고스 제도도 이 나라의 영토이다. 국토는 대략 안데스 산맥을 중심으로 한 서부의 산악지대와 아마존 강의 원류를 형성하고 있는 동부의 밀림지역으로 나뉜다. 수도 키토와 주요 도시가 모두 서부의 고원지대에 있다. 기후는 산악지대가 춥고 건조한 반면 동부는 고온 다습한 밀림성 기후를 띤다.

☞ 간추린 역사

　이 지역은 잉카제국이 영화를 누렸던 곳. 1532년에 스페인의 식민지가 된다. 1822년 독립전쟁이 발발. 스페인군을 격파하고 대콜롬비아 공화국의 일원으로 독립했다가 1830년에 에콰도르 공화국으로 분리 단독정부를 수립한다. 독립 후 이 나라는 키토시와 과야킬시 간의 지역분쟁, 보수와 혁신간의 갈등, 군부의 득세 등으로 16차례나 헌법을 바꾸는 악순환을 반복. 하지만 페루와의 전쟁에서 패한 후 이바라 정권이 등장(1944년), 진보적인 개혁정치를 통해 정치적 안정을 찾아나간다.

☞ 정치와 경제

　최근까지 정국은 군부에 의해 좌지우지되는 경향이 짙다. 72년과 76년 2차례에 걸친 군부 쿠데타 후 79년 4월 총선거를 통해 민정이양이 실현되지만 대통령의 급사로 무산. 이후 두란정권이 등장, 문민정치와 민주주의 실현을 추진. 96년 5월 두란 대통령의 임기 만료. 이후 실시된 대선에서 야당후보끼리 결선투표를 벌여 로루도스당의 부카람 후보가 당선. 특히 중도좌파계열인 부카람은 20만 호의 저가 주택공급을 공약으로 인구의 7할을 차지하고 있는 빈곤층의 지지를 얻는다. 그러나 부카람 정권은 출범 이후 초긴축 정책을 실시. 이에 생활고에 시달리게 된 노동자층이 97년 2월 대규모 파업에 돌입. 대통령은 비상사태를 선언하고 초강경 시위진압으로 맞선다. 따라서 에콰도르 야당측은 대통령에 대한 탄핵안을 발동시킬 채비를 차리고 있다.

　외교적으로는 미국과의 우호관계를 축으로 비동맹노선을 지향, 사회주의 국가들과도 관계를 맺고 있다. 최대 고민은 이웃 페루와의 영토분쟁으로 국경에서의 충돌이 잦았지만 81년부터 평화적인 해결을 모색하고 있다.

　경제는 바나나 생산을 축으로 한 농업이 중심. 60년대까지 중남미에서 가장 가난한 나라에 속했지만 72년 석유파동 이후 공전의 발전을 이룩한다. 하지만 석유 매장량이 적고 빈부의 격차가 심해 성장이 정체되고 있다.

☞ 사회와 문화

　빈부의 격차가 심해 상층부의 백인들과 하층의 인디오 및 흑인들 간에 갈등이 존재. 또한 급격한 경제발전에 따라 인구 도시집중화 현상이 두드러져 사회문제화되고 있다.

페루 공화국
(Republic of Peru)

— UN 가맹일 : 1945년 10월 31일(창설 가맹국) —

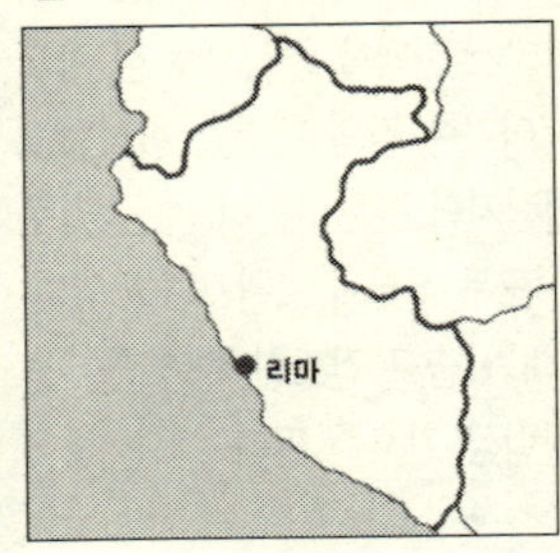

☞ 주요 통계 자료

·면　　　적	128만 5,216㎢
·인　　　구	2353만 명(95년)
·수　　　도	리마(Lima) 인구 658만 명(92년)
·주요 도시	아레키파, 치클라요, 침보테, 피우라
·주요 민족	원주민(45%), 원주민과 백인 간의 혼혈(37%), 백인(15%)
·언　　　어	스페인어(공용어), 케추아어, 아이마라어
·종　　　교	카톨릭(전체 인구의 95%)
·정치 체제	공화제 대통령 중심제
·헌　　　법	1993년 12월 31일 시행
·국가 원수	대통령 알베르토 후지모리(Alberto Fujimori) 직선제 임기 5년 95년 7월 28일 취임 2기째
·의　　　회	1원제 120의석 임기 2000년 7월까지
·내　　　각	대통령이 임명 총리 알베르토 판돌피(Alberto Pandolfi)
·주요 정당	캠비오 90, 신다수, 아메리카 혁명인민동맹
·국민총생산	550억 달러(95년)
·1인당 GNP	2320달러(95년)
·통화 단위	솔(Sol). 1달러=2.58솔(97년 1월)
·주요 자원	동, 철, 아연, 석유, 수산자원
·주요 공산품	가전제품, 기계류, 석유화학제품, 식료품
·주요 농산물	면화, 커피
·무　　　역	수출 55억 7230만 달러, 수입 76억 8800만 달러(95년)

(자료원 : World Yearbook 97／중남미 경제보고서)

☞ 자연 환경

　페루는 웅대한 안데스 산맥을 배경으로 찬연히 꽃피었던 잉카 문명의 총 본산지이다. 국토는 크게 안데스 산맥을 중심으로 한 산악지대와 태평양 연안지역, 그리고 동부의 산림지역 등 3곳으로 나뉜다.

　산악지대의 해발은 줄잡아 5000m에서 7000m 사이이며 산중에는 광활한 고원과 호수가 산재해 있다. 한편 동부의 산림지역은 '페루의 아마존'이라 불릴 만큼 울창한 밀림으로 뒤덮여 있다.

　이 지역은 위도상 열대나 아열대에 속하지만 훈볼트 한류의 영향으로 기후는 온난한 편이다. 겨울철에는 흐린 날이 많으며 여름철에는 짙은 안개가 자주 낀다. 또한 일년을 통틀어 비가 거의 없다.

☞ 간추린 역사

　기원전 1000년경에 벌써 문화가 꽃피었던 곳으로 1200년대 잉카족은 이 나라의 쿠스코를 중심을 대제국을 건설하였다. 한때 인근 에콰도르에서 칠레의 중부까지 세력을 떨쳤지만 1531년 스페인에 의해 멸망하고 이 때부터 페루는 스페인의 식민지령이 된다.

　이후 19세기에 이르러 남미 전역에 걸쳐 독립운동의 열기가 고양되자 페루는 1821년에 독립을 선언한다. 그리고 2년 후 남미 해방의 아버지 볼리바르가 스페인군을 격파한 1823년에 완전 독립을 달성한다.

☞ 정치와 경제

　페루는 대통령을 중심으로 한 입헌공화국으로 독립 후 군부 쿠데타가 빈발하였으며, 1968년 10월에 알바라도가 무혈 쿠데타로 집권한다. 하지만 경제 정책의 실패로 모라레스 정권으로 교체된다. 모라레스 정권는 1979년에 민정이양을 공약으로 한 헌법을 발표하지만 이듬해 대통령선거에서는 민주행동당의 벨라운데 후보가 당선. 이로써 페루 최초의 민간 정부가 탄생한다. 현재는 일본계 후지모리대통령이 집권 중이다.

　96년 8월, 페루 국회는 후지모리 대통령의 3선을 가능하게 하는 헌법 개정안을 통과시켰다. 이로써 후지모리 대통령은 오는 2000년 이후에도 페루 정국을 운영할 수 있는 길을 열어놓았다. 하지만 이에 대해 페루 국민들의 여론은 별로 달갑지 않은 듯하다.

　여론 조사 결과, 후지모리에 대한 지지율이 지난 96년 1월에는 70%를 상회했으나 10월에는 55%로 떨어졌으며, 연말에는 40%선까지 추락하였다. 게다가 96년 12월 17일에는 페루 내 무장 게릴라 조직인 MRTA가 일본 천황 생일을 맞이하여 축하연을 즐기고 있던 일본 대사관을 습격, 페루 주재 각국 외교관들을 비롯하여 수백명의 유명 인사들을 감금, 인질극을 벌이는 사건이 발생하였다.

　이 나라의 주요 산업은 농업과 광업으로

특히 지하자원이 풍부하며, 전체 수출액의 60%가 석유를 비롯한 광산물이다.

하지만 주민의 식량은 수입에 의존하고 있어 식량 자급자족 문제가 페루 경제의 현안 과제이다.

☞ 사회와 문화

페루는 예로부터 '태양국'이라 불린다. 과거 잉카 시대부터 매년 6월이면 '태양제'가 성대히 거행되고 있다.

잉카의 후예인 인디오들은 주로 산악지대에서 농업과 축산으로 살아가고 있다. 반면 서부해안지역엔 스페인계과 이탈리아계가 거주하고 있다.

이 나라 국민성은 다른 남미의 나라들과는 달리 다혈질이 아닌 게 특징이다. 이들은 대체로 온순하며 조용한 편이다.

의무교육은 6세부터 6년 동안이며, 이 나라에는 남미에서 가장 역사가 오래된 산마르코스 대학(1578년에 창립)이 자리잡고 있다.

가이아나 협동 공화국
(The Cooperative Republic of Guyana)

— 독립일 : 1966년 5월 26일, UN 가맹일 : 1966년 9월 20일 —

☞ 주요 통계 자료

·면　　적	21만 4969㎢
·인　　구	84만 명(95년)
·수　　도	조지타운(Georgetown) 인구 24만 8000명(95년)
·주요 도시	바르티카, 린텐
·주요 민족	인도계(51%), 아프리카계(43%), 그 밖에 유럽계, 중국계, 원주민
·언　　어	영어(공용어) 힌두어, 우르두어
·종　　교	카톨릭, 힌두교, 이슬람교
·정치 체제	입헌 공화제 대통령 중심제
·헌　　법	1980년 10월 6일 시행
·국가 원수	대통령 체디 제이건(Cheddi Jagan) 국회 내 제1당이 지명 임기 5년 92년 10월 9일 취임
·의　　회	1원제 65석 임기 5년
·내　　각	대통령이 임명 총리 사무엘 하인즈(Samuel Hinds)
·주요 정당	인민진보당, 인민민족회의, 통일세력, 노동자동맹
·국민총생산	4억 9000만 달러(95년)
·1인당 GNP	590달러(95년)
·통화 단위	가이아나 달러(G $) 1달러=140.3G$(97년 1월)
·주요 자원	보크사이트, 금
·주요 공산품	금세공품
·주요 농산물	사탕수수, 쌀
·무　　역	수출 3억 9100만 달러, 수입 4억 600만 달러(95년)

(자료원 : World Yearbook 97／중남미 경제보고서)

☞ 자연 환경

가이아나란 인디언 언어로 '물이 있는 땅'이라는 의미. 국토는 대체로 3분하여 살펴볼 수 있다. 북부의 대서양 연안지역은 비옥한 평야지대. 북동부와 남서부는 사바나지대, 그리고 그 밖에 전체 면적의 4/5가 열대밀림. 기후는 열대성으로 고온 다습하지만 해안지역은 해풍의 영향으로 시원한 편. 연평균 2000㎜ ~2500㎜의 강수량을 기록.

☞ 간추린 역사

16세기 후반 로리경이 탐험하여 이 곳의 풍물을 여행기 형식으로 소개. 이 때부터 서구인들의 관심의 표적이 된다. 1621년부터 근 160여년간 네덜란드의 서인도회사가 지배하다가 1814년에 이르러 영국이 이 나라 전역을 수중에 넣는다. 1838년 노예제도를 폐지하고 1891년부터 서서히 자치권을 획득해 나가기 시작. 1965년에 영국과 독립협정을 체결하고 이듬해 5월 완전 독립을 달성한다. 1970년 2월 영연방의 일원으로 공화국을 선포하였다.

☞ 정치와 경제

가이아나는 내각책임제 국가. 역사적으로 이 나라의 정국은 2대 정당에 의해 꾸려져 왔다. 하나는 흑인 세력을 배경으로 하는 인민국가회의(PNC)와 다른 하나는 인도계를 중심으로 한 인민진보당(PPP).

1964년 총선을 통해 정권을 장악한 바남총리는 협동 조합을 기초로 한 사회주의 정책을 추진. 일정정도 성과를 올리는 듯했지만 장기집권과 정적들에 대한 탄압으로 국내외 여론의 비난의 표적이 되기도 하였다. 결국 85년 바남정권이 무너지고 이후 여야의 이전투구가 이어지다가 92년에 실시된 총선에서 야당인 진보당(PPP)이 정권을 장악. 진보당은 사회주의 노선을 천명했지만 부분적으로 자본주의 방식을 수용하는 실용주의 노선을 추구. 특히 외교적으로 그 동안 사회주의권 일변도의 외교관계를 청산하고 경제발전을 위한 투자유치를 위해 대서방관계 개선을 도모하고 있다.

한편 이 나라 경제의 주축은 농업과 지하자원 개발로 특히 사탕과 보크사이트가 대량 생산되고 있다. 지하자원은 풍부하지만 아직 개발되지 못한 상태.

☞ 사회와 문화

전체 인구의 반수 이상을 인도계 주민이 차지하고 있다. 이들은 주로 농업을 생업으로 삼고 있는 데 반해 흑인들은 도시에 집중되어 있는 상태이다.

하지만 가이아나는 다민족 국가. 따라서 다양한 민족과 다양한 언어, 그리고 다양한 문화가 혼재되어 있다. 그런 만큼 민족분규도 심한 편이다.

수리남 공화국
(Republic of Suriname)

— 독립일 : 1975년 11월 25일, UN 가맹일 : 1975년 12월 4일 —

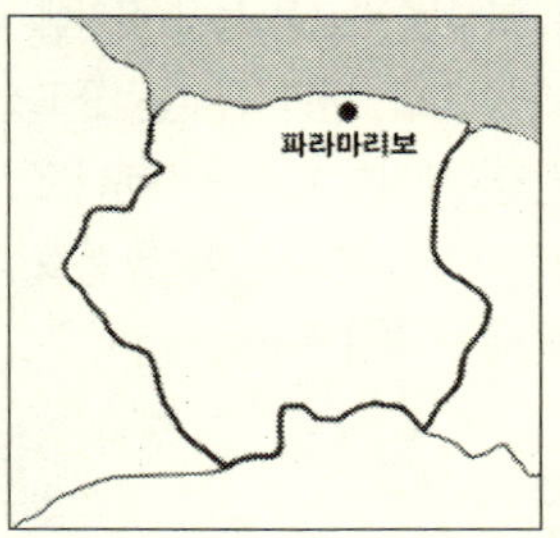

☞ 주요 통계 자료

· 면 적	16만 3265㎢
· 인 구	42만 명(95년)
· 수 도	파라마리보(Paramaribo) 인구 20만 명(95년)
· 주요 도시	뉴니켈리
· 주요 민족	크레올(흑인과 백인의 혼혈 35%), 인도계(33%), 인도네시아계(16%), 흑인(10%)
· 언 어	네덜란드어(공용어) 그 밖에 타키타키어(토착어)가 널리 통용되고 있고, 영어, 인도네시아어, 힌두어도 사용
· 종 교	힌두교(27%), 개신교(25%), 카톨릭(23%), 이슬람교(20%)
· 정치 체제	공화제 대통령 중심제
· 헌 법	1987년 시행
· 국가 원수	대통령 줄 A. 위덴보슈(Jules A. Wijdenboshe) 국회에서 선출 임기 5년 96년 9월 14일 취임
· 의 회	1원제 51석 직선제 임기 5년
· 내 각	대통령이 임명 총리 없음
· 주요 정당	신전선, 민주적 변혁 91, 국민민주당
· 국민총생산	3억 6400만 달러(94년)
· 1인당 GNP	870달러(94년)
· 통화 단위	수리남 길더(Guilder). 1달러=410길더(97년 1월)
· 주요 자원	보크사이트, 원유
· 주요 공산품	석유화학제품, 알루미늄
· 주요 농산물	쌀, 사탕수수, 바나나
· 무 역	수출 4억 1560만 달러, 수입 3억 610만 달러(95년)

(자료원 : World Yearbook 97/중남미 경제보고서)

☞ 자연 환경

남미대륙의 북동부, 대서양연안에 위치한 열대의 나라. 전체 면적의 80%가 열대 밀림으로 뒤덮여 있다. 북부는 비교적 농사 짓기에 적합한 비옥한 평야지대. 반면 중부는 표고 1000m 내외의 산간지대이며 남부는 사바나지역. 고온 다습한 열대우림 기후로 일년을 통해 기온변화가 거의 없는 것이 특징.

☞ 간추린 역사

이 곳은 15세기 말 스페인에 의해 처음 발견된다. 이후 스페인의 영토로 남아 있다가 1650년에 영국령에 편입된다. 이 때부터 서구 열강의 진출이 본격화되면서 이 곳의 영유권을 놓고 쟁탈전이 과열되기 시작. 1667년 네덜란드가 무력을 앞세워 영국세력을 몰아내고 이 지역을 점령한다. 1804년 영국의 함대가 수리남의 뉴암스테르담을 점령, 과거의 영유권을 주장하지만 12년 후 파리조약의 체결로 네덜란드의 통치권이 확정. 1863년 네덜란드의 왕령에 따라 이 곳의 노예제도가 폐지되고 이후 90년이 지난 1954년에 자치권을 획득한다. 그리고 1975년에 이르러 완전 독립을 달성하고 '수리남 공화국'으로 출범한다.

☞ 정치와 경제

이 나라는 입헌공화제 국가. 독립 후 소수 흑인의 통치에 다수 인도계 주민이 반발함으로써 불안한 정국이 이어지고 있다. 80년 2월 군부쿠데타로 흑인계 아론정권 붕괴. 쿠데타의 주역인 부테르스 의장은 광범위하게 좌파를 규합하여 인민연합전선 결성. 이어 국회를 해산하고 신헌법에 의한 총선거를 실시. 쿠데타 후 8년 만에 민간정부 탄생. 하지만 90년 12월 부테르스 군사령관의 2차 쿠데타 발발. 91년 과도정부 하의 총선에서 베네티엔 대통령이 정권의 담당자가 된다. 이후 베네티엔은 군부세력 척결하고 수리남 해방군 등 국내 2대 반정부 게릴라조직과 화해한다.

96년 5월 23일 총선에서 집권 신전선이 승리하였으나 과반수 확보에 실패. 변혁 91 등과 연립을 모색했으나 난항을 거듭. 결국 96년 9월 재투표를 통해 위덴보슈 국민민주당 후보가 당선, 새 대통령에 취임한다.

수리남의 경제는 매장량 세계 제일을 자랑하는 보크사이트 산업이 주축을 이룬다 (GDP의 1/3을 차지). 이 밖에 알루미늄과 쌀도 주요 수출품. 또한 국가 재정의 상당액을 네덜란드의 원조금으로 충당하고 있다.

☞ 사회와 문화

이 나라에는 '인종의 박람회장'이라 할 만큼 다종다양한 민족이 살고 있다. 이들 각자는 고유의 생활풍습을 갖고 지극히 폐쇄적인 생활을 영위. 같은 민족간의 유대는 강한 반면 타민족에 대해선 철저하게 배타적이다.

브라질 연방 공화국
(Federative Republic of Brazil)

— 독립일 : 1822년 9월 7일, UN 가맹일 : 1945년 10월 24일(창설 가맹국) —

☞ 주요 통계 자료

·면　　적	851만 1965㎢
·인　　구	1억 5582만 명(95년)
·수　　도	브라질리아(Brasilia) 인구 16〕만 명(91년)
·주요 도시	상파울로(948만 명), 리오데쟈네이루(534만 명), 살바도르(206만 명), 벨로호리존테(205만 명)
·주요 민족	백인(55% 주로 포르투갈, 스페인, 이탈리아, 독일계가 다수), 혼혈(38%), 흑인(6%), 아시아계(1%), 원주민(22만 경)
·언　　어	포르투갈어(공용어)
·종　　교	카톨릭(93%), 그 밖에 흑인 전통 종교, 개신교, 불교, 유태교, 이슬람교
·정치 체제	연방 공화제 대통령 중심제
·헌　　법	1988년 10월 5일 시행 95년 일부 개정
·국가 원수	대통령 페르난도 엔리케 카르도소(Fernando Enrique Cardoso) 직선제 임기 4년 95년 1월 1일 취임 재선금지
·의　　회	2원제 상원(81의석 임기 8년) 하원(513의석 임기 4년)
·내　　각	대통령이 임명 총리는 없음
·주요 정당	브라질 민주운동당, 자유전선당, 브라질 사회민주당, 브라질 진보당, 민주노동당
·국민총생산	5846억 달러(95년)
·1인당 GNP	3620달러(95년)
·통화 단위	레알(Real). 1달러=1.033레알(96년 12월)
·주요 자원	철광석, 주석, 보크사이트, 우라늄, 금, 석유, 삼림
·주요 공산품	석유 화학제품, 전기, 통신, 식료품, 직물류
·주요 농산물	커피, 사탕수수, 대두, 오렌지, 코코아
·무　　역	수출 477억 4700만 달러, 수입 532억 8600만 달러(96년)

(자료원 : 브라질 통계청／브라질 상공회의소／Banco Central)

☞ 자연 환경

남미 대륙 중앙부에 위치하고 있는 이 나라는 세계 제5위의 총면적을 자랑하는 대국이다. 정식 명칭은 브라질 연방 공화국(Republica Federative do Brasil). 브라질이라는 이름은 과거 이 땅의 특산물로서 적색 염료로 사용했던 '파우 브라질'에서 따온 말로 포르투갈어로 '불꽃처럼 빨간 나무'라는 뜻을 지니고 있다.

총길이 6240㎞로 세계에서 2번째로 긴 아마존 강이 북부를 동·서로 가로질러 흐르고 있으며, 중부와 남동부 일대에는 전체 면적의 63%를 차지하고 있는 브라질 고원이 자리잡고 있다.

면적이 넓은 만큼 지역에 따라 기후도 천차만별인데, 주로 북부 아마존 강 유역은 열대 우림 기후, 그리고 브라질 고원과 해안 평지는 아열대 기후를 띠고 있다. 반면 남부 일대는 온대 기후를 띠고 있어 이 나라의 대표적인 농업지대이기도 하다.

☞ 간추린 역사

이 곳은 1500년 포르투갈인 P. A. 카브랄이 이끄는 함대가 제 2 차 인도파견 항해 도중 우연히 발견, 이후 307년 동안 포르투갈 식민지가 된다. 발견 당시에는 여러 부족의 인디오가 수렵, 어로, 채취 등 원시 생활을 하고 있을 정도로 미개지역인데다 자원도 파우 브라질 외에는 특별한 것이 없어 포르투갈은 식민 경영에 별다른 흥미를 나타내지 않는다.

1807년 프랑스의 나폴레옹이 포르투갈의 리스본을 공략하자 포르투갈 왕실은 영국 함대의 보호를 받으며 브라질로 탈출하게 된다. 이 사건은 결국 브라질 독립의 실마리를 제공하게 되는데, 1821년 포르투갈 국왕이 본국으로 귀환하자, 브라질에 잔류한 황태자 페드루는 이듬해 본국의 식민지 정책에 반발, 일방적으로 독립을 선언하고, 스스로 브라질의 국왕에 즉위한다.

페드루 1세는 1824년에 새 헌법을 공포. 입헌군주제를 표방하였으나 실상은 절대왕권의 확립을 위해 노력한다. 이에 공화주의자들의 반란이 계속되고 1888년에 발표된 노예제 폐지를 기화로 농장 지주층마저 왕정에 대해 등을 돌리게 되자, 이 틈을 타 1889년에 군부 세력이 왕권을 타도하고 혁명을 일으킴으로써 마침내 브라질은 공화제로 이행하게 된다.

20세기에 접어들자 브라질 정국은 상파울루와 미나스젤라이스, 2주의 과두세력이 권력을 독점한다. 하지만 1930년, 리오그란데두술 주(州)의 지사인 G. D. 바르가스가 무장봉기를 감행, 정권을 탈취하고 중앙집권적 독재체제을 기도한다.

정치적으로는 모든 의회를 해산하고, 대신 대통령 자문 기관격인 부문별 심의회를 설치하였다. 또한 경제적으로는 노동관련 법안을 일신, 노동조합에 대한 국가통제를 강화하는 한편, 자원 개발에서의 외자활동을 엄격 규제하는 등 민족주의적 색채가 짙은 정책을 펼쳐 나갔다. 하지만 그의 독재체제는 경제불안이 가중되면서 한계를 드러내고 만다.

1940년, 군부의 압력에 굴복, 권좌에서 물러난 바르가스는 이후 50년 선거에서 권토중래를 꿈꾸지만 결국 군부의 위협을 이겨내지 못하고 54년 8월 자살로써 종말을 고한다. 이어 등장한 J. O. 쿠비체크는 수도를 리우데자네이루에서 브라질리아로 옮기고 브라질 내륙 개발에 주력한다. 그 결과 외국자본의 진출이 활기를 띠고, 자동차, 화학, 철강 등 공업이 급속도로 발전하였으며, 상파울루는 남미의 산업 중심지로 자리잡는다.

하지만 1961년 선거에서 당시 전세계적으로 불어닥친 좌파열풍에 힘입어 외자규제와 사회개혁을 주창한 좌파성향의 J. 콰드루스가 집권하였으나 출범 7개월 만에 돌연 사퇴하고 만다. 그리고 그의 뒤를 이어 J. 굴라드가 대통령직을 승계하였으나, 1964년 평소 좌파정권에 불만을 가지고 있는 군부세력이 궐기, 정권을 강탈함으로써 이후 브라질 정국은 '군사정권 시대'를 맞이한다.

H. C. 브렁쿠를 중심으로 한 군부는 쿠데타 성공과 함께 정적들을 일소하고 정당해산 및 의회폐쇄를 통해 친정체제를 구축한다. 그리고 외자를 이용한 경제건설에 박차를 가하여 이른바 '브라질의 기적'이라 불리는 눈부신 고도성장을 이루어낸다. 그러나 군부정권의 성장드라이브 정책은 원조와 차관에 지나치게 의존한 결과, 과중한 외채부담과 격심한 빈부격차의 확대를 초래한다. 게다가 이러한 상황에서 70년대 초반 밀어닥친 석유파동으로 극심한 인플레이션까지 유발되자 브라질 정국은 동요하기 시작한다.

장기간에 걸친 불황과 국민들의 민주화 요구 투쟁으로 궁지에 몰린 군부정국은 결국 1979년 피게이레두 정권 아래에서 정치범 사면법을 제정하고 정당 결성 자유를 인정하는 등, 자유화 조치를 취하는 한편, 이후 민정 이양을 위한 준비작업을 해나간다. 이어 1985년 대통령 선거에서 T. A. 네베스가 당선됨으로써 지난 21년 동안 지속되었던 브라질 군부정권은 막을 내리게 되었다. 이후 브라질은 민간 정부의 주도하에 정치의 민주화와 더불어 고질적인 경제문제 해결에 매진하고 있다.

☞ 정 치

브라질의 정치 체제는 1개의 연방지구(수도 브라질리아)와 26개의 주(Estado)로 이루어진 연방공화국으로서 대통령 중심제를 취하고 있다. 국가원수인 대통령은 국민들의 직접투표를 통해 선출되며(1988년 헌법을 통해 그간의 간접선거에서 직접선거로 변경), 임기 5년에 연임이 금지되어 있다. 또한 의회는 상, 하 양원으로 구성되며, 상원의원(정족수 81석)의 임기는 8년인 데 반해 하원의원(정족수 503석)의 임기는 4년으로 되어 있다.

1988년 신헌법 제정 이후, 29년 만에 실시된 대통령 국민투표에서 국가재건당(PRN)의 F. 콜로르 후보가 노동당(PT)의 실바 후보를 물리치고 대통령에 취임하였다. 하지만 클로르 대통령은 의회 내 소수당 출신이라는 한계로 말미암아 적극적인 개혁을 추진하는 데 상당한 어려움을 겪게 되며, 결국 92년 4월에 가서는 원활한 정국운영을 위해 여타 정당과 연립내각을 구성하는 최악의 상태가 된다.

이런 와중에서 브라질 정가에서는 하나의 엄청난 돌발 사태가 발생하는데, 바로 클로르 대통령의 동생이 대통령의 마약복용과 부정개입 사실을 폭로하고 나선 것이다.

브라질 정국은 삽시간에 일대 소용돌이 속에 휩싸였으며, 의회는 즉각 대통령을 탄핵하였고, 92년 10월 부통령이었던 I. 프란쿠가 대통령직을 승계, 정국을 이어나간다. 하지만 정부와 의회간의 갈등은 갈수록 증폭되어 갔고, 선거를 앞둔 각료들의 연이은 사임표명으로 프란쿠 정권의 입지는 더욱 어려워졌다.

한편, 1994년 10월에 실시된 브라질 대통령 선거에서는 경제장관 출신의 F. E. 카르도소가 브라질 경제의 청사진을 내걸고 막판 뒤집기에 성공, 노동당의 실바를 누르고 대통령에 당선되었다.

카르도소는 이미 94년 초, 극심한 인플레이션을 진정시키기 위해 화폐개혁을 포함한 신 경제정책을 진두지휘, 나라 안팎으로부터 호평을 받았던 인물이기도 하다.

따라서 현재 카르도소 정권은 경제안정화를 축으로 정부의 신뢰회복과 브라질의 국제적 위상을 정립하기 위해 의욕적인 행보를 계속해 나가고 있다. 그 하나의 예로 95년 8월

그 동안 전화, 통신사업 및 유전, 천연가스의 개발에서 유통까지 모든 국가가 독점 운영하던 것을 철폐하는 개혁안을 상정, 의회의 승인을 얻어낸다. 또한 96년 3월에는 사회제도 개혁안을 상정, 하원의 승인을 얻었으나 최고재판소의 위헌심사로 인해 아직 집행되지는 못하고 있다.

☞ 경 제

브라질의 산업규모는 포르투갈 식민시대부터 20세기 초기에 이르기까지 단일 경작 경제로서 그 규모는 보잘것 없는 수준이었다. 16세기에서 17세기까지는 사탕수수가, 그리고 17세기 말부터 18세기에는 금이 주산물이었다면 18세기 말부터 커피재배가 확대되기 시작, 19세기 중반까지 세계 제1의 커피 생산국으로 자리잡는다.

그러나 20세기 초 세계대공황의 여파로 커피 의존경제의 한계가 속속 드러나면서 브라질 경제는 체질 변화를 기하지 않을 수 없었으며, 결국 1930년대 바르가스 정권 아래에서 국가관리에 의한 공업육성책을 적극 추진한다. 게다가 특히 쿠비체크 정권 아래에서 외국자본을 적극 도입, 공업구조의 고도화를 기하게 되며, 그 결과 소비재 수입대체 공업에서 자본재 수입대체 공업 단계로 접어들게 된다. 또한 군정기간 동안에는 석유파동이 있기까지 연평균 성장률 11.2%라는 고도성장을 이룩해내며 남미 최대의 공업국으로 자리매김 한다.

브라질 공업의 핵심 분야라면 단연 철강, 화학, 기계 및 자동차 등을 들 수 있는데, 이들 4개 분야는 전체 제조업 중 50% 이상의 비중을 차지하고 있다. 또한 농업은 상대적으로 공업발전에 밀려 그 중요도가 감소추세에 있으나, 아직도 총 수출액 중 25%를 차지하고 만큼 국가경제에 미치는 영향이 크다.

밀을 제외한 식량은 모두 자급자족이 가능하며, 농작물 중 특히 커피는 브라질을 상징할 만큼 세계적으로 유명하다. 그러나 최근 커피 수출액 세계 1위 자리를 이웃 나라 콜롬비아에게 넘겨 준 바 있다.

이 밖에 브라질은 세계 최대의 임산자원을 보유하고 있는 나라이며, 광물 자원 역시 아직 완전한 탐사가 이루어지지 않았으나 막대한 매장량을 보유하고 있는 것으로 알려져 있다. 광물 자원 중 특히 철광석은 전세계 매장량의 1/3을 보유하고 있는 것으로 알려져 있으며, 모두 순도가 높은 고급품으로 주요 수출 상품 중의 하나이다.

지난 1992년 브라질 경제는 클로르 대통령의 비리에 따른 탄핵소추 및 사퇴로 이어진 정치 불안, 지속되는 하이퍼 인플레, 높은 세금 및 국내소비수요의 침체 등으로 많은 기업들이 도산하는 가운데 2차대전 이후 최악의 경제상황을 연출한 바 있다.

이에 대해 당시 경제장관이었던 카르도소 현 대통령은 94년 7월 1일을 기해 화폐개혁을 포함한 '레알 정책'이라는 신 경제정책을 추진, 인플레 안정화에 총력을 기울인다. 특히

94년 12월에 발생한 멕시코의 경제위기로 외환유출이 폭증, 95년도 경제운용에 심각한 차질을 빚을 것으로 예상되었으나 95년 1월 대통령에 취임한 카르도소는 자신의 '레알 정책'을 지속적으로 추진, 서서히 위기국면을 벗어나고 있다.

따라서 카르도소 정부는 96년도에도 인플레 안정에 정책의 최우선 순위를 두면서 고금리, 고환율 정책을 고수하고 95년 하반기부터 시행하고 있는 소비수요 관리정책을 계속 시행할 것이라고 밝히고 있어, 경제성장률 면에서는 전년도 95년의 5.7%보다 하향 조정된 4% 정도의 성장률을 달성할 것으로 보이나, 전반적인 경제흐름은 더욱 안정화 될 것으로 전망된다.

☞ 사회와 문화

이민을 통해 개발된 나라이니 만큼 다종 다양한 민족이 혼재되어 있다. 국민성은 전반적으로 다혈질적이다. 세계적으로 축구와 리오의 삼바 카니발이 유명하다.

의무교육 연수는 7세부터 14세까지 7년으로 되어 있으며, 90년 현재 문맹률은 18% 내외이다.

볼리비아 공화국
(Republic of Bolivia)

— 독립일 : 1825년 8월 6일, UN 가맹국 : 1945년 11월 14일(창설 가맹국) —

☞ **주요 통계 자료**

·면　　적	109만 8581㎢
·인　　구	741만 명(95년)
·수　　도	법률상의 수도는 수쿠레(Sucre 13만 명) 정부 소재지는 라파스(LaPaz 112만 명)
·주요 도시	산타클루스, 코차밤바
·주요 민족	원주민(케추아족, 아이마라족)이 55%, 원주민과 백인 간의 혼혈(32%), 백인(13%)
·언　　어	스페인어, 케추아어, 아이마라어(모두 공용어)
·종　　교	카톨릭(95%)
·정치 체제	공화제 대통령 중심제
·헌　　법	1967년 시행
·국가 원수	대통령 곤살로 산체스 데로사다(Gonzalo Sanchez de Lozada) 임기 5년 93년 8월 6일 취임 연속 집권 금지
·의　　회	2원제 상원(27석) 하원(130석) 직선제 임기 5년
·내　　각	대통령이 임명 총리 없음
·주요 정당	민족혁명운동, 민족민주행동, 혁명좌익운동
·국민총생산	59억 달러(95년)
·1인당 GNP	800달러(95년)
·통화 단위	볼리비아노(Boliviano). 1달러=519Bol(97년 1월)
·주요 자원	주석, 연, 아연, 안티몬, 텅스텐, 석유, 천연가스
·주요 공산품	석유화학제품, 알루미늄 관련제품, 금속제품
·주요 농산물	면화, 커피
·무　　역	수출 11억 200만 달러, 수입 14억 2400만 달러(95년)

(자료원 : World Yearbook 97／중남미 경제보고서)

☞ 자연 환경

남미대륙의 정중앙에 위치한 내륙국이다. 국토의 1/3은 해발 3000m 이상의 고원지대이며 2/3은 아마존 강 유역에 속하는 밀림지대이다.

기후는 지역에 따라 차이가 있는데 북부 아마존 강 유역은 고온 다습한 열대우림 기후이며 살인적인 무더위가 기승을 부리는 곳이다. 반면 고원지대에는 연중 눈으로 뒤덮여 있으며 내려올수록 온대와 아열대기후의 양상을 띤다.

☞ 간추린 역사

이 곳의 원주민은 몽고계통으로 이들 중 아이마라족은 4000년 전부터 티티카카 호 주변에 정착하면서 고도의 문화를 꽃피웠다고 전한다.

볼리비아는 1532년에 스페인 세력에 의해 정복된 이후 근 300년 동안 식민지 시대를 경험한다. 18세기 후반 두 차례의 대대적인 독립운동을 전개했으나 정복자들의 무력 앞에 굴복하였으며 1809년 독립선언에 이어 볼리바르 장군의 영도 하에 식민지 시대를 청산하고 볼리비아란 국명도 이 때의 볼리바르의 이름에서 따온 것이다.

하지만 볼리비아는 독립 후 지금까지 모두 187번의 정변을 겪는 등 남미에서 가장 정국이 불안한 나라 중 하나로 꼽힌다.

또한 인근 나라들과의 전쟁으로 국토의 반을 잃고 1879년에는 칠레와의 전쟁으로 태평양 연안을 잃어 바다로의 출구를 봉쇄당하기도 한다.

☞ 정치와 경제

볼리비아는 군부 쿠데타의 악순환 속에 1978년에 민정이양을 위한 선거를 실시하였다. 하지만 민간정부가 출범하기도 전에 또다시 군부 쿠데타가 발생하고 만다. 그리고 이러한 악순환은 80년대에 접어들어서까지 이어진다.

82년 당시 반제르 군부정권의 경제정책 실패로 전국 노조의 총파업이 단행되자 정부는 비상사태를 선포한다. 이에 맞서 전국민적인 저항운동이 고양되고 볼리비아 정국은 내란상태에 봉착하고 만다.

이에 볼리비아 의회는 민주인민연합의 에르날을 대통령에 추대하여 18년 만에 다시 민정으로 복귀되었지만 심각한 경제위기 등으로 혼란의 양상은 계속되었다.

이어 89년에 등장한 민족혁명운동의 산체스 정권은 좌익세력을 결집하여 정국의 안정을 도모한다. 그리고 연금제도 개혁, 농지법 개정, 국영기업의 민영화를 추진한다.

또한 마약의 원료인 코카 잎의 재배 금지책 등 일련의 개혁정치를 추진해 나갔으나 96년 1월 노동조합과 농민들의 거센 반발에 부딪히게 된다.

게다가 일부 하원의원들의 탈세 의혹 등 사회지도층 인사들의 부정부패가 끊이질 않아, 97년 들어서도 노동자들과 농민들의 시위 사태는 계속 이어지고 있다.

볼리비아 경제의 주축은 풍부한 지하자원으로 특히 최근 들어 석유와 천연가스 개발에 박차를 가하고 있다.

또한 이 나라는 농업이 전체 GNP의 1/4을 차지하고 있다. 그러나 이것도 겨우 자급자족하는 수준을 유지하고 있는 실정이다.

☞ 사회와 문화

전체 인구의 70%가 고지에 위치한 광산도시에 거주하고 있는 반면 백인들은 열대 농립 지역에 많이 살고 있다.

특이한 것은 이 나라의 인디오들로 이들은 지금도 고유의 생활풍습을 고수하며 안데스 주변에서 부족생활을 하고 있다.

볼리비아의 국민성은 대체적으로 온건하고 소박한 편이다.

파라과이 공화국
(Republic of Paraguay)

— 독립일 : 1811년 5월 14일, UN 가맹일 : 1945년 10월 24일(창설 가맹국) —

 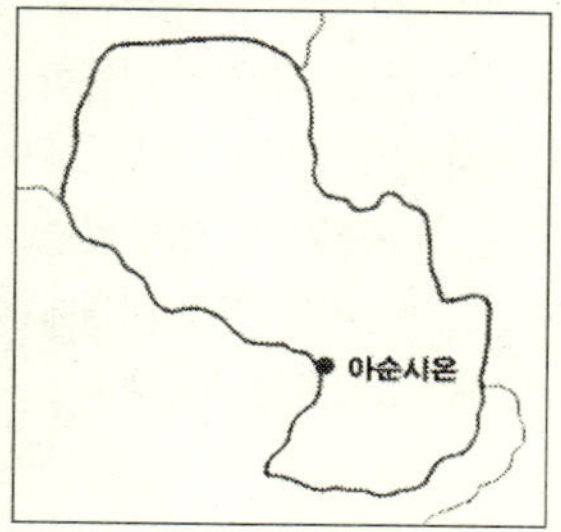

☞ 주요 통계 자료

·면　　　적	40만 6752㎢
·인　　　구	483만 명(95년)
·수　　　도	아순시온(Asuncion) 인구 61만 명(93년)
·주요 도시	산로렌조, 콘셉시온
·주요 민족	스페인계와 콰라니족 등 원주민 간의 혼혈(97%)
·언　　　어	스페인어(공용어), 콰라니어도 국어로 통용
·종　　　교	카톨릭(90%)
·정치 체제	공화제 대통령 중심제
·헌　　　법	1992년 6월 21일 시행
·국가 원수	대통령 주앙 카를로스 와스모시(Juan Carlos Wasmosy) 직선제 임기 5년 93년 8월 15일 취임 재선 금지
·의　　　회	2원제 상원(45석) 하원(80석) 직선제 임기 5년
·내　　　각	대통령이 임명 총리 없음
·주요 정당	콜로라도당, 진정급진자유당, 국민회의
·국민총생산	82억 달러(95년)
·1인당 GNP	1650달러(95년)
·통화 단위	과라니(Guarani). 1달러=2125.00Gu(97년 1월)
·주요 자원	수력, 목재, 석회석
·주요 공산품	면직물, 섬유류
·주요 농산물	면화, 콩, 담배
·무　　　역	수출 8억 1600만 달러, 수입 28억 7100만 달러(95년)

(자료원 : World Yearbook 97／중남미 경제보고서)

☞ 자연 환경

남미대륙의 중부에 위치한 내륙국. 브라질, 아르헨티나, 볼리비아 등 3개국에 싸여 있다. 남북을 흐르는 파라과이 강에 의해 동부와 서부로 나뉜다. 동부는 울창한 산림과 비옥한 평야지대로 구성. 전체 인구의 97%가 이 곳에 집중되어 있다. 반면 서부는 비가 거의 없는 초원지대. 전체적으로 아열대성. 특히 여름에는 40℃를 웃도는 더위가 기승을 부린다.

☞ 간추린 역사

1516년 서구에 의해 발견. 1536년부터 스페인 세력이 진출, 현재의 수도인 아순시온에 총독부를 설치하면서 남미 식민지 경영의 행정상의 중심지 역할을 한다. 1811년 스페인으로부터 독립. 이후 27년 동안 프란시스 1인 독재체제 하에서 신음. 1844년 신헌법 제정과 함께 공화국 선포. 이 때부터 대통령을 중심으로 부국 강병책을 전개, 1864년~70년 인근 브라질, 아르헨티나, 우루과이 등 3국과 전쟁을 일으키지만 결과는 파라과이의 참패로 많은 국토를 빼앗기고 인구의 1/6이 전사한다. 이후 불안한 정국이 계속되다가 1954년 5월 알프레도 스트뢰스너 장군이 쿠데타에 성공, 8선 대통령을 기록하며 장기집권한 바 있다.

☞ 정치와 경제

서방세계 최장기집권 기록을 세웠던 스트뢰스너 정권은 89년 2월 자신의 측근인 안드레스 로드리게스 장군의 쿠데타로 인해 실각, 브라질로 망명한다. 이후 로드리게스 스스로 대통령에 취임, 남은 임기를 통해 대폭적인 민주개혁을 단행. 특히 93년 총선을 통해 파라과이 정치 사상 처음으로 민간정부에게 권력을 승계하여 준다. 후임자는 와스모시 콜로라도당 후보로 이로써 39년 동안의 군정이 종식되고 민주화시대를 맞이하게 된다.

그러나 96년 4월, 대통령의 해임통고에 불만을 품은 오비에드 군사령관이 수도 아순시온 외곽에 4000명의 기갑사단을 이끌고 항명. 이에 와스모시 대통령은 해, 공군과 미정부, 그리고 미주기구(OAS) 등의 지지를 배경으로 사령관을 포위, 반란 혐의로 체포. 이후 와스모시는 군부에 대한 대규모 개혁을 단행, 문민정부의 기반을 공고히 한다. 외교노선은 친미반공노선으로 일관. 특히 인근 브라질, 아르헨티나와 긴밀한 관계를 맺고 있다.

경제적으로는 농업이 주요 산업(전체 인구의 46%가 농업에 종사). 콩과 면화가 주요 생산물이다. 최근 세계 최대규모의 이타이푸 수력발전소를 건립, 경제발전의 기틀을 다져나가고 있다. 경제 자유화를 기본노선으로 공영기업의 민영화를 적극 추진 중이기도 하다.

☞ 사회와 문화

국민의 97%가 원주민과 스페인계 백인간의 혼혈족. 국민성은 대체로 보수적이지만 인정이 많고 용감한 편이다.

칠레 공화국
(Republic of Chile)

— 독립일 : 9월 18일, UN 가맹일 : 1945년 10월 24일(창설 가맹국) —

☞ 주요 통계 자료

·면　　　적	75만 6626㎢
·인　　　구	1420만 명(95년)
·수　　　도	산티아고(Santiago) 인구 463만 명(93년)
·주요 도시	안토파가스타, 발파라이소, 테무코, 컨셉시온
·주요 민족	스페인계(75%), 그 밖에 유럽계(20%), 원주민(5%)
·언　　　어	스페인어
·종　　　교	카톨릭(약 90%)
·정치 체제	공화제 대통령 중심제
·헌　　　법	1980년 9월 제정 81년 3월 11일 공포 89년, 91년, 94년 일부 개정
·국가 원수	대통령 에두아르도 프레이 루이즈 타그레(Eduardo Frei Ruiz Tagre) 직선제 임기 6년 94년 3월 11일 취임
·의　　　회	2원제 상원(46의석 임기 8년) 하원(120의석 임기 4년)
·내　　　각	대통령이 임명 총리 없음
·주요 정당	기독교 민주당, 민주주의당, 사회당, 국민개진당
·국민총생산	566억 달러(95년)
·1인당 GNP	3960달러(95년)
·통화 단위	페소(Peso). 1달러=419.95페소(96년 12월)
·주요 자원	동, 철, 몰리브덴, 삼림, 어패류
·주요 공산품	식품가공제품, 철강제품
·주요 농산물	사탕수수, 면화, 담배
·무　　　역	수출 164억 4650만 달러, 수입 153억 4830만 달러(95년)

(자료원 : KOTRA 국가정보／칠레 중앙은행／World Yearbook 97)

☞ 자연 환경

남미대륙 태평양 연안의 2/3을 차지하고 있는 나라. 남북 총길이 4270㎞, 폭은 제일 넓은 곳이 355㎞. 평균 175㎞. 북부는 사막지대이며 중부는 비옥한 평야지대. 반면 남부는 연간 2000㎜ 이상의 강수량을 기록하는 한편 울창한 침엽수림이 광활하게 우거져 있다.

☞ 간추린 역사

이 곳 역시 잉카제국이 자리잡았던 곳. 16세기 스페인 세력이 침입하여 18세기까지 식민 통치. 18세기 후반부터 독립운동의 기운이 고양되기 시작하여 1810년 자치정부가 수립되고 이어 1818년에 스페인으로부터 완전 독립을 달성한다.

독립 후 정치적 불안에 시달리기는 다른 남미 제국들과 마찬가지. 하지만 풍부한 지하자원을 바탕으로 경제적 기반을 다져나간다. 1930년대부터 국내의 보수세력과 좌익세력 간의 대립이 첨예화되면서 60년대 후반에 이르러 전국적으로 폭동이 속출. 이 때 등장한 것이 유명한 칠레 공산당의 살바도르 아옌데 정권. 이는 의회를 통해 등장한 세계 최초의 좌익정권이기도 하다. 하지만 이 사회주의 정권은 73년 9월 우익 쿠데타에 의해 붕괴된다.

☞ 정치와 경제

우익 쿠데타의 주역은 군부의 수장인 피노체트 장군. 그가 이끄는 집정평의회는 국정의 전권을 장악하고 정당활동을 금지시키면서 좌익에 대한 탄압을 시작. 이후 피노체트 정권은 16년 동안 군부 독재정치를 행사. 89년 국민투표로 헌법이 개정되고 이어 총선에서 민간인 출신의 에일윈이 대통령에 당선, 칠레정국은 16년반 만에 민정으로 복귀한다.

에일윈 대통령은 집권 중 군부의 정치개입을 차단하기 위해 일부 헌법을 개정하려 하지만 야당의 우익과 군부의 반대로 실패. 다만 정치범 사면을 위한 일부 조항만 개정. 한편 93년 12월 대선에서는 주요 7당 연합 후보인 프레이 기독교민주당 당수가 우파연합 후보를 누르고 94년 3월 새 대통령에 취임한다.

경제는 풍부한 지하자원을 바탕으로 지속적인 발전을 이룩해 남미경제의 모범을 보여준다. 특히 아옌데 정권 이후 자본주의 실용노선을 추진, 실업률(4.4%)과 인플레이션 수치가 안정선을 기록하고 있다. 칠레 경제의 가장 중요한 산업은 단연 철광업. 철의 매장량과 생산량 면에서 모두 세계 1위. 또한 몰리브덴의 매장량도 세계 2위를 기록하고 있다.

☞ 사회와 문화

주민은 스페인계가 압도적으로 많다. 따라서 문화적 색채도 주로 라틴풍. 오랜 옛날부터 지하자원을 통해 번 돈으로 교육사업에 투자, 남미에서 가장 교육수준이 높은 나라로 알려져 있다. 의무교육은 6세부터 8년간 전액 무료. 문맹률은 5% 내외를 나타내고 있다.

아르헨티나 공화국
(Argentine Republic)

— 독립일 : 1816년 7월 9일, UN 가맹일 : 1945년 10월 24일(창설 가맹국) —

☞ 주요 통계 자료

·면　　적	276만 6889㎢(오클랜드 제도와 남극대륙은 제외)
·인　　구	3477만 명(95년)
·수　　도	부에노스아이레스(Buenos Aires) 인구 296만 명(91년)
·주요 도시	코르도바(117만 명), 로사리오(107만 명), 멘도사(72만 명)
·주요 민족	이탈리아계(35.5%), 스페인계(28.5%)등 백인이 97% 차지
·언　　어	스페인어
·종　　교	카톨릭(국교, 전체 인구의 90%가 신도)
·정치 체제	공화제 대통령 중심제
·헌　　법	1994년 8월 23일 제정
·국가 원수	대통령 카를로스 사울 메넴(Carlos Saul Menem) 89년 7월 8일 취임 95년 7월 8일 재임 임기는 99년 12월까지
·의　　회	2원제 상원(72의석 임기 6년) 하원(257의석 임기 4년)
·내　　각	대통령이 임명 94년 헌법에 총리제 신설 총리 호르게 로드리게스(Jorge Rodriguez)
·주요 정당	정의당(일명 페론당), 급진시민연맹(급진당)
·국민총생산	2688억 달러(95년)
·1인당 GNP	7770달러(95년)
·통화 단위	페소(Peso), 1달러＝1페소(96년 12월)
·주요 자원	석유, 천연가스, 철, 동, 우라늄
·주요 공산품	식료품, 석유 화학공업제품, 자동차, 기계
·주요 농산물	밀, 수수, 옥수수, 육투
·무　　역	수출 208억 9300만 달러, 수입 199억 6800만 달러(95년)

(자료원 : 아르헨티나 통계청／상공회의소／아르헨티나 중앙은행)

☞ 자연 환경

남미 대륙에서 브라질 다음으로 큰 면적을 자랑하는 이 나라는 서쪽 안데스 산맥을 경계로 칠레와 국경을 접하고 있으며, 동쪽 및 북쪽으로는 라플라타 강과 그 하천을 경계로 브라질, 우루과이, 파라과이, 볼리비아 등 주변 4개국과 인접해 있다. 정식 명칭은 아르헨티나 연방 공화국(Republic Argentina).

아르헨티나의 지형은 크게 4부분으로 나누어 살펴볼 수 있는데, 중앙 라팜바 지방을 중심으로 서부(안데스 산맥), 남부(파타고니아 지방), 북동부(차코, 메소포타미아 지방) 등으로 이루어져 있다. 이 중 특히 국토 중앙부의 라플라타 강 유역은 비옥한 평원이 광활하게 펼쳐져 있어 이 나라의 대표적인 농목 지대이며, 기후도 온난한 편이라 인구의 대부분이 집중되어 있다. 반면 북부 지방은 아열대의 산림지대이며, 남부 파타고니아 지방은 강풍과 한랭이 극심한 반사막지대를 이루고 있다.

☞ 간추린 역사

원래 이 곳은 주로 안데스 산악지대를 중심으로 활동했던 원주민 인디오들의 생활 터전이었다. 하지만 1516년, 서구 열강의 신대륙 탐험이 한창이었던 당시, 스페인의 J. D. 솔리스가 라플라타 강을 처음 발견함으로써 세상에 알려지기 시작하였으며, 이어 1535년에는 P. 멘도사가 이끄는 대규모 탐험대가 도착하여 부에노스아이레스를 건설한다.

이 곳에 대한 초기 식민지 개척은 주로 알토 페루의 은광업을 위한 생산물 공급 차원에서 진행된다. 그러나 인구가 부족한데다 원주민들의 저항 또한 만만치 않아 상당한 애로를 겪기도 한다. 따라서 스페인 국왕은 '엔코미엔다(국왕이 원주민에게 정복지의 통치를 위탁하는 제도)'와 같은 제도를 실시하여 원주민의 회유와 함께 인근 나라들로부터의 인구 유입을 유도하기도 하였다. 때문에 1776년에 설치된 라플라타 부왕령(副王領)의 수도 부에노스아이레스는 페루 은생산의 쇠퇴와 함께 대서양 무역의 거점으로 발돋움한다.

아르헨티나의 독립은 인근 브라질과 마찬가지로 직접적으로는 1808년 나폴레옹의 스페인 정복이 계기가 된다. 그러나 아르헨티나 인들은 이미 이 사건이 있기 전인 1806년에 영국의 부에노스아이레스 침공을 격퇴한 바 있어 독립을 향한 사기가 고조되어 있었던 상황이었다. 1810년 5월, 부에노스아이레스의 크리올로('Criollo'란 식민지 태생의 백인을 뜻함)들은 스페인의 부왕을 퇴위시키고 집정위원회를 설립, '5월 혁명'의 기치를 높이 든다. 그리고 6년 동안의 독립투쟁을 거쳐, 마침내 1816년에 각 지방 대표들이 투쿠 만에 모여 '리오 데 플라타 합중국'이란 이름으로 독립을 선언한다.

하지만 독립 후 아르헨티나의 내정은 중앙집권파와 연방주의파 간의 대립과 갈등으로 혼란을 거듭한다. 그리고 이러한 혼란은 이후 약 반세기 동안 지속되다가 1868년 D. F. 사르미엔토가 대통령이 된 후 차츰 진정국면을 닿이한다.

정치권이 안정되자 경제적, 문화적 발전을 향한 노력이 이어졌다. 특히 19세기 후반기에는 유럽이민이 급격히 증가하였으며, 이에 따라 외국자본의 도입을 통한 국가발전의 기초가 확립된다. 그리고 1차대전 중에는 철저한 중립정책을 고수하며 경제성장에 박차를 가해 세계 유슈의 부유국이 되기도 하였다. 그러나 아르헨티나 정국은 1920년대 세계대공황의 여파로 경제사정이 악화되자 다시금 혼란상황을 노정한다.

이러한 와중에 1943년 페론이 이끄는 청년장교들이 쿠데타를 일으켜 정권을 장악한다. 페론 정권은 국가사회주의를 표방하며 노동세력을 규합, 이를 정치적 기반으로 하여 이후 9년 동안 외국자본의 국유화 및 국가 즈도의 공업화정책을 추진하지만 심각한 경제위기와 자본가 및 보수파의 반발을 극복하지 못하고 결국 또 다른 군부쿠데타에 의해 붕괴되고 만다.

페론은 이후 18년 동안의 아르헨티나 군정기간 동안 스페인에 망명해 있다가 1973년 대통령 선거에서 재기에 성공하지만 이듬해 급사(急死), 그의 뒤를 이어 부인인 이자벨 페론이 대통령직을 승계 받는다. 하지만 정부의 무능함과 경제위기가 겹쳐 그녀 역시 1976년 군부 쿠데타에 의해 실각하고 3군사령관으로 구성된 군사평의회가 정권을 담당한다.

1982년, 아르헨티나 군사평의회는 영국령 포클랜드를 기습, 175일 동안 강점하지만 영국의 반격에 부딪혀 붕괴된다. 그리고 이 틈을 이용해 아르헨티나 국내의 민주세력들은 힘을 규합, 군정 타도 투쟁을 전개한다. 사태는 결국 1983년 총선거를 통해 알폰신을 대통령으로 한 민간정부가 출범함으로써 일단락 되고, 이후 89년부터는 메넴 대통령을 중심으로 신헌법을 제정하는 등 민주주의의 새로운 장을 열어나가고 있다.

☞ 정 치

22개의 주정부와 1개의 자치령 및 연방수도로 구성된 아르헨티나의 정치체제는 대통령을 정치권력의 핵으로 한 연방공화제이다. 지난 1994년에 제정된 신헌법에 따라 국가원수인 대통령은 종래의 대통령 선거인에 의한 간접선거방식에서 국민의 직접선거제로 바뀌었으며, 임기 4년에 1회에 한하여 중임할 수 있다. 또한 의회는 상, 하 양원으로 구성되는데, 상원은 정원 48명에 임기 6년이며, 하원은 정원 257명에 임기 4년으로 되어 있다.

오랜 군부통치를 종식시키고 1983년 대통령직에 오른 알폰신은 재임기간 중 과거청산 및 경제개혁 등을 중점 추진하였으나, 정치적으로 별 성과를 거두지 못하고 현 메넴 대통령에게 정권을 이양한다. 따라서 89년 이후 정권 담당자로 나선 메넴 대통령은 경제회복을 지상 최대의 과제로 설정하고 국내적으로는 악성 인플레 억제 및 환율 안정 회복, 그리고 국영기업의 민영화를 통한 정부재정적자의 축소 등을 지속적으로 시행하는 한편 나라 밖으로는 과거 포클랜드 사태로 단교상태에 있던 영국과 국교를 정상화함으로써 유럽연합 국가들과의 경제협력 기반을 조성하는 데 노력하였다.

이 결과, 메넴 정권은 군부의 반란 등 일부 부작용이 있긴 했으나 경제회복 및 대외정책의 성공으로 정치적 안정화를 기할 수 있었으며, 이는 91년 중반에 실시된 중간 선거에서 집권당인 정의당(일명 '페론당')이 압승할 수 있는 토대로 작용하였다. 뿐만 아니라 집권 정의당은 93년 10월에 실시된 하원의원 반수를 개선하는 총선에서도 야당인 급진당에 압도적인 승리를 거둠으로써 메넴 대통령의 정치적 기반을 더욱 공고히 하였다.

한편 1994년 8월 국민투표를 통해 헌법개정 작업을 성공리에 마친 메넴 대통령은 개정 헌법에 따라 실시된 95년 4월 대통령선거에서도 국민들의 절대적 지지를 받아 당선됨으로써 현재 집권 2기를 맞이하고 있다. 이에 따라 메넴 정권은 96년 2월 제2 국가개혁법안을 의회에 상정, 통과시킴으로써 향후 국가개혁을 위한 법적 근거를 확보하였으며, 나아가 국무총리를 비롯, 전격적인 내각개편을 통해 자신의 친정체제를 더욱 강화하였다. 그리고 96년 5월 초 발생한 아르헨티나의 에콰도르 및 크로아티아에 대한 무기밀매 스캔들에도 불구하고 메넴 대통령은 과테말라 등 중미국가들을 차례로 방문, 정상외교를 펼침으로써

자신의 확고부동한 정치적 입지를 과시하기도 하였다.

☞ 경 제

1930년대를 기점으로 놓고 볼 때 이전까지의 아르헨티나 경제구조는 팜파스에서의 급속한 농업발전을 근간으로 형성되었다고 할 수 있다. 특히 19세기 후반기의 이 나라 농업은 단기간 내에 세계적 곡창지대로 성장한 흔치 않은 경우 중의 하나였는데, 이러한 배경에는 온대농 및 축산물에 대한 세계적 수요가 급증한데다 유럽으로부터의 급격한 이민 유입, 그리고 대형선박 및 철도의 발달 등 수송기술의 진보가 있었기 때문이다.

하지만 아르헨티나의 농목업 중심의 경제발전은 1929년 세계 대공황을 맞이하면서 수출길이 막히자 엄청난 시련에 봉착하게 되며, 이를 계기로 그 후로는 정부의 보호 아래 수입대체공업화가 추진되었고 더불어 산업구조도 점차 제조업 중심으로 옮겨지게 된다.

따라서 당시 아르헨티나 공업 부분의 주요 생산품으로는 농축산물의 가공품을 비롯하여 피혁제품, 면섬유, 양모섬유 등을 들 수 있는데, 이들은 이후 페론 정권 때 실시된 중화학공업으로의 산업구조조정 노력에도 불구하고 현재까지 이 나라의 주요 수출품으로 자리잡고 있다.

아르헨티나 제조업 분야는 주로 좁은 국내시장을 위한 생산인데다 상품 자체의 국제

경쟁력도 매우 낮아 전체 수출액 중 제조 공업품의 수출액이 차지하는 비중이 전통적으로 매우 낮은 편이다. 이는 결국 1960~70년대 줄곧 경상수지 적자를 낳게 하는 주요 원인으로 작용하는데 여기에 80년대 초반 발생한 포클랜드 사태의 여파로 대외 채무가 급증하고 통화가치가 급격히 하락하자, 이후 아르헨티나 경제는 걷잡을 수 없는 경기위기 상황에 봉착하고 만다.

이러한 상황하에서 경제문제 해결을 주요 정책 사안으로 내걸고 정권을 인수한 메넴 대통령은 1991년 4월 화폐개혁을 골자로 한 신경제 정책을 발표, 환율 안정 및 물가연동제를 폐지함으로써 인플레이션 억제효과를 기하는 한편, 동년 11월에는 경제활동 전면 자유화 조치를 단행, 지난 60여년간 지속되어온 경제 규제 및 제한조치법령을 일시에 폐지함으로써 경기 회복을 위해 사력을 다한다. 이에 따라 아르헨티나 경제는 92년 이후 경제 전 부문이 회복세로 반전되고, 경제 성장률 역시 마이너스 성장에서 탈피, 최근 4년 동안 평균 2.4%의 실질 성장률을 기록한다.

한편 94년 하반기에 폭발한 멕시코의 통화위기 여파로 95년도의 아르헨티나 경제는 주가하락, 외화유출, 금리인상, 은행의 유동성 부족 등 어려움이 가중되는 듯하였다. 하지만 이에 대해서 메넴 정부는 '아르헨티나는 멕시코와 다르다'는 차별화 정책을 기본 전략으로 설정하고, 외국투자가들에게 신뢰감을 심어주기 위해 구체적인 대안을 제시하는 등 금융시장 동요를 막기 위한 정부차원에서의 강력한 의지를 거듭 천명한 바 있다.

따라서 95년도 역시 비록 전년도에 비해 성장률은 둔화되었으나 물가는 계속 안정세를 유지하고 있으며, 투자위축 현상도 예상보다는 상당히 양호한 선에서 진정된 것으로 평가되고 있다.

하지만 정부의 급속한 국영기업의 민영화 정책으로 인해 실업률이 위험수위에 달해 있고(95년 하반기 결산 실업률이 16.7%), 이는 곧 민간소비의 위축을 낳고 있어 아르헨티나 경제의 제자리 찾기는 향후 몇 년은 더 소요될 것으로 생각된다.

☞ 사회와 문화

스페인과 이탈리아계 백인이 주민의 대부분을 차지하고 있다. 따라서 생활양식도 지극히 유럽적이다. 특히 이 나라의 수도인 부에노스아이레스는 '남미의 파리'라 불릴 정도로 서구적인 분위기를 띠고 있다. 아르헨티나는 남미에서 가장 풍요로운 나라이다.

문화와 교육수준도 남미 제일을 자랑하고 있다. 의무교육은 6세부터 12세까지 6년으로 되어 있고, 문맹률은 5% 내외이다.

우루과이 동방 공화국
(Oriental Republic of Uruguay)

— 독립일 : 1825년 8월 25일, UN 가맹일 : 1945년 12월 18일(창설 가맹국) —

☞ 주요 통계 자료

·면　　적	17만 6200㎢
·인　　구	319만 명(95년)
·수　　도	몬테비데오(Montevideo) 인구 150만 명(92년)
·주요 도시	살토, 파이산두, 라스비에트라스
·주요 민족	스페인계, 이탈리아계 백인(90%), 백인과 원주민 간의 혼혈(8%)
·언　　어	스페인어(공용어)
·종　　교	카톨릭(66%), 그 밖에 개신교 등
·정치 체제	공화제 대통령 중심제
·헌　　법	1966년 11월 27일 제정
·국가 원수	대통령 훌리오 마리아 상귀네티(Julio Maria Sanguinetti) 직선제 임기 5년 95년 3월 1일 취임
·의　　회	2원제 상원(30석) 하원(99석) 직선제 임기 5년
·내　　각	대통령이 임명 총리 없음
·주요 정당	콜로라도당, 국민당(프랑코당), 진보회의, 누에보에스파시오(신공간)
·국민총생산	162억 달러(95년)
·1인당 GNP	5100달러(95년)
·통화 단위	페소(Peso). 1달러＝8.74페소(97년 1월)
·주요 자원	목축, 수산자원
·주요 공산품	식품가공, 피혁
·주요 농산물	밀, 쌀, 면화, 식육, 양모
·무　　역	수출 21억 1700만 달러, 수입 26억 8200만 달러(95년)

(자료원 : World Yearbook 97／IMF 보고서)

☞ 자연 환경

남미대륙 동남부 남위 30℃~35℃ 사이에 위치한 나라로 국토는 전체적으로 평지로 이루어져 있으며 경작가능지역이 전체 면적의 88%에 달한다. 특히 수도 몬테비데오 부근에는 전체 인구의 44%가 집중되어 살고 있다.

기후는 온대성. 일년을 통틀어 비가 많은 편이며 겨울철에도 추위가 심하지 않다.

☞ 간추린 역사

1520년 유명한 마젤란 탐험대에 의해 서구에 소개되었다. 1726년부터 1세기 동안 스페인의 식민지. 이후 19세기 초 영국 식민지시대에 아르헨티나의 원조 하에 독립운동의 기운이 일기 시작. 하지만 브라질의 포르투갈 군에 의해 독립의지는 좌절되고 만다. 1825년에 아르헨티나로 피신했던 독립운동세력들이 다시 힘을 결집, 몬테비데오를 탈환하며 일방적으로 독립을 선언. 이로부터 3년 동안 독립전쟁을 치른 끝에 완전한 독립을 달성한다.

이 나라 역시 독립 후 한동안 정국의 혼란을 경험. 1903년 대통령에 취임한 오르도에스 정권에 이르러 민주주의적 질서가 정착되기 시작한다. 하지만 1960년대 들어 심각한 경제위기에 봉착, 도시 게릴라들이 등장하는 등 사태는 급변. 이 때를 틈타 군부가 득세하기 시작하여 1985년까지 12년 동안 군사정권이 이어진다.

☞ 정치와 경제

84년 11월 대통령선거에서 콜로라도당(중도우파)의 상귀네티 후보가 당선. 10여년 만에 민정으로 복귀한다. 원래 우루과이는 남미에서 가장 먼저 의회민주주의가 확립되었던 나라. 하지만 이 전통은 60년대 후반 군부들의 득세로 유명무실화된다. 90년 라카예 대통령에 이어 95년 상귀네티 재당선. 이후 96년 12월 선거제도 개혁 등 정치현안을 국민투표에 부쳐 근소차로 통과. 우루과이 대통령 선거에서는 단순 다득표가 아닌 과반수 득표가 필요하며, 1차 투표에서 판가름이 안 나면 결선투표가 실시되게 되었다. 이 나라의 외교노선은 중남미 국가간의 유대강화를 축으로 실용주의 노선을 견지하고 있다.

한편 경제적으로는 전통적으로 목축업이 발달되어 왔으며 이 밖에 어업과 농업에 종사하는 주민도 많다. 이웃 나라들에 비해 지하자원이 없는 관계로 주로 밀, 쌀 등을 주요 수출품으로 하고 있다.

☞ 사회와 문화

우루과이는 20세기 초부터 복지국가를 지향하는 각종 진보적인 입법을 정비, 중남미에서는 가장 체계적인 사회보장제도를 갖추고 있다. 또한 교육의 보급률과 수준도 상당히 높은 편. 교육은 완전 무료. 문맹률은 3% 내외로 매우 낮다.

오세아니아(Oceania)

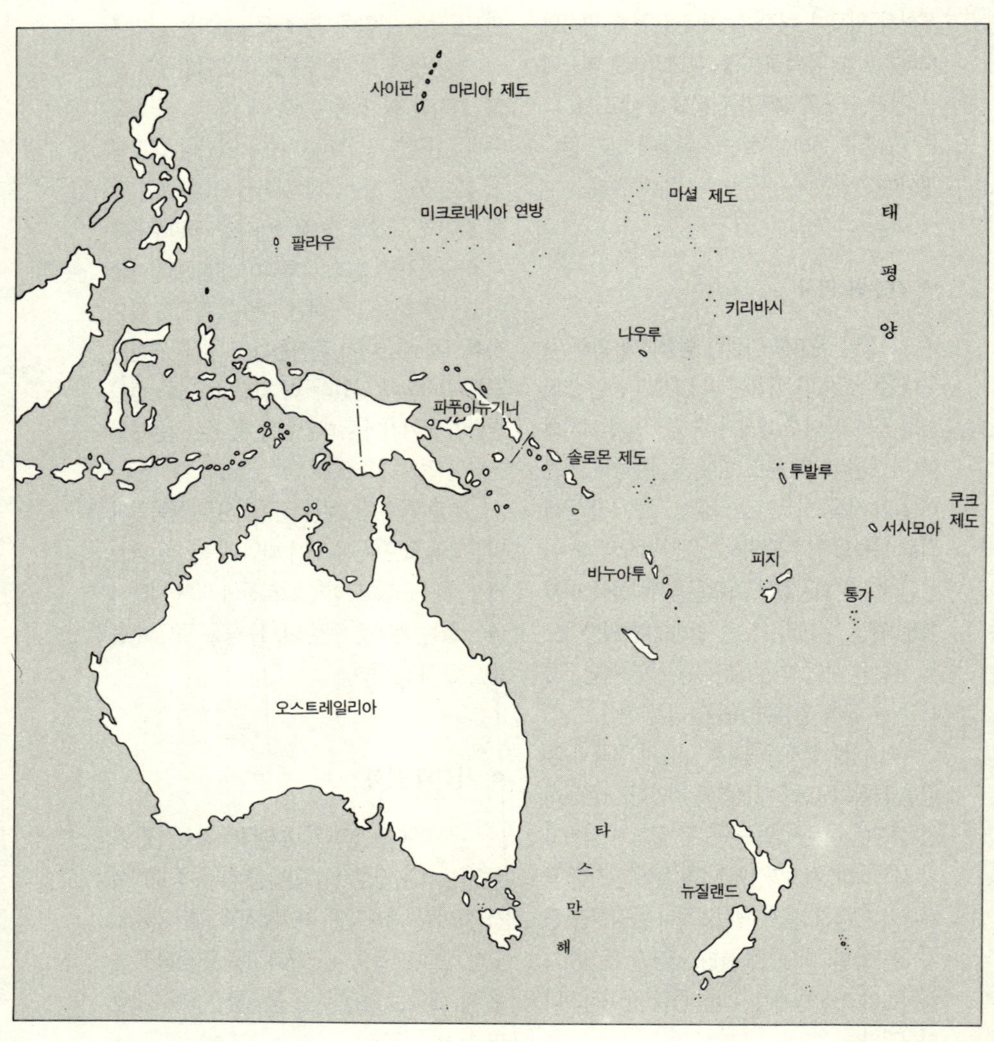

✛ 주요 통계 자료

▶ 전 체 인 구 ＊＊＊＊＊＊ 2810간 명(94년 추계)

▶ 가장 높은 곳 ＊＊＊＊＊＊ 자야 산(파푸아뉴기니／해발 5030m)

▶ 가장 낮은 곳 ＊＊＊＊＊＊ 에어호(오스트레일리아／해발 −16m)

▶ 가장 긴 강 ＊＊＊＊＊＊ 머리 강(오스트레일리아／3717㎞)

▶ 가장 큰 호수 ＊＊＊＊＊＊ 에어호(오스트레일리아／9324㎢)

▶ 가장 큰 호수초 ＊＊＊＊＊＊ 그레이트 베리(오스트레일리아／2012㎞)

▶ 가장 넓은 나라 ＊＊＊＊＊＊ 으스트레일리아(7,682,300㎢)

▶ 가장 인구가 많은 나라 ＊＊＊＊＊＊ 오스트레일리아(1805만 명, 95년)

▶ 가장 인구가 많은 도시 ＊＊＊＊＊＊ 시드니(오스트레일리아／369만 명)

오스트레일리아 연방
(Commonwealth of Australia)

— 독립일 : 1939년 9월 3일, UN 가맹일 : 1945년 11월 1일(창설 가맹국) —

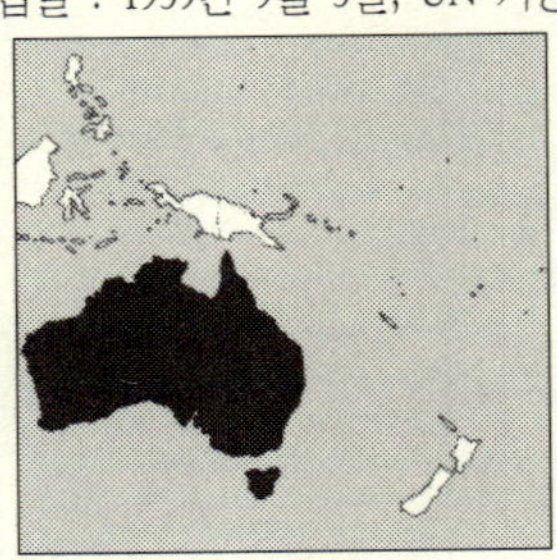
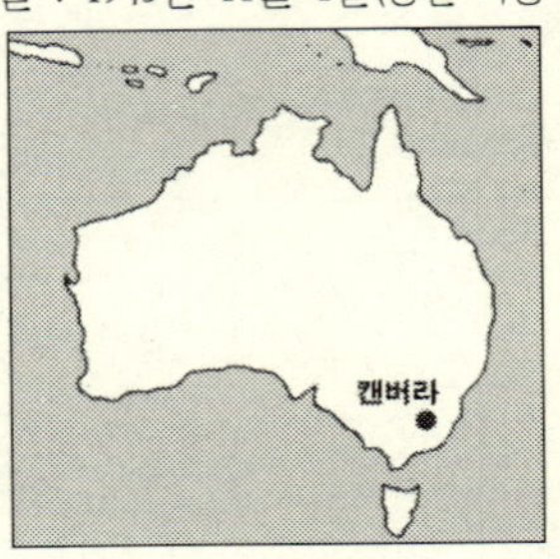

☞ 주요 통계 자료

·면　　적	768만 2300㎢
·인　　구	1805만 명(95년)
·수　　도	캔버라(Canberra) 인구 34만 명(95년)
·주요 도시	시드니(369만 명), 멜버른(315만 명), 브리즈번(138만 명), 퍼스(119만 명), 아데레드(106만 명)
·주요 민족	유럽계(98% 영국 핀란드계가 중심) 아시아계(50만 명)
·언　　어	이탈리아계(30만 명), 원주민(25만 5000명)
·종　　교	영어(공용어)
·정치 체제	영국 성공회(23.9%), 카톨릭(26%), 그리스 정교(2.7%)
·헌　　법	입헌 군주제 의원 내각제 1901년 1월 1일 발효
·국가 원수	영국 여왕 엘리자베스 2세(Elizabeth Ⅱ) 총독 윌리엄 딘(William Deane)
·의　　회	2원제 상원(76석) 하원(148석) 직선제
·내　　각	총리 존 하워드(John Howard) 96년 3월 11일 발족
·주요 정당	노동당, 자유당, 국민당, 민주당
·국민총생산	3474억 달러(95년)
·1인당 GNP	1만 9320달러(95년)
·통화 단위	오스트레일리아 달러. 1달러=1.26A$(97년 1월)
·주요 자원	석탄, 철광석, 보크사이트, 우라늄, 아연
·주요 공산품	철강, 자동차, 선박, 화학제품, 항공기부품
·주요 농산물	밀, 양모, 쇠고기, 양고기, 사탕수수
·무　　역	수출 584억 2400만 달러, 598억 3400만 달러(95/96)

(자료원 : 오스트레일리아 통계청／중앙은행)

☞ 자연 환경

오스트레일리아는 남북으로 3180㎞, 동서로 4000㎞의 길이를 자랑하는 오스트레일리아 대륙과 인근 태즈메이나 섬 등을 주요 영역으로 하고 6주 2직할구로 이루어진 연방 공화국이다. 정식 명칭은 오스트레일리아 연방 (Commonwealth of Australia)이다.

세계 6대주 중 가장 오래 되고 낮은 대륙인 오스트레일리아는 그간의 계속된 침식작용으로 평균해발이 300m에 불과하며, 전체 면적의 80% 이상이 사막(전 국토의 30% 차지)을 포함한 건조지대로 이루어져 있다. 따라서 대부분의 주민들은 남동부 연안, 즉 브리스베인에서 시드니, 멜버른을 이어 아들레이드에 이르는 해안지대에 밀집되어 살고 있다.

기후는 북반부가 열대성을 띠고 있는 반면 남반부는 온대지대에 속한다. 계절은 우리나라와 정반대로 진행되며, 특히 북부의 12월과 4월 사이는 사이클론(Cyclone : 인도양 방면의 폭풍우) 시즌으로 유명하다.

☞ 간추린 역사

구체적으로 기록된 역사적 사료는 없으나 오스트레일리아 대륙에 사람이 살기 시작한 연대는 지금으로부터 대략 약 3만 8000년 전으로 추측된다. 원래 이 곳의 원주민인 애버리진(Aborigine)의 조상으로 추정되는 이들은 동남아시아 방면에서 이주해온 것으로 보이며, 대륙의 해안지대와 일부 내륙 하천 연변에서 수렵, 어로, 채취 활동을 통해 생활을 영위했던 것으로 여겨진다.

17세기 초, 네덜란드와 영국의 항해사들이 각각 오스트레일리아 대륙의 북부 해안과 태즈메이나 섬을 발견하고 유럽 사회에 소개하기도 하였으나 이 때까지만 하더라도 이 곳은 단지 불모의 땅으로만 알려졌을 뿐, 적극적인 조사나 식민으로까지 연결되지는 못한다. 하지만 1770년에 대륙의 동부 해안 일대 (Botany Bay)를 탐험한 영국인 제임스 쿡은 식민지 개척의 가능성을 처음으로 확인하고 이 사실을 영국왕실에 보고한다.

때마침 미국의 독립으로 유형지의 대체지(代替地)가 절실했던 영국 왕실은 대륙에 대한 식민 경영을 정식 선언하고, 1788년 1월 26일 유형수와 군인 등 약 1000여 명으로 구성된 '최초의 선단(船團)'을 현재의 시드니 땅에 상륙시킨다. 따라서 이 날은 오늘날 '오스트레일리아 데이(Australia Day)'라 하여 건국 기념일로 상정되어 있다.

죄인들의 유배지 건설로 시작된 오스트레일리아의 역사는 이후 1820년대를 고비로 영국의 군정이 종식되자, 이 때부터 해외로부터의 자유이민이 두드러지게 증가한다. 그리고 경제적으로도 유형식민지로서의 한정적 자급체제에서 탈피, 양모 수출을 중심으로 차츰 독자적 체제를 갖추어 나간다. 특히 1850년대에 불어닥친 '골드 러시'는 인구의 급증과 농목 개척의 진전, 그리고 교통의 발달 및 영국

자본의 대량 유입 등 커다란 사회, 경제적 반향을 몰고왔고 정치적으로도 선거에 의해서 의회가 구성되고 독자적인 내각책임제가 운영되는 등 자치 식민지로 진일보한다.

그러나 그 동안 본국으로부터의 투자와 수출에 크게 의존해온 바 있는 오스트레일리아는 1890년대에 있었던 세계적 불황과 극심한 가뭄으로 식민지 경제의 한계가 드러나자 일대 전환기를 맞이한다. 즉 경제적으로는 양모산업에 의존했던 산업구조를 공업분야 중심으로 바꾸는 일대 '구조 조정기'에 들어가며, 정치적으로는 노동운동 고양으로 인한 노동당의 결성과 사회보장제도의 수립 등을 거쳐 1901년 헌법을 발효함과 동시에 마침내 연방 결성에 의한 정치적 자립을 이룩해 낸다.

이후 오스트레일리아는 1931년에 영국으로부터 완전 자치를 승인받게 됨으로써 사실상의 독립국의 면모를 갖추게 된다. 또한 2차 대전 중에는 미국과의 공동전선을 펼쳐 태평양전에 참전하기도 하며, 이를 계기로 양국은 전후 태평양권에서 매우 특별한 관계로까지 발전한다. 반면 1960년대 접어들어 영국의 유럽공동체 가입과 함께 영국이탈이 가속화됨과 병행, 상대적으로 아시아권에 대한 관심이 고조되면서 오늘날 태평양권에서의 오스트레일리아의 국제적 위상도 제자리를 찾게 된다.

☞ 정 치

영연방 내의 자치독립국인 오스트레일리아는 입헌군주제 하의 의원내각제를 정치체제로 삼고 있다. 따라서 명목상 국가원수는 엘리자베스 2세 영국여왕으로 되어 있으나 정치적 실권은 하원의 다수당 당수 이하 의원들로 구성되는 내각과 총리에 쥐어져 있다.

현재 연방의회는 상·하 양원제로 구성되어 있으며, 하원(House of Representatives)은 인구비례에 의해 구획된 소선거구에서 국민들의 직접선거를 통해 147명이 선출되며, 임기는 3년이다. 반면 상원(Senate)은 각주(6주)에서 12명씩, 그리고 수도권 특별지구와 북부 특별지구에서 각각 2명씩 총 76명으로 구성되며, 임기는 각주에서 선출된 의원은 6년(매 3년마다 반수를 새로 선출), 그리고 특별지구에서 선출된 의원은 3년으로 되어 있다.

주요 정당으로는 1891년 노조운동을 근간으로 결성된 노동당이 전통적으로 좌파성향을 띠고 있다고 한다면 국민당(1916년 결성. 농민, 지주층 이익 대변)과 자유당(1944년 결성. 기업가, 중산층이 지지기반) 등은 보수 우익노선을 견지하고 있다.

이 밖에 오스트레일리아의 통치구조는 연방과 주, 그리고 지방자치단체의 3단계로 이루어져 있는데, 전통적으로 영국 정치의 영향하에 발달한 관계로 지방자치제가 매우 발달해 있으며, 따라서 각 주의 권한이 미국의 주 권한보다 더욱 강력한 것이 특징이다.

또한 오스트레일리아식 투표제(Australian ballot)라 하여 세계 최초로 기호식 무기명 투표제를 채용하고 있으며, 투표는 국민의 의무조항으로서 기권하면 벌금을 무는 것이 이색적이다.

한편 지난 1983년 이래 4차례에 걸쳐 연속집권에 성공했던 노동당 정권은 집권 중 당수를 바꾸는 우여곡절(호크 총리에서 키팅 총리로)을 겪은 끝에 임한 지난 93년 3월 총선에서도 일반의 예상을 뒤엎고 5기 연속 집권에 성공한다.

이후 키팅 총리는 국내 경제의 활성화를 위한 금융자율화 및 보호관세 인하조치 등과 같은 제반 경제개혁조치를 단행하는 한편, 향후 국제무대에서의 오스트레일리아의 국가적 위상을 감안, 입헌군주제에서 공화제로 이행해야 할 것이라 역설하며, 국민적 합의를 이끌어내려 노력하였다.

하지만 그의 이러한 정치적 행보는 96년 3월에 실시된 총선에서 노동당이 2차대전 이후 최악의 패배를 기록함으로써 중도하차하고 만다. 이로써 오스트레일리아 정국은 지난 13년 동안의 노동당 장기집권시대를 마감하고 하워드 총리(자유당 당수)을 중심으로 한 자유당·국민당 연립정권의 시대를 맞이하게 되었다.

96년 총선거의 결과에 대해 전문가들은 13년 동안에 걸친 노동당의 장기집권에 대한 국민들의 염증에다 키팅 전 총리가 주창했던 아태지역 우선주의와 공화국제 추진 등의 개혁에 대한 일말의 불안감이 가중되면서 국민적 정서가 신보수주의로 회귀한 데 원인이 있다고 분석하고 있다.

☞ 경 제

광활한 영토에 풍부한 지하자원을 보유하고 있는 오스트레일리아 산업구조는 20세기 초엽 식민지 경제구조를 탈피하기 위한 공업화 중심의 산업구조조정의 노력에도 불구하고 오늘날에도 농업, 광업 등 1차 산업에 크게 의존하고 있는 실정이다. 따라서 현재 다른 주요 선진국들과 비교해 1차산업(94／95 회계연도 전체 GDP 대비 7.6%)과 3차산업(〃 76.6%)의 비중이 큰 반면 제조업분야의 비중(〃 15.8%에 불과)은 매우 낮은 불균형적 산업구조를 지니고 있다.

이처럼 이 나라 산업구조상에 유독 제조업 기반이 취약한 원인으로는 전체 면적에 비해 인구가 적고 분산되어 있어 규모 있는 공업단지를 운용하기가 곤란하며, 도시간의 운송수단이나 사회기간시설이 미비하여 제조업 분야에 대한 투자를 원천봉쇄하고 있기 때문이다. 따라서 그간의 오스트레일리아 정부는 이러한 산업구조의 파행성을 극복하기 위해 지난 50년대 이후 줄곧 국가 관리하에서 수입대체 산업 및 외화획득용 수출산업 육성정책을 적극 추진해 오고 있으나 높은 임금 수준에 비해 노동생산성이 매우 낮아 제조업의 국제경쟁력이 열위, 결국 최근에는 일부 제조업분야에서 사양화 현상까지 빚어내고 있다.

오스트레일리아의 주요 산업으로는 농업 및 광업이 단연 으뜸으로 꼽힌다. 이 나라 부의 원천이기도 한 양모산업은 현재에도 세계 최대의 생산 및 수출국(전세계 양의 1/6, 양모 생산의 1/3을 점유)으로 자리잡고 있으며, 이 밖에 밀, 쇠고기, 사탕 등이 4대 주요 수출품목이라 할 수 있다. 또한 광업에 있어서도 풍부한 지하자원을 바탕으로 경제협력 개발기구(OECD) 내 5대 자원수출국의 하나로, 특히 보크사이트, 알루미늄, 석탄, 우라늄, 금 등은 세계 최대수출량을 자랑하고 있다.

반면 공산품의 경우는 국가 총수입의 약 95%를 수입에 의존할 정도로 열악한 상태이지만, 풍부한 농산물을 기반으로 한 식품가공업이라든가, 항공기부품을 주로 생산하는 우주항공 산업과 컴퓨터 소프트웨어개발 및 소형 컴퓨터 등의 분야는 세계적으로 인정받고 있는 분야이다.

한편 80년대 중반 이후 계속 불황의 늪에서 허덕이던 오스트레일리아 경제는 93년 말을 기점으로 점차 회복되기 시작, 94년 들어 급작스런 활황 국면을 맞이하였으나, 95년 초부터 다시 진정기미를 보이며 연착륙단계에 돌입한다. 게다가 95년 이후 국내의 주택경기가 되살아나고, 기업투자가 증대되는가 하면, 전세계적 경기흐름이 호전되고 있는 추세여서 향후 오스트레일리아 경기는 이전 불황 국면으로 다시 추락하는 사태는 없을 것으로 예상된다.

하지만 경기 부양과 관련 95년 들어 금리 인상과 판매세 및 물품세 인상에 따른 관련품목의 가격상승이 뒤따르고 있어 물가상승문제가 경제안정의 기반을 크게 위협하고 있다. 게다가 96년 4월 이후 보수연립정권의 등장으로 정부와 노조간이 마찰이 표면화되고 있는데다 그 동안 누적된 외채가 포화상태(전체 GDP의 40% 이상 차지)에 놓여 있기에 신정부의 경제운영이 결코 순탄하지만은 않을 것으로 전망되고 있다.

☞ 사회와 문화

영국인을 중심으로 유럽 이민족들에 의해 개발된 나라로 풍부한 자원의 혜택으로 일찌감치 선진국의 대열에 합류. 사회보장제도와 노동조건이 좋기로 유명하다.

국민성은 대체로 쾌활하고 적극적인 편이며, 이 나라 국민들은 특히 취미생활에 지대한 관심을 지니고 있어 운동경기나 연극, 음악회 등을 열 수 있는 문화공간이 전국 곳곳에 널려있다.

한편 지난 96년 4월 10일, 오스트레일리아 북부 특별지구 정부는 '말기 환자 권리법'이란 소위 안락사법을 세계 최초로 시행할 것을 발표, 세간의 논란을 불러일으키고 있다.

뉴 질 랜 드
(New Zealand)

— 독립일 : 1947년 9월 26일, UN 가맹일 : 1945년 10월 24일(창설 가맹국) —

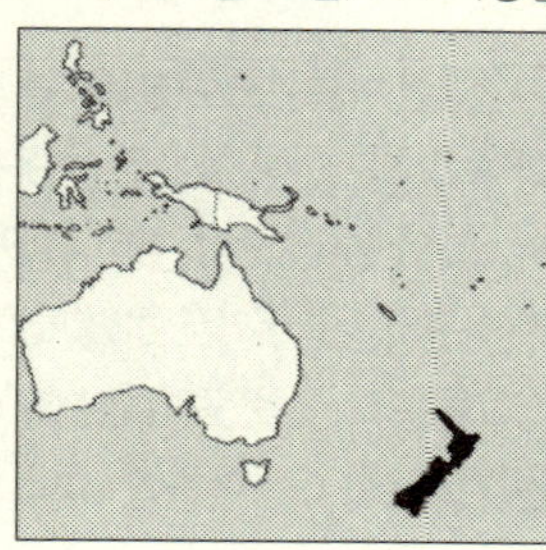 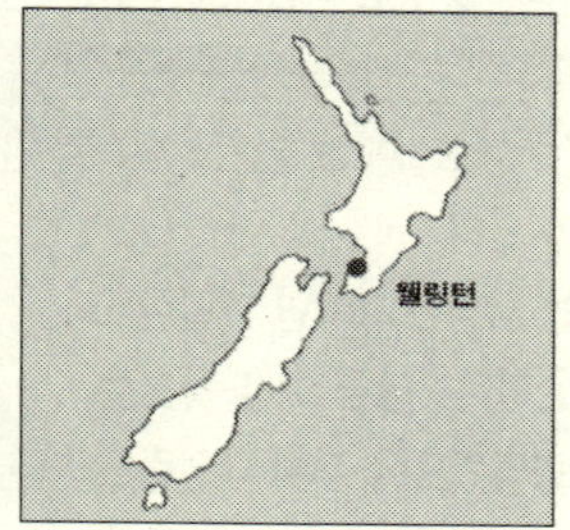

☞ 주요 통계 자료

·면　　적	26만 8808㎢
·인　　구	357만 7000명(95년)
·수　　도	웰링턴(Wellington) 인구 34만 8000명(95년)
·주요 도시	오클랜드(91만 명), 크라이스트처치(31만 3000명), 해밀턴(15만 2000명), 더네딘(11만 명)
·주요 민족	유럽계(90% 이 중 영극계가 80%), 마오리(10%), 폴리네시아인 등
·언　　어	영어(공용어), 마오리어(상용어)
·종　　교	영국 성공회(24%), 장로회(18%), 카톨릭(16%)
·정치 체제	입헌 군주제 의원 내각제
·헌　　법	성문헌법은 없으며 법률과 관습법이 있다
·국가 원수	영국 여왕 엘리자베스 2세(Elizabeth Ⅱ) 총독 미카엘 하디보이스(Michael Hardie-Boys)
·의　　회	1원제 120석 직선제 임기 3년
·내　　각	총리는 총독이 임명 층리 제임스 볼저(James Bolger) 93년 12월 발족 96년 12월 16일 재선
·주요 정당	국민당, 노동당, 연합당, 뉴질랜드 제일당
·국민총생산	591억 달러(95년)
·1인당 GNP	1만 6795달러(95년)
·통화 단위	뉴질랜드 달러(NZ$). 1달러＝1.412NZ$(97년 1월)
·주요 자원	석탄, 사철(砂鐵), 천연가스, 삼림
·주요 공산품	가공식료품, 낙농제품, 양모제품, 알루미늄 가공품
·주요 농산물	밀, 원예작물, 채소 및 과일류, 양, 소
·무　　역	수출 135억 8900만 달러, 수입 138억 1500만 달러(95년)

(자료원 : 뉴질랜드 통계청／The Reserve Bank of New Zealand)

☞ 자연 환경

이 나라는 남서태평양상, 오스트레일리아 대륙으로부터 동쪽으로 약 2250m 떨어진 곳에 위치한 섬나라이다. 주로 북섬(北島 : 11만 5000㎢)과 남섬(南島 : 15만㎢)으로 이루어져 있으며, 이 밖에 스튜어트 섬, 오클랜드 섬, 쿡 섬 등을 거느리고 있다.

뉴질랜드라는 국명은 1642년 네덜란드의 탐험가 A. J. 타스만이 '남국'이란 뜻으로 'Staten Landt'라 명명했으나, 뒤에 네덜란드의 한 지명을 따서 '새로운 젤란트'란 뜻의 'Nieuw Zeeland'라고 한 데서 유래한다.

뉴질랜드는 전체 면적의 3/4이 해발 200m이상의 고지대를 이루고 있다. 특히 남섬에는 서던알프스 산맥을 중심으로 해발 3000m급 이상의 고봉(高峰)이 17개나 솟아 있다. 또한 국토 전체가 환태평양 조산대에 속하기 때문에 화산활동과 지진이 잦으며, 곳곳에 온천이 매우 발달해 있다.

기후는 해양성 기후의 영향으로 온난한 편이며, 강우량도 매년 일정한 편이라 농업과 목축업에 적절한 자연환경을 지니고 있다.

☞ 간추린 역사

이 곳 최초의 주민은 '모아 헌터(모아 사냥꾼)'라고 불렸던 폴리네시아계의 인종으로 8세기경 타히티 방면에서 남하한 것으로 추정된다.('모아(Moa)'란 우리말로 '공조(恐鳥)'라 하며, 이미 멸종된 타조와 비슷하게 생긴 거대한 새를 말한다.) 이후 13세기를 전후하여 오늘날 뉴질랜드의 원주민 격인 마오리족이 대규모로 이주, 주로 따뜻한 북섬에 삶의 터전을 마련한다.

한편 유럽인으로는 1642년 네덜란드 출신의 A. J. 타스만이 최초로 이 곳을 발견하였으며, 그 뒤 영국인인 J. 쿡이 1769년 이래 수 차례에 걸쳐 탐험하기도 하였다. 하지만 당시 유럽인들은 이 곳을 포경(捕鯨)과 바다표범을 잡는 기지로만 이용했을 뿐 식민 개척의 의욕을 보이지 않는다.

1814년, 영국인 선교사 S. 마스덴은 현지에 성공회 교회를 세우고, 직접 마오리어로 원주민을 교화. 이와 함께 당시 남태평양 진출에 무척 적극적이었던 프랑스 세력을 의식한 영국은 이를 견제하기 위한 조치로 1839년에 뉴질랜드를 오스트레일리아의 뉴 사우스 웨일스령으로 편입시키고, 해군 출신인 W. 홉슨을 총독대리인으로 파견한다.

또한 1840년 벽두에는 영국의 이민정책에 의거하여 첫 이민단이 포트 니콜슨(현재의 웰링톤)에 상륙하게 되며, W. 홉슨 총독은 마오리족 대표와의 와이탕기(Waitangi) 조약을 체결, 영국 국왕의 통수권을 관철시킨다. 이로써 뉴질랜드는 뉴 사우스 웨일스로부터 분리, 영국의 직할 식민지로 탈바꿈하며, 포트 니콜슨 서안에 건설된 '뉴질랜드 회사(영국 이민자들이 세운 식민 회사)'를 중심으로 본격적인 식민지 개척시대를 맞이한다.

주로 북섬을 중심으로 시작된 영국의 식민 개척은 현지 조건을 무시한 농업 경영이 실패로 돌아가고, 게다가 토지소유와 기독교 포교를 둘러싼 이주자와 원주민간의 갈등이 증폭되면서 1860년대에서 70년대에 걸쳐 한동안 어려움을 맞이하기도 한다. 그러나 때맞춰 발견된 남섬 산악지대 일대의 대규모 금광으로 골드러시를 초래, 개척시대는 일대 번영을 구가한다.

1907년, 뉴질랜드는 영국으로부터 자치권을 획득하고 실질적인 독립을 달성하지만 모국과의 유대관계는 계속 돈독히 이어졌다. 1차대전 중에는 군대를 파견, 적극 가담하였으나 자국이 주 전장으로부터 멀리 떨어져 있는 관계로 전쟁의 피해 없이 순조로운 국가발전을 이루어낼 수 있었다.

그러나 1930년대 밀어닥친 세계적 불황은 뉴질랜드 경제에도 심각한 타격을 입힌다. 경제적 혼란은 결국 1935년 보수정권 대신 노동당 정권을 낳게 하며, 이를 계기로 뉴질랜드 정치권은 사회입법을 정비하는 등, 복지국가로서의 기반을 마련하게 된다.

2차대전 중에는 이웃 오스트레일리아와 함께 연합군측에 가담하여, 미군 보급기지로서의 자기 역할을 착실히 수행한다. 따라서 전후에는 미국에 대한 의존도를 높이는 한편, 영국 일변도의 외교채널에서 탈피, 아시아·태평양권 국가들과의 유대 강화에 역점을 둔다. 그리고 1947년 웨스트민스트 조약에 따라 영연방 가맹국의 일원으로 정식 독립, 국제사회에서 독자적 국가위상을 확립하게 된다.

☞ 정 치

뉴질랜드의 정치 체제는 엘리자베스 2세 영국 여왕을 국가원수로 한 입헌군주제이며, 임기 5년의 총독이 여왕의 대리인으로 임명되어 있다. 현재 총독은 1996년 3월에 취임한 M. H. 보이스로 지금까지 17대째 내려오고 있다. 또한 헌법은 영국의 경우처럼 성문헌법 없이 법률과 관습법에 따르고 있으며, 의회 역시 1951년까지는 이원제였으나 지금은 일원제로 이루어진다.

1879년 이래 3년마다 총선거가 실시되고 있으며 모두 99명의 의원으로 구성된다. 정국 운영의 실권자인 총리와 내각은 의회 내 다수당을 중심으로 구성되며, 지금까지 주로 국민당(NP, 보수정당)과 노동당(LP, 진보정당)이 번갈아 정치권을 이끌어 왔다.

지난 1984년 7월, 75년 이래 연속 집권해 온 국민당 정권에 승리하여 등장한 노동당 정부는 강력한 반핵정책 등 보다 진보적이고 자주적인 대외정책과 국내 경기활성화를 위한 전면적인 시장자율화정책 등으로 87년에도 연속 집권한다.

그러나 지속적인 시장개방정책 추진과정에서 야기된 국내 산업기반의 와해와 실업률 및 물가 상승, 그리고 국내경기의 전반적 침체 등의 요인으로 주 지지기반이었던 도시 노동자층의 이탈을 낳아 90년 10월 총선에서는 야당인 국민당에게 정권을 이양하고 만다.

90년대 들어 집권한 국민당 정부는 국내 경기 진작을 위해 강력한 긴축재정정책을 전개하는 한편, 대미관계 개선 및 유럽연합과의 우호관계 강화 등을 기본골격으로 뉴질랜드 정국을 운영하고 있다.

따라서 노동조합의 영향력 축소 및 사회복지 예산감축 등을 골자로 한 정부의 긴축정책에 대해 국민들의 원성이 자자한 가운데 실시된 지난 93년 총선에서 항간의 우려를 극복하고 총 99석 중 50석을 확보, 과반수 의석을 넘김으로써 재집권에 성공한다. 하지만 93년 총선의 내용을 놓고 볼 때 국민당은 총 유효투표수 중 35.2%의 지지율을 나타낸 데 비해 야권 3당(노동당, 연합당 등)의 득표율은 61.1%에 달해 실질적으로는 집권당이 참패한 것으로 나타났다.

집권 2기를 맞은 국민당의 J. 볼저 총리는 94년 봄 회의석상을 빌려 영국 여왕 하의 입헌 군주제를 서기 2000년까지는 반드시 대통령중심제의 공화제로 바꾸겠다고 천명한 바 있으며, 더불어 국내여론의 압력에도 불구하고 당분간 긴축재정 및 노조통제를 계속해 나갈 것이라 밝힌 바 있다.

한편 96년 하반기에 실시된 뉴질랜드 총선에서는 집권 국민당이 역시 과반수 의석 확보에 실패, 96년 12월에 뉴질랜드 제일당과 연정을 구성한 가운데 볼저 총리는 가까스로 총리직을 고수한다. 그러나 97년 5월말 현재 집권 국민당의 무기력한 정국운용과 경제적 불안감이 맞물리면서 현정부에 대한 인기가 낙하 일로, 제 1 야당인 노동당보다 뒤지는 것으로 나타났다.

☞ 경 제

온화한 기후에 전체 면적 중 54%가 목초지로 이루어진 뉴질랜드는 오래 전부터 농업이 발달해 온 전통적인 농업국이다. 따라서 국가경제의 근간을 1차 산업이 차지하고 있으며, 상대적으로 제조업의 기반은 매우 취약한 편이다.

뉴질랜드의 제조업 부문은 50년대 후반에서 60년대에 걸쳐 한때 정부의 적극적인 육성 시책에 힘입어 수입대체 산업 및 외화 획득용 수출 산업을 중심으로 비약적 발전의 호기를 맞기도 하였다. 그러나 84년 이후 노동당 정부의 과감한 시장개방 정책과 자율경제 정책으로 말미암아 경쟁력 열위 산업을 필두로 차츰 사양화의 길을 걷기 시작, 지금은 전체 GDP 중 제조업의 비중이 고작 17% 내외에 불과하며, 그나마 식품가공업이 그 중 35%를 차지하고 있다.

뉴질랜드의 주요 산업이라면 단연 농업 부문의 목축업. 특히 양과 소 사육을 통한 육류와 양모, 원피 및 낙농제품 등을 들 수 있다. 육류는 전통적인 이 나라 최대의 수출상품으로서 총 수출의 12% 내외를 차지하고 있으며, 돈육을 제외한 우육과 양육은 거의 모두 수출용으로 생산되고 있다. 또한 양모는 양 보유수

5300여만 마리로서 러시아, 오스트레일리아 및 중국에 이어 세계 4위이나 양모의 질이 우수해 생산면에서는 오스트레일리아에 이어 세계 2위를 자랑한다.

또한 낙농제품은 최근 들어 두드러지게 발전한 최대 수출 산업으로, '뉴질랜드 데일리 보드(New Zealand Dairy Board)'라는 판매회사는 전국 18개 낙농제품 생산자로부터 제품을 구입, 해외 마케팅 및 판매활동을 펼쳐나가고 있다.

이 밖에 뉴질랜드는 청량한 공기와 빼어난 자연경관, 그리고 희귀한 동식물 생태계가 잘 보존되어 있는 나라들 중 하나이다. 게다가 마오리족의 독특한 전통문화와 레저 시설이 잘 갖추어져 있어 최근 들어 세계에서 가장 각광받고 있는 관광입국이기도 하다.

1980대 후반, 제조업 분야의 와해와 고실업률 및 정부재정 악화 등의 요인으로 심각한 위기에 봉착했던 뉴질랜드 경제는 90년 이후 국민당 정부의 적극적인 경기부양정책 덕분에 92년 하반기부터 차츰 회복세를 띠기 시작, 94/95 회계연도에는 실질 성장률 5.5%를 달성하여 완연한 활황 국면을 맞이한다.

특히 지난 6년간의 지속적인 긴축 정책과 국내경기상승에 따른 세수 증가로 95년에는 17년 만에 처음으로 정부 재정이 흑자로 돌아섰으며, '고용 계약법' 시행에 따른 기업의 생산의욕이 향상되고 있고, 저이자율 및 저물가로 인한 기업투자 역시 증가할 움직임이어서 뉴질랜드 경제의 이러한 성장추세는 96, 97년에도 3% 내외의 신장률을 나타낼 것으로 전망된다.

현재 뉴질랜드 국민당 정부는 연간 3% 이상의 경제 성장률을 달성한다는 목표 하에 거듭된 긴축재정으로 물가와 실업률을 2%이내로 억제하고 대외자본을 적극 유치, 전반적인 산업구조조정을 꾀한다는 경제 계획안을 마련해 놓고 있다. 따라서 국가기간산업으로 집중 육성하고 있는 엔지니어링 및 기술분야가 어느 정도 궤도에 오르고 영국 광우병 파동으로 인한 목축업의 추가수요가 현실화될 뉴질랜드 경제의 미래는 매우 밝다 하겠다.

☞ 사회와 문화

사회보장제도가 완비되어 북유럽 국가와 동일한 수준을 지닌 복지국가. 사회풍은 전반적으로 영국적인 요소가 많다. 국민성은 온화하고 솔직하며 성실한 편. 특히 생활태도 면에서는 대단히 보수적이면서도 합리적이다.

최근 들어 뉴질랜드의 독자성을 찾고자 하는 붐이 조성됨에 따라 자국의 역사와 풍습, 그리고 원주민인 마오리족에 대한 연구가 활발하게 전개되고 있다.

한편 96년 10월 뉴질랜드 정부는 과거 영국 식민지 시대의 부정한 토지 취득과 관련해 남부에 거주하고 있는 마오리의 니타프족에 대해 공식적인 사과 성명을 발표했다. 더불어 정부는 토지와 현금을 합쳐 1억 7000만 NZ$의 배상을 약속했다.

파푸아 뉴기니
(Papua New Guinea)

— 독립일 : 1975년 9월 16일, UN 가맹일 : 1975년 10월 10일 —

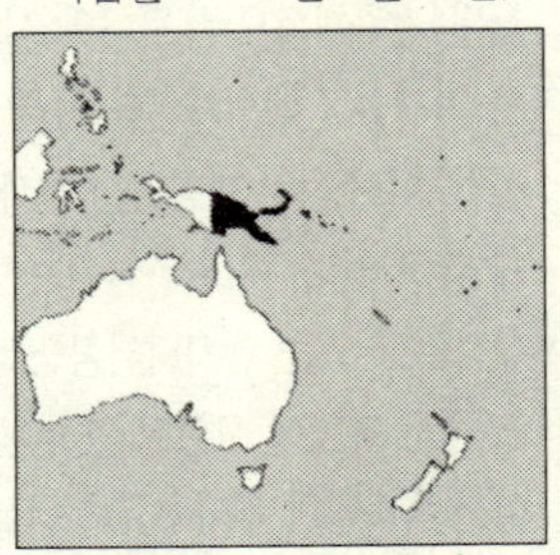

☞ 주요 통계 자료

·면　　　적	46만 2840㎢
·인　　　구	407만 명(95년)
·수　　　도	포트 모리즈비(Port Moresby) 인구 17만 명(95년)
·주요 도시	라에, 라바울
·주요 민족	멜라네시아계의 파푸아족과 멜라네시아족
·언　　　어	영어(공용어)
·종　　　교	기독교(대부분) 전통 종교의 뿌리도 강하다
·정치 체제	입헌 군주제 의원 내각제
·헌　　　법	1975년 9월 16일 시행
·국가 원수	영국 여왕 엘리자베스 2세(Elizabeth Ⅱ)
·의　　　회	1원제 109석 직선제 임기 5년
·내　　　각	총리 줄리어스 찬(Julius Chan) 94년 8월 발족, 95년 8월 일부 개각
·주요 정당	파크당, 인민민주운동당, 인민진보당
·국민총생산	50억 달러(95년)
·1인당 GNP	1160달러(95년)
·통화 단위	키나(Kina). 1달러＝1.3426키나(97년 1월)
·주요 자원	철광석, 사금, 목재, 수산자원, 석유
·주요 공산품	철강, 가구, 석유화학
·주요 농산물	커피, 코코아, 코프라, 쌀, 목재
·무　　　역	수출 18억 7200만 달러, 수입 24억 1700만 달러(95년)

(자료원 : World Yearbook 97／파푸아뉴기니 정부통계)

☞ 자연 환경

이 나라는 뉴기니 섬의 동부 반쪽(다른 반쪽은 인도네시아령)과 뉴브리튼 섬 등 다수의 섬으로 이루어진 태평양에서 가장 큰 도서 국가. 뉴기니 섬은 현재 개발 중에 있는 섬으로는 세계 최대. 이 나라 총 인구의 40%가 이 곳에 살고 있다. 이 지역은 전체적으로 열대우림 기후. 따라서 고온 다습한 편이다. 반면 수도 근방은 사바나 기후이기 때문에 조금 건조한 편이지만 파푸아 만 지역은 연간 5000㎜ 이상을 기록하는 다우 지역이다.

☞ 간추린 역사

이 지역은 16세기 초 포르투갈과 스페인의 항해사에 의해 처음으로 발견된 곳. 1884년에 뉴기니 지역은 독일령으로, 그리고 파푸아 지역은 영국으로 각각 귀속된다. 그리고 1902년에 이르러 파푸아가 오스트레일리아 총독의 관할 하에 편입되고 이어 46년에는 뉴기니도 오스트레일리아의 신탁통치령이 된다. 2차 대전 중 잠시 일본군에 점령당하기도 했으며, 이후 1975년에 파푸아와 뉴기니는 서로 통합, ‘파푸아 뉴기니’로 정식 독립한다.

☞ 정치와 경제

영연방 가맹국으로 영국 여왕인 엘리자베스 2세가 국가원수로 되어 있다. 독립 후 이나라 정부는 의회민주주의를 토대로 국정을 운영하지만 낮은 경제수준과 민족간의 분쟁, 그리고 군부의 득세로 현재까지 정국의 불안이 이어지고 있다. 현재는 인민진보당의 찬 총리를 중심으로 한 연립내각이 정국운영의 주체이며, 파크당을 비롯, 멜라네시아 동맹, 국민당, 원주민 해방운동 등이 연립내각에 참가하고 있다. 한편 95년 10월 찬 총리는 입헌군주제에 대해 전면 재검토하기 위해 정부 내 헌법개정 위원회를 설치 운영하고 있다.

경제는 농촌형 자급자족경제와 도시형 화폐경제가 혼재되어 있는 이중 구조. 주요 생산물은 동, 커피 등. 특히 동의 수출은 GNP의 50%를 차지하고 있다. 최근 정부는 산림과 어업 개발에 관심을 기울이는 한편 고무 등 농업 분야의 신작물 개발에 힘을 쏟고 있다.

☞ 사회와 문화

이 나라에는 약 500여 부족이 700여 개의 언어를 사용하고 있다. 따라서 이웃 부족간에도 서로 대화가 통하지 않으며 부족마다 생활 풍습도 각양각색. 반면 같은 부족 내부의 결속력은 대단히 강하며 부족간의 싸움도 심심찮게 벌어지고 있다.

국민성은 대체로 낙천적인 기질과 다혈질적인 기질을 동시에 갖고 있다. 주식은 원래 타로토란(태평양 일대 섬나라 사람들이 주식으로 삼고 있는 식물)이었지만 최근에 와서 쌀로 바뀌어 가는 추세이다.

솔로몬 꼐도
(Solomon Islands)

— 독립일 : 1978년 7월 7일, UN 가맹일 : 1978년 9월 19일 —

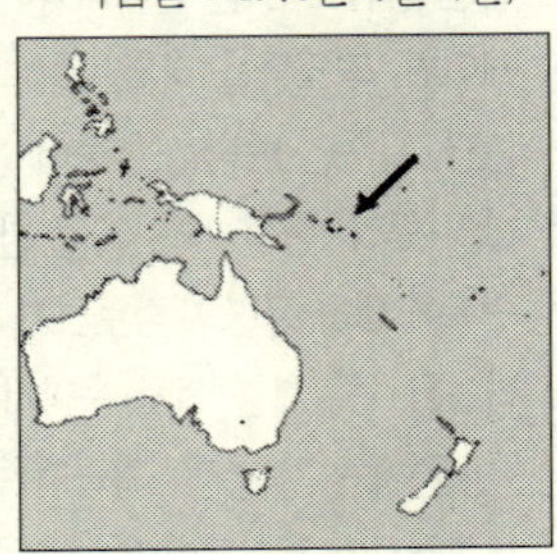
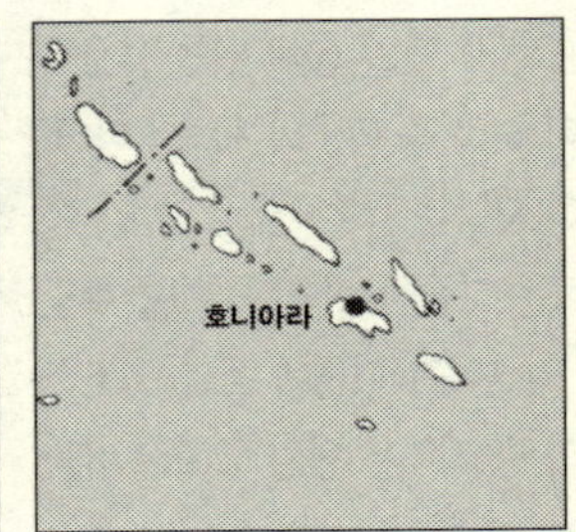

☞ 주요 통계 자료

·면　　　적	2만 8896k㎡
·인　　　구	38만 명(95년)
·수　　　도	호니아라(Honiara) 인구 4만 1000명(95년)
·주요 도시	키라키라, 문다, 루티
·주요 민족	멜라네시아계(93%), 그 밖에 폴리네시아계, 미크로네시아계, 유럽계, 중국계
·언　　　어	영어(공용어)
·종　　　교	기독교(95%)
·정치 체제	입헌 군주제 의원 내각제
·국가 원수	영국 여왕 엘리자베스 2세(Elizabeth Ⅱ) 총독 모세스 피타카카(Moses Pitakaka) 94년 6월 취임
·의　　　회	1원제 47의석 임기 4년 직선제
·내　　　각	총리는 의회에서 선출 총리 솔로몬 마말로니(Solomon Mamaloni) 94년 11월
·주요 정당	화해진보당, 솔로몬 국가행동당, 솔로몬 통일당, 노동당
·국민총생산	2억 9100만 달러(94년)
·1인당 GNP	800달러(94년)
·통화 단위	솔로몬제도 달러. 1달러=3.56S$(97년 1월)
·주요 자원	보크사이트, 금, 수산자원, 목재, 관광자원
·주요 공산품	가구류, 식료품, 목공예
·주요 농산물	코프라, 팜유, 코코아
·무　　　역	수출 1억 6830만 달러, 수입 1억 5900만 달러(95년)

(자료원 : World Yearbook 97／세계각국 요람)

☞ 자연 환경

뉴기니 섬 북동쪽에 줄지어 있는 비스마르크 제도의 남쪽에 위치한 도서 국가. 2개의 큰 섬과 약 100여 개의 작은 섬으로 이루어져 있다. 이 중 가장 큰 섬은 수도 호니아라가 있는 과달카날 섬. 반면 주민이 가장 많이 사는 섬은 총 인구의 40%가 밀집되어 있는 말려이타 섬이다. 섬들은 대부분 화산섬이며 모두 울창한 밀림을 이루고 있다. 기후는 전체적으로 고온 다습한 열대성 기후. 겨울철에는 대륙풍의 영향으로 조금 건조한 편이다.

☞ 간추린 역사

이 곳은 1568년 스페인의 탐험대에 의해 처음으로 발견된다. 이 때 탐험대는 원주민의 손에 들린 지팡이를 황금으로 오인, 성경에 나오는 솔로몬 왕의 황금을 연상하여 이 곳의 이름을 '솔로몬 제도'라 지었다고 전한다.

1839년에 영국의 보호령이 되었다가 1978년 영연방의 일원으로 독립한다. 2차 대전 중에는 한때 일본군에 점령되기도 했으며, 특히 과달카날 섬은 전쟁사에 남을 만한 격전장으로 미군과 일본군의 포화에 의해 수많은 희생자를 낳기도 하였다.

☞ 정치와 경제

이 나라는 영연방 가맹국으로서 엘리자베스 2세 영국 여왕이 국가원수로 있는 입헌군주제 국가. 행정을 맡고 있는 내각은 총리를 비롯 8명의 각료로 구성되어 있다. 또한 입법부로는 47명으로 구성된 의회가 있다.

93년 총선 후 국회를 통해 선출된 힐리 총리를 총독이 파면하자 이에 힐리 측이 반발, 한때 총독이 임명한 마말로니 총리와 함께 한 국가 내에 총리가 2명 존재하는 사태가 발생한다. 그러나 94년 10월, 힐리 총리가 사임을 표명함으로써 정국이 매듭지어진다.

외교 면에서는 남태평양 포럼과 남태평양위원회의 가맹국으로 인근 도서국가들과의 관계 증진 및 지역 내 개발에 매진하고 있다.

한편 솔로몬 제도의 경제는 농임업과 어업 등 1차 산업이 주축. 반면 제조업 분야는 아직 초보적인 단계를 벗어나지 못하고 있다. 따라서 1인당 GNP는 남태평양 지역에서도 가장 낮은 수준. 현재 수도인 호니아라에는 남태평양 포럼의 어업기관 본부가 들어서 있다.

☞ 사회와 문화

주민의 대다수는 멜라네시아계 흑인. 이 나라는 영국풍의 유럽문화와 원주민의 토착문화가 공존하고 있는 곳. 특히 이 곳의 원주민들은 남방 특유의 격렬한 음악과 춤으로 관광객들을 즐겁게 한다. 그리고 아직도 지름 15㎝ 정도의 조개 화폐를 사용하고 있으며 이들이 만든 조개 토산품과 목공예는 매우 정교하고 우수하기로 유명하다.

바누아투 공화국
(Republic of Vanuatu)

— 독립일 : 1980년 7월 30일, UN 가맹일 : 1981년 9월 15일 —

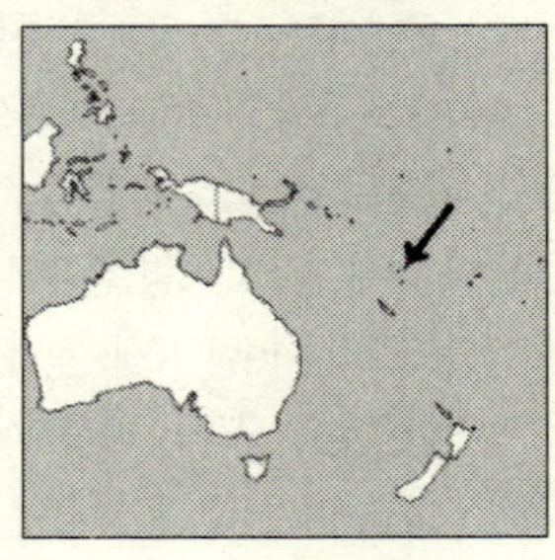
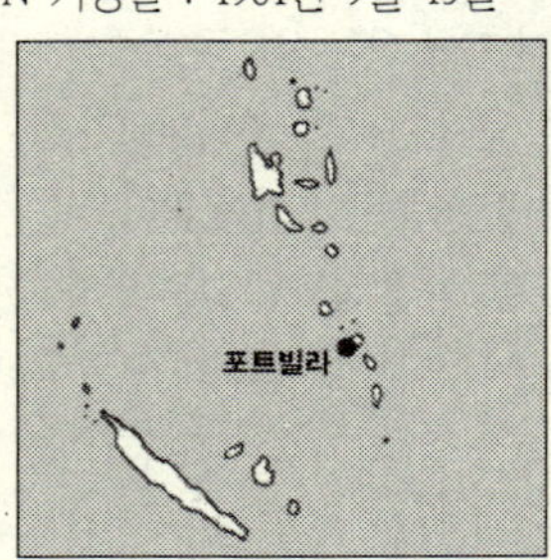

☞ 주요 통계 자료

·면　　적	1만 2189㎢
·인　　구	17만 명(95년)
·수　　도	포트빌라(Port Vila) 인구 2만 1000명(93년)
·주요 민족	멜라네시아계의 바누아투인(93%), 그 밖에 유럽계, 중국계
·언　　어	영어, 프랑스어(둘 다 공용어)
·종　　교	기독교
·정치 체제	공화제 의원 내각제
·국가 원수	대통령 장마리 레이에(Jean-Marie Leye) 의회와 지역평의회 의장으로 구성되는 선거위원회에서 선출 임기 5년
·의　　회	1원제 50석 임기 4년
·내　　각	총리는 의회에서 선출 총리 맥심 카를로코르만(Maxime Carlot-Korman) 96년 2월 발족
·주요 정당	통일전선, 온건제당연합, 국가연합당
·국민총생산	1억 8900만 달러(94년)
·1인당 GNP	1150달러(94년)
·통화 단위	바투(Batu). 1달러＝110.9바투(97년 1월)
·주요 자원	망간, 목재, 수산자원, 관광자원
·주요 공산품	식료품(특히 코프라 가공품)
·주요 농산물	코프라, 쇠고기
·무　　역	수출 2270만 달러, 수입 7270만 달러(93년)

(자료원 : World Yearbook 97／세계각국 요람)

☞ 자연 환경

뉴헤브리니스 제도, 즉 바누아투 공화국은 유명한 뮤지컬 '남태평양'의 무대가 되었던 곳. 솔로몬 제도 동남쪽 해상에 'Y'자형으로 자리잡은 80여 개의 섬으로 이루어져 있다. 섬들은 주로 화산섬. 지금도 폭발의 가능성이 농후한 섬들이 있다. 기후는 고온 다습하지만 해양성 대류의 영향으로 시원한 편. 아름다운 자연과 남방 특유의 기후가 곁들어져 서양인들에게는 '낙원'으로 통한다.

☞ 간추린 역사

'바누아투 공화국'의 원래 이름은 뉴헤브리니스 제도. 1980년 독립과 함께 개명. 1606년 스페인인이 처음 발견. 이후 18세기 영국인 선장 쿡이 이 지역을 탐험, 뉴헤브리니스 제도라 이름 붙인다. 1906년 이래 영국과 프랑스의 공동통치 하에 있다가 77년 영국측 급진파인 바누아투당을 중심으로 독립운동이 전개되어 79년 총선에서 바누아투당이 압승한다. 참패한 친프랑스파가 80년 5월 분리독립을 선언하고 반란을 일으키지만 80년 7월 영국과 프랑스가 평화적인 해결을 강구, 바누아투는 영연방가맹국으로 완전 독립을 달성한다.

☞ 정치와 경제

대통령 중심제의 민주공화국. 하지만 행정실권은 내각의 수반인 총리에게 있다. 독립후 아직도 분리파들의 게릴라 활동이 계속되지만 파푸아뉴기니의 평화유지군이 에스피리투산토 섬에 주둔, 사회질서를 유지하고 있다. 대신 바누아투는 군대를 지닐 수가 없다.

한편 95년 11월 총선에서 전 총리 카르보카카스의 통일전선이 20석을 획득, 집권여당인 온건제당연합은 국가연합당과 연대하여 겨우 정권을 유지한다. 또한 같은 해 12월 31일 총리선거에서 온건연합의 볼 당수가 총리에 취임한다. 그러나 96년에 접어들자 온건연합 내부에 볼 총리파와 카를로코르만 전 총리파 간에 당권 투쟁이 격화. 결국 야당인 통일전선과 연합한 카를로코르만 측은 의회에 내각불신임안을 가결시키고, 2월 23일 다시 실시된 총리 선거에서 정권을 장악한다. 따라서 현재의 총리는 카를로코르만이다.

주요 산업은 농임업과 어업. 그리고 관광업도 한몫을 하고 있다. 하지만 최근 주요 수출품인 코프라 가치가 폭락하고 망간 광산마저 폐쇄된데다 게릴라 활동 등으로 관광객의 수요가 감소, 격심한 경제적 위기에 봉착.

☞ 사회와 문화

바누아투의 문화는 영국풍과 프랑스풍, 그리고 원주민의 토착문화가 공존하고 있다. 도시의 거리는 영국과 프랑스인들이 많이 사는 관계로 전반적인 분위기가 유럽풍이다.

반면 이 곳 주민의 90%이상을 차지하고 있는 멜라네시아계 사람들은 전통적인 음악과 춤을 무척 좋아한다.

피지 공화국
(Republic of Fiji)

— 독립일 : 1970년 10월 10일, UN 가맹일 : 1970년 10월 13일 —

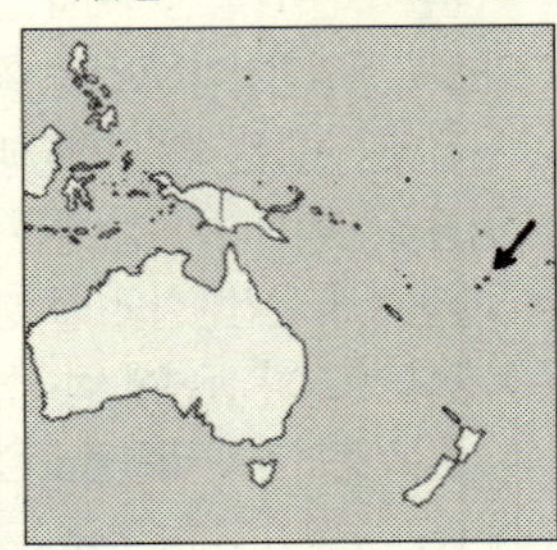

☞ 주요 통계 자료

· 면　　　적	1만 8333㎢
· 인　　　구	78만 명(95년)
· 수　　　도	수바(Suva) 인구 7만 3000명(95년)
· 주요 도시	람바사, 라우토카
· 주요 민족	피지계(47.8%), 인도계(47.4%), 혼혈(4%)
· 언　　　어	영어(공용어) 피지어, 힌두어
· 종　　　교	기독교(47%), 힌두교(40%), 이슬람교(9%)
· 정치 체제	공화제 대통령제이지만 행정권의 실권은 내각에 있다
· 헌　　　법	1990년 7월 25일 공포
· 국가 원수	대통령 카미세세 말라(Kamisese Mara) 족장 평의회에서 임명 임기 5년 94년 1월 취임
· 의　　　회	2원제 상원(34석 임기 4년) 하원(70석 임기 5년)
· 내　　　각	대통령이 피지계 의원 중 임명 총리 시티베니 라부카(Sitiveni Rabuka) 96년 6월 개각
· 주요 정당	피지언당, 국민연방당, 노동당
· 국민총생산	19억 달러(94년)
· 1인당 GNP	2400달러(94년)
· 통화 단위	피지 달러(F$). 1달러＝1.3841F$(97년 1월)
· 주요 자원	수산자원, 관광자원, 목재
· 주요 공산품	금세공품, 제당
· 주요 농산물	사탕수수, 코프라, 쌀
· 무　　　역	수출 6억 5000만 F$, 수입 9억 9000만 F$(93년)

(자료원 : World Yearbook 97／피지 통계청)

☞ 자연 환경

피지는 남서태평양 중앙부에 위치한 나라로 2개의 큰 화산섬(비티레부 섬과 바누아레부 섬)과 주변의 수많은 군소 섬(약 322개)들로 이루어져 있다. 이 지역 일대는 무역풍지대로 여름에는 북쪽에서 습한 바람이 불어오며 겨울에는 남동풍이 불어 건조해진다. 따라서 수도 수바가 위치한 동부지역은 비가 많은 반면 서부지역은 가뭄을 걱정할 정도로 건조하다.

☞ 간추린 역사

1643년 네덜란드 항해사에 의해 처음으로 발견. 이후 19세기 들어 주변에 널려있는 백단향과 해삼을 구하기 위해 유럽인들이 진출. 특히 영국은 일찌감치 영사를 파견 원주민 추장들을 설득하여 평화적인 방법으로 1874년에 이 곳을 식민지로 삼는다. 그리고 피지는 1세기 동안의 식민지시대를 겪은 다음 평화적인 분위기 속에 1970년 다시 독립한다.

☞ 정치와 경제

독립 후 영연방 가맹국으로 출발. '퍼시픽 웨이(태평양적인 방법)'을 주창했던 마라 총리의 강력한 지도력 아래 남태평양 일대의 유력한 국가로 발돋움하지만 87년 4월 총선에서 인도계 국민연맹당이 집권하면서 정치질서가 흐트러지기 시작. 피지계 주민들의 불만이 폭발하고 2차례의 쿠데타를 통해 같은 해 10월에 공화제를 선포하고 영연방으로부터 탈퇴한다. 이후 민정복귀를 서둘러 가닐라우가 초대 국가원수로 취임. 90년 7월에 신헌법을 마련 체제정비에 나섰지만 현재까지 정국의 불안은 여전하다. 94년 1월, 가닐라우 대통령이 사망함(93년 12월)에 따라 족장회의는 새 대통령에 말라를 임명하였다. 또한 2월의 총선거에서는 피지계가 37석을 획득, 인도계를 누르고 다수 의석을 차지하였다.

피지는 남태평양 일대에서 가장 경제개발이 진척된 나라로 특히 농업(사탕)과 관광업이 주축 산업이다. 최근 정부는 임업과 어업 개발에 총력을 기울이는 한편 경공업 분야의 활성화에도 노력을 아끼지 않고 있다.

☞ 사회와 문화

이 곳에는 19세기 말 사탕수수재배를 위해 이주한 인도계 노동자의 자손들이 전체 인구의 과반수 이상을 차지하고 있다. 이들은 도시를 중심으로 피지의 경제적 실권을 쥐고 있는 실정. 반면 피지의 원주민들은 토지를 매개로 농업에 종사하고 있다. 따라서 이 나라는 경제적, 인종적으로 이중 구조를 띠고 있으며 문화와 종교 등이 다른 두 민족의 대립이 현재까지 지속되고 있다. 피지의 수도 수바에는 남태평양 도서 국가들의 협력을 상징하는 남태평양대학이 있어 지역 발전을 위한 인재양성에 한 몫을 하고 있다.

통가 왕국
(Kingdom of Tonga)

— 독립일 : 1970년 6월 4일, UN 가맹일 : 비가맹국 —

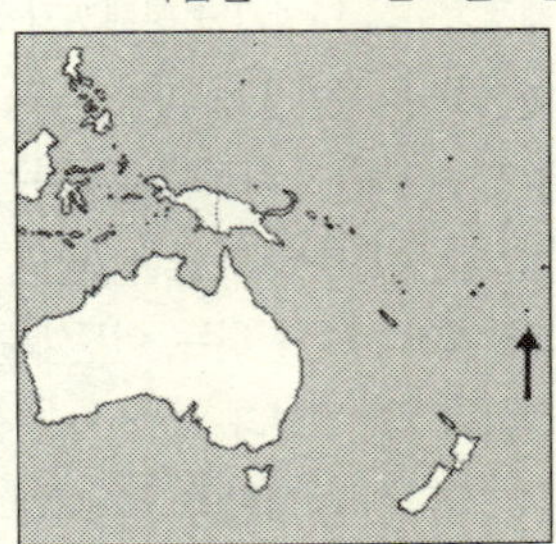 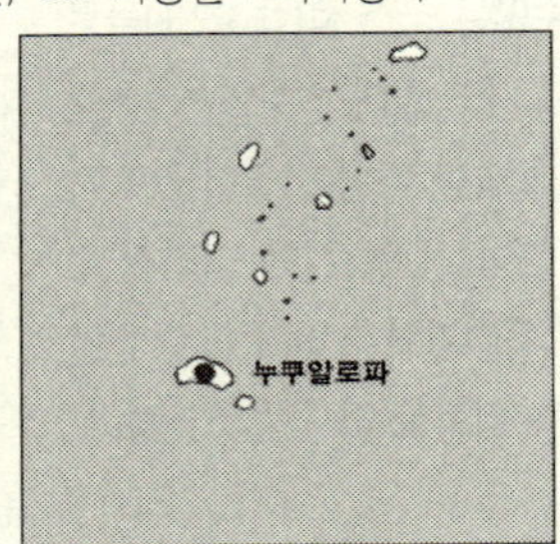

☞ 주요 통계 자료

·면　　　적	748㎢
·인　　　구	10만 명(95년)
·수　　　도	누쿠알로파(Nuku`alofa) 인구 2만 7000명(95년)
·주요 민족	폴리네시아계가 중심 그 밖에 소수의 미크로네시아계
·언　　　어	영어(공용어) 통가어
·종　　　교	대부분 기독교도(이 중 감리교가 60%)
·정치 체제	입헌 군주제
·헌　　　법	1875년 공포
·국가 원수	국왕 타우파하우 투포우 4세(Taufa`ahau Tupou Ⅳ) 1965년 12월 15일 즉위 세습제
·의　　　회	1원제 국회 의장, 각료, 귀족 의원 9명 지역 구의원 9명 등으로 구성
·내　　　각	국왕이 임명 총리 바론 바에아(Baron Vaea)
·주요 정당	인민당
·국민총생산	1억 6000만 달러(94년)
·1인당 GNP	1640달러(94년)
·통화 단위	파앙가(Pa`anga). 1달러=1.26파앙가(97년 1월)
·주요 자원	수산자원, 산림, 관광자원
·주요 공산품	식품가공
·주요 농산물	바나나, 코코아, 야자유
·무　　　역	수출 887만 달러, 수입 4704만 달러(90년)

(자료원 : World Yearbook 97／세계각국 요람)

☞ 자연 환경

남태평양 서남부의 군도로 피지 동남부 130㎞ 지점에 170여 개의 섬으로 이루어진 나라. 이 섬들의 대부분은 융기 산호초로 이루어져 있지만 몇 개의 주요 섬들은 활화산섬. 사람이 사는 섬은 36개 정도로 주로 농사를 짓고 있다. 전체 인구의 80%가 주섬인 통가타부에 밀집. 기후는 고온 다습한 아열대성이지만 해풍의 영향으로 여름에도 시원하다. 특히 이 지역은 자연이 아름답고 주민의 인심이 후해 '지구 최후의 낙원'이라 일컬어지고 있다.

☞ 간추린 역사

폴리네시아에서 유일한 입헌군주국. 10세기경에 이미 왕국이 건설되었다고 전한다. 특히 10세기~15세기에는 인접한 사모아나 피지뿐만 아니라 적도 부근까지 원정군을 파견할 정도의 무력국가였다. 1643년 네덜란드인의 발길이 처음 닿은 이후 기독교도를 증심으로 서구의 왕래가 잦기 시작. 19세기 후반 열강의 식민지 쟁탈이 본격화되자 1900년에 영국과 우호조약을 체결, 사실상 식민지 상태에 놓인다. 1960년대 남태평양 일대에 독립운동의 열기가 고조되자 이에 가세. 1970년 6월에 서사모아, 나우루에 이어 독립을 달성한다.

☞ 정치와 경제

영연방 가맹국의 입헌군주국으로 국왕의 친정체제. 내각은 총리를 필두로 6명의 각료와 입법회의의장 및 2명의 지사(知事)로 구성되어 있으며, 입법회의는 의장과 각료 및 9명의 귀족대표와 9명의 국민대표로 이루어졌다.

국왕의 막강한 권력을 제한하자는 일련의 민주화 운동이 고양되기 시작하여 92년 11월, 정치, 종교지도자들을 중심으로 통가 민주주의 지지운동이 결성. 이어 93년 총선거에서 이들 개혁파들은 9명의 의석 중 6석을 차지하는 선거혁명을 연출한다. 그리고 94년, 개혁파 의원을 중심으로 인민당을 창당한다. 96년 1월 24, 25일 양일간의 총선에서 개혁파는 다시 9석 중 7석을 휩쓸어 기반을 강화, 본격적인 정치제도의 개혁을 요구하는 성명을 발표하지만 국왕 측은 아직까지 묵묵부답.

이 나라는 바나나, 코프라 등을 주로 생산하는 농업국. 하지만 식량 자급도는 50% 정도. 최근 정부는 어업을 국가적 차원에서 장려하는 한편 국제공항과 호텔을 정비하는 등 관광사업에도 총력을 기울이고 있다.

☞ 사회와 문화

과거 이 나라를 3차례 방문했던 쿡 선장은 통가를 가리켜 '우정의 섬나라'라고 불렀다. 그만큼 통가 국민들은 인정이 많고 평화를 사랑하는 민족이며, 주민들의 표정에는 항상 웃음이 가득하다. 남태평양 도서 국가들 중 국민 소득이 낮은 축에 속하지만 독립 후 정부차원에서 복지정책을 실행해 부의 분배가 잘 이루어진 편이며 극빈층이 거의 없다.

서 사 모 아
(Western Samos)

— 독립일 : 1962년 1월 1일, UN 가맹일 : 1976년 12월 15일 —

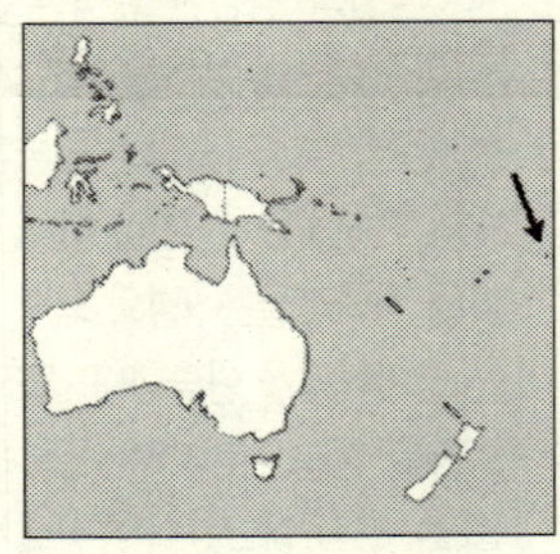
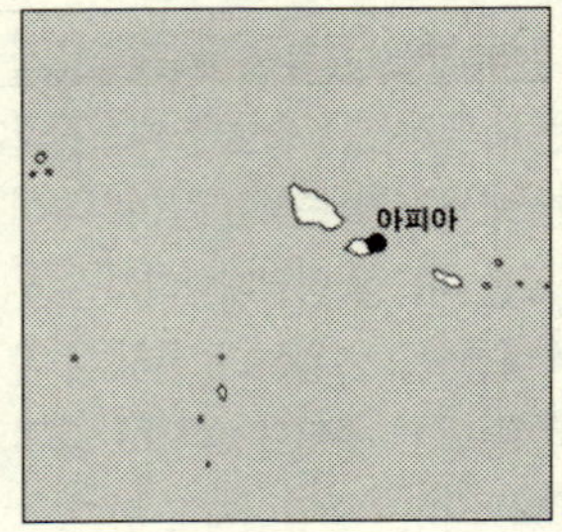

☞ 주요 통계 자료

·면　　적	2934㎢
·인　　구	16만 9000명(94년)
·수　　도	아피아(Apia). 인구 3만 6000명(93년)
·주요 민족	폴리네시아계의 사모아인(90%). 그 밖에 멜라네시아계, 중국계, 유럽계 혼혈
·언　　어	사모아어, 영어(둘 다 공용어)
·종　　교	기독교도가 거의 100%
·정치 체제	입헌 군주제
·헌　　법	1962년 1월 1일 공포
·국가 원수	국왕 말리에토아 타누마필리 2세(Malietoa Tanumafili Ⅱ). 62년 1월 취임. 임기는 5년이지만 초대 수장은 종신
·의　　회	1원제. 49석. 수장의 칭호를 가진 자만이 피선거권 보유
·내　　각	총리는 국왕이 임명 총리 토필라우 에티 알레사나(Tofilau Eti Alesana)
·주요 정당	인권옹호당, 사모아 국가개발당, 기독교민주당
·국민총생산	1억 6300만 달러(94년)
·1인당 GNP	970달러(94년)
·통화 단위	탈라(Tala). 1달러＝2.523탈라(96년 1월)
·주요 자원	열대식물, 목재, 관광자원
·주요 공산품	가구, 자동차부품
·주요 농산물	코프라, 바나나, 코코아, 타로토란
·무　　역	수출 800만 달러, 수입 9900만 달러(91년)

(자료원 : World Yearbook 97／세계각국 요람)

☞ 자연 환경

하와이와 오스트레일리아의 중간지점에 위치한 섬나라로 서머셋 모옴의 대표작인 '비'와 '붉은 머리'의 무대가 되었던 곳으로 유명하다. 15개의 섬으로 이루어져 있으며 대부분 화산섬들이다. 남태평양에서 가장 비가 많은 곳. 장마철이 되면 모옴의 작품 '비'의 표현처럼 연일 장대비가 대지를 갈라놓을 듯하다. 연간 강수량은 5000㎜ 이상. 기후는 열대우림 기후로 연중 무척 더운 편이다.

☞ 간추린 역사

이 지역은 옛날 남태평양 일대로 이주한 폴리네시아인이 가장 먼저 정착한 곳. 유럽인으로서는 네덜란드의 항해사가 1722년에 찾아든 것이 처음. 이후 19세기 초 영국 선교사들을 필두로 서구열강이 몰려들기 시작, 이 지역 일대의 어업권을 놓고 치열한 쟁탈전을 전개한다. 1899년 사모아제도는 서경 171°를 경계로 서부(지금의 서사모아)는 독일이 점령하고 동부는 미국의 식민지가 된다. 이후 서부는 1,2차 대전을 경과하면서 뉴질랜드의 신탁통치하에 놓였다가 1962년에 독립. 폴리네시아인이 달성한 최초의 독립국가가 된다.

☞ 정치와 경제

이 나라는 입헌군주국으로 과거 대추장의 직계인 타누마필리 2세가 국왕. 내각은 입법회의가 선출한 총리와 8명의 각료로 구성되며 입법회의에는 47명의 의원이 포진되어 있다. 외교노선은 비동맹주의가 기본방침. 지난 96년 5월 총선거에서 집권여당인 인권옹호당은 25석을 획득, 과반수의석 확보에 가까스로 성공한다. 하지만 이번 결과는 지난번의 34석에서 크게 후퇴한 것으로 선거 전 옹호당의 당수인 토필라우 총리가 건강상의 이유로 병원문을 들락거리고 정권 내부에 비리의혹 등이 발생했기 때문이다.

이 나라 경제의 주축은 농업. 주로 코프라, 땅콩, 바나나 등이 생산되지만 전반적으로 규모가 작은 편이다. 주민의 대부분은 타로토란과 어업으로 생계를 꾸려나가고 있다. 최근 정부는 어업개발에 총력을 경주하고 있다.

☞ 사회와 문화

이 나라는 아직도 씨족제를 토대로 한 촌장제도(마타이 제도)가 사회의 골격을 이루고 있다. 부락의 단위는 약 100명 정도. 이 마타이 제도 때문에 중앙정부의 정책이 원활히 집행되지 못하는 경우가 허다하다. 서사모아의 주거양식은 벽과 담이 없는 것이 특징인데 이는 마타이 제도가 개인의 독립성을 인정하지 않기 때문이다.

또한 이 나라의 우포루 섬은 사모아인의 독립을 문장으로 염원했던 영국의 대문호 로버트 스티븐슨이 살았던 곳으로 유명하다.

쿡 제 도
(Cook Islands)

― 정치적 위상 : 뉴질랜드의 자치령 ―

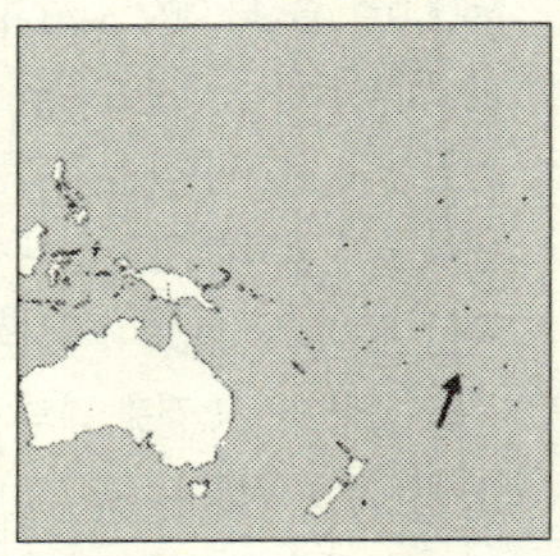
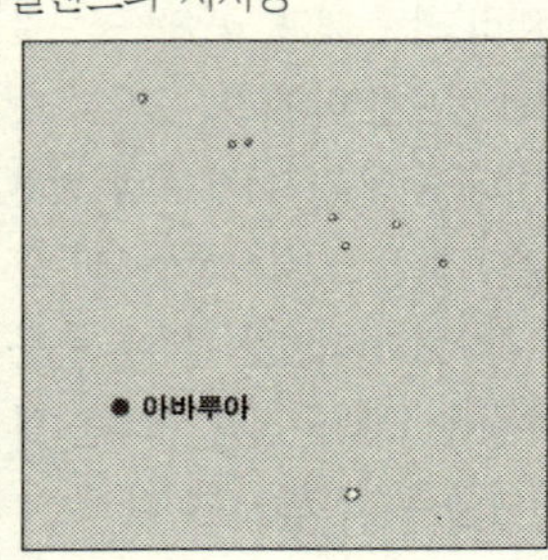

☞ 주요 통계 자료

·면　　적	237㎢
·인　　구	2만 명(93년)
·수　　도	아바루아(행정관청 소재지, 정식 수도는 없음)
·주요 민족	마오리족
·언　　어	마오리어, 영어
·종　　교	기독교
·정치 체제	입헌 군주제
·국가 원수	영국 여왕 엘리자베스 2세(Elizabeth Ⅱ)
·의　　회	1원제 25석 임기 5년
·내　　각	자치정부는 총리와 6명의 각료로 구성 총리 제프리 헨리(Geoffrey Henry) 94년 재임
·주요 정당	쿡제도당
·국민총생산	4300만 달러(93년)
·1인당 GNP	2150달러(93년)
·통화 단위	뉴질랜드 달러(NZ$). 1달러＝1.412NZ$(97년 1월)
·주요 자원	수산자원, 관광자원
·주요 공산품	의류, 식료품(과즙)
·주요 농산물	코프라, 땅콩, 바나나

(자료원 : World Yearbook 97／세계 각국 요람)

☞ 자연 환경

뉴질랜드에서 북동쪽으로 약 2500㎞ 떨어진 지점에 위치한 섬나라로 15개의 작은 섬들로 이루어져 있다. 원주민은 뉴질랜드와 마찬가지로 마오리족이다.

이 지역은 해양성 열대 기후 지역으로 특히 라로통가 섬 부근은 연평균 기온 24℃에 연간 강수량은 2000㎜ 내외이다. 11월에서 3월 사이에는 사이클론 시즌으로 폭풍우를 동반한 세찬 바람이 몰아친다.

☞ 간추린 역사

1774년 영국인 탐험가인 쿡 선장에 의해 발견된 곳으로 '쿡 제도'란 이름도 발견자의 이름을 따서 붙여진 것이다. 1888년에 영국의 속령이었다가 1901년에 토케라우 제도 등과 함께 뉴질랜드의 영토에 편입된다.

1965년 뉴질랜드와 자유연합국에 관한 협약을 체결함으로써 쿡 제도는 자치와 입법제정권을 확보한다. 하지만 국제적으로는 독립국으로서 인정을 받지 못한다.

☞ 정치와 경제

영국의 엘리자베스 2세가 국가원수인 입헌군주국. 영국 정부가 파견한 총독부가 설치되어 있다. 의회는 25명의 의원으로 구성되어 있으며 임기는 5년. 또한 내각은 총리 이하 6명의 각료로 구성되어 있다.

현재 쿡 제도 정부는 뉴질랜드와 자유연합국 관계. 외교와 국방은 뉴질랜드 정부가 대행하고 있다. 또한 경제적으로도 뉴질랜드에 대한 의존도가 매우 높은 상태이다.

지난 95년 7월, 쿡 제도의 윌리엄스 보건장관은 프랑스의 핵실험으로 이 곳에 백혈병, 암, 수질오염 등이 급증했다고 공식 발표하였으며, 이후 9월에는 프랑스의 핵실험 재개를 둘러싸고 헨리 총리는 공식 항의와 더불어 세계 여론에 호소하기도 했다.

주요 산업은 농업과 관광업이며, 전체 인구의 22%가 농업에 종사하고 있다. 주요 수출품으로는 의류, 과즙, 코프라, 바나나, 진주 장식품 등이 있다. 반면 식료품과 가전제품 등은 전적으로 수입에 의존하고 있다.

☞ 사회와 문화

폴리네시아계 마오리족이 전체 인구의 91%를 차지. 해안지역의 비옥한 평지에 인구가 밀집되어 살고 있다.

특히 이 나라의 라로통가 섬에서는 82년 3월 남태평양 환경회의를 개최. 태평양에서의 핵폐기물 투기금지 선언을 발표했다.

투 발 루
(Tuvalu)

— 독립일 : 1978년 10월 1일, UN 가맹일 : 미가맹국 —

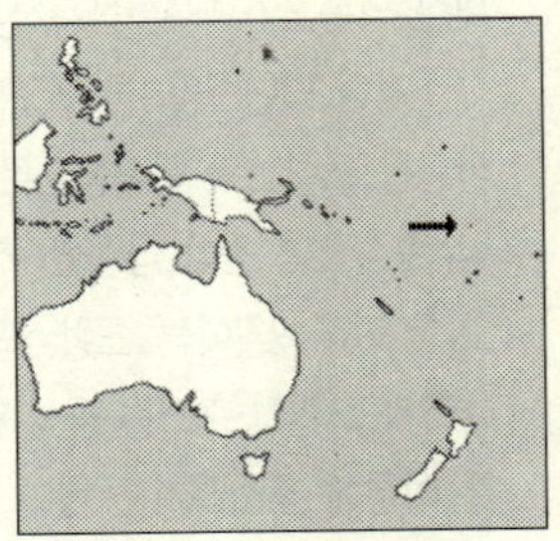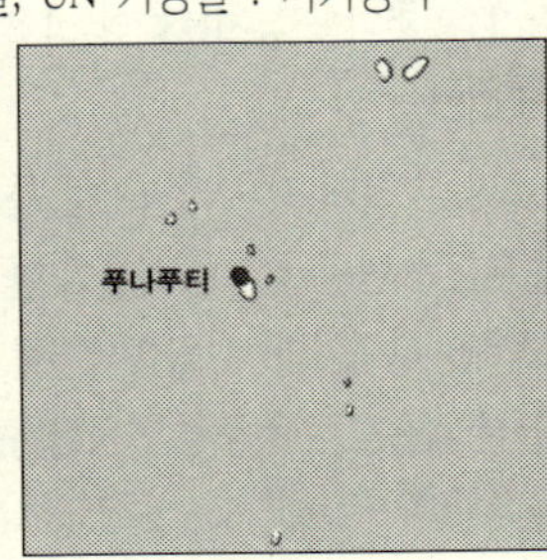

☞ **주요 통계 자료**

·면　　　적	25.9㎢
·인　　　구	9831명(94년)
·수　　　도	푸나푸티(Funafuti) 인구 3120명(94년)
·주요 민족	폴리네시아계(96%), 미크로네시아계(3%)
·언　　　어	투발루어, 영어
·종　　　교	개신교(97%)
·정치 체제	입헌 군주제 의원 내각제
·국가 원수	영국 여왕 엘리자베스 2세(Elizabeth Ⅱ) 총독 툴라가 마누엘라(Tulaga Manuella)
·의　　　회	1원제 12석 임기 4년
·내　　　각	총리는 의회에서 선출 총리 비케니뷰 파에뉘(Bikenibeu Paeniu) 96년 12월
·주요 정당	정당 없음
·국민총생산	640만 달러(90년)
·1인당 GNP	700달러(90년)
·통화 단위	오스트레일리아 달러. 1달러＝1.34A$(96년 1월)
·주요 자원	수산자원, 관광자원
·주요 공산품	우표
·주요 농산물	코프라, 타로토란
·무　　　역	수출 24만 3360달러, 수입 379만 달러(89년)

(자료원 : World Yearbook 97／세계 각국 요람)

☞ 자연 환경

남서태평양 해상에 떠 있는 엘리스 제도라 불리는 곳에 위치한 아주 작은 도서국가이다. 모두 8개의 섬을 구성되어 있으며 전부 산호초로 이루어져 있다.

기후는 열대해양성으로 연중 고온 다습하며 강수량도 많은 편이다.

☞ 간추린 역사

이 지역이 세계사에 등장한 시기는 1568년으로 스페인 사람 멘타나가 누이 섬을 발견하면서부터이다. 이후 19세기 초까지 탐험가들의 발길에 의해 엘리스 제도 일대의 섬들이 하나하나 정체를 드러내게 된다.

1865년에 기독교가 전래되고 1877년부터 영국인들의 이주가 시작되면서 영국의 식민지 경영이 본격화된다.

1892년 인근 길버트 제도와 함께 영국의 보호령에 소속되며 이어 두 지역은 1916년에 '길버트 엘리스 제도'라는 이름으로 통합된다. 한편 1975년에는 이르러 미크로네시아계 키리바시인과 폴리네시아계 투발루인 간에 민족 분규가 발생한다.

이로 말미암아 엘리스 제도는 키리바시 제도와 분리하여 독자적으로 '투발루'국을 수립하기에 이른다. '투발루'란 '8개의 섬'이는 의미로 투발루 고유의 말에서 유래된 것이라 한다.

☞ 정치와 경제

이 나라 역시 영국 여왕이 국가원수인 입헌군주국. 의회는 8개의 섬에서 선출된 8명의 의원과 2명의 임명의원(사법장관과 재정장관)으로 구성된다. 또한 행정부는 의회에서 선출되는 총리와 2명의 각료 및 사법과 재정부의 장관으로 이루어진다. 이 곳 섬들은 모두 산호초로 이루어져 있기 때문에 농사에는 적합하지 못하다. 따라서 주민들은 주로 어업을 통해 생계를 꾸려나간다. 이 밖에 국가재정의 상당 부분을 해외취업자가 보내는 송금과 우표판매 수입으로 충당하고 있다.

94년 투발루 의회는 지구 온난화에 따른 해면상승으로 국토 면적이 좁아지고 있는데 대해 영국이 아무런 대책도 강구해 주지 않는다고 하여 투발루 국기 속에 포함되어 있는 영국국기를 제거하겠다고 결정, 발표했다.

☞ 사회와 문화

투발루 사회는 작은 부락단위로 이루어져 있다. 가옥은 모두 이 지역에서 나는 독특한 재질의 목재로 건축하며 특히 위생상태에 많은 신경을 쓴다. 이 지역은 원래 열대병이 창궐했던 곳. 하지만 지금은 정부 차원의 노력으로 열대병의 위험에서 벗어난 상태이다.

한편 투발루는 자원이 부족한 관계로 전체 인구의 약 30% 정도가 인근 남태평양 일대의 다른 섬나라로 해외 취업 중이다.

나우루 공화국
(Republic of Nauru)

— 독립일 : 1968년 1월 31일, UN 가맹일 : 비가맹국 —

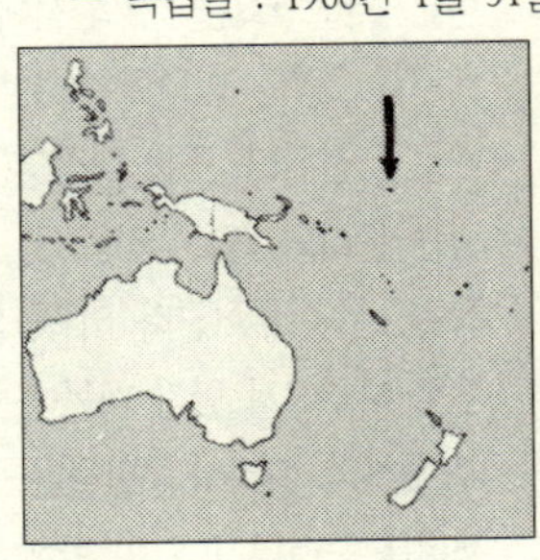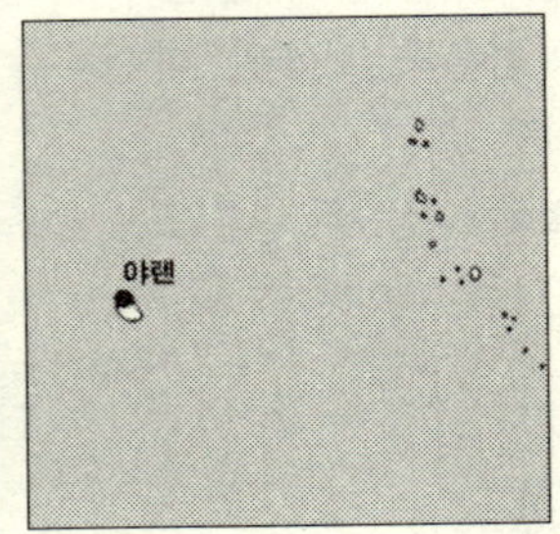

☞ 주요 통계 자료

·면　　적	21.1㎢
·인　　구	8500명(93년)
·수　　도	공식적인 수도는 없지만 중심도시는 '야렌(Yaren)'
·주요 민족	미크로네시아계의 나우루인(60%)
·언　　어	영어(공용어) 나우루어
·종　　교	2/3는 개신교, 1/3은 카톨릭
·정치 체제	공화제
·국가 원수	대통령 라구몬트 하리스(Lagumont Harris) 95년 11월 취임 의회에서 간선 임기 3년
·의　　회	1원제 18석 임기 3년
·내　　각	대통령과 대통령이 지명한 각료로 구성
·주요 정당	나우루 민주당
·국민총생산	9000만 달러(89년)
·1인당 GNP	1만 달러(89년)
·통화 단위	오스트레일리아 달러. 1달러＝1.34A$(96년 1월)
·주요 자원	인광석, 수산자원, 관광자원
·주요 공산품	가구, 인광석 관련제품
·주요 농산물	야채, 과일, 코프라

(자료원 : World Yearbook 97／세계각국 요람)

☞ 자연 환경

남태평양 적도 남쪽 42km 지점에 위치한 섬나라로 바티칸시국 다음으로 세계에서 가장 작은 면적과 인구를 가진 나라이다. 자동차로 나라 안을 한 바퀴 도는 데 걸리는 시간이 고작 20분. 이 나라는 전체 면적의 4/5가 인광석으로 이루어져 있어 이를 수출함으로써 국민소득을 올리고 있다. 기후는 완전한 열대해양성 기후이지만 바다 바람의 영향으로 비교적 시원한 편. 강수량은 많은 편이 아니다.

☞ 간추린 역사

이 곳은 1789년 미국인에 의해 처음으로 발견된다. 이후 1888년부터 독일의 보호령으로 있다가 2차 대전 후 UN에 의해 3국(영국, 오스트레일리아, 뉴질랜드)의 신탁통치령이 된다. 그리고 1968년 1월 남태평양 일대에서는 2번째로 독립을 달성한다.

☞ 정치와 경제

나우루는 대통령 중심제의 공화국. 대통령은 의회에서 선출된다. 의회는 인구 비례로 나눠진 8개의 선거구에서 자유선거를 통해 선출, 18명의 의원으로 구성된다. 지난 95년 11월 18일 총선거가 실시되어 사상 최다인 67명이 입후보. 때문에 현직의원 중 5명이 교체되는 최대의 변화를 몰고 왔다. 또한 22일 이어벌어진 대통령선거에서도 새로 등원한 의원들이 도위요고 전대통령은 경제정책을 비토. 결국 도위요고 대통령의 3선은 저지되고 ㅎ리스새 대통령이 탄생한다. 외교노선은 비동맹주의를 원칙으로 남태평양지역 연대강화에 노력을 기울이고 있다. UN에 가입되지 않았지만 오스트레일리아로부터 국가의 안전을 보장받고 있으며 자체 군사력은 전혀 없다.

주요 산업은 인광석 생산. 국가 경제의 대부분을 인광석 수출에 의존하고 있다. 한때는 1인당 GNP가 2만 5000달러를 기록, 남태평양 일대에서 가장 잘사는 나라로 손꼽히기도 했다. 따라서 국민들은 국가에 대한 납세의 의무가 전혀 없으며 높은 수준의 복지생활을 영위. 하지만 최근 인광석이 고갈되어 감에 따라 국민소득이 감소추세에 놓여 있다.

☞ 사회와 문화

주민의 생활양식이 거의 서구화되어 있는 형편. 건축양식도 주로 유럽식이며 식생활도 빵을 주식으로 하고 있다. 또한 문화생활 전반이 영국의 영향하에 놓여 있다.

주민의 약 60%가 미크로네시아계 나우루인. 언어는 영어와 나우루어를 함께 사용한다. 하지만 나우루 독자의 문자는 가지고 있지 않다. 국내에 대학은 없으며 정부차원에서 오스트레일리아로의 유학제는 보장되어 있다.

의료, 교육, 전기 등은 전부 무료. 대신 최근 들어 영양과다가 사회 문제화되어, 성인의 1/3이 당뇨병에 시달리고 있는 실정이다.

키리바시 공화국
(Republic of Kiribati)

― 독립일 : 1979년 7월 12일, UN 가맹일 : 비가맹국 ―

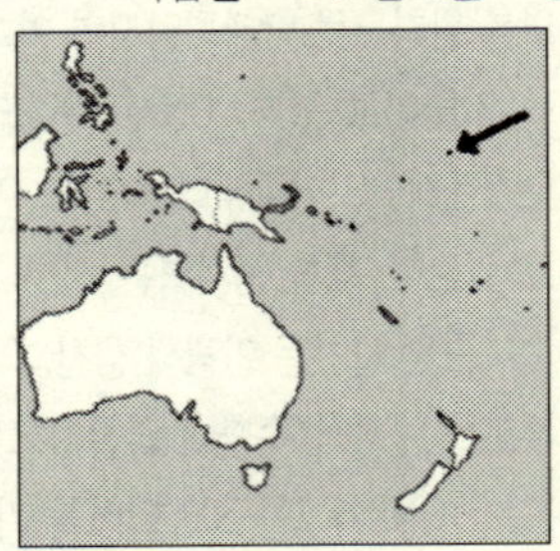
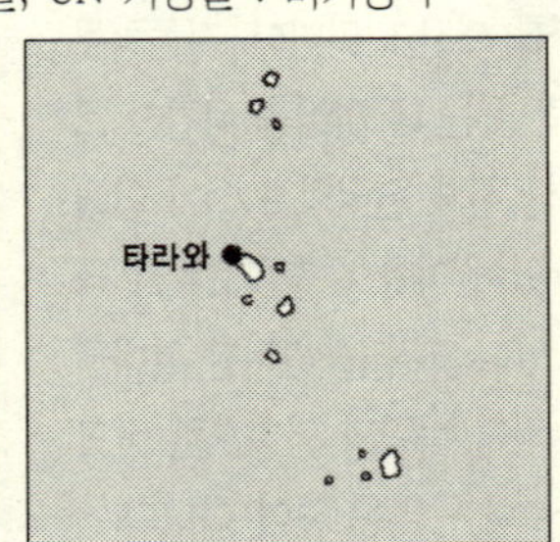

☞ 주요 통계 자료

·면　　　적	810㎢
·인　　　구	7만 7000명(94년)
·수　　　도	타라와(Tarawa) 인구 2만 9000명(90년)
·주요 민족	미크로네시아계(98%)
·언　　　어	키리바시어, 영어
·종　　　교	기독교
·정치 체제	공화제 대통령 중심제
·국가 원수	대통령 테부로로 티토(Teburoro Tito) 94년 10월 3일 취임 임기 4년 직선제
·의　　　회	1원제 41석 임기 4년
·내　　　각	대통령이 임명 총리 없음
·국민총생산	5600만 달러(94년)
·1인당 GNP	730달러(94년)
·통화 단위	오스트레일리아 달러. 1달러=1.34A$(96년 1월)
·주요 자원	인광석, 수산자원, 관광자원
·주요 공산품	가공 인광석
·주요 농산물	코프라, 야채
·무　　　역	수출 900만 달러, 수입 3700만 달러(89년)

(자료원 : World Yearbook 97／세계각국 요람)

☞ 자연 환경

중부태평양에서 적도와 날짜 선이 교차되는 지점에 위치한 나라. 길버트 제도, 라인제도, 그리고 피닉스 제도 등 16개의 섬으로 구성되어 있다. 라인제도의 크리스마스 섬은 원폭시험장으로 유명하다.

거의 모든 섬이 산호초로 이루어져 있으며, 길버트 제도와 피닉스제도는 특히 환초가 밀집되어 있다. 또한 길버트 제도 근방에서는 코프라와 진주가 많이 나며 오션 섬에는 인광석이 생산되고 있다.

이 지역 일대는 완전한 열대해양성 기후를 띠고 있으며, 연중 기온과 습도 차이는 거의 없는 편이다.

☞ 간추린 역사

이 지역은 16세기 초 스페인 사람에 의해 처음 발견되었다. 이후 1788년 영국인 길버트가 길버트 제도에 상륙한 이래 영국의 식민지가 된다.

그리고 1916년 길버트 제도는 인근 엘리스 제도와 합병하게 되어, '길버트 엘리스 제도'라는 이름으로 영국령에 소속된다.

2차대전 중 일본군이 점령하기도 했지만 전쟁이 끝나자 다시 영국의 통치하에 놓인다. 이후 1974년 식민지 헌법에 기초하여 자치정부가 수립되고 1979년에 영국으로부터 완전 독립한다.

☞ 정치와 경제

이 곳은 대통령 중심제의 공화국. 행정부는 대통령 이하 8명의 각료로 구성되어 있으며 독립 이후 타바이가 대통령이 4선 연임하였다가 94년 선거에서 티토 대통령으로 교체된다.

키리바시 경제는 오션 섬에서 산출되는 인광석 수출에 크게 의존하고 있는 실정. 수출 총액의 거의 60%를 차지하고 있다. 하지만 최근 인광석의 매장량이 고갈됨에 따라 대체산업의 육성이 시급하다. 따라서 이 곳 정부는 코프라 농업과 어업개발에 총력을 기울이고 있다.

☞ 사회와 문화

이 나라 국민은 대체로 기독교 교도들이며 인근 다른 나라들에 비해 교육수준이 높다(문맹률 10% 이하).

주민은 대부분 미크로네시아계. 키리바시의 자랑거리는 독특한 토속문화. 특히 노래와 춤이 뛰어나다. 주로 합창을 많이 하며 악기 없이 손뼉만으로 장단을 맞춘다.

마셜 제도 공화국
(Republic of the Marshall Islands)

— 독립일 : 1986년 10월 21일, UN 가맹일 : 비가맹국 —

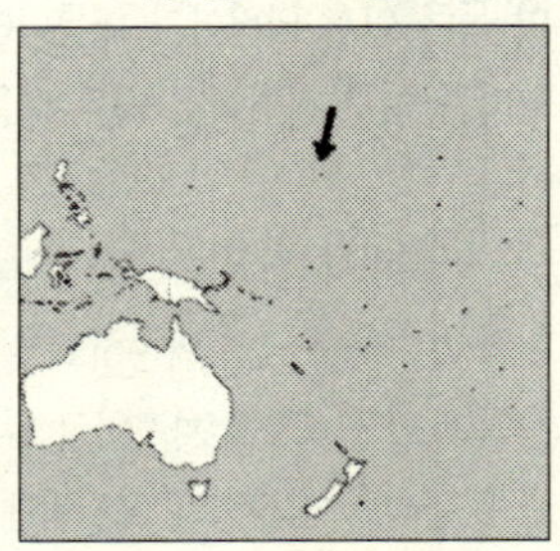 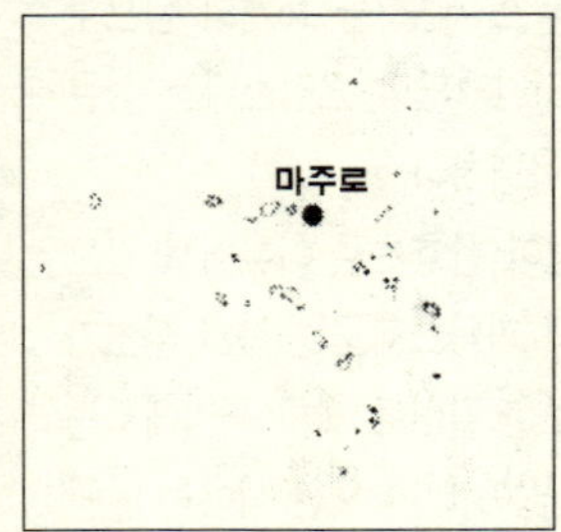

☞ 주요 통계 자료

·면　　　적	180㎢
·인　　　구	5만 2000명(94년)
·수　　　도	마주로(Majuro) 인구 1만 5400명(92년)
·주요 민족	카나카족(미크로네시아계) 및 카나카족과 미국, 독일, 일본인 간의 혼혈
·언　　　어	마셜어, 영어
·종　　　교	카톨릭이 대부분
·정치 체제	공화제 이원 집정제
·국가 원수	대통령 이마타 카부아(Imata Kabua) 97년 1월 취임
·의　　　회	1원제 33석 임기 4년
·내　　　각	대통령이 임명 총리 없음
·국민총생산	1억 4800만 달러(94년)
·1인당 GNP	2250달러(94년)
·통화 단위	미국 달러(Dollar)
·주요 자원	수산자원, 관광자원
·주요 공산품	식료품(특히 땅콩기름)
·주요 농산물	코프라, 땅콩

(자료원 : World Yearbook 97／세계각국 요람)

☞ 자연 환경

중부태평양 해상에 2열로 나란히 자리잡은 섬들이 바로 마셜 제도. '보물 섬'의 작가인 스티븐슨은 마셜 제도를 '진주목걸이'라 불렀다.

이 곳은 산호초 밀집지역으로 마셜 저도의 동부 라링크 제도는 18개의 환초로 이루어져 있으며 서부는 16개의 환초가 이어져 있다. 특히 미군의 해군기지가 있는 서부의 콰저린 섬에는 이 나라 인구의 과반수 이상이 밀집되어 있다.

이 지역은 연간 강수량이 3000㎜에서 4000㎜ 내외, 습도는 80%에 달한다. 게다가 열대성 저기압이 심심찮게 찾아들어 무수한 피해를 입히기도 한다.

하지간 작렬하는 태양과 맑은 공기, 그리고 야자수 그늘 너머 펼쳐진 쪽빛 바다가 연출하는 경관은 '지구 상의 낙원'이라 불릴 만큼 아름다움의 극치를 이룬다.

☞ 간추린 역사

16세기 스페인이 미크로네시아 일대를 발견하고 자국의 영유권을 선언한다. 1788년 영국의 항해사 마셜이 이 곳 부근을 탐험. 마셜 제도란 이름도 이 영국인의 이름에서 따온 것이다.

1898년 미국과 스페인의 전쟁 결과 전쟁에서 패한 스페인은 이 곳 일대를 독일에거 매

각한다. 하지만 2차 대전 후 전쟁에서 이긴 미국은 이 곳 일대에 미군기지를 건설하고 독일 대신 식민지 통치에 착수한다.

이후 1969년 이 곳 주민들의 독립의지가 고양되기 시작하여 1978년 마셜 제도는 미크로네시아연방으로부터 탈퇴를 선언하고 이듬해 자치정부를 수립한다.

이에 대해 미국은 1982년 UN 규정에 의거 이 곳 주민들에게 투표로 독립의사를 물은 다음 86년에 정식으로 독립을 승인.

☞ 정치와 경제

이 나라의 정치체제는 대통령 중심제와 의원내각제가 절충되어 있는 형태이다. 게다가 옛날부터 내려오는 대추장제가 아직도 존속하고 있다. 96년 12월 가푸아 전 대통령이 하와이 호놀룰루 병원에서 사망함에 따라 카부아가 새 대통령으로 취임한다.

이 나라의 콰잘린 섬은 47년 이래 미국의 캘리포니아주에서 발사되는 미사일 표적으로 사용되어 왔다. 때문에 지난 82년 양국간에 자유협정을 맺으면서 미국는 이 곳의 사용료로 약 1억 7000만 달러를 지불하였다.

뿐만 아니라 동 협정에 따라 미국은 마셜 제도를 군사기지로 사용하는 대가로 연간 3000만 달러의 원조를 제공하고 있다.

또한 마셜 정부는 94년에 핵실험으로 오염된 무인도에 핵폐기 처리장을 건설할 계획으로 한국을 비롯, 미국, 일본 등에 협력 의사

를 타진하였으나 이에 미국은 반대의 뜻을 분명히 했으며, 인근 미크로네시아연방도 계획 중지를 거듭 요구하고 있다.

특별한 지하자원이 없으며 아직 화폐 경제조차 제대로 정착되지 못한 실정이다. 주요 수출품은 코프라.

하지만 국가재정의 50% 이상을 미국의 원조에 의지하고 있다. 최근 이 곳 정부는 어업개발에 노력을 기울이고 있다.

☞ 사회와 문화

사회 속에서 추장의 권위가 절대적이다. 그만큼 전통적인 관습과 사회질서가 아직도 남아 있다는 얘기이다.

사회의 기초단위는 부락. 그리고 부락은 한 섬당 하나씩 구성되어 있다.

미국은 이 나라의 비키니 섬과 에니웨톡 섬을 핵폭 실험장으로 사용하기도 했다.

미크로네시아 연방
(Federated States of Micronesia)

— 독립일 : 1986년 11월 3일, UN 가맹일 : 1991년 9월 —

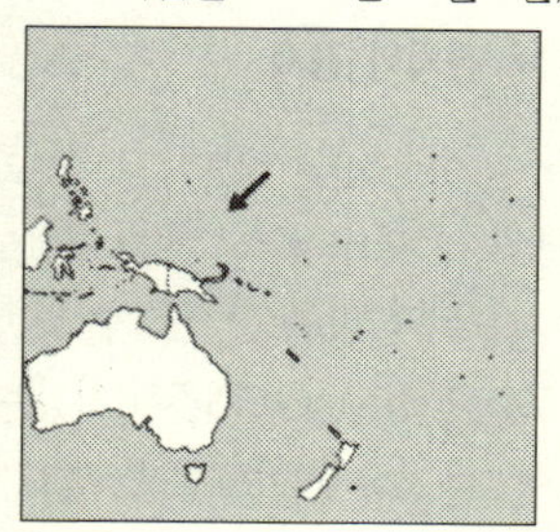
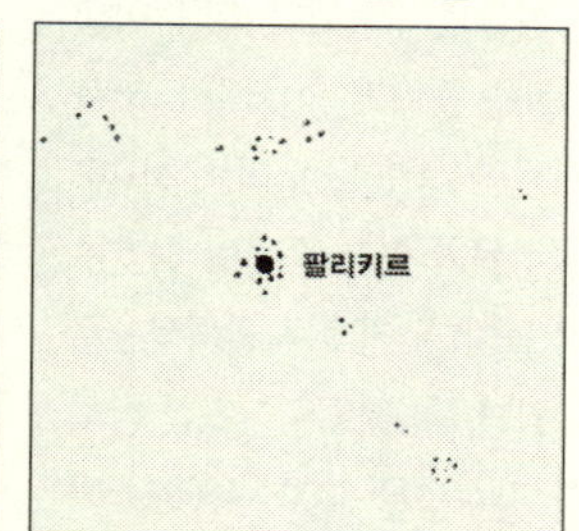

☞ 주요 통계 자료

·면　　　적	701㎢
·인　　　구	10만 7000명(94년)
·수　　　도	팔리키르(Palikir)
·주요 민족	카나카족(미크로네시아계) 및 카나카족과 미국, 독일, 일본인 간의 혼혈
·언　　　어	영어와 각 지방어
·종　　　교	대부분 기독교
·정치 체제	연방 공화국 대통령 중심제
·국가 원수	대통령 베일리 올터(Bailey Olter) 95년 5월 11일 재선 임기 4년 간선제(의회)
·의　　　회	1원제 14의석(4년 임기의 4주 대표의원 4명과 4주에서 인구비례에 따라 선출되는 2년 임기의 의원 10명으로 구성)
·내　　　각	대통령이 임명 총리 없음
·주요 정당	정당 없음
·국민총생산	2억 200만 달러(94년)
·1인당 GNP	1890달러(94년)
·통화 단위	미국 달러(Dollar)
·주요 자원	수산자원, 관광자원
·주요 공산품	식료품
·주요 농산물	코프라, 야자, 바나나
·무　　　역	수출 1660만 달러, 수입 8860만 달러(91년)

(자료원 : World Yearbook 97／세계각국 요람)

☞ 자연 환경

'미크로네시아'란 영어로 '작은 섬들'이라는 의미. 중부 태평양 일대에 산재해 있는 약 2140개의 작은 섬들로 구성되어 있다. 이중 비교적 큰 섬이라고는 포나페 섬(334㎢), 쿠사이에 섬(109㎢), 튀르크 섬(101㎢), 야프 섬(101㎢) 정도. 모두 화산 융기 이후 주변의 산호초가 모여 형성된 것들이다. 기후는 전체적으로 열대해양성 기후. 일년 내내 고온 다습한 상하의 나라이며 연간 강수량은 3000~4000㎜ 내외, 기온은 25℃ 정도를 기록한다. 이 나라의 수도가 있는 포나페 섬은 다양한 열대식물이 많아 '미크로네시아의 화원'으로 불리며 비가 많기로 유명한 곳이다.

☞ 간추린 역사

16세기 스페인이 이 지역 일대를 발견하고 그 즉시 영유권을 선언한다. 하지만 스페인인 19세기 말 미국과의 전쟁에서 패배, 독일에게 영유권을 매각한다. 1914년 1차대전 중에는 일본군이 점령, 태평양전쟁이 끝날 때까지 일본이 통치한다. 2차 대전 후 UN이 정한 신탁통치령에 포함되어 미국이 이 지역 일대를 점령. 이 후 지역 주민의 독립의지가 고양되는 1965년을 기점으로 미크로네시아 의회가 발족하고 본격적인 독립운동 전개. 1978년 통일 미크로네시아 헌법 초안을 국민투표에 부쳐 마셜과 팔라우를 제외한 야프, 튀르크, 포나페,

쿠사이에 등 4개 연방을 결성. 이어 79년에 자치정부를 수립하고 1986년에 미국정부의 승인을 얻어 독립을 달성한다.

☞ 정치와 경제

이 나라는 대통령 중심제의 공화국(연방제). 대통령은 4년에 한 번 국회의원에 의해 선출된다. 독립국이긴 하지만 방위와 안보는 전적으로 미국에게 의존하고 있는 실정(82년 10월, 미국과 자유연합 협정 체결). 게다가 4개 연방주의 언어, 관습, 문화가 각각 달라 행정상에 많은 애로점이 있다. 91년 총선에서 하그레르감 대통령이 낙선. 봄베이주 출신의 올터가 대통령에 취임한다. 한편 92년에는 추크 섬에 심각한 물부족 현상이 발생, 미정부는 비상사태를 선포하고, 괌으로부터 미해군을 이용, 물을 수송하기도 했다.

미크로네시아는 코프라 외에는 이렇다 할 자원이 전무. 국가재정의 80%를 미국의 원조금으로 충당하고 있다. 따라서 경제의 최대 과제라면 자립경제를 달성하는 것이다.

☞ 사회와 문화

주민의 다수는 미크로네시아계. 하지만 1,2차 대전을 경과하면서 스페인인과 필리핀, 일본인 등이 대거 진출해 혼혈들이 많다. 특히 문화적으로 일본의 영향이 많이 남아 있는 것이 이 지역의 특징이다.

팔라우 공화국
(Republic of Palau)

— 독립일 : 1994년 10월 1일, 미국과 자유연합협정 발효로 독립, UN 가맹일 : 1994년 12월 —

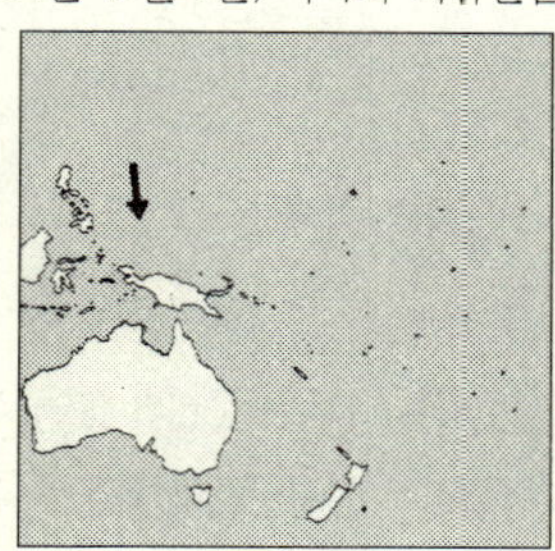
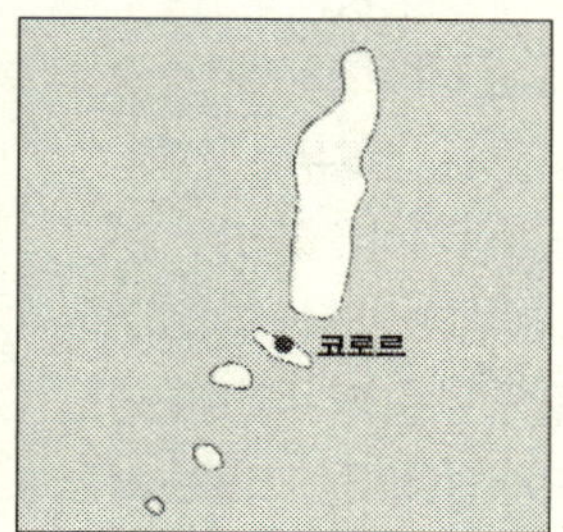

☞ **주요 통계 자료**

·면　　　적	508㎢
·인　　　구	2만 명(93년)
·수　　　도	코로르(Koror) 인구 1만 400명(90년)
·주요 민족	카나카족(미크로네시아계)
·언　　　어	영어(공용어), 팔라우어
·종　　　교	대부분 카톨릭
·정치 체제	공화제 대통령 중심제
·국가 원수	대통령 쿠니오 나카무라(Kuniwo Nakamura) 직선제 임기 4년 96년 10월 재선
·의　　　회	2원제 상원(14석) 하원(16석) 임기 4년
·내　　　각	대통령이 임명(의회 승인 필요) 총리 없음
·국민총생산	약 5400만 달러(93년)
·1인당 GNP	약 2700달러(93년)
·통화 단위	미국 달러(Dollar)
·주요 자원	수산자원, 관광자원
·주요 농산물	땅콩
·무　　　역	수출 3000만 달러, 수입 3400만 달러(92년)

(자료원 : World Yearbook 97/세계 각국 요람)

☞ 자연 환경

미크로네시아 남서쪽 끝에 위치한 조그마한 섬나라. 모두 250여 개의 섬으로 이루어졌지만 이 중 사람이 살 수 있는 섬은 4개 섬뿐이다. 코로르(Koror) 섬이 정치경제의 중심지. 특히 주변의 섬들에는 소나무가 장관을 이루고 있다. 따라서 세간은 이를 '팔라우 송도'라 부르며 찬사를 보낸다. 기후는 열대해양성 기후. 일년을 통틀어 기온(25℃ 내외)과 습도(80%)의 변화가 거의 없다. 7월~11월은 태풍의 계절로 일기의 변화가 극심하다.

☞ 간추린 역사

16세기 이래 스페인, 독일의 식민지 통치를 잇달아 받는다. 이후 1차 대전 중 일본군이 점령. 당시 일본은 미크로네시아 일대를 '남양군도(南洋群島)'라 불렀으며 팔라우의 코로르 섬에는 일본의 총독부가 설치되기도.

1945년 일본이 항복하자 미군이 진주, 이 일대의 통치자로 나선다. 1947년에 UN은 태평양신탁통치령을 발표, 미국의 지배를 승인. 이후 1965년 미크로네시아 의회가 구성되자 팔라우는 연방에서 탈퇴, 독자적인 길을 선택한다. 그리고 1980년 독자적인 헌법을 공표하고 자치정부를 구성한다. 이 때 발표한 헌법은 세계 최초의 비핵헌법(일체의 핵실험과 핵저장을 금지한다는 조항을 명기)으로 당시 세계여론의 주목을 받기도 한다. 하지만 국가경영을 위해

미국의 원조가 절대적이었던 팔라우 정부는 헌법개정의 불가피성을 통감. 이후 수 차례 미국과 협상을 전개. 1992년 국민투표를 통해 개정헌법을 통과시킴으로써 이듬해 완전 독립을 향한 교두보를 확립한다.

☞ 정치와 경제

이 나라는 대통령중심제의 공화국. 의회는 이원제(상원 14석, 하원 16석)로 구성되어 있다. 팔라우 정치구조의 특징은 추장회의가 있다는 것. 즉 대통령의 업무에 대해 각주에서 선출된 1명씩의 추장이 회의를 구성, 전통과 관습법에 따라 정치에 관해 자문하는 기능을 담당하고 있다.

최후의 유엔신탁통치령이었으나 94년 10월 1일 미국과 자유연합협정을 체결함으로써 독립한다. 협정기간은 50년. 국방과 안정보장의 권한은 미국에게 있으며 외교권과 입법권은 보장된다. 이로써 미국은 이 곳의 코로르 공항 등 4곳의 군사기지를 사용할 수 있게 되었고, 그 대가로 향후 15년간 5억 4000만 달러를 무상원조하기로 했다. 94년 12월에 유엔에 가맹하였으며, 96년 10월의 대통령 선거에서는 존슨 후보가 사퇴함에 따라 일본계 나카무라 전대통령이 연임하게 되었다.

주요 산업은 농업과 관광업. 특히 원시림과 산호초로 이루어진 섬들은 절경을 이루어 관광객들의 발길이 이어진다. 하지만 국가재정의 50% 이상을 미국의 원조에 의존한다.

북마리아나 제도 연방
(The Commonwealth of the Northern Mariana Islands)

― 정치적 위상 : 미국의 자치령 ―

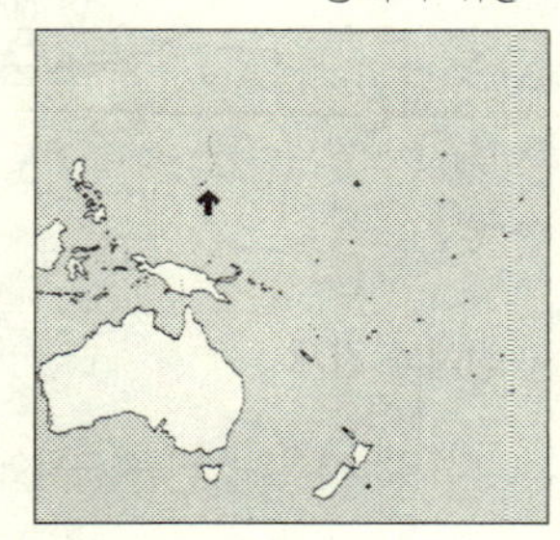
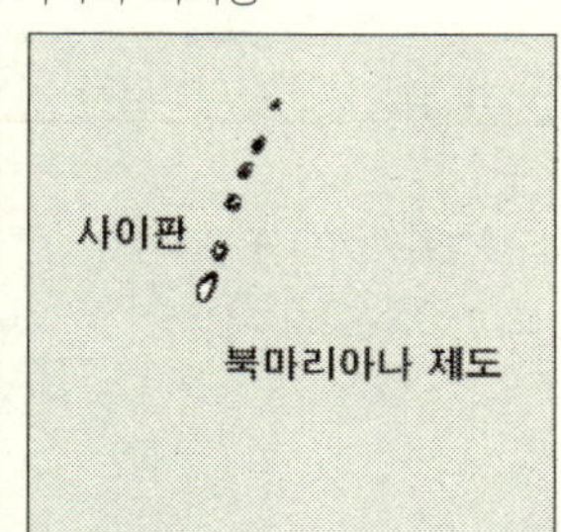

☞ 주요 통계 자료

· 면 적	457㎢
· 인 구	5만 명(93년)
· 수 도	사이판(Saipan) 인구 2만 3500명(91년)
· 주요 민족	차모르족
· 언 어	차모르어, 캐롤린어, 영어
· 종 교	카톨릭이 대부분
· 정치 체제	미국의 자치령 직접선거를 통해 지사가 통치(임기 4년)
· 국가 원수	미국 대통령 빌 클린턴(Bill Clinton)
· 의 회	2원제 상원(9석) 하원(18석)
· 내 각	직접선거를 통해 선출되는 지사 지사 프로알랜 테노리오(Froilan Tenorio) 93년 11월
· 주요 정당	민주당, 공화당
· 국민총생산	1억 3400만 달러(93년)
· 1인당 GNP	2680달러(93년)
· 통화 단위	미국 달러(Dollar)
· 주요 자원	수산자원, 관광자원
· 주요 공산품	의류 봉제품
· 주요 농산물	코프라, 야자
· 무 역	수출 7200만 달러, 수입 9600만 달러(93년)

(자료원 : World Yearbook 97/미국무성 통계)

☞ 자연 환경

태평양 북서부 미크로네시아의 북부에 자리잡고 있는 화산섬 열도(하와이 섬에서 서쪽으로 약 5300㎞ 떨어진 곳). 사이판 섬, 티니안 섬, 로타 섬 등 모두 16개의 섬으로 이루어져 있다.

6월~11월 사이의 평균 기온은 24~30℃ 정도. 연간 강수량은 약 2000㎜정도이다.

☞ 간추린 역사

1521년 마젤란이 세계 항해 도중에 이 곳을 처음 발견하고 '로스 라드로네스'라고 명명하였다. 그리고 1668년에 예수회가 괌 섬에 본부를 두고 포교활동을 벌이면서 이 곳 일대를 스페인령으로 하고, 국왕 카롤로스 2세의 모후 마리아나 여왕의 이름을 본떠 '라스 마리아나(Las Marianas : 마리아나 제도)'로 개명하였다.

이후 서구열강이 밀려들면서 이 곳 일대를 장악한 미국은 고함 섬을 제외하고 이 곳 전체를 독일에게 팔아버린다. 그러다 1914년 2차대전 중에는 일본군에 의해 점령. 20년에는 일본의 위임통치령이 된다. 이 곳 사이판 섬은 대전 당시 미국과 일본의 최대 격전지로도 유명하다.

2차대전 후인 47년부터 유엔에 의해 미국의 신탁통치령 발령된다. 이후 75년 6월에 주민투표를 거쳐 미국의 신탁통치령에서 정식자치령으로 승격, 오늘날의 정치적 위상을 갖는다.

1977년에는 당시 미국의 카터 대통령이 내정자치를 인정하는 헌법을 승인하게 되면서 행정권과 입법권을 확보. 또한 86년 11월에는 레이건 당시 미대통령이 이 곳 주민들에게 시민권을 부여하겠다고 선언하기도 한다.

☞ 정치와 경제

미국의 자치령인만큼 국가의 외교권, 안보문제 등은 모두 미국 대통령에게 귀속된다. 반면 이 곳의 행정권 및 통치권은 주민들의 직접선거에 의해 선출되는 지사가 지닌다. 입법권을 지닌 의회는 상, 하 양원으로 구성되며, 미국과 마찬가지로 민주당과 공화당, 양당체제를 구축하고 있다.

지난 93년 11월 6일에 실시된 지사선거에서 민주당의 테노리오 후보가 공화당의 당시 게레로 지사를 물리치고 새 지사에 취임한다. 하지만 의회선거에서는 공화당이 과반수를 확보, 현재 정국은 여소야대 현상을 띠고 있다.

이 나라의 경제는 전체 규모의 20%를 미국원조에 의존하고 있다. 주요 산업으로는 관광과 의류 봉제업 정도. 최근 들어 호텔건설 등에 일본자본이 많이 진출해 있는 실정이다. 노동력은 필리핀 등지에서 건너온 외국인에게 상당부분 의존하고 있다.

격동의 20세기, 그 흔적을 찾아서
(1901~1995년의 연표)

격동의 20세기, 그 흔적을 찾아서

- 1901년~1995년의 연표 -

1901년	1.22 영국 빅토리아 여왕 사망 12.10 노벨상 제1회 시상
1902년	1. 시베리아 철도 개통 1.30 영·일 동맹조약 체결
1903년	12.17 라이트 형제 비행기 완성
1904년	4.8 영·프 협상 성립 8.14 제2 인터내셔널 발족
1905년	1.22 러시아, 피의 일요일 사건 6.27 포촘킨호 반란 8.20 손문 등 도쿄에서 중국혁명동맹회 설립 11.17 한·일조약 조인
1906년	4.27 영·청 티베트 조약 성립
1907년	1.25 러시아, 북만주병력 철수 선언 8. 영·프·러 3국협상 10.18 헤이그 회의에서 국제분쟁처리 조약 성립
1908년	11.30 청나라 문호개방 등의 미·일협정 성립
1909년	4.24 터키청년당 실권 장악, 하미트 2세 추방 10.26 안중근 의사 의거, 이토 히로부미 사망
1910년	5.31 남아연방 성립 8.29 한일합방 10.6 포르투갈 혁명, 공화국 성립
1911년	10.10 신해혁명 12.14 아문젠 남극점 정복
1912년	1.1 중화민국 성립, 손문 등 제2차 혁명 10.8 제1차 발칸 전쟁
1913년	2.2 제2차 발칸전쟁 발발 7.30 발칸제국 신강화조약 성립 8.8 손문, 황원 등 일본 망명
1914년	6.28 사라예보 사건 발생 7.28 제1차 세계대전 발발 8.1 독일, 러시아에 선전포고 8.15 파나마 운하 개통 9.2 일본군 중국 산동성에 출병
1916년	4.21 남경정부, 독립선언 11.5 폴란드, 독립선언
1917년	3.12 러시아 2월혁명 4.6 미국, 독일에 선전포고 11.7 러시아, 10월혁명, 소비에트 정권 탄생
1918년	3.3 브레스트강화조약 조인 8.11 일본, 블라디보스톡에 상륙 11.7 독일에 혁명, 카이젤 퇴위 11.11 제1차 세계대전 휴전조약
1919년	3.1 3·1운동 3.2 제3 인터내셔널 창립 5.4 중국 5·4운동 6.28 베르사유 평화조약 조인 8.11 독일 바이마르헌법 제정
1920년	3.12 인니항사건 발생 11.15 제1회 국제연맹총회 개최

1921년	5.5 손문, 대총통에 취임 7.1 중국공산당 창당
1922년	2.6 워싱턴 군축조약 조인 10.28 이탈리아, 무솔리니정권 탄생 12.30 소비에트 사회주의 공화국연방 수립
1923년	3.10 중국, 중·일조약 폐기 9.1 일본 관동대지진
1924년	1.22 영국 노동당 내각 성립 5.26 미국, 신이민법 채택
1925년	1.15 트로츠키 추방 3.12 손문 사망 5.30 상해, 5·30사건 7.1 광동 국민정부 수립 12.1 로카르노 유럽안보조약 체결
1926년	5.15 아문젠, 북극횡단 비행
1927년	5.21 린드버그, 대서양 횡단 비행 5.28 일본군 제1차 산동 출병
1928년	6.4 장작림 폭사사건 8.27 파리 평화조약 조인
1929년	8.26 독일 비행선 체페린호, 태평양 횡단에 성공 10.24 세계경제 대공황 시작(~1932)
1930년	4.22 런던 해군군축조약 조인 10.26 대만 무사(霧社)사건
1931년	9.18 만주 사변
1932년	1.28 상해 사변 3.1 만주 건국선언 7.8 로잔 배상협정 성립 10.2 리튼 보고서 공개
1933년	1.30 히틀러 독일수상 취임 3.4 루스벨트 미국대통령 취임 3.27 일본, 국제연맹 탈퇴
1935년	3.16 독일, 베르사유 조약의 군사조항 폐기선언 10.3 이탈리아, 에티오피아에 선전포고
1936년	1.15 일본, 런던 해군군축회의 탈퇴선언 3.7 독일, 로카르노조약 폐기선언 5.9 이탈리아·에티오피아 합병 7.18 스페인 내전 시작 12.5 소련, 스탈린헌법 채택 12.12 서안(西安)사건
1937년	7.7 노구교(盧溝橋) 사건 8.21 소·중 상호불가침조약 성립 11.6 독·이·일 방공협정 조인 12.13 남경 함락
1938년	3.13 독일, 오스트리아 합병 9.29 뮌헨 회의
1939년	5.11 소련과 일본 노먼한에서 충돌 8.23 독·소 상호불가침 조약 체결 9.1 독일군, 폴란드에 침공. 제2차 세계대전 발발 9.3 영국, 프랑스, 독일에 선전포고
1940년	왕정위(汪精衛) 남경정부 성립 5.10 영국, 처칠내각 성립 6.16 프랑스

	페당내각 성립, 독일에 항복 9.27 독·이·일 3국동맹 조인
1941년	4.13 소·일 중립조약 6.22 독·이, 소련에 선전포고 12.8 일본, 미·영에 선전포고 12.11 독·이, 미국에 선전포고
1942년	2.15 싱가포르 함락 6.5 미드웨이 해전 8.7 미군 과달카날 상륙 9.15 독일군, 스탈린그라드에 돌입
1943년	9.8 이탈리아 항복 11.23 미·영·중 3국, 카이로 회담 11.28 미·영·소 3국, 테헤란 회의
1944년	6.6 연합군, 노르망디 상륙 7.7 일본군, 사이판에서 전멸 8.29 연합군, 파리 돌입
1945년	2.4 얄타 회담 4.5 소련, 소·일 중립조약 폐기 5.7 독일, 전군 무조건 항복 6.21 오키나와 전멸 7.17 포츠담 회의 8.6 히로시마에 원폭 투하 8.9 소련, 일본에 선전포고, 나가사키 원폭 투하 8.15 일본 무조건 항복, 태평양 전쟁 종결 8.15 8·15 해방 10.1 뉘른베르크 재판 시작
1946년	1.10 국제연합 제1회 총회 개막 5.7 중국, 장춘(長春)에 인민정부 수립, 7.1 미국, 비키니섬에서 원폭실험 7.29 파리 강화회의 10.1 뉘른베르크 재판 판결
1947년	1.16 프랑스, 제4공화국 발족 6.5 마셜 플랜 발표 8.14 파키스탄과 인도, 분리독립 10.5 코민포름 결성
1948년	1.4 버마 독립 2.25 체코에 공산정권 4.1 소련, 베를린 봉쇄 4.3 미국, 대외 원조법 성립 5.14 이스라엘 독립선언 8.14 대한민국 정부수립
1949년	9.9 조선민주주의 인민공화국 성립 12.10 유엔, 세계인권선언 채택 4.4 북대서양조약 조인 8.12 소련, 유고슬라비아와 단교 9.7 독일 연방 공화국 발족 9.23 미대통령, 소련의 원폭보유 사실 폭로 10.1 중화인민 공화국 성립 10.7 독일민주공화국 성립 12.7 국민당정부 대만으로 퇴각
1950년	2.14 중·소동맹 상호원조조약 체결 6.25 한국전쟁 발발, 유엔군 인천상륙작전 10.25 중국 의용군 한국전 참전
1951년	3.15 이란, 석유 국유화 4.11 맥아더 연합군 최고사령관 해임 4.18 슈만 계획 조인 7.10 한국전 휴전회담
1952년	2.6 엘리자베스 영국여왕 즉위 7.23 이집트에 쿠데타 10.3 영국, 원폭 실험 11.1 미국, 수폭실험 11.4 아이젠하워, 미대통령에 당선

1953년	3.5 스탈린 사망 5.29 영국등반대. 에베레스트 최초 등정 성공 6.17 동베를린의 시위, 폭동화 7.27 한국전 휴전협정 체결 8.20 소련, 수폭실험 발표
1954년	1.21 미국, 세계최초의 원자력잠수함 발주 5.7 프랑스, 인도의 디엔비엔푸 함락 7.21 프랑스·인도 휴전협정 체결 10.23 파리협정 조인, 서독 주권회복
1955년	1.25 소련, 독일에 대한 전쟁상태 종결 선언 2.8 말렌코프 소련 서기장 사임 2.17 영국, 수폭제조 시작 2.19 SEATO조약 발효 4.18 AA 반둥회의 개막 5.7 서구동맹 정식발족 5.14 동구권 8개국 바르샤바조약 체결 10.26 남베트남 수립선언
1956년	2.14 제20회 소련공산당대회, 스탈린 비판 4.17 코민포름 해체 6.28 폴란드 폭동 7.26 이집트, 수에즈운하 국유화 10.23 헝가리 반소폭동 10.31 영·프·이스라엘군, 이집트 공격 11.1 소련군, 헝가리에 진주
1957년	8.26 소련, ICBM 완성 발표 10.4 소련, 세계최초의 인공위성 발사 성공
1958년	1.31 미국, 인공위성 제1호 발사 2.1 이집트와 시리아, 합방선언 7.14 이라크에 쿠데타 7.15 미국, 레바논 진주 12.21 드골, 프랑스 제5공화국 초대대통령에 당선
1959년	1.1 쿠바혁명군, 정권 획득, 유럽공동시장 발족 1.2 소련 달로켓 발사 4.27 모택동 중국주석 사임, 후임에 유소기 9.30~10.3 후르시초프 방중, 중·소 대립격화 10.4 소련, 혹성간 우주정거장 발사성공, 달표면 사진촬영 성공
1960년	2.13 프랑스, 사하라에서 원폭실험 4.19 4·19 혁명 4.26 이승만 대통령 하야 5.5 소련, 미군기 2대 격추 5.16 동·서 수뇌회담 파리에서 개최 11.8 미대통령에 케네디 당선
1961년	1.3 미국, 쿠바와 단교 2.13 루뭄바 콩고수상 암살 4.12 소련, 최초의 유인위성 발사 4.17 쿠바, 반정부군 상륙 4.22 알제리에서 프랑스군 반란 5.16 5·16 군사쿠데타 6.3 미·소 수뇌, 빈에서 회담, 박정희 소장, 국가재건 최고회의 의장에 취임 9.18 함마르셸드 유엔 사무 총장 사고사 9.30 OECD 발족
1962년	3.18 프랑스, 알제리와 정전협정 10.17 중국·인도 국경충돌 10.22 미국,

1963년	소련이 쿠바에 미사일기지건설 발표 10.28 케네디 대통령 댈러스에서 암살 7.5~20 등소평 총서기 방소, 중·소회담 10.10 미·영·소, 핵무기조약 정식발효 10.15 박정희의장, 대통령 취임 11.1 남베트남 고진젬 대통령 형제 살해
1964년	10.15 영국노동당, 13년 만에 정권탈환 10.16 흐루시초프 소련서기장 사임, 후임에 브레즈네프 제1서기／중국, 핵실험 11.13 존슨 미대통령 당선
1965년	1.21 인도네시아 유엔탈퇴 2.7 미군 북베트남 폭격 6.19 알제리에 쿠데타 7.15 미 마리나 4호, 화성촬영 10.1 인도네시아에서 쿠데타 실패 (9·30사건) 11.10 중국문화대혁명 돌입 12.7 로마교회, 동방교회와 900년만에 화해
1966년	1.19 인도수상에 간디 여사 2.24 가나의 엔크루마 대통령 추방 6.14 아시아태평양협의회(ASPAC) 설립 6.29 미군, 폭격을 하노이, 하이퐁으로 확대 8.8 중국 제8기 11중총회에서 '프롤레타리아 문화대혁명' 채택 8.20 북경의 홍위병 운동, 상해, 천진으로 파급
1967년	2.9 인도네시아의 수카르노 대통령 해임 3.11 수하르토 인도네시아 대통령 대행 4.24 소유즈 1호, 착륙에 실패, 코마로프 우주비행사 사망 6.5~11 제3차 중동전쟁(6일간) 6.17 중국, 수폭실험 6.30 케네디라운드 최종문서에 53개국 조인 8.8 동남아시아제국연합(ASEAN) 설립선언
1968년	1.1 미, 달러방어 특별교서 1.5 체코공산당 제1서기에 두브체크 취임 1.8 석유수출국기구(OPEC) 발족 3.17 금 이중가격제 정지 3.31 존슨 미대통령, 북베트남 폭격정지, 대통령선거 불출마 표명 4.4 미국 킹목사 암살 5.3 파리에서 학생과 경찰 유혈충돌, 5월 혁명 5.13 미·베트남 파리 평화회담 6.5 R. 케네디 미상원의원 암살 7.1 핵확산방지조약 체결(62개국 참가, 중국은 불참) 8.20 소련·동구 5개국 연합군이 체코 침공 8.24 남태평양에서 프랑스 수폭실험 11.5 닉슨대통령 당선
1969년	2.28 시리아, 아사드 국방장관 정권장악 3.2 중·소, 국경충돌 4.28 드골 프랑스대통령 사임 7.20 미 아폴로 1호, 달착륙에 성공 7.28 SDR 창설, 발효 9.1 리비아 왕정타도 쿠데타 9.28 체코 당중앙위원회 두브체크 해임 10.3 서독, 브란트 정권 성립
1970년	3.18 캄보디아, 시아누크원수 해임 4.16 빈에서 SALT1 개막 5.5 캄보디

	아왕국, 민족연합정부 수립 8.12 독·소조약, 모스크바에서 조인 9.28 나세르 이집트대통령 급사, 후임에 사다트 10.24 칠레, 아옌데 사회당당수가 대통령 당선 12.14 폴란드에 식량폭동, 고물카 제1서기 사임
1971년	3.25 방글라데시 독립선언, 동·서 파키스탄 내전돌입 4.7 중국, 미탁구팀 초청 7.9~11 키신저 극비리에 방중 8.15 미, 달러방위책 발표 9.13 중국, 임표의 쿠데타 실패 10.25 중국 유엔가입 12.3 인도·파키스탄 전면전 돌입 12.18 10개국 재무장관 회의, 스미소니언 체제 성립
1972년	2.21 닉슨 미대통령 방중 5.2 키신저 방불, 베트남 비밀접촉 5.22 닉슨 미대통령, 방소 5.30 텔아비브 공항에서 일본 적군파 난동 9.5 아랍게릴라, 뮌헨올림픽촌 기습 9.23 필리핀에 계엄령 11.7 닉슨 미대통령 재선
1973년	1.27 베트남 평화협정 조인 3.29 베트남 미군철수 완료 8.8 김대중씨 납치사건 발생 9.11 칠레에 쿠데타, 아옌데 대통령 사망 10.6 제4차 중동전쟁 10.14 타이 학생혁명 10.25 국제석유자본 5사, 석유공급 삭감, 석유위기 심각 12.23 OPEC 희의 석유가격 대폭인상 결정
1974년	4.25 포르투갈 반란군 무혈쿠데타 5.16 서독, 슈미트 수상선출 5.20 프랑스 지스카르 데스탱 대통령 선출 8.8 닉슨 미대통령 워터게이트사건으로 사임, 후임에 포드 8.15 박대통령 부처 저격사건, 영부인 육영수 여사 사망
1975년	2.11 대처 여사 영국보수당 당수 3.21 에티오피아 제정폐지 3.25 파이잘 사우디아라비아국왕 피살 4.17 캄보디아해방세력 프놈펜 함락 4.30 사이공 함락 6.5 수에즈운하 8년 만에 재개통 11.15 프랑스 랑피에, 제1회 선진국수뇌회담 11.20 프랑코 스페인총독 사망, 카를로스 1세 즉위
1976년	1.8 주은래 중국수상 사망 4.5 천안문 사건 4.7 화국봉 중국수상에, 등소평 직권은 박탈 6.27 샌프란시스코, 제2회 선진국수뇌회담 9.9 모택동 주석 사망 10.12 강청 등 4인방 체포, 화국봉 주석취임 11.2 카터 미대통령 당선
1977년	3.20 인도총선거, 간디 대패 5.7 런던, 제3회 선진국수뇌회담 6.16 브레즈네프 서기장, 소련국가원수로 7.22 등소평 복권 11.19 사다트 이집트 대통령, 이스라엘 방문
1978년	1.24 소련위성, 캐나다에 추락 7.16 본, 제4회 선진국수뇌회의 9.17 미·이집트·이스라엘 수뇌회담 12.18~23 중국 제11기 3중총회, 모·문혁

	재평가 결정 12.28 이란 반정부폭동, 대규모로 발전
1979년	1.1 미·중 국교수립 1.11 캄보디아 인민공화국 수립 2.12 이란 혁명정권 수립 2.17 중국, 베트남 침공 개시 3.26 이집트·이스라엘 평화 조약 체결 3.28 미국, 원자력 발전소 사고 6.18 미·소, SALT 2에 조인 6.28~29 도쿄, 제5회 선진국 수뇌회의 10.26 박대통령 저격 사건 11.4 이란의 미대사관 점거 12.27 소련군, 아프가니스탄 침공
1980년	1.4 카터 미대통령, 대소보복 조치 4.25 미, 재이란 대사관 인질구출 작전 실패 5.18~22 광주 민중 항쟁 6.22 베네치아, 제6회 선진국 수뇌회의 7.19~8.3 모스크바 올림픽 반쪽 대회로 전락 8.27 전두환 정권 출범 9.7 중국의 화국봉 주석 사임, 후임에 조자양 9.22 이란·이라크 전면전 돌입/폴란드 '연대' 발족
1981년	1.20 레이건 미대통령 취임/이란의 미국 인질 444일 만에 석방 1.25 중국에서 강청, 장춘교 사형집행 5.10 프랑스대통령에 미테랑 당선 5.13 로마교황 요한 바오로 2세 저격사건 5.30 방글라데시에서 라만 대통령 암살6.29 중국 제11기 6중총회, 주석에 호요방 7.20 오타와, 제7회 선진국 수뇌회의 10.6 사다트 이집트대통령 암살
1982년	4.1 아르헨티나군, 영국령 포클랜드제도 무력점령 6.6 베르사유, 제8회 선진국수뇌회의 6.14 영·아르헨티나, 정전 발표 11.10 브레즈네프 소련서기장 사망, 후임에 안드로포프
1983년	베이루트 미대사관에 이슬람 과격파의 폭탄테러 5.28 미국 윌리엄파크, 제9회 선진국수뇌회의 6.18 중국, 국가주석에 이선념, 군사위주석에 등소평 선출 8.4 이탈리아, 최초의 사회당정권 출범 8.21 필리핀의 아키노 전의원 암살 9.1 대한항공 여객기 사할린 상공에서 소전투기에 의해 격추 10.9 랭군에서 전두환대통령 일행 폭탄테러 10.23 베이루트 주재 미해병대사령부와 프랑스군본부 폭파, 309명 사망 10.25 미군, 그라나다 침공
1984년	2.9 안드로포프 소련서기장 사망, 후임에 체르넨코 4.26 레이건 미대통령 방중 6.7 런던, 제10회 선진국 수뇌회의 7.28~8.12 제23회 LA올림픽반쪽 대회로 전락 10.31 인디라 간디 인도 수상 암살 11.6 미대통령에 레이건 재선 12.2 인도 중부 보하르의 살충제공장에서 가스누출, 2500명이상

1985년	3.10 소련의 체르넨코 서기장 사망, 후임에 고르바초프 5.2 본, 제11회 선진국수뇌회의 7.10 국제환경보호단체 그린피스의 핵실험 항의선 '멋진 전사' 폭파 9.19 멕시코 동남부에 대지진, 5000명 이상 사망 11.19 주네프에서 미·소 정상회담
1986년	1.28 미 우주여행선 '챌린저' 폭발 2.25 아키노 필리핀대통령 취임, 마르코스 망명 2.28 스웨덴의 팔머수상 암살 3.18 미 경상수지 대폭적자, 채무초과국으로 전락 4.28 체르노빌 원자력발전소에서 대규모 사고, 11.13 레이건 미대통령, 대이란 비밀공작 인정
1987년	1.16 중국공산당 정치국확대회의에서 호요방 사임, 조자양 총서기대행체제로 5.17 페르시아 만에서 미항모, 이란기의 공격으로 대파 37명 사망 6.8 베네치아, 제13회 선진국수뇌회의 7.20 유엔안보리, 이란·이라크전 즉각 정전결의 7.31 사우디아라비아의 메카에서 이란 순찰단이 반미시위, 402명 사망 10.19 세계각국 주가 대폭락 '블랙 먼데이' 11.28 대한항공기 미얀마 앞바다에서 폭파 12.8 워싱턴에서 미·소 정상회담, 중단거리핵폐기조약 체결 12.16 노태우 대통령 당선
1988년	1.15 한국정부, 대한항공기 폭파사건에 북한 조직관련 발표 5.8 프랑스 대통령에 미테랑 재선 6.21 미얀마, 수도에서 학생 수천명이 경찰과 충돌 7.18 이란정부, 이란·이라크전에 대한 유엔안보리 결의 수락 8.17 파키스탄의 하크 대통령이 탄 수송기 추락, 대통령 사망 9.17~10.2 제24회 서울 올림픽 9.18 미얀마에 쿠데타, 마윈 국방 장관이 전권 장악 11.18 미대통령에 공화당의 부시 당선 12.7 고르바초프 서기장, 소련병력 50만명 감축 발표/소련의 아르메니아 공화국에서 대지진 발생 수만명 사망
1989년	2.1 한국·헝가리 국교 수립 4.15 호요방 전중국총서기사망 5.15 고르바초프 소련서기장 방중 5.20 중국정부 북경시내에 계엄령 발포 6.3 이란의 호메이니옹 사망 6.4 중국인민해방군 천안문 광장 진입, 수백명 사망 6.23 중국공산당, 조자양 총서기 해임, 후임에 강택민 7.14 파리, 제15회 선진국수뇌회의 11.9 동서독 왕래 자유화, 베를린장벽 붕괴 12.2 말타, 미·소 정상회담에서 냉전종식 선언 12.20 미국, 노리에가 장군을 체포하기 위해 파나마에 군사개입 12.22 루마니아의 부쿠레슈티에서 수십만명이 시위 12.25 루마니아 특별군사법정, 차우세스쿠

	부처를 처형
1990년	2.7 소련공산당 확대 중앙위총회에서 1당독재 폐기를 결정 2.11 남아공 민족회의 최고지도자인 만델라 석방 5.29 소련 러시아공화국 최고회의의 장에 옐친 당선 7.9 휴스턴, 제16회 선진국수뇌회의 8.2 이라크군, 쿠웨이트 침공 8.6 유엔안보리, 이라크제재 결정 8.18 이라크, 국내에서 적대국출신 외국인 구속 발표 9.5 유엔본부에서 한·소 외상간에 국교수립 약속 10.3 동서독 통일, 독일연방공화국 탄생 11.21 전유럽 안보수뇌회의, 유럽분단 종결을 선언, '새로운 유럽을 위한 파리헌장'에 조인 11.27 영국보수당 당수에 메이저 11.29 유엔안보리, 이라크가 91년 1월 15일까지 철수하지 않으면 무력사용 결의
1991년	1.17 미군 등 다국적군, 이라크, 쿠웨이트 공습 개시, 걸프 전쟁 지상전 돌입 2.28 부시 미대통령 걸프 전쟁 승리선언, 5.21 인도의 라지프 간디 전수상, 유세 중 암살 7.15 런던, 제17회 선진국 수뇌회의 7.31 미·소 양 대통령 전략무기감축조약 체결 8.19 소련 보수파에 의한 쿠데타 발생 8.21 소련 쿠데타 실패, 주모자 탈출 8.24 고르바초프 소련 대통령, 서기장직 사임 9.17 유엔에서 한국, 북한, 발트 3국 유엔 가맹 승인 10.23 캄보디아 문제로 파리국제회의 개막, 남, 북 총리 '남북간의 화해와 불가침 및 교류, 협력에 관한 합의서'에 조인 12.7 고르바초프 소련 대통령과 옐친 러시아 대통령이 연내 소연방 해체 합의 12.25 독립국가공동체(CIS) 발족, 고르바초프 소련 대통령 사임
1992년	2.7 EC 12개국 라스트리히트 조약 체결 4.9 영국 총선거에서 보수당 승리 4.29 미국 로스앤젤레스에서 흑인폭동 5.30 필리핀 대통령선거에서 라모스 후보 당선 6.14 유엔환경개발회의, 리오선언 채택 6.24 이스라엘 총선에서 노동당 승리 7.6 뮌헨 제18회 선진국수뇌회의 7.25 바르셀로나 올림픽 폐막, 한·중 국교수립 성명 11.3 미대통령선거에서 민주당의 클린턴 후보 당선 12.19 김영삼 대통령 당선
1993년	1.1 유럽공동체(EC)의 12개국 시장 통합 1.3 미·러 대통령, START 2에 조인, 핵탄두 1/3 감축 합의 3.27 중국 국가 주석에 강택민 서기 취임 5.23~28 캄보디아 총선거, 라나리트파의 민족통일전선이 제1당 7.7 도쿄, 제19회 선진국수뇌회담 9.13 이스라엘·PLO, 워싱턴에서 팔레스티나

	잠정자치선에 조인 10.4 모스크바에서 정규군이 반옐친파가 농성 중인 최고회의빌딩 포격, 제압 11.17 미하원, 북미자유무역협정(NAFTA) 실시법안 가결 11.20 APEC 비공식수뇌회의 개최, 아시아태평양지역 공동체 설립 및 경제발전에 관한 성명 채택
1994년	1.1 멕시코에 원주민게릴라 무장봉기 1.17 미국 로스앤젤레스에 대규모 지진 발생, 51명 사망 2.12 이탈리아 총선거에서 우파연합 대승 4.26 남아공에서 총선 실시, 아프리카민족회의 만델라 의장이 대통령에 취임 5.6 영국·프랑스 간 해저터널 개통 8.31 아일랜드 공화국, 영국에 무조건, 무기한 정전 선언 12.12 체첸공화국 수도에 러시아군 진주
1995년	1.19 러시아군, 체첸공화국의 대통령궁 접수 3.9 한·미·일 3국 한반도에너지개발기구(KEDO) 설립협정에 조인(북한은 12월에 조인) 4.19 미국 오클라호마의 연방빌딩 폭파, 미국사상 최대의 테러 5.7 프랑스 대통령 선거에 시라크 당선 5.11 핵확산 방지조약(NPT) 재검토·연장회의가 무기한 연장을 채택 5.15 중국, 지하핵실험 7.10 미얀마 군사정권, 수지여사 감금 해제 9.5 프랑스, 지하핵실험 11.4 라빈 이스라엘수상 암살 12.15·17 쿠데타의 주역 전두환 전대통령 체포 12.14 보스니아·헤르체고비나 분쟁에서 분쟁당사자 3개국이 평화협정 체결

(자료원 : World Yearbook 97)

개정판
지구촌 모든 나라 정보

편 자 '현대 평론' 집단
발행인 이 방 원
꾸민기 김 미 경
발행처 세창출판사
서울 종로구 교남동 47-2
Tel. 723-8660 Fax. 720-4579 Hitel I.D. sc1992
등록 1990. 10. 8 제2-1068호(윤)

▼

값 15,000원

▼

| 이 책은 저작권법에 의하여 보호받기 때문에 |
| 저자의 허락 없이 복제할 수 없습니다. |

잘못된 책은 바꾸어 드립니다.

▼

1995년 1월 10일 초판 발행
1995년 7월 1일 3쇄 발행
1998년 2월 1일 개정판 발행
1998년 5월 20일 개정2쇄 발행

ISBN 89-85263-89-7 13900